探寻古文明丛书

探寻史前欧洲文明

〔英〕简·麦金托什 著
刘衍钢 张元伟 董孝鹏 褚衍爱
孟凡青 董晓明 白 雪 李 婧　译
张 强 校

商务印书馆
2010年·北京

Handbook to Life in Prehistoric Europe

Copyright © 2006 by Jane McIntosh
Published under license from Facts On File, Inc., New York

本书系教育部人文社会科学重点研究
基地项目(06JJD770006)资助成果

编者的话

探寻古文明丛书包括美索不达米亚、埃及、希腊、罗马以及玛雅诸古代文明。在西方传统学术体系中，对这些古文明的研究分别属于"亚述学"、"埃及学"、"古典学"和"玛雅学"，所及学科包括考古、文字、历史、艺术等，内容繁复而庞杂，均已成为专门之学。

我们引进和出版这套"探寻古文明丛书"，用文字和黑白图片汇集了上述古文明发生、发展的各个形态，详细讲述了那些学科所涉及的古文明时期人的日常生活、风俗格调、器皿物件等，展现了现代文明和文化的起源。它们用鸟瞰的视角给读者提供了一个了解古代文明的机会，无论从做学问、满足好奇心还是求知的角度，人们都可以从书里找到有用和有趣的知识。同时，又因作者独具匠心的编排，这套知识性读物还具备参考书和工具书的功能。

这套丛书的特点在于：
- 综合性地介绍和描述古文明史的各种学科和研究领域，有强大的信息量。
- 按照历史时间的顺序排列，方便读者在历史叙事中找到重要的人物、地方和事件在古文明史中的位置。
- 图片、线条图和地图展示了这些古文明的发展脉络和它们的高光点，涵盖的范围从错综复杂的人物、创造发明到历史性的建筑物、纪念物。
- 翔实的原文参考书目和词汇译名对照。

商务印书馆编辑部

目 录

致谢 *1*
引论 *2*
插图目录 *4*
表格目录 *7*
地图目录 *7*

第一章　古代欧洲的地理 *1*
地中海 *3*
群山 *7*
温带欧洲 *8*
大西洋沿岸地区和北海 *12*
北方边地 *14*
环境变化 *15*
阅读书目 *18*

第二章　欧洲的发展 *21*
旧石器时代的欧洲（约一百万年前—公元前 9600 年）*24*
后冰川期早期的欧洲（约公元前 9600—前 5000 年）*35*
中石器初期（公元前 9600—前 6000/5500 年）*38*
新石器时代的巩固（公元前第五个千年）*55*
新石器时代晚期（公元前 4200/4000—前 3000 年）*66*
铜石并用时代（约公元前 3200/3000—前 2200 年）*79*
青铜器时代（约公元前 2300/2200—前 1000/700 年）*90*

铁器时代（约公元前 1000/700—前 100 年）116

罗马征服之后 141

阅读书目 144

第三章　经济 149

农业 151

野生资源 167

经济策略 174

阅读书目 187

第四章　聚落 189

建筑 191

民居建筑 197

聚落 212

界标 240

阅读书目 247

第五章　贸易和运输工具 251

贸易 253

陆路交通 274

水路交通 278

阅读书目 287

第六章　手工业与工艺 289

木材 291

纺织品、编织物、网织品和垫子 297

篮子、地席、网和细绳 306

皮革与毛皮 308

探寻史前欧洲文明

骨头、兽角、鹿角与象牙 311

石料 314

盐 323

冶金 325

陶器 344

玻璃材料 351

其他材料 354

阅读书目 361

第七章　宗教 367

宗教信仰与宗教活动 369

圣所和圣地 389

阅读书目 416

第八章　丧葬 419

葬礼习俗 421

纪念性坟墓 445

阅读书目 458

第九章　战争 461

武器与盔甲 465

防御工事与防卫工事 471

武士 478

武装冲突、战役和战争 483

阅读书目 490

第十章　语言、文学和艺术 493

欧洲的语言 495

书写系统 501

文学 503

视觉艺术 505

表演艺术 512

阅读书目 514

第十一章　社会与生活 517

社会与政治组织 519

犯罪与惩罚 523

产业组织 524

两性关系 526

日常生活 528

个人仪表 534

食物 541

健康与医药 545

阅读书目 549

年表 552

参考书目 569

电子资源 585

译名对照表 588

致 谢

我要对已故的戴卫·克拉克(David Clarke)和埃里克·希格斯(Eric Higgs)以及他们依然十分活跃的同事们表达深深的谢忱,正是他们充满了性灵的教导使我初识欧洲史前史,我还要对我当时的同学们以及其他一些我曾与之晤面,并进行了许多富有成果的讨论的学者们表示感激。我还要对艾莉森·谢利丹博士(Dr. Alison Sheridan)特别致意,承她的惠允,我的美术师奥德丽·麦金托什(Audrey Mcintosh)得以绘制苏格兰国立博物馆的藏品。

引论

为研究史前欧洲生活而写一部手册可不是件轻松的工作：冰河后时期史前欧洲史涵盖了近一万年的时间，其间发生了天翻地覆的变化和创新，而且这片大陆具有复杂的多样性环境，反映在各个地区居住者极具差异的生活方式上。古物学家对欧洲遥远往昔的研究已经有好几百年，大批考古学家们运用着及时更新、不断增加的技术工具，通过发掘或其他非破坏性手段来收集资料。随着大量材料与信息的发现，关于它们的讨论开始活跃，各种解释也纷纷涌现，这就意味着对一片不大的地区，或是对某一较短时间段的研究可以很轻松地填满一整本书。（此类书确实不少。）无论如何，对欧洲地理与文化情况以及一些并不依时而变的生活特点，目前已有大量的研究。欧洲有其自身的特点，有着一部共同、总揽全局的蓝图可将各个分离的部分整合在一起。

在往昔大部分的时间里，欧洲都是一块没有文字的大陆，个人的名字和行为没有记录。这意味着其历史几乎全是普通人的历史：采猎者、农夫或是冶金匠，而不是王者的历史。就此而言，史前欧洲是幸运的，因为它关注的就是大多数人的普通生活，对特权精英的超凡生活方式甚少瞩目（而文字历史中的情况却非如此）。而且，也不缺乏洋洋大观的物件：史前欧洲人的专业技术常常可制作出精美的珠宝首饰、做工细致的布料、漂亮的工具、巧夺天工的武器以及其他一些更为常见的日常用品。尽管没有类似其他地域那些吸引发掘者的宫殿出现，但欧洲之外的各地也少有欧洲那样的一些遗址：巨石墓、巨石阵。虽说古时的个人都湮没无闻，对他们许多的秘密也不甚了解，但现代技术手段已经揭示了他们生活的许多方面，而其细节往往令人称异：他们最后一餐吃了什么、平常吃什么、其遗传关系、在哪里出生、平常做什么、在哪一年伐树以建房建路或是在哪一个季节去世的。

  技术上的革新，例如遥感、扫描电子显微镜检查以及DNA检测，一直以来为我们不断提供着新的材料，考古学家们也在不断地扩展着他们的研究领域。以前人们只关注发现个别的墓葬和居住点，而今欧洲的考古学家们已经将视野放宽到整片的大地上；从小的方面讲，其至包括土壤中具体沉积物的微观形态：他们以显微学线索为手段，辛勤地找寻微小的动植物残骸而为古时的经济和环境情况提供信息。偶然的发现，如1991年发现的冰人，在推进古代欧洲的知识进步方面发挥了作用。随着资料的不断积累，各种对资料的解释也不断出现，学界试图去理解史前欧洲的发展过程，试图洞悉在手工制品和遗址背后的人类思想。这本《探寻史前欧洲文明》也是一个尝试，它的目的是对有关古物和建筑以及其创造者的事实和假说做出一些描述。

插图目录

图 2.1　关于旧石器时代晚期欧洲人的一种假想 31

图 2.2　中石器时代带刺的骨制尖状物 40

图 2.3　早期的农业种植 45

图 2.4　新石器时代的磨制石斧 52

图 2.5　布列塔尼早期巨墓 65

图 2.6　广口陶文化墓穴中的葬品 87

图 2.7　黄铜和青铜斧 96

图 2.8　发现于丹麦的燧石短剑 99

图 2.9　饰有精美螺旋纹的青铜罗盘 102

图 2.10　铁器时代的哈尔施塔特墓葬 129

图 2.11　托尔斯的马面甲 133

图 2.12　安东尼之墙遗址发现的路碑雕刻细部 140

图 3.1　关于铁器时代农业的假想图 153

图 3.2　寻找食物的狗 166

图 3.3　猎杀野猪 171

图 3.4　青铜鱼钩 174

图 3.5　燧石镰刀 180

图 4.1　斯卡拉山坡遗址 194

图 4.2　穆萨岛的史前圆形石塔 208

图 4.3　铁器时代的聚落 219

图 4.4　瑞士的湖上聚落 221

图 4.5　人工岛剖面图 224

图 4.6　铁器时代的特伦多山堡 234

图 5.1　维克斯酒具 256

图 5.2　带有木柄的新石器时代石斧 259

图 5.3　青铜器时代的矛尖和青铜凿子 262

图 5.4　广口陶杯 268

图 5.5　四轮马车石刻 275

图 5.6　圆木舟 280

图 5.7　刻有船形纹饰的青铜剃刀 285

图 6.1　用锡钉装饰的木碗 296

图 6.2　丹麦树干木棺中的衣物 301

图 6.3　冰人的日常物品 310

图 6.4　英格兰诺福克的格林木斯墓 317

图 6.5　石制轴孔斧或战斧 320

图 6.6　装饰精美的青铜制斧 329

图 6.7　青铜制造作坊 334

图 6.8　制造青铜釜的铸模 335

图 6.9　黄金颈圈 339

图 6.10　铁制钳子和大剪刀 342

图 6.11　凯尔特人的青铜币 344

图 6.12　漏斗颈广口陶文化风格的领箍型长颈瓶 348

图 6.13　游戏用的玻璃计数器 353

图 6.14　页岩扣 356

图 6.15　斧子和锤子形的琥珀饰物 358

图 7.1　青铜神像 376

图 7.2　长角弯号 379

图 7.3　雷恩吉比沼泽地的两块釜残片 381

图 7.4　巴拉胡利什的木雕像 387

图 7.5　科里穆克罗克的青铜物窖藏 395

图 7.6　林多沼泽的男尸 401

图 7.7　卡纳克的石列景观 409

图 7.8　埃夫伯里的仪式地貌布局 413

图 8.1　丧葬人员进入巨石坟墓的假想图 422

插图目录

5

图 8.2　发现于丹麦的树干棺材 433

图 8.3　骨灰瓮 442

图 8.4　发现于丹麦的巨石墓坟丘 449

图 8.5　纽格兰冶大型甬道巨石墓的入口 450

图 8.6　位于法国的一座甬道墓葬 452

图 9.1　青铜器时代的剑 468

图 9.2　链甲衬衣 470

图 9.3　设防营地遭到攻击 474

图 9.4　描绘武士形象的岩画 479

图 9.5　戴斯克弗德(Deskford)兽号 487

图 10.1　新石器时代有复杂刻纹的石球 506

图 10.2　丹麦巨石坟冢的陶罐 507

图 10.3　金制弯月形饰物 508

图 10.4　青铜桶形容器 509

图 10.5　巴塞叶兹(Basse-Yutz)的青铜酒壶 511

图 10.6　青铜臂环 512

图 10.7　青铜号角 513

图 11.1　瓦尔纳省的富人墓 520

图 11.2　燧石斧 521

图 11.3　来自苏黎世湖畔聚落的资料信息 532

图 11.4　装饰华丽的搭扣 533

图 11.5　青铜器时代女人的衣物 538

图 11.6　搭扣 539

图 11.7　精美手镯 540

图 11.8　个人用品 540

图 11.9　鞍形手磨器 542

表格目录

冰河后的气候与植被 17

地图目录

地图1　欧洲政治地图 5

地图2　欧洲地形图 9

地图3　最后一次冰川期后不断变化的欧洲海岸线 36

地图4　冰川期后的采猎者和公元前4500年前农业的传播 44

地图5　至公元前3500年农业的进一步传播 68

地图6　新石器时代带有纪念物的坟墓 77

地图7a　铜石并用时代晚期的农业共同体 81

地图7b　燧石的开采和冶金术的传播 82

地图8a　青铜器时代的贸易和产业 91

地图8b　青铜器时代的欧洲 92

地图9　铁器时代早期的欧洲 117

地图10　早期拉特尼时代的欧洲 132

地图11　铁器时代晚期的欧洲 136

第一章

古代欧洲的地理

第二章

古代的初步处理

欧洲是两种差异极其明显的环境系统交会处。一方面,它地处幅员辽阔的亚洲大陆西端,具有极为明显的巨型板块特点;另一方面,它是一个巨大的半岛,三面环海并具有温带海洋岛屿的气候特点。虽然它的大部分都是温带,但又从亚热带边缘延伸到北极外围地区。高峰和由丘陵组成的山脉把它分割成许多不同的区域,但它也有广阔的平原。其地貌有利于独立共同体的发展,而穿越于陆地之间的大河及其支流又提供了跨区域的交通大道,周边的海洋亦有此功用。总体上看,尽管欧洲丰富的矿藏和动植物群为人们提供了生计,使之过上舒服的生活,但这些资源的分布极不均衡,由此促使了交通、交流和交换的产生,从而来满足自古就有的对贝壳、宝石、金属矿石、盐、毛皮以及食物的需求。

地貌、纬度、气候和植被把欧洲分成若干个大区,这些大区影响了这块大陆的历史,因为它们为生活于其内的殖民者和居住者提供了不同的经济机遇,而这些人反过来又在不同的时间做出不同的反应。多样性促进了不同地区的独立发展,与此同时,却并没有对各个时期更大政治实体的创建产生障碍。

地中海

海

欧洲南部的形成有赖于地中海,前者是后者的北缘。地中海,这一古地中海上的残余部分,皆因西部的直布罗陀海峡(Straight of Gibraltar)才免于成为一片被陆地环绕的死海。该海峡有九海里宽,连接了地中海与大西洋,使得一股不大的洋流能够涌进,避免了地中海成为死水一潭,但又不足以打乱它平静的表面和改变它温暖的气候。

温暖的海域仅能养育有限的浮游生物,其海岸又深陷水中,所以今天这片水

第一章 古代欧洲的地理

域的海洋资源相对并不丰富,尽管每年一次可以捕获大量的金枪鱼。低海平面以及少有污染使得地中海在以往物产比此时丰饶。航海产生得很早——得自于米洛岛的希腊弗兰克西洞穴(Franchthi cave)的黑曜石表明,在公元前9000年以前人们已使用航海小舟(而在世界其他地方,几十万年以前,航海技术便已经十分发达,对澳大利亚的发现和殖民便是一例)。最初,航行的距离较近,但相连地区间的短距离航行使思想与货物最终的流通在地中海地区成为可能。在公元前第二个千年,东部海域的航行在各个共同体之间建立了长期联系,从埃及到希腊或者更远到意大利南部;在西部,直布罗陀海峡之间的短距离航行证明伊比利亚半岛各民族与北非各民族的交流并无障碍。而到了公元前第一个千年,长期的海上交通将整个地中海地区都联系起来。

陆

海上交通相对而言比较容易,这与陆地交通的种种困难适成对照并且对之形成了补偿,因为在很大程度上,地中海地区是由以山岭和高地为边界的海岸地区构成的。在西部,贫瘠而且不宜居的梅塞塔高原(Meseta plateau)覆盖了大部分伊比利亚半岛(Iberian peninsula),此地在干旱的夏季极为酷热难当,冬季则又湿又冷;法国南部海岸背依中央高原(Massif Central)和塞文内(Cevennes)山脉;亚平宁(Apennines)山脉贯通意大利,形成了一条山脊;越过亚得里亚海(Adriatic),第纳尔阿尔卑斯山脉(Dinaric Alps)几乎延伸到海中并通达品都斯山脉(Pindhus)、洛多皮山(Rhodope)和巴尔干山脉(Balkan ranges),在南方是伯罗奔尼撒半岛(Peloponnese)的丘陵。山脉由古地中海(Tethys sea)的沉积物在古代地层上堆垒形成,在第三纪时产生了抬升和褶皱,许多山依然是火山,如埃特纳(Etna)、维苏威(Vesuvius)和斯特伦勃里(Stromboli)。约公元前1628年,一次火山爆发将希腊的塞拉岛(Thera)中心彻底摧毁,同时也对整个欧洲的气候产生了不利影响。尽管火山对欧洲是一种永存的威胁,但不乏诸多益处:它们是黑曜石(火山玻璃)的产地,而黑曜石因其质地坚硬和外表极具观感而在古代被认为有很高的价值。火山还可以产生肥沃而高产的土壤,罗马时代维苏威山周围的土地因出产品质极高的葡萄而享誉一时。

地图1 欧洲政治地图　　　　　　　　　　　　　　　　　　　　（本插图系原文插图）

在地中海地区,大片的丰产平地极为罕见,最大的是波河平原和罗讷河三角洲。而它们对农业生产的有利条件被常常泛滥的洪水所抵消,这使得它们不仅多沼泽而且成了疟疾的滋生地——疟疾是地中海地区长久的灾祸。该地区河川甚少,多数河流只在一年中的三个月有水。除了少数平原和谷地外,沃土仅以小

第一章　古代欧洲的地理

5

块形式在低地和山脉中的低坡上出现,而高地为野生食草动物以及家畜提供了牧场。大山也为人们提供了相当一部分矿产财富:伊比利亚半岛有多处锡产,巴尔干山区产金,而铜则在地中海地区的山脉中随处可见,石料也是如此。

气候和植被

在气候方面,地中海可谓得天独厚,冬季因有海洋加温,温度适宜。一年之中的大部分降水于此时落地,10月起,自西开始然后东移。除山区外,绝大部分降下的雨水使得大川小溪激流汹涌,有时会导致洪水暴发和土壤流失,而另一些时候则于其三角洲堆积起冲积土壤。4月间降雨结束,气温开始上升,接着便是六个月的干燥炎热季节,而从撒哈拉(Sahara)吹来的热风也会加剧气温的上升。向东,海洋的调节作用逐渐递减,亚洲大陆板块的效应开始逐渐显现,夏季的气温越来越高。

欧洲地中海地区的植被取决于此地的气候,那些能够耐受长夏干旱的品种得天独厚,而畏寒的植物亦得生长。因为光能的输入值非常高,若非受到水源和优良土壤不足的限制,这种潜在的高产性本来可以实现。最初,林地中包含栓皮栎、栗树、柏树以及其他分布广泛的常绿植物,数千年后,人类活动严重地减少了森林数量,代之而起的是地中海灌木林和小灌木丛。在本土植被中,葡萄和橄榄树成为农业支柱。谷物秋季播种,春季收获,以利用冬季降雨,避免夏季高热干旱。气候也决定了畜类动物的生活方式,它们冬天在低地且较为适宜的环境中生活,而夏季则在高地牧场;这就有利于绵羊、山羊和其他食草动物以及生长迅速的猪等家畜生长,而野生动物群中还包括野猪、小型哺乳动物和爬行动物。

与外部的联系

西西里(Sicily)和其他地中海中部更小的岛屿把地中海海域分成两部分,而它的东半部有着更进一步的地貌分化。爱琴海中间分布着许多小岛,小岛之间有短距离的跨海通道互联,这片海构成了一个天然单元,其中包括安纳托利亚高原(Anatolian plateau)的西部。这样一来,欧洲和生气勃勃的近东世界便有了一座陆桥。数千里，欧洲经由这座陆桥进行着思想、货物、发明创新以及人口的交流交换，并且偶尔形成共同的政治单元——例如波斯和奥斯曼帝国、古典希腊的核心地区以及罗马帝国。此类的联系在史前就有；在地中海的其他地区，南岸北岸之间的文化交流相对有限，直到有文字历史的时期情况才有所改变，那时腓尼基在西班牙和北非建立了贸易站点。

爱琴海也通向黑海，地中海世界经黑海得以与广大亚洲草原、多瑙河流域及其他通达欧洲腹地的河流联系起来。向西，罗讷河(Rhône)流域连接着法国南海沿岸地区和中欧，这也是通向注入大西洋和北海的河流的便捷渠道，而欧德河(Aude)与加隆河(Garonne)连通了地中海西部和法国的大西洋沿岸。大西洋的海道亦从直布罗陀海峡中穿过，但总体上这样的线路直到公元前第一个千年才得以开通。地中海的航海者们开始闯出他们自己的海(mare nostrum，意为"我们的海")。

群山

欧洲地中海地区与这片大陆其他地区的分野极为明显，其原因是中间有一条几乎连续不断的高山带，西端是坎塔布连山脉(Cantabrian mountains)和比利牛斯(Pyrenees)山脉，从这里塞文内山脉的较低部分和法国中央高原(French Massif Central)使障碍的高度有所降低，但阿尔卑斯的大群山岭很快就聚集起来，高达4500英尺(1400米)，并且在有些地方山地的南北宽度达到令人生畏的150英里(240公里)。阿尔卑斯山不间断地延伸至第纳尔阿尔卑斯山，而后者突然转向，与巴尔干和希腊的山脉相连。同时，山脉继续北延，穿过波西米亚前沿山地(Bohemian foreland)、摩拉维亚高地(Moravian heights)以及苏德台高地(Sudetes)三处较低的部分，最终与喀尔巴阡山相连，高度达到2500英尺(880米)。喀尔巴阡山转向东南，与特兰西瓦尼亚阿尔卑斯山(Transylvanian Alps)会合，后者与巴尔干山脉的西缘被多瑙河干流河谷分开，这些东部山岭包围着富饶的喀尔巴阡盆地，后者是欧洲不多的几个大平原之一。低矮山岭和丘陵位于山障边缘，深入欧洲腹地，从西边的阿登高原(Ardennes)到哈尔茨(Harz)山脉，

第一章 古代欧洲的地理

再到厄尔士山脉(Erzgebirge mountains),直到东部的苏德台高地。

令人生畏的高广山脉并非是不可逾越的障碍,因为其间有许多山口,连接地中海地区与温带欧洲。从远古开始,商人和其他旅行者便由此通行,时至今日,它们依然是连接各个共同体的主要渠道。两个大河谷地成为穿越山岭的走廊,它们起着极其重要的交通作用:在西边是罗讷河;在东边是发源于中欧阿尔卑斯山北麓的多瑙河,它将阿尔卑斯山和喀尔巴阡山一分为二,穿过喀尔巴阡盆地和巴尔干山脉,然后流向黑海沿岸。

地形与植被

山脉之内是高海拔山谷和广阔的盆地与高原,其范围在东部群山间较低的部分较大。除阿尔卑斯和比利牛斯山的高海拔地区生长有冻土植物外,森林随处可见;更高地方的树木是针叶植物,而较低山坡上林地与欧洲温带地区多见的树木类似——落叶林。谷地与高原提供的农业耕作机会相对有限,而林地是牧场家畜和野生动物的啃青之地。在欧洲较为干燥的过去,特别适宜于人类定居,野生植物、小型陆生动物丰富,淡水资源的湖畔区域多见,虽然多雨时节洪水常常把湖边定居者赶走。山区的海拔从低到高,会聚了各种性质的环境,因此较低的山坡便十分吸引定居者,因为这类地区在很短的直线距离内就有众多资源。矿产资源丰富的山地也很吸引早期欧洲定居者,因石矿和金属矿等资源在低地并不多见,同时这里也产盐。盐的开采始于公元前第二个千年晚期。

温带欧洲

山障之北是欧洲的低地,其中很大一部分是北欧平原,它西起大西洋沿岸(在不列颠成为一个岛之前,从英格兰南部)然后向东延伸,直至俄罗斯内陆屏障乌拉尔山脉。于其西端,低地在中央高原周围扩展,南向到比利牛斯山脉,在东方越过喀尔巴阡山脉,向南至黑海北岸,于多瑙河三角洲会合。受到限制的低地由此向西北方沿着多瑙河延伸:瓦拉几亚平原(Wallachian plains)被夹在特兰西瓦尼亚阿尔卑斯山和巴尔干山脉以及喀尔巴阡盆地之间。其他的河流穿越更低的山岭,更小的平原也出现在这些河流之间。

地图2 欧洲地形图　　　　　　　　　　　　　　　　　　　　（本插图系原文插图）

草原地区向东延伸,直至中国边境,往南与近东地区连接。在公元前第二个千年,庞大的草原是游牧者的家园,亦是东、南、西三个方向之间极为重要的交通

第一章　古代欧洲的地理

9

走廊。不仅是理念、创新由此通道流传,很多时候它也成了侵略集团进军欧洲的路线,人口流动的源头常常远至中国。

在北方,黑海为其沿岸居住者提供了富饶的渔场。瑞典南部和芬兰的南端构成了欧洲温带的最北部分,其植被、气候与波罗的海南岸的欧洲大陆北端的气候、植被类同。不计其数的河流在欧洲的山脊发源,它们将欧洲内陆与西向、北向和南向的海岸地区相连。多瑙河及其支流:德拉瓦河(Drava)、萨瓦河(Sava)、蒂萨河(Tisza)、摩拉瓦河(Morava)以及其他一些河流注入黑海,后者亦是更往东的河流终点,如德涅斯特河(Dnestr)、布格河(Bug)、第聂伯河(Dnepr),这些河流在以往与多瑙河共有一个三角洲,于今三角洲业已干涸。多瑙河所发源的阿尔卑斯山前沿地与莱茵河的源头不远;它们连在一起,构成了这片大陆从南到北的通道,莱茵河北流,注入北海。北欧平原的东部,在山与北海之间有威希河(Weser)和易北河(Elbe)穿流而过,通向波罗的海的河流有奥德尔河(Oder)、维斯杜拉河(Vistula)、涅曼河(Nieman)以及德维纳河(Dvina),这样就将不列颠、斯堪的纳维亚与中东欧连接在一起。与此同时,西部的马斯河(Meuse)、塞纳河、卢瓦尔河(Loire)以及加隆河(Garonne)沟通了西欧内陆与大西洋。短途的陆路交通把塞纳河与索恩河(Saone)连在一起,后者是罗讷河的支流,而罗讷河是西欧与地中海之间的重要走廊,同时卢瓦尔河的源头与罗讷河之间的陆路距离也不远。另一条路线是沿着加隆河,穿过卡尔卡松山口(Garcassonne gap),经由欧德河到达地中海。在数千年内,这些河流是人员和货物所赖以交通的大道。

气候、植物和动物

阿尔卑斯山两侧的欧洲是温带地区,夏季气候适宜,全年雨水充沛,但从西到东,从北到南,其间也有巨大变化。在西边和西北,周边海洋的调节作用使冬季比较温暖,夏季相对凉爽;向东,亚洲板块的大陆性气候逐渐明显,冬季越发酷寒多雪,时间长达数月;往北,冬季越来越长,越来越冷;往南,气温愈加升高。在东南的黑海地区、巴尔干山脉东部地区,远至北方的喀尔巴阡山脉,纬度和临近暖海——地中海和黑海——的特点导致了流火的夏季;冬季短暂且相对温暖;降水适量,其峰值在春夏。欧洲温带的降雨大部分是由西北风带来的,自西北,向东、向南逐步递减,而在海拔高的地方却又增加,因此阿尔卑斯山周围地区水量充沛,喀尔巴阡盆地的情况则大相径庭。喀尔巴阡山脉是南欧的温暖冬季与中欧的漫长多雪冬季的分野。

植被反映着气候与地形的变化。在充沛降雨和充分光照条件共同作用下,温带欧洲具备了极其富饶的自然环境,可食物种极多。河流、湖泊以及沼泽是鱼类、甲壳类的天然大仓库,许多可食植物亦可在这里找到,同时这样的地方也吸引着其他的野生动物,例如野生鸟类。先前,欧洲温带绝大部分的森林密度都很高,主要为落叶树,如西部的橡树、栗树、山毛榉、菩提树和接骨木;在东部、中东欧地区,落叶树仍占主要部分,但是也混杂着一些针叶树种。愈向东、向南,降雨量愈小,自然林越发稀少,是树型矮小的林地;而越往东,草原的比例就越大,逐渐变为一种沙漠与草地混合的大草原,先前的大草原是优良牧场,承载着一群一群的羚羊、古野牛、马科动物,其土质极为肥沃深厚,为黑钙土,在马的驯化及轮式运输发展之前,很大程度上无法开垦。森林是各种动物群落的家园,计有多种鹿、古野牛、野猪、熊、狼、野禽、兔及野兔,其中亦有多种植物。人类对森林进行深度的开发以提供燃料、木材,毁林以进行农耕、定居,这样就减少了树林的面积和多样性。无论如何,在史前时期阿尔卑斯山周围地区自然资源丰富。经砍伐进行农业开发的林区土地极易耕耘,又可为牧场,而河流下游更有肥沃的淤积土。一片易耕而极为肥沃的黄土(风积沉淀物)如带状贯穿欧洲,从南方的喀尔巴阡盆地到法国的大西洋海岸,这片地域吸引了温带欧洲的第一批农耕者来此开发。在其他排水良好的地方,富含有机质和养分的棕红色黏土亦极为吸引人,农业共同体以之为依托进行开发。更黏重的土当然一时无法用于耕种,直到犁发明以后才有可能。在阿尔卑斯的丘陵各处以及大部分北欧平原,冰川和冰层的消融留下了冰碛的黏土沉积物、沙和碎石,这样,从上一个冰川期之后,便出现了许多排水不良的地方:河流、湖泊边缘以及提供丰富野生动植物资源的沼泽;但在其他地方,亦有许多贫瘠的欧石南荒地。位于高地的很多贫瘠而更脆弱的土地在青铜器时代经人耕种,后来退化成欧石南荒地和荒野,虽然这样的地方有些许并不丰美的牧草,但绝不会再作农耕用地。

各种环境构成了一个混合体,这样人们便可以开发许多种有价值的资源:在

第一章 古代欧洲的地理

森林有木材、蜜、水果、干果、草料、毛皮；做陶器的黏土和各种建筑材料；金属矿藏，尤其是在中部和东南部；还有在从不列颠到波兰以远的北欧平原，有许多可用作工具的露出地面的燧石。从公元前第一个千年起，铁矿就得到了广泛的开发，这在温带欧洲的许多地方随处可见。从北起，在波罗的海周围以及丹麦出产琥珀，当时人们认为琥珀的价值巨大，其交易范围也很广。

大西洋沿岸地区和北海

　　从爱尔兰到加那利群岛（Canaries）和非洲西海岸，大西洋包括了一系列环境区域，区与区之间不仅靠海上交通联系，它们之间也有着极具重要性的共同特点。海水不断的冲击，侵蚀了质地较软的岩石，这样海岸线上便出现了许多小岛、岩石、沙洲以及小海湾；而更为坚硬的古生代岩石则在海中留下了前突的海角，著名的例子是爱尔兰的西南角、康沃尔（Cornwall）、布列塔尼（Brittany）、菲尼斯特雷（Finisterre），以及圣文森特角（Cape St. Vincent）。这些地方既为航海造成了风险，也构成了保护墙，以抵挡海浪冲击、暴风骤雨，它们与被淹没在水下的许多河流三角洲协同作用，形成了很多深水锚地，如普利茅斯湾口（Plymouth sound）、布列斯特湾（Rade du Brest）以及加地斯湾（bay of Cadiz）。在有些海岸带上，主要是较软的岩石，尤其是加地斯湾和卢瓦尔河以南的法国海岸，海水冲刷出平滑的岸线，其上聚集起沙洲和沙滩。这些地形常常构成庞大的内陆沙丘，阻碍了排水，产生淤积湖和大面积的沼泽，例如法国的布列塔尼沼泽地区（Marais Breton）、普瓦特万沼泽地区（Marais Poitevin）以及西班牙南部沼泽地区（Las Marismas）。此类地方不适于经营农业，所以对农业定居者也没有吸引力，反倒成了野生动植物的天堂。

　　潮汐、风以及洋流互相作用，绘就了在大西洋沿岸地区的行动路线图。大风与寒冷和雾气联手肆虐，使得冬季的航海活动充满风险，当时人们认为这样的活动避之则吉，即使其绝非不可能。在帆桨时代，绝大多数航行发生在4月到10月。几乎所有的海岸都盛行西风或偏西风，但在加的斯以南则是东北信风，因后者吹送，沿非洲海岸南下的道路顺风顺水，但回程困难。欧洲南海岸的这一部分通过直布罗陀海峡便可进入地中海。一股强有力的东西向洋流为那些欲进入这片内海的水手们提供了帮助,而那些要出行的船则需靠岸行使,或在海峡北岸,或在南岸,但主要航线是沿着风向;绝大多数西向风在1月至2月、4月至6月、10月至11月;而绝大多数东向风的时节是一年中的其余月份。总体而言,地中海的水手们在公元前第一个千年之前,并不冒险出行至大西洋,但在大西洋中,很早就有专走大洋航线的水手。在北方,他们通过爱尔兰海(Irish Sea)到达苏格兰,以至奥克尼(Orkney)、设得兰群岛(Shetland),甚至有可能在公元前4世纪绕行不列颠进抵冰岛,此举似乎在古希腊探险家普西阿斯(Pytheas)的时代便已为大西洋居民所知。对航海者而言,多佛尔海峡(straits of Dover)是一条通道,经由之他们可以到达北海和欧洲大陆北部的海岸。对东向通过多佛尔以及英吉利海峡的航路而言,盛行的西南风可谓天公作美,而每隔六个半小时就转变一下东西方向的强大潮流,可以用来西行,方法是时行时停,一旦遇到东向的潮流就抛锚躲避。

许多河流流向大西洋和北海,连通了欧洲内陆。有一些连接了其西侧腹地与大西洋,如伊比利亚半岛的大多数河流;其他一些,如瓜达基维尔河(Guadaquivir)、加隆河、卢瓦尔河、塞纳河以及莱茵河与注入地中海和黑海的河流相连,诸如罗讷河与多瑙河。在西边,不列颠亦富有河流,源自群山的河水贯流于其西部与北部。

寒冷而富含养分的北极海水与来自加勒比海温暖的墨西哥湾流(Gulf Stream)汇合;因其饱含浮游生物,成为诸如鳕鱼、黑线鳕等多种深水鱼类的家园,直到近代过度捕捞使其生存岌岌可危之前,它们的数量巨大而且易得,海洋哺乳类动物亦复如是。庞大的陆架也是甲壳类和浅水鱼类的理想家园,一如古代。在繁殖期,大马哈鱼和鳗鱼跨越大西洋,进入不列颠的河流,这样便形成了一项很重要的季节性资源。这些资源使得北大西洋和北海成为世界上最重要的渔场之一。

墨西哥湾暖流也使得从苏格兰到加里西亚(Galicia)的大西洋海岸的温度明显上升。这与大西洋对西欧和西北欧洲(其中包括不列颠和爱尔兰)的海洋效应相结合,产生了一种变化幅度小的气候,冬季温和,夏季暖热。

大西洋沿岸地区和北海沿岸聚落的选址目的既是为了利用海洋也是为了利

第一章 古代欧洲的地理

用陆地,其有利之处在于具备良好的锚地、近岸小船的安全航行处、容易捕捞的甲壳类和鱼类、可用来航行取水的河流,经由这些河流还可以到达它们的谷地、三角洲、平原,以获得土地进行农业开发。河湾地区和沼泽地区亦富有动植物,其中很多都可以食用。许多海岸地带还被选来开采重要的矿产资源,如廷多河的排洪区(Rio Tinto drainage)、加里西亚以及不列颠西部,又如在爱尔兰和威尔士海的山区还有高品质石料。在北海的低洼地区,定居之事完全取决于气候——在干燥时期就很有吸引力,如公元前第二个千年;而多雨时就遭水淹,如公元后早期,那时许多先民被大水所迫,迁离其祖辈的居所,转而入侵西部文明邻居的土地。

北方边地

  自北纬65度左右起,有一片涵盖了绝大部分挪威及芬兰、大部分瑞典的地区,向东延伸入俄罗斯北部内陆,这里让人感觉进入了另一个世界。基阿连山脉是西部地区的中脊,其余地方是低地,中有无数湖泊河流穿过。此间的气候是副极地气候,冬季极长极冷,夏季短暂凉爽。主要植物是北方针叶林,人类喜欢吃的可食性物种产量极低,但盛产有皮毛价值的动物,如狐狸、土拨鼠、狸、熊、猞猁,也有鹿、麋鹿,亦出产有用的木材,其中包括松树、云杉。气候方面的较小变化在这里产生了极其明显的影响,农业开发最北的程度取决于此。如公元前第二个千年,当时的气候条件较干冷,农业共同体的生产场所对于今天作物栽培而言过于偏北。因此,这片地区史前时期的农民靠天吃饭,而对野生资源的利用较多。

  这片地区西部山区以及位于北极圈内的狭小地带甚至更冷,冬季光照极少,无法生长高大树木,只有一些诸如矮桦、矮柳之类低矮品种可以生长。北极冻土带植被大部分是苔藓和地衣,还有莎草以及其他一些耐寒物种。它仅能承载有限的土生动物,如北极狐和多种候鸟以及当地居民饲养的大量驯鹿。大部分土地都是永久冻土,其状态几乎没有改变,所以无法农耕。类似情况和植被在阿尔卑斯山高海拔地区也有。

环境变化

　　尽管当今欧洲的许多情况古今相同,但在漫长的历史长河中,环境发生了很多变化,不管是自然产生的,还是人为的。在上一次冰期高峰,气候条件又干又冷,大冰盖覆盖了爱尔兰、大部分不列颠和斯堪的纳维亚,以及部分北欧平原,较小的冰盖同样存在于阿尔卑斯山、比利牛斯山以及其邻近地区。阿尔卑斯山两侧地区在那时大部分都是冻土带,其东方和南方与温带树林混合,然后渐渐变成大草原。只有在地中海沿海地区和低地才有森林,大风在没有树木的欧洲平原导致了严重的水土流失,大面积黄土随之产生。海平面当时要低得多,给临海平原以很大空间,如今天的亚得里亚海那时有一半裸露在外,今天的不列颠、爱尔兰亦与大陆相连,从西到法国海岸形成了一个大平原。在这片平原流淌的河流的河床越来越深,水流速度越来越快,向下冲蚀得越来越深,河道便愈发狭窄。

　　公元前1.8万年至公元前1.6万年,冰期盛极转衰。温度开始升高,在公元前8500年,温度已与现今相近。冰川渐渐融化,在阿尔卑斯地区和北方出现了新的可居土地。斯堪的纳维亚的许多地区和不列颠北部解脱重压后,开始缓慢抬升,有些地方抵消了上升海岸线所吞没的陆地。在大西洋沿岸,大陆架逐渐被淹没,为鱼类和甲壳类创造了富饶的栖息地,人们也就见猎心喜,大加开发;地中海地区的大陆架不发达,此处的海产品也就不那么引人注目,本已不大的沿海陆地越来越小,这就使得此地的优势条件被抵消。公元前6000年不断上升的海水也淹没了欧洲北部和西部平原的大部分,洪水泛滥于英吉利海峡,分离了不列颠与欧洲大陆。开始融化的冰盖在波兰以北形成了大面积淡水水体;公元前5500年,北海冲破了瑞典和丹麦之间的陆障,于是此间便成了高盐度的波罗的海。直到公元前5500年左右,黑海也是淡水湖,此后,地中海穿破陆地而入,淹没了周边广大海岸陆地带。在欧洲东部北部以及阿尔卑斯地区,其他逐渐融化的冰产生了许多池塘和小溪以及一系列湖泊。一开始,这些养分相对贫瘠,但在一千年的时间里开始变得富饶,成为丰产的地区:

第一章　古代欧洲的地理

多有植物、鱼类和各种动物。只是很久以后淤积才极大地消减了它们的生产能力,因此才对定居者产生了吸引力。

大陆架被淹降低了很多河流的梯度,而河水里大大增加的淤泥含量惊人,其中别的杂物含量也不少。这些物质创造了新的广大河湾口地区和淤积地区,那里对植物、动物和人类极具吸引力。

随着气温、降雨量的增加,树木、禾本类植物和其他植被从其在南欧的藏身地扩散到这块大陆其他大部分地区。在公元前7000年至公元前5000年间,地中海不同地区持续演变,它们被落叶林所覆盖,这样自然的高产性与高度的光照结合,为维持动植物生命创造了最佳条件。不断上升的温度便逐渐地在地中海地区造成了干热的夏天,落叶林向北推,低产得多的常绿植物便取而代之,今天常绿植物已经成为地中海地区的特色。这种情形在东部比在西部更加明显。

随着落叶林向北推进,驯鹿等喜寒物种进入了富含冻土带的极北地区,而在南方它们被一些森林物种所代替,如马鹿、狍子。于冻土和落叶林之间,北方林逐渐发展。森林于是产生了湿润的土壤,这对植被进一步发展有利。公元前4000年左右,欧洲气候、环境、动植物的总体形势与今日类似。但在此之前很早,人类便对此地的地貌造成了极大影响。采猎者群体在欧洲的宜居地区扎下根来,他们为了自身利益发展出很多改变环境的方法:清理林地,用火或环剥树皮的方法来改造开阔林地,种植他们以及猎物喜爱的植物。在公元前7000年左右农牧业开始为人所青睐,广为传播,约在公元前3000年几乎遍及了欧洲众多地区,它成倍地减少了森林面积,改变了许多地区的植被,扩展了草原,导致了水土流失,在许多地区造成了至今尚未恢复的土地退化。在气候适宜时期,人类定居活动扩展到边远地区,使得许多这样的地区永久地退化为灌木丛林地或沼泽。人类的影响就是要改变地貌,而这并不仅是通过直接的或有意的做法而达成的,例如伐树。在改变地貌方面,农业共同体所饲养的动物也被用作工具:例如,猪可用来永久性地清除森林,它们能啃除具有重生能力的幼芽。野生动物不仅是像以前那样被视作可食的猎物,此时它们又成了威胁作物的祸害,这就使得人去猎捕它们,有些物种竟因此灭绝(如古野牛,即欧洲巨大的野生牛类)。

冰河后的气候与植被			
年代（公元前）	文化期	气候期（西欧）	气候和植被
11500—10800	冰河晚期	阿雷罗期（Allerod）	较干燥温暖；西北为针叶林
10800—9600	冰河末期	新仙女木期（younger Dryas）	温度突然降低；很寒冷干燥；亚北极地区是开阔的草原；西北地区为森林
9600—8500	中石器时代	前北方期（Pre-Boreal）	气温和湿度急剧上升；温暖潮湿；针叶林（主要是桦树和松树）和一些落叶林在中北欧生长；落叶林在地中海地区生长
8500—7200	中石器时代/新石器时代	北方期（Boreal）	较温暖干燥；落叶林占据了中北欧
7200—3800	中石器时代/新石器时代/青铜器时代	大西洋期（Atlantic）	最温暖潮湿；冬季温和；生长季很长；落叶林中北欧洲有橡树林混杂着榆树、西洋菩提树；在6200年左右温度急剧下降，但后来十分稳定，虽然也有一些波动
3800—1000	铜石并用时代—青铜器时代	亚北方期（Sub-Boreal）	虽稍冷但仍很温暖；夏天热，冬天冷且干
自1000起	青铜器时代—铁器时代	亚大西洋期（Sub-Atlantic）	更冷更干；覆被沼泽扩展

（资料来源：Barker 1985, Milisauskas(ed.) 2002, Mithen 2003, Price 2000, Renfrew and Bahn 2004, ArizonaUniversity 2005; Metindex 2005.）

  人类活动影响着环境，自然灾害也偶尔会雪上加霜，其影响有时是地区性的，有时更为广泛。在整个史前史中，气温、降水量起起落落；持续的温度增加或降低，就算只有几度，也会对动植物生长的纬度和海拔范围有极明显的作用；而更高的降雨量可使旱地变成沼泽，使湖边地带遭受水淹。地震和火山爆发可以使一些地区，例如维苏威周围的地貌彻底改变：一开始是彻底摧毁，而长久看，火山喷发则颇多益处，因为它可以创造肥沃土地。有时这样的灾害影响更广泛：尤其是在公元前1628年爱琴海岛屿桑托林岛（island of Santorin，即塞拉岛）上的火山大爆发。喷射上天的尘埃足以使太阳辐射被遮挡达数月之久，结果是温度

第一章　古代欧洲的地理

急剧降低，植被开始大大衰退，树木损失尤为严重。从许多重大的文化变故可推测到气候和陆地变化，反之亦然。

（董孝鹏 译）

阅读书目

总论

Milisauskas, ed. 2002, Clarke 1976, Butzer 1972, Hoffman 1983, Cunliffe 1994a, Kristiansen 1998, Champion et al. 1984: general survey; Scarre 1988, Black 1999, Philip 1991: maps.

地中海

Braudel 2001, Barker 1985: general; Perles 2001: Greece; Chapman 1990, Harrison 1996: Iberia.

群山

Barker 1985, Sherratt 1997.

温带欧洲

Barker 1985: general; Sherratt 1997: various regions; Bailey 2000: Balkans.

大西洋沿岸地区和北海

Cunliffe 2001a, Sherratt 1997, Barker 1985: general; Reed 1990, Pryor 2003: Britain.

北方边地

Barker 1985, Price 2000.

环境变化

Scarre 1988, Jochim 2002c, Mithen 2003: late glacial and Mesolithic changes; Mellars 1994: glacial conditions; Harding 2000: Bronze Age.

第二章

欧洲的发展

欧洲不仅是亚洲大陆最西端的延伸,而且与西亚和非洲一样,是环绕地中海的大陆之一。在过去的历史时期,它多次从邻近地区吸纳人口、新材料和新思想,同时也向周边地区输出自己的文化。人类种群进入欧洲稍晚于一百万年前,其他种群更晚一些,约公元前 26000 年之后,仅有纯粹的现代人得以幸存。随着在约公元前 9600 年最后一次冰川期(Ice Age)结束时期出现的气候和环境变化,现代人的生活方式发生了重大变革。最初,他们维持生存完全依赖于野生资源,但是公元前 7000 年后,使用在西亚驯化改良动植物种的一些农业共同体也开始出现于欧洲东南部。公元前 3000 年,食物生产已是绝大部分欧洲人的主要生活了。

公元前第五个千年,冶炼金和铜的工艺始于东南部地区。公元前 2000 年青铜制品在大陆的绝大部分地区生产,而开始使用铁器是在公元前第一个千年。此时多种墓葬方式开始出现,其中坟丘墓穴最为常见,而从公元前第五个千年起,欧洲大西洋沿岸地区还出现了巨石墓(megalithic tomb)。纪念性建筑也用于仪式布局,如西北部地区的圆形巨石阵(stone circles)和马耳他的神庙。石料也偶尔用于建造房屋,不过更常见的是使用木材和泥土修建。具有防御性的民居与聚落不同时期也在多地涌现,而武力冲突可以追溯到冰川期后的早期采猎者共同体。

公元前第二个千年,文明社会在希腊和地中海东南岸出现,在公元前第一个千年间出现在比先前更广阔的地中海地区。有关它们的文字记载使人们得以零星了解其邻人的情况。但是,欧洲的绝大部分地区还处在史前阶段,因而不存在记述个体和事件的历史。然而,考古学使人们极大地了解了古代欧洲人的生活方式及其发生的变革。

编订史前欧洲编年史的困难之一在于其发展的不平衡,不论就整个欧洲而言还是某个局部地区。传统的新石器时代和青铜器时代等称谓,在不同地区也可能指代不同时期。中石器时代的采猎者不仅广泛出现在新石器时代的农民所占据地区的毗邻区域,而且在数千年间仍然是欧洲人口的主体。因此,在绝对年

第二章 欧洲的发展

代学的基础上,下文的叙述将按照广被采用的传统划分:从旧石器时代至铁器时代,虽然它们未必能反映出当时所有地区的技术发展状况。

旧石器时代的欧洲
(约一百万年前—公元前 9600 年)

背景

关于远古时期人类活动的记录极其零散,早期人类自身的遗迹更加模糊不清。确定欧洲最早居民及其活动年代所面临的问题正如不能确定某些现存资料的真实特性一样。例如,粗糙石块的破损可能是人类制造的工具,也可能是自然力造成的断裂。而且随着时间的推进,在制作更加复杂的新工具时,简单工具的制造并没有被抛弃。特定地区制造的工具差别显著,在很大程度上应归因于工匠所能得到的石料特性。因此,工具的类型常常不能判定发现它们早期遗址的大致日期。

定年

虽然碳定年法能够确定欧洲史前时期晚近阶段的年代框架,也能确定这一时间框架内的遗址出现时间和其他发现物的时间,但是欧洲旧石器时代更长的阶段在其范围之外,目前仅能追溯至约五万年前。

鉴于碳定年法的局限性,其他定年方法也被采用:其中许多方法适用于自然进程,例如海洋沉积物的积累、火山喷发,这些均与人类活动无关,因此仅能间接用为考古遗存定年。多种方法被用来确定反映在深海、淡水沉积物和冰盖核心部分的气候与植被变化的年代,包括计算与古地磁翻转相关的沉积物和冰盖的年堆积量,以及铀系定年法。后者也适用于石灰岩岩洞中的石笋定年。裂变径迹测定法、钾—氩测定法、热发光测定法等也用于测定位于考古遗址上下的各类岩层。

热发光测定法还可以直接用于一些旧石器时代的人工制品:经过加热的燧石、随意或精心烧制的陶土,如火炉和旧石器时代的一些小造像。与人类废弃物相关的动物牙齿可通过电子顺磁共振和铀系定年等方法定年。灭绝动物的遗址也可以被判定出相对的年代。正如上文所述,虽然对石器的定年面临一系列相关问题,但石器类型也可为相对年代提供一些线索。

冰川期

约三亿五千万年前,地球气温稍渐转冷导致南极地区首个冰盖形成。约从230万年(更新世)起,由于持续大幅度转冷,北极地区也形成了冰盖。从那时起,地球经历了多次短暂的极其寒冷的冰川期。干燥的环境和为期短暂且十分温暖湿润的间冰期,常常与长时段不甚恶劣的气候相交替。地球降至冰川期的条件通常是逐渐形成的,同时,气温在冰川期的峰值(glacial maximum)之后回暖的更加迅速。这些变化进程已被制成图表,并且利用长时期内逐步建成的各类数据库中的资料予以定年。值得一提的是保存了海洋氧同位素成分变化记录的深海中心区,它反映出保存在冰盖中的地球湿度的比例,记录着冰盖年增长量的冰核,以及展现出与气候息息相关的植被变化的花粉矿样。在过去的75万年间(更新世中期和晚期)共经历了八次冰川期—间冰期的循环。其中最近的间冰期约始于13万年前(更新世晚期);上次冰川期的峰值约在两万年前。公元前9600年,气温已升至与现代大体持平的程度。这次温暖的冰川期后时期,最近仍在循环的周期,称作全新世。全新世也存在气温和降水量变化微弱的时期,包括环境比现代更温暖、更干燥的约公元前7000年至公元前1000年。

早期人类

最早居住地

黑猩猩和人类分离的进化界线出现于六七百万年前,其时非洲出现了原始人种。250万年前,这些种类包括一个或数个体形小但脑容量较大的动物——归为人属(能人[H. Habilis],卢多尔夫人[H. Rudolfensis])。大约与此同时,出现了很可能由人制造的第一件石器(奥杜韦[Olduwan])——一块打制而成的切边卵石。

人类(匠人[H. Ergaster]/直立人[H. Erectus])约在190万年前大量出现,并且迅速扩散远至中国和印度尼西亚,这可能受气候环境压力的推动或者是受适应能力发展的刺激,如成功获取和食用肉类,使得人口激增以及在新环境中定居成为可能。某个时期,很可能早在160万年前,肯定是在50万年前,人类开始使用火做饭、取暖、恐吓肉食动物。到160万年前,匠人已经制造了更加复杂的阿舍利(Acheulean)原始石器。其中包括造型特殊的手斧——从一块大石或小鹅卵石的两面除去碎片而细心制作的一种锋利的锥尖工具,可能用于多种目的,尤其是屠杀动物。

在欧洲边缘的乔治亚(Georgia)的德马尼斯(Dmanisi),发现了匠人(或如乔治亚人[H. Georgicus]那样的分类)的遗迹,定年约为180万年前,欧洲自身关于早期人类的证据限于一些存在可能性但具有争议的石器发现物。冬季低温(零下10摄氏度)使人类进入欧洲定居的时间可能只有到人类能够控制火的较晚时期。定年约80万年前的确凿证据来自西班牙的格兰—多林阿(Gran Dolina)、阿塔普埃卡(Atapuerca),在那里的一个洞穴中发现了六个个体骸骨,他们具有进化的匠人体形,被命名为前人(H. Antecessor)或毛里坦人(H. Mauritanicus)。砍印和破损之处表明这些个体可能是食人者的牺牲品。另一个年代相仿的头盖骨发现于意大利的且普拉诺(Ceprano),可能也是前人或一种独立的种群——西布兰诺人(H. CeprAnensis)。

早期欧洲人

关于早期欧洲人生活的更多细节源自一些更晚的遗址,它们的定年晚于50万年前。骨骼化石表明发生了进一步的演化:与更早的形体相比,这些个体属于一种脑容量更大的种群,被称为早期智人(H. Heidelbergensis)。在英格兰南部的博克斯格罗伍(Boxgrove),有一些制造燧石工具尤其是手斧的制作场地,简单制作用石锤,更精细的则由骨锤完成。例如在英格兰的克拉克顿(Clacton)和德国的舍宁根(Schöningen)所发现的木矛,可能用于狩猎。动物化石和其他线索表明这些人食用了大量的肉——常常来自大型动物。他们也食用贝类,可能还有一些植物。可能偶尔打猎而不是有组织或经常性的,肉类可能也会腐坏。在法国的阿玛塔土堆遗址(Terra Amata),石块和木桩眼表明可能存在用树枝建造的房舍,很可能用兽皮盖顶,内有火炉和制作场地。少数遗址,例如德国的瓦伦多夫(Wallendorf)和马克莱堡(Markleeberg),可能有宿营帐篷,人们在那里选用高质量的燧石制造工具。

旧石器时代中期

西玛德洛韦索斯(Sima de los Huesos,位于西班牙阿塔普埃卡境内)地区一处石矿中大量的人骨遗存,提供了约 40 万年前欧洲的原始人类向尼安德特人(H. neanderthalensis)——25 万年前出现的一个原始人群——进化的证据,这处石矿被选作放置死尸的方便之所。尼安德特人的身材矮小强健,脑容量已相当于现代人;稍后(又过了七万年)欧洲"典型的"尼安德特人更加健壮,更能适应寒冷环境中的生活压力。他们的(姆斯特[Mousterian]年代的)石器包括大量薄片。这些薄片由精心准备的一块"龟"岩制造,以使预定的器形能够最终由它打制出来。出于不同目的,人们也使用其他各类石器精心制作人工制品,包括将精良的长叶尖石用作抛射武器。制造这些工具的石料不再单一来自住地周边地区:一小部分(约 5%)可能取自 60 英里(100 公里)之外的地方,少数情况下远达 200 英里(300 公里),但是余下的部分取自不远于 12 英里(20 公里)的地方。一般而言,这些材料是人们自己取得的,很少有共同体之间相互影响、相互交流的线索。

为了增加工具的种类也使用木料,包括一处石穴中的盘子。对尼安德特人制造的石器磨损的显微镜检测(微量磨损分析)结果表明,大部分工具用于处理木料。木材不仅用于制作工具而且用作手柄。骨骼和鹿角偶尔也经过削凿处理成有边的工具。处理后的动物毛皮可能用于建造房舍也可能用于制作衣服。虽然一些建筑物有屋顶,普遍认可的观点似乎是:大部分尼安德特人的建筑物是防风墙,常常与火炉有关。许多有关居住活动的资料来自洞穴和悬岩。生活环境的严酷反映在人们预料中的尼安德特人的短寿,很少有人活过 40 岁。

尼安德特人的生活 正如许多治愈伤者所表明,自然的强大使尼安德特人的生活艰辛而又危机重重。许多伤者必定是在狩猎中受伤,狩猎时他们可能与欧洲野牛之类庞大而又危险的猎物近距离接触。尼安德特人最常用的狩猎武器是矛：普通木头制作的矛或木制带有尖石的矛，以此来击打猎物。其他的狩猎方法可能包括将动物赶下悬崖，正如泽西岛（Jersey）拉科特（La Cotte）的情况一样：这包括某种程度的合作，很可能还有一些事前的计划。食用腐肉也能得到一些肉类，他们也捕捉贝类、爬行动物和乌龟之类的小动物。部分食品可能来自植物，不过证据较少。在占据着欧洲大部的苔原和草原地区，这些食品相对更少。季节性资源多被他们利用，而为了获取这些资源，在每一年的季节轮回过后，一些部族可能会在半径达40英里（65公里）的范围内移居。他们多在可以利用各种环境、能够获得各类资源的地方选择住地，这些地方常常位于河谷边缘或河谷坡地上。他们所需的资源不仅包括食品而且包括用以制作工具的高质量的石头。

尼安德特人文化的其他方面成为众多争论的主题。少许刻有简单条纹的物品可能代表着艺术的萌芽，化石和其他珍品也偶尔拿来存储，这是审美意识萌芽的证明。受伤致残者的存活表明他们受到共同体或家庭中其他健康成员的照顾。许多地点发现的大量骨骼意味着存在精心安排的埋葬方式，不过并非所有学者都接受这一点。基于已发现的一些例证，有学者认为存在相关的陪葬品，例如肉片；但其他人则将其解释为对墓葬的祭献物，同时认为放置遗体是为了方便而不是他们对死后生活观念的反映。同样，一些被证实的食人习俗的事例也为相对不同的解释提供了可能性：正如历史上和现代通常所出现的那样，食人习俗可能出于某种象征意义，或许这种行为仅仅为了索取食物。

另一个重要的问题是尼安德特人是否会说话。狩猎和其他共同活动中的协作，尤其是那些包含事前计划的活动，说明他们能够以一些方式进行交流，可能使用了一系列的手势信号、动作和声音，包括最近证明的歌唱和音乐。但是，目前人们接受的主流观点是他们没有创造语言的能力，可能生理上也不具有现代人那样的发出所有声音的能力。

现代人

尽管现代人——智人（H. Sapiens）——的出现仍然是讨论的热点，但是绝大多数人认为：他们约于20万至15万年前出现于非洲，最终遍布全球，取代了定居于其他地区的人，而且很可能并未与该地区的人繁衍交配，尽管一些迹象表明，在欧洲尼安德特人和现代人的交配可能有限。尼安德特人和现代人约十万年前共存于西亚，但是这两类人使用的工具并没有重要区别。很可能在相当长的时间内，他们的文化和知识水平近似。

文化的变革

很明显的变化约发生在6万至4万年前，这大致与现代人移入欧洲的时间相吻合(正如考古学和DNA研究所证实的那样)。大量薄片工具被轻便的石刃片取代或作为辅助以用来制造各种不同式样的工具，以此用于不同的目的。许多刃片可由同一块岩石打制而成，体现对原始材料高效和合理的利用。此时人们也经常用木料、石头、骨骼、象牙和鹿角制造工具。约3万年前在这些工具中出现了针，表明人类首次开始缝制衣物。建筑、艺术、确定无疑的墓地和复杂的狩猎活动等生活的其他方面，体现了人类的认识和审美能力发生了一定变化。口语的真正产生也表明与这一变化有关。语言使人们能够交流探讨思想，制订计划。它也促使了代代相传的知识经验在质量、数量和性质上的发展和加强。人们认为只有现代人才真正具有说话的能力。近期DNA研究清楚地显示在10万至2万年前间的某个时候，早期现代人的一次基因突变可能使人类具有语言能力。

旧石器时代晚期初

约5万至4.5万年前现代人抵达欧洲，奥瑞纳文化期(Aurignacian period)开始。它始现于东南部，但迅速向西、向北扩展，占据了从西班牙、法国到保加利亚的整个欧洲南部。这一时期的特点是：开始使用刀具、制作首饰和象牙造像，以及雕刻和最近在法国绍维岩洞(Chauvet cave)发现的特殊绘画。

同时，许多制作工具的行业显示了旧石器时代中晚期技术的融合，这体现在从俄罗斯到西班牙的部分欧洲地区，其中最著名的是位于西班牙北部和法国的查特佩戎文化(Châtelperronian)。这些似乎是与现代人接触的尼安德特人所为。尼安德特人可能还不具有发明这种新技术的能力，但却能够模仿。更早的尼安德特人制作的一些工具的特征表明他们并不缺少审美意识。

冰川期的欧洲

　　现代人和尼安德特人在欧洲至少共存了一万年。虽然这是一个争论的问题,但并没有证据表明现代人有意毁灭了尼安德特人。更可能的是,因为优异的技术和文化适应能力,现代人比尼安德特人在获取生活必需品方面和在寒冷的环境中生存更有优势。与尼安德特人相比,现代人的身体更高但欠强壮,在生理上他们适于更加温暖的气候,但是他们能够通过创造文化和一些技术手段去克服生理上的局限,如实用、复杂的衣服、房舍和火炉。所以,他们能够更好地利用适于定居的环境,并且可以应对气候和环境的变化。

　　3万至2.5万年前,向前延伸的冰盖迫使尼安德特人和奥瑞纳文化共同体进入了欧洲南部的一些宜居之地。约2万8千年前,尼安德特人绝迹。奥瑞纳文化继续活跃在包括法国南部的少数地区,直到2万4千年前结束。但是,约从3万年前,可能来自中亚的新的现代人(格拉维特人,Gravettians)始达欧洲东部。他们带来了新工具,包括篮子、绳索、捕鱼工具和缝制衣服的眼针。这些新技艺似乎帮助现代人应付了持续转冷的环境,距今3万至2.7万年间,格拉维特文化的一些产业产品在欧洲许多地区出现。最别致的格拉维特制品是被称为维纳斯小造像(Venus figurines)的妇女模型。摩拉维亚(Moravia)的下维斯特尼采(Dolní Věstonice)以及其他遗址,可能因为仪式所需,存在有意烧制陶模使其爆裂的证据。

　　建造房屋是人类面对气候变化的主要方式之一。通常会建造由木架支撑的毛皮帐篷,或者在东部地区,常常会建造由石头支撑、用猛犸象的骨骼或长牙延展的毛皮帐篷。房屋地面通常略低于周边地面,挖掘而成。防风墙和其他建筑也竖立在洞穴和悬岩内。火炉用石头建造、环绕,有时与其排列在一起。许多户外遗址都属于格拉维特文化期,尤其是在欧洲东部。气温持续下降,从约2.2万年前开始的这个极冷时期导致了最后一个冰川期的峰值约在2万至1.8万年前到来。更北的欧洲地区变得人烟稀少甚或被放弃,人类居住的地方大体限于洞穴和悬岩内。这一时期在西欧(法国南部和西班牙)称为梭鲁特文化期(Solutrean,约2.1万至1.7万年前),它以由细选的高质量石头压碎成型的"叶"状尖头石器为典型代表,该石器极其精美,但其对于实际应用来说太过脆弱。在更远的东部，从意大利到俄罗斯，目前较少得到充分研究和关注的产业活动，从格拉维特文化期继续发展，被称作后格拉维特文化（Epigravettian）。

图 2.1 关于旧石器时代晚期欧洲人的一种假想。实际上，这一时期的欧洲人穿着缝制的衣服狩猎。用矛、后来是用弓箭保护自己。他们也已掌握了火——这种对抗食肉动物的强大武器。（Figuier, Louis. *Primitive Man*. London: Chatto and Windus, 1876）

虽然衣物自身没有幸存下来，但针的存在表明缝制简单的衣服已经出现，关于这个更多的信息来自墓葬：在俄罗斯森戈尔（Sungir）的一处墓葬中，放置着装饰一男子衣物的象牙挂饰，表明他穿着裤子和一件带有单个头巾或裳巾相连的衣服。与将戴着的挂饰和耳环看作饰物一样，小贝壳、兽齿和鱼脊也用作衣服的饰物，许多学者认为这些饰品用于标示身份，例如作为一个社会部族的成员。社会间的相互影响，可能在了解旧石器时代晚期人们所生活世界方面尤为重要。在一较大范围内共同体间的交流联系可以建立起互助网络，以此来减缓生活中会面临到的各种挑战和危机，例如特别是当某个地区生活资料缺乏时。这一时期人口密度的增长迅速，可能也使得发展处理各部族间关系的战略非常重要。

第二章 欧洲的发展

虽然人类似乎小规模地群居于条件适宜地区,但是共同体间的联系使得长距离的物品交换和思想交流成为可能。海贝、琥珀、硬贝和制造工具的优质石料等物品的传播距离远达 625 英里(1000 公里),而且随着这些交流的不断扩展,同类型的艺术品广泛传播也开始出现。

经济

旧石器时代晚期欧洲人的经济活动比其先辈尼安德特人更加复杂,与后者获得食物途径似乎通常具有偶然性相比,旧石器时代晚期的人们使用了一系列组织策略。极为可能的是,一些狩猎活动已有了周密的部署,其中伏击时许多人各自为战,但一些人会相互配合。近东地区已经发现从旧石器时代末期之前就有动物皮毛的遗存、驱赶的窄道和修建的死巷,类似的方法在欧洲可能也有使用。法国的梭鲁特(Solutre)遗址就因其为天然死谷的优势而被选为驱赶动物的道路和陷阱,以此来猎杀动物;在这一遗址中马是主要捕杀对象。人们利用大型动物季节性迁徙在秋季伏击了大量猎物,并在洞穴中冷藏这些肉类。为了在不同地区获得季节性资源,人类自身也常常进行长途迁徙。目前发现的居所包括短期狩猎营地和为获得石料以制作工具的工作营地,但其中也包括居住时间长达一个季度或整年的遗址。这些居所规模各异,表明了一年内不同时期人们的分分合合取决于可获得资源的分布和多寡。一些遗址规模甚大,表明在一年某段时期内大量人群存在,很可能是在冬季,群落以冻存猎物和其他储存食物为生。当时用火融化和烤熟肉类极其重要,烧制食物的坑已在俄罗斯的一些遗址中有所发现。在食用植物、鱼、鸟、贝类、小猎物和野禽的同时,旧石器时代晚期的人也往往关注特殊的物种,如东部的马,法国南部的驯鹿。绳子编造的网可能用来捕捉野兔。使用工具种类的扩大和专门化反映出狩猎效率提高,其中包括投矛器,它扩大了精确使用抛射武器的范围。

审美和象征性的活动

旧石器时代晚期,人类智力和审美复杂性最引人注目的例证是他们的艺术。这些包括:岩洞、悬岩墙壁上的雕刻绘画,石板上的雕刻,轻便的艺术品的残片,它们由骨头、石头、鹿角或象牙雕刻或以陶土造型,其中最著名的代表物是夸张的女性维纳斯小造像。早期造像,包括几个狮头人像,可追溯至公元前 3 万年前。欧洲旧石器时代遗存下来的艺术品绝大多数源于马格德林文化时期(Magdalenian period),它位于最后一次冰川期的峰值之后。

许多艺术品细腻而形象地描绘了动物的特点,例如那些用于装饰投矛器之类的骨制或鹿角制工具的艺术品。这些艺术目的是引起广泛讨论的话题,没有一种解释能说明所有不同的现象。对特殊物品或代表性物品的合理解释包括:用于记录季节变化和环境异同;出于计划或教育的目的;代表巫师的经历;图腾符号;欢乐和丰富生活的简单装饰。此外,什么都证明不了;例如,关于狩猎活动的假想并不由喜爱捕食物种的少数代表所决定,真正缺乏的是狩猎场景或对受伤动物的描绘。但是,艺术家们审美观念的本质和他们技巧的实现不容置疑。这在他们制造的工具上得到明显体现。发明的许多新技术,如压凿石料与划沟扯碎处理的骨头和鹿角,促进了人工制品的生产,这些制品通常非常漂亮并且高效实用。

带有陪葬品——放于山穴和户外遗址挖掘的墓穴中——墓地的出现也表明知识的发展。因为,此时这些明显不再是简单放置死尸的方式,而是正如尼安德特人事例可能体现的,暗指个人超脱死亡或死后存在的一些观念。一些墓穴中有多层墓地,可能表示安葬在冬天存置的遗体,因为那时太冷而无法在地面挖掘墓穴。首饰、工具、武器和小造像之类的陪葬品此时通常与亡者放置一处。

冰川期晚期

约公元前 1.8 万年前冰川期的峰值过后,气候稍有变暖,一个寒冷、干燥环境经常出现波动的时期到来,逐渐改变了大陆上的动植物。在欧洲西部该冰川期晚期被称为马格德林文化时期,一个大量创新和旧石器时代艺术最繁荣的时代。

在这次冰川期末期,欧洲的环境逐渐发生了变化,对居民的生活方式产生了持续的影响。约公元前 1.27 万年,气温和降水突然升高(博令和阿尼努德间冰阶[Bølling and Alleröd interstadial]),出现了和今天类似的气候条件,约公元前

1.08万年随之出现了完全相反的时期（新仙女木期[Younger Dryas]）。那时，气温剧烈下降，一些冰盖在约公元前9600年气温再次突然升高之前扩大。这一环境变化对各类动物和植被的分布带来了渐进而持续的影响。苔原和半干旱性大草原地区树木增多、草原扩大，林区扩展到更南部的大陆地区。冰川期的峰值期间遭废弃的地区重新有动物和人类出现。此时欧洲的人口增加，户外遗址在数量上显著增加，而洞穴和悬岩仍然是定居的主要地点。

旧石器时代人类捕杀的许多大型食草动物，如驯鹿和马，仍然在苔原和半干旱性大草原大量存在，成为人们日常的主要食物。但是一些物种，如麝牛和巨鹿，逐渐在欧洲灭绝。狩猎效率的提高通过一系列革新得以实现。这一时期制作的小石刃很可能安于骨杆或木杆上制成箭。确切的弓箭资料在冰川期末期为人所知。弓箭可以在稍远的距离内击倒捕食的动物。狗很可能已被驯化，成为第一种家畜，在远出狩猎尤其是在追逐猎物时十分有用。随着气温的上升，多种食物日益重要，其中包括鸟、小型哺乳动物、鱼以及各种植物。拉列拉（La Riera，西班牙的一个山洞）的发现物表明：马格德林文化时期，在海岸采集的贝类成为洞穴居民饮食的一部分。但是，海岸遗址必定通常位于后来海平面上升所淹没的地区，所以，无法评价海生资源在冰川期晚期欧洲人中的重要性。

幸存下来的绝大部分旧石器时代的便携式艺术品均来自马格德林文化时期，其中包括小造像和雕刻板以及装饰工具。类似地，更重要且能够确定年代的部分岩画也来自这一时期，不过在马格德林文化晚期随着新地区的开拓而被逐渐废弃。描绘得栩栩如生的动物是绝大部分艺术的主题。

随着冰盖消融，北方新的地区变得适宜居住，其中包括不列颠南部、低地国家、波兰以及阿尔卑斯山区。约在公元前一万两千年，随着森林面积的不断扩大，欧洲北部的大部分地区摆脱了冰盖成为苔原和半干旱性大草原，喜寒动物，包括大群驯鹿，向北迁入新的栖息地，一些人群也随之迁徙。落叶林在西班牙南部、意大利南部、希腊和巴尔干半岛西部生长起来。大量地区性的产业活动发展起来，它们以不同工具类型为各自的特点。

后冰川期早期的欧洲
（约公元前 9600—前 5000 年）

全新世初期的气候和环境

陆地和海洋

　　冰川气候在新仙女木期（约公元前 10800—前 9600 年）短暂恢复后，气温再次迅速上升，标志着全新世的开始。冰盖和冰川消融，海水和空气中循环的蒸汽增加，所以降水量增加。只有苏格兰北部、挪威、瑞典以及阿尔卑斯山仍处在冰盖之下。融化的冰雪使海平面上升，淹没了此时大西洋海岸西面的大片大陆架：从爱尔兰到西班牙北部和一条沿着葡萄牙海岸更狭长的地带以及多格兰（Doggerland）北部地区（这块陆地此时位于苏格兰、英格兰北部和丹麦之间北海的下面）。地中海地区，意大利和巴尔干半岛之间在冰期时显现的陆地被上升的亚德里亚海淹没，环绕着大部分地中海海岸的狭长区域开始沉入水中。例如，西西里失去了其一半的面积并且与意大利分离，同时，希腊阿戈里斯地区（Argolid）三分之二的海岸平原在公元前 8000 年消失。冰川融水也形成了许多新的湖泊和水淀，尤其是在欧洲的北部和东部以及阿尔卑斯山的周围地区。最初，养分缺乏，一千年内这些地区的环境变得丰富多样，不过它们最终被淤塞。

　　约公元前 7000 年，爱尔兰变为岛，而英格兰南部仍然与欧洲大陆相连。许多岛屿位于今天多格滩（Dogger Bank）的位置。冰盖仍然覆盖着挪威局部、瑞典和俄罗斯北部地区。以前位于冰盖之下的北部地区，由于压力均衡恢复，上升的海面最终出现水平断错：摆脱了冰的重压之后，陆地逐渐大幅度上升，导致全新世初期一些海滩此时高于海平面几百英尺。这一过程今天仍在继续。其他地区，如东安格利亚（East Anglia）由于陆地倾斜也已沉没。此时的波罗的海地区，冰川堵塞了一个在冰川期就存在的淡水湖（波罗的冰湖［Baltic Ice Lake］）；由于海平面上升，与北海相连，面积显著扩大并且湖水变咸，成为尤蒂亚海

第二章　欧洲的发展

(Yoldia Sea)。但是，公元前6500年，由于压力均衡恢复造成的陆地上升堵塞了海汊并切断尤蒂亚海，它变为淡水的安库鲁斯湖(Ancylus Lake)，这一情况持续到约公元前5500年大陆被突破，波罗的海再一次与北海相连。

地图3 最后一次冰川期后不断变化的欧洲海岸线　　　（本插图系原文插图）

探寻史前欧洲文明

公元前6500年至公元前6000年，北海和英格兰海峡已大体达到了今日的走势，切断了不列颠和大陆之间的陆桥。爱尔兰继续向大海失去它的海岸陆地，尤其是在北部地区，直至持续到约公元前4400年。那时压力均衡恢复，天平开始发生倾斜，陆地的上升造成那时的一些海滩比今日的海平面高出数英尺。围绕着地中海的许多海岸陆地，由于不断上升的海平面而降为一片狭窄的区域。大西洋和地中海之间狭窄的海峡即使在冰川期海平面很低的时候仍然相通，但在东部，地中海和一个巨大的淡水体——新攸克星湖（New Euxine Lake）——被一个陆桥隔开，该湖低于海平面500英尺（150米）。约公元前5500年，上升的海平面突破了陆桥，向湖中注入大量咸水，该湖变为黑海且淹没了海岸周围大片土地，尤其是其北侧土地。在这一地区考察的美国调查者认为，幸存者对这次洪水泛滥的记忆产生了近东流行的洪水故事（虽然其他学者赞成这个故事的美索不达米亚起源）。

环境

摆脱了冰川，苔原和半干旱性大草原在极北的新地区发展起来，吸引着驯鹿和其他耐寒动物，其原因在于它们的生存环境在更远的南部消失。但是一些物种，如爱尔兰巨麋和猛犸象，不能适应日益退缩的生存环境而消亡。随着森林从它们冰川期时的幸存地向此时更为温暖湿润的地方扩张，更南部的苔原和半干旱性大草原日益变为森林：最初是桦树和松树，公元前8000年之后是榛树，随后公元前6000年是橡树、椴树、榆树以及其他一些落叶物种。植被的改变以及海岸陆地消失于大海导致地区性的物种灭绝，例如希腊南部的野驴和欧洲野牛。

地中海地区，降水而非气温是当时限制树木扩张的主要因素，而此时林木很繁盛。公元前8500年，以橡树为主的落叶林覆盖了伊比利亚半岛、意大利和巴尔干半岛，公元前6000年扩张至除斯堪的纳维亚半岛之外的绝大部分欧洲地区。地中海地区的全新世初期是一个物质富足的时代，那里年日照长，冬夏温度宜人，并且以落叶林为特点的可食用的物种物产丰富、数量众多。但是，公元前7000年地中海地区的落叶林逐步让位于生产欠丰的常绿林地。

落叶林出产坚果、水果、球茎、根块和块茎，同时在更广阔的空地生长着豆科植物、各种豆类和包括一些野生谷物在内的草。众多的物群生活在这些地区，如马鹿、狍子、羱羊、欧洲野牛之类的食草动物，野猪、兔子等其他哺乳动物以及鸟类和蜗牛。在沼泽、湖泊、水淀边缘，河流两岸尤其是河口地区，环境资源丰富多样，不仅盛产陆上动植物而且还出产鱼、贝类、龟等水产品，以及菱角之类的水生植物，当然还有野禽。大西洋潮汐海岸周围被淹没的大陆架浅水区与下沉程度较轻的地中海海岸，贝类资源也很丰富，如贻贝、帽贝和牡蛎。海洋中还有鱼：黑海的鲟鱼、地中海的金枪鱼、大西洋中的鳕鱼、鲷科鱼和绿青鳕、大西洋中的海豹、鲸等海洋哺乳动物。

中石器初期
（公元前9600—前6000/5500年）

经济

人类不断调整其生活方式以适应和利用新环境。他们对各种灵活方法的成功采用，使其能够把握住机会，合理应对生活环境中因季节变化而出现的困难和波动。利用各种环境中的资源很是重要：人类倾向于在一年中的部分时间或者后来有时全年都定居在能够利用各类环境的地区，例如湖泊的周围，河流、河口地区或者能够进入森林、沼泽和山地的海岸。例如在伊比利亚半岛北部，一些中石器时代共同体占据了河岸和河口地区(阿斯图里安，Asturian)，开发利用水生资源，捕杀鹿、野猪之类的猎物，他们居所的大量存在可从贝壳垃圾堆中得到佐证。出自这些遗址的人工制品表明人们用线钓鱼且使用拖网。其他共同体(阿齐利人[Azilian]）占据着海岸和内陆据点，包括比利牛斯山和坎塔布连山部分地区，在那里捕猎羱羊之类的猎物。山穴、悬岩以及露天遗址都用作居所。而高山地区，例如阿尔卑斯山和坎塔布连山的南坡地带，往往在夏季各月被使用。聚落常常避开不可改变的环境，如密林的内部，虽然经长途跋涉也可能进入其内部。

一些共同体保持着利用驯鹿和其他耐寒动物的传统经济方式，但是此时仅限于北部。随着冰盖融化而显露的土地变得可用，北部地区也逐渐被开拓。最终，这些动物和以其为生的人群仅在苔原仍存的极北部地区活动。逐渐扩展的森林有利于马鹿和狍子之类的食草动物生存，与驯鹿、马和其他在苔原上被捕杀的动物相比，它们的生活方式群居性更加脆弱，极少有季节性的迁徙。此时，为了应对更加独行的猎物和复杂的地势，狩猎方法必须得以改进。出现于马格德林文化时期的弓箭此时得到了进一步改进和发展。人们使用装有细石器的木箭，削或刺杀死猎物，或用钝头木箭击昏或杀死毛皮动物和鸟类而不破坏它们的皮毛。狗不仅在帮助人们寻找、惊起、追踪和驱赶猎物上极其重要，而且在追逐受伤的猎物、确定其位置以及找回跑入林中的猎物方面也很重要。尽管在旷野狩猎时，集体协作不失为一种狩猎策略，但主要狩猎活动似乎常常单独进行，或是带一两个帮手结伴前往。通常也会使用陷阱或诱饵来捕猎。鹿和野猪是最广泛的捕获物；驼鹿和欧洲野牛也偶被捕杀；正如在地中海地区捕杀兔子一样，在多山的地区常捕获羱羊和岩羚羊；捕杀鸟类遍及各处，尤其是在湖泊、沼泽、河口和海岸周围。取自食用动物身上的毛皮可用于制造帐篷、衣服和容器；但是，为了获取毛皮也捕杀河狸、狼、水獭和貂之类的动物。旱蜗牛和其他小动物也在捕获之列，而正如一幅西班牙岩画所示，蜂蜜多采自森林中。肉类可以风干和熏干以备日后之用。

包括根、根状茎、球茎、块茎、叶子、水果、种子、坚果、真菌、干果仁等植物食品的急剧增加必然使其重要性在饮食中有所增加，它们大多生长在日益扩展的森林、湖泊边缘和沼泽地区，其中许多可以储存起来冬天食用，如坚果、块茎以及水果等。然而，由于绝大部分植物作为永久废弃物而少有遗存，现存的此类证据

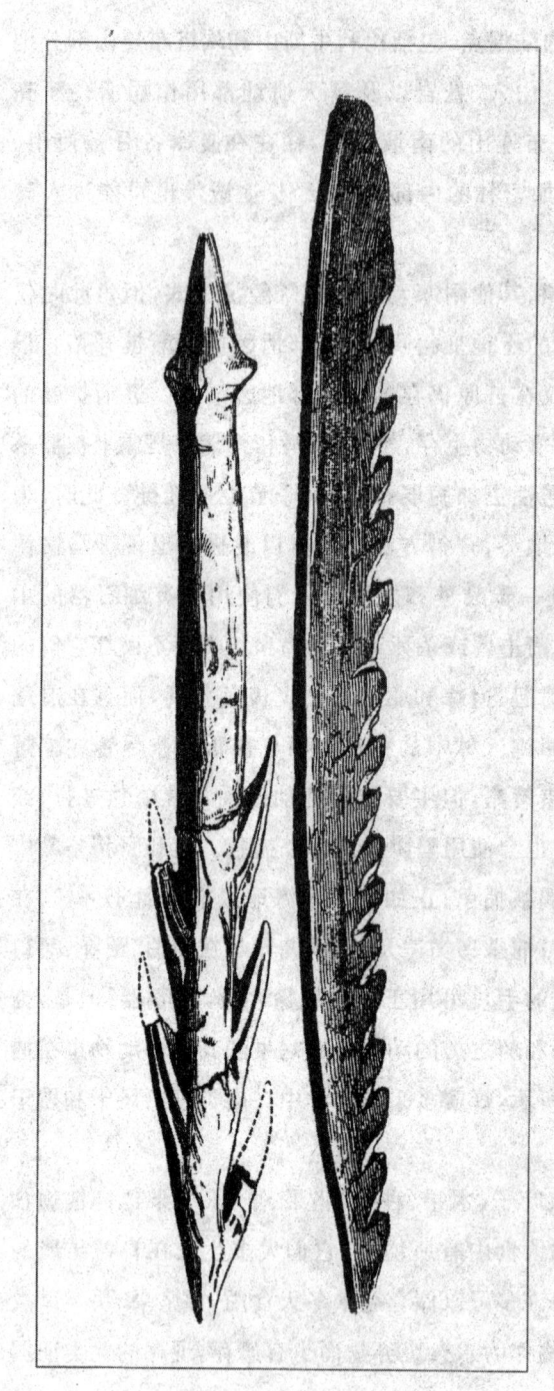

极少。但是，水中遗址的粪化石（残存的粪便）、磨损的牙齿和最近对人骨同位素的分析证明：在可以获得植物的地方，人们经常食用植物。间接的证据来自对衣物的显微镜分析，它提供了所使用工具的信息，以及用于获取和加工植物食品而引进的新工具。其中使用的许多细石器、小石刀和薄石片（常常是燧石）都极其高效地利用了石料；它们单独或一齐固定于木或骨中，做成磨碎器或石刀之类的复合工具。磨石和锤石，可能用来加工种子、坚果和其他坚硬的食物。穿孔圆石（maceheads）可能用于木制掘棒以增加其重量和效力。现有证据表明，即使在中石器时代初期，也有对植物和生活环境谨慎合理利用的观念。有时，火烧和剥树皮的方法会被用来清理树木、芦苇和其他浓密的植被以制造无林区，促进能吸引猎物

图2.2 狩猎器具：丹麦中石器时代带刺的骨制尖状物（左侧）和法国马格德林文化时期（冰川期末期）带刺的骨制鱼叉头（右侧）。两者可能都拴有用于猎取大型猎物的长木杆。(Lubbock, Johan. *Prehistoric Times*. New York：D. Appleton and Company, 1890)

探寻史前欧洲文明

的嫩芽生长,以及促进如榛木坚果等多种食用植物的生长。在北部地区,削制的燧石斧可能用于砍伐树木,但确定的是其一定用于木料加工。

海岸、湖泊、河口地区和河流也提供了大量鱼类和贝类。正如木制和植物纤维制造的夹子、鱼梁、渔网、特殊的石刀具和"帽贝尖棒"(limpet picks)用于捕捉岩缝中的贝类并将其打开一样,新发明的工具:包括鱼钩、鱼叉(三尖头鱼叉)和鱼镖也用于捕捉淡水鱼和海鱼。同肉类一样,鱼也可以储存以供一年中收获贫乏期食用。巨大的贝壳堆是众多中石器时代海岸聚落最常见的遗迹。这些贝壳堆是由废弃的混合物构成,其中海贝最多。北方地区也会食用海生哺乳动物,捕杀海豹之类较小的哺乳动物,不过所食用的鲸鱼可能通常是搁浅在海岸的伤残者。中石器时代初期的海岸遗址因不断升高的海平面而消失,因此不可能断定它们相对的重要性。但确定的是:中石器时代末期,海生和海岸资源极其重要。聚落集中于欧洲的许多地区,如大西洋海岸。希腊弗兰克西(Franchthi)的大量鱼骨表明:公元前7000年后发展起来的金枪鱼捕鱼业补偿了因海岸平原萎缩而造成的陆地资源减少的损失,并且在公元前6000年后日益重要。

定居、迁移和社会

为了在一年中不同时期能够从不同地区获得资源而进行季节性迁徙在冰川期就已开始。这种活动仍在继续,但是为了利用新资源和适应先前资源的分布变化而出现了新的方式。例如,人们为了捕获鹿而追随它们在低地和高地之间的草场移动,但是此时的季节性移动范围与旧石器时代猎物如驯鹿的迁徙范围相比极小。在产卵鱼群出现的季节,人们就会造访海岸地区。当期待中的迁徙鸟群现身湖沼时,人们也随之现身。中石器时代初期,上至约公元前6000/5500年,共同体的规模通常情况下似乎很小,并且为了利用这些资源而季节性地来回奔波,通常一年内活动范围直径可达50至80英里(80至150公里),有时甚至更广。季节性的移动使得共同体间发生了联系,维持了社会关系。交流不仅能够恢复联系和相互通婚,而且也能够进行物品的经济交换。原始材料和物品经由一系列此类交换可以传得很远。

水上交通和探险因捕鱼造船业的发展而出现。在中石器时代初期,关于这些活动的证据是间接的:一些来自各种遗址的木桨、公元前第八个千年西西里、科西嘉和撒丁等岛屿上的一些工具和其他人类遗存。但是,从中石器时代末期的一些独木舟得以残存于少数遗址中,其中包括曲布林湾(Tybriad Vig),该地还发掘出一些装饰华美的桨。源自此处的一条独木舟近 33 英尺(10 米)长且有一个陶制火炉,可能用于夜间捕鱼,也许是鳗鱼。公元前 9000 年,来自希腊南部的人们抵达米洛斯岛,从那里带回了黑曜石。这是共同体间所交换的诸多材料中的一种,这些材料从其产地流传很远,其他材料有贝类和琥珀。

  有关中石器时代居所的资料很少,大部分证据限于下沉的地板和支撑着芦苇或树皮墙的木桩残迹,或是由石制刮刀备好的毛皮所建的帐篷。有时,树皮或陶土做的地面遗迹也得以残存,由建造火炉地方的小片沙地保护。房屋的地基偶尔由石头砌成。在多瑙河铁门峡谷(Iron Gates Gorge)中的莱彭斯基村(Lepenski Vir),发现了许多梯形小屋的地基由木桩做成,在这些小屋之中就有著名的石灰岩鱼面人造像,其眼睛凸出、嘴巴张开。一般说来,这一时期的艺术品远没有旧石器时代晚期的艺术品著名。中石器时代初期已出现绘有点或线的几何图案的卵石:这些图案可能具有一些符号意义,可惜此时都已失去。但是,在中石器时代末期的赤鹿岛墓地(Oleneostrovski Mogilnik)遗址的陪葬品中,诸如雕刻的驼鹿头等极少数发现物表明,当时并不缺乏技术或艺术性创造活动。但是,中石器时代人类使用的极易腐坏的材料少有幸存。中石器时代晚期,西班牙南部的岩画和斯堪的纳维亚半岛的石雕,提供了生动显现中石器时代生活的珍贵场景,表现了人们的劳动,如狩猎、采蜜以及闲暇活动,如参与集体娱乐活动。在英格兰的斯塔群落(Star Carr)发现的由带角鹿头骨制作的面具可能用于跳舞或其他仪式活动,不过其中之一可能用于助猎。极晚的巨石阵(Stonehenge)遗址附近的大量木桩坑,曾是公元前 8000 年竖立的巨大松木树干的位置,其为另一个中石器时代仪式活动的模糊残迹。

新石器时代早期 公元前 7000—前 5500 年

欧洲农业活动开始

  冰川期后的近东见证了农业活动的快速发展和传播,其中也包括安纳托利亚——欧洲的最邻近地区。直至约公元前 5500 年,安纳托利亚西北部仍与欧洲极东南部地区通过一小段路桥相连,这一路桥在地中海向黑海注入大量海水时被淹没。此外,欧洲东南部和安纳托利亚海上交往至少始于公元前 9000 年,有能力的航海者驾驶着适于航海的船只活跃其间。

约公元前7000年,农业共同体开始首次在希腊东部和克里特岛出现。他们驯化的家畜和改良的种植物种包括:绵羊、山羊、小麦和大麦,这些都从近东引进,为近东地区的土产。安纳托利亚的农业共同体也饲养猪、牛和种植各种豆类。这些可能业已引进,不过,野猪、欧洲野牛和一些谷物、各种豆类在欧洲的野外也存在,所以,它们也可能在当地驯化改良。随着农业在欧洲扩展,改良的新物种也成为人们使用的对象,野生动物和家畜之间可能出现了交配。

尽管最初的种植物种从近东引入,但是仍存在争议的是,通过农民和已不断改变资源管理方式的采猎者的交往,或通过因寻求新土地而迁入的农民人口增加。这些物种到底得到了多大程度的传播,学者的观点各异,但是普遍认为,此时希腊、巴尔干地区、意大利南部,欧洲中部地区的首批农业共同体主要是移民,而其他地区可能有迁入的农业共同体,但主要是当地的采猎者进行了生活方式的转向,因为当地的经济或社会条件使其有利可图。

在诸如希腊南部和欧洲东南部等最初只有农业共同体定居的许多地区,中石器时代的人口数量似乎很低。虽然在少许地区中石器时代和新石器时代的共同体发生了联系,但是一方喜爱的环境往往对另一方并不具有吸引力。采猎者偏爱海岸、湖滨、河口和拥有大面积易于获取野生资源的其他生态地区,而农民经常选择易于取水、灌溉便利、适于稼穑兼备大量空地的地区,例如仅有有限野生资源的河流冲积平原。明显的例子是,受欧洲中部第一批农业共同体钟爱的黄土地却被采猎者弃用。

通常而言,某一地区内首批农业聚落的规模往往很小,数量也少,而且与之相随的文化在广大区域内常常也是一致的,例如,线纹陶文化的所有辐射区域(欧洲中部首批农民,从喀尔巴阡盆地西部到法国北部和乌克兰)。某一地区后来的聚落规模往往更大并且反映出对空间的利用,促使最早开拓地区人口密度增大,并且促进了人口向该区域内的其他宜居地扩展。这种内部扩张往往与物质文化区域性的变化相伴,这尤其体现在陶器造型上。聚落的多种防卫设施或界限标识在一些地区发展起来,如围以沟渠。有时还伴有暴力冲突的迹象。

畜牧业的发展,与农业和许多中石器末期部族的发展使得人口增长比先前更快。尽管如此,几千年内农业共同体在欧洲的绝大部分地区仍是少数,一些地区,尤其是大西洋地区和北部地区,狩猎和采集仍是更受欢迎的生活方式。然而至公元前3000年,农业生产遍及整个欧洲,狩猎很大程度上被放牧所取代,但是对野生食物的利用并没有完全放弃,尤其是海产和水生资源。

地图4 冰川期后的采猎者和公元前4500年前农业的传播 （本插图系原文插图）

探寻史前欧洲文明

图 2.3 早期欧洲农业的想象性重建。这类对聚落附近小规模花园土地的种植，可能代表着新石器时代欧洲许多地区农业的特点。(Figuier, Louis. *Primitive Man*. London: Chatto and Windus, 1876)

希腊和巴尔干地区

欧洲东南部中石器时代的聚落似乎很稀疏。尽管经过几十年的考察，在希腊大陆极少发现中石器时代的遗址，除了位于色萨利的塞奥佩特拉（Theopetra），其余都位于近海地区。这些遗址中资料最丰富的是阿戈里斯地区的弗兰克西山洞。中石器时代末期弗兰克西山洞的居住者主要利用的资源就有从深海捕捞的金枪鱼。因此，爱琴海海岸共同体之间可能存在着海上交流。爱琴海为希腊和近东尤其是安纳托利亚提供了交流的渠道，由此改良的植物和驯化的动物以及新石器时代的材料可能得以传播。

弗兰克西山洞中石器时代的长期居住活动，约在公元前 7000 年发生了重大变革，包括磨制石器和陶器等新的人工制品、家畜以及稍后时期的种植物开始出现；与此同时，野生食物和中石器时代使用工具的废弃物以及聚落的规模不断增加。虽然一些学者认为这表明了当地农业的发展，他们利用了与近

第二章 欧洲的发展

东农业共同体交流而获得的改良物种。但是，更可能的是它反映出与定居在这一地区移入农民的交流联系。类似发展概况可以在多瑙河铁门峡谷的莱彭斯基村见到，约公元前6000年家畜和中石器时代的物品在那里同时出现。

约公元前7000年，少量农业聚落始出现于希腊东部和克里特岛，公元前第七个千年期间传播到色萨利（原始塞斯克罗[Proto-Sesklo]和塞斯克罗文化）。这些农民极有可能来自近东和安纳托利亚的部分地区，很可能取道海路，带来了他们所有类别的家畜和改良的植物。进一步扩张必须适应更加温和的大陆性气候，以及夏季偶尔的降雨和更加寒冷的冬天，但是公元前6000年，农业共同体从中央山系（central mountain ranges）东部的巴尔干传播至喀尔巴阡盆地东南部，定居于肥沃平原地区且避开了其他气候环境。（斯塔切沃-克洛斯河-克里斯河-卡拉诺沃 I 复合体[Starčevo-Körös-Criş-Karanovo I complex]）。这些居住区通常是10或20个正方形或长方形房屋组成的小共同体，这些房屋由泥坯或陶土建在木结构之上。大概仅能容纳一个核心家庭，他们有一个配有火炉或陶制灶台、磨石以及陶制储箱的单独房间。随着时间的推移一些居住区不断扩大，最终可能包括多达60所房子，例如在巴尔干卡拉诺沃形成长期居住的土丘（tell）。不过首批农业聚落可能仅仅是初步开拓，永久性的聚落似乎不久就在许多地点建立。众多聚落经长期居住，尤其是在巴尔干地区，形成了土丘（屡毁屡建的陶土房间的碎石构成的土丘）。于那些并未形成土墩的地区而言，其原因可能是在于建造材料的性质（木材可能被重新利用或烧毁）而不是因为暂时性的居住。

希腊最早的定居者可能并不使用陶器，陶器在安纳托利亚的遗址中出现于公元前第七个千年早期；稍晚的定居者制作了无图案、稍后是绘有几何图案的陶器。他们用石头、燧石、黑曜石、可能还有木头制造工具，并可能用陶印模（pintaderas）制作印花图案来装扮自己。在南部遗址中很常见的绵羊和山羊在更远的北部地区并不常见，它们的重要性也随着时间的推移而下降。人们也饲养猪和牛，捕杀多种野生动物，如鹿、鱼、野猪、欧洲野牛、毛皮动物以及野禽。可能部分为了获取肉和毛皮，部分为了阻止它们吃农民的庄稼，其中包括小麦、大麦和各种豆类，如豌豆、巢菜。附近林区的野生水果和坚果，正如其他一些野生植物一样被采集食用。虽然这些农民使用的工具包括少许磨制石斧,但这仅在有限的森林砍伐区有些迹象。可能全家人耕种自己的土地,照料自己的牲畜。但是位于室外的炊具表明全家人一起共餐。

在希腊和巴尔干遗址中发现有爱琴海的贻贝和爱琴海米洛斯岛的黑曜石,距其产地远达 280 英里(450 公里),这标志着整个地区贸易交流的存在,不过可能并不包括亲属或其他共同体内部联系背景下的短距离交流。极为可能的是一些人专门从其产地收取这类材料;农民和采猎者在接触的地区可能也存在一些交换,谷物不仅用于交换猎物,可能也用于交换采猎者远航捕捞获得的物品,如黑曜石。黑曜石和燧石用于制造刀具和其他带刃工具。陶土除了制作不仅表现出整个地区所有风格的相似性而且更多地表现出地区性差异的陶器外,还用于制作人和动物的小造像。他们可能用于宗教目的。虽然一些可能与神庙有关,例如希腊新尼科梅迪亚(Nea Nikomedeia)村中央的巨大建筑物,但是绝大部分都发现于普通房屋,可能反映出家庭仪式活动。一些墓地位于聚落内,但是绝大多数亡者可能火葬并埋于聚落外。

东部地区

对于东部来说,布格河(Bug)和德涅斯特河(Dnestr)沿岸居住着以渔猎采集为生的共同体。位于河口地区的一些较大聚落可能常年有人居住,并且作为季节性远征的基地,例如进入克里米亚山区,他们在那里住于山穴和悬岩中。生存在草原和森林的动物有羚、熊和鹿,都是他们被捕食的对象。约公元前 6000 年,定居于当地区河岸平地上的一些采猎者的饮食中开始出现家畜,他们也开始饲养牛和猪,但还主要依赖野生资源,例如在索罗基(Soroki,布格-德涅斯特文化)。他们也制作复合装饰或刻有符号的壶罐,其底部通常带点饰。通过与黑海北岸邻近地区农业共同体的贸易交流或对其进行侵略,他们获得了家畜和稍后时期的谷物,而这些地区的农业共同体与建立于公元前第七个千年晚期的巴尔干克里斯文化相关。东部其他采猎者共同体也逐步获得了家畜并开始制造陶器。最近,在乌克兰第聂伯河水流湍急区域发现了许多墓葬:按时代排列跨越了数千年,其中一些属于当地晚期采猎者。

第二章 欧洲的发展

地中海地区

印陶文化(Impressed Ware Culture) 公元前第七个千年期间,农业聚落在意大利南部和西西里东部也开始出现,这一地区很少有中石器时代的人群。公元前第六个千年期间,这里的农业聚落更多且向北扩展到亚平宁山脉东部,抵达意大利北部并从此扩展到阿尔卑斯山西部。波河平原(Po Plain)当时定居有采猎者共同体,并未出现印陶文化族群。短暂的初期阶段后,由一条或多条沟渠环绕的聚落在意大利出现,其中以南部塔沃列雷平原(Tavoliere)地区的最为著名。在该聚落内,在更小的环形沟渠围绕的场地中,存在单个木结构房屋。各种规模的聚落已经出现,稍大规模的聚落在稍后时期尤其明显。正如在欧洲东南部一样,聚落的居民也饲养绵羊、山羊、牛和猪并且种植谷物。目前流行的观点认为,这些农民是来自地中海东部的殖民者。

在地中海世界,当地的共同体在逐渐实现农耕生活方面起了主要作用。公元前7000至前6000年间,由于海平面上升,海岸和陆地日渐萎缩,而且环境的变化剥夺了他们的重要资源,中石器时代的共同体面临着不断上升的压力。解决办法之一就是加强对海洋资源的利用,其中包括需要进行远洋捕捞的金枪鱼等鱼类。地中海岛屿逐渐有人定居:科西嘉岛和撒丁岛在公元前第九个千年或公元前第八个千年期间;巴利阿里群岛(Balearics)在公元前第六个千年末期;没有土产动物群的马耳他岛,可能在公元前5000年并没有大规模居住人群。海上航行促进了地中海广阔地区内各共同体间的联系,因此,自公元前第七个千年起,一种风格明确、有压印装饰,特别是压有海贝装饰的陶器——贝壳相(Cardial)压印陶——开始出现于中石器时代文化人群中:从巴尔干地区亚德里亚海海岸,经意大利的海岛和沿海地区、法国南部传到伊比利亚半岛的南部海岸和摩洛哥、阿尔及利亚的北部海岸。意大利南部最早的农业共同体也使用压印陶,公元前6000年左右他们也制造彩陶。压印陶形制和装饰的变化,可能表示宗教共同体的独特身份。公元前6000至前4500年间这种陶器类型也沿大西洋沿岸从葡萄牙传至法国;交流网从法国的地中海沿岸扩展至中央高原(Massif Central),经加隆河(Garonne)扩展至大西洋,它也将新石器的技术知识和家畜传播至西部的中石器时代文化共同体。

公元前6000年至前5500年间,绵羊和山羊也开始在地中海地区中石器时代的洞穴和不设防的聚落内出现,它们的肉和皮毛对于取之于捕猎动物的需求而言是极大的补充。这种情况可在长期居住在西西里西北部乌佐洞穴(Grotta del'Uzzo)的中石器时代文化聚落内得到证实。在撒丁岛和科西嘉岛,家畜重要性的上升和当地物种"Prolagus Sardus"(一种鼠兔)和"Megacerus Cazioti"(一种鹿)数量的下降同时发生,而这两种动物最终灭绝。拥有驯化的绵羊、山羊和野生猎物以及植物食品的聚落,此时也出现于巴尔干亚德里亚海地区的海岸和内陆地区(达尼洛-斯米尔奇[Danilo-Smilcic]),那里沟渠环绕着拥有房舍和放牧牲畜空地的聚落。在法国南部和西班牙南部,绵羊、山羊,有时是猪和野生资源一起出现。公元前第六个千年晚期,采猎者从邻近的农业地区那里也接受了种植的谷物,尤其是大麦。可能此时也引进了豆类,但是至少当地的野生豆类,例如鹰嘴豆、豌豆和小扁豆也被种植。类似地,家畜数可能也由当地的野猪和欧洲野牛充实。

新石器时代的生活方式如何扩展至意大利中部和北部以及地中海西部地区,对此有不同的看法,有人认为这是因为新移民;也有人认为当地发展的农业共同体都源于已逐渐采用饲养动物和种植谷物的当地采猎者共同体,随着时间推移他们逐渐减少了对自然资源的依赖。在许多事例中似乎后者更为可能,但是也存在殖民的证据。例如在葡萄牙南部,拥有压印陶、家畜和磨制石器以及谷物的聚落,在公元前6000至前5500年间出现之前并没有中石器时代文化聚落(著名的埃斯特雷马杜拉[Estremadura]北部地区)。而以采集、渔猎为生的共同体主要集中在塔霍河(Tagus)、萨度河(Sado)和马尔拉河(Mira)河谷地区:这一事实支持了当地农业共同体是外来者的理论。

使用混合农业和中石器时代资源的遗址大部分分布在岛屿和海岸地区,反映出海上交流的重要性。只有更晚的使用改良物种的遗址才开始在地中海中部和西部的内陆地区中出现,例如西班牙中部、法国南部和比利牛斯山区。

公元前5500—前5000年的扩张和发展

欧洲中部

线纹陶文化(Linearbandkeramik,LBK 也称作多瑙河文化Ⅰ) 公元前

5500年,农业聚落开始在喀尔巴阡盆地的西部出现并传播到喀尔巴阡山脉的北部和西部。由于气候和环境都与南部地区显著不同,这一地区内外的开拓活动需要一些适应过程。炎热的夏季和温和的冬季逐渐被温和的夏季和漫长寒冷的冬季取代;集中于冬季的少量降水被一年中大部分时间的丰富降水所取代,其中包括降雪;空旷林地和灌木丛被茂密的森林取代。曾经简单地将其看作是来自塞尔维亚(Serbia)和匈牙利东部斯塔切沃-克洛斯河文化农业定居者的一次扩张,此时仅仅表明这些移民是喀尔巴阡地区中石器时代土著人的后裔,他们从其巴尔干邻人那里传入了家畜、庄稼和农业活动。然而无论起源如何,他们的传播极为迅速。在500年内,类似的农业聚落广泛出现在现今低地国家和远达巴黎盆地的法国北部以及直达北欧平原的南界和奥德河(Oder River)入海口。公元前第五个千年期间,他们向东传至摩尔达维亚(Moldavia)和乌克兰西部。人口的快速增长似乎推动了向这片多产的处女地的扩张,而当地采猎者可能很少涉足此地。

这些聚落多限于河谷尤其是广袤的黄土地。这些风吹来的土壤,易于劳作、排水便利且很肥沃,也相对远离森林,这就节省了耕作前包括清除土地在内的劳动量。尽管如此,这些聚落内的居民使用的人工制品包括许多斧子和木质工具,因为这些人群为了建筑、工具以及烧柴,十分依赖从附近的森林取回的木材。

小的聚落数以千计,通常不超过六所房屋,并且每一两英里(1至3公里)就有一处。在一些地区,聚落由连续不断的单所房屋构成,内部空间约在55—110码(50—100米)之间。这些居所都是很长的单层房屋,带有固定的屋顶和凸出的屋檐以处理雨雪。建造这样的房屋必定需要集体合作劳动。在需要时可依赖的血亲关系是在新地区建造流行样式的因素之一,而这种血亲关系在一定程度上抑制着居所范围的扩展。

独特而刻有曲线和圆点的粗陶给予这一文化以称谓:线纹陶文化(LBK)。为砍伐树木、木工制作并在耕作时可做锄使用而设计的磨制石斧和手斧也属于线纹陶文化独特的人工制品。正如燧石、陶器和黑曜石等其他物品和原料一样,诸如闪石等适于制造这类工具的有细密纹理的石料,常常需要长途贸易交换才能获得。来自爱琴海和黑海的贻贝表明:交换不仅发生在线纹陶文化共同体之间,而且出现在此时线纹陶文化共同体与更远的野外农业共同体之间,因为河流提供了交流路线。

绝大部分线纹陶文化遗址表面所存在的侵蚀，严重限制了获得住房和其他生活方面的信息。残存物通常是房屋木架深坑中的树桩和取土筑墙所挖的坑。一些更小的建筑可能是作坊或农场建筑。许多房屋可能容纳单个核心家庭，而一些房屋可能住着更大的家庭共同体。换言之，长达145英尺（45米）的建筑物可能用于不同的目的，例如用作神庙和共同体集会地。虽然绝大部分聚落位于易于到达河沟溪流的地区，也有些并非如此，但是它们有木头砌成的井供水。

房屋墙壁由大量木桩构成，其间填充着编织物和涂抹物。内有三排木桩，以支撑山墙。屋子中央有火炉和活动区，可能是进行大多数日常活动的地方。屋角可能有休息场所和储藏的空间，其中一处可能用于圈养家畜。另一处屋角的上部可能通常有一个仓房，谷物和其他易腐食品可能储藏其中。此时牛是主要家畜，提供着大部分肉，可能提供奶。猪的数量也在增多，以附近森林中的牧草为食。除了更早的主食——小麦、大麦、豆类外，线纹陶文化的农民可能种植藜（藜科植物）和罂粟，不过可能仅是种植的野草。小块土地可能被永久地清除了主要植被，有时至少是用火烧的方法。耕地通过轮作和施肥而保持肥力。这一时期，农民很少而土地很多，这意味着仅有少量土地用于耕作，一般是在聚落周边一公里范围内。家畜可以在田野里放牧或者让其在附近森林中觅食。野生资源也可利用：鱼、野禽、鹿、野猪和欧洲野牛；水果、坚果和其他植物食品以及喂养家畜的叶子和其他饲草。其中一些可能储藏起来用于过冬。

在线纹陶文化区的西部，其次是在更远的东部，亡者葬于小墓葬中的单个墓穴中；这些墓葬位于更大的聚落附近，或者一个中央墓葬由聚落内的许多家庭或村庄共用，而聚落呈带状分布。土葬、火葬皆有。少量墓穴和其内放置的一些不同类别的陪葬品，描绘了一些获取资源的不同情况，可能反映出地位差别，或是家庭或共同体间不同程度的成就。

欧洲中部的黄土地是采猎者大都避开的地区。但是，当线纹陶文化的农民抵达大西洋和北海地区的西北部时，他们与中石器的共同体发生接触，尤其是在海岸和河口地区。在接触的地区必定都发生过冲突与和平的交往。对土地和资

第二章　欧洲的发展

源的竞争,可能促进了防御和领地界限的出现。这一地区内的一些线纹陶文化聚落由一条防御沟渠围绕,但是,其他地区的聚落通常并不封闭。食品和其他资源与知识和专长一起在共同体间交流:中石器时代共同体获得了驯化改良的物种、陶瓷制作技术,同时,一些农民采用了加工燧石或获得野生资源的中石器时代技艺。线纹陶文化西北边界的拉奥格特文化(La Hogutte),可能代表着已从线纹陶文化农民那里引进了陶器和家畜的中石器时代的人。

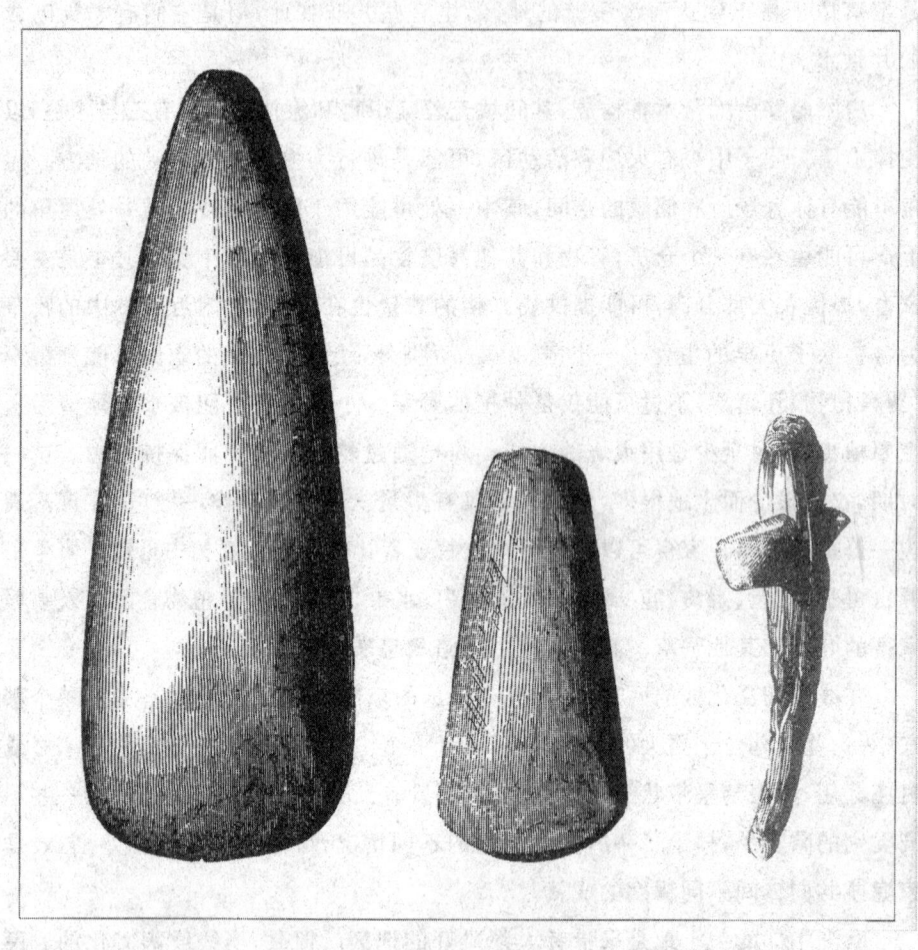

图2.4 爱尔兰新石器时代的磨制石斧。位于右侧的为莫纳亨郡(Co. Monaghan)所发现的带松木柄的石斧。石斧不仅是木工工具,也可用于为耕种而平整土地以及打击头部杀死对手等目的。(Lubbock, Johan. *Prehistoric Times*. New York : D. Appleton and Company, 1890)

希腊和巴尔干地区

塞斯克罗末期-瓦达斯特拉-温查-卡拉诺沃Ⅲ-杜代什蒂晚期（Later Sesklo-Vadastra-Vinca-Karanovo Ⅲ Dudesti） 公元前5500年，欧洲东南部农业共同体数量增多，规模变大，这反映出一种成功生活方式的普遍采用和人口的大量增长。这些共同体其中有一些是更早的聚落，例如卡拉诺沃的土丘；其余的则是在以前未被利用的地区新建而成。虽然许多共同体居民是最初的农业开拓者的后裔，其他的则可能是已经采用农业生产方式的采猎者族群。当公元前5500年左右地中海突破海岸进入黑海时，黑海沿岸的洪灾可能也迫使许多沿海的农业共同体迁居内地，如以前人们稀疏定居的多瑙河入海口地区。虽然农业继续着以前的活动，牛却变得日益重要，驯化的欧洲野牛可能增加了它们的数量。

优质实用的原始材料通过交换继续流传到很远。此外，一些人造物品也在共同体之间交换，包括当地类型的陶器。一些陶器器皿饰以人的特征，甚至以人形制造，特殊的拟人造像也有制作，不过这可能用于一些仪式目的。铜制物品首次出现，最初经冷锤处理以制作小珠之类的小型物件。

聚落在绝大部分时间内是不变的，也没有任何情形不同的信息。少数聚落中央有一座很大的建筑，例如希腊北部的塞斯克罗。一些聚落由深沟环绕，可能为了防御，然而并没有冲突的迹象。绝大部分地区的居民继续将亡者埋在聚落内，通常是在他们房子旁边或下面的坑中。但是，在一些地区，一些聚落开始有了单独墓葬，其间埋葬着这个共同体的一些成员。其中包括位于黑海地区的多布罗加（Dobrogea）沿海地区——一个可能吸收融合了本土中石器时代文化的区域——和匈牙利平原。

大西洋和北部地区

中石器时代末期（自公元前6000/5500年起）是一个对许多采猎者共同体有着诸多压力的阶段，其中包括那些欧洲西部和北部的共同体。此时，北部大量的平原（多格兰）已被北海淹没。随着大西洋沿岸地区继续丧失，英吉利海峡将不列颠与欧洲大陆隔开。大约此时将北海与安库鲁斯湖隔开的斯堪的纳维亚陆桥被突破，后者变为滨螺海（Litorina Sea），最终成为波罗的海。内陆地区，降水量的增加和更高的气温促进了植被生长，促使林区更大、更密、更不可穿越，这使得更少的大型动物更加不容易啃食嫩叶；与早些时期更加空旷的林区相比更加不利的环境。此时致命的吊架或偏菱形箭头的发展可能反映出在林地环境中狩猎需要更高的效率，以抵消下降的可见度和可穿越性。狗的重要性日益上升可能也与此有关。在一些遗址中，狗被葬于单独的墓地中并有陪葬品。森林也扩展到群山更高的坡面，供食草动物生活的夏季高地草场日益萎缩。

　　生活在北部和西部的共同体通过对已确定资源的有效利用和添加新食品，来应对不断变化的环境，特别是凭借近海和深海捕鱼和猎杀海洋哺乳动物，加强对海洋资源的利用。捕鱼业的重要性反映在诱捕和抓捕鱼类器械的增加，例如鱼梁、鱼网和鱼叉。对丹麦阿格奈斯内陆狩猎营地中人骨和狗骨的分析表明：居民饮食大致以海洋资源为基础。人口全面增加，一些地区的聚落规模增大，居住时间变长，但数量下降。例如，在葡萄牙，许多位于海岸、众多河流的河口地区以及内陆石灰岩洞的小型遗址，由早期形式转变为仅位于主要河流河口的集中聚落，特别是塔霍河、萨度河和马尔拉河，它们以大量贝壳垃圾堆为标志。绝大部分聚落可能在一年中的大部分时间或整年居住，不过一些似乎是为了利用特殊资源而建立的短期住地。对此地贝壳垃圾堆中遗物的化学分析表明：居民饮食的一半或更多来自海洋资源，不过也利用陆上资源。阿莫里卡（Armorica）更北地区也存在早已确立的中石器时代文化沿海共同体，这由一些遗址中墓地和贝壳垃圾堆的考古学分析而知晓，例如奥埃迪克岛（Hoëdic）和泰维耶克（Téviec）。垃圾堆中的遗存表明鱼类和贝类占据了他们饮食的大部分，但是也食用猎物、鸟类和海洋哺乳动物，可能也有植物，不过证据极少。他们也捕杀毛皮动物。一般而言，欧洲北部和西部的聚落集中于沿海地区，但是河口和湖滨也适宜定居，那里也可以获得各类环境的出产物。

　　类似这样的遗址可能整年或一年中绝大部分时间有人居住。对丹麦中石器时代末期遗址（埃特博勒[Ertebølle]）的充分研究表明：规模较大的共同体往往位于近海地区并且以巨大的贝壳垃圾堆为标志。共同体中的一些成员可从此地出发前往在一年中特定时期能够获得所需资源的地方，这些资源有天鹅（阿格桑德[Aggersund]）、小猪和松貂（金克洛斯特[Ringkloster]）和其他毛皮动物（如阿格奈斯[Agernaes]或鳗[Dyrholm/迪霍尔姆]）；同时也去露天燧石地区和其他能够获得制造工具的原料产地。但是,并非所有久居型聚落都位于海岸,如巴黎盆地的欧诺(Auneau)可能也会整年居住。

由于共同体季节性往返活动的范围很小,内部交流的重要性上升并且一些物品较以前传播得更远,远达 375 英里(600 公里)。大量独木舟用于航海,也在河面航行。北部发现的第一批滑雪板和雪橇也属于这一时期。来自泰维耶克和奥埃迪克岛的骨头抗衰变同位素分析结果也表明,作为配偶的妇女从内陆共同体向海岸地区迁移。来自远处物资的广泛分布表明有和平管理共同体关系的机制存在;但是,竞争可能确实不时超出和平手段而诉诸于暴力活动。现已表明,这一时期大量出现的正式墓葬标识着领土所有权:从葡萄牙、布列塔尼至俄罗斯赤鹿岛墓地的海岸遗址。大西洋沿岸(Atlantic facade)的许多大型聚落中也出现了单人墓葬,那些位于阿莫里卡地区奥埃迪克岛和泰维耶克的墓葬与集体墓穴不同,集体墓穴之中埋葬着不止一个时期的个体。

新石器时代的巩固(公元前第五个千年)

公元前 5000 年后,落叶林继续向北扩张至斯堪的纳维亚半岛和欧洲东部。苔原限于此时大部分已解除冰河作用的遥远北方,它们仍是驯鹿的栖息地,不过此时许多耐寒动物已是地区性或全球性灭绝。由于逐渐被有机物和泥沙淤塞,湖泊的活力也开始下降。许多湖泊的这一过程于公元前 4000 年结束。地中海地区更加干燥的气候促使灌木林和灌木丛逐步取代落叶林,而这一过程因食草动物的破坏而加速。

公元前 5000 年,除了东南部和地中海地区,农业在许多欧洲地区得以确立,但是农民的数量仍然很少。而密林等地,实际上除了其边缘地区,仍不在人类占据的地区之内。中石器时代的共同体在许多地区仍很繁盛并且仍然是欧洲人口的主体。沿着大西洋沿岸西部、北部和东南部,采猎者和农民之间仍然没有发生直接接触。而在欧洲许多其他地区,交流接触仅限于农民选择定居的有限地区。采猎者选择采用了适合他们的革新,通过交换获得了磨制石斧,开始制作陶器并且得到了驯化物种。中石器时代的人运用广泛建立的交

第二章 欧洲的发展

流网络以及因他们部分迁徙的生活方式所促进的这种交流意味着：这些革新可以广泛传播，完全超越农民和采猎者实际接触地区。环境变化和农业共同体扩张在一些地区对中石器时代的生活方式产生了压力，中石器时代的共同体开始依赖改良的资源以补充野生资源。公元前4000年，绝大部分地区最终开始了农业生活方式。

在许多地区，中石器时代文化和新石器时代文化传统的交流和融合，促进了区域化趋势的增长和地区文化的发展。另一促进因素在于对不同地区区域特色的发展和利用，这与先前农业开拓者们相对一致的活动形成鲜明对照；在这方面，土著的采猎者因其在当地几千年的生活经验而贡献巨大。先前通常被农业共同体忽视的野生资源此时受到重视，共同体们开始捕食危害庄稼的动物，捕获野生动物以扩大了他们的牧群，使用野生植物来做饲料、食品以及染料和药物。农业扩展促成了开垦范围的扩大，比黄土地之类的土壤更难于耕作的土地和不易进入的高地此时都得到开垦。森林被逐渐清除，一方面是为了开垦新农业用地，同时为了提供建筑和其他用途的用材。随着聚落扩展到新地区，公元前5000年温带欧洲农业人口出现了大量增加。但是人口密度最高的地区最有可能是中石器时代共同体钟爱的海岸地区，特别是河口地区。这里丰富的资源确立了定居生活方式，促进了大量复杂的社会共同体的发展。在这种情况下，获得磨制石斧等外来物品的重要性增加。通常以集体墓葬形式出现的，型制墓葬的增长可能也反映出发展的复杂性。

人口的增加，中石器时代资源基地的继续萎缩以及中石器时代和新石器时代共同体之间的交往和竞争，导致一些地区共同体更加引人注目以及共同体自我身份意识的确立。这表现在巨石墓的发展上。竞争也可能发展为公开冲突，既在采猎者和农民之间，也在各共同体内部。中石器时代的墓葬中包括武器致伤的个体。一些农业聚落可能筑起了防御工事，在这些农业共同体中也存在因暴力而消亡的个体甚至整个共同体的信息。

然而，在东南部地区农业共同体已确立了千余年，目前很少发现冲突迹象。聚落规模扩大，开拓活动扩展到新地区。产业繁荣，新技术不断出现。许多世纪内，当地的铜和金在其发现地由冷锤处理，制造出穿孔挂饰之类的小物件，但从公元前4500年左右开始，出现了铜的冶炼，首先是在巴尔干地区，随后是在西班牙。两地都富有易于加工的矿石。早期的冶金产品仍然是饰品等贵重物品,并且取代了其他身份标志物。

东南部地区

希腊

塞格里和迪米尼(Tsangli then Dimini) 公元前第五个千年,聚落在希腊地区有了较大发展。在早已出现了聚落的色萨利(Thessaly),如色雷斯(Thrace)、马其顿(Macedonia)的部分地区和包括库克拉德斯群岛(Cyclades)在内的爱琴海诸多岛屿等新区域,村庄已开始出现。此时一些房屋有了石头地基。少数聚落有一大型中央建筑物;在迪米尼,发现了这一时期建立的一处居所,该建筑物由一庭院和大段石墙围绕。

色雷斯西塔格罗斯(Sitagroi)发现的约公元前5000年的纺织品遗存,是欧洲制衣最早的直接证据,但是先民从更早时期就制造草席和篮子。在希腊和其他地区,锭子和纺锤更为常见。

巴尔干地区

铜器时代初期(卡拉诺沃Ⅳ-温查-博颜-哈曼吉亚[Karanovo Ⅳ-Vinča-Boian-Hamangia]) 公元前第五个千年初期,巴尔干地区土丘和平坦的聚落继续繁荣发展。它们利用易于耕作且土壤肥沃的河流谷地和干涸了的湖泊盆地。铜和金仍然由冷锤和冶炼加工,制造鱼钩和穿孔挂饰之类的小物件。这些物品同陪葬品一起放于单独墓穴中,而此时墓穴在保加利亚等一些地区已开始建造在聚落外。

古梅尔尼萨-卡拉诺沃Ⅴ/Ⅵ-温查-瓦尔纳(Gumelnitsa-Karanovo Ⅴ/Ⅵ-Vinča-Varna) 公元前4500年,大量土丘聚落常常精心规划,房屋以排、同心圆或组的形式排列布局。作为防御的沟渠和栅栏围绕着聚落,聚落常常位于

第二章 欧洲的发展

有防御功能的河流台地,沟渠和栅栏入口位于要地。房屋常常分作数个房间,有时它们可能还有第二层。一些建筑用于居住,其他建筑可能用于储存或其他目的。房屋规模也有变化,表明地位不同,不过较大的建筑可能用于公共目的。这些聚落也拥有丰富的物质文化遗存,其中包括精美的彩陶和众多小造像。

除上述物品外,还包括精美的高温烧制的石墨画彩陶。对这种焰火技术的掌握促进了铜的冶炼和铸造。易于加工的铜矿石在喀尔巴阡山脉和巴尔干山脉大量存在,通常距离农业聚落并不远。铜的重要性反映在令人印象深刻的鲁德纳-格拉瓦(Rudna Glava)和埃布纳(Aibunar)的矿坑遗存中。铜和金(从河流中取得)用于制造饰品和鱼钩、箭头之类的其他物品,这反映出冶金技术的进步。新技术的应用在黑海地区瓦尔纳的墓葬中得到鲜明体现,该墓葬定年于公元前4500至前4000年左右。第五个墓葬周围约有六十个坟墓,其中有金、铜制造的饰品和其他物品,以及其他贻贝和精良燧石刀具。大部分物品埋于没有遗骸的墓穴中,有时个体由陶制面具代表,但是一些陈设华丽的墓穴确实内含骨骸。墓葬中大多数墓地都有一些陪葬品,其数量和成色多有差别,不一而足。

铜、金制品可能体现和加强着所有者的社会地位。金属矿石仅是共同体此时寻找并广泛交易的材料之一,其他包括贵重材料和日用材料,如高品质的燧石、装饰陶器的石墨之类的颜料、制作斧子和砂轮的石料,并且可能还有许多如兽皮一样易腐坏的材料。产品也用于流通,包括陶器(可能因其容量而交易)和石器。对瓦尔纳墓葬中的金的分析表明许多都产自遥远的亚美尼亚(Armenia)和高加索(Caucasus)地区,这反映出当时贸易网的广泛程度。

东部地区

巴尔干的北部和东部位于森林、半干旱性大草原地区。相似房屋的村庄建在海角和其他易于防守之地,且围以沟渠。约从公元前5000年起,库库特尼-特里波列(Cucuteni-Tripolye)的农业共同体始在俄罗斯和乌克兰等欧洲半干旱性大草原区建立,他们放牧牛、绵羊和山羊且种植庄稼。公元前第五个千年期间,带状线纹陶文化(诺登科普夫[Notenkopf])的农民也在这里定居,压力逐渐东移。公元前第五个千年末期,他们的聚落出现在此时德涅斯特河、普鲁特河(Prut)的上游谷地,他们拥有完全的新石器时代的生产方式,其中包括蓄养家畜、种植谷物和其他庄稼。在公元前第五个千年森林草原中的动物群遗骸所反映的动物种类中,马也包括在列。这些动物可能是野生的或者是家养的,抑或二者都有,为了取肉而被捕杀或饲养。这一地区的文化以牧人生活方式为主,可能已经开始骑马放牧家畜、打猎或者围捕野牛和野马。

农业聚落之外的地区也由中石器时代的共同体居住,他们混合应用渔猎采集和一些畜牧业,可能继续着迁徙的生活方式;类似的共同体扩张远至东部地区。第聂伯河和顿河(Don)之间的地区居住着渔猎和家畜饲养方式相混合的共同体,家畜饲养从公元前第六个千年晚期发展起来,他们种植少许谷物并且使用底部有点饰的陶器、细石器和磨制的石器(第聂伯-顿涅茨克[Donets]文化)。这一地区以及东部地区发现了特殊的墓葬(马里乌波尔[Mariupol]共同体)。这些墓葬中含有集体土葬的墓地,墓地布撒赭石,放置着石器、野猪獠牙和各种饰物。一些墓葬中也有大量颅骨。

喀尔巴阡盆地

蒂萨河(Tisza)　公元前第五个千年初期,喀尔巴阡盆地的聚落面积扩大,数量减少。牛是此时饲养的主要家畜,可能是为了获取牛奶。野牛和其他动物遭到猎杀。一些聚落包括可能用作圣地的建筑,用少见的材料布置,如造像、陶制兽首和拟人器皿。

提察波尔加(Tiszapolgár)　时至公元前4500年,聚落规模开始变小且更加分散,常常位于河流冲积平原上的较高之地。此时生活所关注的焦点转向墓地,大型墓葬作为许多可能的聚落中心出现,逐渐取代了初期位于聚落内部或规模较小的墓葬形式。墓葬内部,常以组的方式细心安置墓穴,且从不重叠,这表明它们以某种方式做有标记。如同在巴尔干地区,陪葬品变得更加重要,其中包括贵重物品,如,金、铜饰品、燧石长刀以及石制或铜制轴孔斧(shafthole ax)。

地中海地区

西部的新石器时代

公元前第六个千年在远达卢瓦尔河（Loire）河谷的法国南部地区和公元前第五个千年期间地中海中西部的其他内陆地区，开始出现了驯化动物与改良的种植作物，它们常常与中石器时代文化类型的燧石工具和野生资源有关。对后者的使用开始下降，至公元前4500年，大部分地区的采猎者共同体已被主要依赖农业的聚落取代，如法国南部、西班牙部分地区的由沟渠、栅栏围绕的大型村落；包含聚落等围以沟渠的场地，在意大利继续存在。西班牙南部出现了小的山顶聚落，其中一些由墙环绕，带有椭圆或长方形的小屋。当农业共同体在那里定居时，伊比利亚半岛的内陆地区大体上仍是处女地，显然自冰川期末期以来一直未被开发。相反，波河平原是保守的采猎者卡斯泰诺维亚人（Castelnovian）的栖息地，他们猎取鹿、野猪并且利用水生资源。这是最后采用农业的地区之一。这里和其他一些地区，一些狩猎、利用其他野生资源的活动和农业继续发展。带着家畜在季节性的牧场迁徙（迁移放牧）取代了为了猎取野生食草动物而进行的季节性迁移。

在意大利北部的部分地区和阿尔卑斯山区，木结构房屋的湖边村落发展了起来。它们建在土堆上以防洪，可能由中石器时代人的后裔居住，这些人群往往继续利用许多野生资源以及农业。东部地区的村民受到带状线纹陶文化的影响，而西部地区的人因为出身于地中海地区的印陶文化，构成了西部新石器时代文化的一部分。保存下来的罕见木制品以及其他易腐坏的材料，罕见地反映出他们生活的完整场景，其中包括：独木舟、捕鱼器具、捕猎的弓和标枪、农业工具以及亚麻衣服、桦木树皮和木料做的容器、食品、饲料以及粪便。这类聚落在公元前第四个千年变得更加普遍。

意大利四个岛屿的黑曜石得到开采，交易规模也日益扩大。高品质的燧石、石料与陶器一样也用于交换，后者可能作为容器使用。许多具有区域性风格的陶器发展起来，如法国的查森（Chasséen）和瑞士的科泰洛特（Cortaillod），但是这些区域性风格共有一些特点,如带柄和圆底并且常常未经装饰。西班牙的东南部地区(阿尔梅里亚[Almerians])开始冶炼铜。

温带欧洲

大西洋地区与欧洲北部

中石器时代社会 在大西洋沿岸的许多地区以及欧洲北部,例如葡萄牙南部和阿莫里卡,海洋资源逐渐开始得到重视。这一变化始于公元前第六个千年,在公元前第五个千年变得更加深入。受人青睐的地区——特别是在河口地区,那里海生、河产资源混杂且常常与沼泽、林地毗邻——往往是大型定居共同体的栖息地,他们的聚落以大量贝壳废弃物为标志,废弃物由废弃的贝类堆成。在丹麦(埃特博勒文化)——该地区中石器时代的定居方式得到了深入研究,居民在一年中的大部分时间内居于这类大型居住地,从这些居地出发步行数小时,便可获得各种食品和其他资源。然而,在一年中的某些时候,共同体中一些更小的部族会造访更远的地区——沿海的其他地区及内陆——以获得制作工具的石料和制衣的毛皮等资源。这些资源不仅由采取它们的共同体利用,而且也用于和邻近的共同体进行交换。经过许多此类交换,物品流传范围甚广。近海岛屿也出产资源。海洋不仅产出近岸捕捞可以获取的大量鱼类,而且产出海洋哺乳动物、海鸟和鳕鱼之类的深海鱼类。在大西洋沿岸,深海捕鱼促进了海岸共同体间的联系。这反映在一些相似的活动中,例如在布列塔尼和斯堪的纳维亚半岛的一些墓穴冢放置鹿角;后来可能也反映在墓葬纪念物习俗发生的一些相似变化上。仪式活动在这一时期可能也在发展:许多发现于埃特博勒的物品,包括在沼泽中发现的磨制石斧,据推测可能为放置的祭品。

共同体身份可能十分重要。一些日常事项形式上的变化,可能用于表示和强调某一特殊共同体或地区共同体的成员身份,如在丹麦,这种归类见于两个层面:以梳子、标枪和鹿角斧的类型为基础的大规模划分,可能表示相关共同体的领地;以石斧的类型为基础的小规模划分,石斧的类型可能与个人领地相对应。随着人口增加,表明共同体身份与领土关系的必要性增加,这可能反映在与许多聚落相关的大型墓葬中。特殊的墓葬群可能代表了单个家庭或大家族。墓葬习俗也发生了变化：布列塔尼奥埃迪克岛的一个墓穴用石头砌成，正如泰维耶克的许多墓穴一样，后者通常还由小坟丘覆盖；丹麦韦兹拜克（Vedbæk）的一些遗体已被火化。有证据表明在最终处理之前，亡者可能被放置在木制建筑中。在一些墓穴中骷髅似乎被重新排列。有时，骷髅与其他的骨架分开并且给予特殊对待，如放置在聚落内或埋于仪式沉积物中。德国奥弗尼特（Ofnet）的头骨存放处可能是这种行为的典型例证。

陪葬品通常是工具、武器尤其是装饰品，可能体现了与共同体内部地位相关的一些不同。这似乎大体上以性别和年龄为基础。青年男性的墓葬往往装饰得最为富丽，陪葬有武器和熊齿耳环之类的个人饰品。受到特殊对待的少数人可能拥有特殊地位，例如巫师。在一些情况下，狗连同陪葬品也被埋葬，这是一种它们融入共同体生活程度的反映。

墓葬也为明显广泛传播的暴力和冲突提供了资料。葬于中石器时代墓葬中的许多个体的骨骼中都带有箭头。在瑞典斯卡特哥尔摩（Skateholm）的墓地和其他一些遗址中，也有许多个体的头骨因重击而碎裂。西班牙的岩画也包含一些场景，可解释为两个装备弓箭的共同体之间的战斗情景。

采猎者与农民 随着农业成为欧洲南部地区的主要生活方式，伊比利亚半岛和法国大西洋海岸的中石器时代共同体逐步采用了家畜和新石器时代的人工制品，如磨制石斧、磨石和陶器。更北的北海海岸地区以及北欧平原中石器时代共同体也相似地从他们从事农业的邻人（带状线纹陶文化、多瑙河文化Ⅱ）那里获得了物品和技术。中石器时代共同体间的相互联系（埃勒贝克[Ellerbek]、斯维夫特班特[Swifterbant]）、北欧平原南部与农民的直接联系以及那些在更遥远地区的联系表明，虽然在地理上与农业聚落相分离，公元前4700年，埃特博勒人已熟知陶器并且制造了自己底部带有斑点的粗陶容器。

公元前5000至前4500年间，占据着葡萄牙南部塔霍河、萨度河以及马尔拉河河口地区的繁盛的中石器时代共同体，放弃了他们传统生活方式而发展农业，这反映在他们的骨骼变化中，对其骨骼的分析表明贝类食用的急剧下降。但是，伊比利亚半岛北部山区的中石器时代共同体，从与其接触的农业共同体那里获得了家畜、谷物和陶器,但同时也继续着他们传统采猎经济活动而直到公元前五千年末期。大西洋沿岸和欧洲北部其他密集的中石器时代聚落的发展情况也大致如此。物质和思想、可能也包括作为婚姻对象的个体,在中石器时代和新石器时代的共同体间交流。但是至公元前4000年前,采猎者并未以食品生产为重。

不列颠

不列颠中石器时代晚期聚落——以从苏格兰到爱尔兰最为著名——所体现的风格与其他大西洋地区并无二致:对海岸或河口位置有所偏爱,采用水产和陆地资源混合利用的经济方式,以及为了利用不同地点的资源在每年不同时期迁徙。林地被设法改造成空地以便易于吸引猎物,或是便于促进诸如榛木等所需植物的生长。

公元前五千年期间,来自大陆的少量农民可能前往不列颠南部并在该地定居,尽管目前关于他们存在的遗存信息极少而且模糊不定。公元前五千年末期,陶器、农具、家畜和谷物在不列颠出现。公元前3900年,农业共同体在不列颠广泛传播,广泛建立于内地和远达设得兰群岛(Shetland Islands)的北部地区。他们通常利用混合经济:种植作物、饲养家畜、狩猎及捕鱼。尽管庄稼和家畜从欧洲大陆引进,同时似乎也有些移民,许多农民可能是采用农业生产方式的中石器时代人。

欧洲中部

多瑙河文化 II　公元前5000年或前4800年,带状线纹陶文化聚落从南部喀尔巴阡盆地到西部巴黎盆地,经欧洲中部传播进入喀尔巴阡山脉东部的森林草原区。公元前五千年期间,法国北部的带状线纹陶文化聚落增多且扩展至更广区域,包括布列塔尼和诺曼底(Normandy)部分地区,在那里可能同海岸土著采猎者共同体进行了交流,同时可能还有竞争和冲突发生以及混血共同体的出现。农业共同体此时也出现于低地国家。虽然一些更远的外部扩张发生在北欧平原的部分地区,而斯堪的纳维亚和波罗的海东部地区人口密集的采猎者可能阻碍或阻止了带状线纹陶文化共同体向更北地区的扩张。生态因素,例如贫瘠的土壤和北方的气候条件,可能在阻止他们向前扩展上旗鼓相当。农民和采猎者之间的多种联系,可以通过北方新石器时代石斧的出现以及多瑙河文化聚落

第二章　欧洲的发展

中一独特中石器时代文化样式长弓的发现得到证明。此外，随着许多聚落中野生动物骨骼的增加，对于多瑙河文化的农民来说，狩猎似乎比较重要。

带状线纹陶文化农民在欧洲最初快速扩散之后，公元前五千年在这一地区的扩张大致转向内部。与先前带状线纹陶文化的农业活动大体限于黄土地和沿河地区相比，该地区后来的农民此时也开垦不易耕作的土地，并开始离开河谷地区移入从法国北部到喀尔巴阡山区的广大中欧地区。此时聚落常常位于俯视山谷的高地。农业扩张势必要进一步清除森林，不过规模仍然较小。

尽管带状线纹陶文化在其人工制品风格上体现了明显的一致性，后继者文化，即被笼统称谓的多瑙河文化Ⅱ，在陶器制作（尤其是那些已知的刻陶文化[Stichbandkeramik]，罗森文化[Rössen]和兰捷尔文化[Lengyel]类型）方面发展了不同风格，可能也包括其他一些不耐用的人工制品，它们一定反映着由于共同体的广泛建立和逐步发展而带来的地区传统风格的增长。在这些区域性共同体形成的过程中，邻近文化的影响也十分重要：在南部地区是巴尔干文化共同体，他们从中获得了一些铜制品；在别处则是中石器时代共同体，包括阿尔卑斯山区的共同体。骨骸所显示的暴力死亡痕迹，说明了直至带状线纹陶文化末期，随着聚落增多和居住区域日渐稠密，暴力冲突不断增多。然而，定居密度似乎不足以达到在这一阶段对土地和资源造成压力的程度。带状线纹陶文化和中石器时代部族间可能发生了争斗，或者争斗发生于个别共同体间，至于其原因只能是个谜。

但是，早期定居者已建造了长方形长房，多瑙河文化Ⅱ长房在形状上趋于梯形。较宽部分有入口。入口通常朝向外部房间，此房之后是屋子的主体，表明了私有观念正在发展。在一些地区，以前开放且较为分散的带状线纹陶文化聚落开始聚集且用栅栏环绕，可能表明防卫的需要，但可能也是为了保护房屋周边花园地中的庄稼以免家畜或野生动物破坏。沟渠围地的方式此时广泛传播，可能亦与冲突有关，尤其是在那些内部建有长房的诸如比利时（Belgium）南部达里恩（Darion）等地。但是大部分地区并非如此：据信这些地区可能用于养牛或作为居于此地的人们的集会地，舞会或仪式之类的活动可能在这里举行。正如沟渠中一系列损坏的造像和人类遗物碎片等遗存所表明的那样，这类围地内的公共集会可能具有一些仪式目的。

早期巨石墓和墓葬纪念物

公元前第五个千年期间,大量墓葬纪念物在欧洲西部许多地区出现。最早的实例似乎出现于布列塔尼,此时公共墓地和使用石料建造的墓穴在该地出现已有数百年。在布列塔尼西部,甬道巨石墓(passage graves)出现于公元前4800至前4500年,通常为一条甬道和覆盖着一个或几个墓室的石冢构成。类似的早期巨石墓在伊比利亚半岛也有建造,在南部地区的阿连特茹(Alentejo)和埃斯特雷马杜拉绝大部分为甬道巨石墓,而北部的加里西亚(Galicia)则为更简单的墓室。从公元前第五个千年中期起,竖立石制墓葬纪念物的习俗在大西洋沿岸的共同体间逐步广泛传播:从西班牙东南部和葡萄牙南部至斯堪的纳维亚半岛,如在伊比利亚半岛北部约始于公元前4000年,当时此地发展的农业共同体已摆脱了当地中石器时代的生产方式。

图2.5 法国布列塔尼普拉哈梅尔(Plauharmel)的一处早期巨石墓,由覆盖着许多甬道巨石墓的长冢构成。(Figuier, Louis. *Primitive Man*. London: Chatto and Windus, 1876)

欧洲北部重叠修建土墓葬(长冢、长坟)的习俗始于公元前4700至前4000年左右。这类坟冢明显地体现了带状线纹陶文化的建筑布局和细节,可能源于波兰的库亚维亚(Kujavia)。另一方面,它们可能最先出现于布列塔尼的卡尔纳克(Carnac)地区,因为该地区东部稍后定居有带状线纹陶文化共同体,而公元前

第二章 欧洲的发展

4700至公元前4400年的某些时候,这里开始出现土建或石建长冢,有些覆盖着装有遗体的小石棺(石盒),并且有巨大石柱紧密地竖立在旁边。

新石器时代晚期
(公元前4200/4000—前3000年)

公元前第四个千年期间,重要的创新引起了史前欧洲人经济方式和生活方式的重大变革,提高了经济的多样性,推动了新地区的开发,完善了交流网络,在一些地区还造成了社会不平等的产生。

在公元前第五个千年的结束时期,始于公元前第七个千年首批农业聚落出现的发展进程有了进一步的推进:欧洲已由采猎者大陆转变为农业者大陆。约从公元前4000年起,欧洲北部和东部发生了标志性的变化。中石器时代那些早已熟悉农产品但仍执著于传统采猎经济活动的共同体此时迅速转向,进行着农业主导的经济活动。农业也成为不列颠从英格兰南部到极北的设得兰群岛之间地区的主要生产方式。

此时农业也是大西洋沿岸更南部地区、欧洲中西部内陆地区的主导经济活动,森林砍伐开始对那里的地表产生重要影响。开拓的土地既用于耕作,也用于放牧家畜。从这一时期起,农业成为欧洲经济的主体,不过在一些地区诸如海洋鱼类和湖中植物等野生资源仍然很重要。在北方森林占据的东北部地区,中石器时代的生活仍然少有改变,但这一地区的人接受了制陶技艺,生产一种带有梳纹和小点图样的粗陶;相关的部族占据着东至乌拉尔山(Urals)的地区。当然,此时很少存在纯粹的采猎共同体,许多农民也利用一些野生资源,欧洲经济的概况是各种生活方式的混合物。

许多欧洲地区,墓葬、墓葬纪念物和野生动物的围场在社会中开始起着更加重要的作用,它们常常作为领地的界标或者是共同体的集中点。这些共同体通常很小且分布广泛,他们的聚落飘忽不定。在北部和西部地区,巨石墓日益增多,分布渐广,其形式和相关仪式的变化极大,但是最常见的仍是集体墓地。东南部地区,对待亡者逐渐不平等的现象反映出日益复杂的社会趋势,其中某些个人陪葬有贵重物品。

同时,不同地区的风格和特征以及它们的文化继续发展。地区间以及地区内共同体间的交流确保了各种变革传布得更广,能够被适当地采用和改进。近东地区的主要变革在公元前第四个千年期间传入欧洲,包括犁、有轮的运输工具,可能还有绵羊,以及用家畜牵引和运输。一些革新可能经由巴尔干地区,同时其他革新可能由来自半干旱性大草原的人引入。此时,游牧已在半干旱性大草原成为确定的生活方式,以特殊墓地在西部远达匈牙利平原的出现和西部地区引进家养马匹为标志。半干旱性大草原共同体的入侵可能是促使防御型聚落增长的部分原因。

在已定居数千年地区出现的人口增长,导致了向新地区的开拓活动,其中包括对大片森林的砍伐清理,以及对可耕种土地的密集开发。犁(更确切地说是一种刮犁[ard],它能碎土但并不能翻地)使得更加坚硬的土壤也能耕作。但更重要的是,它能够破碎因林地消失而变为草原的森地土壤,使其易于耕作。大型动物可提供粪肥,这恢复了持续耕作土地的养分,而其数量也因此有所增加。公牛用于拉车、犁地。此时饲养牛、绵羊和山羊部分是为了取奶,这种行为和用途可能有着更早的起源。

减少肉类而更多依赖于谷物的饮食习惯使得在饮食中补充盐分成为必要。一些遗址开始利用咸水的蒸发生产食盐。大量的食盐也是用于贸易交流的物品之一。燧石的开采已成为一种主要的行业以满足砍伐森林过程中对斧子的需要。英格兰(例如,大朗戴尔[Great Langdale]石斧制造场)等许多地区都开采了适宜的石料,其制品广泛用于交易。受到高度赞誉、引人注目的石料在数百英里的范围内交易,例如波兰克热米奥基(Krzemionki)的带状燧石。这类精良的物品往往并不用于实用目的,而与其他受到赞誉的物品、材料一起作为贵重物品。此时有许多贸易交流网,大西洋沿岸的海路便是其中一例。

金属制品数量更多、传布更广,不过金属加工通常仍然用于重要事项,其中包括轴孔斧之类更大的物品。冶金术重要性的渐增有赖于陆上矿石的分布不均,这也成为促使共同体间机会不平等的新的刺激因素。使得其中一些共同体因拥有采矿、交易或加工铜等优势条件而变得比其他共同体更为强大。一个独

第二章 欧洲的发展

立的金属制造中心在现今西班牙地区发展起来,意大利也开始冶铜。金属制品在从巴尔干—喀尔巴阡地区到欧洲其他地区的贸易中广泛交易,提炼和加工金属的技术也逐渐从巴尔干地区向外传播。

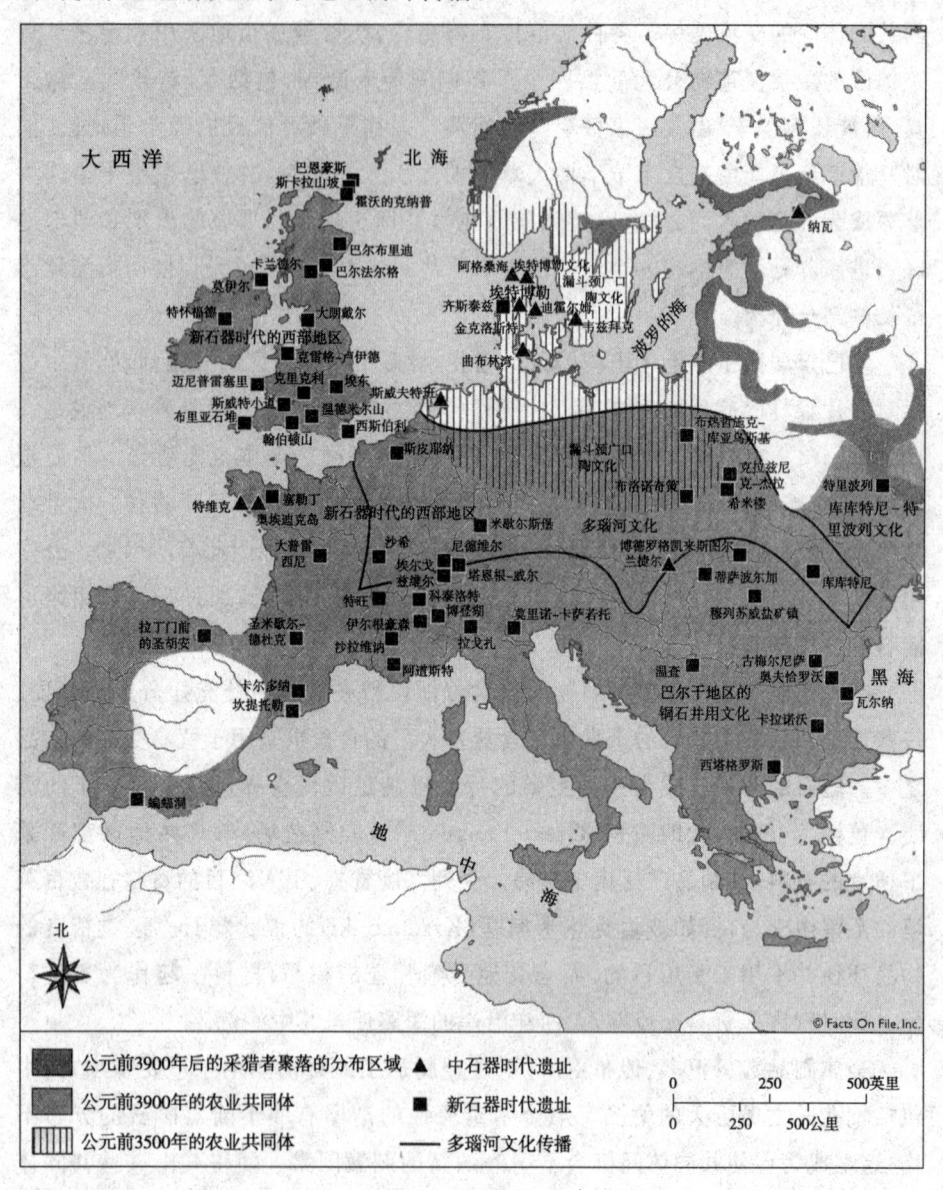

地图5 至公元前3500年农业的进一步传播　　　　　　　　　　　（本插图系原文插图）

探寻史前欧洲文明

东南部地区

半干旱性大草原的牧人

在森林草原区,饲养动物、捕鱼、狩猎(斯莱德涅斯多格[Sredny Stog])的定居农民共同体此时已广泛建立,他们使用纹饰陶器,将亡者埋于平板坟墓(flat graves)且随葬少许物品。该地区的其他共同体也建造有更多墓穴,内置石板,为亡者放置有更丰富的陪葬品。在更远的东部地区——第聂伯河近海地区和克里米亚(Crimea)之间的地区,拥有一些相同习俗的农民和采猎者共同体在米凯洛夫卡-凯米都文化晚期(Lower Mikhailovka-Kemi Obaculture)在亡者埋葬处建造有低矮土坟。与这些人群相关的陶制小香炉可能用于加热大麻,这一风俗在当地更晚的时期才为人所知。所有这些共同体都有在墓地周围撒放赭石的习俗。在公元前第四个千年早期来自高加索和巴尔干冶金中心的输入品,在公元前第四个千年末期刺激了森林草原区当地冶金行业的发展。

公元前3500年左右,半干旱性大草原区的居民大体上采用了迁徙的生活方式:聚落很少,墓地是他们最重要的遗迹。少数已知聚落,例如米凯洛夫卡,围以沟渠和石墙。草原地区从事谷物农业的潜力有限,农业限于河谷地区。但是,延伸至东方的草原为动物提供了大量草料。在少量从事农业的同时,畜牧业,尤其是畜养山羊(包括食草绵羊),似乎已成为经济主体。公元前第五个千年期间,该地区对马的驯化使牧人和猎人能够进入半干旱性大草原的草场,起初范围仅限于森林草原的边缘草场,但随着轮式运输工具的出现,他们也用牛车运载着家当,逐渐开始利用中亚草场。公元前四千年晚期的墓地,有时含有这类车辆的残迹。

这些半干旱性大草原牧民(亚姆纳亚文化[Yamnaya])将亡者葬在坑中,常常铺以或塞以木头。这些坑穴常常覆以称作库尔干(kurgan)的大量坟冢,赭石常常撒布在尸身上。在令人印象深刻的男性墓穴中,陪葬品包括武器、兽骨以及马头权标,偶尔还有殉葬的妇女。权标为权力和地位的象征。

第二章 欧洲的发展

东南部地区和喀尔巴阡盆地

铜石并用时代末期 在巴尔干和喀尔巴阡盆地,小群半干旱性大草原游牧部族似乎已渗入其邻人定居的土地。他们因其特殊的墓地而得以识别,蜷曲的身体部位被撒以赭石,间或放置马头石权标。一些墓穴也以坟冢标明。半干旱性大草原牧人可能促进了欧洲东南部和中部地区的一些革新,包括轮式运输工具的出现和马的驯化。公元前4000年,驯化的马已从半干旱性大草原传播远至中欧。在喀尔巴阡盆地西部,游牧民和定居农民之间的交流促进了中欧南部地区的巴登文化(Baden Culture)在公元前3500年左右的兴起。

定居的农民和入侵半干旱性大草原牧人之间的关系可能很不友好。当地人口的增长可能也对资源产生了压力并且激发了防御邻人的需要。约从公元前4200至前4000年起,筑有防御性工事的聚落在东南部发展起来。海角和山丘成为聚落的偏爱之地,与此前相比,遗址更小且更加分散。在多瑙河近海地区,许多土丘聚落被废弃。在该地区东部,尤其是与森林草原区毗邻地带,防御需求可能推动了区域性聚落的集中。这里一些聚落的面积相当大,例如乌克兰的多布罗沃季耶(Dobrovody),可能住有数千人,不过并不确定该聚落内的所有房屋都同时住人。这些聚落没有明显的防御工事,但是据信房屋周围连续的环列带对入侵者来说就是一种障碍。大量人工制品可以用作武器,例如箭头、斧和矛,凸显了冲突的增加。

刮犁的引入使得人们能够开发河床和山脚的新地,后者远离早期聚落所集中的河流平原。耕作扩展至以前未开拓的土地,例如阿戈里斯地区的平原和低矮的山丘。随着森林砍伐区的增加,这一扩展进程加速推进直至公元前第四个千年末期。

差别的增长在墓葬中显而易见。陪葬品男女各异,男性随葬武器、工具和铜制品,女性陪葬陶器和饰物。但是,一些个体因其大量陪葬品也很特殊。冶铜技术更加发达且远传至希腊。该地区的铜制品在很大范围内交易,北至漏斗颈广口陶文化(TRB)的陶器制造者所占据的那些地区。条柄陶壶、陶杯在公元前第四个千年末期经由该地区,从喀尔巴阡盆地至爱琴海地区的传播也反映出这一时期交流的广度:它们类似在安纳托利亚特洛伊使用的金银器皿。

地中海地区

公元前4000年,农业共同体已在地中海中部各地和西部各地广泛建立,但是,西班牙内陆高原的大部分直到公元前3000年后才有人定居。聚落建在多种地带:肥沃的平原、湖泊周围或沼泽地区以及高地。正如欧洲其他地区,这一千年内地中海地区的许多农业共同体采用了刮犁,农业聚落因而得以扩展,例如在法国南部,它也推动了地中海西部岛屿的开发。家畜饲养在意大利和法国南部日益重要。简单的巨石墓在比利牛斯山出现,可能反映出当地牧人共同体季节性迁徙活动(牲畜在不同气候区的季节性移动)的发展。

在意大利中南部和马耳他,粗陶取代了初期的彩陶(狄安娜文化[Diana Culture])。同时,从意大利北部经法国传播至西班牙——这一地区的相关文化创造了一种通常带有手柄的粗陶(拉戈扎[Lagozza]、科泰洛特、查森、塞普克洛斯海沟[Sepulcros de Fosa])。黑曜石、精良的燧石以及石料等用于制斧物品的交易量此时有所上升。一些西班牙和布列塔尼遗址的墓地中,发现有一种引人注目的浅绿色矿石——杂银星绿松石(Callais)——穿孔挂饰,其在诸如坎提托勒(Can Tintorer)的一些西班牙遗址地区精心铸造,布列塔尼可能也有。源自各地的石料的散布表明,连结着意大利和山外欧洲的穿越阿尔卑斯山的路线已开拓使用。在现今意大利和奥地利(Austria)之间的一处阿尔卑斯山关口,发现了欧洲最著名的居民之一——冰人"奥茨"(Iceman Ötiz)冻僵的遗体,他约于公元前3300至前3200年某时死于此地。可能是照看他们夏季牧场上畜群的一位牧人,被一支箭射伤后在逃跑时死去。发现时,他身着衣服,这提供了极缺乏的衣物资料;他同时还带着木制、石制和铜制工具;保存下来的遗体还体现了当时人们的饮食和健康状况。

在西班牙,如同巴尔干地区一样,冶铜术已于公元前4000年之前开始。此时意大利和阿尔卑斯山东部也见证了冶铜术的发端,可能基于从毗连的巴尔干地区获取的技术,不过也可能是独自发展起来的。为了制造比纯铜更加坚硬的合金,该地区和其他地区有意往铜中加入了砷或挑选含有砷的铜矿石,因此这对于制造工具更加有用。冰人所带的一把金属斧子表明,铜并不完全用于贵重物

第二章 欧洲的发展

品,而且开始用于日常生活。

公元前第四个千年,丧葬行为在地中海地区更加多样,意大利一些地区出现了内放一个遗体的简单墓穴,一些地区偏爱由石圈环绕的石棺或石墓。而意大利南部其他地区创建了岩穴墓(rock-cut tombs),撒丁岛、马耳他岛、法国部分地区和伊比利亚半岛也效仿了这一习俗。最精巧的是马耳他的坟墓,包括迷宫式的哈尔-萨夫列尼地下墓室(Hal Saflieni Hypogeam),它可能具有宗教以及丧葬功用。墓窑或深沟墓地以及洞穴墓地在西班牙的部分地区很流行。已在欧洲大西洋地区广泛传播的巨石墓,在西班牙南部、比利牛斯山、法国中部、地中海西部岛屿以及北非也有建造。这些坟墓在形式上与大西洋地区的巨石墓不同。它们包括法国中部的坑道墓穴(gallery graves)和撒丁岛、科西嘉岛上由石圈环绕的墓窑。其他坟墓尤其是西班牙南部地区的巨石墓,显然与大西洋的类型有关,包括各种各样的甬道巨石墓。马耳他的地上神庙由巨石建造,且带有反映地下坟墓结构的精巧门面。许多墓室或墓穴均为集体墓地。

温带欧洲

欧洲的北部和中部

漏斗颈广口陶文化 约从公元前4200至前4100年起,出现了一种造型巧妙的新型陶器,可能首先出现在此时的波兰,并且迅速在广泛地区流行开来:通过斯堪的纳维亚半岛最早的农业共同体和北欧平原,经由早些时期由多瑙河文化的农民占据的当地北部,从荷兰传播到乌克兰北部。其因最特别的造型而被称作TRB(Trichterrandbecherkultur—Funnel-Necked Beaker Culter,即漏斗颈广口陶文化)。它包括一系列可能用于饮用蜂蜜酒或啤酒的器皿:漏斗颈广口陶瓶、扁瓶以及漏斗颈双耳陶瓶。漏斗颈广口陶文化的汇集物通常也包括燧石和石斧,其中一些造型华美但不实用,这表明它们不仅用作工具而且可能作为贵重物品。虽然在特殊人工制品上表现了统一,但是,使用漏斗颈广口陶文化物品的人们在文化的许多方面存在着地域差异,例如丧葬习俗。

在北部,中石器时代的人引入了它们。约公元前4200至前4000年,欧洲北部的海岸共同体由采猎式生活方式转变为一种农业日益主要的生活方式。耕作时,他们常常使用刮犁。不过,内陆的一些共同体在一些时期内仍然主要依赖野生资源。饲养驯化的牛可能主要为了取奶,而公牛用作牵引的牲畜。漏斗颈广口陶文化时代晚期来自半干旱性大草原的驯化的马在这里出现。用于伐木和木工的磨制石斧,此时广泛分布于斯堪的纳维亚半岛和北欧平原的聚落及墓地遗址,这似乎与草本花粉植物的增加和花粉树木的减少有关,这表明大量森林砍伐区的存在。然而,捕鱼、猎捕或诱捕猎物和皮毛动物仍在进行。埃特博勒时期已为人所知的沼泽奉献物仍在继续：其中有磨制的燧石斧、琥珀首饰和可能盛有食品奉献物的陶器。

漏斗颈广口陶文化范围内的海岸和水滨遗址等其他地方也为该文化类型陶器的使用者所青睐,因为那里有灌溉便利的沙土地。此时聚落不仅建于主河道的河谷,而且建于那些小支流的河谷地带。它们通常很大且相当分散,其中有稀疏散布的房屋、坑和活动区;也有许多小聚落。在如斯堪的纳维亚半岛等一些地区,很少发现有聚落。圆形小屋是一些地区的特色,而其他地区是长屋。大聚落位于较高的地面和河流之间的台地,小聚落在河流谷地和高地都有发现。后者备有狩猎远征或把牧群赶往高地牧场的夏季月份所使用的营地。森林砍伐区转变为草场,这使得家畜饲养更加受重视。

堤道围场,由断续的沟渠或栅栏围绕的大片地区等在多瑙河流域早些时候已经出现的形式,此时开始广布。一些聚落遗址可能是当地区域性定居的集中地,而其他遗址可能用于公共目的。英格兰、法国和莱茵兰地区(Rhineland)类似的围地是新石器时代共同体建造的。进行公共节庆可能正是这些围地的功能之一,这似乎具有典礼或仪式目的,可能也是一个地区人们公共集会地。

一些漏斗颈广口陶文化共同体,包括以前埃特博勒地区的那些共同体,约从公元前3700年起将亡者葬于巨石墓中。而日德兰半岛(Jutland)的部分地区和从易北河(Elbe)到维斯图拉河(Vistula)的北欧平原上的漏斗颈广口陶文化共同体,将亡者土葬于长土冢中。二者所藏之物通常都是一些收集的尸骨,因为尽管有很多不同丧葬习俗,亡者的遗体之前是被暴露在外的。这里的巨石墓包含支石墓(迪瑟尔[dysser])和甬道巨石墓。

用于制造斧子和其他工具的精良燧石,在北欧平原和斯堪的纳维亚半岛大

第二章　欧洲的发展

量存在并且得到集中开采。高品质的燧石在数百英里的范围内交换流通,如克热米奥基遗址的燧石。其他受欢迎材料的流通范围亦是如此,其中既包括漏斗颈广口陶文化地域,也包括如西部的米歇尔斯堡等该文化区域的毗邻地区。燧石早已被开采,但是开采量急剧上升以满足不断增长的需求。石料和其他物品以原材料、半成品和成品的形式流通。易腐坏的材料和物品此时也已用于交易。来自喀尔巴阡山区界外南部的铜也进入了漏斗颈广口陶文化流通体系,其中包括轴孔斧。贸易和其他交流可能沿河进行,但是稍短的路程此时也已使用公牛拉的大车,正如在漏斗颈广口陶文化一处长坟中发现的大车残迹所表明的那样。

球状双耳陶文化(Globular Amphora) 约公元前3500年,当漏斗颈广口陶文化在斯堪的纳维亚半岛继续发展时,在欧洲中东部大部分地区,一种球状双耳陶文化类型的陶器取代了漏斗颈广口陶文化类型陶器,这种陶瓶因其带有吊环、下垂的球状瓶身而得名;这些陶瓶和其他器皿有时饰以绳纹。如同漏斗颈广口陶文化一样,虽然球状双耳陶文化也与混合农业生产方式有关,而畜牧方式似乎更显重要。人们发现有许多季节性营地。与此前相比,聚落规模变小,不过数量增多,人口密度似乎全面下降。

牛的重要性反映在许多牛的墓地上。这种行为在稍晚的漏斗颈广口陶文化背景下和南部的巴登文化中也有出现。球状双耳陶文化丧葬习俗常常出现两人、三人或多人的墓地,而且尸身通常不全。它们通常放在石棺或平板坟墓中,但在德国东部,许多也被放入更早的漏斗颈广口陶文化的甬道巨石墓中。墓地伴有陶器、燧石斧和可能代表丧礼饮宴的动物骨骼(尤其是猪)。

克热米奥基遗址之类的地区燧石继续开采。其产品在更广地区流传,与漏斗颈广口陶文化时代约110英里(180公里)的范围相比,克热米奥基燧石此时已出现在距其产地370英里(600公里)的地方。

中欧南部

在漏斗颈广口陶文化南部地区,刮犁的引进极大便利了翻耕森林土壤。森林砍伐区使得石斧和燧石斧的数量增加,它们主要从漏斗颈广口陶文化、米歇尔斯堡石矿和北部、西部的采石场获得。一些石斧可能用于共同体间发生的冲突争斗。随着聚落更加经常性地位于河谷之间的台地等易于防御的位置，并且设有防御性的沟渠和栅栏，共同体内部的暴力冲突更加平常。随着时间的演进，更多的沟渠和栅栏得以修建，防御能力也随之增加。一些筑有工事的聚落可能是周围居民的避难所或仪式地。长坟覆盖了一些人的遗骸，但是，很少存有丧葬行为的痕迹。

约公元前3500年，这一地区出现了巴登文化，其向北传入漏斗颈广口陶文化地区的南部，向南传入喀尔巴阡盆地。很少发现有房屋遗存，据悉它们由地面托梁而非木桩建造，因而很少留有遗迹。这类建筑在阿尔卑斯山区浸水的湖岸尚有幸存。由大量沟渠、有时带有堡垒的栅栏环绕的大面积围地，可能正是由这类房屋构成的聚落，目前也已消失。在波西米亚（Bohemian）的部分地区，这种现象已得到证实，因为该地区的房屋地面多凹陷于地表，留下了高度密集的关于村落的信息资料。当时来自东南部地区文化的影响，推动了巴登地区继续使用墓葬。墓地出土有四轮推车形式的杯子。

欧洲西部

在法国北部和莱茵兰地区，一种与漏斗颈广口陶文化有关的文化繁荣起来，以米歇尔斯堡文化类型的陶器风格为特点。它也受到了此时已在欧洲西部确立的文化的影响，如瑞士的科泰洛特和法国的查森。在瑞士东部，普芬（Pfyn）文化和其他与漏斗颈广口陶文化相关的群体发展起来。定居活动在阿尔卑斯地区大量扩展，湖滨聚落在那里很常见。米歇尔斯堡文化遗址在河流和湖区都有发现。遗址在不同纬度出现意味着牧人的季节性迁徙：夏季移到较高的草场，冬季则在较低的村庄。来自瑞士湖泊村落的资料表明，冬季期间动物是圈养的。如同漏斗颈广口陶文化，米歇尔斯堡人们既利用驯化改良物种，也利用野生的资源。瑞士湖泊村落提供了关于食品种类特别丰富的资料。同漏斗颈广口陶文化一样，燧石矿和采石场变得日益重要。

有关新石器时代家庭生活最完整的资料来自一些湖边遗址，尤其是瑞士和法国的湖边遗址，浸入水中的遗址保存了有机物质，包括许多亚麻纺织品。村落由许多小长方形木屋构成，有时建在木桩上以使它们高于洪水水位，其中可能住着核心家庭。食物残迹表明：居民种植谷物、豆科作物和豆荚，饲养动物，在湖中捕鱼和捕野禽,并且采集当地的野生植物食品,如苹果和菱角。他们用芦苇、亚麻织成的布制作衣服,约从公元前 3000 年起,可能还使用羊毛。他们使用木制、骨制和石制工具以及陶器。

欧洲大西洋沿岸

公元前第四个千年早期,农业成为大西洋沿岸地区——从葡萄牙和西班牙的西北部经法国、不列颠西部到斯堪的纳亚半岛——的主要生活方式。但是,这一地区的人们通常继续利用海洋资源,因此,共同体间的海上联系也得到维持和加强。他们的陶器和其他人工制品的多样性以及其经济活动中的变化差异因一些共同习俗而得以消解,其中最著名的就是巨石纪念物的建造。这一习俗在布列塔尼和伊比利亚半岛始于公元前第五个千年,公元前第四个千年和公元前第三个千年早期在大西洋沿岸广泛传播。显然,它们是共同体身份和对其领地传统权利的一种非常具体而又可见的表示,可能也反映出祖先崇拜。其中绝大部分是坟墓,不过也有少许具有丧葬目的的巨石建筑。

同时,许多葬礼习俗与这些纪念物有关,它们通常为公共墓穴,其中堆积着丧葬遗物。不同的地方习俗决定着是否所有共同体成员都葬入这些纪念物,如果不是,他们都得另选墓地。他们的遗体或枯骨排列的整齐程度令人惊讶;如果有陪葬品出现,其排列情况亦是如此。在巨石墓使用的各个时期,通常它都得到扩大或重建,与之相关的习俗也发生了改变。

公元前第四个千年初期,巨石墓集中建于西班牙南部、塔霍河河口周围的葡萄牙南部地区、布列塔尼、爱尔兰、威尔士、英格兰西部、苏格兰西部和北部地区以及丹麦。其中许多是各种类型的甬道巨石墓:它们通常位于巨大的土坟或石冢内,封闭的墓室带有一条甬道。许多纪念物都带有几何图案和其他图案,刻在石身或诸如立石、饰板等附带物品上。石板和小的立石也有拟人雕刻。在许多地区,斧子是一种常见图案,这与其标志性的或重要的应用有关。石斧在交易物品中占很大比例:例如,布列塔尼的塞勒丁(sélèdin)采石场每年约生产 5000 把斧子,在海岸地区数百英里的范围内和沿着卢尔河的内陆地区交易。

约从公元前 3800 年,在布列塔尼甬道巨石墓取代了长坟。建造这些坟墓时,与长坟相伴的许多巨石柱重新得到使用,有时在使用之前被弄成碎片。约公

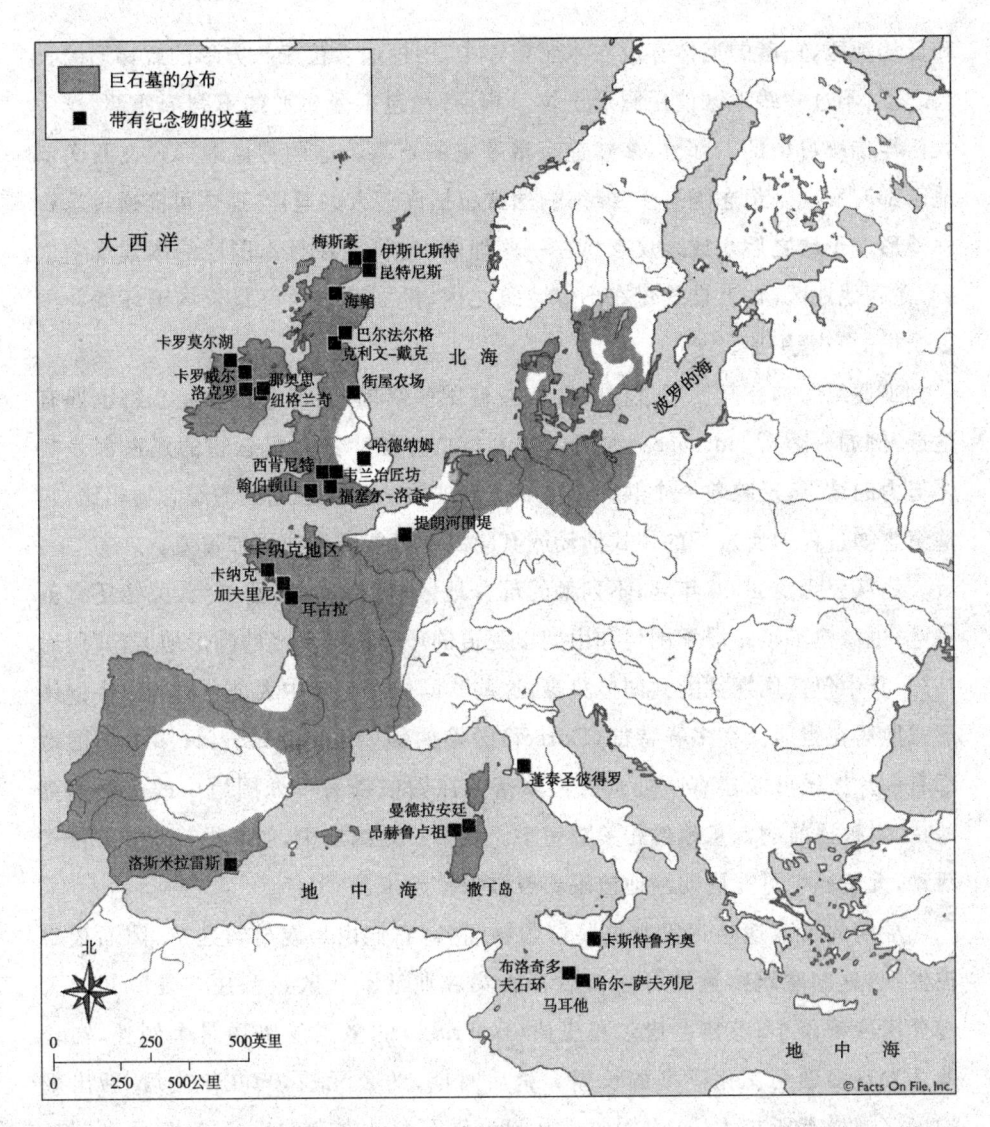

地图6 新石器时代带有纪念物的坟墓 （本插图系原文插图）

元前3500年，甬道巨石墓在布列塔尼停建，不过通常在几个世纪内它们仍用作墓地。

不列颠

共葬习俗在不列颠延续了下来，不过也有许多区域性变化。在不列颠东部

第二章 欧洲的发展

和低洼地区,亡者的遗体存放在木制棺椁中,棺椁通常位于长方形的或梯形的长坟之下,不过一些地区使用圆形土坟。相反,在包括爱尔兰的不列颠西部,作为大西洋传统习俗的一部分,多建造有带墓室的石墓。这两种墓地形式在西南部地区都有发现。纪念物有多种形式,通常包括许多人的遗体,遗体可能通过暴露户外形成干尸之后才放入坟墓。在一些地区,这可能在林木围地的木建筑中进行,在其他地区,亡者被放置在土方建筑之内,例如苏格兰有很长沟渠环绕并围以栅栏的丧葬用地。

丧葬纪念物在其使用过程中常常会被做些修饰,其他非丧葬纪念物也偶有建造,例如科萨斯(cursuses)和河岸坟冢。丧葬和非丧葬纪念物的建造都是集体努力的结果,反映着一个共同体的状况和实力。与这些完成的纪念物相比,建造纪念物过程中所进行的仪式活动或其附属物可能同样或更加重要。

约从公元前4000年起,不列颠的部分地区(英格兰、北爱尔兰,可能还有苏格兰)也修建了很多堤坝围地和由间以堤道的环形沟渠环绕的圆形地区,其用途甚广,其中包括周期性的共同体集会;这些共同体在一年中大部分时间以小群体形式散居在当地。在多赛特郡(Dorset)的翰伯顿(Hambledon),许多堤坝围地都有一片区域可能建有一处永久性聚落。在翰伯顿另一处围地中的一处大墓地,亡者被提前放入墓地的相关墓室中。在第三处围地中,似乎举行有公共仪式活动,大量地牛可能周期性地被围养或被保护起来。

早期的聚落遗址远没有这些纪念物闻名,它们由易腐材料建造,因而很难被发现,这些建筑物遗址可能被后来密集农业活动所改造利用。现所知的大部分房屋都很小;苏格兰巴尔布里迪(Balbridie)的坚固建筑物是个例外,在该地还发现多瑙河文化类型的长屋。稍后时期,约公元前3500年之后,新出现的聚落规模有所扩大,这表明农业在河流砂石台地之类的地区扩张,而刮犁的引入无疑推动了这一发展。目前关于土地的划分仅残存有少量信息:例如,设得兰划分地界的长墙,定年在公元前3200至前2800年;爱尔兰围绕田地的干石墙,定年在公元前3500年左右。在奥克尼,石料的使用取代了木材,这意味着一些新石器时代晚期聚落的存在,例如谷屋(Barn house)和斯卡拉山坡(Skara Brae)。这里居住着一个不足十二人的共同体。他们以农业和海洋资源为生,用石头建造的火炉、床和橱子装饰着内部相通的房间。

在英格兰西部的萨摩塞特平原,发现有唯一保存了新石器时代人们有效管理灌木林等林地的资料,但它所反映的只是那时已广泛流行活动的冰山一角。约公元前3800年,林木被用于建造复杂的小径以通过松软潮湿的地面。

放置在这类小道旁的一把石斧奉献物由产自瑞士的翡翠制造。群体间通过海洋和河流发生的联系,使得这类广受欢迎的物件在更大的范围交换流通。人们已开采了燧石、石料,挖取陶土。低劣的物件仅在当地使用而质量较高的物件用于交换。石器中最著名的是用于伐木和加工木材的燧石斧等工具。然而就其实用性而言,许多工具过于精良或太过脆弱,因此它们必定具有其他标志性的或重要的作用。

铜石并用时代
(约公元前 3200/3000—前 2200 年)

公元前第四个千年,许多地区永久性的森林砍伐导致土质下降,尤其是被侵蚀,再生的次森林被永久性的草原所取代。公元前第三个千年,这种现象在许多地区均反映在食用林木嫩枝的猪的减少,以及可以食用的草场牛、绵羊、山羊的增加。早期大部分衣服系由毛皮制成,而绵羊的引进增加了此前由亚麻和其他植物纤维制作的纺织物的产量。纺织锭盘和织机秤锤成为平常家用物品。在混合农业经济中,畜牧业可能变得更加重要,可能已存在耕种农业向动物饲养的转变。许多地区的聚落几乎不为人知,这意味着非永久性居住和迁徙的经济方式的存在。

人口的增加与土地的差别以及关键性资源的有限分布,一起推动了共同体内和共同体间的竞争以及对资源管理的需要。各种等级分化,共同体内部冲突的迹象在共同体内和各区域内出现。这些现象尤其反映在:个体有不同的丧葬待遇;西欧、中欧和地中海欧洲地区的单人墓葬逐渐取代了初期集体墓地的习俗;防御型聚落增多。不过,竞争可能主要通过贵重物品的积累与展示以及创建纪念物而不是以武力冲突显现。

单人墓葬习俗反映出思想意识的重大转变,它强调了个人而不是早期的集体墓地中的共同体。这可能恰好反映出社会经济的主要变革,其与财产(所有物)的联系比之于土地(处所)更为重要,而前者更易为个人所控制。财产既包括贵重物品,例如输入的做工精良的石制品和铜制品,也包括牛。牛既可以集中到大的牧群之中也可能被盗,这为共同体间的冲突提供了较大空间。

对贵重物品的需求可能促进了新型陶器的广泛采用,特别是绳纹陶和广口陶。它们与战斧、弓箭装备、金属饰品之类的其他特殊人工制品,以及其他外来材料有关。公元前第三个千年期间,金属制品传入到大陆的绝大部分地区,冶铜术和冶金术被广泛采用。一些绳纹陶文化共同体可能进行了有限的冶铜。但是,金属加工在西欧的传播往往与广口陶有关。马最初是在东方驯化,半干旱性大草原的人们将其引入欧洲。此时中欧东南部的人群从当地的野生物群中将其驯化,从那里,它们广泛传入欧洲其他地区,例如被发现于漏斗颈广口陶文化晚期或绳纹陶早期的斯堪的纳维亚半岛、西欧和广口陶背景下的地中海地区。

公元前3000年前,地区性的联系网已在发挥作用,联系着区域内的共同体,但是与其他地区的联系相对很少,例如沿着大西洋沿岸的共同体通过海路联系。尽管石料和燧石斧等大宗物品已在这些地区流通,但此时流通物品的种类相对较少。公元前第三个千年,随着交换材料和物品范围的扩大,交流规模不断扩大,贸易网点遍及整个欧洲。

东南部地区

希腊

公元前第三个千年见证了聚落在希腊南部的重大扩展。绵羊的引入使本地农业方式发生了重大变革。此前,这里饲养的绵羊有限且主要是为了取肉。可

地图7a 铜石并用时代晚期的农业共同体　　　　　　　　　　　　　　　（本插图系原文插图）

产毛和产奶的用途提升了它们的重要性,而奶可以制作奶酪。以前用于种植亚麻的土地,此时可能用来种植其他作物,而绵羊更加集中地利用了不适于耕作的干燥草原。葡萄和橄榄树此时可能也已种植（不过,一些学者认为这些植物直到公元前第二个千年才种植）。这些作物利用不适于谷物和豆类的山脚地区,并且

第二章　欧洲的发展

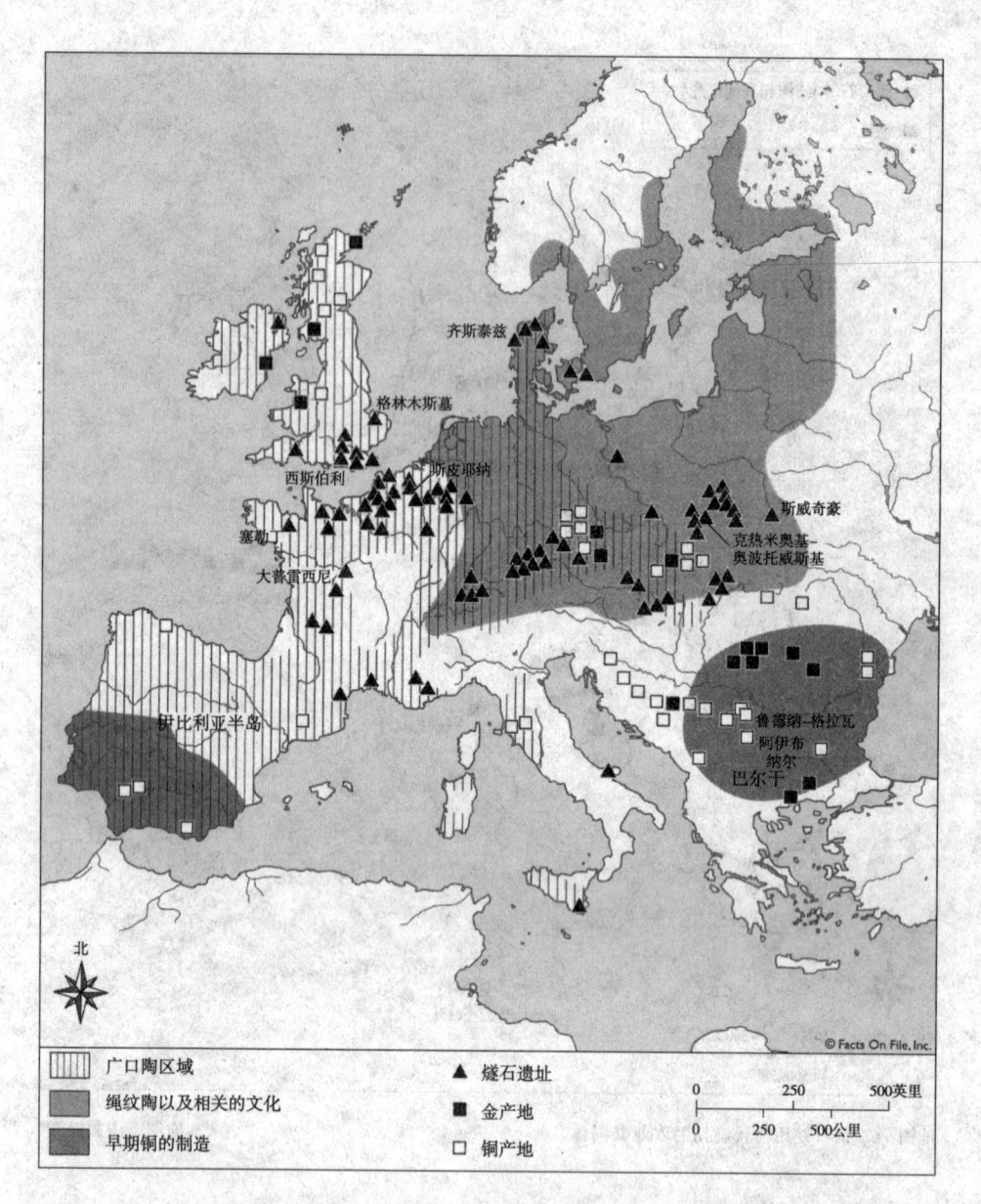

地图7b 燧石的开采和冶金术的传播　　　　　　　　　　　　　（本插图系原文插图）

它们对土地的要求并不与耕种农业相冲突。它们提供了橄榄油、干果和酒，与羊毛和毛织品一样，这些都是可以储藏和交易的物品。

探寻史前欧洲文明

一些规模更大的聚落开始出现，集中在它们紧邻的地区。但是，环绕的聚落是农场和农业性的村庄，而这些中心也具有其他功能：它们是当地首领的居所并且是储藏羊毛、粮食和其他农产品的地方；它们为粮食加工提供了便利之地并且成为贸易集散地，而这反映在输入物品的大量增长上。公元前第三个千年末期，这些中心成为由许多坚固房屋组成的小镇，有时筑有工事。它们往往包括一座巨大的建筑物或宫殿，例如希腊南部勒纳（Lerna）的瓦房。产业活动，例如黑曜石刀具的生产，也在这些聚落集中进行。这些聚落主要位于近海地区，反映出海洋联系重要性日益增长。同时，许多未被占据或很少居住的岛屿得到开发，而克里特等其他岛屿，则见证了人口的大量增加。

冶金术发展起来，在库克拉德斯群岛尤其盛行，那里可得到铜矿石和银矿石。库克拉德斯群岛在这一时期也制作质朴的石雕人像。远古时期，海上联系已经得到长足发展。公元前第三个千年期间对金属矿石的需要以及希腊南部的地形特点，进一步推动了海上航行和船只建造的发展。希腊南部，陆上穿行远比海上交流困难且港口和抛锚地众多。安纳托利亚西部（包括特洛伊），爱琴海诸岛和希腊南部逐渐成为一个相互联系密切的地区，新事物和材料在其间流通，并经由安纳托利亚和近东文明世界联系了起来。位于安纳托利亚和希腊大陆之间具有战略地位的库克拉德斯群岛，从区域贸易中受益匪浅。

巴尔干地区和喀尔巴阡地区

直到公元前第四个千年末期，欧洲东南部的金属制造量下降，这可能反映出易于加工的矿石供应面临压力并最终停止。喀尔巴阡地区巴登文化的一些公元前第四个千年末期的人工制品由更难于加工的硫化物矿石制成，这种矿石在中欧相对丰富，在青铜器时代早期已开始逐渐加工。

公元前第三个千年早期，一些半干旱性大草原牧人（竖穴墓文化[Pit Grave Culture]）在巴尔干地区和喀尔巴阡盆地定居，创造了混合文化。他们的存在以其特殊坑穴墓地的出现为标志，在坟冢内，往往有一个木椁。这些墓地经常陪葬有马和武士装备。当地人采用了圆坟和木椁，并逐渐由本地传入欧洲其他地区。来自半干旱性大草原的周期性侵犯，可能导致欧洲东南部部分地区的聚落被废弃，其他地区建立了坚固防御工事，而且当地共同体（埃泽罗[Ezero]、科托芬尼

[Coţofeni]、弗策多尔[Vučedol]、施奈肯堡[Schneckenberg]，卡拉诺沃Ⅶ）转而更加重视畜牧经济。

温带欧洲

欧洲中部和北部

绳纹陶和战斧 公元前第四个千年最后一百年，在某些传统漏斗颈广口陶文化区——从日德兰半岛到波兰东部，出现了一种新的共同体，并且在公元前第三个千年早期广泛传播。最终从北部的芬兰向南传入瑞士，从西部的荷兰向东传播远达莫斯科（Moscow）。这种共同体文化被称作绳纹陶文化（[Corded Ware Culture]在斯堪的纳维亚半岛是单人墓葬文化[Single Grave Culture]，在荷兰是开颈曲纹平底陶文化[PFB: Protruding Foot Beaker Culture]）。一些学者认为，这种共同体为外来入侵者，并且与基本来自半干旱性大草原牧人的迁徙相关。其他学者将当地的风格看作是这种文化的许多特点之一，认为采用新事物是对新社会需求的反映。绳纹陶文化聚落少有发现，这种文化以墓地、尤其是男性墓地最为著名。墓地位于圆坟之下，其中放有饰有绳纹的广口陶和双耳陶瓶，有时还有铜制小物事、箭头、猪牙耳环和石制"战斧"。亡者的遗体蜷曲，男性通常位于墓穴右侧而女性位于左侧，也随葬有绳纹陶器，有时还有首饰。并不是所有的墓地都覆有坟冢。有时这些先前的坟冢因后来的农业活动而被移除，但是一些可能初始就是平板坟墓。

这种战斧是带有外展边刃的沉重的石制轴孔斧，似乎模仿了毗邻的喀尔巴阡地区和欧洲东南部地区的铜制轴孔斧，并不能确定它们是否适于战斗，但它们可能是贵重物品。绳纹陶是半干旱性大草原地区的特色，正如坟冢内的单人墓葬一样。这类墓地远至西北部的喀尔巴阡盆地，它们可能是少量半干旱性大草原入侵者或定居者在那里的遗迹。在欧洲东南部的农业共同体中，单人墓葬也是长期存在的遗体处理方式，数百年来其变化也可从随葬品中看出。在欧洲北部和中部，单人墓葬习俗可能还是当地首领采用的一种表示权力和地位的方式，它们在等级分化渐增的社会中出现。广口陶杯——约盛一升液体的无柄器皿——可能也证明着精英们的特殊社会地位。它们可能用于盛酒或者含有大麻的饮料。大麻可能已被半干旱性大草原的共同体使用。

此时墓地中也有动物残骸。从这些墓地和那些很少见的聚落中很明显地可以看出：牛、绵羊和山羊的重要性日益增加，而猪远非如此；马也被饲养。聚落的稀少在一些人看来是绳纹陶文化共同体迁徙畜牧生活方式的体现，而另一些人认为可能与半干旱性大草原的共同体有关。虽然一些地区发生了转向畜牧经济的变化，但是混合农业可能仍见于许多地区，也存在大量的地区性变化：如在瑞士一些湖边村落中发现了绳纹陶器，但他们的生活方式是野生资源仍起着重要作用的混合经济；在立陶宛，绳纹陶器由农民制作；波罗的海沿岸的其他共同体也使用绳纹陶，对于他们来说，海洋哺乳动物仍是经济的主体。目前已发现的几个聚落内建有正方形或长方形房屋。在一些地区，聚落与先前相比，更小且更加分散。而在波兰东南部等其他地区，人口全面下降，并且集中在比以前更大的少数几个聚落中，如波兰南部的布洛诺西（Bronocice）容纳了当地一半人口。

当更南部的地区采用广口陶器时，绳纹陶器继续在斯堪的纳维亚半岛流行。在北欧平原以及东至干草地区的边界，它也仍在使用。

欧洲西部

伊比利亚半岛和法国南部 自从将广阔且肥沃的农业土地与大量海洋资源相结合，葡萄牙南部的塔霍河河口地区就能够养育稠密的人群。约从公元前3200年起，这一地区见证了许多大型防御性聚落的建设，它们拥有带堡垒的高大宽厚的石墙，例如赞布加尔（Zambujal）和圣佩德罗新镇（Vila Nova de São Pedro）。工事由进一步增加的石层周期性地加固，但防御似乎不是建造这些坚固防御工事的主要原因，地位和共同体内的竞争似乎是更可能的解释。聚落周围的这些共同体建造了甬道巨石墓，包括集体墓地和大量丧葬祭品，其中就有片岩制作的饰板。

阿尔梅里亚也建立了类似防御性聚落，尤其以洛斯米拉雷斯（Los Millares）闻名，它是本地最坚固的聚落（米拉雷斯文化[Millaran Culture]）。各类天然金属和金属矿石，铜、银、沙金和锡，在伊比利亚半岛也能得到。公元前第四个千年末期和公元前第三个千年初期，伊比利亚半岛的南部地区消耗了大量的铜，用于制造平斧、凿、匕首和箭头之类的小物品。整个公元前第三个千年期间，大西洋沿岸的贸易将金属、象牙、鸵鸟蛋壳和杂银星绿松石之类的贵重物品带到塔霍河河口地区、阿尔梅里亚和布列塔尼等财富中心。

与此同时，防御性聚落可能也开始在法国南部部分地区建造，例如莱布斯（Lébous）和布萨古斯（Boussargues）。这些聚落由干砌的墙体围地构成，围地将带有承梁屋顶的圆形或半圆形的建筑组合起来。人们认为，这些房屋是防御墙体上的要塞，但是，将其看作饲养动物的围地边界周围的小屋，可能更令人信服。这些房屋可能是牧人在夏季高地草场放牧牲畜时的住所。山穴住所和其他未环绕的聚落也为人所知。山穴可能也是集中的墓地场所，许多简单的石板墓（由圆形石冢覆盖的石棺）建于法国南部的石灰岩台地上。

广口陶　在绳纹陶文化中见到的饰有绳纹的陶器器型可与稍晚的、更西部地区流传的广口陶相匹配。广口陶可能由绳纹陶发展而来或由其引发，它最初出现在此时莱茵河的入海口地区。广口陶体圆、带有外向倾斜长颈（精美外翻造型）和横面，横面上刻制或压制绳纹等几何图形。对广口陶中残留物的分析表明，它们用于饮酒，可能是伴有香草或水果佐料的蜂蜜酒，这可能是流行于当时社会的一种重要习俗。单人墓葬特别是男性墓中的广口陶尤其著名。除了广口陶，这些墓地中还有许多特殊人工制品：弓箭手设备，如装有倒钩、音质清脆的燧石箭头以及石护腕；外来材料制作的个人首饰，如用于衣服的薄片黄金贴花，带扣，常由煤玉制作的V形穿孔扣子，燧石或音质清脆的铜制匕首；此外还有，包括锥子在内的其他小的铜物品。

约公元前2800年，广口陶器最早出现在莱茵河的入海口地区，整个器皿都有装饰（AOO，即"All-Over Ornament"）。这些陶器往往与战斧、由大普雷西尼（Grand Pressigny）燧石制作的精良匕首和琥珀穿孔挂饰一起出现。在西欧北部地区、莱茵河河谷、荷兰、不列颠部分地区和法国，"AOO"风格广口陶流行起来。大约同时，一种极其特殊的被称作航海钟广口陶的（Maritime Bell Beaker）器皿开始生产，其上饰有稀疏水平细纹，通常是梳状人字形图案，它可能形成于伊比利亚半岛南部的塔霍河流域。航海钟广口陶随后在大西洋的沿海地区尤其是伊比利亚半岛和法国流行起来，但是在远达莱茵河的中游地区仍为人知，公元前2500年出现在现今荷兰所在地区。约公元前2600至前2300年，"AOO"广口陶和航海钟广口陶都得到了广泛应用。几个世纪内,各类广口陶器皿以及单人墓葬中其余广口陶组件和独特的陪葬品都在广泛的地区使用:不列颠大部、法国西部和南部、伊比利亚半岛、北非部分地区以及西西里岛、撒丁岛、瑞士、意大利北部和部分中部地区以及远达喀尔巴阡山脉的东部地区。意大利北部和部分中部地区的一些墓地中有马的遗体。广口陶集合物既通过海路也通过陆路传播。

一些学者认为,广口陶是由一些移民或寻找所需材料的贸易者传播的,但是其他学者声称它们表示一种意识形态和地位标志的确立。这种意识形态和地位标志被等级性渐增的共同体的首领们欣然接受。广口陶器的采用是有选择的:在爱尔兰,少数宽口陶罐与开始加工铜有关,但是并没有采用广口陶文化墓葬习俗;在布列塔尼,广口陶器皿随着从当地传统中发展而来的身份地位标志的出现而出现;而在不列颠,最先采用广口陶的是英格兰东部(与低地国家相连的一个地区),仅在晚些时候才传入其他文化正在发展

图 2.6 苏格兰因弗内斯郡(Invernesshire)库杜塞尔(Culduthel)地区的一处广口陶文化墓穴中的葬品。这座坟墓陪葬有一个广口陶杯、一个射手的护腕、九个装有倒钩且音质清脆的燧石箭头、一个石制打火器、一个琥珀制穿孔挂饰和一个皮指环。(Drawing by Audrey McIntosh, from material in *the National Museums of Scotland*, Edinburgh)

的地区。一些地区全部采用了广口陶文化习俗,标志着与更早传统的截然断裂。而其他地区还有传承:一些巨石墓最晚的墓地含有广口陶遗存。广口陶制造者

第二章 欧洲的发展

的聚落飘忽不定,这表明他们过着一种相对迁徙的生活,可能与畜牧有关。不过与绳纹陶类似,也可能是广口陶材料由某些实行经济策略的共同体使用。

冶金技术、精英和贸易 虽然在莱茵兰最早的广口陶文化墓地中少有金属制品,但是,在不列颠等许多地区,宽口陶罐与冶铜术的引进有关。伊比利亚半岛南部在广口陶出现之前,已存在一种广泛确立的金属产业,这里可能是公元前3000年期间传入西欧的冶金术的源头。诸如赞布加尔等大量伊比利亚半岛的防御性遗址此时仍在使用,可能是正在形成的当地精英们的住地,在当地巨石墓中仍能发现他们的华丽墓地。西班牙东南部的米拉兰文化,此时可能已开始种植葡萄和橄榄树,可能也已建造简单的堤坝以经营农业防御洪水。由于当地精英们的需求,金、铜、象牙和绿松石等奢侈品的输入供应在广口陶文化时代上升,以满足他们对展现自己地位的贵重物品的需要。控制和使用这类物品的能力体现着权力,共同体间的竞争由这些输入物体现和完成。金的使用增加表明此时新广口陶饰品出现,例如,篮状耳环和用于衣服的薄片黄金饰品。塔霍河河口和布列塔尼等地区因广袤的沃土而为当时的中心区;加里西亚之类的其他地区,以其处在获取贵重物品的交流线路上而受益。对外贸易的程度反映在这一事例上:坎佩尔(Quimper)周围一个布列塔尼斧场的产品,模仿了这一时期北欧制造的石制战斧。大普雷西尼石矿吸引人的褐色燧石用于制造长刀和匕首。这种矿石分布于北欧和中欧的内陆深处,并且与"AOO"广口陶或战斧被一同埋入单人墓葬中。海洋和卢瓦尔河等水域成为主要商路。布列塔尼是一个贸易汇集地,来自莱茵兰和低地国家的卢瓦尔河路线和大西洋的海路在这里相交。马在伊比利亚半岛和不列颠的首次出现也与广口陶文化共同体有关。

冶铜术此时已在西西里和意大利大陆广泛确立。托斯卡纳(Tusscany)当地拥有优良的铜矿石产地。它见证了一种金属产业的发展,其产品出现于高多文化(Gaudo)的墓地中。铜尤其用于制造匕首和首饰。在意大利流通的其他物品体现了与爱琴海地区的联系,在西西里这些物品包括模仿爱琴海地区金属杯的条柄陶器器皿。在高多地区,这些联系可能发生在开始种植葡萄和橄榄树之后。

巨石墓的发展 公元前第四个千年末期,布列塔尼开始建造一种新巨石墓——坑道墓穴(allée couvert)。沿着卢瓦尔河和加隆河,这种习俗传入巴黎盆地等法国其他地区（塞纳河-瓦兹河-马尔讷文化[SOM：Seine-Oise-Marne]）。坑道墓穴和它们的变体是长方形巨石墓室，墓室和甬道在那里合并，一些墓穴带有坟冢，其他的可能没有。它们之中仍有集体墓地，但总体而言，与之相关的材料并没有甬道巨石墓中的发现物引人注目。法国内陆仍停留在采用广口陶组件的地区之外，那里既没有大面积的农业区也没有矿物资源。

岩穴墓（地下坟墓）是一些地中海地区的特色，在法国香槟（Champagne）地区也得以建造。这些在公元前第四个千年闻名的坟墓和其他坟墓，在地中海许多地区仍在使用。但是，此时出现了陈设华丽的单人墓地，如意大利利纳多奈文化（Rinaldone）时期蓬泰圣彼得罗（Ponte San Pietro）地下坟墓中的一位男子，他陪葬有一具显然是殉葬的女尸和其他陪葬品，这表明社会的不平等在增长。引人注目的马耳他的神庙和地下坟墓一直使用到公元前2500年左右。

公元前第三个千年末期，巨石墓中的集体墓地在西欧的大部分地区终结。约公元前2200年，甬道巨石墓和坑道墓穴在法国的绝大部分地区停建，其时单人墓葬流行。但正是在此之前，一些巨石墓被有意弃用，如用碎石堵住入口。在不列颠的大部和爱尔兰，从公元前第三个千年末期起，单人墓葬最为典型，这与广口陶之类的有装饰的陶器有关。

从公元前第四个千年晚期起，不列颠开始建造新的纪念物，不过总体上并未完全取代巨石墓成为共同体仪式的重点。圆形结构——由堤坝和内部沟渠环绕的木制或石制圆形构制——开始建造，其很明显首先出现于在苏格兰北部，由此传入不列颠的大部分地区，以更宏大完美的巨石阵（Stonehenge）的出现而告终。它们的目的仍不为人知，但是在该地举行过一些有关宗教或自然的仪式活动。圆形结构与一种装饰精细的新型陶器有关。这种陶器被称作槽纹陶器（Grooved Ware pottery），出现于整个公元前第三个千年的仪式遗址中。人们在一个器皿中发现了一种物质——黑色的天仙子，可能用于催眠。槽纹陶器也出现于一些约从公元前3300年开始精心建造的甬道巨石墓中，此后，它们中的绝大多数就不再使用。这些甬道巨石墓有一个坚固圆冢，其中有一条通向构造复杂的中央墓室的长甬道。它们仅出现于爱尔兰东部、威尔士北部和奥克尼。该千年晚期，爱尔兰西部地区出现了楔形坟墓（wedge tombs）——一种简单的坑道墓穴，它们至少使用到公元前1200年。

第二章 欧洲的发展

不列颠部分地区出现一些直立巨石圆阵。而苏格兰部分地区出现了横卧巨石圆阵，与前者遥相呼应。在不列颠和布列塔尼，尤其是在卡尔纳克，也修建有巨石队列和巨石道。各类研究表明，直立巨石可能有一种天象暗示，如在梅斯豪（Maes Howe）和纽格兰治（Newgrange）等地少有建造的甬道巨石墓，也与主要的天文现象有关，如太阳在冬至日点和夏至日点升起。

许多种类纪念物的修建都具有地区关联性，形成了一种"仪式地貌"（ritual landscape），其中以巨石阵之于卡尔纳克最是明显。巨石墓是单属于某个别的共同体的，但公元前第四个千年晚期仪式地貌大规模的出现必定有赖于许多共同体的联合力量，它反映出社会组织体系的一种变化。这明显地体现在此时的大陆地区和奥克尼：在公元前第四个千年的大部分时期，奥克尼岛被划分为小的领地，每个领地都有各自的巨石墓；但公元前第三个千年早期，这些巨石墓被一种作为公共建筑的巨大的、位于中心位置的复杂建筑所取代，其中包括引人注目的梅斯豪高级甬道巨石墓、圆形巨石阵、圆形结构和直立巨石。其他仪式地貌包括那些建有巨石阵的地区和埃夫伯里（Avebury）。几百年来，这些建筑物仍是仪式和公共活动所关注的重心，尽管习俗有所改变，如巨石阵周围就有许多青铜器时代的坟冢。

青铜器时代
（约公元前 2300/2200—前 1000/700 年）

青铜器时代初期（公元前 2200—前 1800 年）

铜锡合铸制成青铜的技术，从近东世界，经安纳托利亚而被引入希腊。约从公元前 3000 年起，近东世界已使用青铜。但是，公元前第三个千年中期，中欧的青铜生产可能是独立发展的，中欧使用的是波西米亚的锡，不列颠使用的锡来自康沃尔（Cornwall）。与纯金或铜砷合金相比，新合金的使用逐步在欧洲传开，这体现了它的强度和多种功能。但是，许多地区继续使用铜砷合金，它是一种比纯铜更坚硬和更易于铸造的青铜。

探寻史前欧洲文明

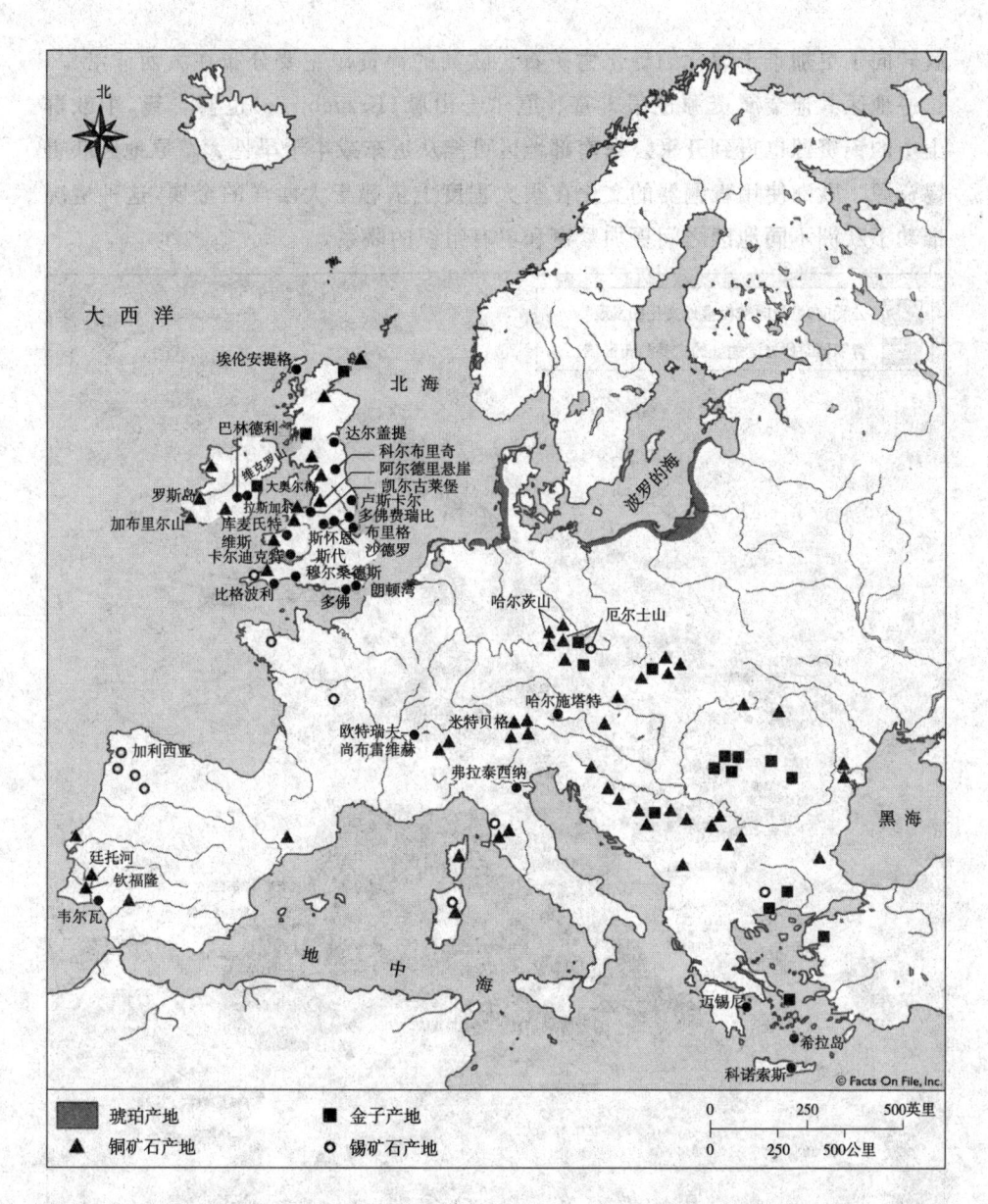

地图 8a 青铜器时代的贸易和产业　　　　　　　　　　　　　　（本插图系原文插图）

公元前第三个千年末期，整个欧洲对金属矿石需求量的日益增长，对贸易网的布局和其强度产生了显而易见的影响。他们受到了锡的缺乏和铜矿石开采种类改变的影响。由于易于熔化的氧化物和碳酸盐矿石供应不足，人们的注意力

第二章　欧洲的发展

91

就转向了更加难于熔化的硫化物矿石。欧洲的锡资源主要分布在大西洋沿岸，这一地区其他金属资源也很丰富。厄尔士山脉（Erzgebirge）也富含锡，中欧群山中的铜资源也得到开采。东南部地区可能从近东或半干旱性大草原地区获得锡资源。欧洲使用青铜器的文化在很大程度上依赖于大西洋的金属，这种情况推动了欧洲不同地区之间更加紧密和更有组织的联系。

地图 8b　青铜器时代的欧洲　　　　　　　　　　　　　　（本插图系原文插图）

东南部地区人们的生活方式发生了显著变化。农业已在那里确立了数千年——规模巨大聚落很多，土地所有权可能是展示财产的主要方式，该地区北面和西面都是喀尔巴阡山脉，虽然那里耕种农业在经济生活中很重要，但是聚落通常很小，饲养牲畜是重中之重，畜群可能被看作是财富的主要来源。森林继续遭到砍伐，许多地区因而永久性地失去了森林，其中包括在公元前第三个千年期间才开始有人定居的高地。在英格兰东南部的达特穆尔高原(Dartmoor)等地，密集的原野系统和土地划分的迹象由沟渠、墙壁、篱笆和幸存的栅栏标出，小块耕地也有小型聚落环绕，同时伴以较大的牧养家畜的围地。

社会和社会经济的变化更加明显。新材料和社会复杂性的增加推动了经济分工的发展。一些个人、尤其是冶炼工匠，此时至少在部分时间从事产业活动，专门的采矿、贸易此时可能也已出现。此外，一些怀有专长技艺的群体可能也已出现。著名的是畜牧者，其移动生活方式更加显著，他们时而利用群山周围和山上不同海拔的季节性草场，时而利用半干旱性大草原上可以利用的大片牧场。财富和权力日益集中于共同体中少数人之手，他们通过使用可见的和炫耀性的珍贵物品以及夸张的消费来展现地位，这对外来物品和材料的流动产生了大量而持续的需求。这种变化尤其反映在墓葬上。欧洲绝大部分地区采用了单人墓葬，在一些地区其上通常覆以坟冢，而在其他地区通常是平板坟墓，坟冢由少数精英们专用。这些精英们的随葬有华丽衣服、精良手工艺品和铜、金、精美石器、壶、琥珀和彩陶，并且最初可能还有皮毛之类的易于腐坏的珍贵物品。

贵重物品的需求推动了地区间贸易的发展。流通的物品以及材料的规模和种类都在扩大，贸易将许多以前只服务于大陆上单个地区的交流网联合了起来，不仅物品、材料，而且思想、风俗和信仰体系也能在广阔范围内得到传播。新路线得以开拓，传统路线得到了更加有效的利用。除了海上、河面航行之外，穿越群山关隘的陆路此时得到了更多利用，这部分是由利用高地夏季草场的牧人季节性迁徙的增多造成的。

贮藏祭品常见而且有时数量巨大。最初人们认为它们是冶金工匠们用于交易的物品，贮藏起来以度时艰，贮藏的金属物品似乎更可能是献给神的祭品。许多此类奉献物被埋入地里，而许多其他的奉献物放于河流或湖泊的特殊地方。这种行为始于更早时期——早至斯堪的纳维亚半岛的埃特博勒时期，但此时变得更加常见且传播得更广。它不仅在整个青铜器时代和铁器时代而且在罗马时代之后的异教区继续发展。除了用于宗教,炫耀性存储大量珍贵物品表明了个人或共同体获得这类供应物的权力,这强化了他们的威望和地位。这与太平洋海岸东北部美国本地的散财习俗形成了对照,那里的一位领导者通过有意毁坏食品和物品来展示自己的财富和权力。

繁荣的贸易表明共同体之间维持着和平关系,而许多防御性聚落的发展以及有用武器的出现意味着此时的冲突往往会导致真正的战争。青铜器时代斯堪的纳维亚半岛和意大利阿尔卑斯山岩石艺术描述的武力冲突场面,强化了这一印象。青铜专门用于制造武器。其中包括尖拱形的刀刃,装上柄它可以用作匕首,而安在杆的一侧可以用作戟。平斧和轴斧也开始制造。所有这些表明:青铜器时代早期,人们将自己视为武士。但是,这些武器除了在近距离的范围内根本无效,这表明冲突可能发生在单打独斗的战斗者之间。人们可能也使用了其他武器,特别是弓箭。

爱琴海地区

爱琴海地区以小型宫殿为中心的经济活动已在公元前第三个千年末期发展起来。约公元前 2200 年,内部冲突或入侵者导致大陆上的宫殿毁于大火,库克拉德斯群岛上的那些宫殿衰落;但是克里特岛上的宫殿未受影响继续发展。岛上人口主要居于村落和小村庄中,但是也存在一些城镇和少数坚固的聚落。岩穴和高地受到重视和青睐,修建有一些圣殿。克里特岛已通过贸易与埃及建立了联系。

约从公元前 1950 年(第一王宫期)开始,宫殿在克里特岛上的克诺索斯、马里亚(Mallia)、法埃斯多斯(Phaestos)坚固的城镇中以及其他可能的地区发展起来,而且它们统治着大块地区。在这里,君主控制着周边乡村的农业收获,收获物储藏在大坛和仓窖中。君主支持匠艺者们制作金属制品和纺织品等各类工艺品。宫殿是行政中心和王家住地。记录和管理收入的需求促进了克里特象形文字的诞生。同时,宫殿本身还有宗教职能,每个宫殿都与一个神圣洞穴或附近山顶圣殿有关,祭品在圣殿中制作。尤克塔斯山(Juktas)阿奈莫斯庇拉(Anemospila)圣殿为一次地震所毁,当时那里正举行人祭。这次地震可能于公元前

1700年左右摧毁了许多宫殿。

半干旱性大草原

半干旱性大草原地区,坑穴墓地的习俗在公元前第二个千年继续发展。此时遗体放置在坟冢覆盖(地下墓窟文化[Catacomb Grave Culture])的穴边墓室里。本地与黑海东部繁荣的高加索金属制造文化紧密相连,并且从那里采用了许多冶金新技艺和各种人工制品,如以含砷的铜在两半胎模(two-piece molds)中制造的凿和斧。这些新事物通过半干旱性大草原区人群,也传入欧洲东南部。

欧洲的东南部

农业共同体在这里出现已久,其所建立的聚落往往长期居住且很坚固。其中许多逐渐形成了土丘,从公元前第四个千年起便有人居住且未曾出现中断;而另外一些则以此为中心发展出了许多由沟渠和岸堤环绕的村落。但是,在南部和东部地区,因偏爱山顶位置,许多土丘被废弃。少数聚落防备森严,例如弗策多尔。河流冲积平原、河边台地以及山脚土地均被利用,共同体过着一种农耕和畜牧相伴的混合型生活。共同体成员埋在与聚落合在一起的公墓中,通常是在平板坟墓中。在一些地区,其中包括陈设华丽的墓穴,而这种墓葬差别似乎反映出社会的差别。

冶金术包括复杂的铸造技术:一些发展产生于当地;其他的取自中欧的乌尼提瑟(Únětice)产业活动,而该地区对来自近东和邻近的半干旱性大草原的思想和新事物也有吸收,而源自高加索山脉冶金中心的思想正是通过后者传播开来。高加索的物品类型中有一种独特的战斧,末端有个轴孔且带有一个宽扇形刃。刃由两半胎模铸造,该模具中有一个陶心以铸造轴孔。公元前第三个千年末期,喀尔巴阡地区也使用了这种战斧,以及其他高加索的金属制品。当地易于加工的铜矿石供应中断,金属制品的数量同时也在下降。此时,金属可能作为环锭(ösenringe)从中欧输入,并且有限地用于小件首饰。多瑙河可能是金属和其他物品运输的主要路线。当然其他河流也很重要。位于交易网中重要中心点的聚落可能获得更多的输入材料,形成了地区性财富中心。这些聚落在当地也起着

第二章 欧洲的发展

产业和宗教中心的作用。

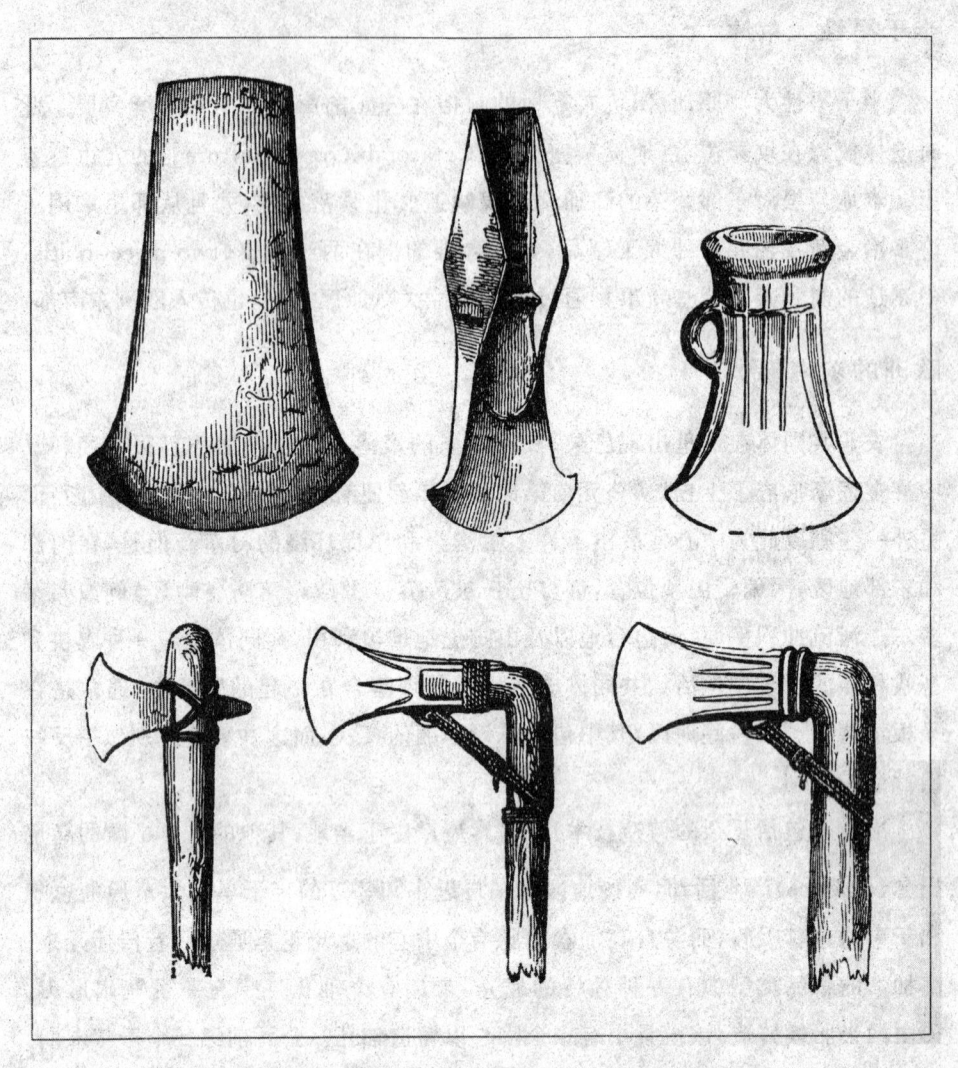

图 2.7 爱尔兰的黄铜斧(左)、青铜凿或翼状的青铜锛(中)、青铜承口斧(右)展现出金属工具不同装柄方法的发展。(Lubbock, Johan. *Prehistoric Times*. New York: D. Appleton and Company, 1890)

欧洲中部与北部

乌尼提瑟文化 铜锡合金约公元前 2500 年首次出现在中欧,且公元前

2200年左右时，在多瑙河北部的共同体中也出现了青铜加工业，这便是通常所言的乌尼提瑟文化。其范围包括喀尔巴阡（Carpathian）盆地和阿尔卑斯山东部地区。乌尼提瑟地区技术精湛的冶金匠已创造出金属的焊接技术，能制造出带有坚硬柄的匕首，同时也具有加工金属片的技术，并能锤制成精美的金杯。其他乌尼提瑟文化制品也包括大青铜臂环。最具代表性的制品是环锭（ösenringe），这大概由阿尔卑斯山地区奥地利的居民用铜制作，尤其是在米德堡（Mitterberg）出土了许多这样的制品。环锭经浇铸而成的铜棒锤打而成，并以铸锭为形式广泛用于交换，若把这种铜环与锡进行合金可以制造出其他产品。

乌尼提瑟地区金属加工与制作技术的影响远达欧洲的西部。例如，大西洋沿岸（Atlantic）地区的人也模仿他们的铸造技术，如布里多尼（Breton）的短剑上亦带有装饰性的剑柄。乌尼提瑟地区的部落用锡来制作青铜，这些锡大概来自于矿山的（厄尔士山脉）的冲积物，但大西洋沿岸地区的金属却不是来自于矿山冲积物，可能也包括康沃尔地区的锡，它们在欧洲中部地区很受欢迎，而且通过贸易使乌尼提瑟地区的冶金业得到了更快发展。

大多青铜制品储藏在贮室之中，多为供祭品，同时也明显地反映出有地位的人为提高其声望所表现的奢侈：在捷克摩拉维亚（Moravia）的一些贮室中发现有500个甚至更多环锭。大多数乌尼提瑟文化的精美贮室约在公元前2000年出现，这种贮室流行于欧洲中部直到青铜器时代晚期才停止。

质地最好的金属制品常出土于墓葬。大多数人被埋葬在公共墓地中，一般为土葬（匈牙利地区除外，这里的人一般采用火葬），但在欧洲的西部地区一些上层人物仍建有单独墓葬。有几处比较著名的富人葬，尤其是波兰的萨克森-图林根（Saxo-Thuringia）和莱基马勒（Łeki Małe）两地区的罗伊宾根（Leubingen）和海姆斯多夫（Helmsdorf）的富人墓葬，这些墓葬可追溯到公元前2000至前1800年间。在每个巨大墓葬中都有一个木制小室用于盛放亡者，亡者的身旁通常放有武器和宝石。在罗伊宾根一男人墓葬中还有一个年轻女子与他合葬。其陪葬品中包括一些木匠用的工具和金属制品，且金属工具在其他墓葬中也有发现，表明在那时木匠可能享有很高地位。

斯堪的纳维亚地区新石器时代晚期/匕首时代　约公元前2200年的斯堪的

纳维亚地区,人死后被葬于石棺中,男人常用燧石匕首陪葬。虽然他们还不能制造出金属制品,但其南部和西部都受到周边使用青铜器邻人的影响,他们向邻人提供琥珀,并用燧石来模仿他们的金属制品,斯堪的纳维亚地区的人们也偶尔从这一文化地区进口匕首和从爱尔兰进口斧头。

欧洲西部地区

大西洋沿岸地区 大西洋沿岸地区拥有丰富的金属,包括产自伊比利亚半岛的铜、银、锡、金,布列塔尼的锡、金,爱尔兰的铜、锡、金,威尔士的铜和康沃尔的锡。自公元前第二个千年初期起,这些丰富的金属资源逐渐被开采,包括在本地使用和通常以成品的形式用于出口,例如新月状黄金饰品(新月状项圈)大约出现于公元前2000年左右的爱尔兰地区,并在法国附近的大西洋沿岸地区流通。大量铜矿被开采,如爱尔兰罗斯岛(Ross Island)铜矿的开采约始于公元前2400至前2000年间。琥珀和其他贵重物品在波罗的海地区(Baltic)和日德兰半岛也被利用,像琥珀这样的海产品还偶尔被冲到不列颠的海岸地区。由于欧洲大陆缺少和缺乏这些产品,所以甚是需要,这就促使了大西洋沿岸与欧洲内陆之间比以前更大规模的贸易往来。

亡者在安葬时一般实行单人葬,一些地区则采用圆形坟墓,如在不列颠南部,而其北部地区则使用土坑和石棺,但也用火葬形式。坟墓通常被界定起来或在其周围挖一条水渠或围上一圈石头或木桩。一些地区还显出社会繁荣景象,如在布列塔尼和英国南部的威塞克斯(Wessex)已出现带有大量贵重物品的墓冢。这类坟冢经历了几个世纪的发展,大概代表着主要的墓葬形式,这在威塞克斯被分成两个连续发展的时期,从公元前2000至前1700年和公元前1700至前1400年(即威塞克斯文化Ⅰ和威塞克斯文化Ⅱ)。威塞克斯是一个农业繁荣发展的地区,拥有肥沃的白垩土,不仅适宜耕作,而且还有大量的牧场。同样其乡村也很繁荣,巨石阵地区继续向前发展并显出其持久的优势。威塞克斯和布列塔尼都处在重要的贸易枢纽地区,河流将威塞克斯与爱尔兰、大西洋海岸、英国东海岸连接起来,使其也可到达欧洲一些低地国家和欧洲北部及中部。布列塔尼处于贸易战略要地,拥有大量的金属矿产。在这里富人的小土坟中都拥有石棺。

在其他地区,上层人士或权威人士死去后在其坟墓中通常伴有精美陪葬品,不过并不像威塞克斯和布列塔尼两地区墓葬中的陪葬品那样丰富,但也有一些贵重的物品为爱尔兰的金、青铜,波罗的海的琥珀、黑玉、页岩——偶尔也用银和精美宝石——制成,其中包括一系列的宝石和衣服饰品,如金质的新月状装饰、黑玉项链、金杯和一些武器(如金属匕首和燧石箭头)。许多物品都显出高超的工艺,可能工匠本身也享有很高的社会地位。具有显著特征的布列塔尼制品常与威塞克斯制品进行交换,布列塔尼的产品包括用铜或青铜制作的有柄短剑,而且上面配有金质饰针,这种短剑可能受到乌尼提瑟地区短剑的影响,因为其短剑也有一个剑柄,并且上面连有金属钉。在大西洋沿岸一些地区,用铜、金、银、页岩和琥珀制作的带柄水杯,可能受到伊比利亚半岛陶器器皿和欧洲中部金杯的影响。

图 2.8 发现于丹麦的一把新石器时代晚期的燧石短剑,系模仿金属短剑制成,这种短剑的使用范围在同期已达到欧洲南部。这把精美短剑的表面还精致地磨成薄片。(Worsaae, J. A. *The Industrial Arts of Denmark*. London: Chapman and Hall, 1882)

第二章 欧洲的发展

然而，在一些地区如威塞克斯和布列塔尼，共同体已有能力获得一些奇异的物品，这在部落首领的陪葬品中已得到证明，在其他地区如爱尔兰，财富以供祭品的形式表现出来，特别是储藏在地下和水边贮藏室中的金属供祭品。金项圈通常也作为供祭物品。新月状饰品大都产自爱尔兰，金项圈则来自于威克洛山（Wicklow）；这种金项圈已传到不列颠的一些地区，在布列塔尼地区被用作随葬品。在史前竖立的石制雕像上似乎刻有项圈和穿着被视为神所穿的衣服。在伊比利亚半岛的西南部生产一种与众不同的金项圈，这种制品主要流行于伊比利亚，但也传到了不列颠北部和西北部。

与以上有丰富随葬品的地区相比，青铜器时代的欧洲西部居民却很贫穷。从不列颠的一些地区我们可以看到，如布莱克-帕奇（Black Patch）的聚落多为狭小圆房组成，在日常生活中，每一个家庭就用这样的房屋做不同用途，房屋周围围有围墙，围墙的中心有一片很大的空地用来圈养牲畜。

地中海地区　在大西洋沿岸伊比利亚半岛的塔霍河地区，广口陶文化类型的陶器为装饰性的碗所继承——这种碗带有舌尾形的青铜尖，此外还有舌尾形的匕首、V形孔眼的纽扣和单人葬仪式（帕尔梅拉文化，Palmela），与之相似的随葬品亦见于伊比利亚半岛中部的单人墓葬中（契姆伯族拉斯文化，Ciempozuelas）。约自公元前2200年后，西班牙南部的村落，虽然仍聚集于阿尔梅里亚（Almeria）地区，但也集中于山堡中（阿尔加尔青铜器时代）。这些地区的墓葬采用带有石棺的单人葬，陪葬品用很大的贮藏器皿盛放并配用精美黑色无装饰陶器，酷似金属制品样式，陪葬武器中包括含砷的铜剑、斧头、银质指环和王冠，有时也有小块黄金珠宝饰物。墓葬中随葬品的差别反映出这一地区社会等级制度的发展。但是，他们金属制品的制作技术还很简单，用单胎模铸造的扁斧是其典型产品。

公元前第二个千年，在地中海西部的一些地区，广口陶文化的陶器继续被使用，使用这些陶器的地区还包括法国南部和伊比利亚半岛的内陆地区，在这里墓葬仍然用巨石来建造。但是公元前第二个千年的伊比利亚半岛西南地区，单人葬却成为主要墓葬形式，且使用石头来砌成石棺和墓坑。与阿尔梅里亚地区相比，这里的墓葬中很少有值得称道的陪葬品，最富有的墓葬中也仅仅有一些引人注目的短剑或者一些小型黄金饰品。此时人们开始离开塔霍河地区移居到有丰富铜矿的南方地区,因为他们在这里已经居住了几千年之久。

此时,地中海中部地区单人葬也很普遍;但是马耳他地区却使用火葬。在意大利北部地区(波拉达文化[Polada])很多村落建在湖畔地带。从这些地区出土的物品中可以看出这里的居民与山北欧洲已有联系,并且通过陆路与贸易网相连,这已从出土的琥珀小珠中得到证明。在意大利中部地区(原始的亚平宁山脉地区)、亚平宁山脉(Apennines)中部山脊很久以来如一个巨大屏障把意大利分成东西两部分,此时却变成了混合农业经济区,这里在夏天还可作为牧场。在阿尔卑斯山的高纬度地区先前无人居住,但是此时夏季也开始出现了随季节迁移的牧人,这些牧人在冬季时可以生活在海拔相对较低的地区。而且人们可以把其放牧活动与采矿获取铜矿石等活动联系起来。

青铜器时代中期(公元前1800—1300年)

此时,通过欧洲的大部分地区可以看出平面墓葬已被冢墓墓葬所代替,其实冢墓墓葬在欧洲大西洋沿岸地区已有很长的历史,火葬习俗也渐被接受,但是这种形式大多被晚期的一些地区所采用。

青铜器时代中期,青铜加工的规模和范围不断扩大。由青铜或其他金属制作的贵重物品继续在随葬品中占支配地位。对男人来说,最具代表性的是随葬的武器,这显示出武士在社会中起着关键性作用。对于女性墓葬而言,随葬品中各种各样的饰品不断增多,且被精心制作和精美加工,包括戴在颈上的垂饰和手镯。有些饰针的饰头其形式就像四轮辐式车轮,在当时与双轮马车一样具有很高的价值,是最高地位的象征。这些制品从欧洲半干旱性大草原地区传到欧洲的东南部地区,后又传到欧洲的许多其他地区。从西兰岛(Zealand)特兰德霍尔姆(Trundholm)的泥沼里出土的供品中有一辆用青铜和黄金制成的太阳神仪式马车车身,与一匹马构成了一辆完整的马车,它表明这种创新也逐渐进入宗教象征的形式中。

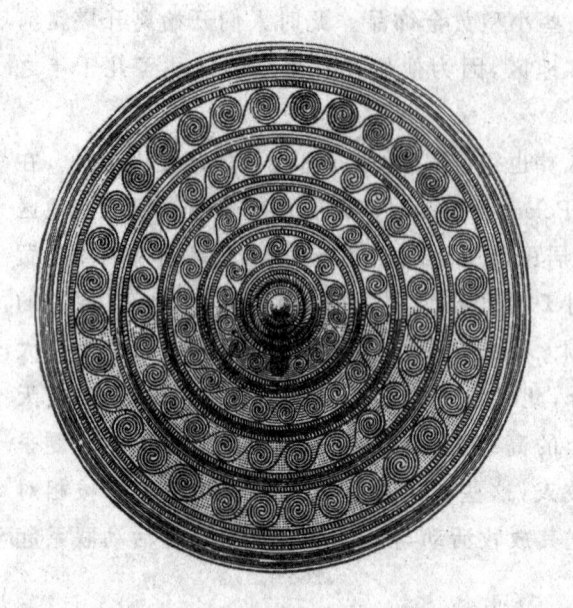

图 2.9 在丹麦一女性木棺中所发现的饰有精美螺旋纹的青铜罗盘。(Worsaae, J. J. A. *The Industrial Arts of Denmark*. London: Chapman and Hall, 1882)

不同地区间的贸易也得到了很大的发展,相距很远的地区也可直接贸易,如斯堪的纳维亚地区的精英与喀尔巴阡山地区的精英之间已有贸易往来。伴随商品贸易新的技术也被传播:如金属加工和其他材料加工的新技术;精英们陪葬的武器、餐饮器皿和个人装饰品中出现新样式;可能还有新信仰体系,这反映在处理亡者不断变化的习俗中;最后是像轮辐式车轮那样新的宗教象征物的出现。

公元前第二个千年初期,爱琴海文明开始出现。米诺斯人和迈锡尼人对原材料的需求促进了物品流通,尽管爱琴海文明只影响到与其相邻的巴尔干地区和地中海中部地区。欧洲内陆贸易也有其自身的发展趋势,爱琴海文明对它的影响并不多。虽然目前并不了解欧洲其他地区的贸易结构,但是相对较小的部落之间,部落首领可以通过协议和结盟的形式来控制所需商品的来源和流通,这些贵重物品提高了部落首领和部落在所在地区的地位,但这并不是社会分化发展的基础。从大多欧洲居所遗址来看,并没有迹象表明当时部落首领的住处与部落中其他成员的住处有明显区别,只能在墓葬中才能看出地位的差别。

出于防卫需要,东南欧和其他地区的设防村落不断增多,这种设防建筑也包括地中海岛屿上的塔屋。这种设防建筑在陆地上的分布显示出此地的人们常常选择一小片区域作为避难所,大概外族掠夺时主要集中于他们的家畜。新武器的发展也可反映出部落间的冲突,这种新武器包括带青铜矛头的长矛。此时的匕首已加长演变为剑,这使人们在一臂之外方可与敌接触,而非像匕首那样与敌交锋近在咫尺。在青铜器时代以后的世纪中,剑承载着武器的广泛变革,武器的这种变革主要反映在功能和样式中。

爱琴海地区

米诺斯时期的克里特 米诺斯王宫在公元前1700年遭受破坏之后,其主要部分又迅速重建,规模比先前更大(此时为第二王宫时期)。克诺索斯成为统治中心,国王和祭司阶层统治着全岛,也许其权力范围也达到了克里特岛以外地区。大约在公元前1628年,桑托里尼岛(Santorini)又遭到地震的巨大毁坏,在阿克罗蒂里(Akrotiri)保存了一些主要的居住区,在两层甚至三层的建筑物中有清晰的米诺斯类型的壁画。其中一幅壁画描述了岛上的生活情景、城镇、带有装饰的大船和具有克里特特征的士兵,这些士兵携带有典型克里特风格的"8"字形盾牌。

米诺斯王室及其大臣居住在宫殿中,周围城区也建有巨型建筑物,大概为精英人物的住处,还有许多中型建筑物,主要为住房和手工作坊。像古尔尼亚(Gournia)这样的一些小城镇也得到了发展,在乡村地区还出现了"别墅区"。

克里特岛出现了完备的书写系统——线文A,在当时用来记录;从这些书写文字中可以清楚地看出米诺斯人并非为说希腊语的民族。克里特岛与希腊、安纳托利亚(Anatolia)、地中海南部地区、远达西部的埃及之间都有繁荣的海上贸易,埃及绘画中也出现了米诺斯人。这种贸易组织体系严密,并掌握在王室手中;米诺斯人进口金属矿石和半宝石形石块等其他原材料,也进口奢侈品;他们出口农产品,特别是酒、橄榄油、精美陶器和其他手工艺品。米诺斯壁画和其他艺术中包括公牛舞和捕猎公牛的情景,也有许多动物和动物参加的情景,在陶器上描绘海生物是特别流行的主题。精美的象牙雕刻及金、银制品,特别是人工制作的器皿和珠宝,均可见于诺斯王宫。

约公元前1450年,米诺斯王宫被毁,可能由于地震或内部冲突,此后几个时期克里特岛受治于希腊大陆南部的迈锡尼人。克诺索斯王宫也最后于公元前14世纪中前期的某一时被毁,克里特岛西部的哈尼亚(Chania)变成该岛的中心。在公元前12世纪克里特岛又遭到海上民族的侵袭,人们只好移居到高山地区。

第二章 欧洲的发展

迈锡尼时期的希腊 从迈锡尼由笔直厚板建造的竖井墓中的丰富陪葬品可知,在公元前16世纪中期,希腊南部已出现一个武士贵族阶层。这里许多人下葬时都戴着黄金面罩和穿华丽衣服,其中包括许多从米诺斯进口的物品。在迈锡尼地区出土的波罗的海的琥珀小珠和饰有罗盘的马具表明,迈锡尼地区与巴尔干地区之间的联系已经存在,巴尔干地区已从欧洲中部的冢墓文化(Tumulus)中进口物品,而冢墓文化的贸易对象为斯堪的纳维亚地区。在迈锡尼竖井墓中出现的金属制品,包括镶有黄金、银和乌银图案的青铜匕首,这种金属制品由极具天赋和技艺的工匠制成,而且金匠的制作处于当地首领的控制之下。

后来的统治者都被埋葬在地下圆顶蜂窠式石砌巨冢(tholoi)中,地位较低的上层人士被埋葬在石砌墓室中,此时希腊的中心为迈锡尼和提林斯(Tiryns)。此时出现了坚固的城堡,用不规则巨石建成的围墙围着王室宫殿、仓库、圣殿和住房。在城墙外面有更多的住房和手工作坊。坚固防御工事的出现表明当时存在武装冲突,防御设施中包括武器、盔甲和双轮战车,在皮洛斯(Pylos)还出土有记载组织沿海防御的遗存。

米诺斯文明的影响主要在公元前15世纪。希腊大陆在克里特文明影响下,进入了迈锡尼文明。迈锡尼人发明了他们自己的字母文字——线文B;这种已被成功释读的文字为早期希腊语,主要记载的是经济管理档案,反映出农业生产、产业活动、军备和粮食分配等的一些管理细节。手工制品包括金属制品,象牙雕刻,纺织品和繁荣的陶制品。

然而,米诺斯文明极大限制了他们与地中海东部地区的贸易活动,迈锡尼的贸易范围向西却到达很遥远的地方,他们进口金属矿石的地区西达撒丁岛,甚至从西班牙进口,因为在那里出土了一些迈锡尼陶罐;迈锡尼陶器在塞浦路斯、意大利南部、西西里岛和黎凡特地区都很普遍,迈锡尼文明也广泛参与到近东的贸易活动中。其与欧洲邻近地区的贸易,使它间接获得了更远地区的物品,包括来自波罗的海的琥珀。现已出土的一艘沉船大概来自于黎凡特地区的迦南(Canan),约于公元前1300年在离开安纳托利亚的乌卢角(Ulu Burun)时沉没,船上装载着可能计划输往迈锡尼世界的一些物品,如锡、铜和玻璃,还包括用以制作香油的农作物,为典型的迈锡尼出口品。从出土沉船中的一些个人物品也可以看出一些船员为迈锡尼人。铜在运输时被制成与众不同的牛皮锭形式;陶器也常常被用来运输香水、油和香料,大型陶罐也可作为托运精美陶制器皿的容器。

公元前13至前12世纪,地中海东部的许多文化区,大概也包括迈锡尼都遭到海盗攻击,此时埃及人也成为海上民族的受害者,这些海上民族大概来自于安纳托利亚和意大利的一些地区。公元前1200年左右,迈锡尼的许多宫殿倒塌,不能确定是源于海盗攻击,还是由于内部冲突。其他幸存地区的财富和影响力也受到很大的损失,文字记载中断。在接下来的几个世纪里,希腊进入了黑暗时代,海外联系受到限制,人们生活在小区域,在这些小区域中也有各式地区文化,例如,在陶器的形式上就出现了与迈锡尼世界一致性陶器样式有别的陶器器型。

半干旱性大草原地区

关于东南欧半干旱性大草原(the Steppe)地区牧人生活状况的资料主要来自于这些地区精英墓葬的出土品。公元前第二个千年中期,这些坟墓建造得更加精致,放有木棺且大而坚固的坟墓就像大房屋(木质坟墓文化)。一些坟墓的陪葬品中还包括双轮战车和马,这成为半干旱性大草原富人墓葬的一个特点。

马是支撑半干旱性大草原经济必不可少的动物,它可以坐骑和拉轻型的双轮战车,马的使用在公元前第二个千年早期是一场变革,因为它带来了更快的速度和更便捷的物质流动。当牧民在半干旱性大草原上游牧迁徙时,仍用较重的四轮马车搬运财产和家庭物品。公元前第二个千年中期,东南欧半干旱性大草原已完全开发利用,当地的牧民已游牧到中亚地区,而且在半干旱性大草原的各个牧场去放牧。游牧也给他们带来了新的矿产,如产自乌拉尔山(Urals)的铜和阿尔泰(Altai)的铜与锡,为半干旱性大草原的冶金术带来了新的推动力。

欧洲东南部地区

公元前第二个千年早期,特兰西瓦尼亚山区(Transylvanian Mountains)开始开采铜矿和金矿,这使喀尔巴阡山地区的金属工业得到发展。雕刻装饰品是金属制品的一个典型特征,这种雕刻技术包括当地的一些创造和从欧洲中部和东南欧半干旱性大草原的邻近部落中学来的冶金和装饰技术及图案设计,如用以制作坚固刀柄和两半胎模的铸造技术。多数喀尔巴阡山的金属制品可见于匈牙利东北部豪伊度塞马松的(Hajdúsámson)随葬品中。其中包括一把带有坚固刀柄的刀和12把战斧。装饰技术——如弧形装饰技术,常常用来装饰金属制品,也用来装饰陶器和用鹿角、骨头制作的马具。喀尔巴阡山盆地的人们对外贸易广泛,他们的金属制品可能输出到丹麦(从丹麦地区输入琥珀和毛皮)、意大利、希腊和亚平宁海角和大西洋沿岸地区。

与冶金术的革新一样,欧洲东南部地区继续从其东部地区输入马(马的进口数量很大)、挽具(其中包括由鹿角制作的马勒带)和有轮辐式车轮的战车等其他物品,轮辐式车轮的黏土模型也可见于喀尔巴阡山地区。双轮战车迅速成为精英们的贵重财产,并迅速传遍欧洲。

一些有坚固防御的村落开始兴起,这反映出喀尔巴阡山地区的繁荣,生产有当时欧洲最精美的金属制品。许多村落建在贸易线上的枢纽地区,且在河流附近,并用"箱型"防御城墙设防。一个显著的例子是斯洛伐克(Slovakia)的施庇斯基-施特弗托克(Spišský Štvrtok),在这里的墓室中发现了一个黄金制品的贮藏室。大多聚落都有堤岸和沟渠环绕,内部有用荆条和胶泥修建的房屋密布。

喀尔巴阡山盆地西部金属制品繁荣的地区最后融入到冢墓文化,而且东部又将其中心向南推移至发展着迈锡尼军事民主社会的希腊南部和黑海北部地区。

欧洲中部地区

冢墓文化 公元前1800年之后,欧洲中部古老传统中的平面墓已普遍应用,但当时社会中最重要的人物并未采用这种墓葬,后来它被使用木棺的圆形墓取代。喀尔巴阡山盆地西部也成为冢墓文化的一部分,最后这种冢墓文化向西扩展到法国东部地区。

在贸易活动中,冢墓文化的金属制品还与喀尔巴阡山的金属制品之间存在着竞争。冢墓文化中典型的产业制品包括许多类型的珠宝饰物和武器,这些武器包括刀、带承口的矛头、青铜凿及保护臂部和腿部的护甲。男人用刀作陪葬品,而女人则用珠宝饰物。

从荷兰到匈牙利,大部分欧洲中部地区都建有柱式矩形房屋组成的敞开式村落。但一些村落已设防,如克罗地亚一些地区用石头建造城墙,在蒙克顿加(Monkodonja)也有一条精心设计的通道。在波西米亚的维林(Velim),聚落采用城墙和沟渠设防,其中许多青铜贮藏室和黄金制品贮藏室也有设防,从施庇斯基-施特弗托克的贮室和防御设施中,似乎显示出防御设施在保护仪式地方面比保护人更显重要。许多人骨刻有记号,同样葬于维林地区的水坑和沟渠中。

斯堪的纳维亚地区

在冢墓时代可以看出欧洲中部和北部的直接联系开始增加,丹麦经由莱茵河、奥得河(Oder)与多瑙河地区和喀尔巴阡山地区进行贸易。斯堪的纳维亚地区的居民在本地并无锡矿和可利用的铜矿,但此时他们不再仅是进口金属制品,模仿制造成其他的制品,而且还通过进口金属生产自己需要的武器和类似皮带盘的装饰品。他们的金属制品受欧洲中部地区的影响很大,同时也进口一些刀、矛、装饰性斧头等精美金属制品。这些武器和一些贵重物品被储藏在贮室中,并与当地一些产品一起被作为敬神贡品。

此时,斯堪的纳维亚地区的精英也开始使用有冢墓葬,大多地区的首领组织特殊物品和一些原料的贸易,同时也管理着他们的家族。这一地区的精英们在埋葬时,遗体上包裹有牛皮或毛毡,被放在制作精美的木棺中,上填土和草,堆成土丘。沼泽地区也保留这样的棺椁和陪葬品,陪葬品中包括亡者所穿戴的羊毛织物和青铜饰品、个人的财物和器皿,以及木制品和桦树皮。一些墓葬中还包括些许黄金制品。在一些棺材中发现的迈锡尼地区制作的折叠凳子证实了长距离贸易的存在;早在公元前16世纪迈锡尼的墓葬中也发现了来自波罗的海的琥珀珠。树轮定年法也证实了公元前1410年至公元前1360年曾埋葬有许多这样的棺材。

后来火葬代替了土葬,但仍使用木棺,其内有一些适当的小型陪葬品,例如匕首和小型的个人物品(包括剃刀)。

对斯堪的纳维亚地区青铜器时代生活的进一步了解源于岩画,特别是在瑞典这种岩画非常普遍。虽然岩画情景和内容可能与宗教信仰有关,但也给我们提供了一些当时的生活画面,如可以明显看出男子用斧头和匕首作为武器所进行的一对一决斗;岩画上有桨手在划行,牛群在耕地,所描述的船大概用木质船

第二章 欧洲的发展

骨和兽皮制成。

欧洲西部地区

大西洋沿岸地区 土葬墓继续在大西洋沿岸的许多地区应用，但是富裕的早期威塞克斯文化Ⅰ（WessexⅠ）和阿莫利卡人（Armorican）已不使用这种埋葬方法。后来的墓葬通常采用早期土墩的形式或用巨石建成或用巨石圈成。在不列颠、荷兰（Netherlands）和法国西北部地区火葬变得很流行，骨灰被放在瓮或大型陶器中，一般还有一些陪葬品，但法国北部和东部的大部地区则成为欧洲冢墓文化的一部分，墓葬采用土葬形式。大西洋沿岸北部地区对外贸易继续繁荣发展，与邻近冢墓文化区和斯堪的纳维亚地区都存在着贸易往来，但是伊比利亚半岛在那时却相对孤立，含锡的青铜在这里并没有使用，但当地所冶炼的富含砷的红铜却能生产出像青铜那样的精美制品。

冶金术的发展极为重要，许多地区开始开采新矿，例如加布里埃尔山（Gabriel）地区广阔的爱尔兰矿区，该矿区开采于公元前1700至前1500年间。当时青铜也被用来制作各式各样的工具和武器，如带有凸缘的斧头、青铜凿、镰刀、凿子、带有承口的长矛和刀。黄金制品的制作也很繁荣，特别在爱尔兰。他们生产出许多片状和柱状黄金饰品，有的被弯曲成精致的大颈圈（torcs）。

在法国北部和不列颠，农业组织安排得很明显，一些地区土地分工发展起来，人们用直线边界或石制小墙及土埂给田地和草地划分界限，如英格兰的达特穆尔高原（Dartmoor）土地被划分成许多区域单位，其中包括耕地、牧场和居住区。在那里，用石头砌成的边界墙取代了以前的篱笆和灌木树篱（hedgerows）；公元前第二个千年，欧洲大部分地区实现了用石头来代替木材作为建筑材料。

在一些地区，石头也作为家用建筑材料，例如苏格兰高原，这使得那里的一些房子得以留存。欧洲西部建有很多大而坚固的圆形房屋，其用石块砌成地基，房屋上有巨大的草毯、木梁和茅草屋顶。多数地区的房屋为木制；在不列颠建有巨大的圆形柱状房屋，用枝条和灰泥建筑墙并建有茅草房顶，一些房屋用作住房，其他房子也许用来编织、做饭和储藏物品之用。

地中海地区和欧洲西部内陆地区 在欧洲大陆大部分地区建造的都是矩形

结构的木屋,而在瑞士、法国、意大利北部的湖边村落地区却建造原木小木屋,在阿尔卑斯山高处的山谷地区建造的是大而坚固的木板式建筑,这种房屋有几个房间,并设有贮藏室。肥土堆文化(Terramare)在波河河谷繁荣发展;那些靠近湖和河流的地区,房屋建在水面的木桩上。在亚平宁半岛的高处地区,此前人们已把他们的牲畜赶到山上的夏季牧场。公元前第二千年中期,持久性的混合农业居住区开始出现在亚平宁半岛,在意大利中部洼地地区村落也开始增多。在意大利南部和伊奥尼亚诸岛上出现了由圆形小棚屋组成的村落,这种村落由单个家庭组成了生活小区和加工小区。房屋密布聚集,有的村落建在具有防御功能的地区,如帕纳雷阿(Panarea)米拉泽瑟(Milazzese)地区的海角聚落。这些小村落并无饲养家畜之地,而是多将其散养在屋外。

撒丁岛开始出现塔屋(nuraghi)。起初只有单一且人员众多的农民家庭才建造这样的房屋,或者这种房屋被作为外敌劫掠时的避难所。用石头建造的塔屋一般建有两三层,较厚的塔墙内建有楼梯和走廊。地中海的其他岛屿也建有像塔屋这样的住房和避难所,如科西嘉岛的塔屋(torre)和巴利阿里群岛(Balearics)的巨石柱(talayots)。中石器时代的坟墓继续在地中海西部的岛屿中使用,但坟墓的形式却得到了很大发展,这包括在巴利阿里群岛上出现的船形墓(nauetas)和撒丁岛上出现的"巨人"坟墓。在撒丁岛和巴利阿里群岛上也有一些圣地和祭祀用的井和供品。

地中海地区通过阿尔卑斯山与法国和欧洲中部地区从事贸易往来,这使地中海中部也融入到贸易网中,这种贸易网在山北欧洲纵横交错。这可在意大利北部泰拉马拉文化(肥土堆文化)地区发现的琥珀小珠而得到证明。

地中海诸岛与欧洲大陆之间的海运贸易促进了物品流通,马耳他的陶器得以运到西西里,西西里的陶器得以运到利帕里(Lipari)。迈锡尼把爱琴海地区的奢侈品,特别是用陶器盛放的香水、香料和油运到意大利的南部、西西里群岛和撒丁岛,目的大概是为了交换当地的铜和其他原材料。在撒丁岛安提戈里(Antigori)的塔屋中发现了一百余件迈锡尼器皿。轮制陶器上精湛的绘画技术也经迈锡尼人传布到与他们进行贸易的地区。在西西里塔索斯(Thapsos)的巨大建筑中建有很多隔间,也许反映出这一地区由于与迈锡尼地区的联系而使当地首领的权力进一步加强。在塔索斯岛公共墓地中有从迈锡尼进口的陶器和当

第二章 欧洲的发展

地的青铜器,这很令人惊异。这种贸易路线并不是单向的,在迈锡尼地区发现的意大利铸模也表明那里有来自意大利的金匠。

青铜器时代晚期(公元前1300—前1000/700年)

村落、经济、社会

约公元前1300年以降,欧洲的农业逐渐发生变化,变得更加集中。在不列颠,现存土地被划分的证据尤为明显,一些地区小规模田地被以河岸和水岸为边界(如大牧场的边界)的规模更大的田地所代替。关于欧洲大陆土地划分的资料我们所知不多。有资料证明,公元前1100年之后,欧洲地区的降水量增多,这使得许多地区都成了沼泽。人们不得不铺设道路来穿越沼泽地,这对当地农业影响巨大,许多易被破坏和一些无关紧要的土地被弃,而这些土地在青铜器时代早期已被开垦耕作。过度的开垦土地和滥伐森林也使这片土地变为成片的沼泽区、酸性土壤和贫瘠地。

此时,带有防御设施的村落在欧洲大部分地区变得普遍,虽然在北欧地区并非如此。一些村落利用山峰来提高天然防护能力。其他村落则建在湖上或靠近湖的低洼地区,利用坚固的木栅栏或由木、石、泥砌成的围墙来加强防御。青铜器时代的村落往往比以前的村落更大,而且拥有更多房屋。在村落防御区内,房子通常建得很紧密。一些村落内部布局显然精心设计过,然而其他村落的内部布局显得很随意。一些堡垒可能为当地首领和其近侍的住所。但是大多数人仍散居于乡下很小的农业村落中,村落一般由一户或几户人家组成,居住在他们的田地和牧场周围。农业仍然是大部分人的主要职业,只有少数人从事农业之外的活动,如冶炼。多数时候,这些设防村落常被乡下人作为遭到掠夺时的避难所;而且这些设防的村落比以前能容纳更多的人,这也暗示出当地首领的管辖区域更加广大。尽管如此,当时劫掠规模仍然很小,其组织人数一般不超过一百人或更少,武装远征大多受到人们的支持,少数设防村落在破坏和遗弃前通常能持续一个多世纪。

从欧洲贮室和坟墓中所发现的青铜武器证明了当时对武士和战争很重视,

正如地中海的青铜雕像和石刻也以描述战争和武士为主题。许多具有专门技术的冶金工匠被要求制作的甲胄,其中包括盾牌、用锤薄的金属制作的胸甲和精心装饰的牛角状头盔,这种头盔的功能不在于起保护作用,而是为了展示社会地位。短剑也被用作装饰品,其新样式亦不断发展,出现了更加锐利和更加美观的剑,或兼具这两种特点,而后者在欧洲地区迅速流行。马拉双轮战车仍是最高地位的象征,用青铜制造的马具也在不断地增加。

冶金术

尽管锡矿很缺乏,而且分布也不均衡,但在青铜器时代晚期,几乎每个地区都大量使用青铜。新的冶金技术在不断发展,包括把青铜加工成青铜片而制成大型的青铜制品,主要有盔甲、水桶和釜,而且这些物品常用模锻的方法(repousse)进行装饰。这种青铜盔甲通常是展示个人地位,而不能起到真正的保护作用。在战斗中,皮革制作的盔甲、用木头或煮过的皮革制作的盾牌往往更常用来保护身体。当时,欧洲金属矿的开采已得到了长足发展,青铜也足以普遍制造人们的日常工具。大多的工具为锡和青铜的合金,但也有用红铜和铅的合金制造的工具,目前尚不知其中原因。一种解释认为,铅更能增加青铜工具的数量,因为锡毕竟罕见珍贵;另一种解释认为,柔软的铅合金更容易铸造一些复杂的形状。在贮藏室中发现的造型大且具有整体性的铅制品表明铅可能被用来制作供祭品,然而从铅的优点和功能来看这并不存在关联性。其时所采用的冶金技术是"失蜡法",这种技术可以生产出精美的制品,如小造像和表面装饰很复杂的物品。当时,一次性的黏土铸模和精美的多用铸模得以普遍应用,可制作出许多形状复杂的青铜物品,如出现于现在的斯堪的纳维亚地区的S形青铜喇叭。爱尔兰和斯堪的纳维亚地区成为精美黄金制品的制作中心,在那里生产许多复杂和精美的铸造制品,包括器皿和装饰品,如用作装饰的手镯和项链。改进的烟火技术(pyrotechnology)也开始用于生产透明玻璃,但在从意大利北部和瑞士到爱尔兰的欧洲地区的产量较少,这种玻璃也被制成玻璃珠子。

红铜主要用来制成平凸型大锭(plano-convex),其由红铜熔化后放在碗状的火炉底部再定型而成。在大西洋沿岸地区的沉船中也偶尔发现了许多物品,不仅包括原料,还包括金属碎片。同样,金属和其他物品的贸易交流在欧洲大陆也很繁荣,交易量巨大且范围极广。如在更早的时期,爱尔兰的青铜主要依靠当地的矿石来冶炼,如利用大奥米尔(Great Orme)地区的矿石;在青铜器时代晚期,所使用的多数金属则来自欧洲大陆,尤其是来自阿尔卑斯山地区。武器的类型,如凸缘有柄短剑在史前欧洲亦很普遍。武器是交易最普遍的手工制品;其他交易品包括琥珀、玻璃和盐。此时奥地利境内阿尔卑斯山地区的哈尔施塔特(Hallstatt)矿产开始被开采,且这一地区到铁器时代仍是主要的盐矿生产中心。墓葬中丰富的随葬品也反映出盐矿开采给该地区带来的富裕。在欧洲其他地区也发现有盐井,其通过盐水蒸发来制作盐,或者把盐水放在粗糙的黏土器皿中加热或放在用黏土做衬的池中让其自然挥发。

金匠当时享有很高的社会地位,其人数大概并不多。在较大的共同体可能有常住的金匠,较小的共同体则依靠巡游金匠的做工来得到金属工具。较小的共同体也引进金属加工技术、青铜工具和武器,在爱尔兰的邓昂伽萨(Dún-Aonghasa)和英国设德兰郡(Shetland)亚尔罗斯霍夫(Jarlshof)的一些小村落中发现的釜和破损的黏土胎模可以为证。

自公元前1000年以降,冶铁活动开始,虽然此时铁的影响并不深远,但铁矿要比铜矿和锡矿分布广泛,使得铁制日常工具一旦被广泛应用,即使普通民众也可以使用。起初,只有在南方地区才制造铁制品,其铁制武器在巴尔干和意大利地区部分坟墓中亦有发现。

丧葬与宗教

青铜器时代晚期,丧葬方式出现了重大变化,火葬在欧洲大部分地区开始流行。骨灰通常被放在各种不同类型的瓮中,然后埋葬在大型瓮棺墓地中。目前尚不能确定这种变化的出现是代表着人们观念的重大改变,还是仅仅在丧葬方式上的变化。

尽管此时的随葬品不再丰富,但贮室中往往遗留着大量金属制品,且日渐普遍。与早期贮室中包括有许多精美物品不同的是,这些青铜器时代晚期的贮室中多伴有破损的或已被多次循环使用过的工具,有时也包括一些武器。这种情况的出现使人们对此颇有争议:一些学者认为这些物品是金匠的存货,然而其他学者认为这仍然是继续着早期的供祭形式。具有丰富随葬品的墓葬主要聚集在湖边和河边，例如莱茵河和泰晤士河（Thames）地区。特别是在西班牙的韦尔瓦（Huelva）地区奥迪埃（Odiel）河的河口三角洲发现的一个贮室中有四百多件物品，其中包括许多剑和长矛（虽然有的学者认为这可能是一处沉船）。一些石洞和岩缝中也可能发现有供祭品，这种形式也可见于竖井墓和井中，因在其内也发现了一些小的供祭品。其他仪式地中大概包括一些不寻常且至今都无法解释的木质结构，如在荷兰巴尔格若斯特韦尔德（Bargeroosterveld）地区所发现的仪式地。石刻艺术中也可能包括一些仪式方面的情景，这种石刻艺术继续在斯堪的纳维亚地区出现，在其他地区也有所发现，包括阿尔卑斯山地区的卡摩尼卡谷（Val Camonica）和贝格山（Monte Bego），这两个地区的岩画内容包括人们犁地和建造房屋、纺织和加工金属以及战斗的情景。

  青铜器时代晚期的一些人工制品可能已含有宗教的功能和意义。这种制品包括斯堪的纳维亚地区制作的精美的S形青铜喇叭，呈牛角或小号状，可能在举行仪式时吹奏；带有鸟、圆盘和轮辐式车轮的标志青铜马。鸟，特别是鸭子当时是很普遍和广泛的标志，如由陶器或金属制作的小雕像上、斧上的附件、陶制或金属制品上都有鸟和鸭子的标志。

瓮棺墓

  在多瑙河中下游地区此时人口数量大幅度增长，当地显著的特征是墓葬实行了平面墓，而且人们居住在设防村落中。但公元前14世纪该地区出现了瓮棺墓（Urnfields），并且日益普遍。青铜器时代早期的匈牙利地区，火葬成为处理亡者的常用方式，而且火葬在青铜器时代中期也被匈牙利北部和西部的人们所采用。当时，在多瑙河中部地区，火葬成为一种主要形式，亡者的骨灰被收集并放在瓮中，埋葬在大的骨灰墓地中。在随后的几个世纪，这种方法从多瑙河的中部传播到意大利的大陆地区和欧洲的东部和中部地区。到公元前9世纪，火葬方法进一步传播，被欧洲的大部分地区采用，其影响远达伊比利亚半岛的北部地区，而且其与法国南部的联系也反映出一些人已穿越比利牛斯山。在不列颠、大西洋沿岸地区、低地国家和欧洲的北部地区，虽然火葬习俗很普遍，但亡者骨灰并不埋葬在骨灰墓地中。尽管火葬广泛流行，但是土葬并未完全遭弃；一些墓地中还存有少数的土葬，甚至少数地区土葬比火葬还多。一些地区骨灰可能放在一个小的棺椁中,然而在欧洲西部,墓葬通常用沟渠围筑。一般火葬墓的随葬品较少,通常只有一些陶器,有时也包括一些小型金属制品,例如剃刀、饰针、骨针(较安全的饰针,胸针)和其他宝石制品。但是在阿尔卑斯山的北部一些少数富人火葬墓中,也随葬有精美的宴用餐具、匕首,甚至马车也要放在火葬柴堆上烧掉。

北欧地区

虽然在青铜器时代,斯堪的纳维亚地区的居民完全进口红铜和锡,然而在青铜器时代晚期,青铜制品已在此地普遍使用。一些青铜制品已在沼泽地区的供祭贮室中被发现,包括当地人们所使用的可能具有一定宗教意义的物品,如S形的青铜喇叭。

火葬逐渐在大部分欧洲地区变成基本的埋葬方式,而且在斯堪的纳维亚地区也被普遍采用。但是,在这里埋葬骨灰就像埋葬遗体一样,仍具有全套的埋葬仪式。骨灰坟墓用石头围成像船一样的形状,类似的船型墓葬则来自于德国北部。在斯堪的纳维亚和德国北部,少数较大的墓葬也起源于这一时期,如在丹麦菲英岛(Funen)上的鲁塞郝约(Lusehoj)地区和瑞士乌普萨拉(Uppsala)地区此时也出现了较大的墓葬。在德国的塞丁(Seddin),墓丘的直径达420英尺(130米),墓丘内石制拱状棺椁中放有大量随葬品。从这里的墓葬和其他大坟墓中所发现的随葬品可反映出亡者曾作为武士的高级地位,其中包括一些用马车作为随葬品的墓葬。

虽然北欧地区出现了一些富人墓葬——大概这些富人通过经营长距离贸易而致富,但北部人口规模仍然较小。基本的居点仍以小农舍和小村庄为主,小村庄内有一户或几户人家,未见设防村落的发展。这种特别的土葬墓在连接北部地区与骨灰墓地区处于重要的节点位置,北欧地区与其他地区的贸易被少数精英掌握,以此获得一些贵重的物品来提高其地位,并且通过控制一些物品的供应来操控其他地区的首领。

地中海地区

公元前12世纪,在撒丁岛地区,塔屋建造得大而坚固,而且原始塔屋旁还建有附属建筑和堡垒。在一些地区,整个村落都建有类似的塔屋,其他一些村落则建有石制圆形房屋。当地的青铜制品中包括一些与众不同的人和动物的雕像，这些雕像采用失蜡法制成。武士仍然是雕刻的主题，如在伊比利亚半岛的墓葬石柱和科西嘉岛的巨石雕像中都出现了武士雕像。

圣殿(anaktoron)是西西里岛一巨大的石制建筑，建在潘塔利卡(Pantalica)地区，可容纳几百人。虽然迈锡尼的出口品并没有塔普索斯(Thapsos)文化早期那样繁荣，但大多数手工制品（如轮制的陶器）也同样展示出爱琴海地区人们艺术创作的灵感。

迈锡尼文明毁灭之后，贸易萎缩，希腊也不再利用地中海中部地区的金属矿产。此时意大利与山北欧洲之间持久的贸易显得非常重要。在公元前12世纪期间，意大利大部分地区已采用瓮棺墓文化的埋葬习俗和该文化类型的手工艺品（原始维朗诺瓦文化，Protovillanovan），法国南部也是这样。然而意大利地区与地中海地区之间的贸易并未停止。按照传统观点，此时来自黎凡特地区的腓尼基商人为了得到金属矿产开始开发地中海中部与西部地区。在青铜器时代晚期的几个世纪里，地中海的东部与西部之间，地中海与大西洋之间，阿尔卑斯以北与多瑙河地区至欧洲湿润地区之间，均存在着紧密的贸易联系，这可以一些特别物品的分布为证：例如，在撒丁岛和意大利北部所发现的布列塔尼式的鲤鱼舌(carps tongue)形剑，在法国和伊比利亚半岛地区也发现了塞浦路斯骨针。

大西洋沿岸地区

大西洋沿岸地区仍不属于瓮棺葬文化类型，虽然这一地区与瓮棺葬文化区之间的贸易联系非常紧密。这一地区虽广泛使用火葬，但并没有留下有考古价值的遗迹。这里的贮室中有丰富的随葬品而且人们居住在设防的村落中。以前许多没有设防的村落此时也开始用围墙设防，表明人们防御意识增强。

冶金术不断进步（如青铜片的加工技术），金属剑的样式和其他类型的人工制品也不断地从瓮棺墓文化区向西部传播，而大西洋沿岸地区的金属制品，如青铜釜和有承口的斧头，也同样在不断发展并向外传播。在大西洋沿岸的沉船中我们见到一些大件物品，例如在英格兰海岸南部的朗敦(Langdon)湾所发现的一艘沉船，上面主要装有诸如产自法国的剑、斧头和青铜凿等来自欧洲大陆的物品，但这些金属制品大多有损坏，只有一些金属碎片。不列颠也与欧洲青铜器时代晚期的三个主要地区有所往来，这三个地区为：瓮棺墓文化区（这一地区是莱茵河与多瑙河之间交流的轴线），北欧地区和大西洋沿岸地区，不列颠也仍是向爱尔兰地区输出或输入物品和观念的通道。

铁器时代（约公元前1000/700—前100年）

到公元前第二个千年末期，冶铁技术在近东很多地方得以普及，该技术在随后几个世纪中迅速传遍欧洲：先是于公元前11世纪传入希腊与黑海地区；公元前1000至前800年间传入巴尔干与中欧东部，同时由希腊人与腓尼基人带入意大利与伊比利亚沿岸；及至公元前700年，冶铁技术已传遍中西欧，远达不列颠。在公元前第二个千年晚期，斯堪的纳维亚地区的青铜器冶炼非常繁荣，其金属原料完全依靠进口。当冶铁技术传遍欧洲时，铁矿藏丰富的斯堪的纳维亚地区却在很长时间里拒绝接受该技术，固守陈旧的青铜技术传统。这实在是颇为有趣的历史现象。直到公元前600至前500年，斯堪的纳维亚地区才开始接受冶铁技术。

冶铁业所需的技术于青铜冶炼有极大不同，铁器加工主要依靠锤锻而非铸造。（中国人在公元前7世纪就掌握了铸铁技术，但以当时欧洲的技术，尚难以获得铸铁所需的高温，欧洲人学会铸铁技术要晚得多。）有的铁器为钢质，可能是通过将铁水与碳接触的方法制成。通过适当的淬火与回火工序，铁器能比青铜器更坚韧，刃部更锋利。因此铁器是更好的工具和武器。到了公元前400年，铁器已经成为遍及欧洲的日常生活用具。

随着铁器日益成为普通平凡的用具，青铜逐渐转换用途，用于制造彰显身份的贵重物品，例如餐具、仪仗铠甲、马具及珠宝等等。这些物品皆由技艺精湛的工匠制作。公元前第一个千年晚期发展起来的凯尔特艺术风格别具特色，充满活力，青铜制品是其主要表现形式。同时，这一艺术风格还表现在石刻艺术以及金银与黑玉之类其他材质的制品。这些艺术品的制作技术涉及玻璃镶嵌、珐琅以及用圆规刻画的几何图案。

地图9　铁器时代早期的欧洲　　　　　　　　　　　　　　　（本插图系原文插图）

　　大约在公元前第二个千年末期，环境变得恶劣：温度降低，降雨量显著增加。这使得很多地方的农耕生活无以为继，贫瘠的土地变成了沼泽地或石南树丛，要么用于放牧，要么被彻底遗弃。不过，在铁器时代晚期出现了铁制犁头与犁刀，真正的深翻耕作农业由此发展起来。人们依靠这些工具可以耕作较为黏重而肥沃的土地。新出现的铁制工具也提高了劳动效率，这包括铲子和锄头，还有用于切割干草为家畜储备过冬饲料的长柄镰刀。

　　铁矿石分布广泛，储量丰富，因而铁比铜锡更易于获取。由青铜到铁的转换

第二章　欧洲的发展

117

给当时的商贸与族际关系带来显著影响。因为铁可以利用当地资源冶炼获取，这使得当地人类群落与地方性人类共同体较之以往更具独立性。尽管如此，商贸网络依然存在并继续发展，交易物品既有奢侈品，也有食盐一类必需品。贸易格局反映出资源的分布状况：比如随着冶铁业的重要性增加，铁矿藏丰富的地区也随之繁荣起来。当时的食盐要么采自阿尔卑斯山区的盐矿，要么产自某些地方的海水。贸易主要通过海路与河流；陆地运输尽管困难重重，但依然很重要，其中包括穿越阿尔卑斯山的通道。

在地中海沿岸欧洲地区，希腊人、伊特鲁里亚人和腓尼基人的城邦相继兴起，随后是迦太基人与罗马人的帝国。这些势力之间的争斗不免愈演愈烈。它们通过商贸、和平交往、军事冲突以及武力征服等手段，逐渐将势力扩展到欧洲很多地区。地中海诸国所需的东西是可殖民的土地、金属矿藏与毛皮之类的原材料、此外还有奴隶；它们用于交换的东西是奢侈品，特别是葡萄酒，当地酋长或首领们需要这些物品来增强与巩固自己地位。此种人员流动并非单方向：有很多凯尔特武士进入希腊和意大利，充任雇佣兵牟利。

温带欧洲地区同样充满冲突。人口增长与环境问题造成资源紧张，其结果是冲突不断：在很多地方，战争层出不穷，人们到处修建丘堡以自卫。丘堡是部落首领的居所，有时也能容纳相当规模的聚落居民。这里既是部落财物的天然贮藏地，也是产业中心。当当地农人们受到敌人威胁时，他们也可以带着家畜来此避难。出土的大量武器反映出当时社会的好战尚武特性，铁器时代晚期的首领墓葬中往往有战车随葬，这种装备在战场上很重要，既可用作运载工具，亦可用作移动战斗平台。古典文献对山外欧洲居民的记载特别强调战争在其社会中的重要性，以及这些武士的勇敢与残忍。对他们来说，战争是一种可敬的生活方式；武士享有很高的社会地位，成功的战争首领能够吸引越来越多的追随者队伍。宴饮成为武士生活的主要部分，聚宴上往往会爆发个人间的打斗。武装团伙袭击邻近居民不光是为了获取战利品，也是为了追寻荣耀，战斗的一般形式可能是双方最优秀武士间的单打独斗。尽管如此，大多数社会成员依然是农民，此外还有少数工匠和祭司。

丧葬方式差别很大：有的人葬于平板坟墓墓地中，有的人则葬于巨大圆丘之下，还有的人葬于较小的坟冢之中；如果是火葬，则将骨灰装入瓮中或置于墓室中，还有其他很多火葬方式不可能留下痕迹，因而我们无从知晓。有的亡者是献祭的牺牲，他们的尸体被沉入湖泊与河流中；献祭用的金属器皿与其他贵重物品也同样沉入这些水域。供奉物品还被放入深井中，偶尔在神龛中还会发现破损的头像。宗教在社会生活中扮演主要角色。某些举行崇拜仪式地是人为修建的神殿，但更多受崇拜的圣地为坟墓与某些水边场所，如湖泊、泉水与河流，在铁器时代最后数百年尤其如此。据古典著作家的记载：凯尔特人（高卢人与不列颠人）的宗教仪式由德鲁伊祭司执行，德鲁伊教最圣神的基地在安格尔西岛，罗马人称其为莫娜（Mona）岛；德鲁伊祭司不仅是宗教祭司，而且是部落知识的传承者与教授者，此外还是立法者。

古典著作家的记载为我们了解同时代史前欧洲社会提供了最早的文字证据，这些史前民族包括群居在西欧的居民，被称为凯尔特人；北欧与东欧的居民为日耳曼诸族；同时在东南欧有色雷斯人；东部更远的草原地带是斯基泰人与其他游牧共同体。部落（或者部落联盟，一般得名于其首领所属的部落）名称是既定的；有时不同地区出现相同名称的居民共同体，有时同一地区在不同时期出现不同的居民共同体，这类现象反映出当时政治组织的流动性，也反映出不同共同体及不同地域居民间联系纽带的松弛。古典记载还提供了不少额外信息，帮助我们了解史前欧洲居民的生活方式及其历史，尤其是凯尔特人迁徙的历史。这些历史记载中的蛮族大多没有名称，但也有极少数人物留下了姓名，例如：布雷努斯（Brennus），率领凯尔特人进入希腊的首领；布雷比斯塔（Burebista），达契亚王；韦辛格托里克斯（Vercingetorix），被恺撒击败的高卢首领。

地中海城邦

腓尼基人和迦太基人

腓尼基人是优秀的航海者和商人，他们居住在地中海东部黎凡特地区的许多沿海城邦，比如图勒（Tyre）和西顿（Sidon）。据古代传说，大约公元前1100年左右，腓尼基人开始探寻金属资源，在西部建立起殖民地。考古学家在撒丁岛的诺拉（Nora）发现了腓尼基人殖民的最早确切证据，不过这只能把腓尼基人出现于西部的时间前推至公元前7世纪。这之后腓尼基人在地中海地区以及伊比利亚和北非的大西洋沿岸定居下来,进而主宰了西地中海的南半部地区。腓尼基人的主要殖民地有西班牙大西洋沿岸的迦迪尔(Gadir,即加的斯),还有位于突尼斯的迦太基。迦太基兴建于公元前814年,东地中海的腓尼基母邦于公元前573年沦陷于巴比伦人之手,此后迦太基控制了腓尼基殖民地。迦太基人在西西里、北非和西班牙拥有领土,他们在西非沿岸的殖民扩张至少远达穆加多尔(Mogador)。迦太基人的扩张不可避免带来与其他地中海势力间的冲突,他们的对手先是希腊人,然后是罗马人。在第一次布匿战争(公元前264至前241年)中,罗马人险胜迦太基人,这促使迦太基人加强自己在伊比利亚南部的势力。但随后与罗马再度爆发战争(公元前218至前202年),尽管汉尼拔军事天赋杰出,迦太基人最终还是战败,丧失了伊比利亚的领地。这次决定性失败之后,公元前146年又爆发了第三次布匿战争,迦太基遭彻底洗劫和摧毁。

希腊人

希腊人 公元前9世纪,希腊城邦开始出现于希腊和小亚。这些城邦一般由一座小城镇与一片受其控制的农耕腹地构成,城邦的政体为贵族制,后来发展为寡头制或民主制。数世纪间,城邦间争斗不休,战争成为城邦居民的生活常态,多数城邦在必要时会组建公民军队。在斯巴达,公民控制并压迫附属民族(希洛人),全力防止他们起来反抗,结果军国主义成为斯巴达人的生活特征,而且被斯巴达人发挥到极致。商业贸易和共同的宗教文化成为阻止邦际冲突的重要因素。此外,定期召开的泛希腊赛会对于消弭城邦间争端也发挥了很大效用。这类赛会中,奥林匹克赛会最为重要。

希腊人与地中海东部沿岸地区有贸易关系,他们借鉴了那里的字母书写系统并加以改进,创造出能够记录自己语言发音的希腊字母系统。文学由此迅速发展起来,新的书写系统不只用于记录经济和政治事件,也用于书写历史和文学作品,留下关于邻近社会的民族志学记载。希腊的艺术与产业繁荣兴旺,在公元前5世纪的雅典发展到巅峰。公元前490年与前480年希腊人两次成功击退强大波斯帝国的入侵,这之后雅典成为希腊第一强邦,雅典人在国内实行民主,同时对自己的同盟城邦采取高压帝国主义政策。到了公元前430年代,雅典的霸道行径和专横态度引发对斯巴达的战争,很多希腊城邦卷入这场大战,结果是参战各方全遭削弱。之后的结局颇具悲剧性:斯巴达、底比斯和雅典争夺霸权,这给了北方蛮族王国马其顿以可乘之机。马其顿逐步控制了整个希腊,随后在亚历山大统治下征服了大部分当时的已知世界。希腊文化由此在希腊化诸王国境内广为传播。这些王国由亚历山大的继承者们控制并加以巩固,范围从埃及延伸至印度边境。

希腊殖民地 公元前 8 世纪时,人口的增长和有限的耕地促使日益强盛的希腊城邦到海外寻找新的定居地。已知最早的殖民地由优卑亚(Euboea)人在意大利中部的皮特库萨埃(Pithecussae)建立,时间约为公元前 775 年。之后从公元前 8 世纪至前 6 世纪希腊人建立了众多其他殖民地,建立地区包括西班牙东部、法国南部、意大利中部与南部、西西里以及整个黑海沿岸。这些殖民地接纳了母邦的过剩人口,将谷物和其他产品运回母邦,同时殖民地作为商站,负责开发欧洲内陆和大西洋沿岸的资源。希腊人还跟伊比利亚南部大西洋沿岸的塔特索斯(Tartessians)建立起友好贸易关系。但后来爆发大战,即公元前 537 年的阿拉里亚(Alalia)之战,战争的一方是希腊人,另一方是伊特鲁里亚人(Etruscans)及其迦太基盟友。战争使得希腊人无法再通过伊比利亚南部商路获取大西洋地区的金属原料,于是希腊人又开辟了一条通过法国的新商路。关键的一处殖民地是马萨利亚(Massalia,今法国马赛),由佛凯亚人(Phocaea)于公元前 600 年前后建立。从这里可以通过罗讷河进入法国中部与德国,并能进入跟这些地区相连的商业网。

伊特鲁里亚人

公元前 9 世纪,许多坚固的人类聚落出现于意大利中部(维拉诺瓦文化)。这些聚落的周围是很大的火葬墓地,入葬物有时被置于小屋状的瓮中,随葬品中有搭扣(fibula,即胸针)。维拉诺瓦人实际上控制了来自梅塔里菲拉山(Colline Metallifere)的铜、锡与铅供应,同时还开发艾尔巴(Elba)岛上的丰富铁矿。公元前 10 世纪时维拉诺瓦人开始少量使用铁器,公元前 8 世纪开始铁器变得越来越普及。在整个公元前 8 世纪,这一地区的矿藏吸引了来自希腊和腓尼基的商人。商贸活动将希腊陶器一类奢侈品输入该地区,也促使当地人加以模仿制造,结果当地的奢侈品制造业迅速发展起来。这一时期的墓葬更为奢华,表明等级社会已经出现。

伊特鲁里亚人是维拉诺瓦人的后裔,他们大约于公元前700年在这一地区发展出自己的文明社会。公元前6世纪出现了12个城邦,它们结成宗教联盟,这些城邦都拥有共同的文化传统。伊特鲁里亚人从临近的希腊人和遥远的西亚地区吸纳文化因素,加以表达和创新,发展出富有活力且独具特色的文化。伊特鲁里亚人改进农业经营手段,充分发挥当地耕地的潜力,提高了作物产量。他们还修建道路与桥梁、复杂的供水系统以及宏伟的城墙与城门,此外还有各式各样带墓室的坟墓。有的墓室中绘有宴饮和舞蹈之类的生活场景。

伊特鲁里亚城邦发展的关键因素是贸易和工业。当地金属矿藏的开采不仅能满足伊特鲁里亚人自身的需求,还能提供大量富余的金属原矿和金属制成品给临近的希腊人。这些希腊人的殖民地位于意大利中部与南部,还有西西里。公元前6世纪,希腊人控制了西地中海盆地的北部,榨取地中海西部地区的商业利润。伊特鲁里亚人则向北扩张,越过阿尔卑斯山寻找新市场。他们利用东部港口斯皮纳(Spina)与亚德里亚(Adria)直接南下亚得里亚海到希腊。

伊特鲁里亚从自己中心地带向外扩张,至公元前500年他们已经控制意大利北部众多地区,伊特鲁里亚以南的很多地区也臣服于伊特鲁里亚人,其中包括当时还只是个小镇的罗马。但罗马最终驱逐了伊特鲁里亚国王,在随后一百年中罗马日益壮大,开始进攻伊特鲁里亚人,伊特鲁里亚联盟中的城邦一个接一个被罗马击败。罗马人最引人注目的胜利是于公元前396年攻陷维伊(Veii)。到了公元前2世纪,伊特鲁里亚文明完全消失。尽管伊特鲁里亚城邦与伊特鲁里亚人的身份认同不复存在,伊特鲁里亚文化的诸多内容还是通过罗马人的继承而得以延续。

罗马

一般传统认为罗马建城时间为公元前753年。公元前6世纪,当罗马还是伊特鲁里亚居住地之一时,一些相互关联的村落逐渐走向联合,形成一座城镇。公元前509年,罗马人赶走了伊特鲁里亚国王,建立了共和国。大约公元前387

年,一批凯尔特人入侵者洗劫了罗马,此举严重打击了罗马人的骄傲与自信,使得之后数百年罗马人对凯尔特人的威胁心有余悸,往往反应过度。公元前4世纪与前3世纪的扩张使得罗马人必须对抗伊特鲁里亚人以及中部与南部的意大利人,这些民族的领土都被罗马吞并。意大利的希腊城邦一度是罗马对抗迦太基的盟友,但最后也被罗马降服。到了公元前2世纪中期,迦太基被彻底打垮,罗马由此控制了迦太基帝国的前领地,位于北非、伊比利亚和西西里。此时罗马在西地中海地区已无对手。同一时期罗马还征服了希腊。罗马人在下一个世纪继续扩张,控制了伊比利亚半岛剩余的领土,这里的铁矿是最具价值的东西。被征服的地区还有法国南部、部分北非、安那托利亚西部、地中海东部沿岸以及巴尔干半岛的亚得里亚海沿岸地区。到公元前2世纪(译按:原文似有误,疑为前1世纪),罗马人还征服了莱茵—多瑙河一线以西的剩余欧洲地区,并统治着西亚大片地区。

东南欧

色雷斯

马其顿地处文明的希腊世界与希腊人所谓的"蛮族"社会之间。据希罗多德和其他希腊著作家的说法,从黑海西岸到喀尔巴阡盆地间广大地域的居民为色雷斯人,据说色雷斯人跟特洛伊人有关。色雷斯人也从事农耕,但他们的主要居所是位于高山地带的强固堡寨,他们在山地放牧和开采铁矿。他们是武士与骑手,亦是偷盗家畜的能手,这些特点与草原上那些和他们联系密切的游牧民族颇为类似。危机迫近时,色雷斯人会掩埋储藏的财物。比如这一地区曾出土很多财宝,据推测是公元前3世纪凯尔特人大规模入侵时被埋藏的。其中包括很多金银器皿,器皿上的精制装饰图案不仅反映出当地传统,还有融汇了众多外族艺术因素。这里所说的外族除了希腊与波斯这些邻近民族,还包括更遥远的印度、中亚甚至中国。古典史料记载与考古发现显示色雷斯人的宗教信仰也跟色雷斯艺术一样来源复杂,他们的一些信仰和习俗带有印度密教(Tantrism)与波斯袄教(Zoroastrianism)色彩。

第二章 欧洲的发展

据估计,大多数色雷斯人死后被火葬,骨灰被葬入平坦坟墓中。但色雷斯贵族被葬入岩削坟墓或者坟冢中,有的还有作为冥妻的女性牺牲随葬,墓葬中有华丽的金银器皿和珠宝。色雷斯人的皇家纪念性坟墓式样则模仿马其顿的巨冢。希腊人在色雷斯沿岸建立起殖民地,这使得当地贵族可以获取葡萄酒与酒具之类的奢侈品,用以提升自己的威望。波斯人还招募色雷斯雇佣兵。直到公元前4世纪,色雷斯人一直使用银币。古典著作家提到大量的色雷斯部落。很多部落保持着政治影响力,某些强大首领甚至能扩展势力,建立部落国家。比如奥迪赛(Odysai)就建立了一个位于马其顿与黑海间的国家,定都于索托波利斯(Seuthopolis)。这个国家的领土随着国王的实力强弱而有所变动,最后沦为罗马的藩属王国,公元46年被罗马兼并。

半干旱性大草原文化

越过色雷斯人的土地就是半干旱性大草原,一直向东延伸穿过亚洲到达中国边境。半干旱性大草原上居住着以放牧为生的游牧民族,游牧民族贵族是骑马的武士,他们装备有剑、矛以及高效率的复合弓和穿甲箭。游牧民族间的移动和冲突有时会给欧洲带来巨大冲击。在公元前一千年早期,西梅里人(Cimerians)活跃于近东北部与小亚细亚,他们有时从事劫掠,有时充任雇佣兵。同一时期大概还有游牧民族突入东欧地区,他们或者是西梅里人,或者是跟西梅里人有关联的民族。草原游牧民族跟巴尔干地区相对定居的民族间关系密切,这提供了一条商业通道,欧洲人可籍此获得草原上养殖的马匹。大约公元前800年,游牧民族也借助这条通道入侵欧洲。

到了公元前7世纪,希腊人开始在黑海沿岸建立殖民地。此时斯基泰人(Scythians)已取代西梅里人生息于高加索及其邻近区域。"斯基泰人"这一称呼不仅指贵族骑兵武士,也包括草原上的牧者,还有臣服他们的河谷地带定居农人。斯基泰人将国王埋葬在木制墓室中,上面再修建坚固坟冢。国王墓室中的随葬物品非常奢华,还有牺牲用的马匹和扈从,数量一般也很大。中亚阿尔泰地区的巴泽雷克(Pazyryk)发现有冻土坟墓,修建者为跟斯基泰人类似的草原居民。坟墓中存有漂亮的衣物、垫子、马鞍、马具、壁毯和其他织物,织物的原料包括制毡羊毛、皮革及毛皮,还有来自近东的地毯和来自中国的丝绸,其他还有风格独特的木雕制品，亡者身上还有文身。斯基泰人的墓葬尚未发现有完整保存下来的，不过有斯基泰人的珍宝和金制品存世，这些物品具有相同的装饰性主题和繁复风格，动物是最常见的主题。有的金制品上描绘有生活场景，这类金制品包括容器、梳子和其他个人饰品，表现的生活场景有挤奶、狩猎和羊皮的加工准备等等。部分金制品表现出希腊艺术的影响，因为希腊人不仅跟斯基泰人临近，还跟斯基泰人有着活跃的商贸联系，他们之间交换的商品有谷物和奴隶，还有葡萄酒和酒具之类的奢侈品。到公元前6世纪中期，森林草原的居民开始修建要塞。其中最大的是贝尔斯克（Belsk）要塞，可能是古代格洛努斯人（Gelonus）所建。该要塞占地广阔，环绕的壁垒长达20英里（33公里），里面有村庄、手工作坊区和谷仓。不过这里的主要用途可能只是游牧人群带着牲畜定期集会的场所。到了公元前3世纪，斯基泰人定居于克里米亚半岛，他们在半干旱性大草原上的地位被另一个游牧民族所取代，这就是萨尔马特人（Sarmatians）。

温带欧洲

古典著作家开始谈到西欧与中欧，称那里的居民为凯尔特人（Keltoi或Celti）、高卢人（Galli）或加拉太人（Galatae）。这些民族的语言各不相同，但相互有关联，威尔士语一类的现代语言就源自这类古语。这些居民组织为部落，部落间往往相互联系。到了公元前2世纪，操凯尔特语的部落占据了从伊比利亚到喀尔巴阡盆地间的大部分地域，在某些地方，比如在伊比利亚，凯尔特人跟当地其他部落集团融合。不过，对于"凯尔特"这一民族称谓何时开始形成，至今尚存争议，习惯上这个词的使用仅始于铁器时代晚期，即拉特尼（La Tène）时期，约公元前500年。当罗马人开始跟不列颠交往时，当地也有凯尔特语居民。这些不列颠凯尔特人究竟是本土更古老居民的后裔还是公元前一千年晚期渡海迁徙而来，对此存在激烈争论，至今莫衷一是。在前罗马时代的大部分时期，包括不列颠在内的大西洋沿岸地区在文化上跟拉特尼地区有差别。尽管沿岸地区跟内陆地区一直存在商贸关系，沿岸地区在文化与思想上一直受到内陆地区的影响，但这种地区文化差异还是延续了数千年。比如拉特尼地区的金属制品就输入不列颠，受其装饰艺术的影响，不列颠也发展出一种本土艺术风格。

地中海地区的强国需要金属之类的原材料，此外奴隶贸易对于温带欧洲地区的生产和贸易形成很大冲击。这些因素使得地中海地区与温带欧洲地区关系日益密切，最终罗马人于公元前1世纪征服了大片温带欧洲地区，势力直抵莱茵河。此时凯尔特部落已部分城市化，他们拥有坚固的设防定居点作为该地区的政治、宗教、经济和产业中心。

凯尔特人以北和以东地区的社会依然维持着较小规模。这些地区的部落成员一般既是武士又是农夫，这跟凯尔特人颇为类似。这些居民的宗教习俗以及其他很多文化特性都跟凯尔特人相同，他们通过贸易与战争等方式跟凯尔特人长期交往。罗马人称这些居民为日耳曼人（Germani），认为他们跟凯尔特人有差别。后来罗马帝国以莱茵河为边界，凯尔特人在边界之内，日耳曼人在边界之外，这一分隔使得凯尔特人与日耳曼人间的差异更为显著。但可能的历史事实是：两个民族部落间的差异并不明显，部落间的边界也不固定，是后来罗马强势政治权力的介入才使这种民族与边界意识得以牢固确立。

伊比利亚半岛

伊比利亚半岛的金属加工技术具有悠久的传统，前来寻找金属资源的外来者给当地金属技术的发展提供了新动力。传统的看法是：大约在公元前1100年，半岛居民在瓜达基维尔（Guadalquivir）河口附近的一座岛屿上建立了贸易港口迦迪尔。目前可确知：腓尼基人于公元前8世纪在地中海沿岸修建众多殖民地，同时他们也沿着伊比利亚半岛南部沿岸修建了商业定居点，修建位置一般位于河口，为的是便于获取邻近地区的金属矿石，特别是金矿、银矿和锡矿。最重要的当地人定居点名为塔特索斯（Tartessos），具体位置可能在今天力拓（Riotinto）河口的韦尔瓦（Huelva）。对腓尼基人来说，塔特索斯是获取内陆物资的交易中转站；作为交换，塔特索斯人也从腓尼基人那里得到珠宝、象牙、青铜器皿和其他工艺高超的腓尼基制品，此外还有腓尼基人运来的其他地中海地区产品，比如罐装的希腊油料和希腊陶器。当地贵族们得到这类物品后，将其中一部分放入奢华墓葬中随葬，比如在卡莫纳（Carmona）发现的墓葬就是如此；另有一部分进口物品通过商贸和社会交流渠道流入更远的内陆地区。

在公元前8世纪，腓尼基人在大西洋沿岸更靠北的地区建立了其他殖民地，为的是获取金属矿资源。地中海地区对金属矿的需求刺激了当地采矿业的发展,也促进了半岛西侧大西洋沿岸地区的商业繁荣。到了公元前550年,伊比利亚半岛南部沿岸部分属于迦太基的势力范围,希腊人则在更靠北的地方建立了殖民地恩波里翁(Emporion),即今安普里亚斯(Ampurias)。公元前6世纪时希腊人不顾迦太基贸易港迦迪尔的存在,与塔特索斯人开展直接贸易。希腊人与迦太基人之间敌意日深,公元前5世纪时希腊人势力被排挤出这一地区。在商业定居点的周边地区和塔特索斯人控制的内陆地区,伊比利亚当地居民逐渐发展出自己的文明生活,他们开始修建城镇,他们的艺术风格既包含了自身的本土传统,也从与之交往的地中海商业民族那里借鉴了很多艺术理念。在更远的北方内陆居住着众多部落,他们被统称为凯尔特—伊比利亚人(Celtiberians)。从公元前6世纪开始,凯尔特—伊比利亚人以武器作为其贵族武士的随葬品,有时随葬的还有马饰。他们与比利牛斯山以北法国南部地区的居民群落保持着密切联系。到了公元前4世纪,凯尔特—伊比利亚人也开始城市化,他们居住在防卫严密的要塞中,发展出自己的书写语言。

大西洋沿岸

伊比利亚半岛大西洋沿岸地区的居民跟东部居民有所不同,他们是大西洋贸易网的一部分,这一贸易网一直保持繁荣。到了公元前4世纪或前3世纪,迦太基商人可能已到达加利西亚(Galicia)海岸,他们可以从这里获取其他金属资源。该地区可能就是古典记载中所称的"Cassiterides"或"Oestrymnis",先是迦太基人,后来是罗马人从这里获取锡。希腊人使用的锡其实也来自这里,主要通过两种方式:通过腓尼基人的转手贸易,还有就是通过法国境内的河流直接跟大西洋地区贸易。不过,上述的古典地名也可能是指不列颠的康沃尔地区,这一地区同样对外出口锡,而且地中海文明地区也知道这地方。康沃尔出产的锡通过英吉利海峡输入高卢地区,再通过河道商贸网进入地中海世界。

大西洋地区的矿藏资源一直供应给欧洲内陆地区,随着遥远的地中海邦国对矿藏的需求日益增长,原材料的贸易量越来越巨大。但抵达大西洋地区的地中海地区奢侈品并不多,它们仅出现于法国西部、不列颠和爱尔兰,而且数量也很少。英格兰南部是大西洋贸易网与欧洲内陆贸易网的交汇处,当时跟大西洋地区的联系更为紧密。公元前 8 世纪与前 7 世纪,不列颠与爱尔兰几乎成为大陆贸易网的一部分,跟大西洋贸易区的关系有所疏远。但从公元前 6 世纪开始,大西洋贸易网又将不列颠与爱尔兰包括在内,大西洋地区的资源此时通过布列塔尼沿着卢瓦尔河抵达欧洲内陆,此时布列塔尼居民成为两大贸易网络之间的中间商,他们同时也把当地出产的金属和其他资源用于商业贸易。到了公元前 4 世纪,不列颠再次得以跟欧洲大陆直接通商,此时主要利用北海航道。货物流通的渠道同样也是凯尔特技术与艺术传播的渠道,布列塔尼、不列颠与爱尔兰等地的居民很快吸纳了凯尔特文化与技术成就,以之作为本族社会文化的基石。

在公元前第一个千年,大西洋地区的西部出现了多种独具特色的设防聚落类型。高卢的城堡(castros)规模各异。山顶上建有石制防御工事,内有楔石结构的石屋。这里的居民使用有饰陶器,首领则戴着特有的金饰环。他们还制作武士与公牛石雕像,并在宗教仪式中使用石制的桑拿浴室。在布列塔尼,多数居民居住在带防卫工事并有护堤与沟渠的农场及其建筑物中,防卫工事一般为一道护堤,有时还有一条沟渠。地下室(souterrain)是一种通过地道进入的地下房间,与人们居住的聚落相连,有时也用作贮存。护堤和沟渠有时用于将岬地与陆地隔绝,由此形成险要的城堡,人们遇到危险时可以来此避难。不过这类城堡可能也兼具举行宗教仪式的功能。布列塔尼沿岸的居民还修建外贴石块的所谓巨石碑(stelae),这可能是用于装饰,也有可能是用来作为确定界限的地标。英格兰与威尔士西南部的状况大体相同:整个地区密密麻麻分布着设防农场及其建筑物(当地称之为环形围场[rounds]和围墙[raths])。康沃尔地区则有石制地下室(fogous),可能用于贮存,这里也有很多险要城堡。爱尔兰西部的居民同样也修建险峻城堡,这里的农场及其建筑物还有大型聚落有堡垒环绕。在苏格兰西部与北部,当地居民修建壮观的石室与石塔用作家庭住房或大型群落建筑,它们形式各异,有圆形石塔(brochs)、轮式房屋(wheelhouse)和设防高地(duns)。这些建筑的主要功能可能不是抵御侵略,而是向邻近居民炫耀。还有的聚落修建于湖泊(crannogs)中的人工岛或天然岛,这也是一种防御手段。

中欧与西欧

哈尔施塔特 C：公元前 8 至前 7 世纪 大约在公元前 800 年，骑马习俗由草原地区传入，这除了因为受到草原文化影响外，草原上骑马民族的侵袭可能也是重要原因。马匹本身大概也是由草原地区输入。草原地区的放牧者将重要人物埋葬在木制墓室中，上面堆起坟丘，随葬品有武器和马匹，有时还有车辆。可能是受到草原文化的影响，中欧地区也有类似的丧葬习俗，这一习俗最繁盛的地区从德国南部延伸至波希米亚。在这些地区发现了很多奢华墓葬，墓中以一辆车为棺架，亡者被置于其上，随葬的有一套武器、青铜马饰以及其他精制物品。还有其他同样装饰华丽的墓葬，随葬品类似，但没象征最高身份的车辆。这些墓葬反映出日益增长的社会分化以及武士的社会地位。

哈尔施塔特地区的盐矿开采使得该地区在公元前 7 至前 6 世纪进入最繁荣时期，这在墓葬中排列摆放的奢华制品中有所反映。这类随葬品包括青铜桶具，珠宝和精美陶器，还有青铜制或铁制的长剑和匕首，其中一部分柄部镀金。盐矿中的盐分保存下了很多当时矿工使用的有机物件，比如用于搬运盐块的皮制背包。但到了公元前 5 世纪，更北部哈莱恩的迪尔恩堡（Dürrnberg bei Hallein）盐矿投入开采，哈尔施塔特地区的经济繁荣受到削弱。

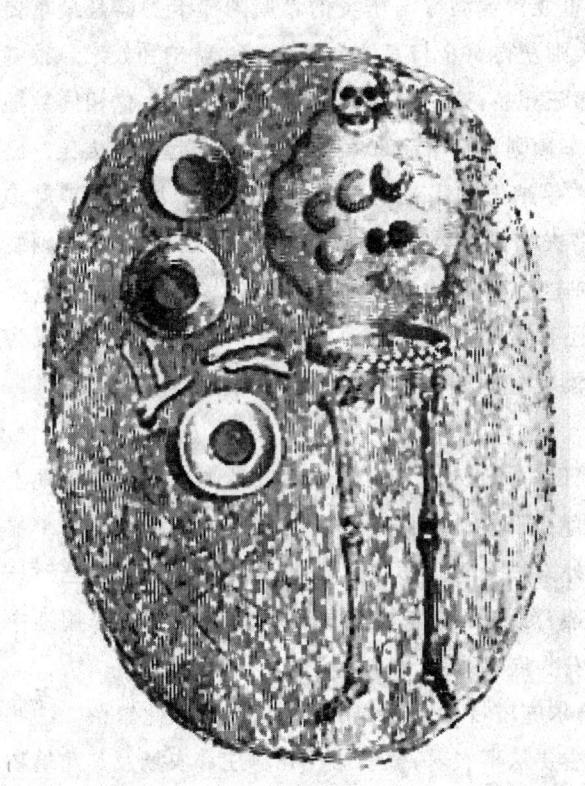

图 2.10 铁器时代的哈尔施塔特墓葬。亡者的火葬方式非常独特，其躯干部分被焚化为骨灰，盛放于坟墓中的数个罐子里。

第二章 欧洲的发展

哈尔施塔特 D：公元前 600 至前 450 年　公元前 600 年前后希腊人在马萨利亚建立殖民地，此举对山外欧洲的贸易与势力格局产生了深远影响。希腊人长途跋涉搜寻原材料，他们沿着罗讷（Rhône）河与索恩（Saône）河抵达法国的勃艮第地区。马萨利亚距离塞纳河不远，而塞纳河连接着中欧与北海沿岸，从北海海岸通过很短海路就能到达不列颠。通过勃艮第地区也可进入德国南部，这一地区的西部非常重要，就是上述最奢华的哈尔施塔特 C 墓葬的产生地。勃艮第与南德地区早已存在部落首领的权威，这种权威最现实的体现是几座丘堡。部落首领还充当希腊人的贸易中间人，从而接受葡萄酒与奢侈品，部分奢侈品，比如巨大的维克斯双耳喷口杯（Vix krater，一种混合葡萄酒用的碗具）是特意为迎合蛮族对虚饰的喜好而制作。上述贸易特权与奢侈品是部落首领们权力与声望的象征。葡萄酒罐、伊特鲁里亚青铜酒壶与精美的希腊阿提卡陶器是最重要的进口商品，作为交换，希腊人则获得黄金与其他金属、皮毛、琥珀和奴隶。很多进口物品最终成为首领的墓葬随葬品，这一习俗跟哈尔施塔特 C 文化相同。随葬品一般摆放在随葬车辆上，车辆则置于木制墓室中，墓室上堆起巨大土丘。已知这类墓葬中的最显著者为霍伊纳堡的霍米科勒（Hohmichele）坟冢和霍赫多夫（Hochdorf）坟冢。在霍赫多夫坟冢内，随葬品被装在车辆中，首领遗体则躺在旁边的青铜睡椅上。不过在这一时期的墓葬中，酒具取代武器成为最重要的随葬品，不仅有进口器皿，还有角杯之类的当地产酒具。此时宴饮已经成为首领们彰显身份的方式。首领坟墓周围有较小的坟冢，里面埋葬着当地贵族的遗体。

部落首领及其扈从居住在设防的丘堡中，多数部落成员则在周边的土地上耕作，这一社会模式此时普遍存在于整个欧洲。德国的霍伊纳堡丘堡是一个显著的例子，我们可以据此了解外来技术与式样的影响：丘堡大部分壁垒为当时该地区的通用式样，以木材为基架，再以石头与泥土填充；但有一段却是采用地中海式样的堡垒城墙，其结构为石头底座，黏土坯城墙。

西欧的其余很多地方跟哈尔施塔特 D 社会类似，只是没有如此繁荣。这些地方的居民以小部落为单位，主要从事农耕，他们居住在村庄和农场及其建筑物中，效忠于以丘堡为统治基地的部落首领。首领长期维持一支由贵族武士组成的扈从，他们的主要活动之一是狩猎和劫掠临近居民。

拉特尼 A：公元前 500 至前 400 年　公元前 6 世纪时伊特鲁里亚人扩张至意大利北部，当时凯尔特人也开始定居于这一地区，两个民族于是开始交往。西地中海的商业贸易被希腊人夺取，这促使伊特鲁里亚人开辟通过阿尔卑斯山的商路。考古学家偶尔能在阿尔卑斯山关口路线上发现古人的储藏，这些发现表明了这些穿越阿尔卑斯山商路的重要性。比如在通过圣哥达（St. Gotthard）关口路线上的厄斯特费尔德（Erstfeld）发现了大批金颈环和金臂环。公元前 6 世纪时，地中海地区商人通过对勃艮第—南德地区贸易获利丰厚。但到了公元前 5 世纪，希腊人对罗讷河商业走廊兴趣日增，由此地中海地区与大西洋地区间的其他商路开始兴盛，结果对勃艮第—南德地区的商贸趋于衰落。

伊特鲁里亚喙嘴壶（beaked flagon）之类的地中海地区产品开始出现在此时远达北欧、东欧和西欧的广大地区，其中财富特别集中的地区有波希米亚地区、马恩河—香槟地区（Marne/Champagne）以及摩泽尔（Moselle）河中段莱茵河区。铁进口量的增长使得霍斯特吕克-埃菲尔（Hunsrück-Eifel，莱茵河中部）的地位日益重要，因为该地区铁矿藏丰富。地中海地区产品流入该地区的渠道有多种：部分是通过商业贸易，部分是通过对意大利北部发动掠夺性远征的战利品，还有的是凯尔特雇佣兵为伊特鲁里亚人效力获取的报偿。进口奢侈品考古发现的分布模式反映出上述获取渠道：它们分布地域更广泛，不像以前那样集中。一系列奢华的墓葬表明这些地区日益繁荣，比如香槟地区的索姆-比翁尼（Somme-Bionne）墓葬。在这些墓葬中，价值昂贵的入葬物被置于两轮战车之上。

地中海地区奢侈品的流入促成了拉特尼（"凯尔特"）艺术的出现。这种艺术的图案、主题及外形来自希腊、伊特鲁里亚与腓尼基，经过当地传统艺术的重新塑造，由此创造出一种令人战栗的金属装饰风格。此种艺术风格尤其集中使用于武器、器皿和饰物的装饰中。部分此类图案还出现在陶器上，据推测也出现在此时木器与织物一类不易长期保存的物品上。几何图案与抽象图案跟某些符号结合使用，这些符号的使用可回溯到青铜器时代的艺术品，例如鸭形符号。凯尔特工匠们运用的金属加工技术如下：铸造精致的外形，以雕刻装饰青铜器与金器，挖剪细工，凸纹图案，以玻璃珊瑚等物镶嵌，再加上小动物和怪异人头像。凯尔特艺术风格始于莱茵河中部地区，之后在山外欧洲地区传播，被广泛接受。但凯尔特艺术风格在伊比利亚半岛基本没有影响，那里的居民拥有自己独自的艺术风格。

地图10 早期拉特尼时代的欧洲　　　　　　　　　　　　　　（本插图系原文插图）

  有的聚落已经具有了很多城市特征,如瓦采(Vace)的聚落。这些聚落在大西洋一端发展起来,跟西欧与中欧地区不同,地中海地区奢侈品在这里无足轻重。当地贵族使用当地产品,比如玻璃珠、青铜薄片和特有的青铜杯(Situlae)。这种杯具在北意大利也广泛使用,北意大利通过伊特鲁里亚人接受地中海世界的间接影响,发展出自己的本土文化。

  在那些没有跟地中海地区直接通商的地区,很多居民群落继续生存于丘堡或低地围栏之中。设防地点的数量在公元前6世纪与前5世纪有所增加。这类加强防御的聚落是当地的首要中心,受到攻击时这里也是避难之处。这里一般还有贮存的地方用于存放大量谷物。有的设防聚落中居住着规模颇大的居民群落,比如波兰的比斯库宾聚落中有超过一百间房屋。此时已经有了相当规模的产业,设防聚落也发挥产业中心的功用,比如捷克共和国境内的扎维斯特遗址。只有很少的地中海地区奢侈品进入这些地区的商品流通系统,不过山外欧洲的当地产品交易依然在继续,这类产品有珊瑚、铁矿以及长剑之类的制成品。在不列颠,很多丘堡大约于公元前400年后被遗弃,但也有一些被继续使用了几百年。

拉特尼 B:公元前 400 至前 275 年的移民活动 大约在公元前 400 年后,地中海地区与山外欧洲间的贸易关系终止。从公元前 400 年左右开始,凯尔特移民蜂拥而入,破坏了穿越阿尔卑斯山的商贸。同时在法国南部,希腊殖民地马萨利亚身陷当地的权力争夺,也停止了罗讷河上的贸易。

随着西欧与中欧人口的增长,有些居民群体离开故乡去寻找出路。这些移民的规模各异,有的是单个部落团伙,有的则是由许多不同部落的成员共同体组成的大联盟。移民的原因可能是受到地中海世界财富的诱惑,也可能是故乡资源匮乏产生的生存压力。有时是一伙年轻武士冒险与追寻战利品,有时则是包括妇女和儿童的人群去寻找新土地定居。公元前 6 世纪时已经有部分凯尔特人在北意大利定居,公元前 400 年前后又有大批凯尔特人(即罗马人所谓的"高卢人")涌入,致使当地的凯尔特人数量大增。这其中有印苏布里人(Insubres)和博伊人(Boii),分别定居于米兰和波河平原。大

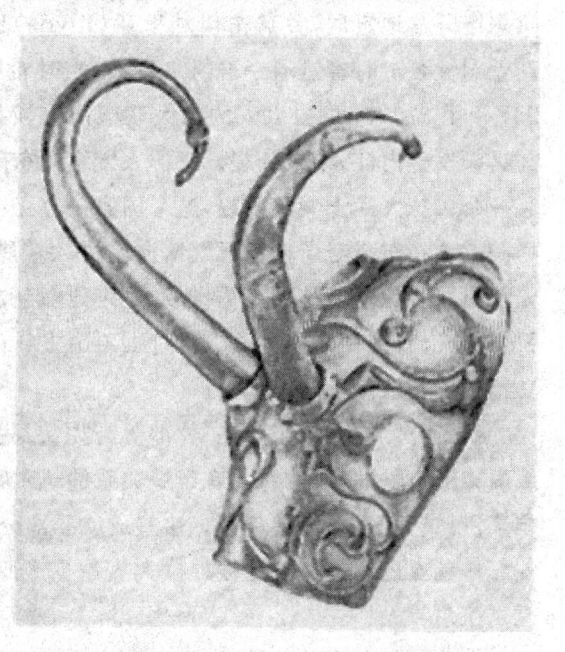

图 2.11 在苏格兰柯尔库布里郡(Kirkcudbrightshire)托尔斯(Torrs)的泥炭沼泽中发现的马面甲(chamfrein)。这是青铜装饰工艺的绝佳范例,其拥有者为铁器时代晚期的贵族。那两只青铜角杯与马面甲一起被发现,然后被重新固定。

第二章　欧洲的发展

约公元前387年,一支盗匪突入伊特鲁里亚地区,在阿里亚(Allia)击败罗马军队,随后横扫南方,洗劫了罗马。罗马人交出了巨额贿赂才得以劝诱他们返回山南高卢(Gallia Cisalpina)的凯尔特定居地。之后罗马人将这些凯尔特人视为严重威胁,他们在公元前232年至前190年间最终征服了山南凯尔特人。博伊人只得在波希米亚重新安顿。

公元前5世纪晚期和前4世纪初期,凯尔特部族还向东移动,沿着多瑙河与喀尔巴阡盆地定居,并袭击伊利里亚(Illyria)地区。亚历山大大帝对色雷斯发动惩罚性袭击时曾遭遇一群凯尔特人,当时希腊人称他们为加拉太人。公元前281年至279年,伽拉太人的庞大联盟向南横扫希腊马其顿地区。这支队伍在马其顿发生内讧,结果分裂。一群人继续向东南行军进入小亚细亚,在这里建立起一个伽拉太武士贵族政权,这个国家一直存在到公元前1世纪罗马征服时期。另一批人在布雷努斯率领下继续向南进入希腊,欲洗劫德尔斐圣殿的财宝。一支希腊军队为守卫神殿英勇作战,最终他们赶走了凯尔特人,杀死了两万六千名凯尔特人,布雷努斯亦被杀。不过据希腊史料记载:这些凯尔特人刚开始可能成功抢劫了圣殿。

到了公元前3世纪,凯尔特部落与拉特尼文化在从法国到巴尔干的广大地域内传播,通过跟凯尔特人有亲缘关系的凯尔特—伊比利亚人,拉特尼文化还影响了伊比利亚半岛很多地区。这些成就要部分归功于凯尔特人的移民活动。在安那托利亚还有大片土地被加拉太人占据。此外在不列颠和爱尔兰,很多居民也是凯尔特人。

在北欧与斯堪的纳维亚,由少数家庭组成的小型聚落依然很常见。聚落中有房屋,有的还有带栏畜厩供家畜使用,其他还有农用与家用的房子。

在丹麦、低地诸国和不列颠有很多沼泽地。由于沼泽的保存作用,这些地区提供了众多考古证据,使我们得以重现一种曾在欧洲广泛盛行的宗教习俗,即多水地区的奉献牺牲仪式。该仪式不仅包括奉献贵重物品,还包括在仪式上以人为牺牲,一般是结合使用多种手法将牺牲杀死。在同一处圣地,奉献的东西经过长时期积累往往数量很多。这些奉献物有精美珠宝、武器、仪仗铠甲、金属器皿以及奴隶锁链之类的物品。在丹麦贡德斯特鲁普(Gundestrup)遗址发现的堆积物中有一只精美的镀银釜,上面有表现人们从事宗教仪式的装饰图案,还有神祇的形象。这种宗教习俗在斯堪的纳维亚早已绝迹,但后来色雷斯人似乎依然举行这类仪式。色雷斯人在宗教上除了吸纳欧洲凯尔特文化因素，还融汇了来自印度之类遥远地区的宗教思想。

在日德兰半岛（Jutland）的约特泉（Hjortspring）奉献遗址的堆积物中发现有一艘小船和很多武器。据推测这是一场胜利后的感恩奉献，这些武器来自被打败的敌军，敌军的规模至少有八十人。

拉特尼 C 至拉特尼 D（公元前 275 年至罗马征服）

伊比利亚与法国南部　在法国的地中海沿岸地区，希腊殖民地的出现和影响使得当地部落发展出一些带有希腊色彩的设防聚落模式，比如街道规划和用于建筑的修琢石料。不过这里依然保留着显著的"非古典"外貌，比如渴求敌人头颅的宗教观念。当地部落还在连接希腊殖民地与法国大西洋地区的道路上兴建了一些聚落，聚落位于道路上的战略要点，其中特别重要的聚落为蒙特洛尔（Montlaures）、卡尔卡索（Carcaso，即卡卡松尼[Carcassonne]）和托洛萨（Tolosa，即图卢兹[Toulouse]）。在法国南部，当地部落模仿希腊钱币自铸银币投入流通。到了公元前 3 世纪，罗马商人在沿海地区跟希腊的一些共同体做生意，表现也很活跃。公元前 154 年希腊城镇受到敌对山地部落威胁时，马萨利亚曾向罗马寻求军事援助。

在第二次布匿战争中，罗马人于公元前 206 年战胜迦太基人，获取了迦太基在伊比利亚半岛东部与南部的领土。此举不仅使罗马得到极其富饶的农业土地，还使得罗马人控制了当地的金、银与铜矿藏。部分伊比利亚人欢迎罗马人，视其为帮助自己摆脱迦太基统治的解放者，另一些伊比利亚人则起而反抗罗马人。公元前 154 年是伊比利亚人反抗罗马的最高潮，本年西南部的鲁西塔尼亚人（Lusitanians）发动反罗马起义，半岛中部的凯尔特—伊比利亚人也加入反罗马阵营。直到公元前 133 年前后，罗马人才成功降服这些地区，他们对待被攻占的城镇极端残暴。凯尔特—伊比利亚人的反抗据点努曼提亚（Numantia）经长期围攻被攻陷，城中多数居民被卖为奴。

罗马人要沿着海岸经陆路进入伊比利亚的领地，这条道路受到敌对部落的威胁。比如萨鲁维伊人（Saluvii），他们不仅威胁罗马人，还威胁到希腊人及其高卢南部友好民族的城镇。罗马人于是发动对萨鲁维伊人的战争，公元前 125 年至前 121 年间，阿罗布罗格斯人（Allobroges）与阿维尔尼人（Arverni）相继残酷

第二章　欧洲的发展

蹂躏萨鲁维伊人位于昂特蒙（Entremont）的城镇（部落中心）。这之后罗马人决定吞并这一地区以保护自己利益，他们建立了山外高卢（Gallia Transalpina）行省，该省的边界向内陆推进至今奥德（Aude）省与加隆（Garonne）省。后来罗马人又在纳尔博（Narbo，即纳博讷 Narbonne）修建了港口，并占领了托洛萨，控制了从加隆至大西洋的道路。罗马人由此能直接进入大西洋贸易网，获取其矿产资源。罗马人的加入大大增加了这些地区的商品流通量。

地图11 铁器时代晚期的欧洲 （本插图系原文插图）

东欧 阿尔卑斯山东部是铜、铁与盐的产地,当地的诺里克姆(Noricum)王国建都于诺里亚(Noreia,今马格达棱斯堡[Magdalensberg])。这里成为冶铁中心,制造各类物品供应周边居民群落。其中利用焊接技术制作的长剑特别受欢迎。罗马人于公元前180年前后在阿奎莱亚(Aquileia)地区(位于亚得里亚海最北端)殖民,从此罗马人与诺里克姆居民间开始了友好交往。

大约在公元前120年,日德兰半岛和北欧平原的一些部落组成了部落联盟。在辛布里人(Cimbri)和条顿人(Teutones)的率领下,他们开始向南迁徙,首先进入多瑙河中部,驱逐了当地的凯尔特族斯科迪斯奇人(Scordisci)部落。随后他们进入诺里克姆,击败一支前来迎战的罗马军队。他们继续进发袭击高卢南部,他们的到来使得那些十年前被罗马降服的当地部落又燃起了反抗罗马的希望。之后分别在公元前109年、前107年与前105年,罗马人屡屡战败,但最终罗马人于公元前102年彻底击败辛布里人,又于公元前101年消灭了条顿人。蛮族威胁从此转向别处,但罗马人不敢懈怠,一直对凯尔特欧洲的潜在威胁保持警惕。

诺里克姆作为一个国家一直存在到公元前1世纪,它跟凯尔特欧洲与罗马都保持贸易关系,始终保持着繁荣兴旺。公元前70年,诺里克姆人开始自己发行货币。公元前100年罗马人在诺里亚城外修建了一座贸易殖民地,此举使其跟罗马的商贸进一步加强。公元前1世纪末,罗马进军巴尔干,将北至多瑙河的广大地区纳入自己的控制,这样罗马要吞并诺里克姆也就轻而易举了。

色雷斯位于罗马多瑙河诸省的东南方,奥古斯都把该王国保留下来作为罗马的附属国。但到了公元46年,罗马吞并色雷斯,新的色雷斯省囊括了多瑙河西部的全部土地。这样,多瑙河与莱茵河就形成了一条天然疆界。

达西亚人居住在多瑙河以北的特兰西瓦尼亚(Transylvania)高地,这个族群跟色雷斯人有亲缘关系。大约在公元前60年,达西亚人通过扩张建立起一个大国,达西亚国土包括喀尔巴阡盆地及其以南地区。达西亚的统治者是国王布雷比斯塔和祭司德凯诺斯(Deceneus)。布雷比斯塔被杀后,尽管达西亚的势力有所削弱,达西亚人还是进攻黑海沿岸城镇。在输入谷物的同时,他们还贩卖奴隶给亚得里亚海地区居民以换取银币,因而地中海文化对达西亚人的影响日益增长。公元1世纪80年代德凯巴鲁斯(Dekebalus)在位时,达西亚非常强大,进攻邻近罗马行省挑起对抗。公元105年至107年间罗马人击败达西亚人,兼并

第二章 欧洲的发展

其领土,还洗劫了位于萨米泽格苏萨(Sarmizegethusa)的设防聚落中的建筑群,这里也是达西亚人的避难所。罗马人在其中发现了大量金银。很多达西亚人逃离,达西亚人口大减,罗马人遂控制了这里的矿藏财富。新建的达西亚省使得罗马领土延伸到多瑙河天然疆界之外,要防守这片区域耗费太大,结果罗马于公元250年左右放弃了该省。

城镇 控制了法国南部及其通往中欧与大西洋网络的道路之后,罗马人开始进入欧洲市场,销售自己的葡萄酒和时兴饮酒餐具。作为交换,罗马人获得金属和其他原材料,还有皮毛、皮革、猎犬与谷物。罗马人还特别热衷于获取奴隶,他们使用奴隶在意大利农庄劳动,对奴隶的需求持续增长。

邻近罗马控制区的地方开始受到罗马的影响。在那些日益发展壮大的部落中心(城镇)里出现了罗马式建筑,这些凯尔特城镇出现的部分原因可能是受到地中海地区的影响。在高卢中部的部落居民对地中海地区的奢侈品有所需求,他们的生活方式也变得更加文明。公元前1世纪中期罗马能够将这些地区置于自己控制之下,这些潜移默化的因素起了重要作用。那些处于罗马影响范围之内部落还吸取了罗马的制度,比如瑞士的赫尔维提人(Helvetii)就废弃了国王,代之以选举产生的行政长官(magistrates)。

从公元前2世纪晚期开始,在法国和其他地方出现了设防的部落中心。它们被称为城(oppida),拥有很多城邑的特征。它们的功用是作为周边乡村农耕部落共同体的管理、政治和产业中心。这类设防中心取代了昔日的丘堡,它们一般位于需要设防的战略要地,有的就修建在过去丘堡的故址上,不过多数并非如此。设防中心建有壁垒以加强防御,壁垒的建筑材料有石材、木材和泥土。此外可能还有斜堤、防堤、带刺篱笆等辅助防御工事,中心的大门部分一般也是带有外垒的复杂的防卫系统。

城镇的防御工事之内就是居民区,其布局一般为有规划的带街道聚落。房屋可能很小,长方形木结构,部分有石头地基。在房屋的设计建造过程中,罗马建筑的影响随处可见,那些贵族、部落首领或国王的房屋尤其如此。很多工匠在城镇中生活与劳作,这使得部落首领能够控制当地的产业。产业包括青铜、玻璃、黄金及其他细粒材料的加工,同时工匠们还要制造陶器、铁工具、铁武器等等日常用品。陶轮已经传入,凯尔特工匠可以大量制造精美器皿,比如有底座的罐子和其他跟饮用葡萄酒有关的餐具。

很多部落君主接受了货币观念,因而城镇中还有一处造币厂。大面值货币可能用作王室随从的酬劳,也可能用作跟其他部落交换的媒介。当地位较低的人将货币用于普通物品交易后,市场经济就产生了。货币还有一个功用是作为君主们宣传的媒介。城镇中还会有一片地方专门用于宗教活动,宗教建筑可能是圣殿,也可能是祭司坑或者其他凯尔特圣所。

欧洲大陆上的城镇实为比较紧凑的聚落,出于战略考虑,城镇一般位于较高的地面。英格兰东南部的城镇则有所不同:它们大多为一片围起来的巨大空间。比如卡穆洛杜努姆(Camulodunon,意为卡穆洛斯堡,即战神堡)的延伸面积超过10平方英里(约16平方公里),其中有王室驻地、分开的定居区、墓葬区和圣所,还有大量的空地。

英格兰东南部之外以及其他昔日的凯尔特世界大体跟日耳曼地区相仿,部落的领土较小,以丘堡或者其他设防地点为中心。这些丘堡设防地点成为部落的中心,紧急时也可为部落成员提供保护,不过里面只有首领与随从居住的房间。

高卢　公元前1世纪时,某些罗马将领的个人野心开始影响罗马的对蛮族政策。公元前58年,瑞士的一个部落赫尔维提人(Helvetii)决定西进,在高卢中部重新定居。尤里乌斯·恺撒认为赫尔维提人的迁徙行为是对罗马山外高卢行省的间接威胁,同时恺撒也看到这是自己攫取荣耀的机会。恺撒以武力迫使赫尔维提人回到原来的定居地,造成数十万赫尔维提人的死亡。同年还发生了其他事情:高卢各部落间彼此争斗;阿里奥维斯图斯(Ariovistus)麾下的日耳曼雇佣兵队伍横行霸道。这给了恺撒进一步参与高卢事务的机会,也使得对高卢地区的吞并政策有了正当理由。公元前58至前53年期间,恺撒成功地对众多高卢部落发动进攻,将整个法国与比利时直至莱茵河的广大地区纳入罗马统治之下。布列塔尼地区的维内蒂人(Veneti)在大西洋贸易网中扮演主要角色,他们的船队被恺撒摧毁。不列颠的一些部落是维内蒂人的贸易伙伴,因而支持维内蒂人反抗罗马人,恺撒于是两度远征不列颠。恺撒以残酷手段对待敌人,抵抗最有力的比利其人(Belgae)与埃布罗尼斯人(Eburones)基本上被完全消灭。公元前53至前52年的冬季,反罗马势力联合起来,几乎全高卢都起而反抗罗马,恺撒在高卢的盟友部落也加入了反抗行动。高卢联军的统帅是阿维尔尼(Arverni)部落的首领韦辛格托里克斯(Vercingetorix)。韦辛格托里克斯取得了一些胜利,但公元前52年他的军队被围困在阿莱西亚(Alesia)。罗马军队在纪律和攻城技术方面的优势最终为恺撒赢得胜利,韦辛格托里克斯只得投降。另一座反抗据点乌克塞洛顿诺(Uxellodunum)于翌年陷落,高卢的反抗终结。高卢遭到严重破坏,超过一百万居民被杀或被卖为奴,战争和韦辛格托里克斯的焦土政策摧残了高卢的乡村,高卢的财富则被征服者夺占。公元前31年屋大维(奥古斯都)胜利结束了罗马内战之后,罗马人才开始采取措施将高卢置于帝国组织之内。同样在这期间,罗马人征服了伊比利亚剩余的西北角。

不列颠 虽然尚未被征服,不列颠东南部居民受到罗马世界越来越强烈的影响。他们进口葡萄酒、罗马与高卢餐具,还有橄榄油和鱼酱之类的外国食品用于宴饮。上述物品亦出现于墓葬之中。此时大西洋贸易的重要性已经降低,跨海峡贸易后来居上,繁荣的中心由南部海岸转移到东南部及泰晤士河口。

跟东南地区有贸易往来的邻近部落只能获得数量有限的进口物品,这里的大部分普通民众继续生活在农场与小村庄里,以丘堡作为部落中心。工匠们制造的诸如珠宝与武器一类物品品质很高,但仍主要是本土的

图2.12 平定当地部族:苏格兰布利吉尼斯(Bridgeness)的安东尼之墙(Antonine Wall)遗址发现的路碑雕刻细部。安东尼之墙曾经短期内作为罗马在不列颠的边界。(奥德丽·麦金托什根据爱丁堡苏格兰国家博物馆实物绘制)

探寻史前欧洲文明

凯尔特传统风格,受地中海风格影响不大。以北和以西的大西洋地带则完全不受影响,继续着传统的生活。

卡图维勒尼人(Catuvellauni)开始的活动基地在维尔拉米翁(Verlamion,今圣奥尔本斯[St. Albans]),此时他们成为最有势力的部落。卡图维勒尼人征服了东面的特里诺文特人(Trinovantes),夺取了其中心卡穆洛杜努姆(今科切斯特)的控制权,这里成为对大陆贸易的最重要商业中心。卡图维勒尼人南面的对手阿特雷巴特人(Atrebates)于是跟罗马人结盟。罗马皇帝克劳狄在位时亲自率军援助阿特雷巴特人,于公元43年征服了不列颠。南部和东部大约一半英格兰地区此时已部分文明化,罗马人迅速控制了这些地区,进而平定了北部和西部,罗马人的军事行动还包括进攻莫娜岛(今安格尔西岛),摧毁岛上德鲁伊教的势力。尽管有公元60年布迪卡(Boudicca)领导的反罗马起义,罗马人还是于公元2世纪早期牢牢控制着英格兰全境和苏格兰南部。此时罗马帝国在欧洲的势力已扩张至极限,爱尔兰和苏格兰大部分地区在帝国势力范围之外,这里的居民继续过着传统生活。

罗马征服之后

蛮族人

日耳曼部落经常会卷入凯尔特部落间的冲突。恺撒有几次对这些日耳曼人发动惩罚性证讨,率军穿过莱茵河。莱茵河提供了一道天然屏障,河对岸居住着日耳曼诸部落,罗马人跟他们的对抗旷日持久,最终亦未能获胜。日耳曼人跟凯尔特人不同:凯尔特人在公元前2世纪到前1世纪之交已经发展出一定形式的城市社会,开始享受文明的种种成果;而日耳曼人的基本组织依然是小型部落,部落的疆界不固定,亦不存在部落之上的权威。其结果是:如果凯尔特人的城镇遭占领,首领被俘,他们就会屈服;而日耳曼人则会发动无穷无尽的游击战争,罗马人难以应付他们的持久反抗。有一位曾在罗马军中服役的日耳曼领袖阿米尼乌斯(Arminius)率领日耳曼人消灭了三个罗马军团，这是罗马人所蒙受的最大挫败。

尽管存在着冲突，罗马与蛮族世界间在物资、产品与思想观念方面的交流却无法阻断。比如在斯堪的纳维亚北部的异教墓葬井中发现有罗马的玻璃器皿。流入蛮族世界的有大量的白银，还有地中海地区奢侈品和葡萄酒；蛮族则提供毛皮之类原材料作为交换，此外蛮族还提供罗马人亟需的奴隶。据统计每年输入罗马的奴隶约为十四万人。在距离边境线约120英里(200公里)的范围之内，金银货币很受重视，银币尤其如此。这表明在帝国邻近区域，市场经济正在成长。除此之外，葡萄酒及其酒具很受欢迎，它们的踪迹远至斯堪的纳维亚北部。日耳曼部落间存在着敌对与冲突，这使得罗马人可以像过去对待凯尔特人一样跟一些部落结盟反对另一些部落。罗马人还招募日耳曼雇佣兵入伍充任辅助兵。因为日耳曼人乐于过战争生活，罗马人此举给了日耳曼人参战的机会，而且参加罗马军队所获取的物质回报远比部落间战争所得丰厚。到了公元4世纪，由于帝国人力短缺，募自蛮族的士兵构成了罗马军队的主体。

在蛮族土地上，部落迁徙经常发生，原因有人口增长、邻近部落的压力以及其他各种因素。有时蛮族会涌入罗马国境，罗马人要克服各种困难才能击退他们。到了公元3世纪中期，这一问题变得特别尖锐。到了公元4世纪，政治与经济问题严重困扰罗马帝国，罗马人只得让步，允许友好的日耳曼部落定居在人烟稀少的地区。有时这些日耳曼部落在罗马帝国与敌对部落间起军事缓冲作用。公元406年，莱茵河封冻，日耳曼部落蜂拥过河进入高卢。此时，名为匈人的游牧部落从中国边境的故地出发，一路席卷西进，他们产生的压力推动一些蛮族部落于公元4世纪晚期进入巴尔干，威胁到拜占庭。此时拜占庭已是罗马帝国的主要都城。公元5世纪期间，西罗马帝国，包括罗马自身，逐步落入这些部落集团之手；东罗马帝国控制的地盘在欧洲只剩下欧洲东南部一隅，其他还有西亚部分地区。不过在遭蛮族征服的地方，罗马的很多制度和文化还是得以保留，保留的程度如何是由多方面原因决定的，比如地方显贵的态度；再比如蛮族集团在跟罗马的长期冲突与交往中已经大量吸纳了罗马事物；另一个重要因素是蛮族的征服速度。在不列颠，当地人坚决抵抗盎格鲁人、撒克逊人与其他入侵者，结果这里的罗马文化几乎全部丧失；而在高卢，蛮族征服过程很迅速，罗马文化的存在依然根深蒂固。

帝国内部

对于被征服地区,罗马的政策是鼓励其罗马化。昔日的部落中心被新建的城取代,这些新城往往就建在旧城原址之上或者在旧城旁边,比如维鲁拉米翁(Verulamium,今圣奥尔本斯);还有的城是在位于军事战略要地的罗马堡垒之外发展起来的,比如埃伯拉坎(Eboracum,今约克)。新城经过精心规划:中心是广场以及附带的市政管理建筑与公共建筑,包括一座崇拜皇帝的庙宇,整个城就围绕这一中心修建。罗马人如此规划城是为了给当地民族树立文明生活的样板。罗马人还在城中修建其他重要建筑以引导人们习惯罗马生活方式,这类建筑一般包括:一座浴室,一座剧院,或者一座圆形斗兽场。罗马鼓励当地首领或亲王及其贵族随从定居城中并承担一些市政义务,比如为某些官职与设施提供资助。当然这些人可能在乡村也有地产。

城中的房屋与乡村别墅一般在布局、装饰与设施上模仿罗马式样,其主人亦接受罗马的服饰与文化品味。萨摩斯岛的陶器和古典珠宝之类的罗马奢侈品被用来炫耀财富和地位。很多罗马人在被征服地区建立作坊制造罗马产品,同时当地工匠们也采用罗马方法制造和销售产品。市场经济由此建立起来,很多生意和地产的所有者并不在当地,而是居住在意大利或其他帝国中心地区。应征入伍者在退伍后能在自己最后服役的地方获取一块土地,这为整个帝国内不同种族群之间的混杂创造了条件。

然而,成为罗马帝国的一部分并不能完全改变某一地区居民的生活方式,尤其是那些社会地位很低的人,还有威尔士之类外围地区的居民。存在了数千年的小农依然继续存在,农业技术也鲜有改进,例外的只有那些生产组织较好的乡间大地产。当地的产业依然如故,比如家庭自制的陶器和纺织品。这一时期凯尔特艺术风格与艺术传统依然很繁荣,最典型的代表为精美的金属制品。人们还接受了新的艺术表现形式,并把它们跟传统风格混合,例如有些马赛克图案完全是非古典风格的。

尽管罗马人镇压德鲁伊教祭司的活动,不过他们对于被征服民众的宗教一般采取宽容与吸纳策略,并不想将其摧毁。有时候罗马人还会信奉异族宗教,前提是这些信仰跟皇帝崇拜没有冲突,对皇帝的崇拜实际上也是一种效忠帝国的声明。很多凯尔特圣地继续受到崇敬,这些圣地有的保持原样;有的则被罗马式神庙所取代,神庙中供奉的神祇或是旧的凯尔特神,或是跟旧神职能相似的罗马神。公元4世纪时基督教被罗马人接受,成为帝国官方宗教,许多昔日的异教神殿被改成教堂。但一些古老的传统并未消失,它们渗透进当地的基督教信仰与习俗中。

罗马帝国灭亡之后,早期的传统依然在社会生活的各领域中延续着,或者是经过改头换面继续存在,它们对后世欧洲的社会生活贡献巨大。在很多地方,例如苏格兰高地,农耕生活从史前时代直到近代都少有变化。铁器时代形成的首领、武士与农民式三元社会架构影响深远,其痕迹一直延续到很晚时代,比如在爱尔兰就是如此。诸神的神话与英雄的传奇通过民间故事与口传文学流传后世,直到今天,它们依然为文学、音乐甚至政治学说提供无穷的灵感。在之后的时代,凯尔特欧洲地区的各种艺术继续繁荣发展,表现形式不仅有金属制品,还有插图手稿、纺织品以及其他手工制品。自从史前时代以来,欧洲的语言基本没有增加,此时这些语言已经传遍全球。现代DNA研究显示:目前欧洲多数居民是两万多年前定居在这片大陆的远古居民的后裔。

(褚衍爱 孟凡青 刘衍钢 译)

阅读书目

旧石器时代

Renfrew and Bahn 2004:dating;Barton 1997,Jochim 2002a,2002b,Swinger and Andrews 2005;
general survey;Scarre 1998;Terra;hnata;Gamble 1994;ice ages,colonization of Europe. Neanderthals;Barton 1997;Boxgrove;Barton;1997, Jochim 2002b,

Mellars 1994, Van Andel and Davies, eds. 2004: modern humans; Mithen 1996. 2005: prehistoric cognition.

后冰川期早期

Milisauskas. ed. 2002. Whittle 1994,1996, Mithen 1994, 2003, Champion et al. 1984, Barker 1985, Thorpe 1996, Price, ed. 2000:general survey; Jochim 2002c. Dennell 1983:Mesolithic; Uscinowicz 2000, Mitchell 2004. Dolukhanov 2003: postglacial climate and environment changes; Clarke 1976: emrironment and Mesolithic econolmy; Noe-Nygaard and Richter 2003 Mesolithic hunting techniques;Zoharv and Hopf 2000: cultivated plants; Shwarz 2001: tuna; Van Andel and Runnels 1987. Halstead 1996. Perles 2001. Doumas: 1994: Greece; Bailey 2000, Garašanin 1994:Balkans; Merpert 1994:east/steppe region;Luning 1994. Bogucki 2000: LBK; Fontana and Guerreschi 2003: Mesolithic in Alpine regions;Guilaine 1994. Barnett 2000, Binder 2000, Zilhao 2000:western Medeterranean; Straus and Morales 2003: Mesolithic Iberia; Cunliffe 2001a. Araujo et al. 2003, Bradley 1998: Atlantic facade; Verjux 2003. Scarre. ed, 1987, France;Barclav 1998. Finlavson 1998. Darvill 1987, 1996:Britain; Thomas 1996. Verhart 2003. Louwe Kooijmans 2003:northern Europe.

新石器时代的巩固

Milisauskas and Kruk 2002a. Vhittle 1994,1996, Sherratt 1994a. 1997. Champion et al. 1984. Barker 1985, Thorpe 1996, Price, ed. 2000:general suvey; Jochim 2002c. Dennell 1983:Mesolithic;Clarck 1976:emrironment and Mesolithic economy; Van Andel and Runnels 1987, Halstead 1996. Perles 2001:

Greece; Bailey 2000. Garasanin 1994; Balkans; Merpert 1994. Lillie 2003. Dolukhanov 2004;east/steppe region;Guilaine 1994. Binder 2000, Zilhao 2000; Western Mediterranean; Straus and Morales 2003; Mesolithic Iberia; Cunlife 2001a, Schuldning 2003, Araujo et al. 2003, Bradley 1998; Atlantic facade; Veriux 2003. Scarre. ed. 1987; France; Barclay 1998, Darvill 1987, 1996; Britain;Thomas 1996, Kaelas 1994a, Zvelebill 1996. Petersen 2003, Noe-Nygaard and Richter 2003. Louwe Kooijroans 2003, Fischer and Kristiansen. ed. 2002. Fischer 2003,Price 2000;northern Europe.

新石器时代晚期与铜石并用时代

Champion et al. 1984, Whittle 1996, Cunlifie 2001a. Sherratt 1994a, 1997, A, Iilisauskas and Kruk 2002b; general survey; Halstead 1996, Van Andel and Runneels 1987;Greece;Harmatta 1992,Garasanin 1994. Merpert 1994,Mallory 1989;steppe cultures;Luning 1994;central Europe;Barclay 1998. Bewley 2003, Pryor 2003, Ashmore 1996, Darvill 1987, 1996, Budd 2000; Britain; Cunlifie 2001a;Atlanfic.

青铜器时代

Champion et al. 1984, Sherratt 1994b, Harding 1994, 2000, 2002, Kristiansen 1998,Cunliffe 2001a. Mohen 1996,Demakopoulou et al. 1999;general survey; Sherratt 1997. Budd 2000;metallurgy; Halstead 1996, Van Andel and Runnels 1987;Greece; Fitton 2002;Minoans; Taylour 1983. Chadwick 1976; Mycenaeans;Peroni 1996,Jorge 1999a;Mediterranean;Doluk_hanov 1999a;steppe;Kovacs 1999; Southeast Europe; Jockenhovel 1999, Vandkilde 1999, Pare 1999; central Europe;lensen 1999. Christensen 1999;Scandinavia; Hingley 1998,Barclay 1998,Bewley 2003,Ashmore 1996,Darvill 1987, 1996:Britain.

铁器时代

Cunliffe 1994b,1994c,1997,2001a. Kristiansen 1998,Collis 1984a,Wells 2002, James 1993. Twist 2001,Berresford Ellis 1988,Green,ed. 1995:general survey, Taylor 1994, Kristiansen 1998:steppe cultures; Taylor 1994, Marazoxr 1998: Thracians and Dacians; Spivey and Stoddart 1990, Barker and Rasmussen 1998:Etruscans; Cornell and Matthews 1982:Romans; Sacks 1995:Greeks: Cunlifie 2001a. Harrison 1988:Iberia,Cunliffe 2001a:Atlantic:Wells 1980,Collis 1984a:Hallstatt D/La Tène A trade; James 1993:Celfic migrations; lames 1993. Caesar 1951:conquest of Gaul; Armit 1997. Hingley 1998,Bewley 2003, Darvill 1987,1996. Cunliffe,1995: Britian.

第二章 欧洲的发展

第三章

经济

第三节 应 用

农业

早期欧洲的农业经营规模小，土地的使用范围常限于居所周围。直到构造简单的刮犁(ard)引入之后，大一些的田块才得以开垦。此后林地清理开始增加，更多区域得到耕种，陆地景观亦随之改变。在公元前第三个千年，葡萄和油橄榄等新作物不断出现，农业灌溉、治水活动开始，这大大促进了地中海地区的农业生产，经济、社会政治的复杂性亦随之增加。在公元前第二个千年，由于铁器时代相对不利的条件，许多边缘性或脆弱的田地变成了荒野或沼泽，并此后再未得到开发；但在公元前第一个千年，人们第一次应用了装配着犁刀的包铁刮犁来开垦更黏重的土地。当然，农业的许多方面并没有改变，一些方法和工具甚至沿用至今。

作物

史前欧洲农业建立在谷物与豆类的基础上，由其他一些耕种或野生作物为补充。大片谷地通常会遭到杂草侵袭，所以常常发生草、谷齐收的情况；有时人们把杂草拣出扔掉，但它们也经常混杂在粮食中为人食用。一些铁器时代沼泽遗体的最后一餐，经过识别为多种植物构成，其原因可能在于耕种过程中有野草掺入小麦或大麦作物中。有些杂草，如燕麦、亚麻荠(gold-of-pleasure)，在史前时期有意当作作物种植，因为它们本身具有价值。随着时间推移，栽培植物的种类不断增加，因为在欧洲被改良的品种加入了原先从近东引入的品种之内；在青铜器时代晚期（瓮棺墓地时代[urnfield period]），长期栽培的作物种植范围大幅增加；在青铜器时代引入的油橄榄和葡萄，最终极大地改变了当地的耕种模式。

谷物

谷物栽培始于全新世早期的近东地区，随后传入欧洲，在这里它们构成了食物中主要的碳水化合物及蛋白质来源；谷物可以谷粒的形式直接做熟，或磨成粉做面包,或者稀粥或稠粥。一些谷物也被磨成草料,其秸秆亦有多种用途,可以喂牲畜、铺房顶或编成容器。

小麦 自欧洲农业开始,小麦就一直是绝大多数欧洲农耕共同体的主食。最早在近东栽培的小麦是二粒小麦(emmer)和单粒小麦(einkorn),它们是有壳品种,磨后才能得到谷粒。这样的小麦由东南部早期的农人引入欧洲,然后在整个欧洲传播。在一些聚落中,许多经过识别而确定的炉子可能被用来烘干谷粒,以使得外壳松脱,然后再舂谷。

绝大多数种植的小麦都容易脱粒,经过打谷,裸露谷粒就脱落下来,它们更容易加工。二粒小麦及其后代硬质小麦(durum,或是说通心粉麦[macaroni])很坚韧,麸质较低,不适于做发面面包,但弹性极大,非常适于做粥、酱汁和面条;它们也可以不经磨碎而生煮食用。新石器时代早期(印陶文化),易于脱粒的小麦连同二粒小麦在地中海地区传播,在新石器时代中期传入阿尔卑斯地区。硬质小麦于青铜器时代晚期成为南欧的主要栽培品种。

二粒小麦与一种野生谷物——拟山羊草(goat-faced grass)杂交产生了斯佩尔特小麦(spelt),这是一种麸质含量高的有壳小麦,可能原产于外高加索地区(Transcaucasia),其自原产地传至东欧的时间可能是公元前第五个千年,在此后的史前时期一直在欧洲东北部栽培。斯佩尔特小麦尤其适合在北方生长,因为它耐寒耐湿、生长期短。

一些易于脱粒的小麦品种,高麸质小麦、面包小麦和多穗小麦,也从新石器时代早期开始广泛传播。这些小麦尤其是面包小麦,适于制作发面面包。除地中海地区,二粒小麦和斯佩尔特小麦直到罗马时期仍是种植的主要种类。在青铜器时代,黏重土壤得到开垦,而且在此类土壤中生长的面包小麦、多穗小麦的重要性也随之增加。

小麦秆可以用来制造垫子、篮子和草房顶,还可以撒布开给动物做垫草,但无论如何,不大适合做草料。

大麦 它由第一批农业定居者带来,为两排穗和六排穗的有壳与无壳品种,常与小麦一同种植。虽然没有后者那样广受大众欢迎,但其不乏诸多优点:它耐于贫瘠且含盐量高的土壤以及更干、更冷的生长环境,这使其适于在地中海地区栽培,并且可在比小麦生长范围更靠北的地区种植。大麦成了地中海地区和欧洲其他一些地方的主要作物,其重要性于新石器时代晚期和青铜器时代不断增加。这反映在制作啤酒的功用上,啤酒被认为在多种文化中具有重要社交意义的饮料,例如漏斗颈广口陶文化(TRB)。

大麦也可为动物饲料;它的外壳和秸秆即可用作草料也可用作谷物。

图3.1 19世纪关于铁器时代农业的假想图。如图所示,尽管谷物为当时主要作物,但铁器时代田地规模分散而且较少。(Figuier, Louis. *Primitive Man*. London: Chatto and Windus, 1876)

燕麦 燕麦为整个地中海地区的本土作物,最初是一种生长在小麦和大麦中的杂草;直到近公元前第二个千年末期,燕麦才在西欧、北欧的一些地区种植,其优势得以显现。这种作物可在当时一些地区逐渐产生的酸性土壤上生长,并且能够耐受这一时期更为潮湿的自然条件。燕麦可以做粥、烤饼,人们把它当作粮食来种植,燕麦也可做饲料,其秸秆用来喂动物。

黑麦 黑麦在出现伊始被视作杂草,可能源于东方,因为在新石器时代的希

第三章 经济

腊和巴尔干遗址,它并未现身在谷物中。人类对它的栽培始于公元前第五个千年晚期的巴尔干(古梅尔尼萨文化[Gumelnitsa culture]),在欧洲其他地区初现于若干漏斗颈广口陶文化聚落,被发现与小麦和大麦混在一起。因为对寒冷具有极强的耐受力,黑麦的种植在不列颠及东、北欧地区比较多,在铁器时代人们为了利用酸性土壤亦有栽培。自铁器时代开始,深耕对黑麦的生长大有助益。

黍 其改良地可能在中亚,在东欧地区的若干线纹陶文化(LBK)及其他新石器时代聚落均出现。青铜器时代早期,能耐干旱高温、生长迅速的黍类作物开始在意大利北部栽培,至青铜器时代晚期传至希腊北部,铁器时代早期进入北欧和中欧,后来成为贫穷农民的主要粮食作物。在整个青铜器时代,粟(狗尾草属)也在欧洲一些地区得到栽培,其范围在铁器时代也得以扩大。

豆类

一些豆类进入欧洲的时间与大麦小麦差不多,作为后者的重要补充,它们为人类提供了蛋白质并因固氮能力使土地重获肥力;因此常与谷物轮作,这种做法可追溯至新石器时代早期。尽管营养极为丰富,但豆类常常含有毒素,需要浸泡烹饪方可去除。食用方法几乎总是生煮或做成浓汤,但亦可磨成粉。

早期引种的有豌豆、荆豆以及小扁豆,第一批农人在东南欧、地中海地区以及中欧地区种植。可能也引入鹰嘴豆,但较为罕见。豆类在整个欧洲史前时期,连同小麦与大麦,一直都是大宗作物。在线纹陶文化中豌豆受到特别的青睐,但到了青铜器时代,在其他新石器时代文化中,渐渐被大豆和小扁豆所取代。荆豆尽管在罗马时代之后遭到轻视——人们视之为救荒食物,总体上被当作草料种植,但在新石器时代的东南欧它曾被大量种植,只是少见于欧洲其他地区。希腊和巴尔干的新时期和青铜器时代共同体同样种植可观的草豌豆(野生豌豆);在别的地方,这种食之过量则极为危险的豆类不甚流行,虽然在法国的新石器时代遗址上它亦有发现。西班牙的连理草亦属豆类,米诺斯人及同时代的其他爱琴海岛民均种植。羽扇豆可能在青铜器时代被引种到爱琴海地区。

鹰嘴豆是地中海沿岸许多地区的本土种类,可能由此地早期农耕共同体(印陶文化)最先开始种植;自然成长的野豌豆和豌豆,在印陶文化共同体种植之前,也被中石器时代的先民们所采集。

在地中海中部、西部以及中欧，蚕豆于新石器时代晚期成为栽培豆类。其后在青铜器时代，蚕豆的种植范围不断扩大，如在英格兰南部的布莱克-帕奇（Black Patch）、波兰的比斯库宾（Biskupin）都曾出现。蚕豆因为耐盐，所以在豆类之中它们深受开发盐碱湿地的农人喜爱，盐碱湿地在公元前一千年时逐渐出现在北海沿岸。

蔬菜

常见品种 绝大多数蔬菜无法留下考古痕迹，所以很难绘制出一幅完整图景以展现史前欧洲的种植情况。许多记录在古典著作中的蔬菜可能在较早的时期就有种植，欧洲本土的茎叶以及根块蔬菜在栽培之前很早就被收集了。

偶尔发现的种子表明，在青铜器时代的英格兰，卷心菜已得到种植，而油菜、芜菁、胡萝卜在铁器时代亦复如是；西芹、胡萝卜、卷心菜和芜菁连同其他一些植物，得到了新石器时代和青铜器时代一些瑞士湖边村民的利用；因为此地无法长出野生西芹，所以它可能是得到了栽培。虽然极为可能有人吃野生欧洲萝卜，但栽培的品种很可能是经地中海东部的一个品种改良而来。在地中海和大西洋沿岸的欧洲，卷心菜类都是本土品种；它们可能是在后一地区开始栽培的，因为栽培的品种都是大西洋野生品种的后代。一些种类在罗马文献中亦有提及，其中可能有花椰菜，但种类极为繁多的芸薹类、包括菜花和芽甘蓝，是很久以后才发展起来的。

藜属（Chenopodium） 藜属，又被戏称好国王亨利（Good King Henry）、肥母鸡（fat hen）或者是鹅脚（goosefoot），虽是一种杂草，但也被有意种植，如在拉梅尔施多尔夫（Lamersdorf）的线纹陶文化遗址中就有发现，新石器时代和青铜器时代的瑞士湖畔居民也有栽培，它既可以作为叶菜食用，也可以收集其种子做粥，或者磨粉来做面包，其干燥完整的植株亦用作动物饲料。另外由于它在晚春播种，如果一块田地发生歉收，藜就可作为间作物种植。

油料作物 亚麻是东南欧早期农人引种的作物之一，因为它的纤维和富含

第三章 经济

油脂的种子都有用。亚麻荠（Camelina,伪亚麻）最开始时被当作杂草,但在公元前第三个千年,在东欧、东南欧和中欧人们为了获得其含油的种子开始有意地栽培它。其于公元前第二个千年更为常见,例如在一些青铜器时代中期的中欧遗址上就有大量发现。到了铁器时代,它在北欧沿海的种植量特别大,因其性质适应贫瘠沙壤。欧洲本土的芥类家族成员,如芜菁、芥菜、油菜和大萝卜,可能也是油料来源,虽然这方面的证据尚不充分。

果品

古时近东和中国都栽培有多种多样的水果,但在史前时期的大部分时间内,欧洲大部地区的农人和采猎者只收集野果。因为由种子生出的果树在口感、个头以及其他方面可能差异很大,栽培的个体都是无性繁殖株,由插条、吸枝或嫁接枝产生。然而多种坚果,例如榛子和核桃都产自由种子长成的树。

地中海作物　至于地中海本土水果——葡萄、油橄榄、石榴和无花果——皆可很容易地通过插条繁育,其栽培始于青铜器时代,而需要嫁接的角豆则肯定是在罗马时代开始种植的。非本土果品引入较晚：原产于中亚和东亚的桃、杏,来自于伊朗和高加索地区的温榅,原产于印度的枸橼都在公元前第一个千年通过近东引入古典时代的欧洲,其他柑橘属水果直到伊斯兰时代或是更晚才被引入。

葡萄、油橄榄和无花果的栽培始于青铜器时代某一个时期的爱琴海地区；所有这些水果此前皆已在黎凡特地区得到改良并早就在地中海地区被当作野果采摘。它们十分适应此地的干旱夏季并且在贫瘠坡地土壤上依然长势良好。藤本植物对外部环境的耐受范围很广,葡萄很可能以野生的形式进入欧洲。葡萄可鲜食,可做成葡萄干或无核葡萄干,亦可酿酒,葡萄酒不仅可储藏,还可交易；地中海的葡萄酒远销至铁器时代的温带欧洲,其买家是当时的精英阶层,对于希腊人和以后的罗马人来说,它是一项有利可图的出口产品。油橄榄的用场也是既可储藏又可交易；在未成熟时经过腌制保存可当水果吃,或等到成熟再压榨成油。无花果,一如葡萄,可鲜食、可干藏。

一旦长成,油橄榄树就不需要多少照料,但在幼时需要保护防止夏旱,而且需精心管护,按期剪枝。葡萄藤在幼时也要精心护理,每年都得剪枝,一连多年。

若与野生无花果毗邻而植,栽培的无花果则可以享受异花授粉的好处,野生果挂在人工栽培的果树上可以促进榕小蜂(fig wasp)的传粉(此过程叫做虫媒授粉,我们已经知道,罗马人就常常这样做)。因此栽植这样的作物就需要农业体系的集约化,以将葡萄和油橄榄与大田作物进行整合(地中海式多种栽培),又有一些学者把这种情形与采用此类栽培方式的地区的社会复杂性的增加联系起来。

野葡萄可以酿酒,而且尽管味道酸,在史前欧洲也被广泛地采摘,所以新石器时代晚期在希腊北部出现的大量葡萄籽不一定表明当时有栽培活动;然而在公元前三千年晚期,希腊南部肯定种植了葡萄。差不多同时,西班牙东南的米拉雷斯文化(Millaran Culture)也可能已将其加以栽培。尽管毗邻的阿尔加尔文化(Argaric Culture)亦复如是,但很明显,直到公元前一千年腓尼基人和稍晚的希腊人已开始殖民地中海西部,葡萄和油橄榄方才在伊比利亚半岛其他地区以及法国南部得到栽培。聚落在达尔马提亚(Dalmatia)扩张,直达多石的岩溶地区,此地的梯田或许与公元前第二个千年引入的多种栽培有关。意大利南部受迈锡尼人影响的地区抑或见证了葡萄和油橄榄栽培;亚平宁地区的青铜器时代遗址上也可能曾经酿造了葡萄酒,因为在这些地区发现了大量葡萄籽和精美酒器;并且葡萄、无花果或油橄榄也很有可能在别的一些青铜器时代遗址上栽培(例如意大利北部的雷奥尼山[Monte Leoni])。无论如何,伊特鲁利亚人是意大利半岛上第一个引入并使用地中海混养方式的文化共同体,在公元前800年,罗马人加以仿效,把油橄榄引入地中海其余地区,而葡萄被推得更广,到达了温带欧洲的许多适宜地区。

果树 还有一些果树种类,特别是苹果、梨、李子和草莓,在欧洲绝大部分地区以野生的形式生长,并且于史前时代被广泛地开发利用。若要它们良好地繁殖,就需要嫁接,中国人常常使用这项技术,而欧洲则很可能在古典时代以前尚对此一无所知;多半是罗马人将此法传入欧洲其他地区。无论如何,在一些新石器时代晚期湖畔村落遗址发掘出土的苹果,具备着只有在栽培品种上才能发现的性状。这些聚落也出产可能是栽培的梨和李子。此类证据表明树木栽培技术在此时的欧洲已得到发展,但其形式尚不清楚,因为由种子长出的树木的果实在质量上差异极大。苹果、梨、李子通常不能从插条或吸根成功地繁殖出。

第三章 经济

浆果　野生覆盆子、草莓、接骨木果以及其他浆果在史前时代已被采撷,就像今天人们依旧采撷黑莓一样;在那时的欧洲它们可能还没有得到栽培,尽管迈锡尼人可能种植了草莓。

坚果　像水果一样,坚果也被农人和采猎者采撷。榛子尤其受人喜爱;其生长受到采猎者和早期农人的促进,后来又得到种植。尽管证据寥寥,但冰河后时期欧洲的一些地方可能已经有野生核桃与甜栗子。栗子于青铜器时代晚期的西班牙开始栽培,而核桃栽培时间是铁器时代晚期和古典时代;罗马人极有可能将这些坚果栽培传到地中海以外。杏——地中海本土作物,既可用种子栽培,又可以嫁接。栽培的主要目的是通过选择去除苦涩并含有致命氰酸的品种;当然,这种物质也可以通过浸泡、洗涤来去除。杏可能与葡萄和油橄榄同时期得以栽培。

其他作物

纤维作物　亚麻因既有产油种子又有纤维而被种植,其纤维可以制成亚麻布。它属于从近东引入欧洲的第一批作物,栽培者是线纹陶文化的农民,其后它又在温带欧洲和地中海地区广泛传播。荨麻也用于织布;从丹麦福尔多福特(Voldtofte)一座晚期青铜器时代遗址发掘出的一块精美白色织物已被证明为荨麻质地。自新石器时代晚期始,羊毛制纺织品逐渐发展,减少了对植物纤维的依赖,但各种植物纤维也依然有人使用。

在温带欧洲人们也用大麻(cannibis)织布,尽管其纤维以及用它作为原料生产的织物比亚麻粗糙。大麻耐海水侵蚀,所以尤其适于制船帆。从线纹陶文化开始,大麻种子便出现于一些欧洲遗址中,在法国一座新石器时代遗址发现的一块布就可能由大麻制成;确定无疑的是,在铁器时代的色雷斯和希腊,大麻织物生产确已存在。大麻纤维亦被用来制绳索。

自中石器时代始树皮纤维用来织网、制索;已有一些例证被确认是柳树或椴树质地。芦苇、草类以及其他一些野生植物纤维也被派上多种用场,尤其是编篮子、制包和绳索。细颈针草(Esparto)制成的篮子、包、草鞋甚至衣物,都已在西班牙蝙蝠洞(Cueva de los Murcielagos)新石器时代晚期墓葬中发现,此洞极为干燥,因而许多有机遗存物保留了下来。细颈针草的使用可能局限于伊比利亚半岛,但其他草类的使用范围或许更广。生活于公元前第四个千年晚期的冰人奥茨(Otzi the Iceman)身上就披着一件由多种草类制成的斗篷,他的鞋里垫着草,以保持足部温暖。

毒品 史前欧洲可能有很多种麻醉品为人吸食。罂粟为地中海本土物种,在中欧线纹陶文化聚落和西欧瑞士湖边村庄以及公元前第四个千年意大利北部均已存在。蝙蝠洞墓葬中曾发现一篮子罂粟果。罂粟是油料来源,种子可食,但最可能的用场是制作鸦片。种大麻是为了取得大麻纤维,但它也被草原地区的人用作麻醉剂,时间可能是在公元前四千年早期,后来可能又被引入了欧洲,绳纹陶文化(Corded Ware Culture)便是一例。其他毒品还有在铜石并用时代苏格兰的沟槽陶器中发现的天仙子,人们似乎用来引导产生魂灵附体状态。

香草与香料 有关香草与香料的证据十分不完整,并且很难确定它们是收集的还是栽培的。香菜在青铜器时代的希腊已有使用;在新石器晚期的瑞士湖边村中发现了小茴香和孜然。干藏红花粉产自藏红花,多半既被用作调味剂又被用作染料,但最早证据来自青铜器时代爱琴海艺术品,比如著名的桑托里尼(Santorini)壁画中,就表现了一些女性收集藏红花的场景。

染料 用作染料的植物有若干,其中包括番红花。巴尔干伏伊德瓦尔(Feudvar)的一座公元前第二个千年的遗址上就有曾栽培番红花的遗存。文献资料显示茜草和黄木樨草(dyer's rocket)在古典时代已有栽培,但其应用可能更早。靛蓝在公元前第一个千年时的欧洲被用作布匹染料,但新近对古尸的研究显示,表面上看来有一些古典文字资料曾把靛蓝当作人体彩绘颜料,而这纯属是误读的结果;这种颜料更可能是蓝铜矿石(硫化铜)。

家畜

家养的绵羊、山羊,可能还有牛和猪,从近东引入欧洲的时间可能与第一批农作物的引入时间相差无几，自此家畜养殖传遍了这片大陆，一直以来就是欧洲农业不可或缺的一部分。随着林木不断地被清理砍伐，人类共同体就增加了其牲畜饲养数量，尤其是牛，例如中欧漏斗颈广口陶文化居民便是如此。一些共同体也发展了专门的牧业经济。与早期农民有联络的采猎者常常从他们务农的邻居那里获得家畜，抑或从邻近兽群中捕来所需动物再加以驯化。例如，与线纹陶文化同时代的比利时的一些农业共同体就饲养猪和牛，后者是他们从当地野牛驯化而来的，并且比线纹陶文化的牛要大。

一开始养畜类是为了吃肉，后来其副产品奶、毛、畜力连同皮革与粪肥都变得十分重要。马的驯养较晚，但重要性上升很快，尤其在战事之中。家畜种类与时俱增，尽管许多为欧洲人的餐桌贡献巨大的动物当时根本没有驯化。

作物和家畜的相对重要性不断变化发展，因地而异且更具地方性，这从家畜不同饲养比例即可见一斑。野生品种可对家养牲畜的数量做出极大补充或者通过杂交为它们的种性补充新鲜血液。

猪

尽管猪在近东得到繁育并引入南欧，野猪在史前欧洲的分布仍然很广，野生种肯定在欧洲家猪共同体中占有很大比例。在中世纪欧洲，家养母猪被拴在森林中，以促使它们与野猪杂交，而在古时有意或不经意的家养与野生种系之间的杂交肯定已经发生，这也就证明了罗马时代的古希腊著作家斯特拉波所言不虚：凯尔特人的确饲养了巨大而凶猛的猪种，尽管发掘出土的猪骨表明凯尔特农民饲养的猪通常很小。

猪类性喜阴暗林地，在这样的地方有多种植物又为觅食之选，比如坚果。由于森林砍伐和农业扩张日甚一日，猪的重要性逐渐减弱，被牛和羊取代，虽然各地并非全然如此。猪是杂食动物，因而可喂以生活垃圾，它们也可在多种不同环境中觅食。它们繁殖很快，生长迅速，因此也就是优质肉类来源；所以在史前欧洲混合型饲养经济体中，它们总是重要的一分子，其饲养者是永久定居的共同体。它们极有可能被散置于聚落或农业用地周边觅食，而非圈养，尽管一些铁器时代聚落有一些可能是猪圈的建筑。

猪一方面是肉、油和皮革的来源，另一方面也可用来踩踏田地、彻底翻耕土壤表层、除草松土,为栽培做准备,同时也施撒粪肥。

牛

  牛最早在古安纳托利亚被驯化。它有可能被引入欧洲,但更有可能的是许多牛在欧洲本土被驯化。牛的始祖是巨大凶猛的古欧洲野牛(Bos primigenius),此物种在不久之前尚未灭绝,一直还构成了野生动物种群的一部分。

  一开始养牛是为了吃肉和制革。以后人们也因牛奶而饲养,它是一项重要资源,其形式很有可能是奶酪。尽管牛奶自何时开始被开发为食品尚未得知,但在线纹陶文化中,发现了一些年老的牲畜,还有若干似乎用作制造奶酪的陶筛,这些都表明了线纹陶文化的牛只被视为奶源而养。新石器时代晚期这样的证据更为广泛,奶与奶产品在许多人类聚居区的经济中都占有举足轻重的地位。史前欧洲的奶牛每年大概可以产奶 800—2400 品脱(500—1500 升)。在许多凯尔特聚落中约三分之一的牛骨来自被杀食的小牛,而余下的绝大多数来自被养来取奶或是繁育牛犊的母牛;它们一起构成了史前欧洲只有牛犊在身边时才分泌乳汁的奶牛品种。

  公元前第四个千年晚期,牛类,通常是公牛(阉牛)、有时也可能是母牛,常在小农场被用为驮畜或利用其畜力拉犁或是拉车,而从公元前第五个千年希腊存留下的骨骼证据表明,它们甚至在更早就被用来牵拉重物。三四岁时它们就有足够力气从事如此繁重的劳动。阉兽更易于调教和操控;它们也更容易长膘,所以许多共同体为肉类生产着想亦将雄性牲畜阉割。在希腊北部出现若干牲畜小雕像,在它们的背上都背着篮子或箩筐。

  许多大车和犁形象出现在漏斗颈广口陶文化和巴登文化(Baden Culture)的陶器上,以及青铜器时代石制艺术中和青铜器、陶艺品中;这些艺术品表现了公牛拉车、拉犁的情景,尽管其中一些需要四头牛共拉一辆车。这样的艺术形象以及从一些水淹地区的遗址、如意大利菲亚维(Fiave)和苏格兰内尔湖(loch Nell)发现的木质轭,表明了当时有两种套轭具的方法。其中之一是把轭套在动物角上,另一种是把轭套在它们的隆肩上。出土于波兰布洛诺奇策(Bronocice)的一根漏斗颈广口陶文化时期的牛角心就有绳的勒痕,绳索另一端系在轭上。

  畜类需要定时饮水。因此,其饲养地点就受到限制。它们通常可以在森林

第三章　经济

边缘找到充足牧草,因为林地被砍伐后青草就取而代之。河边洪泛平原、沼泽带以及其他不适农业耕作的地区都是它们适于就食的地方。堤道围场——已知在新石器时代的不列颠和法国,以及多瑙河文化部分地区已经出现,除了其他功能外,也可能被用作收养大量牲畜的兽栏。

在地中海地区的炎热夏季,牲畜需储藏饲料,如谷物和豆类,除了在少数有牧场的地区,比如大河的洪泛平原。因此在南欧它们的数量相对较少。与此相对,自线纹陶文化时代开始,在温带欧洲大部它们通常是最重要的家养动物。在寒冷地区,冬季需将它们喂养于室内兽栏里。线纹陶文化的长屋以及后来的聚落可能专辟一块地方圈养牲畜,畜栏内有隔板,或者牛群亦可被饲养在牛棚内,这一点与他处类同,例如瑞士。饲养它们过冬所需的大部分草料可得自野外,森林和湿地是叶子、常青藤、嫩枝、嫩芽以及其他植物性材料的来源地。草料亦可种植:多种用来恢复土壤肥力的豆类可以饲喂动物,具同样功能的还有油菜以及其他叶类作物。后来出产干草的草地也可成为大田系统的一部分,由谷物产生的秸秆亦用来喂养一些牲畜。铁器时代铁质长柄割草镰的采用使得割干草比以前用短镰时更容易。

艾格尔茨维尔的科尔泰洛聚落(the Cortaillod settlement of Egolzwil)曾经用叶子、槲寄生和干草来饲养圈养家畜。家蝇的蛹曾出现在建筑物地板的碎屑内,这证明了此处有粪便积存。在荷兰中部和西部,新石器时代的牲畜并不圈养,但此种做法在青铜器时代得到发展,以后更加普遍。有人认为这反映出当时需要收集粪便以供肥田增产之用;看起来在其他地方也是这样。牲畜的圈和棚亦可反映出当时挤奶日益增长的重要性,因为对于挤奶工来说,冬天在室内挤奶更舒适。

在牧草和草料不足的地方,公牛和产奶母牛会被终年饲养,而其他牲畜则在秋季被屠宰,肉经过烟熏、盐腌或干制加以保存。公牛既非奶亦非肉的来源,但提供畜力,是一种所费不赀的大宗商品。一组耕牛可以作为共同体公共财产来饲养,抑或是精英们的私有财产;小共同体可能继续依赖人力来整理田地以为农业耕作准备,或是用母牛拉犁。拉犁牛群被给予优待,以保证它们有足够力气干重活,其中可能包括加喂料或是喂精料(如谷物)。它们或许也被养在聚落内得到宠物般的对待,因为若要它们在耕田时提供合作,温顺听话乃是必不可少的重要前提。

除了产奶产肉，牲畜的皮也可以制革，其脂肪可以制蜡，骨和角可以制工具。在凯尔特人那里，它们常被用作献祭牺牲。

羊

羊在近东得到驯化，于公元前第七个千年引入欧洲。山羊和绵羊都可以在广泛的自然环境中觅食，包括崎岖不平和多山地形；山羊行动灵敏并能够啃食多种植物，但很难管理，它们的短毛不像绵羊的长毛那样有用，所以人们总体上更喜欢养绵羊。

野山羊按季节不同，冬季去低地，而夏季则转至高地牧场，这种牧场的垂直式（transhumant）季节迁徙也是家养山羊放牧时的一种固定特点。当然，少量山羊可以全年养在聚落近旁有植被的地方。在温带欧洲的大部，山羊数量随森林的清理、牧场的增加而增加。

当时绵羊和山羊都产奶，尽管这方面证据寥寥，山羊产奶时间与牛产奶时间差不多。在地中海地区，山羊是该地主要家养动物，也是奶的供应者，羊奶多半用来做奶酪；在温带欧洲牛是主要供奶者，尽管人们也用羊奶。

绵羊 起初，羊也像山羊那样为短毛动物，它们的毛只是一层短短的过冬绒毛，到春天就脱落下去。长毛绵羊，最初在近东繁育，公元前第四个千年或第三个千年被引入欧洲，在青铜器时代羊毛被广泛用来制衣以及生产其他纺织品。史前欧洲时期家养绵羊每只大概产两磅（一千克）羊毛。

许多遗址发掘证据表明，随着羊毛生产的发展，绵羊的年龄和性别有所变化：成年羊的数量增加，尤其是产毛最多最好的阉羊。绵羊能够持续产毛直到七八岁。肉、奶以及毛的生产可以结合起来。如公元前第三个千年的瑞士莱德罗（Ledro）遗址上就有许多小羊被杀来取肉；一半的成年羊是用来挤奶和生羊羔的母羊，其余为阉羊（被阉割的公羊），它们会一直被饲养直到产了两到三次毛之后再屠宰。

随着羊毛生产开始，专门的绵羊放牧越来越重要，例如希腊南部米诺斯和迈锡尼宫殿经济就极其依赖大量的羊毛生产，既做家用也供出口。自新石器时代晚期开始，阿尔卑斯山的一些共同体在放牧方面有了很大偏向，即夏季到高地牧场牧羊。瑞士米歇尔斯堡（Michelsberg）文化居民在冬季将牲畜圈养在村庄周围，夏季则将畜群赶往高地牧场，而牧人则生活在牧场上的临时营地里。

青铜器时代的绵羊与现代的索艾羊（Soay sheep）相类似，小巧灵活并且聪明敏捷，生出的毛可以拔下来而不用剪。在许多铁器时代遗址中都发现有骨梳，它可能用来在春季换毛期收集羊毛。凯尔特人也饲养其他体型较大的品种，这样的羊用铁剪剪毛。一些母羊有小角，其他则没有；一些公羊也没有，而另一些竟有四只角。

由于绵羊耐寒能力强，所以可终年置于室外，尽管在酷寒冬季条件下它们可能需要草料，例如干草。它们易遭受腐蹄病和肝吸虫的困扰，这两种病盛行于潮湿牧场。有关于肝吸虫甲壳类宿主的证据已在一些遗址上找到，例如青铜器时代晚期荷兰霍卡尔斯贝勒（Hoogkarspel）聚落。

山羊 尽管绵羊比山羊更受偏爱，但人们习惯于在每一群羊中间养若干只山羊，因为据说它们可以使绵羊安静下来，并不时将绵羊带到牧场或将它们从牧场带走。一些凯尔特农民饲养了许多肉用山羊，虽然与绵羊相比数目较少。山羊皮可以制成好革，毛可用来制绳和纺织品。

家禽

鸭与鹅 凯尔特人养鹅，高卢人将之出口到罗马世界，尽管在凯尔特遗址上并没有考古证据存留至今。鸭和鹅在似乎早先就有人饲养，但证据亦付阙如，虽然在宗教象征性艺术中鸭的形象曾大放异彩。

鸡 家鸡系从印度丛林禽类繁育而来并最终抵达西方；据信自青铜器时代起，一些地方就有鸡。希腊人和罗马人养鸡数量很大，其中一些被输入往欧洲凯尔特人地区。鸡的饲养规模通常较小，其主要是产肉，在春季也产蛋。

马

在公元前4000年左右，马在欧洲（译按：原文似有误，疑为"欧亚"）的干旱性草原被驯化。其后迅速从东扩展至巴尔干地区和中欧，由此到达西欧，公元前第三个千年晚期进抵西班牙和意大利,作为漏斗颈广口陶文化的一件"行李"。自公元前第二个千年起,马用来拉战车,为精英之禁脔。马匹在草原上大有用武之地,牧民们用它们来放牧牛羊。草原居民也利用马奶;马奶经过发酵后可以制成一种酒精性饮料马奶酒(kumiss)。在欧洲社会,马被广泛认为具有极高价值,尤其在戎事一道,在许多地区和许多时代的精英墓葬之中都可发现马和马的饰物沉积于底部。虽然起初马的作用是为生活在草原边缘的人提供肉食,后来养马的目的则大体上为骑乘和拉车犁地,尽管它们亦可做驮兽。在瑞典乌尔伦达(Ullunda)一座房屋遗址中发现的一串蹄印表明,留下蹄印的那匹马驮着重物,重物可能用筐盛装。

凯尔特种的马身型较小,肩高约1.2—1.4米。所以诸如意大利北部维内蒂人(Veneti)等凯尔特部落更重视斯基泰人的高大马匹,他们通过贸易得到这种马匹并时常将它们与部落酋长合葬。通常凯尔特人并不吃马肉,尽管在英格兰的丹伯雷(Danebury)有证据表明年老的马被杀掉和屠宰。凯尔特宗教艺术作品以及精英的墓葬和圣地中曾出现马匹的事实表明,马在凯尔特社会中享有特殊地位,而这与贵族骑兵和战车士兵以及重要的生产女神艾波娜(Epona)有关。

对铁器时代聚落的研究表明,马常以管理松散的马群方式饲养,这样的马群被定期围捕到一起以挑出其中两三岁的公马,然后为骑乘或利用畜力的目的而加以训练。但有时对马匹的管理也可能很严格。

骑乘 马匹何时成为胯下之物是一个热议话题:一些学者认为,在公元前第五个千年,它们第一次被驯化时已然如此;另一些学者认为,这发生在公元前第三个千年晚期之前不久,当时两河流域骑马已有充分的实物证明。

一开始,控制骑乘的马全靠骑手的手和膝,可能外加一副绳制鼻羁。在公元前第三个和第二个千年的近东地区,人们开始使用连接缰绳的鼻环;已知在公元前1800年左右的巴尔干地区和喀尔巴阡盆地出现了装饰精美的鹿角制马镳头,但尚不清楚由这些东西构成的挽具是为骑乘用马还是牵引车辆用马而备。在公元前第二个千年的近东,青铜马嚼逐渐发展形成,但直到公元前1300年左右才在欧洲开始采用;此类马嚼的形式一般是一根小棍。马背上或许铺着一块布;马鞍最早出现于草原地区,在公元前第一个千年晚期在欧洲得以应用,此时它们在四角配有鞍头以使骑手坐得更稳。但无论如何,马镫直到公元6世纪才见发明。

其他马科动物 驴在近东被驯化,于青铜器时代早期出现在爱琴海地区,随后又在地中海地区其他部分出现。此后驴和骡子成为南欧的主要驮兽,尽管它们也用来拉小车以及耕种比较松软的土壤。它们可能是被罗马军队带到凯尔特欧洲地区的。

狗

狗是第一批驯化动物,其祖先是狼。狗是有社会组织的动物,其天性使其易于融入人类共同体。后冰川期早期的世界许多地方的采猎者都养狗。无论是搜索、追击还是取回猎物,它们尤其是把好手。在守卫人类和牲畜方面它们也很有用处。石窟艺术中有些场景表现了狗如同今天一样也用来放牧,尽管这可能不是一种广泛采用的做法。

图 3.2 重现的史前时代生活的细节。在世界许多地方,狗是第一批驯化动物并且是人类聚落内的长期住户,在聚落遗址内常常发现留有它们齿痕的骨头。(Figuier, Louis. *Primitive Man*. London: Chatto and Windus, 1867)

铁器时代的欧洲有许多不同种类的狗。最常见的凯尔特狗类似格雷伊猎犬(greyhound)。大型犬是为了显贵人士们的游艺活动,亦即打猎而培育的,罗马人认为此类动物价值很高,被列入由不列颠进口的紧俏商品名录之内。

骨头又提供了另一些证据,表明当时似乎有人屠狗,好像凯尔特人也吃狗,但这可能不是普遍的风俗。

猫

尽管古时家猫就已经在埃及存在了几千年,但据信直到公元前 1 世纪它们才被引进欧洲的地中海世界。无论如何,在整个铁器时代期间,它们都出现于英格兰丹伯雷的山堡内;这些可能是找食的野猫,它们来到有储粮设施的人类聚落,因为这样的地方会吸引来老鼠,但它们也有可能是家猫。

野生资源

在欧洲,直到公元前第七个千年,开发野生资源都是欧洲唯一的生活方式,并且对于欧洲绝大部分民众来说,直到农业引入很久之后依然如此。在远北地区,野味、海洋哺乳类动物以及鱼类在一段时间内都是主要食物来源,其余由有限的动物养殖来补充。许多经营农牧业的共同体广泛利用野生资源,绝大多数共同体都从野外采摘一些果实,如草料、野果、鱼和草药,一如今天人们所做。对于许多沿海共同体,捕鱼业为生计之所系;在铁器时代,打猎成为一些人的休闲活动,而设圈套捕猎仍是其他一些人生活中的必需。农民们仍然出于多种目的管理林地,一如其中石器时代的先辈们所做的。于人类有用的野生资源很少受到忽视:如蜂蜜就被收集起来,这有西班牙冰河时代晚期的岩画为证;蜂蜡用于失蜡法(cire purdue)以铸造青铜器。在铁器时代,家蜂被养来取蜜和取蜡。

虽然有证据表明许多中石器时代晚期的遗址终年有人居住,在某些环境中许多资源只有在一年中的某些时间内才可利用:一些大型哺乳动物,如马、鹿,夏天到高地牧场,冬天到低地牧场;某些种类的鱼每年都会向产卵地迁徙;不同植物在不同地区的成熟季节不同;在春天,海鸟的卵可在海滨的岛屿和悬崖上找到。许多中石器时代的人类共同体因此也进行季节性迁移,以利用其陆域内的生物多样性,也有一些共同体占据一个大本营,由此季节性地派出部分人员进行搜寻。如丹麦海岸定居文化埃特博勒文化的采猎者,在一年中不同季节派出队伍,猎取小猪、迁徙野禽以及皮毛动物,他们同时也到其他沿海地点和近岸岛屿去捕捉鳗鱼、天鹅和海豹。牧民们也在牧场间迁徙,因此有条件进行猎捕并且收集在某一季节可资利用的资源。

植物

许多植物曾在史前被开发利用,它们因此在考古记录中留下了痕迹。只有一些例外的地方,如被水淹的聚落(尤其是瑞士的和其他的湖畔村庄)、干燥的山

第三章 经济

洞以及沼泽地区的深处，为我们提供了直接证据，而在一些间接来源，诸如花粉剖面图中含有其他线索。那些已知先民们曾经吃过或以其他方式利用过的植物，其中一些今天依然在种植，但尚不知它们被改良的具体时间；也有一些现已不再种植，可过去却有栽培。

在千差万别的环境中，有各类植物被史前欧洲人加以利用。落叶林地富有人类可食的物种。极有可能中石器时代的欧洲定居者打开了大自然贡献的丰富野生植物宝库，并加以全面利用，虽则这方面的证据尚不充分。农民们也利用其中许多植物，而在西欧和北欧的大部，在很长一段时间内情况正好相反，主要依赖野生资源的人们间或开发栽培作物，例如意大利北部和瑞士的新石器时代定居共同体菲奥拉诺（Fiorano）、科尔泰洛。

树

野生水果和坚果被人们当作食物采收，其中许多都可以储藏过冬。得到开发的有：苹果、山楂子、梨、樱桃、欧亚山茱萸、橄榄、李子、无花果和黑刺李；橡果、栗子、核桃、杏、山毛榉坚果、榛子、石松子仁和开心果。苹果既可完整储藏，亦可制成干果，无花果也是这样，而坚果则经过烤制以利于保存。榛子很受欢迎，在整个欧洲大量出现，例如出现在萨摩塞特平原（Somerset levels）新石器时代斯威特小道（Sweet Track）旁的一个罐子里，林多泥灰沼（Lindow Moss）铁器时代人们的最后一餐之中，汝拉山区中石器时代山洞中以及意大利和不列颠的青铜器时代聚落中。中石器时代的人极有可能通过清除小块林地的方法有意促进榛子树生长，因为榛子树是在此类林地当中现身最早、生长最旺盛的树种之一。橡果和栗子可以磨成粉；在动物的口中，它们也是有滋有味，所以被用作草料或是饲料，如在史前晚期南欧有人管理的牧场（dehesas）上。树叶草叶也被用作饲料，它们比干草更受动物喜欢。

当时人从许多种树上收集树皮。桦树皮有多种用途，包括科尔泰洛的陶器上装饰性条带；它也经常被做成容器。树皮纤维（韧皮）被用来做绳索和纺织品：菩提树、橡树的韧皮是织布原料，柳树韧皮已在瑞士的湖边村落中发现，桦木或桦树皮在碳化之后会产生焦油，后者可被用作黏合剂：冰人携带的燧石箭头就是用它粘在箭杆上的，此事可为一证。

其他植物

野生植物性食物的消费很少留下遗迹，而浆果是其中不多的例外之一，证据主要来自瑞士和意大利北部湖边聚落；其中包括越橘、草莓、覆盆子、蔷薇果、悬钩子、山楂、接骨木果。一些聚落为我们带来了葡萄存在的证据，它们可能已经被用来酿葡萄酒。已知杜松子浆果存在于法国巴哈廷（Le Baratin）的贝壳相压印陶遗址，而在英格兰格拉斯顿伯里（Glastonbury）、荷兰史威夫特班特的漏斗颈广口陶文化遗址上，新石器时代早期的巴尔干的谢夫达尔（Chevdar）发现的种子则表明黑莓受到了广泛喜爱。在食用的同时，人们也将其酿成饮料；土著美洲印第安人曾经将浆果和肉一同捣碎，做成可长期保存的主食，也就是干肉饼，类似的东西在欧洲可能也有。

在冰人（大约生活在公元前3300/3200年）身上找到的个人财物中有两块系在一些兽皮条上的桦木菌，这些东西可能是当时的偏方。在瑞士科尔泰洛遗址上发现了蘑菇和荸荠；在与之同时代的意大利莫里诺-卡萨若托（Molino Casarotto），日常饮食中荸荠比谷物还要重要得多。其他水生植物可能也被当作食物，其中包括水田芥、野生稻、藨草（club rush）。多种野生种子被收集起来，嫩芽、花朵、幼苗以及叶子亦是如此，这样的植物有荨麻、大蕉、紫菀（knotweed）和酸模，它们肯定是既被食用又有多种其他用途。植物为人们提供了调味剂、药物、染料甚至是打猎用的毒物。那些在田间与作物同长的植物（农业杂草），诸如猪殃殃（common cleavers）和黑麦样雀麦（chess），常常被同时采收并食用，它们或是被人们与作物一同收割或是单独收割。其他一些例如燕麦、藜（chenopodium）以及芥蓝，最终因本身价值而被当作作物栽培。如小扁豆等一些植物，本来作为改良作物更为常见，但也被人们从野外收集。

野生植物作为草料有很大用处，牲畜被散放在森林边缘或在临近田地的崎岖不平的地面上啃食牧草。草类是其中主要的一种，但牲畜尤其是山羊也吃灌木或者矮树丛以及其他植物，受到管理的资源，如矮林林地或是水浇草地需用沟、坝篱或是墙围起来以防啃食牧草动物入侵。

芦苇、灯芯草、莎草和柳条被收集起来做绳索、垫子、篮子、屋顶以及地毯和床垫，既为动物也为人用。若每年收割一次对芦苇的生长最为有利。藤本植物也可用来制绳索,例如野生铁线莲,这样的例证可见于青铜器时代巴特弗兰肯豪森(Bad Frankenhausen)。荨麻也是纤维来源。

根、块茎、根状茎以及球茎,如欧洲蕨的根状茎、野蒜、百合花的球茎也可能被人食用,虽然尚缺乏证据。

收集

一些工具如燧石、青铜或者铁制镰刀或是刀,用作收割野生植物,而网、篮子或是袋子用来装采收的东西。而磨可能被用来磨野生种子以及其他植物和栽培的作物。一些具有中期石器时代技术特点的小型燧石制工具可能被嵌在木板中当作礤床,用来加工根块和其他类似的食物。

动物

较之野生植物的用途,野生动物的用途得到较好证明,因为骨头可以在许多土壤类型中完好保存(但在酸性沼泽中不是这样),而小型动物的骨头常常在发掘时丢失。人们猎捕动物不仅是以之为食物,也是为了获取皮毛、骨头、角、茸,以制造工具,它们的筋可以做捆扎工具。脱落的鹿角被人们收集起来制作鹤嘴锄或是锤子。农民们为了保护作物也会杀死动物。在史前晚期,打猎成为一项娱乐活动,当然追击如欧洲野牛或野猪等凶猛猎物,极可能被人们看成是展示男性勇武和技巧的一种手段。

大型动物

当时欧洲的落叶林是大型哺乳动物的家园,而这些动物在中石器时代人们的餐桌上占有重要位置,其中包括狍子、马鹿、欧洲野猪、野牛、麋鹿和马。在草原的开阔地带,马是极其重要的食物来源,同时在远北地区,大型猎物主要是驯鹿和麋鹿。各地区农业居民持续开发利用这些资源,在公元前第五个千年马得到驯化,随后在草原上放牧。地中海西部巴利阿里群岛上的米欧噬齿兽(myotragus),科西嘉岛上类似鹿的肿骨鹿(megaceros)对当地中石器时代居民非常重要。岩羚羊和羱羊自中石器时代开始便在山间被人猎捕。

小型动物

被中石器时代的人和农民捕食的动物还有兔子、野兔和松鼠。狐狸、狼海狸、野猫、獾、熊、水獭、猞猁和貂也可能为食物,但主要还是因其皮、毛的价值而被捕捉。猎人用木制钝头箭将其击晕,这样做的目的在于不损伤其未被加工的皮毛,烟熏和陷阱的方法也有应用。

图3.3 想象中的铁器时代捕猎情况。当时打猎既是补充日常食物的方法,也是贵族们的娱乐活动。野猪是后冰川期最危险的猎物之一。(Figuier, Louis. *Primitive Man*. London: Chatto and Windus, 1867)

其他动物

野禽和其他鸟类诸如天鹅、鹤和绿头鸭在沼泽、河、湖被人捕捉,对于中石器时代和经营农业的共同体来说它们是重要的食物来源,而一些海鸟如鸬鹚、海鸥和角嘴海雀也成为餐食之物。鸣禽和作为猎物的鸟,如松鸡,可使用落网捕捉或是用钝头箭击晕。在奥克尼伊斯比斯特(Isbister)一处新石器时代大型石墓中有八只海鹰残骸,它们可能对当地的共同体有象征性意义。至于丹麦韦兹拜克一处墓葬似乎亦可做同样解释:其中一个死婴被放置在一个天鹅翅膀上,位于其母亲身旁。

其他食用动物包括蜗牛和乌龟以及蜥蜴、蛙、蛇,可能甲虫也是人们捕捉的对象。

打猎

早期猎人使用长矛,他们或是直接攻击或是用投矛器把矛抛出一段距离。他们也使用飞棒或是回旋镖。在冰河时代晚期弓箭成为工具,在全新世的草原上它们特别有效,因为在这样的地方很难接近猎物;现在一些遭水淹的遗址中已发现数件精致的中石器时代及以后的弓。投石器、网、套子、陷阱均已使用,其中包括装有弹簧的捕鹿陷阱。

冰河时代晚期或中石器时代的西班牙岩画揭示了共同体驾车出猎的可能性,虽然更早一些时候这种行为的确存在,但并没有直接证据表明此时依然如此。总体而言,猎人在狗的协助下或是单独行动或是小团队出击。马匹也是打猎助手,它们为猎人增加速度,以使其在追击猎物时不至落于下风。

虽然大型猎物是男人们的猎捕对象,但主要负责收集植物性食物的妇女儿童却也追猎诱捕小型动物。

水生动植物资源

江河、湖泊以及沼泽为采猎者共同体提供了很多收获的良机,所以他们很多人都选择住在水边。在这里可以获得许多水生植物、小型哺乳动物,如水生鼠类、龟以及野禽,同时还可猎捕来湿地植被地区饮水或啃食牧草的大型猎物。海滨同样具有吸引力,在这里能采摘到海蓬子、海甘蓝等植物,亦可找到海鸟和海鸟蛋。海藻是可食的,一些如在奥克尼岛上的海岸农耕共同体,亦将海藻用作肥料,而在斯堪的纳维亚北部则用作饲料。淡水及海水鱼还有甲壳类是一大资源,而海洋还能够提供的尚有海洋哺乳类动物。

当大西洋和地中海的人类共同体开始农业活动以后,所占比重甚大的海洋资源的地位便随之下降,但亦未被人们完全抛弃,很多滨海共同体依然捕鱼;不同地区的手工艺品有很多相似之处；原材料的流动性说明大西洋地区的跨区域联络可能一直存在，而这种联络是由追逐洄游性鱼群的人们所维持的，并且深海捕鱼同样有助于地中海地区的跨区域交往。像陆地动物的肉一样，海洋哺乳类和鱼肉亦可干制、烟熏或者盐腌。鱼也可被用作农家肥。

捕鱼

大西洋和北海的富饶水域生长多种鱼，计有鳕鱼、绿青鳕、鲱鱼、黑线鳕、沙丁鱼、鲭鱼、海鳗、石首鱼、比目鱼以及大菱鲆。其中许多都会在固定季节到近岸繁殖，此时可用鱼线或矛来捕捉，但有时人们也驾船出海进行远洋捕鱼。

地中海产的鱼个头小、品种少，但每年一度来此产卵的金枪鱼为那些有能力进行远洋追踪捕捞的渔民提供了在春天大丰收的良机，他们的工具是小船和网；这样的捕捞活动最早可追溯到公元前 9000 年。

鲑鱼、鲟鱼和鳗鱼进入河流繁殖时最易捕捞，每年都为人们带来季节性大收获（比较一下，依赖季节性鲑鱼洄游，美洲西北部的土著能够演化出一种繁荣定居生活）。其他河中的美味鱼类有鳟鱼、狗鱼、鲈鱼、鲤鱼、鳊鱼、斜齿鳊、鲶鱼、鲃鱼以及茴鱼。

鱼竿和鱼线用来捕捉近岸和淡水鱼，现在许多遗址上都发现有鱼钩。在奥克尼一些新石器时代聚落发现的帽贝可能用来做饵，在斯卡拉山坡（Skara Brae）的民居中，不透水的石盒可能就是用来泡软帽贝的。人们也用矛和鱼叉，包括三齿叉（鱼矛[leister]）。在一些被水淹的遗址上发现了渔网，包括一张在芬兰安特雷阿（Antrea）发现的带有松木浮子的围网，由很大的柳树韧皮制成；网使用非常广泛，这一点从广泛发现的用来将网压下的重物可见一斑。树皮包的小石块制的网坠子以及树皮浮子已经在瑞士新石器时代聚落特旺（Twann）发现，篮筐状捕鱼笼以及鱼梁也已在一些河流上发现，比如丹麦曲布林湾（Tybrind Vig）。有时候，猎物常常被养起来以备将来再用，比如线纹陶文化聚落布热哲施克-库亚乌斯基（Brześć Kujawski）的钟形坑洞就用来养鱼和乌龟。

第三章　经济

甲壳类

大堆被抛弃的甲壳表明了诸如帽贝、贻贝、牡蛎、油螺、玻甲鱼、蚌以及海扇等甲壳动物对欧洲中石器时代定居者的重要性,尤其在大西洋地区。尽管甲壳动物所能提供的热量很少,但它们能在一年中其他食物来源短缺时提供重要补充。人们也吃淡水软体动物,例如在意大利新石器时代遗址莫里诺-卡萨若托。甲壳类动物,诸如螃蟹、小虾、龙虾和小龙虾,在地中海地区还有章鱼和鱿鱼,都是捕捞对象。

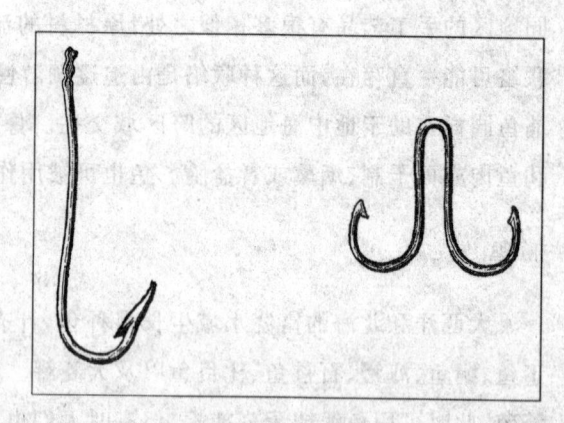

图3.4 发现于瑞士湖边聚落的青铜鱼钩。在整个史前时期,捕鱼对许多共同体来说是重要食物来源。(Figuier, Louis. *Primitive Man*. London: Chatto and Windus, 1867)

海洋哺乳类动物

人们会在灰海豹、格陵兰海豹、环斑海豹以及斑海豹到近岸繁殖时捕捉它们,抑或进行远洋追捕,在冰河期后不久的北冰洋地区,它们是重要食物来源。海豚和鼠海豚也被捕捉。抹香鲸、蓝鲸以及虎鲸也成了餐食之物:极有可能它们为搁浅的动物,但似乎在中石器时代晚期人们也可能到北大西洋深海去进行捕捉,这是一件充满风险且难以完成的工作。猎捕海洋哺乳动物的工具是鱼叉。

除肉之外,海洋哺乳动物还富有油脂,这不仅是食物脂肪的重要来源,也可用来烹饪或照明。人们捕海豹也是为了获取它们的皮。

经济策略

早期欧洲的耕种农业在很大程度上局限于分量轻、易耕种、排水好的土壤,如中欧的黄土、意大利塔沃列雷(Tavoliere)聚落各处小块的表层土、受到瑞士中部高原的科尔泰洛文化喜爱轻质沃土或是英格兰南部的白垩质土和碎石土。人们偏爱的地点是冲积平原和其周围山岭之间的地区,后者用来放养家畜。

随着农业聚落的增加,定居和耕种传播到其他因为更贫瘠或是更难开发的轻质土壤地区,例如多沙的河间土地、干旱高原、冲积平原、需要清理的森林土壤以及山地。至公元前第四个千年,随着刮犁引入,此类地区的耕种得到了促进和发展。

逐步砍伐森林使农耕地区不断扩大。在冲积平原,洪水很可能造成大麻烦,而定居这里的农民越来越多:如公元前第四个千年晚期和第三个千年早期的希腊,还有仅在公元前第二个千年不大宜居的波河平原。山坡本来广泛被用作牧场,而从公元前第三个千年开始,随着葡萄、油橄榄和无花果品种的改良,此类地方也开始了农业耕种。公元前第二个千年早期较为温暖干旱的条件,使得农耕得以扩展到边缘地区,许多这类地区随后永久地退化了,遭受着水土流失和盐碱化的困扰,或是变成了欧石南丛生的荒野,或被沼泽所覆盖。铁质犁铧和犁刀的引入使耕种农业范围扩展到深层黏重土壤,例如黏土和谷底底层黏重土。

许多起初被农民们抛弃的环境对采猎者具有吸引力,因为这里有丰富多样的野生资源,此类地方包括沿海土地、沼泽、河口、湖滨和山区。随着农业的扩展,许多共同体在此类地方开始发展起来,野生资源对沿海农民、渔民的经济生活起了很大作用;湖边定居者既依靠野生,也依靠家养动物和植物;农民在湿地饲养家畜;游牧共同体按照季节变化依时进入阿尔卑斯牧场;还有其他许多与农业耕种相伴随的经济策略,连同游牧、野生资源开发,以多种方式利用了欧洲的环境多样性。虽然早期农耕共同体在食物方面很大程度上自足,其后的农民或共同体常常是专精于农业的某些领域,生产余粮、牲畜以及副产品,用来与邻人或远方的共同体进行贸易。例如,伊比利亚的铁器时代部落用牛羊和马匹与希腊人交换葡萄酒,斯特拉波所列的货单包括谷物、牛、皮张、猎犬,尚有其他一些货物,都是不列颠在公元前1世纪出口到罗马世界的。随着社会日趋复杂,农民可能需要为他们在人身或精神上所依附的领袖们生产食物和羊毛等其他货物。一些共同体或共同体着重于个别的动物或作物,作为综合农业系统中的一部分或用于贸易交换而大量生产某种产品。例如英格兰南部埃尔顿府(Eldon's Seat)的山堡居民似乎专门在丘陵地带养绵羊,而马在另一个山堡贝瑞山(Bury

第三章 经济

Hill)占据主导地位;在青铜器时代晚期的托斯卡纳(Tuscany),一些地区专门养绵羊,而另一些则集中精力养牛或猪。无论如何,在欧洲许多地区,经营自给农业的小型共同体持续存在到罗马时代及其以后。

混合农业

田地

暂时还是长期的田地? 以前人们以为在温带欧洲的大部地区,尤其是多瑙河文化地区,农业就是暂时性的刀耕火种:把处女林砍伐掉,进行几年耕种,然后再撂荒十年,以使森林重生并恢复土壤肥力。此时据信更为可能的情况是,小块林地被永久性清理然后持续地进行耕种。在新石器时代早期,在希腊和巴尔干等其他地区也可能有固定田地,而这极可能也是史前时代的常规。实验表明,长期耕种田地的肥力会在很长的时期内逐渐下降,但轮作、休耕、施农家肥,可使肥力维持。轮作豆类外加其他作物特别有效。农家肥直接施加在田地里,方法是在休耕地或亩茬地中放牧牲畜。人们也收集圈养动物的粪,然后撒在田里;在今为荷兰和德国地区的青铜器时代晚期和铁器时代,人们堆肥并定期地向粪堆中添加从坑中取的土,然后再施用(堆垫耕种)。在应用动物粪肥的同时,临近聚落的田地也用人的粪便和生活垃圾,证据是诸如瓦片之类的家用器物碎片。在奥克尼地区海藻也被用作肥料,其他滨海地区可能与此相似。

农田系统 在线纹陶文化中,聚落周围的场地清理很有限,向外延伸不超过一英里,在许多情形中,田地更像是菜园,就在房前屋后。在意大利塔沃列雷,早期耕作与之类似,局限于屋边适于耕作的小块土地,这种形式在欧洲其他地区随处可见。后来的聚落利用了更宽广的耕种区域。

时有发现的由石块或堤坝及沟渠构成的边界,或者是篱笆残迹就是这种田地布局的充分证据。一个早期例子是公元前第四个千年一块2500英亩(1000公顷)的土地。在爱尔兰的凯德(Ceide)发现一处农田系统的遗迹,外围是石墙,墙内是大小不等的田地。已知在奥克尼、阿兰岛也存在着几乎同时代的大片田地,斯堪的纳维亚和低地国家也有这样的例子。田界的产生可能有如下方式:在已经耕种的地块周边留下狭窄未开垦地,在未开垦地栽上荆棘、多刺灌木以及野蔷薇等植物作篱笆,以为防御野兽的天然屏障。也有人在平整田地时把田间石头移出,堆积在田地边缘。

如青铜器时代威赛克斯等地方形或长方形的地块,可能就是耕地,而诸如青铜器时代达特莫尔(其标志是在当地被称为 reaves 的矮墙)长条状狭窄的地块,可能用来放牧牲畜,其形状或有助于用临时可移动的障碍物将动物控制在选定好的场所。在整个史前时期,田地通常都很小。青铜器时代和铁器时代凯尔特的农田系统由一系列小田地构成,每块大小适度,无论是耕地、播种、除草,或是收获,均可在一天内打理完。例如,荷兰建在沙壤地带聚落的地块多是 165×165 英尺(50×50 米),其间有浅沟分开,浅沟还具有限的排水作用;而在丹麦,田块之间用堤坝分开。展现着农田轮廓的英格兰南部布莱克-帕奇(Black Patch)的田埂崁(lynchets),同样突出表现了农田的小尺度。

这样的田块聚积在聚落周围;离居住地较远的土地未被划分。在公元前第一个千年晚期的斯堪的纳维亚,农业聚落常常有内场—外场的区分,带围栏的干草地和用粪便施肥的耕地常紧挨聚落,而较远的牧场则通过小道与聚落相连。类似规划形式在铁器时代的英格兰也有发现。许多由堤坝和沟渠构成的规模更大的边界(大农场边界)在青铜器时代晚期和铁器时代的不列颠出现,常常在先前的农田系统上构成横切线,表现了当地土地利用形式和土地所有状况的变化。大山堡或城常常在其防御设施之内拥有田地,如在曼兴(Manching)便是如此。

一方面陆地边界可能表示土地所有权,尤其是在晚期;而另一方面,边界的主要功能可能是将野生或是家养动物隔离在作物以及有人管理的林地之外。

平整田地

许多工具都用来开垦新土地或是用来翻整以前的耕地以备重新播种。动物也可用来平整地:用猪踩踏地表并将之翻起,民族志学研究表明此类情况在古代和现代都有。

手持工具 早期农民用手持工具耕种小块土地,其中包括掘地棒。土地可以用锄头或鹤嘴锄开垦,或用锹来挖,这些工具在今天的园艺中依然使用。在英格兰南部格维希安(Gwithian)公元前第二个千年的聚落内发现了贝壳状锹的痕迹,在线纹陶文化聚落埃尔克伦茨-库克霍芬(Erkelenz-Kückhoven)的一口井里曾发现一柄用枫木制成的锹。大量鞋楦形石斧——一种特殊的磨光石斧或者是与线纹陶文化聚落相联系的锛子,亦可被解释成锄或鹤嘴锄的头;这些物件可能曾被绑在一根"L"形柄的短臂上,柄的材质可能是木或鹿角。甚至在引入刮犁之后,农民仍可能继续使用手持工具整地,因为畜养一组拉犁牲畜花费极大;手持工具也有其他用处,如锄头可用来在耕地后敲碎土块。双头锹已在丹麦的泥沼中发现,其形状像桨,同时也有设计用来挖泥炭的锹。公元前第一个千年时,铁的应用极大地增加了此类手持工具的效率,出现了干活更利落、挖坑更深的锹。

刮犁和犁 最早的犁在公元前第四个千年引入欧洲,即刮犁。此类犁由一个木制尖头犁铧破开土表。犁铧的另一头接在一根长杆上,长杆可被拖曳向前,这通常由一对套轭的牛来拖动。耕者跟随在后,手握一根垂直于土地与刮的棍犁相连,其作用是控制刮犁犁铧在土中行进的方向。从不列颠到丹麦、瑞士,刮犁留下的痕迹已在若干石器时代晚期和青铜器时代的坟堆中发现;它们通常呈十字交错状,可能为了把地翻耕得更彻底。刮犁实例已在北欧沼地和阿尔卑斯村庄有所发现,而表现耕地的画像,一组两头牛或四头牛,也可见于斯堪的纳维亚和意大利北部青铜器时代的石雕艺术作品中。

当时似乎有多种刮犁,用途各异。切犁(rip ard,或是破土犁[sod buster]),透入土中很深,可能需要四头牛一起拉,是唯一适于破开已经休耕一段时间或从未被开垦土地的犁:并未发现此类实例,但实验表明在坟堆下发现的犁痕只能为这种犁所留。另两种是有实例为证的弓犁和曲犁,已分别在伏斯列夫(Hvorslev)和多纳阿普兰(Donnerupland)的泥沼中发现;第一种在前端下部有较宽底铧,用来翻耕前一年已经耕种过的田地,能够铲除任何剩余杂草,为土壤通风;第二种用来处理已平整过的地以划出条播沟,为播种做准备。一种与之相关的工具发现于丹麦的萨特鲁普沼地(Satrup Moor),名曰绳拉犁(rope traction ard):这种工具像是一把长柄贝壳状锹。犁铧末端有两个孔,用绳穿入,一个人拉着耕田,另一个人用力按着长柄,使犁铧深入土地。

比起手持工具所能够产生的效力,刮犁使土地被开垦得更深,因此大大地增加了可以有效耕作土地的范围。它有助于聚落扩张,使得新土地得到耕种,比如中欧的沙壤其在公元前第三个千年得以被开垦利用。把种子播于犁沟或条播沟极大增加了种子与收获物之比:撒播的浪费率可以高达四分之三,而条播的种子几乎全部发芽。

虽然两性都可以使用手持工具,但民族志学研究证据表明锄耕在世界范围内基本是女性的活计,而犁耕则需要男性力量,所以犁耕农业可能与一场性别关系革命相伴而生。

刮犁添装包头或石制、骨制、鹿角制或青铜制前端,可增加它们的效率和穿透土地的能力,防止其快速磨损。到铁器时代晚期,刮犁加装了铁质犁铧和犁刃,因而以前不可能开垦的较为黏重的土壤,此时可得开垦,例如黏土。同时这些刮犁透入土壤更深,有利于黑麦等根系较深作物的栽培。一些犁可能已经有了犁板翻土;普林尼曾有记载:诺里克姆王国的农民使用过这种犁。

其他农业工具

收获谷物的工具可能是镰刀,新石器时代镰刀刀片质地为燧石,直接用持或安在木柄或骨柄上。后来,镰刀材料为青铜,自公元前第一个千年开始,材料变成了铁。有证据表明线纹陶文化时期的农民只收割谷穗,方法可能是用手拔,将大部分茎留在田里,而同一地区青铜器时代的农民则使用金属制镰刀,把作物收割至接近地面。镰刀也有其他用途,例如收秸秆、割芦苇、割草或金雀花等灌木以作饲料。用来割干草作饲料的铁制长镰刀也出现于铁器时代,对比以前在此领域内发挥作用的普通镰刀,这是一项重大改进。

其他铁制工具包括修枝刀、弯头砍刀和弯头镰刀,这些工具可能用来割多种植物。早期使用的石制工具包括未经进一步打制的用来割芦苇的燧石片以及砍木材的石斧。

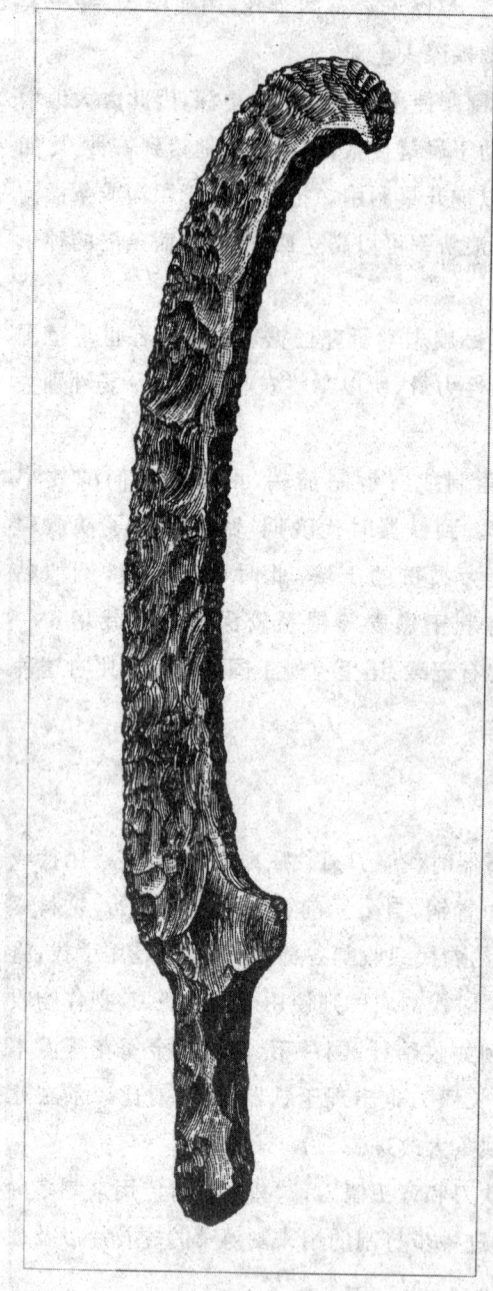

栽培

地中海农民在秋季种植谷物以利用冬雨的滋润,然后在春天或初夏收割。与之相对,在温带欧洲大部,小麦和大麦都在春季播种,在夏末收获,以躲避冬寒,因为终年的雨水均可利用,同时人们等待夏日的阳光最终催熟作物。在公元前第一个千年,种植谷物种类增加,使得轮作体系得以发展,在中欧就有此类证据:冬季播种作物,如黑麦、燕麦以及冬小麦,与冬季休耕以及春播黍类轮作。在霜冻风险较小的地方,例如不列颠,小麦和大麦也可在秋天播种,延长生长期以增加产量(尽管这样做冒着歉收的风险,如果冬季确是严寒)。谷物秸秆本身就有价值,所以常常与谷物一道或在其后收割。豆类以及其他果蔬不会一次同时收割,常常是随熟随收。

图 3.5 一把罕见的燧石镰刀或弯曲匕首,发现于丹麦新石器时代晚期遗址,可能模仿了青铜器时代的成例。(Worsaae, J. J. A. *The industrial Arts of Denmark*. London: Chapman and Hall, 1882)

种植作物需防止动物侵袭,而这极有可能是在田地周围建沟渠、栅栏、篱笆或墙的主要原因;人们猎杀野生动物也是为了防止其觅食,附带增加了额外的肉食。除草会增加作物产量,所以在收获的谷物中发现了栽培的杂草,表明一些植物被认为是所播种农作物的有益补充,增加了可口性并减少了绝收风险。这样的植物可与谷物同时或先于谷物收割。

收获之后

除了留待来年播种的那一部分,谷物、坚果和豆类常常在烤炉里烘干以去除水分,防止在储藏时出芽;碳化残迹表明,有时人们进行的烘烤略显过度。水果既鲜储也干制。把谷物烘干可使已经去壳的谷物脱皮更容易;然后谷物经过碾压去皮,再进行扬谷。铁器时代,气候条件更为潮湿,谷物烘干炉也在温带欧洲逐渐产生。更简单的方法在铁器时代小型聚落、波兰的波斯维埃特纳(Poswietne)有所应用,这种方法是把干草放进木质框架中烘干,而拥有中央炉灶的小棚子则用来烘干谷物。

已经收获的谷物很可能在聚落附近多风地点的打谷场上脱粒,或是赶着牲畜从上面踏过,或是用连枷打。瑞士新石器时代的聚落塔恩根-威尔(Thayngen Weier)就可能有一座打谷场。已经脱粒的谷物再用篮子或筛子经过扬谷以去掉外皮。一些小心翼翼的农民还要在脱粒之前把杂草从作物中分离出去,但这些杂草常常与谷物混在一起食用。意大利北部的卡莫尼卡谷地(Val Camonica)和北阁山(Monte Bego)的石刻被解释为表现了(从山坡向上看)田地、谷堆以及打谷场的艺术作品。在荷兰的特维斯克(Twisk)和博芬卡兹贝尔(Bovenkarspel),有一组呈环形的插柱洞(Posthole)以及环行排水沟,这些洞和沟与炭化谷物有关,被解释为上述谷堆的遗迹。干草也是储藏堆的建筑材料,用它来盖屋顶可起到防雨效果;环状凹陷内的柱子可能是这类结构的遗存。在萨摩塞特平原发现的一把干草叉可能就用来搬动谷物秸秆、干草或芦苇等其他植物材料。

储藏

在不同地区、不同时代,储藏谷物及其他食物有许多方法。一开始,人们用坑来储藏,其后坑就变成了处置废物的地方。令人称奇的是,实验已经表明坑的储谷效果很好,甚至是在类似英国这样的潮湿国家,只要其顶部覆盖有黏土等不透气的封闭物,上面再覆盖泥土;其后一层与周围地表边缘相接的发芽谷粒迅速形成,耗尽了氧气并释放出二氧化碳,创造了一种能够保存其余谷粒的环境。但无论如何,坑洞一经开启,就无法再封上,因此这并不适于储存每天都要用的谷物。

上带屋顶、下有四根支柱的木制粮囤使用范围很广,尤其是在铁器时代,这样的粮囤可以储存谷物、豆类以及其他植物性材料,使家猪和啮齿类无法企及;例证包括色道(Zedau)的瓮棺墓地聚落和荷兰埃尔普(Elp)青铜器时代晚期的六柱粮囤。这样的粮囤在潮湿地区遗址应用尤多,如瑞士湖边村落,它们可与多种储存器配合使用;在更干燥的环境中,人们可能不用瓮,而用袋子或篮子。线纹陶文化长屋的地面轮廓显示了人们在高处储物。这样位于高处的储藏建筑物可保护粮食免受家猪和啮齿类动物危害。陶制容器和桶也是储藏工具。诸如油和葡萄酒可以在石制、革制或陶制容器中储运。在保加利亚斯拉蒂纳(Slatina)一座保存完好的石器时代早期房屋,有14个内有黏土涂层的细孔,细孔旁边是一座有拱顶的烤炉;其中六个还有数量可观的碳化谷物和豆类。

家畜养殖

家畜通常作为混合经济的一部分而饲养。不同动物的相对比例在很大程度上取决于环境,绵羊和山羊在大部地中海地区占有优势,而在绝大部分温带欧洲,牛是主要家养动物。当地的情况也很重要,不同作物和动物适应于不同地形。例如,在青铜器时代的波河平原聚落,牛是主要家畜,而山羊则在周边山村中占有优势。猪仅被定居共同体饲养,因为人们无法赶着它们长距离迁徙。

饲养家畜的目的也决定着它们的相对重要性。在很多地方,挤奶的出现与人们饲养的羊和牛数量的增加相伴而生,还有一些文化,如希腊青铜器时代诸文化,绵羊的引入极大增加了羊只数量。

其他更具地方性因素也可能决定了饲养动物的种类。如在英格兰如尼米德(Runnymede)的青铜器时代遗址,据信猪占大多数,因为当地肝吸虫肆虐,猪比起牛和羊来有更好的抵抗力。

为牲畜提供食物非常令人操心。在新石器时代早期,聚落很小并且大部分陆地并未清理,猪能在邻近林地以及矮树丛中觅食,而牛和山羊则在森林边缘或邻近山坡上啃食牧草。后来,当大部分欧洲森林覆盖被清理后,猪可在聚落周遭和剩余小块林地中觅食,但也可在绝大部分地带觅食。拥有未被清理的矮林植被地区对于山羊,草原和湿地对于牛、马和绵羊的饲养,都较为适宜。从新石器时代开始,诸如萨莫赛特平原等地的古道已有修筑,这使人们得以进入如小岛一般、被可用作草场的沼泽地环绕的坚实土地。

收获后可以把动物赶进田地去啃食谷茬和剩余农业杂草,同时它们的粪便还可以肥田。饲料作物也受到栽培,其中包括燕麦、豆类,以及叶菜;谷物秸秆、余粮和其他作物也可以用作饲料。在一些地区,人们种大麦专作饲料。欧洲凯尔特文化区的农田中也常常包含草地,其功能是提供干草作为冬天的草料,例如树叶、芦苇、莎草和常春藤也被作为草料收集。对于农耕共同体或是家庭而言,保证足够食物以供生活之需最为重要,这在某种程度上限制了饲养动物的数量,并需要做出抉择:尤其是,在使用刮犁耕种可增加土地的面积与耕地面积所需增加和保持的牛的数量间寻求平衡。

秋季屠宰、留下来以供过冬之所需的动物肉通过烟熏、干制或盐腌的方法作防腐处理。家畜既能提供肉类又能提供副产品,亦是抵御不测的一种方法。在好年景,剩余农产品可以被用来养殖、维持大群牛羊,而日后他们可用来贸易或作为年景较差时的食物储备。在青铜器时代甚或更早的温带欧洲,家畜,尤其是牛,可能是主要的财富形式,牛群大小反映出个人或共同体的声望和地位。这种财富形式缺点颇多,盗抢牲畜可能是青铜器时代和铁器时代的主要冲突形式,一如罗马时代以后的欧洲。一旦危险降临,山堡内的圈地以及城邑也可能被用来圈养牲畜。

林地管理

自中石器时代开始林区就受到了精心管理。难以穿行的密林无论对人来说还是对人们的猎物而言,都没有吸引力;碳痕迹和花粉剖面图表明,中石器时代的人们通过有节制地焚烧树木或环切树皮令其致死的方法来开辟林间空地。此类林间空地很快地被榛子和其他植物占领,它们既提供坚果、水果以及其他人类食物,又吸引来诸如马鹿等野味。水果树和坚果树亦被人们修剪以增加产量。

第三章 经济

后来,家畜,尤其是猪和山羊通过啃食幼苗和小树,也促进了森林清理,由此阻止林地在被清理的地块上重生。

那些需要大量木材来建房、围栏、修路以及制作工具、运货马车和其他木制器物的农耕共同体也管理邻近的树林,以控制可用木材的种类和大小。这些可能涉及栽种、修剪并使树木变细,而这些活计带来的好处只有在几十年甚至几世纪之后才可见效。在短期内,橡树、白蜡树和榆树经修剪矮化,它们的树干被砍得只剩低矮根株,由此新枝可长成直径 8 英尺(20 厘米)的笔直树干。当它们长到合适尺寸就会被砍伐,用作围栏上的木柱和建筑物内的柱子。榛子树和桤树也经修剪矮化以形成细条,这样的细条在 7 至 11 年后被剪下来,用来做篮子、条编织物、活动篱笆和鱼栅。因为矮化树木的细嫩幼枝生长较低矮,人工管理林区外围需要筑上围篱,以防啃食牧草的动物,不管是野生还是家养的。例如柳树之类的树木也经过截梢,树干以上的部分被去掉,以促进大量小型笔直的树枝生长。修剪矮化和截梢似乎从中石器时代起就被人们应用。经修剪矮化的树木在英格兰萨摩塞特的斯威特小道上便有应用,其时间可追溯在公元前 3807 至前 3806 年冬。

不同木材的各种性质都受到重视,并且林地得到管理以确保合用的木材有稳定供给,能实现多种用途。例如萨摩塞特平原的小路就包括橡树或白蜡树的条板路,桤木木排路(corduroy),柴枝小路(brushwood path),或者是用榛子木或桤木枝条做成的活动篱笆划分而成。中石器时代的曲布林湾有一种用菩提木制成的独木舟,桨为白蜡木制成;一些遗址中也发现有松木制成的箭。

如刮犁等造型弯曲的工具,可通过浸泡外加折弯或连接木制构件的方法制成,但专门塑造成适宜形状的木材更结实。这样的木料可以从自然弯曲的枝干中选取,但人工栽培的树干经过整枝也可收到这种效果。

除木料,林地经过人工管理也提供了草料和燃料。橡实和其他坚果可以被收集来做饲料,或是把动物赶进林地让它们自己找食果实。作为饲草的叶子在夏天收集,在架子上晾干。因为大量地从树上剥离叶子对树木有害,所以人们极有可能从专门用来采伐的树上摘叶子。砍倒的树的嫩枝和树皮可作为引火物而被收集起来;檐状菌在这方面也能发挥效力,树枝或葡萄枝的修剪残屑以及果仁亦可点燃。伐倒的木料和枝干被锯成原木,留待冬季使用。木炭生产也极为重要,因为它为金属加工——在史前时代大部分时间内都是一项重要产业——提供了其所需的大量燃料:据估计生产2磅铜需用约300磅(140千克)木材。

集约化与专业化

灌溉与湿地

从公元前第四个千年晚期开始,米拉雷斯的农民和他们在西班牙东南干旱区的阿尔加尔后继者们可能已经建筑了简单的水坝和沟渠,以经营用洪水灌溉的农业,冬天或春天的洪水从邻近的河流经渠道引导流至可耕地。但此事存有争议,植物残留物也没有提供能够表明在阿尔加尔的青铜器时代以前就已有灌溉实行的支持证据,而亚麻和其他作物就是在这一时期在此地开始栽种的。

利用洪水灌溉是一项使农业栽培在干旱地区成为可能的策略,而在温带地区的季节性的洪泛地可以在一年中其他时间作为有水的牧场而被利用;这样的土地在铁器时代得到了特别利用。沼泽既富于多种野生资源又提供了草场和草料。

地中海式混合栽培

公元前第二个千年和第三个千年,在地中海一些地区发展的集约型农业体系,包括在平原栽培谷物、豆类,在谷地土壤上栽培葡萄、油橄榄,以及在更贫瘠的山坡土壤上种植无花果。作物可以套种,蔬菜和其他作物由于阴凉以及树下更高的土壤温度而受益。因为这些作物在一年中不同的时间内需要侍弄,这种体系使得增加整体产量成为可能,但不利之处是增加了所需劳动量。

树和家畜

从公元前第三个千年中期到第二个千年中期,西班牙西南部一些地区作为牧场(dehesas)——有人管理的橡树林地,被加以开发利用。有冬青、栓皮栎和其他树种的温带疏树草原为猪提供了放牧场所,它们靠吃橡实和栗子而催肥;牛、马、绵羊以及鹅亦可在此找到食物,其中包括橡实、叶子以及因修剪树

第三章 经济

木而产生的残屑。树木被种植、修剪,在幼小时受到保护,它们也被用来制作木炭、提供燃料。类似的牧场模式也在地中海其他地区出现。

畜牧业

把家畜连同共同体居民一部分、通常是年轻人,送往农业用地以外的季节性牧场,可以增加定居共同体所拥有的家畜数量;例如,把绵羊和山羊带到夏季有牧草的高地牧场。有人认为新石器时代塞萨利和巴尔干地区土墩聚落的家畜曾经在夏季被带到附近河边冲积平原去啃食牧草。冲积平原也提供了冬季草场,如意大利塔沃列雷高地,而沼地或沼泽可能被用作夏季草场,如普罗旺斯沙希(Chassey)的农民和东安格利亚的史前村民便是如此。在公元前第三个千年的法国南部,加里格高原(Garrigues Plateau)上的农业聚落就与一种封闭式建筑有联系,这种建筑离农场有一定距离,被解释为牧羊人的小屋;它们也用于大科斯(石灰岩)高原(Grand Causse)高处牧场的季节性迁徙活动。法国南部的高地洞穴似乎季节性地被牧羊人和他们的羊群占据。夏季向阿尔卑斯高地牧场的迁徙活动,作为青铜器时代意大利土地利用范围扩展的一部分也逐渐发展起来。

当适于经营农业的可耕地完全被占据,或过度开发抑或气候变化降低了土地肥力,畜牧业就成了增产的一种方法:举例来说,这可以解释在公元前第三个千年巴尔干地区向畜牧业的转向。它也使得可耕地稀少或者没有可耕地的地区得到开发。如在草原和阿尔卑斯等地区,那些很大程度上从事或者完全从事农业的共同体逐渐发展,它们饲养着大群牛和绵羊,这些共同体或是季节性地或是在当地草场耗尽时迁徙。草原农牧民也养马,骑马使他们在放牧时可快速方便移动。在阿尔卑斯地区,孤立的小片山坡可由大部分从事畜牧业的共同体经营,种植一些农业作物,这些山坡的肥力因施撒大量粪肥而增加。

畜牧业群体在现代也常常进行贸易,在定居共同体之间传递物品以及从事其他活动,可能在史前欧洲也是如此;例如,开发阿尔卑斯高地牧场的畜牧业者被认为也参与了这一地区内金属矿的早期开发。

无论是古代还是今天,游牧群体常常与定居共同体达成一些互惠协议,约定把村民的牲畜连同自己的牲畜一起带到夏季牧场放牧,或者交易动物的产品，如羊毛、皮革、奶酪和谷物生长所需的粪肥。似乎这就是青铜器时代波河平原泰拉马拉文化（terramare）聚落居民之间的关系，他们经营混合型农业、种植小麦、饲养牛和猪，在邻近山区如白沙洞（Arene Candide）和乌斯齐奥堡（Castellaro di Uscio），居民饲养绵羊和山羊，并且使用由羊毛交换得来的谷物和陶器。

（董孝鹏 译）

阅读书目

农业

Barker 1985, 1999, Whittle 1996, Harding 2000, 2002, James 1993, Milisauskas and Kruk 2002a, Reynolds 1987, 1995, Thorpe 1996: general; Milisauskas 2002b, Wells 2002, Noble 2003: arable agriculture; Zohary and Hopf 2000, Kiple and Ornelas 2000, Zeuner 1954: crops; Barber 1991: fibers; Forbes 1954a, Pyatt et al. 1995: dyes; Midgeley 1992: TRB; Sherratt 1997, Cunliffe 1993, Mercer, ed. 1984: animal husbandry; Bökönyi 1991: Iron Age; Cunliffe 1993: cats; Mercer 1990: causewayed enclosures; Bailey 2000: Balkans.

野生资源

Clarke 1976, Barker 1985, Mithen 1994: general; Midgelev 1992: TRB; Cunlifte 2001a: Atlantic; Finlavson 1998: Scotland; Sprndler 1995: Iceman; Hodges 1971: traps; Wickham-Jones 2003, Rowley Conwv 2002a: shellfish.

经济策略

Coles B. 1987, Coles and Coles 1986. Reynolds 1995. woodland management;
Harnson 1996,
Barker 1999: debew: Gilman and Thornes 1985, Barker 1999: irrigation;
Reynolds 1995, Bailey 2000: storage; Kuster 1991: Manchmg; Area 1999:
holds in rock art; Bowen 1961: fields.

第四章

聚落
———

目前，考古学家们对史前欧洲聚落复原的图景只是一鳞半爪。虽然在以土坯为建筑材料、土墩遗址偶有出现的欧洲东南部，房屋建筑已为人知；因包括部分木屋在内的一些主要原材料得以保留，对湖畔聚落的研究了解也已十分详尽；一些地区壮观的石造建筑物亦存留至今，如苏格兰附近的史前圆形石塔和撒丁岛的塔状建筑物；但在欧洲大部分地区，房屋多为木制，聚落通常陋小而难以久居，关于居民生活痕迹的证据多来自墓葬而非聚落，而且对于采猎群体和游牧共同体而言，因其常常居无定所且房屋多为易腐材质建成，对它们的了解更是简略粗浅。通过高空勘察和地表探测，结合对人工制品和墓葬分布状况的研究，目前对一些地区聚落样式的重建工作已取得一些进展，但对诸多时代和诸多区域的聚落，尤其是乡野和小规模居住区的了解，仍然有待于探索发现，同时不可否认的是，我们目前所掌握的知识参差不齐，较为分散粗浅。

建筑

　　史前欧洲的家庭建筑通常就地取材，传统建筑风格也因可用材料本身的适用特点而有所变化。如在史前的奥克尼，因当地先前用于建筑的木材稀有紧缺，房屋开始由石头建造，由此，石造房屋风格便逐渐发展盛行。

　　建筑风格也取决于当地环境和气候条件，建筑物要考虑是否能有效抵御夏炎冬寒，并顾及降水量多少和强弱等诸多因素。房屋设计也要将家畜的需求考虑在内，须为它们在屋内或者屋外修建独立的厩舍。

　　社会和文化因素也影响着建筑风格设计和建筑材料取舍：这包括内部团体的规模，其变化从核心家庭到大家族进而至整个共同体；给予个人或家庭一定私人空间的相对重要性及其相互关系；团体中的年龄和性别组成；家庭和贸易活动的分工等。身份地位因素在决定建筑样式和材料的使用中也十分重要；最明显的例子便是霍伊纳堡（Heuneberg）环绕山顶的围墙，其中部分曾在某一时期用土坯重建,这种地中海式的建筑材料与欧洲中部的气候显然不符,但在当地首领与希腊人贸易交往时期,为了炫耀而出现于此。

建筑材料

泥浆和黏土

在爱琴海和巴尔干地区,泥浆,特别是黏土是一种非常重要的建筑材料,稍后在地中海地区亦是如此。它通常杂合麦秆、粪肥、动物的毛、杂草及其他混合物增强黏性和韧性以防止破裂。这种混合黏土通常用作砌墙泥或制成土坯。黏土也可形制成家用模具,如炉床、谷仓、搁架、长凳以及室内室外的炉灶等。聚落使用泥浆、土坯及胶泥的传统持续了诸多世纪甚至千年,如卡拉诺沃遗址(Karanovo)所示,它由无数层土墩累积而成,而这种土墩遗址的形成正缘于新的房屋总是修建在先前居者的旧址之上,累多世不断层积而成。

泥浆也用以密合土坯间的缝隙。房屋地面多由硬土夯成或盖以黏土,这种方法遍及欧洲。泥浆是胶泥的重要组成部分,一些地区的构制方法是六分散土,三分黏土和一分黏合物,其他地区则只用黏土和黏合物。这种经过配制的胶泥用以覆盖在由木材和篱笆建成的墙上,形成一层厚实坚硬、可遮风挡雨的保护层,而后再经石灰水涂刷,便可具有令人意想不到的持久耐用的保护效果。

木材

圆木 遍存的柱坑作为现有建筑物遗迹证明,木柱作为重要建筑材料曾盛行于整个欧洲。圆木可能用于木制建筑的主要结构框架,建筑物本身还需杂用编条和木板等其他砌墙材料。立柱或圆木劈条亦可用来建造屋壁,如建小木屋般地垂直排列或水平排布。立柱组成小储仓等附属建筑物的框架,或用来做织布机支架等室内常用器具。木板地面或木柱小道也出现于一些聚落。门径须有架着横楣的一对立木构成,同时可起到加固作用;一些房屋还有一对额外的立柱来组成门前的游廊。

少许史前欧洲房屋为双层,隔层由横板或覆盖着编条和胶泥的柱梁组成,柱梁起支撑作用。而在房上修建一个小阁楼似乎更为常见,它们可储藏谷物或其他物品,也可作为小居室。

优质结实的木柱主要用作梁柱,纵横交错以支撑屋顶。有时它们仅是墙壁框架的一部分,有时则组成整个房屋的内在构架,通常在顶端接一木梁,并用木制榫眼或凸榫等做接头加以固定。

木柱通常置于柱坑中并围以石块加固,偶尔会嵌入平放在地面的横板或横梁内,或是稍稍插入地面;这种方法尤其用于土质松软的潮湿地带。然而实验表明,整个柱梁结构设计的力学原理能保持木柱垂直,这样便使得木柱在没有柱坑的情况下依然可直立于地面。在湖畔或易遭洪水侵袭的区域,木柱仍作为木桩支撑着房屋台基。此类用途仍可在许多涝地遗址中得到佐证,因此对它的了解要多于其他建筑用途。

木板 劈成或锯成的木板通常用来建造房屋墙壁和较小建筑、室内器具、水井内壁等其他家用建筑。地面亦可用木板铺成,尽管用土夯筑更为常见;在潮湿环境下,木板也可用来建成房屋台基。

篱笆条 篱笆条是欧洲史前时期房屋和其他建筑物最主要的建筑材料之一。它由两部分组成:嵌入地底的柱桩和许多交织缠绕其中的荆木、矮林、赤杨或柳条。篱笆条可用以修建矮小圆房的墙壁,用来填补木结构房屋梁柱间的空隙。在一些新石器时代希腊的房屋中,梁柱间用成束芦苇代替缠绕的荆条。

篱笆条与梁柱的相辅相成对于修建栅栏和房屋内在部分已经足够,但人的居室、动物厩舍以及储藏易腐物品建筑的外墙则需要胶泥保护,常见做法可能是在内外壁均涂上厚厚的一层。

灌木 灌木常用以遮盖潮湿的地面,如在英格兰岛中石器时代早期的斯塔群落遗址(Star Carr),用它在泥泞地面修筑台基。纵横网织的灌木也可构筑临时建筑物框架,伴以兽皮或布片紧绷其上。一些小道亦用灌木铺成,并常常与木柱缠绕在一起为聚落构建人工台基,如不列颠铁器时代的湖上居所。

梁木 檩柱或横梁为屋顶的修建提供了主要框架。在爱琴海地区,一些房屋为平顶,木柱作为椽梁横铺在立壁上,再盖以灌木或枝条,最后铺一层黏土和胶泥。稍后,这种平顶建筑风格也在地中海地区盛行。然而,许多爱琴海地区的早期房屋如欧洲其他地区一样,房屋多为斜顶。椽梁的低点由墙壁立柱顶端或是墙壁间的横梁支撑;有时房屋顶梁也直立地面获得支撑。就长方形房屋而言,位于屋顶顶点的椽梁可由房屋主要立柱支撑。房屋框架则可通过横梁得以加固。

对于圆形房屋,为避免顶点重叠而只能减少顶梁数量。通常会用短的立柱在圆房底部支撑而并不与顶点相接,顶梁以底部立柱为基础环形向心排布,继而通过绑系稳定加固,形状呈篮筐状。

石块

在不列颠和法国高地等木材短缺而石料丰富的地区,石料成为主要建筑材料。在奥克尼,石块多为天然斧成的青灰石板,形制方正而极易堆垒成墙。干垒石建筑也可由其他形状的石头砌成,经过能工巧匠们鬼斧神工般的技艺而成风格多样的房屋和广袤边界的长墙,以及聚落四围的边墙和其他建筑物。石屋房顶可由木条(在奥克尼用鲸骨)建成,或是由石块砌成穹顶。

很多精巧建筑由石块建造:其中包括防御工事,如一些地区聚落的围墙;宗教和丧葬仪式所用的纪念碑石,如巨石碑和巨石阵;以及一些内部防御建筑,如史前圆形石塔和塔状建筑物。

石块也用来修建房屋地基,

图 4.1 新石器时代聚落遗址中一间房屋的内部情况,位于奥克尼的斯卡拉山坡(Skara Brae)。该岛木材的短缺使石块既用来修建房屋,也用以制造床和搁板等屋内日用家具。(TopFoto. co. uk, photo Richard Harding/Uppa. co. uk)

但房屋主要由木料或土坯建成。此外,炉灶和门框等许多室内器物也为石制。用石块铺成室内地面或是庭院地面的习俗也见于一些地区。

屋顶建筑材料

屋顶通常很难存留后世,对其形式和建筑材料的重建只能基于留世的些许线索,如残存的墙壁和地基、坍塌或烧毁的屋顶遗迹、实验数据和晚近许多欧洲房屋所体现出的民族志学方面的信息。有些石造房屋房顶由石块堆垒而成,但大部分屋顶采用木质结构,使用材料也多种多样。通常房梁通过荆条相互交织形成层基,但可用紧绷在横梁间成网状的绳带代替,亦可用交错铺排的灌木取代。在南欧地区,荆条和灌木上可盖以黏土或胶泥;其他地区则通常用草皮、泥炭和茅草。

茅草 稻草、芦苇、海草或石南草是修建圆形或方形房屋屋顶的适宜建筑材料。这些材料建成的屋顶需要顶梁框架弯成的角度为45°到55°之间。它们可能被捆绑成束,横排于梁柱间并挤压加固。粗硬结实的绳子通常两端系以石块并置于茅草上,起压平和固定作用。

草皮和泥炭 草皮是一种常用屋顶建筑材料,在苏格兰等一些寒冷地带也用来环绕房屋外围保温和隔冷。草皮通常被分割成块,首先草面向下倒置铺盖在房顶框架上,然后上面铺一层草皮,但草面向上,这样便形成保暖且可遮风挡雨的保护层,并可排除室内烟雾。泥炭块的用法与此相似。有时,单层、草面向下的草皮上也可盖以稻草或其他的屋顶材料。

其他 带叶的树枝也可用来篷顶。临时性建筑,如短期宿营的帐篷和营房,可能多用从树干上剥落的树皮散片篷盖,虽然有时也用毛毡粗纺布或者亚麻布等织物。石头或树枝常用来固定这些柔软材料的接地部分;在欧洲东部,一些旧石器时代的部落使用猛犸象骨和长牙固定,但也用其建成房屋的框架。

坑洞

在史前欧洲的聚落中,许多建筑物经在地上挖掘而成。其中以用来储藏物品或者处理垃圾的地窖最为普遍。地坑具有许多用途,如可储藏祭品,扩大织布机下面的空间以摆放织成的布片,挖成水井,作为坟墓等。一些地窖有黏土、木料或石块镶衬的内壁,但大多无任何装饰。

地坑屋的出现遍布欧洲多个遗址;其中很多极可能是因其他目的而挖成的坑洞,如为了获取制作胶泥所需的大量黏土等。也有一些圆形或不规则形状的地坑组成了小房屋的低地部分。

稍大规模的沟渠及与之相伴的堤岸在建筑中也起着重要作用。很多不列颠的圆形屋在周围环以沟渠和堤岸,以此划定紧靠房屋的家用空间;相同风格的房屋布局也出现在其他聚落,如意大利塔沃列雷平原的印陶文化聚落。沟渠和堤岸有诸多其他用途:如用作环绕整个聚落的地界,其方法可能是在堤岸插上树篱或栅栏;用于很多纪念碑间以标明各自的周界,如不列颠的圆形石(木)结构的科萨斯(cursus);也用于很多由其他欧洲共同体所建的各类坟冢间。

在铁器时代的欧洲大西洋沿岸,更多精巧的地下建筑物为储藏物品而建,可能也具有宗教用途。就本质而言,这些地下建筑都是地道和地下室,尽管不同地区样式不尽相同。

房屋的寿命

那些得以保存在泥泞遗址中的建筑木材,通常会经树轮定年法而精确定年。这为研究木制建筑的寿命,至少对潮湿地带遗址的木制建筑而言,提供了意想不到的信息。在许多新石器时代聚落,如瑞士欧特里沃-尚普雷维尔遗址(Hauterive-Champreveyres)和法国沙拉维-百涅遗址(Charavines-les-Baigneurs),建筑物在使用10至25年后均遭弃,而此期间也总免不了修修补补。一则更为明显的例子来自康斯坦斯湖畔(Lake Constance,即博登湖[Bodensee]),在约公元前3940至前3825年间,许多村落出现于5英里(约8公里)范围内。树轮定年法分析的年代数据表明:这些村落系相继建成,使用时间均在10至15年之间,当在不远处重建新村落后,旧居便被废弃。

这些建筑物的短暂寿命可能源于它们定居地过于潮湿之故,而对干燥地区聚落的研究则表明，木材建筑物可持续使用50至100年之久。该地区房屋的重建通常也包括地点的改变，尽管有时只是咫尺之遥而非数里相隔。东南欧地区出现的土墩遗址表明，一些地区同一聚落的居址可能被累建叠加数百年甚至千年；但实验和民族志学调查的数据同时也显示，单独的泥墙建筑物可能仅有约15至20年的寿命。

民居建筑

尽管一些完整或大体上未遭破坏的房屋得以存留，但对大部分史前欧洲房屋的了解仅能通过残留地表的一些蛛丝马迹：石墙的低层、由墙壁柱坑围绕的残垣废墟；更为糟糕的是，正如在一些线纹陶文化遗址（LBK）房屋中出现的那样，仅留有柱坑的底层部分。透过这些残存遗迹，很多不同形式的房屋经推测得以重建。有时实验也为了解房屋结构及可能性提供了很多启发。其他信息可从现存房屋的构造，以及对房屋构造有所模仿的墓葬中得到，尽管这些不可能毫无疑义地被视为房屋原型而接受。

木制房屋和其他易腐材料建成的房屋很难被发现，尽管一些可借助高空勘测和偶然的探索发现而得展现，例如，清理地面以用于现代建筑时，发现的一些陶器散片或相关的建筑遗迹会有助于遗址的鉴别认定，而房屋通常会在这些遗址中有所发现。这意味着聚落的定居者遗留的制品和其他物品数量越多、质地越好，发现它们建筑物的可能性就越大。因此，与那些居无定所的采猎者和游牧者的房屋相比，带有石磨和陶片等定居农户的房屋更容易被发现，因为前者季节性和周期性的迁移使他们难有较多物品随身。

大部分欧洲房屋为圆形或线型，其结构变化从正方到狭长不等，尽管有一些为梯形或其他形状。一些可追溯至中石器时代的稀有建筑结构为圆形，和稍后生活在地中海和欧洲大西洋地区许多共同体的建筑结构一样。正方形和长方形房屋是东南欧房屋的主要形状，而在中欧，乃至北欧、西欧和东北欧，长房更为盛行。虽然房屋类型绝非如此泾渭分明，但可确定的是：不列颠地区早期的房屋为正方形或长方形，而晚期为圆形；圆形房屋多出现于巴尔干地区而方形房屋多在地中海地区；斯堪的纳维亚半岛兼有方圆两种风格；稍后在圆形屋为主流的南英格兰等地区，方形房屋有时也为贵族人士所采用。也有一些房屋无法归于以上任何种类：如中石器时代莱彭斯基村遗址的楔形房屋。

临时性房屋

史前欧洲的很多房屋，特别是那些居无定所的采猎者和游牧者的房屋，因多为易腐材料建成且缺乏坚硬牢固的房基而存世甚少，无从觅踪。仅存的线索只有那些残留的炉灶和由居民弃置在居室内外的物品遗迹。然而即使是如欧洲西部先民的久居型聚落，存世的相关信息也极为稀少。

对很多临时性或长久性营地的了解有赖于那些为使居民免受潮湿之苦而建于湖畔或河边的台基。如在公元前第九个千年英格兰的斯塔群落，有一座小台基毗邻湖畔，通过堆放树枝、灌木、石块和泥沼于湖畔的沼泽地上建成。意大利北部新石器时代莫里诺-卡萨若托（Molino Casarotto）的居民通常在湖畔建有小的木台基，并伴有结实的炉灶。然而上述两例中建于台基上的房屋却无一痕迹存世：在斯塔群落，它们可能为帐篷或其他单薄的临时性庇护所，而在莫利诺-卡萨诺托则可能为棚屋。

贝冢

贝冢由大量被遗弃的海水或淡水软体动物的外壳堆积而成，它是中石器时代海岸地区共同体生活遗址中最易见的遗存，但除发现一些炉灶外，对这些堆积的发掘并没有获得太多建筑物信息。然而，近期对设得兰主岛（Shetland）西部海湾一处贝冢的发掘辨别出一些遗存，它们可能是建于贝冢附近建筑物的残迹，而对贝冢周边范围的深入探索无疑会有助于发现宿营遗址和庇护所。

帐篷和临时棚屋

尽管对临时性建筑物遗址的辨别困难重重，但迄今已有为数不少的发现。它们通常带有凹陷地面，有时也盖以黏土和树皮。炉灶通常以石块环绕，并在上面堆置沙子，以防火苗烧毁整个棚屋。有时石块也用作基石，但棚屋通常为木制，用木桩支撑兽皮、树皮和芦苇组成屋顶。

阿玛塔土堆（Terra Amata） 一般认为，发掘于法国的阿玛塔土堆是欧洲最早的房屋，可追溯至公元前38万年左右，它是欧洲先民为暂居而建的棚屋。底部削尖的木桩嵌入地面大致成椭圆形，后在顶部固定。两段稍长的树枝直立于内作为帐篷支柱来支撑屋顶。棚屋可能以毛皮覆盖，用石块环绕房屋外周固定。屋内，可在挖成的小坑内燃火，小坑外围堆以石块作为屏障以防风吹，少量散弃物品说明居住者在那儿进行过很多活动，如制作石器等。

斯塔奥斯奈格（Staosnaig，苏格兰） 该遗址中一13英尺（约四米）见方的圆坑内堆积着烧焦的榛壳和家用物品残骸。据信在其中石器时代的主人用来处理垃圾前，它曾是房屋的低地部分。许多环绕周围的小坑可能用以焙烤榛子。

提梅拉斯（Timmeras，布胡斯省[Bohuslän]，瑞典） 该地存有中石器时代冬季宿营遗址，其中洞坑挖在斜坡上，四根木柱直立成方形以支撑屋顶。室内发现有炉灶，里面装着一些烧焦的食物遗骸。

巴拉唐（Le Baratin，法国南部） 该处为露天印陶文化遗址，人们可能居住在棚屋或帐篷里。房屋有一中心立柱，外围环绕着很多木柱，同时用鹅卵石铺成环形地面。

迪沃斯丁 IA（Divostin IA，塞尔维亚[Serbia]） 在公元前6000年左右，三个临时性棚屋出现于迪沃斯丁溪流附近，每个棚屋均包括不规则洞坑和地上建筑两部分，后者通常由覆盖着黏土和泥浆的树干和枝条组成。在室内地面中央是由黏土制作的炉灶，位于石基上。

山洞

从旧石器时代到现在，山洞和岩穴一直为人们宿营或久居提供现成之地，可躲避风雨和抵御猛兽袭击。通常它们本身就能满足居住需要，但有时也需一些调整和改进以增加舒适度。这包括炉灶、木柱或树皮荆条防风墙，以及与此相似的隔墙，后者被牧人用来在夜间圈住羊群。这些简单粗糙的建筑物可建在山洞内或周边平地，以此扩大山洞所能提供的庇护范围。保加利亚（Bulgaria）的很多洞穴在青铜器时代都有人居住，并有一些由荆条、胶泥建成的建筑物。

中石器时代的房屋

尽管大部分中石器时代房屋的细节模糊不清，但在东南欧多瑙河流域的铁门峡谷（Iron Gates）——许多采猎者共同体在公元前第八个千年至第六个千年间的生活地，清晰可辨的房屋结构已被发掘出来。其中莱彭斯基村遗址最为著名，但其他遗址如弗拉萨卡（Vlasac）也有相同的结构。

在斯堪的纳维亚、拉脱维亚（Latvia）和爱沙尼亚（Estonia）的许多湿地遗址已发现有坚固房屋的遗存，这些房屋可能因其稳固结构和出色匠艺而得幸免，但更为可能的是，它们是因水涝而得以保存的稀有遗存，代表着中石器时代晚期广泛盛行于各共同体中的建筑风格。它们多为方形棚屋，长7英尺到20英尺（2至6米），由木柱和树皮建成，炉灶位于中央，建在一层沙石上。

莱彭斯基村（塞尔维亚） 该地的聚落由约25个棚屋组成，多建于天然或挖掘而成的坑地上。这些房屋平面图呈梯形结构，入口位于梯形宽面。墙壁由斜插入地面的木柱组成，倾斜以形成屋顶，可能盖有兽皮。地面由碎石英石和砾石铺成，并涂成红色和白色。每个棚屋地面中央留有凹坑，放置石英石块以支撑炉灶。石英石板通常直立围绕着炉灶。平放石板则可能作为桌子或用于其他需要。在很多房屋中，炉灶附近出现有刻着鱼面人身形象的石块。这些平放于炉灶附近的刻石据推测可能是供桌或祭坛。炉灶身后，很多遗体埋葬于房屋地面下。

艾努（Eyni，爱沙尼亚） 该地木梁被沉入泥地以作为木制方形房屋的地基，房屋通常有两根或四根木柱在内部支撑房顶。其中一间房屋的地面由搁置在木梁间的木板组成；其他房间的地面则由松木或桦木的树皮覆盖而成。

正方形和长方形房屋

各种形状和规模的方形房屋、包括正方形房屋,广泛出现于史前欧洲的大部分地区。谷仓等附属建筑物通常也为正方形。大部分房屋为木制,木柱组成框架,荆条和胶泥建成墙壁,屋顶为斜顶。在阿尔卑斯山的湖畔村落等地,墙壁也可由厚木板建成。很多长方形房屋建有石基,也使用土坯和墙泥,尤其在东南欧。地面通常由夯土筑成,但一些湖畔聚落房屋的地面由厚木板铺成,或直接平铺在地面,或与地面有一定间隔。

组成房屋主要框架的立柱和木桩通常嵌入地面,但在阿尔卑斯山村落和在巴登文化聚落中,通常将枕木两端凿孔并平放于地面,然后角柱嵌入凿孔。木制地板覆盖其上,然后在地板上修建房屋,用带孔木板或托梁来稳固组成墙壁的立柱。在波西米亚,此类房屋的地板通常凹陷于地面。

欧洲东南部

希腊早期的房屋多为正方形或长方形,由土坯或木柱荆条附着黏土建成。房屋规模一般从 20 英尺×26 英尺(6 到 8 米)到其两倍不等。在巴尔干地区,房屋结构十分相似,墙壁由木柱和附着胶泥的荆条建成,胶泥来源于草屑和取自房屋附近土坑中黏土的混合;这些土坑后来用来处理垃圾或作为坟墓。有时房屋内壁会被粉刷,地面则可能由夯土筑成或覆盖着黏土或木板。

大部分早期房屋均为带有一个炉灶的单室,炉灶周壁着以黏土,尽管有些房屋有两个内室。有些房屋将黏土火炉建于室内,而有些则建在室外。黏土也可用来修建储仓和制作长凳,尽管磨石和黏土盆更常用于此。在巴尔干地区一些房屋甚至建有黏土祭坛。

稍后,到公元前第五个千年中期,该地区的房屋虽然风格相似但规模更大,一些房屋墙壁由结实的厚木板建成,而另一些仍然使用木柱和附着胶泥的荆条;此时部分房屋也建有石基。有的带有两三间内室,而有的建有地下室。一些房屋甚至在室内高处建有小阁楼,使用梯子登入。

新尼科梅迪亚(Nea Nikomedeia,希腊) 该地新石器时代早期聚落遗址中,发现一间由木柱建造的两室房屋。其中较小的房屋可能为厨房;一条灰泥长凳沿着炉灶的一边放置,室内还建有一小储仓。该房屋也建有门廊。

斯拉迪纳(Slatina,保加利亚) 该地发掘有一处保存完好的房屋平面结构,可追溯至公元前第六个千年。房屋规模为42英尺×33英尺(13米×10米),由木柱、荆条和胶泥建成,中央用三根粗大梁柱支撑屋顶。地面由木板盖以黏土筑成,黏土可能逐年更新。一座稍大房屋的室内深处分割出一间小屋用于储藏;在墙角发现有工具和黏土盒子(可能为房屋模型,被解释为圣坛)。炉灶刚好建于门口,房屋前墙的两个墙角各有一木制建筑,可能为床。房屋的一个后墙角是厨房所在地,建有14个盛放着小麦、大麦和豆类的薄层黏土储仓,一个手推磨和一个大穹顶火炉。另有两个储仓位于另一墙角附近。在床和厨房中间有一织布机,而一块木制平台则在对面靠墙而立。在地面两床间的部分,置立着由四根立柱组成的屏风,以对室内进行有效的遮障。

其他地区

在南意大利地区,所知最早定居者的房屋出现于塔沃列雷平原。这些房屋为小长方形木结构建筑,是较为重要的石基房屋的范例,而且每间房都建于一个挖成马蹄形的小场地内。

一些阿尔卑斯山和其他高低地区小村庄的房屋多为正方形或长方形棚屋,而其余则为长房。湖岸房屋最初被认为建在开阔水面上,但这种观点很大程度上已被后来的调查研究所否定。研究显示,房屋通常建于湖泊边缘地带,那里地面多为沼泽,有时可能会遭洪水侵袭。为使房屋得以修建在这些湿地上,特修建由木桩支撑的木板台基,或是人工提高地面的高度。然而在青铜器时代,意大利北部的少量聚落的确建在开阔水面上;这些聚落的现存木柱长达30英尺(9米)。在阿尔卑斯山河谷上游,有很多由木板建成的坚固房屋,屋内有多室,其中包括储仓空间。一些房屋有石基并且偶尔会用石块铺砌地面。在帕德纳(Padnal),一间房中竟修有一长方形贮水槽,通过松木和木板嵌入地面形成。

不列颠地区最早的房屋为正方或长方形,尽管目前对其所知甚少。大部分房屋规模较小，尽管近来也不断发现有很多较大的厅堂。该地区后来的房屋多为环形，但铁器时代的一些房屋仍为长方形，如公元前6世纪在克里克利山(Crickley Hill)的房屋。

在其他地区，房屋起初多为小规模长方形建筑。斯堪的纳维亚的房屋有圆角，房顶则由中央成排的立柱支撑。后来的房屋通常更为坚固。

霍沃的克纳普(Knap of Howar，奥克尼，苏格兰)　该地发现有两座圆角长方形房屋，各长25英尺(7.5米)和31英尺(9.5米)，均可追溯至公元前第四个千年。它们的厚墙由砌石砌成，房顶为超半圆拱形，以木材为主要框架并盖以草皮。内部有很多木柱支撑着屋顶。直立的厚板将其中一座分割为两个内室，而另一座为三个。室内陈设有木凳、石凳和炉灶，地面下有用石头砌成的小储仓(一些房屋地面也由石块铺砌而成)、搁架、建于厚墙里的壁橱。新石器时代不列颠的其他地区，相似的木制或石制房屋也多有出现。

小木屋

在阿尔卑斯山地区，不论是在湖畔的村落还是高原上的高地，房屋多由木材建造。木柱被水平放置在地面上作为房基，并通过立柱在边角适当固定，有时立柱也置于底板上。墙壁通常由稍长的木柱水平堆砌而成。小木屋也常见于欧洲其他地区，如在比斯库宾青铜器时代早期(EBA)围栏式的寨子。

比斯库宾(波兰)　该地区4英亩(1.5公顷)见方的山寨式聚落中，牢固的房屋按照统一设计修建，它们并排而立，房顶共用。墙壁和地面由劈割的木板建成，它们被水平嵌入立柱的凹槽中，立柱则支撑整个房屋框架。屋顶铺盖以芦苇，墙柱空隙以黏土和泥沼填充。房屋被分割为带公用床的小居室；稍大的室内活动房间，中央筑有一石炉灶；以及由扶梯连接用来储藏物品的小阁楼。门廊或长厅在房屋外部正前方延伸出足够大的空间用来畜养家猪。

长房

长房是基于木制长方形房屋而设计的一种风格特殊的建筑，宽度通常要远远小于长度。经首次出现在欧洲线纹陶文化聚落后,从新石器时代开始,各种各样的长房在瑞士(Switzerland)、喀尔巴阡山盆地、低地国家、法国北部、波兰以及斯堪的纳维亚半岛的部分地区逐渐普遍;在罗马时代后期的日耳曼地区也仍然使用。一些长房建有石基,如在斯堪的纳维亚半岛。

长方形长房

线纹陶文化时期的长房为单层单室长方形建筑,坚固的木柱组成房屋框架,有时以荆条填充,有时也部分或全部用木板填充。墙壁用黏土覆盖建成,黏土多来自房屋周围的大土坑。屋顶斜侧以便雨水或积雪滑落;山墙端和凸挂的屋檐保护墙壁免于受潮。

房屋长度不一,一些适于单个家庭,而其余则可能为较大家庭的每个成员都提供居室,并各建有自己的炉灶。长房通常长约33至100英尺(10至30米),宽约16至23英尺(5至7米)。三排结实的立柱纵向排列于房屋内部,支撑起房顶,同时也将房屋分割为并排的通道。隔墙将这些通道划分为独立房间。有些用作卧室,有些用以储藏劳动工具和其他器具或食物,另有些用来进行各种室内活动。在一些房屋中,某个末端房间通常会为畜养家畜而备,与此相对的另一端则可能建有小阁楼来储藏谷物或其他易腐物品以免受潮。炉灶修建在房屋中央,做饭或其他室内活动也往往以其为中心。然而,除了炉灶之外,房屋中很少有家具或陈设留存下来。

梯形长房

多瑙河文化 II(Danubian II)的长房与线纹陶文化时期的长房很相似,尤以罗森(Rössen)和兰捷尔(Lengyel)地区共同体为甚,但其形状为梯形,入口位于稍宽墙壁一侧。有些房屋的入口通向一间外室,据推测可能用来接待访客,而室内活动多在房屋的主要部分进行,通常是在隔墙后。在波兰,如布热哲施克-库亚乌斯基(Brześć Kujawski)聚落中的房屋墙壁多由立柱和木板并置建成。多数梯形房屋并无内柱,即使有也使用渐少,屋顶都由组成墙壁的木柱支撑。通常屋内建有隔墙,将房屋分为二到三个内室。

土墩

公元前 1 世纪晚期及公元 1 世纪初期,建于北海海岸土墩上的长房通常由荆条和胶泥建成,以斜木在外围加固。室内木柱和横梁支撑起屋顶的主要框架,再覆盖草皮和茅草。地面由夯土筑成。室内由荆条组成的隔墙将居室和畜厩分开,并将后者细分为若干小厩舍。

厅堂

在苏格兰的巴尔布里迪(Balbridie)发现一座公元前第四个千年的大型建筑,其形状与长房相似但相对更长。该建筑规模异常庞大,达 43 英尺×85 英尺(13 米×26 米),总体呈长方形但有圆角,墙壁由结实的木柱建成,室内有多个隔间。这种结构的建筑目的尚不明了,但房屋规模说明它可能是一个公共大厅而非家庭私有房屋。然而,近期在不列颠各地相继发现许多风格与此相似的房屋;其中一座于 2001 年在苏格兰卡伦德(Callander)发掘,房屋内建有隔墙。与很多长房一样,这种设计似乎旨在用一端存储家用物品,而另一端作为居室。在法国北部和荷兰也发现了相似风格的房屋。

圆房

现已发现并经鉴定的中石器时代房屋为数不多,常常呈圆形或椭圆形。在欧洲大西洋沿岸和地中海部分地区,圆形房屋也较普遍,其规模从小棚屋到直径达 70 英尺(22 米)不等,前者常用于做饭或储藏等单一目的,而后者则可够大家庭生活居住。大部分圆房为木制,尽管也有一些建有石墙。正如历史上曾出现过的习俗,用草皮建房也极有可能,只是鲜有遗迹存世。

坑屋

一些中石器时代和新石器时代早期的坑洞已被断定为曾经用于居住的坑屋。一般而言,它们多为近似圆形且宽大的浅坑,有时形状极不规则,由木柱或杂以荆条胶泥的木桩组成墙壁围拢。有时还需中央木柱支撑斜顶。

迪沃斯丁 IB（Divostin IB，塞尔维亚） 该地发现许多早期斯塔茨沃（Starcevo）棚屋，以直径为 12 至 16 英尺（4 至 5 米）较深的椭圆形坑底为框架，周围辅以荆条和胶泥建造的墙壁建成。中央木柱在石块的稳固下支撑着屋顶。棚屋中也建有炉灶，其中一座还发现有壁龛。

豪维克（Howick，诺森伯兰[Northumberland]，英格兰） 该地发现一座中石器时代靠近海岸的大房屋，约 20 英尺（6 米）并带有凹陷地面，很明显，该房屋在公元前 7800 年左右至少有人居住近百年。室内环形而立的木柱和环绕地坑边缘的木桩支撑着一些屋顶覆盖物，可能为草皮或是茅草。在屋内还发现有很多炉灶和使用石器的痕迹。

木制圆房

大部分圆房为木制。有时，圆房墙壁由木柱排置在环形槽中建成。但用荆条建墙壁更为普遍。于小房屋而言，墙壁通常以木桩为主要框架并辅以荆条和胶泥建成，它们形成直立篮状环形结构，一端开口作为门道，同时用结实的门柱和横梁加固。大房屋则要在室内建额外的框架结构，通常由立柱环形排置并带有横梁以防屋顶陷落。屋顶由木柱和荆条组成框架并覆盖草皮和茅草。如在许多不列颠铁器时代的房屋中，有时两个立柱在门外组成门廊，带有与房屋分开的斜顶。很多圆房有一对大柱坑立于室内与门道相对，用来稳定竖式织布机的支柱以为纺织提供较好的光线。

不列颠圆房通常有小沟渠环绕，形成一个围绕房屋的庭院。

石制圆房

在不列颠的丘陵地带等地区，圆房由石块建成，通常用规则的石板砌成内外兼作壁面的石墙。此类房屋大多规模很小。房屋屋顶同木制圆房一样，由木柱框架覆盖以草皮和茅草建成。

在青铜器时代，苏格兰地区出现的圆形棚屋多用杂以草皮和泥土建造的矮小石墙组成。屋顶是常见的木柱结构、覆盖以稻草和石楠灌木，有时支撑屋顶的柱杆会直接借力于地面。此类房屋通常规模较大，直径可达 50 英尺（15 米）。

木制隔墙有时会将房屋的稍外部分分割为多个小隔间,地面铺以木板,以为休息活动之用。一些房屋室内环形排置的木柱可能用来支撑上层楼板。在铁器时代,有些圆形棚屋修得极为精致,具有史前圆形石塔建筑的典型风格特征,如门廊、带有小隔间的双层墙壁或墙间过道。

精致的木制圆房

在铁器时代的苏格兰地区,风格多样且规模较大的木制圆房一般有多个内室。对沟渠环绕的房屋而言,屋外与沟渠间的空地通常会挖有浅坑,然后铺砌上石块;据推测,该部分常被用来做畜养牲畜的厩舍。房屋中央部位则被加高,可能用作储藏。屋内环形而立的木柱支撑着上层楼板,该楼板由扶梯相连,可能是整个家庭的居室。

家用堡垒

在公元前第一个千年,不列颠地区多建有防御性建筑以安置家庭和小共同体,同时保护它们免受邻人侵犯;这些建筑可能也用以显示威严和强大实力。它们多为石制,风格迥异,有时还有石墙环绕,其中最为精致的是耸立的圆形石塔。此类建筑均为单个家庭或稍大的家庭所用;只是稍后在奥克尼,它们才被较大的共同体所采用。

圆形石塔

在斯凯岛(Skye),苏格兰东北部、奥克尼和设得兰群岛以及苏格兰其他个别地区,石塔建筑极为普遍,尤其在公元前1世纪至公元1世纪之间。它们多为圆形石塔,由石板堆砌形成厚达15英尺(4.5米)或更厚的外圆形墙壁,同时形成一个直径达30到40英尺(9到12米)的内部露天空间。该建筑的外围环形部分由两道墙壁组成,同心而里外相通,外墙明显向内渐次拥垄而使两墙之间的空隙随高度递减。木板交叉而规则地将两墙联系起来,加固内部结构的同时也作为通道的地板。这种双墙结构同时也保证了各自的独立和稳固。通常,墙壁的最低部分作为一个牢固整体而建成,但有时(如直接以地面为基的石塔)空心墙则直接从地面分开修建。带有巨大横梁的入口可直接通向石塔内部。在门廊不远处,有一沉重的木门可用结实的木柱销上并加固。木门后面是建在墙壁内的一个小哨岗。在墙上建有一楼梯可通向廊间,而这可能用来储藏物品。

木制房屋常建于石塔内部的露天空地内,有时木柱嵌入地面。内层墙壁上凸出的石壁在多角度支撑着交错的木柱、屋顶横梁,以及草皮或茅草屋顶。奥克尼的石塔通常有石板或砌石建造的内层结构,有时它们成为一个更为复杂庞大建筑的一部分,伴着带有围墙的庭院贴近或环绕其周。在奥克尼主岛的比(Bu)地区发现一座建筑物,可追溯至约公元前 600 年,是圆房房屋结构的进一步发展,极可能是圆形石塔的原型;它由结实的墙壁组成,稍后墙壁通过外部加固而变得更宽厚,一个入口廊道与直径达 30 英尺(9 米)的内部空间相接,而该空间则被石砌隔墙分为多个小房间,廊道也可能用来帮助支撑房顶。

据称,这些极为相似的圆形石塔为一群专门的石塔建筑者所建,他们周游各地,接受那些能雇用他们的家庭或共同体的委托,完成这些建筑。

穆萨(Mousa,设得兰) 该遗存为目前保存最完整的石塔建筑,高达 43 英尺又 6 英寸(13.3 米),墙壁厚达 18 英尺(5.5 米),同时环绕围成一个 18 英尺(5.5 米)宽的内部空间。在坚固的墙角建有三个较大的隔间,墙壁一端有食橱,而窗户朝向石塔内部。石梯沿地面长廊途经四个更高一些的长廊而至现存的墙壁最高点。该石塔在高度方面可能是个例外,最大特点在于它相对较窄的直径。

过道式圆房和轮式房屋

在苏格兰西部诸岛和设得兰地区,主要有两种类型的防御

图 4.2 苏格兰设得兰群岛中穆萨岛的史前圆形石塔。
(Lubbock, John. *Prehistoric Times*. New York: D. Appleton and Company, 1890)

探寻史前欧洲文明

性农舍。轮式房屋为一种圆形结构的石板建筑,许多可达屋顶的放射状的间壁与墙壁横切,从平面上看有如轮子的辐条。它们支撑着屋顶并将房屋内部分为若干小隔室。房屋中心并无间壁,但多建有炉灶,通常由石头砌成,其中放置着一个用于烹调的石质容器。石板铺成的过道通向内部。过道式圆房与此相似,但划分内部空间的间壁多自由成型而非规则构化,它们支撑着交错的横梁,横梁上建有茅草或草皮屋顶。上述两种建筑都是早期圆房风格的发展,它们出现的时间可追溯至公元前最后一个世纪至公元后前两个世纪之间。

克尼普(Cnip,刘易斯岛[Isle of Lewis],苏格兰) 该地海岸的沙丘上建有轮式房屋。在沙丘上发掘出的一条过道和较大地坑都带有石板堆砌的石墙。形如辐条的立柱将房屋分成单室,各屋顶由石块叠涩砌成,并覆盖以草皮;房屋中央上方是木材、草皮建成的屋顶;石板用于修建过道的顶部,顶部上层也覆盖有草皮。

设防高地

在苏格兰西南部,特别是海岸地区或苏格兰中部腹地,许多设防高地曾建于公元前第一个千年晚期。它们多为石板砌成的圆房,有时形状很不规则,如建有防御性入口,屋后建有哨岗。该建筑的屋顶由木柱和茅草建成,与石塔屋顶相似但却只有一层。它们常常修建于山顶上。

庭院式房屋

公元前2世纪晚期,庭院式房屋建筑在康沃尔开始出现。结实的石墙环绕着石块铺成的庭院,石造房屋坐落其中,一些为居住之用,一些则用以畜养家畜或储藏物品。房屋通常也带有地下室(Fogus)。

豪宅

很多史前时期的聚落内都有个别不同的房屋,这体现在很多方面,例如规模、地段、附属建筑物的数量和种类等；据推测，这些房屋可能为当地首领的居所。然而就质量言之，存在差别的房屋非常少见。目前所熟知的两座该类型的房屋来自青铜器时代的西西里，即在塔普索斯(Thapsos)和潘塔里卡(Pantalica)的两座圣殿(anaktora)，圣殿建于石基之上，有入口长廊和许多隔间。这种建筑可能得益于和迈锡尼人的交流。同样，对于公元前最后一个世纪出现于法国和伊比利亚半岛一些乡镇地区精英的住宅风格而言，希腊人和罗马人对其有着重要影响。在其他地区，精英人士的房屋遵照当地传统风格，宽大的房屋建在篱笆围绕的空间内，通常兼建有多个附属房屋。如在波西米亚地区，许多早期拉特尼遗址中，房屋多有庭院，这和在德鲁茨科维奇(Droužkovice)地区发掘出的一座房屋一样。在该地，双层篱笆围成一个大广场，内部包括一个铁匠铺和23英尺×23英尺(6.5米×7米)规模的木制房屋，房屋一端建有石墙，同时与此毗邻的一个小围场内建有一地板凹陷的附属房屋。近来的研究表明，那些在扎韦斯特(Závist)和霍伊纳堡(Heuneberg)等地建有山堡的首领，可能并不居住在山堡，而是在聚落外的一座豪宅里。

储藏设施

黏土容器

东南欧多数房屋室内均有黏土建造的储仓。陶罐也被广泛用于储藏物品，特别是在湖畔地带等较潮湿的居住地。在铁器时代，双耳陶罐是储藏和运送酒及橄榄油和鱼子酱等其他液体的主要器具。

木制建筑

在欧洲很多地区，单个房屋周边或聚落内其他位置建造一些小建筑物的习俗颇为普遍，这些小建筑常由四根、六根或九根木柱构造，立柱可能通过荆条缠绕和加顶等措施来支撑木制平台，并以此作为谷仓或储藏干草及其他物品的设施。很多木屋也建有小阁楼以做储藏之用。

洞穴

最常见且使用最广泛的储藏设施莫过于在地上挖成的圆坑,并以黏土封盖。即使是在寒冷潮湿的不列颠,坑洞也被用来储藏谷物和其他物品,事实证明它们在潮湿和极易霉变的条件下进行储藏活动浪费极少,且卓有成效。

地下储藏室

从青铜器时代晚期到公元初期,地下通道和地窖广泛出现于苏格兰、爱尔兰、康尔沃和布列塔尼的农庄和村落内。它们可能用来储藏一些需要低温保鲜的食物,如肉、牛奶和奶酪。在苏格兰的红色城堡(Red Castle)内发现的烧焦谷物证明该地也可储藏谷物。同时据推测,地下室可能也拥有一定的宗教意义。

地下储藏室风格多种多样。它在布列塔尼完全处于地下。一个竖井中通于地下石室,一系列边室则以此为中心向周边开挖。奥克尼和设得兰的地下室为已知的土屋,但也完全处于地下;它由一个低深的地下通道组成,通道面向最里端一个椭圆形内室,经由圆房内地面上的入口与地上房屋相连。有时它们通过凿开岩床而成,但通常是通过筑墙加固,同时以木板为盖。有时,石柱会用以加固地下室的屋顶。

在康尔沃,建筑物被称作"Fogus"(地下室),地面上会挖沟渠并辅以盖有顶石的石墙。苏格兰本土地下储藏建筑,有时被看作地窖,但建法与此极为、同奥克尼和设得兰岛上的土质房屋一样,它们也在房屋内部建有入口。

井

大部分聚落都位于接近水源地带,但一些聚落却以井取而代之。它们多为深陷的坑并用柳条,木板或中空的树干为壁。目前所知最早的例子来自于埃尔克伦茨-库克霍芬(Erkelenz Kückhoven)的线纹陶文化遗址,该井深45英尺(14米),以厚实的橡胶木板铺排为壁。树轮定年法的数据显示,该井挖掘于公元前5089年,而同一聚落的另一口井则挖掘于公元前5057年。

第四章 聚落

聚落

在欧洲史前大部分时期以及大部分地区，多数居民都住在独立的农庄或以一些核心家庭或大家庭为中心的小村落里。在东南部，聚落比先前更加密集，村庄迅速成为一种普遍形式，其中许多已颇具规模。然而，较大规模的村落在欧洲其他地区并不常见，尽管在中石器时代晚期，这些地区在防御性聚落内曾有过聚族而居。稍后，较大规模的聚落开始广泛出现，只是多数人仍然散居在一些小聚落。除了爱琴海和意大利地区，城镇直到铁器时代晚期才出现在欧洲。

同居民房屋一样，农庄、村庄、村落通常都带有畜养家畜的厩舍，偶尔也有一些简单的围墙，然而在欧洲中部和阿尔卑斯山等气候稍恶劣地区，冬季会建棚舍为其提供遮蔽；圈养家畜同时也使得收集它们的粪肥相对容易，并可以此来肥沃田地。聚落通常也包括用于储藏谷物和其他物品的建筑物，这些建筑物大多独立建造，如坑窖、阁楼；有些聚落也建棚屋和谷仓来储藏物品。农庄内也有干草和成堆的谷物以及打谷场，考古学于此鞭长莫及，但可幸的是，在塔恩根（Thayngen）发现一片可能为打谷场的空地，可追溯为瑞士中石器时代聚落，同时还有在瑞士特维斯克（Twisk）以及荷兰博芬卡兹贝尔（Bovenkarspel）两地发现的谷堆。

居家活动，诸如制作陶器、纺织、煮饭以及制作和修补劳动工具通常都是在室内或室外空地进行，但在一些聚落为此建有专门的房屋。很多农庄和村落内也可见到对一些特殊行业的尝试活动（如在古萨治万圣村[Gussage All Saints]，制作有青铜挽具和车辆配件），尽管它们更多出现在较大聚落内。当然也有特殊聚落专门居住着采掘行业的人，其中包括采矿和采盐等。

城镇反映着一个社会的等级划分和劳动力分工，有时山堡亦是如此。因此，对于精英、工匠艺人和农民的聚落及其作坊而言，其规模大小不一，设计风格也不尽相同。这些聚落可能也建圣坛。用于储藏大量物品和畜养大量家畜的设施也见于许多大聚落内，有时它们也作为当地乡村居民的庇护所。

农庄和村落的居所内通常修有适于种植食物的菜园,居所外部开垦有田地,更远处的则是牧场。一些市镇和山堡内也有田地,然而,在一些核心聚落,房屋多被边墙围拢,所有田地都置于聚落外。

由于水源为生活居住的必需,大部分聚落都会位于易于取水之地,如泉水、溪水或河流边。有时聚落居址因防卫等其他因素,并非如此,但其对水的需求可依赖于水井和降水。于前者而言,定居地常选在能够挖井取水的地方;后者则往往通过贮水池、大桶和陶罐来实现。

防御是聚落选址和布局要考虑的重要因素。最为常见的防御形式是挖筑沟渠和岸堤,并可能在顶端辅以栅栏和树篱,但一些聚落修建更为坚固的防御工事,诸如木柱围成的篱笆或木石合建的围墙。陆地间的落差可能也被利用来保护聚落。最恰当的例子便是岬角堡垒或悬崖上的城堡,它们是铁器时代欧洲大西洋沿岸部分地区的显著特点,这里聚落建在陆地的小尖角上,颈部由沟渠和岸堤防卫,而其他所有的方位都由不可攀援的悬崖峭壁环绕。

临时性聚落

史前欧洲时期的很多先民,如采猎者和游牧者、矿工和商人,他们的生活都伴随着季节性和时段性的迁徙。目前只发现他们少量的宿营地遗址,其中大部分还只是通过炉灶和废弃物品的残骸来判断,偶尔这些残骸也会提供一个到两个棚屋存在的遗迹。

在欧洲史前时期的很多时段,一些地区很少发现有聚落存在,据推测这与当地先民习惯于居无定所的迁徙生活不无关系,因此它们多临时性居住在一些不甚坚固的房屋内。这种推测可通过一些例子得到证明,例如,在广口绳纹陶文化(Beaker and Corded Ware)时期和青铜器时代许多地区,目前人们对墓葬的了解要远多于聚落。然而,这一方面反映出当时的真实状况,但另一方面却有赖于偶然的探索发现,例如,稀少的居住地信息使得考古学家们一度认为迁徙游牧生活在新石器时代不列颠地区扮演着主要角色,但近年来不断发现的诸多村落已完全颠覆了这种观点。

中石器时代的村落

保存完好的采猎者房屋遗址非常罕见,那些房屋轮廓得以保存并经发掘的聚落亦是如此。唯一例外是在多瑙河流域铁门峡谷发现的中石器时代聚落群,可追溯至公元前第八个至第六个千年,其中一些可能居住时间稍短,但其余则有主要依赖于鱼和其他水产资源的共同体长久居住。该聚落群中最著名的是莱彭斯基村,该地建有25座梯形式房屋,房屋宽面对着河流。房屋经常被翻修,但在居住期的大部分时间里,房屋似乎被分成两类,且建有一个规模稍大的房屋。这种将房屋分为两个群组的类似划分也出现在弗拉萨卡等其他聚落内。在莱彭斯基村,人们死后被埋葬在室内;然而在弗拉萨卡,坟墓通常建在屋外四周。

小型农业聚落

开放型聚落

在欧洲很多地区,农庄村舍通常都是一些分散的木制建筑物;与那些有沟渠和岸堤环绕,或由石块建成,或形成土墩的聚落相比,它们很难被发现,因为后者往往留有不经发掘便可见的遗迹。那些已被发现的村庄农舍风格多样,形式各一,其取决于自然环境、经济状况、社会条件以及文化传统。

帕德纳(格瑞松[Grisons],瑞士) 该遗址位于一山谷中,可追溯至公元前1700年左右,聚落建于天然空地上,对地面平整修葺后变得更为适宜。聚落包括五个或六个房屋,墙壁由木柱和木板建成,有时也建有并排但中间间隔的石基。这些建筑形状均为小长方形或长方形,13到16英尺(4到5米)长,通常带有炉灶。到公元前14世纪,聚落已发展成为八个或九个房屋,分三排布局,各排间仍有间隔。此时,房屋均建有石基,一些房屋地面也由石板铺成,位于南边的房屋此时规模更大,可达30英尺(9米)长,并被分割为两个或三个内室。该聚落直到公元 8 世纪仍有人居住，此时至少建有三座房屋。

杜河河畔的当皮埃尔（Dampierre-sur-le-Doubs，法国） 该地发现一处青铜器时代晚期建于河谷的村落遗址，其中房屋多为方形木制建筑，因洪水泛滥而被弃，但稍后又有人居住并建有新聚落。后来所建聚落包括 28 间房屋，其中三间带有木地板，稍大一间末端为半圆形，可能是村落首领的居室。房屋按照二到四个组群的形式分布，可能代表着一个大家族内若干家庭。村庄外是一个火葬墓地。

长房聚落

线纹陶文化是欧洲温带地区最早的文化类型，其聚落表现为两种形式：一种是以六个或更少长房组成的村庄为单位；另一种是长房成行排布，相互间距 150 到 350 英尺（50 到 100 米）。一些房屋本身包括畜养牲畜的厩舍；而另一些房屋单独建有小规模建筑物作为谷仓或牛棚之用，与前者设计风格相似；一些聚落也建有一个独立、规模更大的圆房，长达 145 英尺（45 米），大概是整个共同体的集会厅或圣所。人们死后通常被埋在聚落内，但也有一些独立的墓地由众多村落共用。大部分线纹陶文化聚落并没有围场围拢，但少量聚落会由一个或多个沟渠环绕。房屋周围及其半径为半英里（1 公里）范围内的土地为耕地，可能围上篱笆栅栏以防动物破坏，人们在此种植生活所需的粮食。

在稍后的多瑙河文化 II 时期，这些由长房组成的聚落变得更加密集，同时也多由沟渠、岸堤和篱笆环绕；其中一些规模仍然较大。此外，一些地区有时也建有沟渠环绕。相似的聚落一直持续存在到史前时期结束并延伸至罗马时代，其范围也从瑞士到斯堪的纳维亚而遍布欧洲温带多个地区。

埃尔普（Elp，德伦特[Drenthe]，尼德兰[Netherlands]） 在该地一沙坡上发现一处青铜器时代晚期的农庄遗址，其中，包括一间长达 80 到 100 英尺（25 到 30 米）的长房、一个较小的房屋或谷仓，以及一大一小的两个棚屋。在这些聚落的漫长岁月中，沙坡毗邻地带多次重建新的长房和附属建筑物，而旧的则一再被弃、拆毁。长房被分为两个部分，其中一部分为居室，而另一部分则为可圈养

30头牛的厩舍。那间较小的房屋也可圈养15到20头牛，或者可能分为居室和厩舍两部分，但后者仅可圈养少量的牛。较大的棚屋有结实的木柱支撑着台基，可能为谷仓；较小的棚屋可能也用以储藏物品。一个U形围场环绕着位于房屋边缘的谷堆，以此保护它们免受农庄中圈养的家猪之害。小块田地围绕着农庄，它们因从厩舍中收集的牛粪而肥沃多产。那些风格相似的聚落通过沟渠来划清彼此的界限。

霍德（Hodde，日德兰半岛，丹麦）　该地一处史前时代晚期的村落，可追溯至公元前1世纪。村落处于篱笆墙的环绕之中，篱笆墙修有入口可通向村落周围田地。聚落约有20个规模较小的长房，其中每个长房包括牲畜厩舍和谷仓以及其他附属建筑物，并且单独有篱笆环绕；该聚落规模最大时可达到27间房屋。聚落中心是村落广场，其中一角建有独立围场，围场内部是属于村落首领的居所和储藏用的建筑物。

堤道围场

在公元前第六个千年至第四个千年甚至第三个千年，圆形或近似圆形的围场广泛修建于欧洲大部分地区，特别是在不列颠南部和欧洲中部，它们常常伴随着一些聚落的长房出现。这些围场总是由一个或多个堤岸和沟渠划界，但后者会建有堤道横跨其上，因称其为堤道围场。尽管一些堤道作为通向围场的入口而建，另一些却因沟渠的建筑方法所致，因为沟渠可能为不同的共同体分段挖成。围场似乎具有多种不同功能：一些地区可能作为公共仪式和社会活动会场；而另一些地区，据推测可能作为定期圈养大量牲畜的畜栏。众多堤道围场用以防卫聚落；很多此类的不列颠聚落曾遭受过攻击。

在欧洲中东部地区，环绕着长房聚落的是人们所熟知的更为常见的圆章状围场；它们为环形，由一个或多个沟渠及多个栅栏组成，被四个入口隔断，但显然没有堤岸。这些围场内似乎未曾建有房屋，可能仅起着划界作用。

在法国南部，发现有公元前第五个千年及第四个千年间大小不一的围场，它们由间断的沟渠和延展的栅栏划界，其中较大规模的如在圣米歇尔-德杜克（Saint-Michel-du-Touch）的一样，有填满烧焦石块的地洼和凹坑；它们可能仍属于公共活动场所而非居住区。

斯泰普莱顿围场(Stepleton Enclosures,多塞特[Dorset],英格兰) 该围场面积达 2.5 英亩(1 公顷),为汉布尔登山(Hambledon Hill)上三个堤道围场之一。在其第一阶段的使用中,一条沟渠和一道堤岸环绕着木制堡垒。堡垒内挖有坑洞,家用物品遗骸以及一些残留建筑遗迹表明曾有人居住;他们对食物的不甚珍惜可能也暗示着他们属于当地显贵。一个死产婴儿被埋葬在沟渠边上。稍后,更大规模的沟渠得以修建,外围紧靠一个由橡木建成的壁垒,围场进而被环山沟渠和壁垒工事所围拢;而这些防御工事在稍后得到进一步加固。尽管如此防御,聚落还是难免遭受侵袭而最终被夷为平地:一个怀抱孩童的男子试图逃跑,但背后中箭身亡,其他的居民也都难逃浩劫。

围拢的村落

从公元前第七个千年开始,规模不一的各种房屋开始在意大利出现,尤其是在已知的意大利南部塔沃列雷平原,该地区多个长方形房屋在小而圆的沟渠环绕下组成村落。村落中用鹅卵石铺成的区域可能用来准备食物或进行其他活动。聚落由一个或多个沟渠防卫,有时竟多达八条,有时遗体也埋葬在这些沟渠中。

这种由沟渠环绕的聚落样式同样也出现于地中海和欧洲西部部分地区,聚落中的房屋一些为正方或长方形,而其他一些为圆形或椭圆形。保存完好的此类建筑物信息只有在浸水地带才得以发现。其他环境和地区存留的证据常常难以解释和断定。如在法国南部发现的圣米歇尔-德杜克的新石器时代堤道围场,它包含数百个装满烧焦石块的大坑。一些研究者将其看作是在人口稠密村落修建棚屋的基石,而其他学者则认为它们是做饭的地方,是广大地区散居共同体聚集在一起欢宴庆祝的遗迹,而这也更令人信服。

帕苏迪科沃(Passo di Corvo) 作为塔沃列雷地区新石器时代早期聚落,该遗址的围场超乎常规,达 70 英亩(28 公顷),并以连续的沟渠为边界;围场一侧是一条平行沟渠,毗邻地带又延伸着第三条。在此范围内是一个由 90 个马蹄形棚屋组成的聚落,各棚屋均有沟渠环绕。与此围场相接的是另一个沟渠环绕着的 100 英亩(40 公顷)的空间范围。

圆房农庄和村庄

小规模由圆房组成且被围拢的聚落——农庄、村庄、村落——广泛出现于欧洲大西洋沿岸和地中海地区。在一些聚落中,小圆房聚集而建,以作为单个家庭的生活和劳作中心。而在另一些聚落中,家庭成员居住在单个大圆房内,同时在那里进行日常集体活动。

在公元前第二个千年的南意大利以及埃奥里亚群岛(Aeolian Islands),一些由小圆房组成的聚落位于大陆岬角等险要地势。房屋紧密相连而建,使得牲畜需在聚落外圈养。

在青铜器和铁器时代不列颠地区的众多聚落中,通常有堤岸、沟渠、篱笆或墙壁围拢着成片小圆房,以及在夜间圈养动物的空地。每一个房屋建筑群都包括一间较大的可供居住的圆房和其他多个圆房群,它们规模相仿或有时大小各异,可能用于炊煮食物、储藏和纺织等其他活动。除棚屋外,聚落内还建有可能用作谷仓的小型四柱粮囤(four-post structures)、干燥架以及其他农用建筑物。样式与此相仿的农庄可能独立存在,也可能被并入由三四个家族组成的村庄,或是在更大的村落内。通常而言,铁器时代的农庄多由班卓琴型堤岸和沟渠环绕。堤岸顶上可能建有篱笆或树篱,根据实际需要来畜养或阻挡牲畜,但并不能作为正式防御工事。少许样式相似的农庄并未被围拢,而鉴于并未发现过多围场,可以推测这种农庄样式可能在当时较为普遍。在不列颠大西洋沿岸,建有多种样式的带围场的农庄,如在康沃尔,小村落多由带地下室的庭院式房屋组成,通常有园地紧靠房屋,并在周围环绕着小块田地。

布莱克-帕奇(Black Patch,苏塞克斯[Sussex],英格兰)　此遗址为青铜器时代晚期聚落,发现有四个房屋台基,其中一个已被发掘。聚落包括一间规模较大的家用圆房,据推测可能是家庭男子进行匠艺活动的地方,也可能在此地窖藏农庄的谷物。该圆房侧面建有很多相对较小的圆房,大概是妇女们居住或进行炊煮纺织等日常活动之地。其他一些可能用来圈养牲畜。两个池塘为农庄内居民和牲畜提供水源。聚落由荆条栅栏环绕，在栅栏外是田地和牧场。

图 4.3 铁器时代小规模圆房聚落的复原图，时间约在公元前 400 至前 150 年左右。对它的重建基于对英国伦敦道利(Dawley)一处聚落的挖掘工作。(Top Foto. co. uk., © Musemu of London/HIP, Photographer: Derek Lucas)

产业者聚落

石块、燧石、金属矿石等原料通常系由造访矿区的人开采，他们通常在矿区季节性地宿营一段时间，然后返回自己在别处的聚落。例如，在漏斗颈广口陶文化(TRB)时期，在波兰克热米奥基-奥波托威斯基(Krzemionki Opatowskie)采掘燧石的人来自卡缅纳河谷(Kamienna Vally)附近希米楼(Cmielow)的聚落；在威尔士(Wales)的库米斯特维思(Cwmystwyth)开采铜矿的人或许定居于阿斯特威斯(Ystwyth)的河口岸边，距此地约 20 英里(30 公里)。然而，特别是从青铜器时代开始，越来越多的久居型聚落出现于此类地区，专门从事矿业开采的人多留居于此。这些聚落形式各异，主要取决于当地环境，但是一些聚落却变得

第四章 聚落

异常富有，人口数以百计。

迪尔恩堡和哈莱恩（萨尔茨堡[Salzburg]，奥地利） 迪尔恩堡的盐矿开采约始于公元前 600 年，但在公元前 400 年左右，曾经使霍尔施塔特（Hollstatt）附近较早矿区黯然失色的它也逐渐萧条。在公元前 6 世纪，采矿者通常居住在矿区附近的山坡上。而到公元前 5 世纪，聚落范围有所扩大，在莫斯特斯丁（Mosterstein）的斜坡上，房屋、金属铸造厂，以及制作陶器和玻璃的作坊纷纷聚集而建。另一个村落位于拉姆苏托流域（Ramsautal Valley），建有陶器、皮革、青铜器、铁器作坊。此外，在拉姆苏科普（Ramsaukopf）峭壁顶峰建有一座山堡，据推测可能为当地首领的居所。而作为通向山堡的唯一通道，顶峰的颈部建有众多干石堆垒的墙壁布防。每一个生活在迪尔恩堡的共同体都有自己独立墓区，位于房屋不远处，但却在不适宜居住的高处空地。这些墓区的陪葬品既有当地工艺品，又有进口物品，反映出盐业贸易给当地带来的财富。

潮湿地区的聚落

涝灾的保存物表明，有关房屋结构、聚落布局以及家庭生活等信息，位于湖畔或其他湿地的聚落要比其他类型的聚落保存得更为详细。

湖泊村落

在意大利北部、法国及阿尔卑斯山等地的湖畔地带，位于潮湿湖畔边缘的聚落常建有台基，台基由木桩支撑，以提高聚落地势而免受洪水之害。青铜器时代聚落建在开阔的湖面上。大部分村落规模甚小，约有八到十间房屋；早期湖畔的聚落为农庄或拥有三或四间房屋的村庄，然而其他聚落，特别是稍后时期，拥有数量更为可观的房屋。在规模较大的聚落内，房屋常并排平行布局，并以小道分割，以便最大限度地利用有限空间。房屋样式多种多样，包括正方形或长方形棚屋以及小木屋。也有木质结构长房，地面以夯土筑成，房内有荆条隔墙。一些长房内包括牲畜厩舍，而另一些长房建有单独厩舍以供牲畜越冬，饲料有树叶或其他植物原料。正如木桩支撑的台基一样，高高建起的谷仓通常用来储藏物品，以使其免于受潮，但屋内可能也有用于储藏的陶罐。在稍后时期的聚落中，长房内有工匠作坊。木排小道在聚落内阡陌相连,连接着各个房屋,而整个聚落由篱笆墙围拢。一些村落建有更坚固的防御工事,尤其在村落入口处。通过多次使用树轮定年法对每个房屋的历史进行研究,结果表明这些湖畔的居者在同一地区定居时间甚短,通常不超过二十年,其中很少超过七十年,但他们却在附近地区修建有新聚落,在该区域范围内居住长达千年。

尼德维尔(Niederwil,博登湖,瑞士)　该遗址为普芬(Pfyn)文化村落,最初的房屋为小型棚屋;在稍后近50年间,曾出现内部建有隔室的长房。房屋成排并置。村落可能约有100至150人,如果这些房屋非同一时期修建,人数可能更少。一道结实的篱笆围拢着聚落,聚落内也有圈养山羊和绵羊的区域。

图 4.4　青铜器时代瑞士一处湖上聚落的复原图。(Figuier, Louis. *Primitive Man*. London: Chatto and Windus, 1876)

特旺(Twann,比恩湖[Lake Bienne],瑞士)　整个新石器时代,从科泰洛特时期到霍尔根(Horgen)时期,该湖畔村落都有人季节性居住;湖水的涨幅曾迫使村民移居他处多达21次,但湖水退落后,该地区又重新有人居住。该聚落保存有很多有机材料制成的手工艺品，包括独木舟甚至是一块保存完好的面包。

塔恩根-威尔（Thayngen Weier，博登湖，瑞士） 该普芬文化村落由八到十个单室房屋组成，在约两个世纪时间内偶尔有人居住，房屋数量也逐渐增加到30个。聚落内部分区域可能用于谷物加工，带有一个打谷场。聚落也建有储藏草料的储仓和牛棚。

欧特里沃-尚普雷维尔（纳沙泰尔湖[Lake Neuchatel]，瑞士） 该地区发现五个聚落，是马格德林文化（Magdalenian）时期最为古老的旧石器时代遗址。在新石器时代及后来的霍尔施塔特时期，该遗址都有人重新居住。树轮定年法为我们提供了一些此地新石器时代聚落的详细信息：第一座房屋由砍伐于公元前3810年春的树木建成，同一年内其他五座房屋也相继建成；九年后，增加一座新房，聚落被橡木栅栏环绕。聚落内的房屋常会有一些整修，但约在公元前3793年，整个农庄被弃。

沙拉维百涅（帕拉鲁湖[Lake Paladru]，法国） 约在公元前2750年至公元前2730年间，沙拉维百涅地区的居民用松木修建两个长方形房屋和一些附属建筑，在随后四年内，五间新房屋相继修成。五年后，其中一间房屋得到重建，而在接下来的五年内，所有房屋都经过了整修和加固。但该村落在建成约二十二年后被弃。36年后，人们重回该地并修建新农庄，在建筑过程中使用了多种木材，但21年后，却又因湖面上涨、洪水泛滥而不得不迁居他处。该农庄的居民种植小麦、大麦、亚麻，但同时也采集野果，他们用于纺织和制作绳子的原料为亚麻。

肥土堆

在公元前第二个千年，农人广泛散居在波河平原。因常有洪水泛滥，该地区的聚落，即熟知的肥土堆（Terramare），大多修在人造土墩之上，约高出平原水平面10到13英尺（3到4米）。该土墩由黏土、家庭生活垃圾、树枝及其他有机物形成，有时在周围包裹着柳条筐。木桩插入沼泽地中以框其形，一些聚落甚至建有牢固的木制砌面。聚落规模变化十分显著，大多为长方形立柱式房屋，尽管由木板建成的小木屋、房屋和圆房也时有出现。一些聚落常有沟壕和沟渠环绕，可能做排水和防卫之用。

人工土墩

铁器时代，在沿北海海岸不断扩大且极易泛滥的盐水沼泽地上，多出现有人造土墩，它们多由黏土、动物粪便以及家庭生活垃圾建成，高达 20 英尺（6 米）。在这些土墩上，如人们所熟知的尼德兰的土墩（terpen）和德国的土台（wierden or wurten），聚落广泛出现，其规模从有两三个长房的村庄到更为庞大的村落不等。长房内隔建有畜养耕牛的厩舍，它们的粪便可作为肥料。居民的生活用水通过挖建水井和能储藏雨水的贮水池而得到供应和保障。聚落周围有限的可耕地种植着谷物和豆类。耕牛是主要的经济来源，夏季放牧于湿地地区，而冬季则被圈养，饲料为割自草地的干草；其他家畜和鱼也是日常食物的重要来源。

埃津厄（Ezinge，弗里斯兰[Friesland]，尼德兰）　约公元前 500 年，在该地一处土墩（terp）上建有一座篱笆围拢的农庄。农庄由两个长房组成，长房内一侧为居室，另一侧是牛棚。一座坚固的长方形建筑与长房相连，内有九排五柱式结构的台基支撑，可能用作谷仓。在稍后几个世纪，该聚落范围有所扩大，有 5 到 10 个长房放射状排布，居室面对着聚落中心，聚落中心另建有一个池塘。房屋内牛棚末端面向一条环绕屋外的小道。约在公元前 400 年，该聚落毁于一场大火。

费德森土台（Feddersen Wierde，德国）　该遗址从公元前 1 世纪开始发展为农庄，建造在独立土墩上的房屋数量逐渐增加，但到公元 1 世纪后，所有土墩合而为一，形成约有三十个长房的村落。约在公元 450 年，洪水泛滥导致该遗址遭弃。村落中建有一座规模较大且拥有过道的房屋，用篱笆和沟渠围拢隔开，可能是村落首领的居所。房屋庭院内也有工匠们制作皮革、树木、兽骨、鹿茸、铁器以及青铜器的作坊。在大房间发现的遗存中竟包括来自罗马的进口商品。耕牛也圈养在庭院内，院内还建有谷仓，这表明居住于此的首领可能控制着当地的农产品。很多独立长房中建有九柱式的谷仓和棚屋，村落内也建有一处大的长厅用于社交活动。

人工岛

很多苏格兰和爱尔兰的湖泊以及不列颠其他地区都建有人工岛——经扩充天然岛而成或完全由人工建成。从新石器时代开始,人工岛逐渐出现在这些地区,尽管大规模的出现是在铁器时代。人工岛主要作为防御性聚落修建,但其他防御措施,如木制篱笆需要的劳动量显然相对要少,因此修建人工岛可能同时也是实力和威望的象征。很多人工岛仅作为单个农舍的地基,尽管会有一些大型村落出现;其他人工岛也仅用于捕鱼和捕获其他水禽,或是仅作为防止家畜免于野兽之害的畜栏。一些人工岛离湖岸较近,而一些则远在水中央。至于与陆地相连的方式,一些通过木制堤道,有时也用如吊桥般可收起的木板;一些则只通过小船。

修建人工岛所使用的木材多种多样,从嵌入湖床以为地基和边框的木柱到用作木制台基底部的废木和灌木。石块和巨石以及泥炭、泥灰和黏土也都会倒入湖中以为整个人工岛地基。

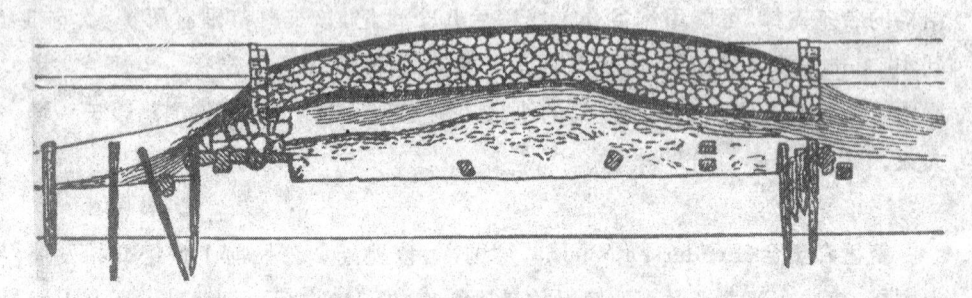

图 4.5 爱尔兰罗斯康蒙(Roscommon)地区阿达金陵湖(Ardakillin Lough)上的一个人工岛剖面图,显示出人工岛通过立于湖床的木柱、石块和泥土堆积的修建过程。(Lubbock, John. *Prehistoric Times*. New York: D. Appleton and Company, 1890)

米尔顿湖(Milton Loch,邓弗瑞斯[Denfries]和加洛维[Galloway],苏格兰)
该地发现一处人工湖遗址,约在公元前 700 至前 300 年间有人居住。人工湖上有一座大长房,直径达 42 英尺(12.8 米),长房内部由隔墙分成多个小房间。

除有一处木制堤道与陆地相连外,该岛在形成凸堤的两个延伸台基间还形成一个小港口。在该湖畔附近,至少建有其他两个人工岛。

格拉斯顿伯里(Glastonbury,萨摩塞特,英格兰) 该铁器时代村落建于一个由黏土和木材筑成的人工湖岛上,目前湖泊早已成为陆地。该聚落出现在约公元前150年,起初只有少许圆房和棚屋坐落于围场内。但随后新房屋不断修建,人工岛周围也建有篱笆及一个浮动码头。该聚落在鼎盛时期大约居住200人,但随后人数不断减少。村落由众多带有附属建筑的大圆房组成,附属建筑通常用于一些家庭手工活动,如炊煮、纺织、制作金属制品、陶器、木器以及篮筐等。其中一个较大房屋可能专为村落首领的居所。羊群在夏季牧养于附近荒地,而在冬季则因村落周边湖水泛滥而被赶进附近的山上。羊毛纺织可能是当地的重要行业。村落在附近干燥区域开垦田地,从湖中捕鱼,用黏土弹猎杀野禽。在村落的木制器具中还发现众多木舟和轮制容器以及轮毂。

堡垒、石塔和防御型农庄

在公元前第四个千年至公元前第一个千年期间,石墙建筑多次出现于大西洋沿岸,伊比利亚半岛和西地中海的众多岛屿地区。一些是为先民提供聚落和为防御邻人入侵而建;另一些似乎并非出于防御目的,因为石制建筑作为实力和威望象征而建的例子比比皆是。有的聚落修建石制壁垒或沟渠堤岸来设防。其他聚落的防御工事也包括石塔,但石塔亦可作为散居乡野居民的庇护所,或是直接作为居室或防御性储藏地。

铜石并用时代的伊比利亚半岛

在葡萄牙南部的塔霍河(Tagus)河口及阿尔梅里亚(Almeria),发现一些由众多墙壁围拢的遗址,可追溯至公元前第四个千年末期。这些带有堡垒的墙壁异常宽厚。很少有证据表明当地此时战事频繁,因此,厚墙极可能只是为炫耀和赢得威望而建,而非出于防卫之需。聚落旁是由巨石修建的坟墓。这些遗址的使用一直延续到公元前第三个千年末期,可能为当地精英所用,他们的奢华墓葬同样可见于当地的巨石坟墓。至于这些防御工事内部的房屋信息,目前一无所知。

赞布加尔(Zambujal,葡萄牙) 该遗址位于一半岛上,由厚达13英尺(4米)的环形墙围绕,只有一个入口通向内部,但入口外却有两道带着堡垒的墙壁把守。一道宽13英尺(4米)的石渠横在最内墙壁与中间墙壁正中。墙壁时常会被修补和加固。墙壁外则留有巨石坟墓组成的墓区。

洛斯米拉雷斯(阿尔梅里亚,西班牙) 该遗址建于岩石岬角,岬角由三道坚固墙壁环绕。内部是一片小的区域。起初,通向聚落的入口仅是通过外围墙壁的一个小缺口,但这在稍后得以修饰。后来,入口变为精致的廊道并带有望楼,控制范围至少在38英尺(12米)内。许多圆形碉堡沿墙壁外围修建。规模较小的石制围场位于外围更远处,内含一个由80个长廊式墓室组成的墓区。

石塔、卫塔与巨石柱

公元前第二个千年,石塔房屋出现在地中海各岛;其中包括人们所熟知的撒丁岛的史前圆形石塔、科西嘉岛的卫塔(torre)以及巴利阿里克群岛(Balearics)的巨石柱(talayots)。它们建有并行的双墙以在中间形成通道和台阶,由此通向石塔内二楼或三楼的小屋。石塔顶部合拢形成一个储藏室。早期的石塔茕茕孑立,它们可能是单个大家庭等小规模共同体的居住地,但在外敌来犯时,它们也可能作为更大共同体的庇护所。然而,在公元前12世纪,石塔周身也附建有石制堡垒或叶形建筑物。如此便形成一个防卫森严的村落以供当地所有人居住,为他们提供保护以免共同体间的相互攻击。有时,石塔周围也会重新修建一个由石屋组成的村落以备不时之需。随着时间流逝,石塔逐渐发展成为当地共同体首领的居所。

石墩和塔堡

在青铜器时代早期,约公元前2200至前1500年间,由众多环形防御型石墙环绕的庞大石塔建筑,即所谓的石墩(Motilias)或塔堡(Morras)出现于西班牙东南部。它们相互平均间隔约 10 英里(15 公里),为居住在梅塞塔平原的居民们提供指向标,因为当地水资源的短缺现状已经成为决定定居地点的关键因素。这些石塔建筑结合了史前圆形石塔和西地中海各岛其他石塔风格,同时也充分体现了当地的生活特点。围绕石塔的聚落范围达 7.5 英亩(3 公顷)。

这些石塔多建有正方形或长方形地基,地基墙壁可达 3 英尺至 4 英尺又 6 英寸厚(1 到 1.4 米),高度各异,有的甚至远高于 20 英尺(6 米)。此后外围不断有新墙修建。墙壁内部空间被木板或石块分割成若干部分,形成多个独立空间以进行手工活动,或用于储藏谷物等大规模的储藏活动,主人居住在墙壁外围的房屋中。与此相反,同时代居于山地的聚落也建有复杂的石制建筑物,但并无在中心进行储藏的证据存世。

圆形石塔

在公元前第一个千年末期,苏格兰部分地区出现了人们所熟知的圆形石塔等石塔房屋。但在当时大部分地区,精致的农舍更为普遍。在奥克尼,这些石塔建筑成为大型聚落中心所在地。据推测,奥克尼的圆形石塔可能是当地首领的居室,而周围房屋居住着他的部民。

古奈斯(Gurnes,奥克尼主岛) 该地建有一圆形石塔,石塔底部有宽大的地面长廊,并由一座庭院和一道坚固的围场环绕。在墙壁和石塔中间有众多半独立式的石屋,可能住着 30 到 40 个家庭。该聚落有人居住约三个世纪之久。在石塔内部,有用石块修建的隔墙、水槽和炉灶。

亚尔斯霍夫(Jarlshof,设得兰) 在新石器时代,一个存在许久的史前村庄在此地开始修建,其因天然港口、丰富的淡水和可耕种土地以及牧场等条件而备受青睐。在稍后青铜器时代,一座圆形石塔修建于此,因海岸侵蚀而现有一半残存。石塔入口位于现已消失的部分,但在内部的另一侧,地面上有一间小房靠墙而建。石塔内部的中心位置挖有一口深 13 英尺(4 米)的水井。石塔外围附近建有庭院,石墙高 10 英尺(3 米);庭院内稍后建有一立柱式圆房。稍后时期,该圆房被弃,但后来,一间轮式新房屋在该遗址局部地区修建,同时在庭院内修有另一处房屋，而石塔内也建有一间。在这一备受青睐地区，聚落不断修建直到维京(Viking)时期甚至更晚。

堡垒和木屋

公元前第一个千年末期，众多筑有防御工事的村庄出现于设得兰岛的岬角。村庄由围墙环绕，围墙内修建有单坡顶木屋。一些村庄正好在围墙入口通道修建堡垒，堡垒多为坚固的石制建筑，内有多个小房间，有时也在房间后修木屋。一个巨大的门廊通向围场，根据对爱尔兰地区相似结构的分析推测，这可能是整个堡垒首领的居所，该观点也有其他例证，如在克里凯敏(Clickhimin)，只是当地的堡垒稍后被石塔建筑取代。

D形防御工事

在公元前2世纪或前1世纪，众多D形防御工事出现于斯凯岛及附近的苏格兰陆地，它们通常由半圆形墙壁或双排中空的D形墙组成，D形工事的正面是以悬崖峭壁而成的天然屏障。同石塔建筑一样，这些防御工事通常建有坚固的入口通道，通道内建有木门，木门用粗大结实的木柱销合以加强防御。

石堡

在爱尔兰西部，小型共同体居住的村庄内通常建有众多石墙用以防卫，即为人们所熟知的石堡；其中一些可追溯至公元第一个千年，而其他可追溯至青铜器时代晚期。众多石堡在悬崖峭壁等险要地势建造，另外一些借助于岛屿优势。坚固的内墙有时高达18英尺(5.5米)，它们环绕着聚落使其坚不可破，而墙壁旁也常建有台阶可使居民攀登。

奥加萨高地(Dun Aonghasa，阿兰岛[Alan Island]，爱尔兰)　一处坐落于陡峭悬崖旁的小聚落，从公元前第二个千年晚期到公元第一个千年期间一直有人居住，它由一个半圆形围场围拢，但稍后又建有新的近似长方形的外墙，外墙远处建有防卫栅(chevaux de frise)。另外一道墙壁围拢着更远处的一片区域。

悬崖城堡和岬角堡垒

悬崖城堡和岬角堡垒可算是第一个千年布列塔尼、爱尔兰和西不列颠地区的一大特点,恺撒在远征高卢时也曾提到以此作为庇护所。岬角一侧是伸向大海的陡峭悬崖,另一侧则通过在陆地边缘挖成的堤岸和沟渠设防。一些碉堡长期有人居住,但另一些可能仅在需要时使用。它们可能也用于宗教目的;古典著作家曾提到此类地方是神的圣地。在设得兰,一些悬崖城堡内常建有圆形石塔。

环形围场、围墙及小山围场

从公元前第二个千年到罗马时代,不列颠西部部分地区的居民多聚居于建有防御工事的村庄,如人们所熟知的英格兰西南部的环形围场和威尔士的山寨围垣。聚落由一些圆房和储藏建筑组成,四周有坚固的石墙或沟渠堤岸形成的围场。在苏格兰西部地区也建有相似的石制围场,即人们熟知的设防高地,同时期布列塔尼西部的聚落风格也与此相似:村庄由沟渠或堤岸布防。

田园围场

在公元前第四个千年末期和第三个千年,法国南部高地遗址中曾建有如布萨古(Boussargues)和莱布(Lébous)等石板砌成的多边形围场。围场角落通常建有众多面向内部、圆形或半圆形带有拱顶的建筑物,建筑物内部有炉灶和陶罐,可能为房屋,居住着将牲畜圈在围场内的牧人。该地区未被围拢的聚落或洞穴也可能在夏天的几个月供牧人居住。

土墩

巴尔干和希腊地区早期的聚落多为小规模村落,约由 10 到 20 个房屋组成,尽管稍后规模不断扩大,并通常形成土墩,当然也有一些地区并非如此。在巴尔干地区,众多村落所包括的房间多达 60 个。在希腊,虽然房屋内也建有炉灶,但聚落屋外的火炉似乎表明整个村落的居民曾一起炊饮;在巴尔干地区村落里,炉灶通常建于室内。一些村落会建有一大型房屋,其用处尚不明,可能是公共活动大厅或是宗教性建筑。墓葬则散见于多地：在房间地下、在房屋周围，或是在整个聚落的边缘地带。

　　在匈牙利等地区的土墩村落，房屋多聚集而建，有的并布成排。由于土墩增高，房屋通常更为紧密。到公元前第五个千年中期，一些巴尔干地区的村落已具有相当规模并合理布局，房屋成排修建或同心外环，或是划块修建。这些建筑物包括居室和储藏室，以及一些当时具有特殊匠艺工匠的手工作坊。有些房间规模明显要大：可能为公共活动所用，也可能是精英人士的居所。村落可能也建有房间作为圣殿，而这种推测基于房间内的存世物品，因为房间内已发现众多造像。村落总体上处于良好的防御状态，这不仅体现在选址，还表现在村落建有沟渠和篱笆或石墙环绕，只在最重要部位建有入口。

　　在公元前第四个千年晚期和第三个千年，防卫需要和欲望日渐增长，聚落多修建在具有天然防御优势的地方，如岬角或高山，修筑的防御工事也愈加坚固，众多先前的土墩聚落被弃，至少部分是因为半干旱性大草原对该地的侵蚀。在一些聚落范围缩小和不断分散的同时，另一些聚落的规模不断扩大并作为整个地区的人口聚集地，人口数量数以千计。土墩聚落继续存在并盛行于一些低地或丘陵地带直至青铜器时代。

　　新尼科梅迪亚（希腊）　该史前村落内的房屋呈长方形，房屋地面由泥浆覆盖芦苇铺成，墙壁由木板缠芦苇后粘着泥浆筑成，房屋屋顶用芦苇建成。炉灶如同垃圾坑一样置于屋外，而屋内建有一黏土盆。一个由六间其他房屋环绕的较大房屋可能是圣殿：屋内含有造像而非家用物品遗骸。该聚落约有2000年历史，约公元前5000年遭弃。

　　卡拉诺沃（保加利亚）　该村落从公元前第六个千年开始，几乎被连续居住达2500年，形成一个高39英尺（12米）约10英亩（4公顷）范围的大土墩。在新石器时代初期，村落约有15到60间房屋，大多为单室或双室且成排而建。众多拥有三室的房屋通过篱笆与聚落内的其他房屋分开。在公元前第五个千年该村落约有50个房屋，范围延伸到土墩边缘；一些房屋规模比先前要大，有些甚至建有沟渠环绕。

迪米尼（Dimini，色萨利[Thessaly]，希腊） 该聚落修建于公元前第五个千年。聚落内一间规模较大的三室房屋位于地势较高的中心位置，带有一石墙环绕的大型庭院。众多同心墙和横墙围成其他区域；一些区域形成庭院，各建有一座大房屋；一些用于炊煮和匠艺活动，以及修建储藏设施和其他建筑。房屋内的遗骸表明，众多房主一起大规模制作椎骨物品，而这已远远超出他们当时的实际需要。

亚斯多萨-卡波纳哈洛穆（Jaszdozsa-Kapolnahalom，匈牙利） 该土墩聚落高达 20 英尺（6 米），因位于河道蜿蜒地带而具很强防御能力。一道高垒深沟环绕着大片区域，其中有土墩地基；该范围内一侧是用于储藏的坑窖，另一侧建有房屋。另有新的壁垒和沟渠环绕土墩，土墩上的房屋平行并置，其中多有巷道。这些房屋呈长方形，为原木屋式建筑风格，屋内建有炉灶。在其居住期间，约在公元前第二个千年初期，聚落的地基增高 8 英尺（2.4 米）。

山堡和设防村落

公元前第四个千年，欧洲东南部地区开始在海岸岬角和高原等防御型地区修建设防聚落，并在稍后时期变得普遍。一些聚落规模较小，但大多为大规模核心聚落，似乎居住着整个区域范围内的大部分居民。在公元前第二个千年晚期，山堡广泛修建：这种防卫森严的山顶建筑或山腰建筑通常作为庇护所而非久居型聚落，尽管后者也时有所闻，尤其是在铁器时代。一些低地的防御型建筑也为临时性庇护所。众多聚落地址极尽天然险要，如岬角、深山峻岭或岛屿；而这常通过墙壁、篱笆、堤岸、沟渠加固，其入口也常通过门廊和其他防御工事加固。通过对木料、泥土和石块的多样化使用，防御工事的类型也不断改进。

设防村落

及至青铜器时代晚期，设防村落已遍及欧洲。那些不占地势之利的村落则修筑坚固的篱笆墙或由木材、石块、黏土建成的壁垒。聚落内保留有一些手工活动的遗迹，特别是冶金业，而其生产的物品似乎要远多于自身实际需要。巴尔卡

(Barca)和施庇斯基-施特弗托克(Spišský Štvrtok)等众多聚落都有金制品储藏室,但其布局和建筑风格却很少体现出社会等级差别;更为合理的解释是其主要用于丧葬仪式和用作陪葬品。

巴尔卡(斯洛伐克) 该聚落为长方形房屋聚集而成的奥拓玛尼(Otomani)聚落,位于两条河流汇合处的岬角,因此聚落两侧有两条河流作为天然屏障。其另外两侧由一条宽广的沟渠和辅以篱笆的堤岸布防。

维特诺尔-霍恩(Wittnauer Horn,阿尔加尔[Argau],德国) 该青铜器时代晚期聚落由26个房屋组成,位于狭长山脊上。大部分房屋沿山脊三个方位修建,但其中两座建在中心位置。一道高达33英尺(10米)的坚固壁垒防卫着聚落的狭窄入口。

比斯库宾(波兰) 该村落完全占据着湖泊半岛,约从公元前730年开始持续了300年左右。它三面环水,另一面对着湿地,聚落也正修建于此。桦木和桤木树枝及其他木料、沙石、黏土和石块均用于修建台基。一座木桥与远处的硬地相连。坚固的木制壁垒用来加强防御,壁垒旁建有塔楼守卫门廊,另有一道橡木和松木桩建成的坚固防波堤,成45°角环绕聚落以防水害。在内部,村落由诸多并排共顶木屋组成。一些房屋内存留有手工废品,很明显其为匠人制作青铜、皮革、骨类器物的作坊和居室。聚落内房屋数量过百,居住人数可能也达700到1000人。在整个聚落范围内,各排房屋和栅栏间都建有木排堤道。该聚落的设计和修建风格统一。数据显示,该工程需要的木材量在十万棵树左右,劳动量多达九十万人次;根据其规模推算,可能修建于一年至两年内。

施庇斯基-施特弗托克(斯洛伐克) 该设防村落出现于公元前第二个千年,由26间房屋组成,其中最大最坚固的一间修建在独立防卫的中心山堡上,四周由石板铺成。金器储藏于在一些房屋地下。一道石墙壁垒和沟渠防卫聚落,同时有塔楼在门廊守卫。

迪兰德营地(Camp Durand，旺代[Vendee]，法国)　该村落出现于青铜器时代，由数百人居住。村落内建有匠艺区和用于储藏的围场及房屋，外有坚固的石制壁垒环绕，并在入口处建有门塔。

城堡

从公元前第一个千年到公元初期，人们所熟知的城堡(Castros)——建有防御工事的聚落——广泛出现于伊比利亚半岛西北部，特别在加利西亚(Galicia)地区。它们通常位于高地，均具战略意义，并建有厚20英尺(6米)的坚固石墙。聚落甚至用防栅来加强布防。这些城堡规模不等，从小村落到大聚落不一而足，且房屋通常为石圆房并以稻草盖顶。村落包括地下浴室，可能具有宗教或医疗用途。城堡也出现在内陆多山地区，常伴有火葬墓区。在杜罗河(Douro)中部山谷中，圆房组成的村落有时也形成土墩。从公元前2世纪晚期开始，因受罗马影响，一些城堡更具城市特性，开始出现规则布局的街道。

桑芬斯的西塔尼亚(Citânia de Sanfins，费雷拉的帕克斯[Pacos de Ferreira]，葡萄牙)　该聚落位于伊比利亚半岛，为早期罗马时代发展程度很高的聚落，面积达37英亩(15公顷)，居住人口3000有余，聚落内分成规则的组群，正如罗马的围屋(insulae)一样，每个组群又细分为小部分，各包含四到五个圆房，可能隶属于一个大家庭。

山堡

公元前第二个千年晚期，在山巅上建立防御工事的习俗开始出现，在公元前第一个千年期间盛行于大部分欧洲地区，尽管这种现象并未持续或长久存在于所有地区。一些山堡是防御型村落，但大多为小规模设防区域，其中仅有少量手工作坊和房屋，房屋也可能仅为当地首领及其随员所备。山堡为散居周围的乡村居民提供一处庇护所，同时也是周围村民辛苦收获谷物的安全储藏地，因此内部常有很多坑窖和谷仓。一些山堡也为牲畜圈养提供了空间。其防御工事通常为堤岸沟渠和木制壁垒。

布雷丁（Breiddin，波厄斯郡[Powys]，威尔士）　该山堡遗址面积达75英亩（20公顷），从青铜器时代早期就有人居住，而在公元前第一个千年初期加筑了防御工事。主要包括一道由石块和泥土修筑的坚固壁垒，后用木板加固；壁垒内建有房屋，炉灶和一个四柱式谷仓。一座正方形水池立于中央，为生活或避难于此的人提供水源。

霍伊纳堡（巴登-佛登堡[Baden-Württemberg]，德国）　该山顶围场位于多瑙河流域，约7.4英亩（3公顷），从青铜器时代中期至公元前500年期间断断续续有人居住，其中包括公元前6世纪希腊贸易者在此地进行贸易活动时期。当地首领肯定从中受益不少，这可通过在山堡中发现的进口陶器得到印证。一道盒状的木壁垒环绕山顶，但希腊人在此地进行贸易时期有所例外，部分壁垒由土坯修建并带有堡垒，这显然是不实用的地中海式新风格。一些建筑拥有黏土砖铺成的地面，很可能为精英居室。在山堡脚下是规模较大的塔尔哈（Talhau）聚落，聚落内建有一座多室房屋，可能同样为当地首领所有。在山堡中，一些房屋为木结构，而另外一些建于枕木上。山堡中有谷仓，手工作坊用以制作玻璃、骨器、青铜器、铁器、纺织、陶器等物品，还有用于熔铁的火炉。在山堡周边空地另有大规模冢墓，其中发现大量奢侈陪葬品。

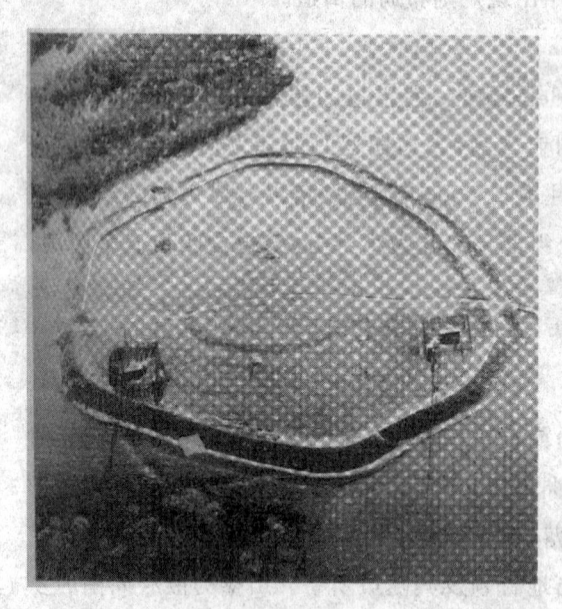

图4.6　英格兰萨塞克斯一座铁器时代山堡——特伦多（Trundle）的俯瞰图。(TopFoto. co. Uk, England Heritage-I/Heritage-I/HIP Photographer: EH/RCHME staff photographer)

丹伯雷（Danebury，多塞特，英格兰）　该山堡位于一座海拔较低的山顶，面积约13英亩（1.5公顷），从约公元前1000年至公元100年间有人居住。山堡内部包括房屋区，最多可居住300到350人左右；另有纺织和冶铁作坊。然而，山堡内更多空间用于储藏的坑窖和四柱粮囤，以便为山堡脚下河谷地带20个或更多村落居民的粮食提供一个安全储藏地。该山堡由一道坚固的夯土壁垒和一道沟渠环绕，沟渠上建有两处堤道；位于东南部的堤道在稍后居住时期（公元前500年后）曾被精心修整。同一时期，山堡外围重新修筑一道壁垒形成额外的空间，可能为当地农民在乱世圈养家畜所用。

玻化堡垒

在公元前最后一个世纪，一些苏格兰的山堡建有石制壁垒布防，但壁垒通常要用木板加固。很多此类壁垒易于着火，当达到一定温度，石块便开始融化成为一种坚固的玻璃状形式，因此这类山堡得名"玻化堡垒"（vitrified forts）。过去曾认为火情只有在敌人进攻或当地居民加固壁垒时才发生，但近来的观点认为，这是蓄意而为的，是一种象征性的破坏活动，即要将整个防御工事夷为平地。

城镇

城镇在公元前第一个千年晚期开始出现于欧洲大部分地区，通常包括庞大人口和大规模手工活动。正如在法国南部、伊比利亚半岛南部和东部地区的城镇一样，一些城镇在周边来自迦太基、希腊、罗马等文明社会共同体的影响下变得城市化。然而在其他地区，如色雷斯（Thrace）、亚得里亚海（Adriatic）北部，或是欧洲中部，城市化所获得的繁荣和多样性要归功于其他因素，诸如相互间的贸易往来和手工制品尤其是铁制品的繁荣。一些城镇的规模在先前聚落的基础上不断发展扩大，但大多另择宝地重新修建；在欧洲温带地区称其为"oppida"（城邑），该术语源自于罗马人的称谓。在欧洲西部和南部，城镇继续发展直至罗马人的征服，但在多瑙河北部地区，它们在公元前1世纪晚期被弃。

古典化的城镇

在法国南部海岸地带以及伊比利亚半岛的地中海沿岸，甚至是沿着加隆河（Garonne）及其他一些河流的内陆地区，希腊人、迦太基人和稍后罗马人的定居、贸易的出现,以及探矿者的到来对当地居民产生了十分深远的影响。在公元前3世纪,此地城镇的发展明显带有很多来自其邻居的特点。建筑物通常使用凿石和土坯,且布局规则。然而,在其他方面它们却坚守当地传统,例如在昂特勒蒙(Entremont)公共建筑中出现的头骨(severed heads)。

昂特勒蒙(法国)　该遗址在公元前2世纪(或许更早一些)曾作为萨鲁威(Saluvii)的都城而修建。自从希腊人约于公元前600年在马萨利亚(Massalia)附近建立一处殖民地后,该地区便受到古典世界的极大影响,这反映在昂特勒蒙一座上游城镇的布局上。城镇的街道网状排布,房屋为双层,由土坯立于石基上修成。大的陶罐放在房屋边上以汇集雨水。村落位于整个遗址的西南角,一道建有瞭望塔的石墙环绕其周,而另有一道围场环绕整个聚落。一座公共建筑位于内墙两个瞭望塔之间的区域。除了开放式柱廊,该建筑还有一个大厅,有用黑白石块镶成几何图案地面。然而,建筑的正面却采用了非常凯尔特化的风格,带有由钉子固定的头骨,这与那些受古典风格影响的特点完全不同。主要聚落区域北部和东部可能体现着因人口增长而进行的聚落扩展。作坊和火炉等手工活动设施也出现于下游城镇,但下游城镇的布局却不甚规整。压榨橄榄反映出当地曾生产橄榄油。该城镇在公元前123年或前90年被罗马人攻陷。

努曼提亚(Numantia,西班牙)　该防御型聚落出现于公元前7世纪,位于一座三条河流汇合处的平顶山上。据斯特拉波(Strabo)记述,约在公元前3世纪,该聚落被一个凯尔特—伊比利亚(Celtiberian)部落阿雷瓦西人(Arevaci)攻占,他们驱逐了当地原住民并新建一个约60英亩(23公顷)规模的城镇。该城镇受古典世界的影响主要体现在其布局上:两条宽广的大街由圆石铺成,作为主干道并与其他街道交叉形成一个网状结构,方形房屋建于其上。房屋为木柱结构,墙壁由土坯砌成或再覆盖草泥,屋顶由木梁辅以树枝建成。房屋被分成三个内室:正中央一间内建有炉灶,稍外房间内建有扶梯通向一处地下室。一道内部围墙沿城镇壁垒的西侧而立。壁垒通常在地利优势稍差的地方着重加固;其由石块建成并规则地建有堡垒。该城镇在公元前133年被罗马人攻陷并夷为平地。

城邑

本地城镇，即已知的城邑，在公元前2世纪和前1世纪期间开始出现于欧洲温带地区，包括从法国到斯洛伐克间的多个国家。其范围可能因人口增多和地中海世界村落不断涌现而获得极大扩展。一般而言，城邑修建会采用新选址，位于高地之上的凸出位置，以便于控制交通路线，并在地形上或心理上统治周边区域。偶尔，它也会修建于旧址之上，一些城邑还可能位于河口平原，在曼兴（Manching）则两者兼有。它们大多由坚固的壁垒环绕，并带有精致修建的堤道，但此类防御工事用来控制人口和货物流动的次数和用以防卫的次数不相上下。城邑是部落行政和政治中心，同样也扮演着重要的经济和宗教角色。在规模上它们要比先前的聚落大许多。

房屋通常沿街修建，在只有富者居住石制建筑的时代，其规模和风格很大程度上反映了房主的社会地位。一些城邑会在内部最高处修建一座防御型堡垒，而这里通常也是精英的居所。聚落的部分空间也被作坊所占，在这里居民每天进行丰富多样的手工活动，如冶炼青铜和铁、烧制陶器、生产珠宝、制作各种木质、骨器、玻璃和石质器具；而通常铁制工具和陶器的生产量最大。城邑通常也有自己的造币厂；度量器具和小面值钱币的出现暗示着此地经济市场的存在。而双耳陶罐和其他地中海地区的进口物品也说明这些城邑的居民曾参与大范围贸易活动。

规模较大的城邑还包括含有耕地和牧区的农场、谷仓及其他一些储藏设施，而后者在所需之时可为该地区的乡村居民提供住所：例如，当恺撒围攻比杜里吉斯人（Bituriges）的都城阿瓦利肯（Avaricum，即现今之布尔日〔Bourges〕）时，当地居民加上在此地避难者计约四万人，但恺撒屠城后只剩八百人。一些城镇，如比布拉克特（Bibracte），在罗马征服后也仍然使用，但罗马人大多会在其周边低地区域建立新城镇。在东部更远地区的城镇则遭受到如马尔克曼人（Marcommani）和达契亚人（Dacians）等侵略者的入侵。

内雷亚（Nerei，奥地利） 诺里克姆王朝为了控制阿尔卑斯山东部的盐矿和金属矿区而将此地作为都城，即现今所确认的马格达棱斯堡（Magdalensberg）

第四章 聚落

的城邑。该城邑建于公元前 2 世纪,面积约达 865 英亩(350 公顷)。此地为铁器制品生产中心,发现有众多火炉和大量铁渣。罗马人与内雷亚人紧密的贸易联系从公元前 2 世纪中期便已开始,约在前 100 年,他们在建有城邑的山丘脚下建立一个贸易站。刻写在一些房屋地下室墙壁上的商业账目提供了众多关于这些出口贸易的详细信息,出口的铁制品有铁砧、铁钩和铁锅等。

扎韦斯特(波西米亚,捷克共和国[Czech Republic]) 扎韦斯特的城邑于公元前 2 世纪早期修建在一个先前的聚落旧址上,因由博伊人(Boii)所建而享有盛誉。博伊人为凯尔特人部落之一,它们在公元前 4 世纪的到来可能迫使该地区先前的一处山堡被弃。该城邑长达 6 英里(9 公里)的围墙由众多同心壁垒组成,环绕形成的区域多达 375 英亩(150 公顷),其中包括山顶和其间的山谷。一道坚固堤道控制着通向内部的入口,但曾多次重建。进入城门便是作坊所在地,其中尤以铁器制作为重。此外,城内包括房屋区和宗教辖区以及农场,城镇也铸造金币和银币。稍后时期,围墙又新建三个城门。在该城邑发展史中的稍后阶段,其北部区域补建有防御工事,可能用于提供庇护所。扎韦斯特约在公元前 25 到前 20 年间毁于大火。

曼兴(巴伐利亚,多瑙河河谷) 该村落专事匠艺活动,没有修建防御工事,约在公元前 2 世纪晚期发展或被城邑取代。出于农业和河运交通需要,该城邑战略性位于多瑙河南部帕尔河(River Parr)的冲积平原;因地势低平,此地建筑物需用坚固壁垒布防。其 5 英里(7 公里)长的高卢墙(murus gallicus)围拢着多达 940 英亩(380 公顷)的区域,保护着聚落区、手工活动区和谷物加工区,以及大片农田,那里常种植着大麦、二粒小麦、豆类和亚麻。在城邑的部分区域,房屋沿街而建,屋后建有大量坑窖。精英们的房屋中建有地下室,并发现有马饰之类的身份象征物品、房门钥匙以及一些城邑出现前不得而知的物品。众多区域专用于各种手工作坊,生产大量的青铜器、铁器、玻璃、骨器、鹿角、皮革、木材制品以及造币。石墨陶器等陶器类型在此地大量生产并因贸易交流至莱茵河河谷和现今德国中部地区,同时该地区也进口众多地中海物品,特别是酒和精美的青铜或陶制酒器。用以储藏谷物(可能是所得贡物)的基本设施有桶状坑窖和四柱粮围。该聚落在公元前1世纪中期被弃。

比布拉克特(勃艮第[Burgungy],法国) 该遗址即现今的博弗雷山(Mount Beuvray),为面积约达320英亩(135公顷)的城邑,范围包括多座山峰及其间的溪谷,由一道3英里(5公里)长的高卢墙围绕,带防御型城门。进门迎面是一条两侧布满石基建筑物的街道;以房屋和作坊为主,铁、青铜和玻璃在作坊被制作成工具、武器以及珠宝;玻璃珠子当时为此地特产。在城邑深处,不计其数的清泉和溪流为居民提供水源,当然也有大片房屋,其中包括统治整个聚落的精英的房屋,它们临山脊而建。在整个城邑中离城门最远的角落里,建有正方形大神圣围场,里面放置着人们的祭品。比布拉克特是埃杜维人(Aedui)的都城,其为罗马人的盟友;恺撒于公元前52年在远征高卢时曾在此过冬。

区域性城邑

在不列颠,早期城邑的发展与众不同:它们建有范围广大、布防松散的城邑——人们熟知的区域性城邑——来战略性地控制贸易交流。维鲁拉米乌姆(Verlamion)和卡穆洛杜努姆(Camulodunon)是其中典型,它们相继为卡图维勒尼人(Catuvellauni)的都城,但众多鲜为人知的例子更广泛存在于英格兰南部和东部地区。大量土木工事(沟堤)环绕范围广大的区域,其中包括聚落、墓区、圣坛、手工活动区以及耕地。位于东南部的城内也建有造币厂。其中不论土木工事还是一些主要建筑仅为显示威严实力而建,或许这也是沟堤的主要功能,因为它们并不能提供有效防御。

卡穆洛杜努姆(埃塞克斯[Essex],英格兰) 卡穆洛杜努姆即现今的科尔切斯特(Colchester),面积达10平方英里(16平方公里),位于两河之间并在西部由一系列沟堤布防。城内聚落云集,但相互间以空地隔开,或许以此为耕种或放牧之用。在西彭(Sheepen),主要聚落区内有房屋和手工作坊,后者进行制陶、冶炼、上釉、制盐以及其他匠艺和手工活动,其中包括造币。一个宗教祭台,或许为了祭祀战神卡穆洛斯(Camulos),而修建在戈斯贝克-格林(Gosbecks Green)——位于一座山顶的精英居住区附近;或许该聚落的名称"战神堡"(Fort of Camulos)正来源于此，而这也可能是城内的最早聚落。在莱克斯登(Lexden)发现一处墓区，包含众多坟墓和两座规模较大的冢墓，其中一座覆盖着一个大葬坑，伴有大量奢侈随葬品，包括一枚刻有皇帝奥古斯都头像的奖章和一个罗马的仪式搁凳，两者可能都是奥古斯都赐予当地国王的外交性礼物。而这些证明该都城的建立可能要早于公元1世纪初期。卡穆洛杜努姆最初只是特里诺文特共同体(Trinovantes)部落中心，但被卡图维勒尼人征服后，后者将其作为都城并更名为维鲁拉米乌姆；该城内的一个小聚落随后成为罗马行省大不列颠(Britannia)的首府直到在公元60年被布迪卡(Boudicca)大军攻陷。

界标

边界划定

不同共同体间依地形划分疆界的办法可追溯到史前时期。民族学方面的研究证据表明，如欧洲旧石器时代和中石器时代初期先民一样，居无定所的采猎者们依据地形(他们每年的活动区域)对其活动范围的划分有着良好的秩序和规划，这样便保证一年中不同时期所需的资源得以供给。通常，血族关系可使任何一个共同体加入另一共同体以共享他们每年的活动范围。

然而，定居共同体通常仅得较小的活动范围，相互间的划分更明晰，各自对边界划分的维护也更坚决。对一片耕地的或弃或用改变了人地间的自然联系。与通过一个有序但多变的组织体系来获得对土地自然资源的使用权利不同，定居及农耕使得先民和他们长久居住和耕种的土地间建立了紧密的所属关系，即他们拥有土地本身而非只有获得物品的权利。

土地所有权不断扩大产生的直接后果便是对疆界划分的需求，而实现方式也多种多样。田地通常由木篱笆围绕，在多石地带或在耕种前可清理出石块的田地则用石墙围起；堤岸或沟渠及两者同时使用的情况也很普遍，并通常带有灌木树篱。这些措施不仅可划分出一个家庭或是共同体的活动范围,更能使其免于野兽和家畜侵害。相似方式也可用来抵御野兽、圈养家畜,同时对外人有所警示;对篱笆、堤岸和沟渠,甚至非常坚固的长墙而言,它们可能主要作为共同体或家庭的一种存在表现,尽管也具有防御功能,但更多只是证明着所有权和管理保护这些疆域的能力。在公元前第二个千年的达特姆尔高原(Dartmoor)以及欧洲西部新石器时代和早期青铜器时代其他地区,划分疆域范围的石墙修建在广阔的土地上,用来环绕聚落、耕地和牧场。

基于如此规模,共同体对于一片区域的使用权利,包括田地、牧场、林地、水源和其他必需品以及圣地和具有文化意义的区域,通常会在容易被过往者看见和理解的显要位置竖起碑石以示强调。在欧洲大西洋沿岸新石器时代期间,坟墓便因此目的而作为疆界标志,因此它们常位于显要易见的位置。一些地区的坟墓是长形的冢墓,而一些地区则由巨石建成。这些纪念物不仅明显体现出修建者的实力,具有鲜明的标记作用,而且通过盛装一些或所有共同体死者的尸骨而强调了当地居民和该地区祖祖辈辈的联系,成为说明该共同体自无从追溯的久远时代开始便享有所有权的明显标记。

从公元前第四个千年晚期的不列颠和布列塔尼开始,体现权力和区域所有权的标志转变为石砌围墙、环状列石,以及其他特征鲜明的宗教纪念物;在稍后整个欧洲地区,安葬着首领们的环形冢墓逐渐扮演着起这个角色。

聚落本身也可用来标明疆界。在欧洲东南部发展形成的聚落土墩便是一片区域的显要特征。其他一些聚落则通过修建坚固的防御工事更显独特,而该防御工事也多做炫耀之用而非防卫:例如,伊比利亚半岛上红铜时代的村落,如洛斯米拉雷斯和圣佩德罗新镇(Vila Nova de São Pedro),建有众多的墙壁,其数量通过经常在外层加修石墙而不断增多,尽管当地对防卫的需求可忽略不计。无独有偶,在铁器时代的大西洋沿岸地区,筑有防御工事的宅基和聚落也可能缘此而建;如苏格兰圆形石塔状的建筑可能设计用来震慑外来者并不少于防卫目的。山墙和城邑也常位于显见位置。

在同时代的加利西亚,兽首石像被用来标记属于一个共同体的牧区,而聚落入口树立着等高的勇士石像;在伊比利亚半岛西部其他地区,公牛和野猪(verracos)的花岗岩石像被用于此目的。正如在布列塔尼矗立的石柱一样,这些石像可能也具有宗教意义。总之，在任何时代任何地区，人们总能找到标明疆域所有权的各种方式。

聚落分布

现代欧洲聚落的分布和密集程度并不能为过去的情形提供很好的参考。因为对于大部分冰川期后的史前时期来说，大部分陆地被稠密的原始森林覆盖；尽管随人们的砍伐开发逐渐减少，但森林覆盖面积在很多地区保持良好直到后罗马时期。其他没有森林覆盖的地区也无人居住，因为当时的技术条件尚不能对其进行开发利用。此外，当时欧洲的人口规模——新石器时代大概一百万到五百万间，到铁器时代末期大概有三千万——也说明在早期史前时期，聚落只是在易于开发的地方出现，只有后来迫于人口增长的压力，人们才移居到更具挑战性的地区，或是过着更需辛勤劳作的生活。

中石器时代

约在公元前7000年以前，欧洲仅居住着渔猎者，他们多居住在海岸、湖畔、河边、河口三角洲、沼泽边缘，以及自然环境便利优越的地方。这些先民通常季节性迁徙，随牧群前往高地牧场、去近海岛屿、或是安营扎寨于林中或其他能够提供食物或其余所需物品的地方。尽管理想居住区域已经拥挤不堪，但当时还有大片的欧洲地区无人问津和进行开发。

中石器时代生活方式的合理性使得采猎者人口随时间大幅增长，同时出现的是大规模久居型聚落，特别在海岸地区。到公元前第六个千年末期，还发现当时存在大量暴力冲突的证据，据推测可能由共同体间为争夺同一块居住地而引起。对森林的利用为它们获取更多资源提供了一种新方式，通过用火或是剥皮使其枯萎的方法毁掉森林边缘地带，从而使开阔林地中榛树或其他物种繁茂生长，同时也能吸引猎物；然而这只是对森林开发的冰山一角。稍后中石器时代先民则采用另一种方式，即开发海洋资源。尽管先前在近海水域已开始渔猎，但深海捕捞此时才真正开始。

最后，增加经济产品的方式转移到了农业方面：畜养家畜和种植一定规模的庄稼。这在先前的聚落类型中可得到一定程度的实现；很多地中海地区和欧洲大西洋沿岸地区的共同体仍然乐于居住在海岸、湖畔或其他理想地带,但此时也实行这种混合的生产方式。一些先前高度依赖于野生物品的共同体,如在瑞士和意大利北部的湖畔地带,也通过农耕得以补足,并长达千年;而渔猎继续在一些大西洋沿岸共同体的生活中占重要地位。然而,约在公元前 3000 年,大部分欧洲先民不同程度地依赖于农耕,这可通过他们对聚落选址看出。

早期农耕活动

农耕共同体在公元前第七个千年开始出现于欧洲地区,起初他们定居于土质疏松易于耕种、接近水源并适于放牧的区域;在一些地区,实现这些条件需要开垦一定范围的森林。在希腊和巴尔干地区,聚落主要出现在河谷、风干的湖泊盆地,以及冲积平原的边缘地带。在意大利,聚落通常和塔沃列雷平原或其他低地地区易于耕种的土地相邻。从公元前第六个千年晚期开始,先民们便逐渐定居于欧洲中部河成阶地的黄土地区,而对于更为西部的巴黎盆地(Paris Basin)以及东部的喀尔巴阡山盆地地区,类似的聚落在公元前第五个千年也开始出现。然而,农耕所需的土地此时仍然限于较小规模,通常与房屋周围的菜园相差无几,距离聚落还不足 1 英里。放牧数量不多的家畜也可在这些聚落的临近地区得以实现,尽管时常也会季节性放牧于周边区域:一些希腊和巴尔干地区的村落可能在夏季放牧于河流的漫滩地带,而意大利共同体则选择在平原周边的山间放牧。

公元前第七个千年至公元前第五个千年中期,农耕的最初发展并未波及到欧洲西部或北部,但在随后的 1500 年间,这些地区的农业逐渐开始出现,甚至包括欧洲极北部地区。尽管一些农耕共同体依然定居在便于开发野生资源的地带,特别是海岸,但很多共同体已经选择新的定居点:即同先前一样,土地被很好风干且易于耕种,如在英格兰南部的白垩土地(chalk land)。与此同时,在那些先前就有农耕共同体生活的地区,聚落延续旧地或开辟新址同时并存;如在欧洲中部温带地区小河谷和河间高地;在色萨利和巴尔干地区的广阔平原,那里先前的聚落多集中于边缘地带;在法国南部和中部;在意大利北部和瑞士湖畔地带;以及在先前无人问津的地中海海岛上,其中包括马耳他和爱琴海上的众多

第四章 聚落

岛屿。

迁入和迁出

　　随着人口增长,对食物和其他生活资料的需求通过农业生产的增强、居住范围的扩大和物品的多样化而得以实现。

　　公元前第四个千年,刮犁的引进使得更大规模的土地耕作成为可能,它使田地从菜园或聚落周围等较小范围扩展到周边田野。在一些地区,阡陌相连的小块田地由矮墙或树篱围拢,或由沟渠和堤岸环绕,如此情景在不列颠尤为常见。先前不宜耕种的区域,诸如不列颠地区的沙砾河阶地和日德兰半岛的沙地,现已成为新的耕地。用家畜拉车或载重的方法也使对离聚落较远区域的垦殖变得可行,因为如此便可不用步行前往田地,也毋需自己负载劳动工具和收获的产品。耕地范围的不断扩展势必增强对森林的开发,但直到公元前第三个千年或第二个千年,这种开发才对欧洲广袤的森林产生重要影响。新物种的种植也使聚落周边的田地有更高产量,如在公元前第三个千年的希腊和稍后地中海其他地区,这些新物种包括葡萄和橄榄。众多地区对家畜畜养的格外重视也增加了他们的收入,同时也加速了他们对森林的开发进程。

　　岁月变幻,人口渐增,新居住地也不断开辟。伊比利亚半岛内部干燥的中央高地(Meseta),在公元前第三个千年期间开始迎来它们的首批居住者;过着混合式农耕生活的先民在此时也广泛见于法国南部高原地区、不列颠以及欧洲其他地区。在波河平原的沼泽地带,这些先前稀疏散居着采集狩猎者的地方,在公元前第二个千年也开始出现了农耕共同体(湖上聚落共同体)。游牧共同体,用大篷车载送他们的物品和用以放牧的马匹,也曾经控制着南欧西伯利亚一带树木稀少的半干旱性大草原。公元前第一个千年,北海南部海岸地带的低地区域被人工修整加高,以适于修建农耕共同体的聚落,而此时在不列颠和欧洲大陆内的众多湖泊中,人造小岛多有出现,用以居住或作防卫。

　　游牧部落的发展使得聚落的变换扩展到其他一些地区。他们多在低海拔地区和阿尔卑斯山、法国大科斯高原,以及其他高地地区的营地和山区牧场间季节性移动。一些共同体在河谷或其他有小块可耕种土地的山间建立了久居型聚落;而其土地肥料则由所畜养大量家畜的粪肥来保障,家畜在冬天被圈养在棚栏而免于受冻。这些共同体半耕半牧，大部分人全年居于聚落内，而一些则会在夏季赶着自己的畜群去远处山上的牧场放牧。牧民们可能也会用羊毛和乳制品从那些低地地区的共同体换取一些谷物。

日增的复杂性

　　游牧共同体和农耕共同体间的共生关系，仅是他们特殊化和相互依赖性增强的一个方面。及至公元前第二个千年，若非更早，从事采矿等其他活动的共同体也开始出现，从而满足了当时对石料、金属矿石、盐和其他物品不断增长的需求。一些资源通过季节性的开采获得，然而更多时候，共同体会定居于有可交换物资的区域附近，这取决于用当地物品交换得来的谷物和其他食物进口量的变化。及至公元前第一个千年末期，此类共同体已大量出现；一些通过他们的贸易活动也已变得非常富有，如在霍尔施塔特从事采盐业的聚落，这可通过他们墓地中奢侈的陪葬品得到证明。如此，农耕共同体们则需要增加农产品产量以便有所盈余而进行贸易交换。

　　伴随着社会生产多样化而来的是人口增加。一些地区在公元前第四个千年和公元前第三个千年期间，一些地区在公元前第二个千年和公元前第一个千年期间，都出现了控制当地产品和贸易的精英人士。这也反映在公元前第二个千年出现的一些聚落中，它们多位于贸易网点，当地的首领也正以此来控制物品交流；同时约从公元前1100年开始，正当山堡发展成为周边农耕居民的政治、安全和宗教中心，并可能也为生产中心时，它们也不可避免地进行一些长途贸易。在公元前第一个千年，山堡普遍出现于更广泛地区。一些随时间流逝而规模渐大，控制范围也不断扩大；而有时在同一区域，会修建有规模较大的单个山堡以取代多个小规模的围城。

　　规模更大和更为复杂的要数在公元前3世纪末期出现的城邑和其他城镇。一座城镇可能会取代众多围城或较大村落而修建，或者它们仅作为聚落中较低等级而修建，虽然仍在它们自己的辖区处于中心地位，但却附属于整个共同体的城邑。在远征高卢期间，恺撒曾提到当地人居住在农庄(aedificia privata)、村落(vici)、城邑(oppida)中，他同时也提到了山堡(castelli)。在大范围内，城邑——其中众多居住着数以千计的居民——作为贸易和物品中心，提供着便利服务和

第四章　聚落

交流市场,同时也具有广泛政治影响力:主要城邑是当时管理广大区域的机构所在地。

兴衰交替

  对新区域的扩张贯穿着整个史前时期。在部分地中海地区,如伊比利亚半岛东南部的阿尔梅里亚,灌溉技术的发展使当地共同体可以开垦先前因过于干旱而不能耕种的土地。在公元前第二个千年,高温和渐低的降水量促进了开垦范围向先前不适于耕种的土地开始扩展,如欧洲中部和西部地区的高地地区,以及波河平原等先前过于潮湿的地区。在公元前第一个千年末期,犁刀和犁头的改进发展以及一些地区铧式犁的出现,使对黏土和其他诸如河谷低地等先前过于黏重土质的开垦变得可能。等到罗马征服时期,聚落已经广布于欧洲,其规模和风格也从农庄到村落不等。

  但各地的发展类型绝非千篇一律。从公元前第二个千年末期开始,较为寒冷和潮湿的环境使众多高地地区和边缘地区演变为覆被沼泽或荒滩野岭,从而不再适于农耕而仅可用于放牧。在欧洲北部平原部分地区,洪水侵袭和湿地扩展迫使很多大型村落被弃,只留得村庄和农舍;在瑞士和其他地区,很多湖畔聚落也相继遭弃。相同类型的兴衰过程在不同地区的不同时代都有发生,其原因也多种多样,如过多开采等。例如,在公元前第三个千年早期的巴尔干地区,过度放牧和由此导致的一系列严重后果至少部分是造成众多聚落遭弃的主要原因。

  对其他新资源的开发也影响着地域聚落类型。例如,巴尔干地区易于开采的黑金刚石和氧化矿资源的枯竭和向开采硫矿和铜矿的转变,使得欧洲中部和东南部冶金开采的重心从公元前第四个千年的巴尔干地区在公元前第三个千年转移到阿尔卑斯山和喀尔巴阡山一带,而公元前第一个千年铁器的迅速传播彻底改变了先前的采矿、冶金和贸易类型。地区性兴衰此起彼伏,这对贸易网点的类型和依附于此的聚落产生着重大影响。例如,从公元前6世纪开始,来自地中海的贸易者们横穿整个欧洲内陆,极大地改变了贸易网点分布和聚落的等级制度。

  政治因素在影响聚落类型方面也扮演着重要角色。共同体间因争夺资源经常发生的武力冲突有时会导致聚落的毁灭。因此,居址不仅开始修建防御工事,而且通常迁居到更安全的地方,有时也伴随着人口的减少。在欧洲中部和西部地区,山堡、要塞和其他防御工事在青铜器时代和铁器时代极为常见,而巴尔干地区出现修有牢固防御工事的居所则更早。除当地共同体的冲突外,外族入侵也时有发生,例如来自南欧半干旱性大草原的诺曼人周期性的入侵以及凯尔特人部落联盟的迁徙。在一些地区,诸如达契亚和高卢地区,罗马征服也造成人口锐减、经济衰退。

(张元伟 译)

阅读书目

建筑

Perles 2001, Taylour 1983:Greece;Armit 1997, Turner 1998, Rewnolds 1995: Britain;Whittle 1996:Neolithic; Harding 2000:Bronze Age;Coles 1973:experimental construction; Coles, J. 1973, Coles, B. 1999, Audouze and Buchsenschutz 1992:life expenctancy of house.

民居建筑

Barker 1985, Milisauskas, ed. 2002, Champion et al. 1984; general; Mithen 2003: Mesolithic; Whittle 1996, Thorpe 1996: Neolithic; Harding 2000, Krisriansen 1998: Bronze Age; Reynolds 1995: Iron Age; Bailey 2000: Balkans; Cunliffe 2001a: Atlantic region; Darvill 1996: Britain; Ashmore 1996, Barclay 1998, Hingley 1998, Armit 1997, Ritchie 1988: Scotland; Ritchie 1995: Orkney; Turner 1998: Shetland; Lumley 1969, Scarre 1998: Terra

Amata; Hernek 2003; Timmeras; Leighton 1999; Thapsos, Pantalica; Waddington et al. 2003, Denison 2003c; Howick; Mellars and Dark 1998; Star Carr; Zvelebil 1987; Eyni; Melton and Nicholson 2004; WestVoe; Shepherd 2000, Scarre 1998; Skara Brae; Denison 2001; Callander; Rowley-Conwy 2002b; Balbridie; Smrz 1991; Drouzkovice.

聚落

Milisauskas, ed. 2002; Barker 1985; general; Whittle 1996; Neolithic; Hardmg 2000. Krisriansen 1998, Audouze and Buchscnschutz 1992; Bronze Age; Cunlifte 199. Twist 2001, Audouze and Buchsenschutz 1992. Tames 1993, Collis 1994a. Bcrrcstbrd Ellis 1998; Iron Age; Bailey 2000; Balkans; Midgeley 1992; Poland; Cunlife 2001a; Atlantic region; Trump 1980; Mediterranean; Skeates 2002; Tavuliere; Caesar 1951; Gaul; Danill 1996. Parker Pearson 1993; Britain; O'Brien and Harbison 1996. O'Kelly 1989; Ireland; Lenerz-dc Wilde 1995. Chapman 1990; Iberia; Ritchie 1988, Hingley 1998, Armit 1997; Scotland; Ritchie 1995; Orkney; Turner 1998; Shetland; Thrane 1999a; Scandinavia; Mercer 1990, Cizmarova et al. 1996. Damll and Thomas, eds. 2001, Oswald et al. 2001. Vamdell and Topping, eds. 2002; causewayed enclosures; Fokkens 1998. Todd 1992. 1994, Dixon 1996, Graham-Campbell, ed. 1994. Barker 1985; terpen. Feddersen Vierde. Ezinge; Armit 1997. O'Kelly 1989. Morrison 199. Piggott 1995. Reed 1990; crannogs; Coles and Coles 1986, Rahtz 1993, Clarke 1982. Bewley 2003; Grastonbury; Grimal 1964. Barker 1999; terramic; irc; Coles 1984, Garrison 1997. Eglorf 1987; lake villages; Coles 1999; Hauterive-Champreveyres; Bocquet et al. 1987; Charavines; Giardino 1992, Bonzani 1992, Becker 1992; nuraghi; Pericot Garcia 1972; talayots; Moosleitner 1991; Durmberg; Zvelebil 1987, Champion and Champion 1982, Scarre 1998; Biskupin; Cunliffe 1993, 2003; Danebury; Martinez 1991; Numantia; Maier 1991a, Haselgrove and Millet 1997, Collis

1984b, 1995: oppida; Motyakova et al. 1991: Zavist; Maier 1991b: Manching; Maier 1991a: Bibracte; Kurz 2005, Maier. 1991a: Heuneberg; Scarre 1998: Entremont; Millett 1990, 1995, Darvill 1996: Camulodunon.

界标

Barker 1985, Milisauskas, ed. 2002, Sherratt 1997, Cunliffe ed. 1994: general; Whittle 1996: Neolithic; Harding 2000, Krisdansen 1998, Audouze and Buchsenschutz 1992, Thrane 1999a: Bronze Age; Audouze and Buchsenschutz 1992, Collis 1995, Bevan 1997: Iron Age; Renfrew 1973, Renfrew and Bahn 2004: megaliths as markers.

第五章

贸易和运输工具

贸易

变化方式

关于古代社会可能出现的一些贸易方式,来自民族志学方面研究的证据已有所阐释。物品资料的分布及其范围变动也为不同时期的贸易活动提供一些提示性说明,而且对稍后的公元前第一个千年而言,现存文献中也有所述及。

直接获取

一些物品资料通过直接采集获取。在旧石器时代和中石器时代早期,先民们常季节性出动以获取各种食物资源,同时也造访制作工具的石料等原料的产地。例如,中石器时代以金枪鱼为生的东地中海海岸先民曾远航米洛斯岛以获得黑曜石。

中石器时代晚期,当大量定居村落出现后,人们长途获取原材料的活动不再是经常性的,而只限于一年中的固定日期。例如,新石器时代丹麦地区的先民居住在沿海地带,但他们也时常到内地或近海岛屿采集毛皮及季节性食物和制作工具的石料。一些聚落也开始以这种方式获得生活资料:例如,在燧石矿附近很少有久居型共同体,英格兰的格兰姆斯墓(Grimes Graves)便足以证明,那里的采矿者来自不同聚落,而其获得所需矿石原料也出于偶然。稍后,牧民的游牧活动使对此类资源的开采相对容易。例如,夏季牧民驱赶着羊群到高山牧区放牧,而他们可能是在高海拔矿区最先开采铜矿的共同体。

第五章 贸易和运输工具

交换

即使在旧石器时代，一些商品及原料的流通已超出了人们直接获取的范围。民族志学方面的研究分析以及它们的分布格局表明，早期交换的主要途径是物物交换。通常这种交换方式是在亲属之间或者在维持正常关系的合作者之间进行。有些交易是在婚礼和葬礼等重要仪式中，而此类涉及宴会（由主人或者聚落准备食物）和礼物馈赠。在很多场合，礼物赠送可能是单方面的，而不是相互交换。但随时间流逝，此类礼物的交换会逐渐平衡。通常，物品交换产生的大宗货物流动量有一定规律，即随着货物源头距离增加，货物量逐渐减少。由于这种以物易物方式比物品本身更重要，所以它又促进了当地聚落的商品及外来商品的流通。

不平等交易

以物易物的贸易形式在整个史前时期仍在继续发展，但到新石器时代晚期，随着商品或物品资料流通范围更广、数量更大，这种交换方式逐渐被其他方式取代，同时要求聚落更大程度上控制它们的所得物。

以物易物的作用在于加强家庭与聚落内部的纽带关系，并非让参与者直接获利。相反，脱离亲属关系的个体间贸易交换则带有获利目的。随之，商品价格也随商品来源地距离的远近而发生变化，然而，贸易仍然可以在双方互利基础上成功进行。

农人需要大量石料制作石斧及其他工具，此类工具主要用来开垦森林、耕地，加工造房用的木材，修建道路与篱笆以及其他用途。农人间的社会关系和采猎者间日益复杂的社会关系需要一个物品资料的供应系统，如贝壳、五彩石、琥珀、黄金和铜，而此类物品可做成个人装饰物品，有时也包括外来的手工制品，如外地的陶器。公元前第五个千年至前第三个千年间，人们对此类物品的需求促进了贸易站点的发展，而它也保证了所需物品的正常供应。虽然商品需要数次交换，但每次都是近距离交换，一件商品的行程一般为几百英里。居于原料产地的共同体此时也开始投入更多时间和精力去开采它们，以便能更多参与贸易交换，从而换取自己所需商品，而出于贸易目的，有些物品的生产已超出个体或聚落需求。

尽管金属制品最初主要作为贵重物品生产,但公元前第三个千年至前第二个千年随着青铜合金的逐渐发展,硫铜矿石的使用范围更广泛,冶金技术在欧洲大陆迅速传播。青铜制品开始出现,尤其是武器,而且人们对金属的贸易需求也不断增加。公前第二个千年,锡成为青铜合金的主要原料之一,它主要来自康沃尔的波西米亚矿山和加利西亚地区,但也有少量来自布列塔尼和意大利其他地区。大量的锡用作青铜制品的材料,从而大大刺激了更多有组织贸易的发展,使大西洋沿岸早期开拓的贸易路线与穿行于欧洲大陆不同地区的贸易路线连成一体。这一时期社会等级开始分化,至少部分源于参与贸易活动与组织中可获得的利益:富有的经商者出现;位于贸易路线枢纽地区的村落开始繁荣兴盛;贸易联系开始覆盖更远地区,这使富有的经商者或聚落可在更广大地区进行直接贸易,从而在某种程度上打破了早期近距离交易的屏障。考古挖掘发现,大量金属贮藏加工品沉积于地下或者洼地地区,证明在流通中金属制品数量较大,在爱琴海地区发现波罗的海的琥珀和在丹麦发现的迈锡尼折叠凳,均表明贸易范围已扩大,也证明了商品流通数量之多:囊括了诸多日常生活用品和有重要社会价值或仪式上所需的一些重要物品。

不均衡贸易

迈锡尼人与欧洲内陆的贸易联系通过一些贸易站点得以实现。然而,在地中海地区他们直接与原料产地取得联系,航行至意大利和撒丁岛获取铜矿石。迈锡尼人可能也到过西班牙,在那里发现有迈锡尼陶罐,但这也可能是通过地中海西部地区各共同体间的贸易传播到此。几个世纪后,腓尼基人到达大西洋沿岸的伊比利亚半岛,在加迪尔建立了贸易站点,同一时期在西班牙、西西里、撒丁岛和北非地区其他殖民贸易站点也纷纷建立,不久迦太基在西部地中海建立了殖民地。公元前8世纪至7世纪之交,希腊人在西班牙、西西里甚至意大利南部和法国南部也建立了殖民城邦,此后,他们的贸易便深入到法国东部和德国等地区。

来自地中海东部的商人、投机者和移民到达西部以后,在那里创建了新贸易联系,阻断了旧贸易站点发展,并使原料从先前所有者手中转移出来。民族志学方面的研究分析和对贸易地区的考古发掘证明，精明的商人会送给当地统治者一些礼物（诸如大型的维克斯[Vix]酒器），藉以通过他们保护自己的贸易，并给当地统治者提供奢侈品和昂贵物品，例如，腓尼基人的黄金首饰和象牙制品以及希腊的酒与酒具，以此来换取所需原料。此类原料有当地盛产的或者从更远地区运输来的，如塔特索斯人的银、中欧的黄金与铜、科林斯的锡、波罗的海的琥珀以及其他商品，不幸的是，此类商人不似他们从前都遵守贸易约定，转而开始贩卖奴隶。新的贵重物品使当地统治者与他们竞争者相比更具有竞争实力，也使他们更有能力用新礼物贿赂同伴，精英们对葡萄酒也开始有所需求。

当希腊商人放弃与罗讷河地区的贸易交往，转而支持自己殖民城邦的贸易时，他们与地中海世界和欧洲地区的联系加强，保证了地中海世界的酒以及其他奢侈品继续涌入欧洲大陆，但贸易均衡渐被打破：作为意大利入侵者和东部地中海凯尔特雇佣兵的报酬或战利品，很多商品出现在阿尔卑斯山山外欧洲的地中海世界。波河平原的凯尔特移民成为伊特鲁利亚人和意大利其余共同体和西部凯尔特及欧洲中部的媒介。新贸易站点囊括了整个地中海地区，并开始快速发展。

市场贸易

铁器时代晚期，欧洲大部分地区的城市中心开始发展，市场贸易逐渐出现。贸易不再限于两个团体间的贸易，它开始通过钱币或其他物品（例如流通货

图5.1 维克斯酒具系用来调葡萄酒的巨大容器，可能作为希腊商人的外交礼物献给法国拉苏瓦山山堡地区的首领，以此试图获得确立贸易关系的权力。该青铜罐可能为随葬品，发现于维克斯王子的墓葬中。（drawing by Audry Mcintosh, from material in the National Museums of Scotland, Edinburgh）

探寻史前欧洲文明

币)媒介,提供一个标准以衡量不同商品的价值(如价格)。许多城市成为生产中心,在城镇有生产各种产品的作坊,城市中心为其区域内的农人和其他农村人口提供商品和服务。农产品的交换有些在长期确立的亲属、顾客和共同体社会等级关系基础上进行,但其他交换纯以钱币为基础。因此,钱币成为当地人与外地人交易的媒介。重量、标度和度量衡随之出现。同时还有职业商人,他们都是私人性质的,非受他人派遣;但并不能确定的是,不同于青铜器时代晚期的自由商人是否在铁器时代早期已出现。

造币 尽管近东文明地区很早就开始使用银和其他一些有重要价值的东西作为交换媒介,但史前欧洲文明地区可能也出现青铜环锭等重要制品。约公元前700年,在爱奥尼亚地区出现了第一枚钱币(刻有发行机构、兑换商品重量和数量的金属单位)。钱币的生产意味着精确控制金属纯度和精密计量的技术提高。公元前6世纪,钱币在希腊世界开始盛行,不久在地中海世界也开始流行。而欧洲凯尔特文化地区在公元前第一个千年晚期才开始使用标准重量的石块和铁锭。

首枚凯尔特钱币出现于3世纪早期,系仿照凯尔特人从外地带来的金币和银币而造,它们多是作为驻守在地中海中部、东部的雇佣兵的报酬。早期钱币类型主要有:欧洲中部、西北部地区的金币和南部、东部地区的银币;而最初此类钱币可能被统治者用来当作财富的标准单位以报答朋友或作为礼物送给其他地区的统治者。直到2世纪,从法国到特兰西瓦尼亚(Transylvania)和巴尔干半岛的欧洲大陆开始打造更大面值的钱币。其中很多仿造马其顿的腓力二世和其子亚历山大时的希腊钱币。这些钱币起初仿造得十分逼真,但随时间流逝,与原件的设计大相径庭。

在公元前1世纪早期,欧洲部分凯尔特人开始发展城镇和更复杂的经济方式,对贸易中介物品的需求不断增多,小面值钱币遂得以发展,特别是在法国东部和欧洲中部。2世纪晚期,比利其人(Belgae)的钱币在高卢塞纳河地区逐渐确立了经济地位,并在肯特(Kent)地区使用,并成为稍后出现的当地钱币的摹本。约在公元前80年至前60年间,不列颠出现了用铜锡合金打造的首枚钱币,金币也开始打造。在公元前1世纪早期,英格兰东部和南部地区各共同体也开始发展自己的钱币。

商品

　　任何一个聚落不可能为自己的居民提供所有日常生活品,即使是旧石器时代先民所需的石制工具、食物、水、栖身之地和兽皮以及防御食肉动物的住所等;随着时间流逝,人们认为重要或值得获取的货物越来越多,而通常获得所需货物的路途也越来越远。

　　追寻商品的足迹并非易事,从文献资料中了解到很多物品在贸易交往中占有重要地位,如粮食和毛皮。文献对它们的记载有很长的历史,其他物品的缺乏可能也是造成这种现象的原因。制成品可能由一专门的共同体生产,但其也可能是当地的仿制品,只能证明风格方法的传播而非实物,有时难以区分。技术革新,在当时看来无论多么先进,也断然不是单个团体独立而为。因此一些商品在偏僻地区的出现不能表明它们的来源途径是唯一的(关于英国发现的青铜器时代早期陶制小珠的来源,是来源于爱琴海地区还是本地产品,成为长期争论不已的问题,这是此类问题中较典型的一例,不过现已解决)。这样,研究只得依赖于商品自身特征(根据物理化学成分鉴定它所包含的微量元素和矿物元素的类型)与确定原料的比照,如黑曜石,或如琥珀等来源确定的原料;它们是其他商品流通的标识。任何时期的流通商品都可通过推测,与考古学研究发现的同时期的资料进行比照。记载它们的资料寥寥无几,而其他证据也往往需要在许多潜在资料中确定。

石料

　　燧石　硅石,特别是燧石,在旧石器时代便用来制成切割工具,直至近代仍被用来制作引火石。燧石产于欧洲,最初采自岩层表面,到中石器时代才开始大量开采。燧石的同质性使人们对其很难做出区分,许多燧石因此不能看做一种资源。然而,有些燧石能根据自身显著的颜色和类型来鉴别。公元前第三个千年,燧石被开采并大量交易,它们最初用来制作展示品而非工具。此类燧石主要来源于欧洲北部和西部的部分地区,包括英格兰东部和南部地区、比利时、法国西部、日德兰半岛、斯堪尼亚、德国吕根(Rugen)、波兰(特别是圣十字山区)和乌克兰等。亚平宁山南部生产一种粉红色燧石,欧洲东部则广泛使用保加利亚地区的燧石。优质燧石制品交易范围很广,甚至在离法国大普雷西尼约500英里处也偶有发现。

黑曜石 一种品质优良的火山岩,可制作锋利工具。人们对其区分可能基于它本身所含微量元素的不同,或其形状种类的不同。约公元前9000年,米洛斯岛(Melos)的黑曜石在爱琴海地区广泛使用。黑曜石在中石器时代弗兰克西山洞便已开始使用,对于新石器时代的希腊居民十分重要,有时是制作锋利石刀的主要石料。撒丁岛、潘泰莱亚岛(Pantelleria)、利帕里(Liparil)和帕尔马罗拉(Palmarola)地区的黑曜石,在新石器时代被意大利与法国南部的居民开采。斯洛伐克和匈牙利山区的黑曜石矿藏,早在后冰川期初期已被居住在多瑙河河谷的居民使用,并在新石器时代被巴尔干地区的居民大量交易。波兰南部奥尔沙尼察(Olszanica)的居民与

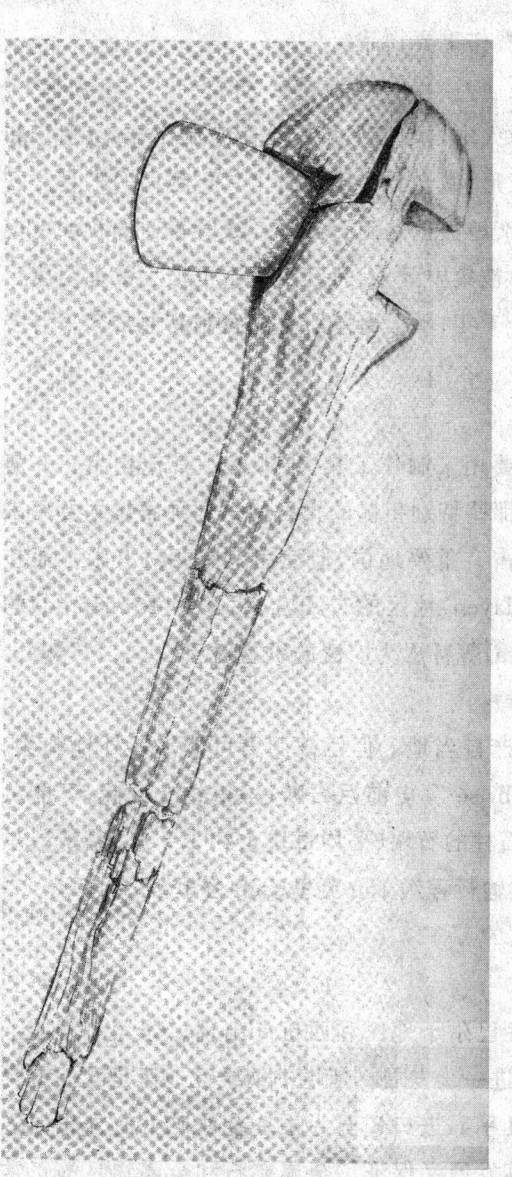

图5.2 苏格兰刘易斯(Lewis)岛舒利沙德(Shulishader)沼泽区发现的一把带有木柄的新石器时代石斧。石斧由来自爱尔兰安特令(Antrium)的白陶土制成。(drawing by Audrey Mcintosh, from materia in the National Museums of Scotland, Edinburgh)

第五章 贸易和运输工具

其他线纹陶文化的居民则把黑曜石看作重要物品。

硬岩 自新石器时代以后,优质火山岩与变质岩常常用来制作石斧、凿子和其他一些切割工具;石块常被打磨成形、抛光制作比燧石工具更耐用的工具。石块所含的矿物质成分可判定其原料产地甚至是矿石类型。尽管普通的石块在很多地区都易得到,但优质露天矿常常被集中开采,所获的矿石也被大量远距离运输并进行贸易,尤其在公元前第三个千年;单个聚落所有的石制品通常会来自多个不同的原料产地。

其他石料 众多开采的石块主要用来制作工具、小雕像和其他物品。一般而言,采集石材都是靠近产地,除了那些特别粗糙的大石块。这种石块主要用来制作石磨,碾磨谷物,在日常生活中占有重要地位,但使用范围相对有限。而在铁器时代,优质石块,如德国麦恩(Mayen)地区的玄武岩、莱茵兰(Rhineland)的尼德蒙蒂格熔岩(Niedermendig Lava)等都成为广泛的贸易对象。

建筑石块 家庭建筑用石一般产自当地。但巨碑用石可能需从外地购买。加纳克(Garnac)的"Grand Menhir brisé"(史前巨石断柱)重约355吨,可能从2.5英里外的地方运来。而史前巨石柱的石块(平均每块重约1.5吨)系从威尔士的普里塞利(Prescelly)山运来,运输行程约150英里(240公里)。

金属

公元前第五个千年,冶金技术在巴尔干地区和西班牙出现。公元前第四个千年的欧洲地区普遍采用该技术并进一步发展。斯堪的纳维亚地区是欧洲最晚使用铁器的地区,该地区的制造业几乎靠进口矿石为主。金属矿石的分布促进了贸易站点和贸易方式的发展,而其发展又保证了金属矿石和金属物品的正常供应,这得益于公元前第二个千年欧洲共有的一些文化特征。最初,金属制品是重要的稀有物品,但随着时间发展逐渐成为人们的日常生活用品。

可采用诸多方法来证明金属制品的矿石来源,通过对铅、银和铜的同位素分析,近年已多有成效。但是仍存在若干问题:因为古代许多矿石的开采量很小、或者已开采殆尽或者目前尚无所知,而且混合矿石,特别是回收再利用的废旧矿石,使得此类特征变得更难确认或者毫无价值。因此对于史前欧洲金属的冶炼和贸易情况,现代人几乎无从得知。

有些金属矿石,如孔雀石、蓝铜矿和赤铁矿(赭石)也被用来作为天然原料,而赭石在旧石器时代已开始使用。

黄金 公元前第五个千年,巴尔干地区开始使用砂金,该地区的黄金并非都产自本地,然而在保加利亚的瓦尔纳墓地发现的大部分黄金物品来自亚美尼亚(Armenia)和高加索山。

公元前第三个千年以降,伊比利亚半岛、布列塔尼和爱尔兰地区的金矿开始开采,一些未经加工的黄金和手工制品,诸如个人饰品,开始在大西洋沿岸地区进行贸易。约在同一时期,奥拓玛尼(Otomani)文明和喀尔巴阡山的维内蒂(Venetic)文明及欧洲中部,使用特兰西瓦尼亚和波西米亚地区的金片。自公元前第二个千年晚期开始,黄金的使用量与交易量日益增长。在公元前1世纪晚期,欧洲凯尔特地区大部分黄金来自地中海地区,它们作为钱币或经熔炼以金块的形式支付给凯尔特商人。

铜 铜的冶炼始于公元前第五个千年的巴尔干地区和伊比利亚半岛,其以当地的铜和容易加工的氧化物和黑金刚石为基础。公元前第四个千年,巴尔干地区的铜交易远至斯堪的纳维亚地区,但及至公元前第四千年晚期,此类铜矿石已被开采殆尽。哈尔茨山(Harz)和斯洛伐克山区的硫化矿石及奥地利阿尔卑斯山地区的含砷和锑的矿石开始开采并交易。到公元前第三个千年晚期,冶铜术开始在欧洲西部地区和意大利使用,当地居民利用这种技术在许多矿物质中提炼出硫化铜。

同一时期,铜锡合金的青铜器开始出现。在公元前第二个千年,矿石中提炼出的金属和制作的青铜制品成为贸易对象。而此时大西洋沿岸和欧洲中部的矿石资源开始开采,同时欧洲以外地区的金属也开始在东南部广泛贸易。到青铜器时代晚期,青铜工具、武器以及装饰品等青铜产品开始普及使用,甚至在需要进口铜和锡的斯堪的纳维亚地区也十分流行,手工制品,如斧子和短剑,也广泛用于交易。英国海岸地区的两艘沉船证明,即使是废旧金属也在两个地区之间作为一种原材料进行贸易。

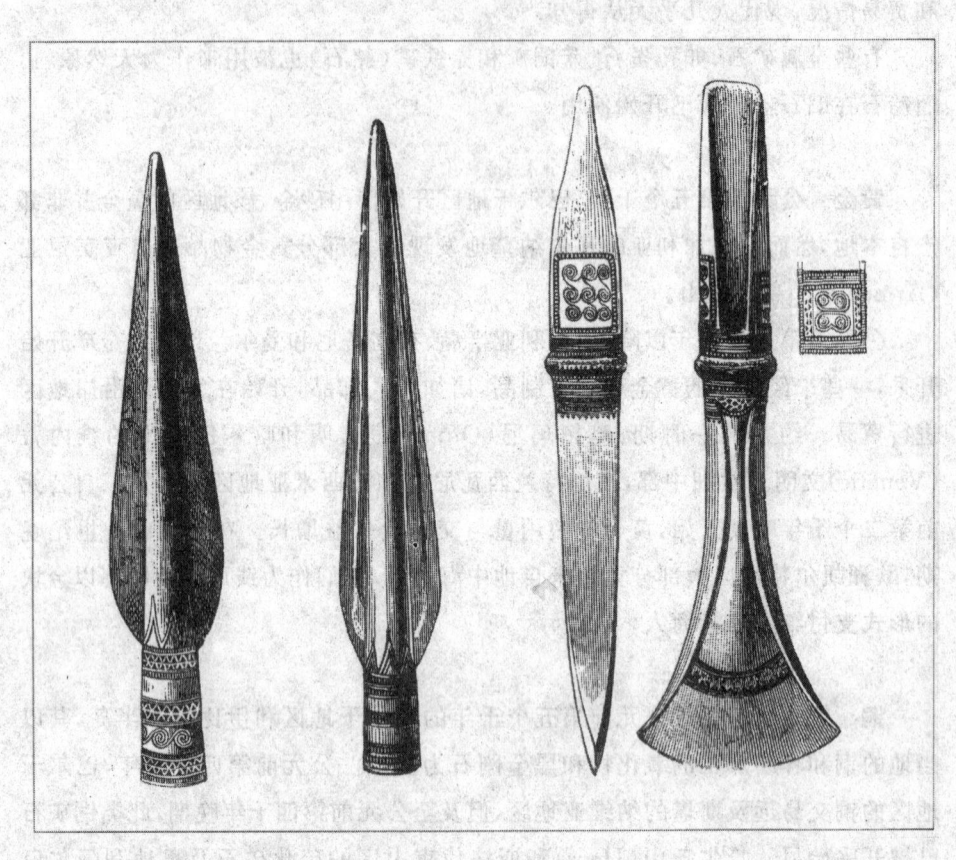

图 5.3 来自丹麦的两个保存完好的青铜器时代的矛尖和青铜凿子,雕饰精美。史前时期斯堪的纳维亚地区所有青铜制品均由进口的金属矿石制作。(Worsaae, J. J. A. *The Industrial Arts of Denmark*. London: Chapman and Hall, 1882)

锡 欧洲地区锡资源非常有限。因此,金属锡的交易对欧洲的交流方式起了决定性作用。虽然加利西亚和波西米亚矿山十分重要,但康沃尔地区可能是最主要的金属矿产地。也有少量来自布列塔尼、意大利的部分地区和伊比利亚半岛,甚至可能也包括爱尔兰和塞尔维亚及欧洲半干旱性大草原和近东地区。

铅和银　史前欧洲的银主要来自伊比利亚半岛的铅银矿藏,以及纯度较高的波西米亚的银矿和特兰西瓦尼亚的银金矿(金与银的合金)。除此类地区外,其他地区的银使用量较少。但是青铜器时代晚期,贸易中开始出现金属铅,且在大西洋沿岸地区出现铅铜合金。到铁器时代晚期,欧洲阿尔卑斯山地区开始流通大量的银,并与罗马人开始贸易往来。

铁和铁器时代的金属加工　公元前第一个千年早期,铁器作为重要的原料开始制作工具和武器,并逐渐取代了铜,而铜开始制成个人饰品及其他贵重物品,诸如盔甲、镜子、马鞍及贵重食器。尽管铁矿石主要来自阿尔卑斯山区东部、波兰的圣十字山脉及亨斯鲁克-埃菲尔(Hunsruck-Eifel)地区,甚至伊特鲁里亚也出口铁矿石,但铁矿石的分布还是相当广泛,且大部分地区均使用当地资源。公元前第一个千年,铁制品特别是武器,正如青铜制品一样,广泛流通,其中包括装饰精美的容器、珠宝手镯和青铜锅。

装饰原料

玻璃和彩釉　公元前第五个千年,近东地区制作彩釉陶器的技术发展起来,约公元前第二个千年早期,该技术在欧洲中部也独立发展,并传播至不列颠和现今法国一带。对彩釉珠子的组成成分及其制作细节的研究证明,此项技术在欧洲很多地区都有发展,如威塞克斯和苏格兰南部地区。

随着彩釉技术发展,在波西米亚矿山的玻璃生产也开始出现,其主要在欧洲中部流通。青铜器时代晚期,爱琴海地区开始生产玻璃,而在意大利地区玻璃交易范围十分广泛,到公元前第一个千年,玻璃的生产遍及整个欧洲。无论是形式,还是颜色和制作的装饰,都呈现多样化。玻璃被广泛交易,并且在城邑或规模较大的聚落内加工成珠子、手镯及其他小装饰品,用于日常生活和出口。

琥珀　新石器时代的海洋沿岸地区联系逐渐加强。公元前第四个千年,琥珀已开始采集加工并用于和周边共同体的球状双耳陶瓶进行交易。这在史前时期是贸易发展的重要特征。在波兰漏斗颈广口陶文化遗址罗斯蓬德(Rospond)中发现约1100磅(合500千克)的琥珀,可以判断贸易中琥珀的数量。大部分琥珀产自波罗的海沿岸和北海沿岸的日德兰等地区。但有些琥珀是被海流带至不列颠东部海岸及北海地区其他海岸。琥珀的贸易范围远及伊比利亚半岛、意大利和希腊,在铁器时代特别流行。

非洲原料 史前伊比利亚半岛的居民,主要从非洲西北部进口象牙。公元前第一个千年,腓尼基人和迦太基人加入该贸易体系。非洲人和印度人与中海地区的象牙贸易中,可能也包括河马牙。其中一些贸易已深入到欧洲内陆,此类贸易的对象主要是小物品、象牙制狮身人面像和地中海地区的饰品。此类物品因格拉芬布尔(Grafenbuhl)哈尔施塔特 D 墓葬的丰富陪葬品而出名。据斯特拉波记载,此类陪葬品中的象牙链,在 1 世纪晚期才传至不列颠。

鸵鸟蛋壳的贸易方式同非洲原料的贸易方式一样。公元前第三个千年晚期,伊比利亚半岛南部的居民从北非进口原料并在欧洲广泛交易。公元前第二个千年晚期,这主要通过腓尼基人和爱琴海地区的商人获得,但是贸易量很小。

其他原料 史前时期,许多原料主要在原料产地广泛应用,在原料产地之外的地区通常并不流通。在不列颠一些中石器时代和新石器时代的遗址偶尔发现使用黑玉、褐煤、烛煤和页岩制作的珠宝。但到青铜器时代早期,此类原料制作的珠宝、衣服及饰品,开始在不列颠变得普通且广泛流行。一些容器也由褐煤和页岩制作。在波西米亚地区发现有铁器时代用腐泥岩加工成的手镯,此类手镯在欧洲中部甚至远及瑞士都有交易。

公元前第四个千年,在伊比利亚半岛西南部地区,用片岩制作匾饰板及宗教用的权杖。同一时期,伊比利亚半岛北部地区用绿松石做成珠子;公元前第四个千年晚期至前第三个千年早期,这种原料在伊比利亚半岛和布列塔尼地区广泛使用。但自此以后中止。

贝壳也用来制作饰品。沿海地区居民把贝壳内的肉吃掉,然后用外壳做饰品。旧石器时代晚期,有些贝壳作为商品开始流通。新石器时代中期,爱琴海地区的海菊蛤(spondylus)贝壳在整个地中海地区广泛贸易直至新石器时代,贝壳贸易范围远及欧洲中部的线纹陶文化共同体,同一时期,角贝贝壳贸易范围则只局限于爱琴海地区和巴尔干半岛地区。

新石器时代，翡翠石诸如碧玉绿玉髓(jasper)和翡翠硬玉(jadeite)被用来做饰品和一些有价值的物品。其中有些饰品的贸易范围甚广，如在英格兰的萨默塞特平原发现了用阿尔卑斯山的翡翠硬玉磨制成的石斧。

铁器时代，地中海地区的珊瑚在欧洲广泛流行，它主要用于镶嵌物品、珠宝及护身符。

易消亡的商品

木材 古代欧洲大部分地区古木丛生。人们用木材建造房屋、交通工具、船只以及加工一些商品，但这种对木材的需求范围一般仅限于当地，有些地区用其他原料代替，例如，奥克尼的房屋、斯卡拉山坡(Skara Brae)的房屋都用石材建造。

地中海地区森林较少，因此主要从远方运输木材以满足所需。公元前第一个千年，在地中海沿岸与黑海地区建立商业站点后，希腊才开始从事木材贸易。

毛皮和兽皮 据古罗马时代的著作家记载，罗马主要从不列颠、高卢和欧洲北部进口毛皮。虽然目前仍无考古资料证实这种易腐原料的贸易，但据史料记载，可能是史前时代，斯堪的纳维亚地区是重要的毛皮供应地。而毛皮可能是北欧猎人用以回报农人农产品的商品之一，如线纹陶文化地区。

牲畜 在采猎者共同体的所有动物中，驯养山羊的出现证明了此类动物的最初来源是农耕共同体，例如北部的(斯堪的纳维亚半岛)新石器时代的埃特博勒文化，东部的布格内斯特(Bugdnestr)文化，和地中海地区的印陶文化。此类牲畜可能通过掠夺或者地区间的交换获取。主要在采猎者和那些不直接与农业共同体接触的游牧共同体之间进行。例如，在整个史前时期，游牧共同体和定居共同体之间的动物贸易联系经久不息，但是很难确定一个地区内非本地牲畜物种出现的最早时间。罗马时代古希腊著作家斯特拉波曾记载，凯尔特人曾经向罗马和意大利大量出口腌肉，尤其是牛肉。

斯特拉波曾列举了一些猎狗，它们是铁器时代晚期罗马从不列颠进口的重要动物。另一方面，凯尔特人从罗马人那里进口驴，这可能与罗马人征服高卢有

第五章 贸易和运输工具

关。公元前第四个千年,欧洲引进被驯养的马,最初可能通过草原游牧民族获取。

葡萄酒 公元前6世纪,希腊人开始和法国与德国南部的部族首领用廉价物品交换上等物品,他们为希腊人提供酒和奢华的酒具,以此换得伊特鲁里亚的青铜酒壶和做工精美的阿提卡陶器。而他们提供给拉苏瓦山首领的外交礼物是维克斯调酒器——一种装饰精美的大型调酒容器。这种容器要在斯巴达或者大希腊(Magna Graecia)地区订购,然后在容器表面刻上希腊字母,最后输出到外地。

几个世纪后,罗马人仿效希腊人为高卢地区和不列颠的凯尔特首领提供酒和精美的酒器,这一做法取得了成功。但罗马人的交易总是以自己的利益为首,如在罗马,用一个奴隶换取一酒罐的葡萄酒,或者五到六个酒罐。到公元前6世纪晚期,罗马人生产的葡萄酒出现剩余,因此他们开始与蛮族人贸易以获取原料。在公元前2世纪的高卢北部地区和公元前2世纪至前1世纪之交的英格兰南部聚落内,发现的酒罐数量可以推测贸易的频繁程度。酒通常经海路运输,但是木桶和皮袋装的酒通常经陆路运输,古典时代著作家的文献对此都有述及。

盐 盐是史前时期先民饮食中的重要物品,并被视为贵重物品贮藏。获取的途径有:可用海水、咸质喷泉或者盐泽地沥盐;开采盐矿或在含氯化钠的岩石中沥盐。德国哈勒(Halle)和奥地利萨尔茨卡默古特(Salzkammergut)地区的盐矿资源较为重要。公元前第四个千年,加泰罗尼亚(Catalonia)地区卡尔德纳(Cardona)的表层盐矿被开采。新石器时代晚期,欧洲东部、中部和阿尔卑斯山地区开始产盐,如在波兰南部巴雷奇(Barycz)和罗马尼亚穆莱苏鲁伊盐矿镇(Ocna Muresului)地区;青铜器时代晚期,通过盐矿开采或用海水和碱性喷泉水滤盐等方式,盐产量大幅增加。铁器时代,盐的生产日益重要,如在英格兰德罗维奇(Droitwich)、法国塞勒河(Seille)和德国巴特诺海姆(Bad Nauheim)等地区都有生产,特别在奥地利哈施塔特的迪尔恩堡和哈莱恩地区。铁器时代的许多居民,如法国东部的城堡营(Camp de Chateau)和哈尔施塔特地区,由于生产盐而变得富足,食盐也成为重要的贸易对象。

加工品

陶器 陶器较重且极易损坏,但在史前欧洲它仍是重要的贸易对象,主要是通过水路交通运输。陶器大多作为容器储存易于腐烂的物品,这可通过容器内存储物残迹证实,但有时无法证明容器的实际用途。有些类型的陶器因所运商品而为人所知。特别是罗马人曾用双耳陶罐装酒及其他食物出口到凯尔特等其他地区。公元前2世纪晚期,罗马人生产的酒储藏在一种名为德里塞尔文化1A(Dressel 1A)类型的双耳细颈酒罐中,大量运往布列塔尼,甚至通过苏伦特海峡(Solent)的亨吉斯伯里黑德港口运往英格兰南部。然而,自罗马征服高卢人之后,双耳细颈酒罐的类型发生改变,变高、变薄(德里塞尔文化1B类型),而罗马贸易中心转至英格兰南部以及塞纳河—莱茵河和泰晤士地区。不同类型的双耳细颈陶器也用来盛鱼酱汁和橄榄油,运至英格兰地区(德里塞尔文化6—11和20类型)。

陶器本身作为一种奢侈品也参与贸易。在铁器时代,约公元前6世纪,希腊精美的饮酒容器与酒一并作为商品与欧洲的蛮族人进行贸易。装载美酒的高卢人和罗马人的精美陶器在公元前1世纪也达到英格兰南部。尽管陶器的出现和其质量比容器本身更具价值,但不同类型和种类的含意不同:特殊容器可展示财富、证明社会地位与身份,甚至表明在宗教与社会活动中的地位。一般而言,流通的陶器只是代表当地类型。公元前第三个千年晚期至前第二个千年早期,不列颠出现了一系列商品,起初作为贵重物品出现,但随生产力的提高,逐渐普及。稍后随着槽纹陶器、广口陶器和食器等新的贵重物品出现,它们成为普通商品。每一种陶器代表的不仅是一种流行类型和最初的类型,甚至也用于社会和仪式等重要活动,主要用来盛酒精、药材及待处理的尸首。

有时陶器的贸易带有功利色彩。如铁器时代晚期,布列塔尼生产一种优质且可用于加热的陶器,这种容器最初是按照烹饪用具来交易的。青铜器时代和铁器时代,欧洲中部提取的石墨土作为陶器原料,该类型陶器使用石墨回火处理方法制成。公元前2世纪,此类陶器在莱茵河以东地区广泛流行,审美价值和实用价值兼具。

纺织品 史前时期,欧洲大量的纺织品为小规模家庭作坊生产。原料主要来自当地生产的亚麻纤维和其他植物纤维以及家养绵羊毛。青铜器时代晚期，纺织品生产规模扩大。羊毛衣服成为罗马人在欧洲阿尔卑斯山区进口的商品之一，包括厚实的也可以用来做毛毯的披风和带有风帽的大衣。此类衣服均由高卢地区的绵羊毛制作，不仅能抵御风雨而且保暖。比利时内尔维（Nervii）地区生产的价值较高，而不列颠生产的价格较低。

丝绸产自遥远的中国，铁器时代偶尔通过中亚的游牧民族传到欧洲上流社会。

贸易路线

地貌特征、植被、自然环境是决定古代贸易路线选择的决定性因素，也是自古至今一直存在的问题。此外，选择合适的路线也要综合考虑多种因素：途径地的地貌特征，当时可利用的交通类型与技术；已修筑的道路和古道、水路及桥；森林小径；旅途目的；旅行者和其所属聚落与旅行者途中所经聚落的关系等。

陆路

内陆路线一般沿河道延伸。主要通过重要的交通工具——小船——来运输大宗货物。河流为徒步或凭借交通工具的旅行者和动物

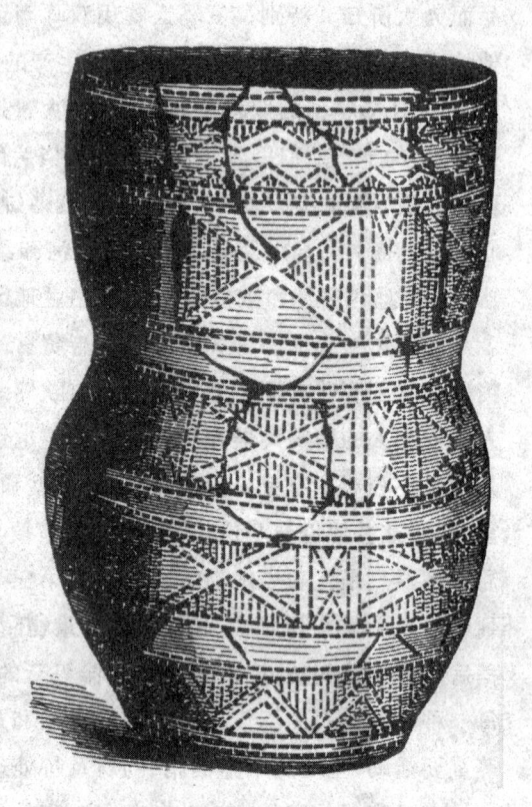

图 5.4 英格兰格林洛（Green Low）发现的广口陶杯，形制独特并在欧洲西部广泛使用；虽不能排除与"广口陶器人"（Beaker Folk）的迁徙活动有关，但此类陶杯的传布足以证明流行风格和思想的传播。(Lubbock, John. *Prehistoric Times*. New York: D. Appleton and Company, 1890)

提供了所需水源，由此河道两岸很容易形成道路。植被稀疏之地或河谷往往容易形成穿越崇山峻岭的道路。河谷通常也是通往大海的捷径，特别在多悬崖的

海岸地区。然而河流也常会成为阻断两岸陆地联系的障碍,于是两岸的道路通常会通向易于渡河的地点,渡河方式则主要有浅滩、渡船、堤道、踏脚石,或修建桥梁(如拉特尼)。

除河流外,山脉对路线的选择也起重要作用。几千年来,人们穿过群山的路线以及山与山之间鞍部的路线一直未曾发生变化,除非有滑坡、泥石流或地震等导致地貌变化。

在半干旱性大草原和欧洲北部平原等地区,路途中缺乏食物供给、水资源和沼泽地的分布及其他一些因素也限制了路线的选择。

海路

在沿海地区、丘陵或者山地,海运往往比陆路运输更容易,如希腊和斯堪的纳维亚地区。但大部分海路运输航线较短,通常限于海岸各定居点和海岛之间,它们在一年中多次由中石器时代采猎者光顾,正如赫布里底群岛(苏格兰西部)的奥龙赛岛(Oronsay)、韦恩格索(Vaengo So)和丹麦的迪霍尔姆(Dyrholm)以及希腊米洛斯岛。远洋捕捞的需要也促使渔民进行出海活动;尽管有些鱼类可在沿岸捕获,但捕捞鳕鱼等鱼类仍需出海;同样,有些海洋哺乳动物也会在它们于海岸进行繁殖时获得,但大多仍需进行远洋捕捞。

远距离航行可能在先前已出现。一些海岸岛屿已成为拓荒者的殖民地,通过有目的的航行至视线可及的岛屿(设德兰岛,可以从奥克尼岛看见)或重回先前因风暴而被迫丢弃的旧地。出海捕捞可能也需长时间飘荡在海上,但这种出海捕捞和某些鱼类的迁徙规律有关。随着人们对外海的日益熟悉,通过远航获取原料产地产品的活动逐渐开始,约公元前第四个千年,安纳托利亚和设德兰岛及斯堪的纳维亚地区的航线为人们知晓,并作为一条最佳航线闻名于当时各个地区。

古典时代文献记载,若条件允许,航海者都会沿海岸线远航,夜间在海滩搭建的帐篷内过夜。史前时期的欧洲也不例外。然而这种情况取决于当地的实际情况,例如,海滩是否有利用价值或是否有合适入口和暗礁;如果没有,他们会长时间待在广阔海面上。最著名的例子是航行至冰岛的路线,在公元前第一个千年晚期已被苏格兰船员熟知:其为六天的航程,可能在法罗群岛中途停歇。

第五章 贸易和运输工具

大西洋沿岸和西方世界

　　约公元前第四个千年或更早时期，大西洋沿岸航线已为沿岸人们所知，而这些已通过考古研究证明，如远离原料产地的商品传播、不同地区巨石建筑的相似性和岛屿殖民活动（包括设得兰岛，约公元前5500年和前3900年）。从地中海地区的航海家皮西亚斯（Pytheas）对不列颠及其北部地区的观察记录可知，冰岛当时已作为一个火山岛和冰冻海岛而闻名，从该地出发到达爱尔兰岛需六天航程；但尚不确定皮西亚斯是否亲自航行至爱尔兰岛，但于欧洲北部的航海者而言，对此很早就已熟知。

　　大西洋沿岸的贸易路线随时间推移逐渐出现交叉，而此类路线也和陆路交通线连接，并通过主要河流深入到欧洲大陆内部。

　　位于韦尔瓦（Huelva）和加迪兹中部的加迪兹海湾是欧洲大西洋沿岸路线的最南端，该路线从非洲西北角到圣文森特角。大西洋和地中海之间的航海者不能直接穿过直布罗陀海峡，而只能通过陆路，从加迪兹海湾出发经由瓜达尔吉维尔河到达德斯佩尼亚佩罗斯（Despenaperros）山口，然后沿塞古拉河谷，到达科斯塔布兰卡。瓜达尔吉维尔河是伊比利亚半岛南部最重要的河流，也是通往富含铁矿石地区的重要通道。

　　从圣文森特角到罗卡海角，塔霍河在此处流入大西洋形成河口三角洲，成为史前时期共同体的主要集中地。塔霍河通航里程达120英尺（190公里），通向西班牙的台地。从罗卡海角到腓尼斯特雷角是大西洋沿岸伊比利亚半岛的最西部分，杜罗河经此区域可到达加利西亚内部，成为另一个共同体的集中区域。这三个沿海区域航线因日常交往而联系在一起；且在公元前第一个千年，重要的锡矿产地加利西亚（奥斯特里姆尼斯［Oestrymnis］）的腓尼斯特雷角，可能是罗马人和腓尼基人远征的最北端。

　　在比斯开湾（Biscay）南部边境地带和伊比利亚半岛北部海岸（坎塔布连山），由于山的阻挡形成一条狭长通道，很难深入内陆地区，然而一些当地的运输路线把沿岸居民联系在一起并和法国南部也联系起来。这条海上航线从伊比利亚半岛西北部穿过比斯开湾直达布列塔尼，是对外贸易路线的重要通道。通过这条海上航线可到达康沃尔——整个史前时期连接布列塔尼通向英吉利海峡和爱尔兰海的重要贸易站点。后者形成另一条大西洋航线,建立了不列颠主岛和爱尔兰间的东西联系,并沿着苏格兰海岸到达奥克尼群岛和设德兰岛,延伸到冰岛或斯堪的纳维亚半岛。

法国

  大西洋航线连接起伊比利亚半岛和布列塔尼,而地中海地区主要通过法国的河流与大西洋航线相连。在比利牛斯山北部,一条商路沿欧德河谷(Aude)穿过卡尔卡松山口,与经纪龙德河河口流向大西洋的加伦河相连。公元前第一个千年晚期,纳波(Narbonner)、托洛萨(Tolosa,今图卢兹)和布迪格拉(Burdigala,今波尔多[Bordeaux],法国西南部港市)等主要聚落都证明了这条航线的重要性,但可能此前该航线就比较重要,如通过这条航线酒具流传到利翁湾(Golfe du Lions)和西班牙西部地区。纪龙德河(Gironde)河口从南到北都是不适宜生活的沙洲和沼泽地,但大海把它和基伯龙(Quiberon)海湾和布列塔尼海岸连接起来。另一个重要的贸易要道卢瓦尔河河口北部,也是通向基伯龙南部的大西洋区域。

  卢瓦尔河及其支流通向中央高原及其北部,从这里经由小段陆路通道,旅行者到达罗讷河—索恩河一带。向南通向地中海地区的航线经由希腊人开拓,他们曾经在马萨利亚(现今的马赛,重要港口)建立了一重要的贸易站点。对于史前欧洲来说,这是连接布列塔尼南部地区和大西洋与地中海地区的重要航线。卢瓦尔河—罗讷河通向莱茵区,且深入到欧洲内陆。而从罗讷河—索恩河地带出发通过北部的塞纳河也是一条航行捷径,成为通向英吉利海峡的入口。

北部

  近距离的海上贸易线路穿越英吉利海峡把不列颠和法国西北部联系在一起:从布列塔尼半岛西部到康沃尔,从兰斯(Rance)河口及塞纳河口到英格兰南部的苏伦特沿岸,这条海岸线多天然优良港湾,且有五条主要河流——弗罗姆河、斯陶尔河、埃文河、特斯特河和伊钦河——通向不列颠内陆。史前时期,这条航线是不列颠与欧洲大陆联系的主干线之一,例如,公元前1世纪,亨吉斯伯里黑德港口诸多高卢地区的双耳细颈陶器证明了这条航线的重要性。

第五章　贸易和运输工具

苏伦特海峡东部的英吉利海峡在多佛港口附近逐渐变窄,而北海和大西洋之间,由于复杂的洋流和季风使得对当地地理知识的掌握成为安全通行的必要条件。另一条连接欧洲大陆和不列颠的航线是流经泰晤士河和塞纳河及欧洲大陆的莱茵河;罗马征服高卢地区之后,这条航线取代苏伦特海峡成为重要的贸易路线,由此使科尔切斯特地区率先发展起来,随后,伦敦也成为贸易交流的重要中心。

不列颠东部海岸,通过亨伯河等一些主要河流和内陆联系在一起,同时也连通了北海和低地国家的河流、北欧平原以及斯堪的纳维亚沿岸。北部地区交通联系主要通过海路,这主要是因为斯堪的纳维亚半岛地区地形较复杂,陆路交通难以通行。而丹麦半岛的狭长地带则成为连接北海和波罗的海的最佳通道——史前时期就已存在。同时,波罗的海和波斯尼亚湾把斯堪的纳维亚地区和芬兰同俄罗斯北部以及北欧东部平原联系在一起。

欧洲中部和东部

流经北欧平原的主要河流是北欧和中欧之间交通的主动脉。奥得河(Oder)及维斯图拉河(Vistula)连接波罗的海,经喀尔巴阡山北部和东部,奥得河谷形成一条穿过喀尔巴阡山西端和苏台德区的路线,直通喀尔巴阡盆地和匈牙利平原。维斯瓦河与德涅斯特河连接,构成了一条通向黑海的航线。

在西部,贸易路线从北海南部开始主要沿易北河和威悉河,但莱茵河是主要航道,它把不列颠与北海的交通路线和法国西部河流联系在一起。通过多瑙河使航线向南延伸。

多瑙河是阿尔卑斯山区南部的主要航线,在喀尔巴阡盆地形成一条通道。而通向西部巴尔干山区的路线,系由德拉瓦河(Drava)、萨瓦河(Sava)、摩拉瓦河(Morava)以及其他河流汇合而成;通过蒂萨河和起源于喀尔巴阡山区的河流,多瑙河在罗马尼亚与前南斯拉夫两国边境处切断喀尔巴阡山脉与巴尔干山脉,形成一系列雄伟险峻的大峡谷,即铁门峡谷,从这儿多瑙河流入黑海。因此,莱茵河—多瑙河成为欧洲中部连通南北通道的重要贸易路线,但也隔开了东部与西部间的联系。

欧洲南部和地中海地区

黑海北部地区相对而言较开阔,希腊的多山地形和巴尔干半岛西部地区使陆路交通变得十分困难,因此使爱琴海和亚得里亚海之间的海上路线得以发展。前者连接了希腊和安纳托利亚,成为地中海东部的海上贸易路线;后者连接了巴尔干和意大利东部。在亚得里亚海靠近大陆地区,德拉瓦河(Drava)和萨瓦河(Sava)流域供了一条环尤利安阿尔卑斯山(Julian Alps)而行、进入喀尔巴阡地区和阿尔卑斯山北部欧洲的路线,并且这条路线一直在使用。

地中海地区的海上航线逐渐靠向大陆。因此,地中海东西部地区与欧洲内陆的联系,要通过意大利和西西里之间险峻的墨西拿海峡——古典时代著名险地锡拉岩礁与卡律布狄漩涡处。意大利西部、法国和西班牙的海岸地区可实现通航,但如地中海东部地区一样,西部的交通路线也主要是海上航线。例如,利帕里海岛黑曜石的传播证明,主要经由海上贸易把商品运输至卡拉布里亚(Calabria)海岸地区,并经由该地与内陆进行贸易;而不是输送到最近的西西里岛,经由那里进行贸易。西部地中海地区,和欧洲中部的联系主要通过罗讷河。意大利北部地区主要通过北部的阿尔卑斯路线进入法国和德国;厄斯特费尔德(Erstfeld)的岩石下发现了贮藏的黄金项圈以及臂饰品,证明凯尔特商人曾经由此路线到达圣戈塔德(St. Gotthard)。相比,经过亚平宁山区路线的贸易非常少且十分困难,通常主要经由意大利东部或西部地区的陆路或者海路到达欧洲南部。

而大西洋沿岸地区,早期由于地中海地区的路线较短,且多有交叉,大多路线沿海岸线而行,但也有岛屿之间和岛屿与大陆之间的路线。然而,此类航线的使用往往受到限制,特别是季节性洋流、季风和天气。史料研究证明史前冰川期时,西西里岛、科西嘉岛和克里特岛加入到贸易交往中,但直到公元前第六个千年晚期,巴利亚利群岛和马耳他才加入到贸易网络中。公元前第二个千年时,贸易范围扩展到地中海东部地区,包括埃及、地中海东部沿岸诸国和岛屿、安纳托利亚和克里特和迈锡尼等地区。公元前14世纪,迈锡尼已确立了和撒丁岛的长途贸易关系,几个世纪以后,腓尼基人在地中海中部和西部地区建立了商业殖民地,紧接着公元前8世纪希腊人也相继建立了殖民城邦;此时,整个地中海地区

第五章 贸易和运输工具

留下了商人海上贸易的足迹。由于缺乏史料，无法证明是否有更早的史前远距离探险，但据考古资料证明，第勒尼安海地区的居民与地中海西部地区之间有密切交流，如酒具的迅速传播。

  直布罗陀海峡形成东西交通的瓶颈，限制了地中海和大西洋之间的联系。每年只有在特定时间，如当风向有利于从地中海进入大西洋时；一股强大的洋流使从西向东的航行变得方便易行，但是洋流的形成仍然依赖于风的作用。由于风向易变，穿过海峡的行程有时会推迟数月。然而，在公元前第六个千年，新石器时代的植物和动物因通过海峡的殖民运动而被带至葡萄牙南部的埃斯特雷马杜拉(Estremadura)，这是目前可证明此类联系的首例。在公元前11世纪腓尼基人在大西洋沿岸建立首个历史上有记载的地中海殖民地之前，可能曾有航行活动出现于此，但关于其数量无从得知。

陆路交通

徒步

  陆路上的绝大部分旅行都为徒步旅行：人们从居所前往田地、牧场，或拜访邻近亲戚等短距离行程都徒步进行；商人和常年奔波的工匠总是长途跋涉，游牧者及其畜群也常年辗转。约五千年以前，亡于阿尔卑斯山的冰人是一名肩上背包独自徒步的旅行者。铁器时代的史实证明，欧洲西部或中部地区的商人曾从他们居住的村庄出发跋山涉水，足迹甚至遍布埃及、北非、希腊，而在同一时期，欧洲的凯尔特人也深入到小亚细亚地区。

  自中石器时代晚期开始，人们使用滑雪板、雪橇以及雪地鞋行走在雪地上。尽管这方面的史料并不充分，但在欧洲北部沼泽区的考古活动发现了中石器时代的雪橇；在芬兰也发现了中石器时代黑诺拉(Heinola)一个大雪橇上遗落的一块松木滑板，该雪橇由狗拉行。波斯尼亚的普斯多博耶(Pustopolje)发现的青铜器时代墓室，部分由再度利用的滑雪板建成；在伏尔加格勒的新亚克瓦斯尼科瓦

(Novaya Kvasnikova)发现的地下墓室中包含一个带有雪橇的墓葬。即使没有雪时,雪橇也广泛用来运载货物,尽管对此没有任何证据,但这种使用方式在不列颠一直延续到了近代。

维斯 I(Vis I,俄罗斯) 在公元前第八个千年的中石器时代遗址,其中发现了硬木滑雪板断片。其中一个上面刻有麋鹿的头,作用类似于车闸。

牲畜

牲畜被用来运输货物至少始于公元前第四个千年:农人主要用牛进行区域性运输;狗在北方可能用来拉雪橇;牧民如近代一样,用绵羊或山羊驮载一些物品(一头羊一般可携带约22磅重的物品[约10千克]);直到公元前第二个千年时,马匹开始代替其他动物。青铜器时代,近东地区和地中海地区的人们用驴来运输,但在公元前第一个千年,当骑兵在战争中的地位逐渐重要时,马匹才开始变得重要。然而在半干旱性大草原上,骑马可能出现更早。目前尚不能确定的是,在温带干旱性草原和喀尔巴阡盆地发现的公元前第二个千年的一些面甲残片是否就是用于骑乘或运输货物的马的挽具。但是,艺术品、文献等均已证实,在铁器时代,阿尔卑斯山北侧的欧洲已开始骑马。马匹是重要财产,而且可能只有精英们才可拥有。

交通工具

公元前第四个千年,欧洲东部和中部出现了最早用公牛驾驭的轮式交通工具。通过对沙尔肯堡(Schalkenburg)漏斗颈广口陶文化共同体中公牛骨骼的分析,可以测出牛臀部肋骨不寻常变化,从而证明牲畜曾经被用来运输沉重的货物;在漏斗颈广口陶文化遗址

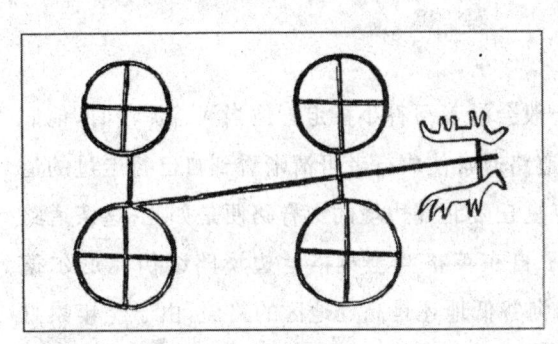

图 5.5 青铜器时代,来自斯堪的纳维亚半岛的两匹马拉的四轮马车石刻。(Worsaae, J. J. A. *The Industrial Arts of Denmark*. London: Chapman and Hall, 1882)

克拉兹尼克-杰拉（Kreznica Jara）发现的一件带手柄的陶器上，绘有一对共轭公牛。尽管后来有时也使用马匹运输，但大多仍用牛来拉货车和耕犁。马匹主要用于战争中使用的四轮马车。精英墓葬中的轮式交通工具作为遗体架或陪葬品也证明着它们的重要性；这种情况主要出现在公元前第四个千年，也偶尔出现在青铜器时代北欧地区，而在铁器时代大量出现在共同体首领的陪葬品中。

陶器上描绘的模型及图案表现出的早期交通工具为带有实心轮子和框架的四轮马车。草原地区的四轮马车上带有弓形结构，以便在游牧民四处奔波时起到保护马车的作用；此类马车当时在欧洲并不为人知晓，该地区的马车和四轮马车主要进行近距离的货物运输。公元前 2 世纪时，轻便车轮辐条的引入推动了两轮货车的发展，而这种车主要用于战争中运送物资；到公元前 1 世纪，战车进一步发展，成为一种作战平台且带有柳条编织的顶篷。而四轮马车仍继续用于运输。

在没有修筑道路之前，轮式运输工具的使用常常受到限制。例如，保留在古老地面上的车辙印迹，证明了交通工具的使用情况，但在如干草原等植物稀疏、未被破坏的地区例外。在这类地区，马车可能主要用于短途货物运输，使用乡间小道或通向河岸的小径，有时古道的修建主要是为了方便此类运输。

道 路

当路面干旱时，陆路旅行者一般会沿着河谷小径走。但当河谷泥泞时，他们便会向高处的道路行进。高处的道路通常使旅行者可清晰看到自己行走过的道路，且能观察整个地面特征。伯克夏丘陵北部边境的山脊路便是如此；这条道路从古至今一直都在使用，它构成了自东英格兰至英格兰边境路线伊克尼尔德（Icknield）驿道的一段。无论是沿河谷低地还是高处地区的路面，由于经年累月的使用，道路逐渐形成并不断延伸。但是，道路旁的地面则被经过的人和家畜、特别是牛破坏；此类只是铁器时代不列颠农耕地貌的一般特征。只有少数道路遗存下来，例如，公元前第四个千年中期，保存在德国夫林班克的漏斗颈广口陶文化土丘下的道路，长约 65 英尺（20 米），路面上留有马车车辙印迹。

古道

有些贸易路线不得不穿过一些沼泽区域或者浅水地带,古道由此兴起。这种古道在欧洲许多地区闻名,尤其是不列颠、爱尔兰、荷兰、斯堪的纳维亚南部地区和下萨克森。对英格兰西部萨墨塞特平原的全面调查表明,那里的古道错综复杂,从散布于沼泽地的枯草柴枝构成的小径到用大量木材修建的大道不一而足。而在德国北部,如伊普夫威格尔(Ipfweger)沼泽地区,有些是坚固宽阔的道路,长约六英里(10公里),系用大量木材在底部支撑着并排平放的原木劈板修成,这样的路面有利于轮式交通工具行驶。古道也可能会建在某一集中使用的地段,上面可以看到密集的车辙印迹,像韦特摩尔(Wittenmoor)地区的古道;也有些古道的修建,如爱尔兰的科尔莱亚(Corlea),至少部分是为了证明当地首领的权力和威望。

斯塔群落(约克郡,英格兰) 在斯塔群落发现的闻名于公元前9世纪的中石器时代古道,是欧洲最古老的古道,其穿过一段沼泽地,系用许多劈开的杨木或山杨树干平行放置修建而成。

韦特摩尔古道 XLII(下萨克森,德国) 约公元前135年建造的一条两英里长(3公里)的古道,一直得到悉心养护。据称,修建目的是为了便于用马车运输铁矿石到杭特河,然后在此地将矿石装船,再经由威悉河运输至远方。

科尔莱亚 I(长津郡[Co. Longford],爱尔兰) 铁器时代修建的一条结实的木道,13英尺宽(4米),1.24英里长(2公里),穿过两个沼泽地区。至少用375个成材的橡树树干修建;树干作枕木平行放置在地面,上面用长条木板覆盖。长条木板的两端都有小孔,目的是用栓穿过小孔钉入地面,从而起到加固作用。

萨默塞特平原

位于英格兰西部,该地区由于雨季大量降水而形成湿地。如铁器时代一样,该地区有大片浅水域、芦苇地或沼泽地。然而在其他季节,气温变得干燥时,地面成为泥炭沼。为了获取平原上干旱地带的资源,在河水泛滥时可乘船;但为穿过沼泽地,居住在周围的高地居民修建了横穿平原的古道。最早且最闻名的是斯威特古道,约在公元前 3087 至前 3086 年冬季,用砍伐的木材修建而成;这条古道约使用了十年,最后被弃。这条坚固的古道穿过沼泽地区,是用白蜡木、桤木、榛木和榆木作路轨。此类圆木桩成对插入沼泽,形成 V 形斜着穿过路轨,后把橡木和白蜡木长条木板铺在圆木桩上面,并用小榛木木栓间隔穿过木板上的小孔,以起到固定木板的作用,而木栓则插入泥炭沼内。

后来萨默塞特平原上古道修建得越来越简单,主要是用成捆的柴枝铺在潮湿路面上。其他一些或是用木桩把榛木枝固定在沼泽地面上,或是用单片木板并列放置,后用柳枝固定。伊克利普斯(Eclips)古道,修建于公元前第二个千年,是用许多单片木板组成的栏架构建,此类木板被拼合在一起,再用木杆填补中间的空隙。

水路交通

除山区外,水路是内陆地区最简单的运输方式,特别是对大宗货物的运输。在中石器时代,无论是内陆运输还是航海运输都使用船只。甚至是捕鱼和运输货物,船只也用来承载人与动物渡河或湖泊以及穿行于两个岛屿之间,甚至运载海盗远征。

小船

约从中石器时代早期开始,适于在河流和内陆水域运输的小船已开始出现;尽管至今仍不能复原已发现的大量短桨。但自中石器时代晚期开始,许多各式各样的船只已出现,只是对于这方面的记载并不完整;现已发现一些坚固的独木舟,但柳条舟和小圆舟之类则少有遗存;另外常常只发现一些不完整的木板船,它可能在公元前第三个千年晚期之后比较闻名,但开始使用时间可能更早。斯堪的纳维亚的艺术石刻上绘有许多船只,但无法从中洞察其建造结构,同时也无法得知此类船只首次出现的时间。具有更多信息的是一些偶然的发现：例如，青铜器时代威尔士镶嵌着黄金的凯尔古莱城堡（Caergwrle Castle）页岩钵，展示了船桨和橹；铁器时代爱尔兰布罗伊特尔（Broighter）的黄金容器；公元前5世纪，德国的迪尔恩堡的黄金船模型，上面置有转动的桨；青铜器时代晚期英格兰的胡波西德（Hunberside）的鲁斯卡尔（Roos Carr）木船模型上有动物似的船头雕饰，且船上有五位站立的勇士。史前欧洲用于远航的船只仍是一个未知数；虽然已发现一些残骸，但是很多情况下，由于没有任何船只结构上的遗存，此类残骸的判定只是来自遗留货物的分布。因此，海上活动的证据只是间接来源于海岛的殖民地化，如中石器时代的赫布里底群岛；商品和原料贸易的分布；食物遗存中出现的深海鱼类和海上动物；以及古典时代文献的记载等等。

木筏

　　木筏可能已在地中海地区和欧洲内陆的河流与湖泊上使用，但它并不适于在大西洋和北部等寒冷海域使用。罗马帝国之前没有任何木筏的遗留，但公元2世纪，斯特拉斯堡地区两个原木制作、可能用木栓固定或用细绳捆绑形成的两个木筏，引起了人们对古典时代凯尔特人使用木筏的回忆。恺撒曾经提到凯尔特人乘坐木筏。

独木舟

　　独木舟是人们最先知晓的水中船只，现存最早的是来自荷兰和法国的诺尔塞纳河畔（Noyen-sur-Seine）的遗留船只，可追溯到公元前第八个千年，且在整个史前时期一直使用；这包括：公元前第四个千年中期法国的夏朗德县（Charente）、公元前第三个千年晚期苏格兰的洛哈比格（Locharbiggs）以及不列颠和荷兰河流与河口湾、瑞士湖泊等各处。罗马时代的古希腊地理学家斯特拉波曾记载过西班牙东部地区独木舟的使用情况。独木舟的特点是笨重、不很稳定且不易操纵，因此它们常在河流湖泊等没有大风浪的水域内使用。目前所知的独木舟仍不能适于航海；然而，恺撒曾记载凯尔特人在河流上使用连成对的船只，可能在海上航行也十分稳固，但是，目前并未发现与此相关的证据。

第五章　贸易和运输工具

独木舟系用笔直的树干制作,通常是用橡木,但偶尔也用椴木、松木,甚至也用白杨木和白蜡木。船体外部用石斧或者金属斧子塑形,内部通常用工具(包括楔子)掏空或者用火烧空,或者两者兼用。成材的橡树树干通常采用天然腐烂树心的方法,这种方法必须在船尾填充横梁板。

图5.6　圆木舟的修建和使用的复原图。一般而言,通过树心的自然腐烂是挖空树干最简便的方法。
(figuier, Louis. *Primitive Man*. London: Chatto and Windus, 1876)

曲布林湾(菲英岛,丹麦)　在该区中石器时代共同体遗址中发现两只独木舟,约可追溯到公元前4400年。最大的长约31英尺(9.5米),用椴木制作,船尾呈方形,可容纳六到八人。两只独木舟的中间是沙和黏土质的船板面;此类表明它们主要用于夜间捕捞鳗鱼。此外还发现有十个贝壳样的短桨,其中的两个雕刻有精美几何图案。

哈邵米(Hasholme,北亨伯赛德郡,英格兰)　根据树轮定年法推算,该地发现的大木船约可追溯到公元前322至前277年,长约42英尺(13米),宽3.6英尺(1.4米),用一棵约有八百年树龄的橡树干修建。虽然天然腐烂树心的方法

探寻史前欧洲文明

掏空树干十分容易,但须修补船头和船尾,船尾填充木板,船头用楔和木栓紧合。船尾设置驾驶平台。船舷上的许多小孔可能是用来捆绑木舟和覆盖物以使所载货物保持干燥。这艘船载着最后一批货物——牛骨节——沉入水底。

布里格(利克斯,英格兰) 公元前第一个千年早期的木舟,用整个橡树干修建,底部是橡木船壳板,船尾是橡木横梁。曾经用缝合和捆绑小木块的方法进行过修补,并用苔藓填补空隙以防止漏水。船长48英尺(14.87米),尾部周长约19英尺(5.9米)。船内凸起部分可能是三对木桨位置标记。船尾平台是舵手划桨的地方。它可容纳26人,或5个人和重5.6短吨(5.5吨)的货物。

布约克(Bjorke,瑞士) 公元1世纪的木舟,长约23.3英尺(7.16米),船舷又用额外的木板加高;此类木板系用铁钉和楔子固定在独木舟的底部。

兽皮和树皮船

在中石器时代,当出海捕捞鳕鱼、海豹甚至鲸之类的哺乳动物时,兽皮船可能已有使用,诸如羊皮木艇(coracles)和兽皮小圆舟(currach)等甚至在近代仍有使用;古典著作家常常提及,证明了从伊比利亚半岛到不列颠,兽皮船使用的频率非常高。可幸的是现存有极其细微的一些证据:发现于青铜器时代早期苏格兰达吉提(Dalgety)的墓葬土壤中的柳枝残迹,可能原型是一只小圆舟,它可能在苏格兰或巴恩斯农场(Barns Farm)早期青铜器时代的墓葬中被用作陪葬品;另一只此类小圆舟发现于英格兰北部的科尔布里奇;另有一块圆木发现于爱尔兰巴林德利(Ballinderry)的沼泽地。此类船都用树枝做成船架,而船体则是用兽皮;有时此类船可能有龙骨。斯堪的纳维亚和俄罗斯的一些石刻上曾经刻画过这类船,在公元前第一个千年中期地中海地区广泛使用。这类船的特点:用途多样、易于建造、浮力大、在海中航行足够稳固且搬运轻便,但在河流交汇处或者河流的延伸处,都不利于航行。兽皮船大小不一,小到只有一个短桨的单人划小圆舟,大到带有帆和桨的可容纳12人的大船。

类似适用于航海轻便型船,可能就是用树皮建造。把树干削砍成圆柱形或半圆柱形,通过浸泡和加热来塑型。如果树皮太小,可能额外添加以达到目的,接口处的缝隙用树脂压紧。船的两端均需缝合，并辅以木制船架。欧洲最早出现此类木船约可追溯到公元第一个千年，但从中石器时代开始，当合适的树木长到可用之时已建造此类型的船。

布罗伊特尔（德里郡[Co. Derry]，爱尔兰） 该遗址发现一件由金片组成的模型船，船上配有九对桨橹和划船的桨手，也有桅杆和操作装置。船上也配有四钩锚、船钩和撑船的篙。

木板船

在青铜器时代，木板船闻名于世，石刻艺术对此也有描绘。现存最早的证据是在费利比地区发现的公元前第二个千年的三只板船中的一只；而在威尔士的凯迪科特（Caldicot），也发现了公元前第二个千年早期的此类木船的一块木板。

这种木板船用从树干上劈下来的木板修建，一般是橡木板，通常用尚未成材的树，旨在减少塑型困难。通常要把建造船的木材储存在水下，使木材富有韧性便于建造；温度、韧性和压力可使木材制作成所需形状。史前欧洲的船一般先用木板塑造船的框架，然后再填充船体；在罗马帝国时期，出现了另一种方法，在船的框架上建造船体，曾在不列颠和莱茵河地区出现，可能是早期兽皮船技术的本土化发展（特别是船架用兽皮覆盖转化成用木板覆盖）。

建有龙骨的船比较坚固，而且比没有龙骨的船要稳固得多，但它们不适于在外海航行。而龙骨也为桅杆提供了一个平台；尽管在史前欧洲遗留的船舶中没有发现桅杆的任何信息，但是古典著作家已对铁器时代欧洲的航海船只有所记载，如布列塔尼地区从事海上贸易的高卢共同体——维内蒂人的船舶。

目前发现的史前欧洲的船，只有少数适于在内河和河口湾地区航行；此类船的特点是平底、狭窄且很长。然而，在罗马帝国时期，不列颠的适于航海的三艘船十分闻名。它们分别来自不列颠的布力费亚斯（Blackfriars）、塞弗恩（Severn）的巴兰德农场（Barland's Farm）、和格恩西岛（Guernsey）的圣彼德港（St. Peters），部分被保存下来的多佛船可能也适于航海。恺撒对于维内蒂船只的描述称（约220艘，规模较大的水军）：航海船都有一个吃水线，可以使船在鱼群中航行，且吃水线和上翘的船头和船尾可以使船在深海中航行。他还认为，此类用兽皮代替布料覆盖船体的设计是为了抵御恶劣天气。到目前为止，这类船的唯一残存发现于英格兰南部的普尔(Poole)海港附近的山堡处,带有长22英尺(6.5米)铁链的铁锚。不列颠国王库诺贝林(Cunobelin)钱币上绘有一只帆船,船体上有桅杆和撑起的帆以及驾驶用的舵。地中海地区的航海运输始于公元前第二个千年初期,约在第一个千年晚期通过腓尼基人的传播,其航海技术被大西洋沿岸的航海者吸收。

早期板船用结实的线、树的韧皮以及紫杉树或柳树的韧条缝合木板修建。或者用短绳通过对船板的接口处的小孔打结紧合,或者用长线穿过横梁扣牢。通常,船的设计便于木栓插入扣牢,以免船板被钩破或者磨损。木栓也常用来紧合船板。公元前5世纪,铁钉开始使用。栓和横梁也用来加固船板。船板之间的缝隙用各种各样的东西填补:包括苔藓和带油脂的羊毛;据说维内蒂人用海草(可能是芦苇)填充。油和脂肪可使船防水和防止海藻生长。

多佛船(多佛,英格兰)   部分橡木船板用紫杉树的韧条缝合,最初长约42至49英尺(13—15米)长,宽7英尺(2.2米),可能是公元前14世纪在多佛建造的。虽然部分已被拆卸,但仍能显示出它的先进性和复杂构造,它可能是一艘穿行在英吉利海峡的重要商用航海船。

(北)费利比(Ferriby,亨伯赛德郡北部,英格兰)   该地发现了公元前第二个千年早期的三艘木板船。船底部由四块用手斧砍凿的半段橡木组成。其中两块头尾相接在船尾处弧形升起形成龙骨,船舷由另三块木板在船底板处升起形成。相邻两块木板之间有榫连接,用单股紫杉树韧条穿过成对的小孔缝合。横梁穿过木栓,从底部船板伸出也起到加固木板的作用。这三艘船都是平底船,由于遗存中没有发现桅杆或者摇橹的痕迹,因此可能靠短桨或者撑篙划行;它们可能主要在内河和河湾地带使用,但是不适于航海。

布里格"木筏"(亨伯赛德郡,英格兰)   该地发现公元前第一个千年早期的一艘平底橡木船,船板之间用细长柳条绳缝合,并用苔藓填补空隙。横梁穿过木栓恰好到达底板起到加固作用。该船可能是作为渡船使用,承载人和牲畜渡过安科姆河(Ancholm River),可能是用撑篙或者短桨划行。

第五章   贸易和运输工具

莱茵河地区(比利时、荷兰、法国和瑞士)　在公元1世纪到公元3世纪期间,莱茵河造就了一批船只的诞生。在罗马帝国之前,主要适于内地水路航行的船已使用。此类平底船的船舷较低,船板之间用铁钉加固。

重叠板木船

公元前4世纪,北欧地区典型的重叠板木船开始建造。此类船的船板交叉重叠。这种重叠板木船的船板之间通常是缝接在一起,但是它们也可能用木栓或者紧合的轮箍加固。

约特泉(阿尔斯岛,丹麦)　该地区发现重叠板木船是现存已知最早的例子,可追溯至公元前350至前300年。船长约46英尺(14米),使用七块椴木板缝接,有龙骨和侧底板,木栓用榛木韧条捆绑,有20个桨手且配有座位。该板木船可能作为祭祀品放置在该地,此外还有约80个人的武器,也可能是一群抢劫团伙的用船,大概是当地人打败它们,为感谢神祇而献的祭祀品。

石刻艺术

青铜器时代的石刻常刻画有船只,多见于瑞士和挪威。但由于只是图示,目前不能了解此类船的象征意义及其建造情况。石刻中常常展现出的此类船的特点包括:高高翘起的船头和船尾;船体吃水线部位的喙或凸起物,可能在船靠岸时用以保护船体免受冲撞;船舷上分布有一系列垂直线条,被许多人解释为船员、划桨或者某些未知的船体结构。在同时代的艺术作品中也发现有类似描绘,特别是在刀片(razor)和内布拉的天象盘(sky-disc)上。

海难

关于货物运输的证据多来自对原料和商品来源地的了解,对传播路线、聚落和墓葬以及最终所有者中这些物品的发现。更多珍贵的直接证据在船舶运输货物途中沉船地发现和发掘,尽管目前没有任何船的遗存物发现。尽管如此,有时此类发现并不能明确证明为海上贸易所遗留;例如,很多学者把韦尔瓦的发现物作为大量的祭祀用品,而不是看做是海难。

韦尔瓦（葡萄牙） 约四百件物品在韦尔瓦重要的塔特索斯（Tartessian）城对面的奥迭尔（Odiel）河口处发现，可追溯到公元前10世纪。此类物品包括刀、短剑、矛尖，其中一些是产自爱尔兰的商品，一个头盔，和来自地中海东部的许多领针（别针和胸针）。

摩尔桑德（Moor Sands，德文郡，英格兰） 普罗尔海角（Prawle Point）地区的摩尔桑德旁的海域发现有八件公元前12世纪的青铜制品，其中包括布列塔尼人的两把青铜凿和一把瓮棺墓文化风格的刀剑。尽管没有任何木材发现，但是此类青铜制品被认为来自一艘运输废旧金属的商业船，自布列塔尼航行至英格兰西南地区的途中遭遇海难。

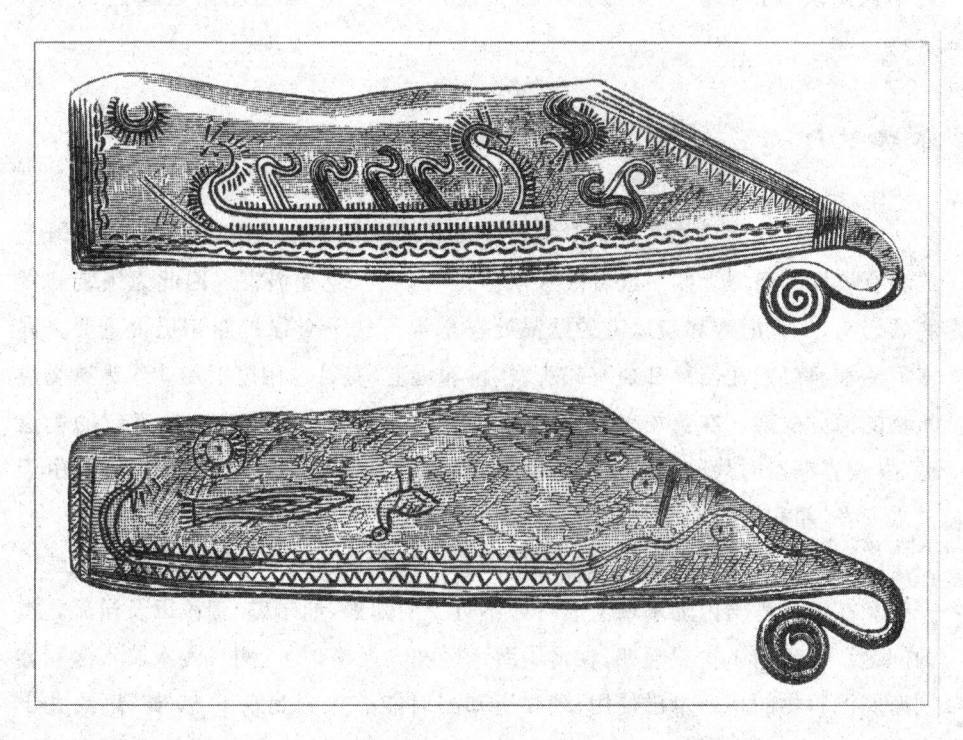

图5.7 丹麦的两把青铜器时代剃刀，上面刻有船形纹饰。（Worsaae, J. J. A. *The Industrial Arts of Denmark*. London: Chapman and Hall, 1882）

第五章 贸易和运输工具

兰登湾（Langdon Bay，肯特郡，英格兰） 在离多佛港海岸约三分之一英里（500米）的海域内，发现约350余件残破的欧洲大陆青铜制品，计有斧头、青铜凿、轻剑、矛尖、别针和手镯。据信，这些物品为一沉船上的货物，该船约于公元前1150年在满载着废旧金属前往不列颠时沉没，此类船型现已消失。遗存中唯一一件不列颠风格的制品可能是一名船员的斧头。

比格伯利湾（Bigbury Bay，德文郡，英格兰） 在埃默（Erme）三角湾暗礁的附近发现有四十四个不同形状、大小的锡锭。年代至今尚不能确定，但它们的形状差别表明，可能为铁器时代晚期小规模的独立生产商生产，罗马史料中曾经涉及一种康沃尔地区的"关节型"锡锭，史料的描述和现所发现的最小的两块锡锭特征相类似；据说，可能是当地人用兽皮船来运输这批小宗货物。

水路航行

无论是残存的还是古典著作家描述过的船只都有吃水线，当船只在海滩上或者有坡度的河堤上搁浅或者浅水域停泊时，可以免受损害。因此无须装卸货物的码头，尽管海港和避风港的抛锚处在恶劣天气下对保护船舶仍很重要。许多河流和河口的泥沼地都建有码头、栈桥和堤道，有时也用废旧船体作为这类建筑物的部分框架。在英格兰的特伦特河的沙德楼（Shardlow）一处正建的堤道旁，发现青铜器时代的一艘平底载货船，船上装有建设堤道用的石料，可能由于洪水突发，船和堤道在同一时间内被摧毁。

吃水线也用来减少船舶在浅水域航行的问题，对于当地险情的了解是航行安全和在河口湾与内陆水域上航行必不可少的知识，如暗礁、潮汐以及洋流之类的问题。公元前1世纪晚期，在地中海地区和大西洋地区，测量浅水域水深和鉴别海底沉积物的探通术已使用；现在所知当时能够探测到水下50英寻（约九十米）深。界标用来确定沿海岸和内陆航行时的位置，但是在远离陆地时，毫无疑问，白天利用太阳，晚上利用星星来识别所处位置；史前欧洲对于天文知识的认识可以通过巨石时代纪念碑的特征了解。其余一些重要的迹象包括潮汐的类型、风向、海浪和云的形成,鸟类和鱼类的迁徙,以及陆地上的一些线索,诸如一些河流中出现的沉积物和气味。公元前 4 世纪时,以公元前 6 世纪《马萨里奥特航海记》(*Massaliote Periplus*)为素材的罗马诗篇《论海滨》(*Ora Maritima*),就包括界标的详情和航行期间沿大西洋识别位置的一些内容,由此可知,此类知识在人们记录之前就一直由史前水手通过口述形式流传下来。

(董晓明 译)

阅读书目

总论

Cunliffe. ed. 1994, Mithen 2003, Milisauskas ed 2002, Whittle 1996, Harding 2000, Champion et al 1984.

贸易

Renfrew and Bahn 2004: theoretical trade patterns, characterization; Cunliffe, ed. 1994, Sherratt 1997, Milisauskas ed. 2002, Champion et al. 1984: European trade; Nash 1987, Briggs 1995, Kellner 1991, Wells 1995b, Cunliffe 1997, Champion et al. 1984: coinage; O'Brien, ed. 1999, Sherratt 1997, Scarre, ed. 1988, Darvill 1996: traded goods and materials; Klassen 2002: Ertebolle; Collis 1984a, James 1993, Wells 1995b, Cunliffe 1995, Bokonyi 1991, Sacks 1995: Iron Age trade; Liversidge 1976: Roman trade; Wmghart 2000, Sherratt 1997: bronze; Ammerman 1985: obsidian; Cunliffe 1994c, 1995, Darvill 1987: wine; Whittle 1996, Kaelas 1994a: amber; Harrison 1988, Cunliffe 200 la: Phoenician trade; Boardman 1999, Cunliffe 1994c, Collis 1984a,

Wells 1980 Greek trade, Biel 1986: Vix.

贸易路线

Cunliffe 2001a, Milisauskas, ed. 2002, Scarre 1988. Black, ed. 1999, McGrail 1995, Darvill 1996, PhiliD 1991, Krisnansen 1998: general; Turner 1998: Shetland; Cunliffe 2001b: Iceland; Giardino 1992: Sardinia; Pearce and De Guio 1999: Nortll Italy.

陆路交通

Milisauskas and Kruk 2002a, 2002b, Sherratt 1997: general; Mithen 1994, Jochim 2002c, Barker 1985. Harding 2000: skis, sledges, snowshoes; Pearce and De Guio 1999: sheep; Midgeley 1992: oxen; Coles 1984, 1987, Coles and Coles 1986, Rafterv 1999, Mellars 1999: Trackways.

水路交通

McGrail 1998, 1983, 1995, Delgado, ed. 1997, Cunliffe 2001a, 2002, Denison 2002, Harding 2000, Fenwick and Gale 1998: boats, Denison 2003a: Shardlow; Denison 2003b: Hasholme; Coles 1984, Mithen 1994: Tybrind Vig; Whittle 1996: Noyen; Sheridan 1999: Barns Farm; McGrail 1983, 1998, Cunlifie 200la, Finlavson 1998: sea travel; Fenwick and Gale 1998, Harding 2000, Cunliffe: 2001a: wrecks.

第六章

手工业与工艺

木材

在史前时代的欧洲，木材常被用来制造各种各样的工具，在气候温暖地区还是主要建筑材料。木材也是重要的家用和手工活动所用的燃料，在烧制陶器和冶炼金属等活动中应用十分普遍。虽然大片原始森林被开垦为耕地或被砍伐，但从很早以前人们就对树木采伐和修剪以实现不同的使用目的。人们熟谙各类木材的特性，会为不同用途而仔细挑选木材，如橡树、白蜡树和榆树被用来制作长条木板；榛树和桤木木杆用作编织和制作栏架；紫杉树被用来制作弓；松树被用来制作箭。

正如其他有机物材料一样，木材很少留存下来，大多保存的木制建筑和手工制品都靠近水源地区，如在欧洲北部和西部阿尔卑斯山的湖边村落和泥塘及沼泽地带。现存的其他资料也多为关于木材的普遍应用和木料加工及开采信息。对花粉谱的分析可以提供一些原始森林生长、消失和管理的线索及这些树木的种类等信息。木桩洞、篱笆洞以及其他考古材料，如一些留在泥土中变色的腐朽木质材料，可为我们提供许多木制建筑的信息，有时一些艺术风格，如巨石阵（Stonehenge）中连接点的应用，也可让我们了解一些木工技术的细节和木制品生产及其应用的方法。一些手工制品遗留的残片部分也可以揭示一些信息：墓葬中遗留的木制交通工具的金属配件可展示其原始轮廓。

砍伐和初步处理

大量新石器时代的燧石斧和石斧的发现说明当时树木一般用斧子砍伐。由于斧子的此种用途，青铜斧和铁斧随后应运而生。有时树木的采伐也使用如下方法：先砍掉一圈树皮，随后将其搁置一个季节，再把它砍倒或者用其他东西把它撞倒。通过对花粉谱的分析和对留存木块的研究,特别是对萨摩赛特平原地区木材的研究表明,树木生长期很长,通常从纤细的树苗生长百年后才可被利用。

砍伐树木和对木材的加工都用斧头完成,然而在萨摩赛特平原薄燧石片也常用来加工树木,甚至一些小薄石片夹在树皮中而不能拔出。绑有石头和金属锤的木楔和木槌,常用来把树木加工成木板。

在萨摩赛特平原,橡树木板常用来建造斯威特小道,且有两种类型,同时也说明早在公元前4000年时这种筑路技术已得到应用。一些木板用有四百多年树龄的粗壮树木制成。这些树木被彻底劈开后,制成16—20英寸(约40—50厘米)宽的楔形木板。一些树龄较小且柔软的树木同样可利用造成同样宽度的木板,这些树木沿切线方面被辟裂开,此种加工有一定的难度且需要一定的技术。

木材加工和木制品

大多数工具和武器都由木材制作或组成其重要部件,其应用范围从人们用的铲到耕地用的犁,从箭和长弓到双轮马车,从斧柄和短剑剑柄到支柱的凹槽和船。这些木制品经过物理变化变成耐久的材料,通过发现的少量木制品残片所提供的线索,可知在史前欧洲这些木制品应用广度和范围。在一些特殊用途中,木材也许不是最好的选择:尽管木制的弓和挖地用的木棒能充分翻耕泥土,但切割坚硬物品的尖端和边缘一般要用石器和金属制造工具;与火直接接触的器皿,如做饭用的瓦罐、坩埚、钳子,也一般不用木材制造,而是用陶器和金属。已发现的大多木制品都是一些木制造像,大概是一些神像,它们大都发现于潮湿地带,如在苏格兰巴拉胡利什(Ballachulish)和德国伊普夫威格沼泽地区(Ipfweger Moor)发现的铁器时代的造像,这些地区一般都在小径附近,而且在法国的塞纳河源头(Sources-de-la-Seine)还发现有大量的祭祀造像,在荷兰也发现一个中石器时代的人物小造像。中石器时代的人们制作许多精美木制品,其中包括一些精致的捕鱼制品;在俄罗斯的维斯(Vis)遗址发现的滑雪板中,其中一个雕饰有驼鹿头;在丹麦曲布林湾发现的两个捕捉器也雕有几何图案。不同木材虽有不同用途,但能制成相同的木制品,如在弗拉格沼泽(Flag Fen)地区发现的青铜器时代的木制车轮由桤木木板和橡树支架及白蜡树木钉制成,而在英格兰霍姆-皮埃尔蓬(Holme Pierrepont)地区发现的一个铁器时代的轮辐车轮,则由桦树轮毂、橡树轮辐和木钉及白蜡树外轮制成。

工具

　　石制工具常常被用来修剪木材和对木材定型,这些石制工具包括石斧、石扁斧、扁凿、凿子、锥子、小锯、辐刨、冰凿和刀。在新石器时代,通常用细小且有凹槽的砂岩块把木棍磨制成笔直的箭杆。金属促进了木制工具的广泛发展,同时也增强了这些工具的功效,例如,金属斧子要比石斧更加锐利耐用。直到公元前6世纪,在霍米科勒(Hohmichele)地区土坟墓中,用锯制作的木板也常用来制造木棺,这也证明了大型木锯的应用。自从公元前6世纪左右,在欧洲气候温暖地区,弓旋盘开始出现,用来转动其他木制器皿、轮轴和其他配套工具,如用页岩制作的其他手工制品也开始出现。铁钻也属于木制工具中的一种,而其在西班牙拉巴斯梯达(La Bastida)地区铁器时代村落中也被发现。

接口与固定

　　木材接口采用的方法多种多样。在巨石阵中出现了三角形和圆形的"榫眼—接榫"接头与"凸—凹"槽接头,这些接头肯定是借鉴木工技术而来。阿尔卑斯山地区的湖边村落、萨摩赛特平原和其他潮湿地带的建筑物表明,这种接头应用广泛,而且还有其他接头,如斜接接头、承口接头、鸠尾榫接头、托架、槽口、凹槽、木钉和楔子等,从留存的木船上也可看到其他类型的加固形式,包括缝合、连接着夹板的木制横轴、木钉和铁钉等。

建造

　　在欧洲温暖地区,树木是常见的建筑材料,尤以橡树为最。通常所用树干很少或根本不经修剪,如在著名的圆形树阵(Seahenge)遗迹中,一棵树连根立在地面。经修剪的树干、圆形木桩、原木及裂开的树干可用于各种建筑物,这在现已发现的各遗址中可得到证明,如英格兰的圆形石结构、木栅、通道、房屋、小路、小径、木排、棺椁等。青铜器时代的巴尔格若斯特韦尔德(Bargeroosterveld)圣殿

第六章　手工业与工艺

也由木材建造。一些大块木材亦开始被运用:新石器时代所使用的橡树干直径达3尺(1米),重量达4400磅(2000千克),甚至早在公元前第八个千年被立在巨石阵中的松树桩,其直径已有32英寸(80厘米)。裂开的树干用火和扁斧挖空后制成独木舟和棺材。树干也可在修剪后制成横木,或辟成木板来制造船、房屋、车辆、道路、棺材、雪橇和其他大型建造物,而树枝常用来制造小物品,如工具、器皿和把柄。水井也通常以木质材料做井壁,包括柳树制品、木板和挖空的树干。经修剪的树木,如榛树和笔直的桤树木杆、原木及柳条,通常可制成栏架或篱笆、栅栏、房屋、双轮马车的支架、兽皮船和其他大型建筑,以及篮子、垫子和挂钩和木钉等小物品。柳条广泛应用于捆绑。树皮常制成绳索及一些木制品。灌木也常用来铺成小径和堆成人工岛,如英格兰铁器时代的人工岛。废木料可用作燃料,大概砍倒树木时会出现这些废木料,可做家用燃料或制成手工活动所需的木炭。

古道

围栏大概有许多用途,比如,可用作栅栏。在萨摩赛特平原留存的围栏在当时常用来建造古道,其由一些纤细易弯曲的榛树、桤树、桦树和粗原木质地的蓬板(sail)建成。蓬板一般单个、成对甚至三个平摆放在地上形成围栏似的框架,同时在架上横放一些短木,或如公元前第三个千年霍奈庇古道(Honeybee Track)的蓬板上也偶尔纵向放长木,然后蓬板里外固定其他揳进小原木以组成围栏。长片的围栏一般由固定的嵌板和柳条制成,或通过衔接其他原木使其支撑在嵌板间的接合处以形成一个连续的长条,如伊克利普斯(Eclipse)地区的古道。

萨摩赛特平原、萨克森(Saxony)及其他地区的古道,一般由劈裂的木材或木板建成,包括公元前第四个千年著名且结构复杂的斯威特道,其上有一个路板悬吊在沼泽地上,在两根大木桩上装横杆当作栏杆。与斯威特小道相比,有些古道仅仅是在地面上放一些树枝而已。

家用器具

木材最基本的用途之一是制作斧子、鹤嘴锄、凿子等有刃和尖形农具的把柄。金属扁斧和磨光的石块或燧石斧经常装有鹿角,进而在鹿角的槽口安上木柄,或直接放一个木柄,再用粗绳和肌腱绑定。有些斧头直接在斧孔上插上木柄,而且插入一个可以移动的木楔使木柄更加牢固。凸缘的斧头通常装在顶部裂开的膝形把柄上,而且在把柄顶部插有木楔使之更加坚固。为使斧头易于开裂木材,在凸缘斧头的底部一般铸有斧背。形状相似的把柄一般都有坚固的底部,安在有槽工具上。一些金属工具在铸造时会带有备用的圆环固定与此相连的把柄,以防止把柄在劳动时脱出农具槽口。

除做饭用的器皿外,大量家用器具都由木材制作。其中包括螺旋形的纺锤和织布机的支架,盛放食物或吃饭用的勺子、碗、碟子及容器,如在瑞士的格洛斯哈夫努(Gross Hafnung)地区发现的青铜器时代晚期带有宝石装饰的盒子。铁器时代的木制品也包括在格拉斯顿伯里(Glastonbury)湖边村落发现的精美平底木碗。从一个栎树木家用器皿上的雕刻来看,在每一面上都有一个小洞,可能用来安装把柄,该器皿上还饰有精美的螺旋纹。最让人称道的家用木制器皿是缸或釜,皆由单一的木块制成——如用杨树木块制成,直径足有1尺(约30厘米),在爱尔兰阿尔塔特—格里布(Altarte Glebe)地区发现的铁器时代的家用大缸和釜上还安有一个可以移动的紫杉树把柄。在埃特博勒文化时期的克里斯蒂安霍姆(Christiansholm)地区发现一些极像陶器的木制器皿,从这些木制器皿的残留物中可以推测其结构。

当时家具大概非常稀有,但已出现木箱、床和木架。在新石器时代巴尔干地区的聚落中出现了小型的桌、椅;保加利亚的斯拉蒂纳(Slatina)地区也出现了木床;然而在奥克尼的斯卡拉-布雷(Skara Brae)地区却出现了石制的碗橱、凳子和箱形床,因为该地区缺乏木材;在丹麦古尔德霍伊(Guldhøj)地区的木质棺椁中出土了由迈锡尼人用水獭皮制造的折叠凳子。古典资料表明,克里特人坐在地上或坐在垫子上,而且还提到了低腿的木制餐桌。在另一方面,残留下来的公元前4世纪的家具残片中还伴有镶嵌的雕刻骨头,上面刻有神像;在西班牙康科罗阿诺(Cancho Roano)地区出土的家具上发现了铜铸造像等装饰品。五斗橱的发现表明家具不仅已在一些地区使用,而且制作精良。

许多木制品,像刮犁一样由许多块木片制成。铁器时代的木桶、圆桶,甚至盛酒大杯也常采用木片制作,且一些木制品还缠有青铜圈,这些木制品也可能饰有青铜把柄和其他装饰品,且少数木制品还包有金属外壳。在英格兰的威尔斯福德(Wilsford)竖井中出土的木桶由木板制造而成,有一个圆盘形的底,且用柳条固定。

进攻武器与防御武器

木材是制造箭、长矛、鱼叉及其他捕猎工具的最常用材料,其中也包括进攻武器,尽管通常在这些木制武器被穿孔之后需绑有石块、骨头和金属,以便更好地进攻穿有护甲的敌人。武器的柄和鞘通常由木材制成。木材大概也是制造盾牌的常用材料,但是由皮革制作的盾牌有着更好的保护功能。有时用木材和皮革一起制作盾牌,木材常作为皮革盾牌的骨架。

木材在防御工事中起着重要作用,可用来造木栅栏、筑路,如著名的高卢城墙(murus gallicus),木材也是双轮战车的主要组成部分。

图 6.1　发现于丹麦青铜器时代木棺中一个用锡钉装饰的木碗。(Worsaae, J. J. A. *The Industrial Arts of Denmark*. London: Chapman and Hall, 1882)

车轮

公元前第四个千年,车轮引入欧洲。起初,车轮由坚固的木材制成,通常要用一块或三块木板经木钉固定而成。公元前第二个千年,轮辐车轮在近东地区出现后迅速被采用,因为这种车轮较轻、较快,且更容易操作,双轮战车也采用这种车轮。这些车轮由木制轮辐组成,轮辐固定在中心轴上,车轮边缘有木制的边

(外轮或轮圈),外轮由几片木块拼合而成,在地中海地区这种车轮的制作方法一直持续到罗马时代。但在欧洲气候温暖地区,约公元前600年,技术精湛的工匠已设计出更加先进的车轮,此类车轮的外轮由削成的木杆造成,通过加热或弯曲制成圆圈状,用一个铁夹固定圆圈的末端连接处,然后,整个车轮用铁圈保护,而且在车轮的一些部分用铁钉固定。但是到公元前2世纪,克里特地区的工匠技艺更加先进,在制造车轮时已不需要使用铁钉。铁圈通过加热膨胀而使其突出到外轮之外,待其冷却收缩之后便会非常牢固。

纺织品、编织物、网织品和垫子

史前欧洲的布料、编织物及类似的物品只有很少被保存下来,一些残留的织物只能发现于一些潮湿地区,极少在干旱地区及盐矿等其他特别地区发现。这些纺织品存在的直接证据多来源于残留在金属、陶器和其他物品上的残迹、纺织设备、一些精美的布料和人工纺织品以及古典著作家的文献记载。欧洲北部及其他地区的发现物,表明垫子、篮子、网织品和粗绳在欧洲旧石器时代或中石器时代之前已经出现,在欧洲一些地区,早在新石器时代已有编织的衣料,且后来变得非常普遍。在下维斯特尼采遗址(Dolni Vestonice)和捷克其他地区的黏土印记表明,水平型编织早在公元前2700年前已有所应用。冰人奥茨虽然死于约公元前3300年,但其衣料和所用物品大大丰富了我们的知识。有趣的是,他的衣服没有一件用编织的布料制作。

纤维和其他材料

欧洲史前时代留下的大多纺织品系由羊毛和亚麻制成。其中大多数亚麻纺织品发现于新石器时代的湖边村落,而盐碱地区未能保存羊毛制品;青铜器时代,纺织品大多由羊毛制作,发现于斯堪的纳维亚地区的随葬织物,因酸性条件而破坏了植物纤维。因此,很难确定上述两种纤维哪一个更为重要。但是,通常认为,在绵羊纺织品出现之前,羊毛是欧洲主要的纺织材料。

纺织品也可由其他植物纤维(树皮)制成,这些植物包括荨麻、大麻、树皮和

第六章 手工业与工艺

草。也可利用动物的毛,如在苏格兰舍山德(Sheshader)地区发现的青铜器时代羊毛制品中含有马和牛的毛,发现于爱尔兰阿莫伊(Armoy)泥煤沼地区的一条精美黑色马毛腰带是铁器时代的供祭品之一。棉布大概直到公元前第一个千年才出现在近东地区,在欧洲,棉布首先出现于公元前5世纪的雅典,为罕见的奢侈品,在史前欧洲并未得到广泛采用。丝绸同样也是不同寻常的纺织品,被认为是欧洲铁器时代织物中的精品。

纤维可用来制作布料,也可用来制作粗线、细绳、网、包等许多其他物品,如在巴特弗兰肯豪森(Bad Frankenhausen)地区发现的一条青铜器时代细绳由野生的铁线莲纤维制成。坐垫、凉鞋、篮子可用细茎针茅草、竹苇和灌木等植物纤维制作。

亚麻纤维

亚麻(Linum usitatissimum) 是欧洲农人较早广泛种植的农作物之一,但当时人们种植主要是为获取油籽,并不能说明它的纤维已得到利用。而且也少有残留的纺织物可以证明亚麻布在新石器时代已被纺织。青铜器时代后,亚麻纤维的重要性下降,开始被羊毛取代,但并未被完全弃用。

亚麻纤维可以织出一种平滑、结实的金黄色布料,这种布料在湿草上很容易变白,却很难着色。

初步处理 亚麻种子成熟之前是亚麻制成纤维的最好时期;若种子成熟后,用这样的亚麻制成的织物则很粗糙。人们通过把亚麻沤软来提取纤维:亚麻的茎先被晒干,后浸泡在水或尿中使之腐烂,再将其晒干,通过拍打(打麻)和梳理(栉梳)的方法使亚麻纤维从其腐朽质中分离出来。在英国的威斯特罗沼泽地(West Row Fen)和雷丁商业公园(Reading Business Park)地区都发现了青铜器时代沤亚麻纤维的坑、打麻的木拍和两种梳麻工具——一种是带刺的木板,另一种是分叉的肋骨,这些在瑞士的湖边村落均有发现;一些与之相似的工具在近代欧洲仍在应用。

其他植物纤维(韧皮纤维)

大麻常用来制作粗糙的布和绳索,特别是帆布。至少在公元前第一个千年,这种植物是作为一种麻醉剂来种植的,但在法国的阿道斯特(Adaouste)地区新石器时代时,当地绿色大麻布很知名。在苏格兰的一个贮藏室中发现了青铜器时代晚期的大麻布;青铜器时代半干旱性大草原上的游牧民族和欧洲东南地区的居民也纺织这种布。

椴树、橡树、柳树等一些树的树皮含有纤维,它们被用来制作粗绳、网织品和布,此外,在芬兰(Finland)的科尔皮拉赫提(Korpilahti)地区发现了新石器时代早期用柳树皮纤维制作的网。

荨麻纤维可以制成精美柔软的布料。在翻耕后的土地上种植荨麻,产量会很高(特别是用尿做肥料时),因此荨麻广泛用于织布,尽管现存荨麻布的遗存非常稀少;在福尔多福特(Voldtofte)地区坟墓中发现了一片青铜器晚期的白色荨麻纤维布料。

初步处理　提取大麻纤维方法与提取亚麻纤维的方法相同。荨麻纤维也可以通过沤软或者与白蜡树混合煮来分离纤维。

羊毛

史前时期的绵羊如同现代的索艾(Soay)羊一样,它们的毛可自然脱落,还可以用手拔或用梳子收集;铁器时代梳集羊毛是很普遍的方法,对于其他体形较大的牲畜,通常用铁剪刀剪取羊毛。原始种类的绵羊羊毛在未剪之前有多种颜色,从白里带有浅黄褐色和微红棕色到黑棕色和黑色,正如现代冰岛上的线纱含有各种自然色调,因此在纺织时能织出各种各样的图案。白色羊毛着色力强,也可用其纤维织成各种颜色的布。

初步处理　带有油腻的羊毛,在剪、拔之前或之后在冷水中进行清洗,然后再对羊毛进行梳理去除部分植物残片和其他残余物。这样便易于纺成粗的线纱。

或清洗羊毛后,再进行梳理并纺成羊毛纱,如此织成的羊毛线既柔软又富有弹性,但容易折断。史前欧洲出土的纺织品中全都是精纺毛线,而没有粗纺毛线。

第六章　手工业与工艺

丝绸

丝绸原产于中国，通过中亚的游牧民族传到西方，因为中国人过去常常用丝绸和其他的奢侈品贿赂这些游牧民族以摆脱他们的掠夺。发现于德国霍米科勒土墓中由当地制作的羊毛内衣，可追溯到公元前6世纪，它带有丝绸刺绣并用绸丝编织了内衣的一部分。这些绸丝大概来源于一片丝绸纤维，且经梳理和重新纺织，丝绸在同时期的霍赫多夫土墓中也有发现。

细茎针茅草

在西班牙南部和非洲北部，有两种不同的细茎针茅草在史前的西班牙地区被用来制成各种各样的织物。大量的细茎针茅草制品发现于公元前第三个千年晚期蝙蝠洞(Cveva de los Murcielagos)的石洞墓葬中。这些细茎针茅草制品包括篮子、包、凉鞋、长裙、皮带和软帽，甚至还有项链，它们通常用编织、盘绕、捻和织的方法制成。这种细茎针茅草还可以制成线和绳，特别是船只航行所用的绳索，但是在史前时期这种织物并不在西班牙和北非以外其他地方流行。

初步处理 细茎针茅草的草叶在收获时要从其他的植物中挑选出来，把它们晒干后再在海水中沤软。

其他材料

易弯曲的植物可用来编织篮子和垫子，这些植物包括灌木、芦苇、莎草、树皮和农作物杆（特别是麦秆），也包括柳树等一些易弯曲的木质材料。在萨摩赛特平原地区，一些长的、未被磨制的燧石片常用来砍伐芦苇；其他砍伐工具包括用燧石和金属镰刀和砍刀，这些砍伐工具在欧洲大部分地区的应用也十分广泛。

纺线

线常由备好的纤维纺成，纺织时需用一个下垂的纺锤（纺锤通常为木制，因此很少保存下来），纺锤通常要用木块、陶器、碎瓦片、金属、石头制作的纺锤锭盘

图 6.2 丹麦弗特兰的特雷恩霍伊(Treenhoj in futland)地区的青铜器时代木棺,其随葬品包括两个羊毛小帽、两个嵌套的木盒、一个编织粗糙的羊毛斗篷、一个织有边穗的披肩、一个羊毛裙子和一个羊毛皮带。(Worsaae,J,J,A. *The Industrial Arts of Denmark*. London: Chapman and Hall,1882)

增加重量。研究表明,在瑞士的湖边村落,人们通常用不同的纺锤纺亚麻纤维和

第六章 手工业与工艺

羊毛——纺织亚麻纤维时用圆锥形的锭盘,纺羊毛时则用小而圆的圆盘。在西普灵根-奥斯塔芬(Sipplingen-Osthafen)的霍尔根(Horgen)地区发现了少量用木头纺锤所纺成的线。

纺织时,纺线者还需一个拉线棒来排好未纺织的羊毛,这个拉线棒只是普通的棍子,毋需精心挑选。在匈牙利的肖普朗(Sopron)地区出土的铁器时代的陶片上就有一幅纺织者似乎拿着拉线棒的画面。

织布

线团

纺线时,纺锤按顺时针或逆时针方向旋转,各自纺成 Z 形或 S 形的缠绕线团;史前欧洲的大多数线团被纺成 Z 形缠绕方式。被纺的两股线通过分别反向旋转可以合成 Zs 形和 Sz 形的合线。通过合并不同的线团,可织成不同质地和不同样式的布。

织布机

窄形的布、条、带都可在简单条式织布机上织出,大概在背带式织布机中,弯曲的线在布条和一个木杆之间被拉得很紧,布条通常要绕在织布者的腰部,木杆也与其他东西相连,如连在织布者的脚上和树状物上。虽然没有发现这种织布的任何遗迹,但在新石器时代之前的欧洲地区,由这种织布机所织的窄型布却非常有名。

在欧洲东南部和安纳托利亚地区出现了竖式织布机,这种织布机由条式织布机发展而来,它可以织出更宽更长的布。在这种竖式织布机的顶部,用坚硬竖直的木杆和一根横木制成木架,弯曲的纺线被连在横木上。经线底部连有重物,以将其拉紧。新石器时代早期的克洛斯(Körös)文化已采用竖式织布机,后来逐渐向欧洲北部、东部和西部传播,在新石器时代晚期的瑞士和意大利已很知名,在青铜器时代已普遍使用。考古遗物中也经常发现此类竖式织布机的遗迹:有时在史前时期的房子内会发现杆洞,在杆洞较窄的底部通常有三角形、环形和圆锥形的树皮片或石块,有时在杆洞之间或杆洞附近会发现排成直线的遗留物。有时在木杆之间也挖有一个小坑,大概这样可以、使竖式织布机能织出更长的布。在肖普朗(Sopron)地区铁器时代的瓦罐上有一幅女子织布的画面:女子所织的布垂在她的脚下,层层堆积形成一条条平行的线。

从卡摩尼卡谷(Val Camonica)地区绘有织布机的岩画中可以看到一些压线物和一个放在一旁的杆及一个或几个综线棒,综线棒通常用来支起部分经线。平针法需要一个纺线棒,而斜纹织法通常需要三个纺线棒。虽然在希腊埃拉蒂亚(Elateia)地区发现的新石器时代早期中部略细的管状黏土物体被认为是线轴,但目前尚不能准确鉴别它及其他纺织设备——如拍打织布所用的织杆和有线缠绕的绕线筒。在欧洲西部地区用骨头和鹿角制作的短齿梳子用来拍打织线,使之在织布时能更加紧凑。

正常情况下,织布由一人来完成(这种场景成为描写妇女劳作画面的素材),但是多杆的织布机留有几米的空余,这暗示着妇女们通过协作的方式来织出宽达10英尺(3米)的布,这种宽度的布可由丹麦青铜器时代墓葬中的一些陪葬纺织品得到证明。

在丹麦铁器时代早期,不同种类竖式织布机所织出的管状布的应用,可以从艾特韦(Egtved)和特雷恩霍伊(Trindnoj)地区的一些发现物中得到证明。

其他设备

一些残存的铁器时代的布条表明了当时卡片织法线条的缠绕特点,即经线穿过正方形平面织板四周许多如综眼般的小洞。在丹麦的戴布耶格(Deibjerg)地区发现一些这样的织板,在西班牙昔加拉勒若(Cigarralejo)地区的坟墓中也发现了由黄杨树制成的织板,两者都属于拉特尼时期的纺织用品。

编织方法

虽所发现的织布机的压线物和纺锤的锭盘可以将织布出现的时间追溯到公元前第六个千年,但是在欧洲,遗留下来的纺织品残迹只是公元前第三个千年之后的遗物。通过这些遗物可知,当时的布一般采用斑纹形织法,即采用平针方法织布,织物的线绕着纱线上下纺织,织成一圈,下一圈则反向纺织;一些布采用竹篮式织法,除采用双股经纱与不同的螺纹外,其他都与斑纹形织法相似。不同布料源于织布方法不同:经纱的螺纹比织物厚一些,或薄一些;或采取 S 形织法、Z 形织法、Sz 双股形织法和 Zs 双股形织法。例如,在博鲁姆-埃斯霍伊(Borom Eshoj)地区的橡树棺材中出土一条布带,在两段 S 形织法的经线螺纹之间有一段 Z 形织法的经线螺纹。其他类型的编织方法通常把螺纹编织在织物上,特别是新石器时代瑞士(Swiss)伊尔根豪森(Irgenhausen)地区精心制作的织物上还用这种方法点缀有三角形的图案。另外一些瑞士织物上通常点缀由植物种子制成的穿孔小珠,这种编织法在其他遗物中也可看到。织布的边缘部分常单独制作,在织布时,在梭口处采用不同的接合方法使织布的边缘比主体部分更精致。织物的边缘通常进行单独编织,依次再编制织物的主体部分。在莱德罗(Ledro)的湖边村落出土的一片亚麻布可以清楚地看到印在上面的图案。新石器时代早期的陶印(terra-cotta,即所知的陶印模[pintaderas])在欧洲许多地区被发现,用来在人身上或织布上留下印记只是这种印章的一种用途。一些青铜器时代的纺织品为了更加美观而被绣上花纹,在斯堪的纳维亚地区,也常采用编网方法给衣物加上衣边,这种技艺已有很长时间的历史,可追溯至中石器时代。

在青铜器时代晚期,斜纹织物也开始出现。织物的纱线通常由两根或多根纱线上下穿织组成,每一排的经线螺纹沿着上一排的形式使织物织成斜纹和梯纹样式。其他斜纹样式包括菱形样式,交叉缝样式和曲折线条样式。在一些青铜器时代和铁器时代的聚落中就可以发现许多斜纹织物,包括奥地利哈尔施塔特和哈莱恩的盐矿地区;与其他环境保存的纺织物不同,盐矿地区保存了一些色彩鲜艳的纺织物,可使我们目睹当时制作的这种鲜艳的格子花呢布,而这种类型的布直至今天仍有制作使用。公元前第一个千年的一些纺织物也通过片状织法织有布边,其在欧洲最早的实物发现于霍米科勒地区,在以后的聚落中则多有发现,其中包括昔加拉勒若的墓葬。

其他种类的编织方法通过采用不同的纱线也得以出现。虽然大多布料由单一纤维织成,但是在瑞士和丹麦发现的一些布则用亚麻纤维来制经纱,用羊毛制成纬纱。在霍米科勒地区,丝也被用到羊毛制品的纺织物中。用羊毛和亚麻共同织出的纺织物可以追溯到公元前第三个千年,反映出当时羊毛已开始应用,但并不像亚麻布那样普遍。

其他纺织技术

制毡法

羊毛并不像植物纤维那样平滑,但它可通过毡合的方式制成很粗的纤维。由羊毛织成的布料被浸泡和晒干后再进行拍打揉捏,可使羊毛纤维相互缠绕得更紧。欧洲早期的纺织品通常采用此法,而使其更加暖和防雨防风。但自青铜器时代晚期新兴斜纹纺织物被广泛应用后,这种毛毡制品逐渐衰落,因为毛毡制品上的颜色图案常常模糊不清。

辫绳法

在纺织的缎子和布条的末端常常采用辫绳方法处理,一些纺织品的末端也采用结成穗缨的形式,大块布的边缘部分也常采用辫绳法。

网眼法

采用网眼法制作的编织品就像一张网,且富有弹性,这种方法在史前欧洲已被使用,而且仍残存于现代一些地区,但被后来的编结法所取代(这种编织法直到公元3世纪才出现)。网眼法特别是用来制造发网和软帽,在博鲁姆-埃斯霍伊(Borum Eshøj)地区发现了一件采用这种方法编织的物品。

捻绕法

史前时期许多的编制方法都很像编篮的方法,有两种方法可以从欧洲的纺织品中识别出来,一种为织物经线法,一根线被其他多根线依次穿过;另一种为织物捻绕法,两根线被两侧的线穿过再依次穿过下一根经线。通过这两种捻绕法制作的纺织品很像网制品,在西班牙蝙蝠洞地区发现了新石器时代利用这种方法制作的编织品,但这种编织物由细茎针茅草制作。

染色

虽然许多柔和的颜色,从白色到黑棕色都可天然地加以利用,羊毛(特别是白色羊毛)也可染色。树皮纤维像亚麻纤维一样在染料中加入丹宁酸之后才可染色,但一些树皮纤维也可以单独染色。许多植物染料很容易褪色,这样的纺织品需用煮染方法来上色或者放在媒染性物品中(在酸性染料中放入明矾或者在一些基本染料中放入丹宁酸),有时还需催化剂,例如氨(尿液),这样可以加速上色或者变更成其他颜色。

现所知已使用的染料中包括红赭色,它可以调制出许多其他的颜色,这种调色方法是让黄色加入到红色中,再加入到棕色中进行调色。发酵的靛蓝叶子可以用来制作绿色的染料;洋红色甲虫的血可以制作红色染料,这种甲虫生活在地中海地区的胭脂(Kermes)橡树上。在法国阿道斯特地区发现的新石器时代墓葬中,其内的树木纤维上就有这两种颜色,还有用胭脂昆虫制成的染色浆料的残留物。洋西和红花可以用来制作红色染料,藏红花和芝麻菜的根可制作黄色染料。从哈尔施塔特地区发现的纺织物中我们可以得知:淡绿色的染料是黄色染料用铁做媒染剂来制成的。

篮子、地席、网和细绳

细绳和粗绳

在史前欧洲的旧石器时代已出现了捻制的细绳;在著名且被装点过的拉斯科(Lascaux)山洞中也发现了一段由三股植物纤维制作的细绳。后来粗绳和细绳也用纤维捻成或纺成,例如,在法国沙拉维讷(Charavines)地区新石器时代的村落中发现了淡黄色粗绳,这种绳子是用草或矮灌木拧成或编成。篮子是用拧成或编成的绳子与一些草、芦苇或其他材料由中间向外盘绕而成,并且用针线加以固定。在瑞士湖边村落和西班牙的蝙蝠洞地区,人们用细茎针茅草来编制绳子;在一些地方,其他种类的绳子也很有名。冰人所穿的斗篷,其顶部由茅草编制而成,内部再通过捻制的方法加以固定。冰人还有一个由弯曲的榛树枝、两块落叶松木板和一根两股线的草绳制成的背包。

编网

中石器时代及其之后,网用纤维或细绳通过有结和无结的方法制成。冰人也有一根由两股草绳制作的网眼很松散的编网,也许是用来捕鸟。冰人在网鞋内填充一些草是为了使其更加保暖。

地席与捻制法

编织不易弯曲的草、芦苇、灌木以及类似的一些材料的方法与纺织的方法很相似,但不使用织机。由这些材料制成的地席在史前许多地区都可见到,包括在希腊的新尼科梅迪亚所发现的新石器时代早期由此方法编制的篮子,其表面已得到修整,显示出各种各样的斜纹样式。

制造稍厚但并不僵硬的垫子和容器时,通常把一捆灌木铺开,再用线将其编织起来,编制这种物品时可采用不同的方法,也能编出多种样式。在爱尔兰特怀福德(Twyford)的泥煤沼区发现了新石器时代用草缠绕碎木片制成的提包。提包系用两块木片固定在一起,提包带用稻草编成。许多不同种类的捻制方法在瑞士的湖边村落地区得到应用,从蝙蝠洞地区发现的篮子、箱子或凉鞋中也可看出所采用的各种捻制方法。冰人所使用的燧石短剑带有椴树皮制作的剑套,剑套用捻制的草绳间隔固定。

柳条制品

一些木材如桦树的细枝和小枝可做成编条制品的框架,其规模小到篮子大到坚固的捕鱼器。其他材料的细条,如裂开的树根、柳条、树皮和灌木常常采用捻制的方法来固定一些制品的框架。在中石器时代的定居点中发现了许多这种制品的残留物,在瑞士和其他湖边村落也发现了许多这种制品的晚期例证。

树皮

中石器时代的容器一般由可折叠的桦树皮制成,也包括在埃尔克伦茨-库克霍芬(Erkelenz Kückhoven)地区线纹陶文化(LBK)的水井中所发现的其他树皮容器。冰人奥茨也曾用过两个桦树皮容器。这种容器系用韧皮条把桦树皮连起来。在瑞士特旺地区村落中发现的用树皮包裹的卵石坠子上还系着树皮条；在苏格兰的达里格村(Dalrigh)也发现了公元前两千年早期用树皮制成的棺材盖；在霍赫多夫地区的一座坟墓中，墓主人有丰富的陪葬品，而且戴着一个圆锥形树皮帽。

皮革与毛皮

通过许多皮革和毛皮腐朽物，我们可以渐渐了解到当时已使用皮革制造人工制品和衣服。虽然这种材料的实物很少留存，但通过对丹麦地区的木棺、泥塘和一些其他环境的发掘，给我们提供了一些线索——皮革曾普遍用于制造容器、衣物和其他人工制品。近来发现的冰人衣物——冰人大约死于公元前3300至前3200年间——都是用皮革做的。铁器时代早期的盐矿地区留存了一些用皮革制作的背包、包和鞋，但这些衣物中没有一件是编织的。盾牌也可以用木头和皮革制作，熟皮可更有效地制作身体护甲。兽皮和毛皮也可以用来制作小地毯和覆盖物。

在欧洲铁器时代的克里特地区及其北部，毛皮被用来作为出口物，而且在更早时期，毛皮也被用作交换物。毛皮是中石器时代埃特博莱文化地区的原始部落之间，以及与他们邻近的线纹陶文化(LBK)部落之间的交换产品之一，金克洛斯特(Ringkloster)是埃特博勒文化的一个内陆型聚落，人们以捕猎小猪和松貂为生，而且人们为了捕猎其他有优质皮毛的动物也居住到艾厄角(Agernaes)地区。

原料

家养动物和野生动物的毛皮通常也在使用，这些动物包括牛、山羊、绵羊和鹿。中石器时代的人们一般捕猎毛皮动物，大概到史前欧洲晚期，也开始捕猎猫、獾、松貂、野猫、猞猁、河狸、水獭、狼和狐狸。家养狗的毛皮亦可利用。冰人用牛、山羊、红鹿、山羊及熊的皮革和毛皮制作衣物。

处理

在温暖地区,生兽皮常切成块晒干后再制作提包、盖子和镶边,但是在欧洲的大部分潮湿地区,动物毛皮要制成皮革。兽皮在浸泡和稍微腐朽后可以去除其外皮和毛,且兽皮脂肪和其内部组织也可以被刮除。在旧石器时代以前,人们常用石制工具和骨制工具来刮兽皮,后来才用金属工具。最简单的保存兽皮的方法系烟熏法。可看出冰人衣服上的皮革就是用这种方法制作的。对皮革进行处理的目的就是为了使皮革不容易腐烂,且可防水防漏。去除兽皮脂肪可采用拉伸摩擦的方法,也可以用明矾水、盐水或两者的混合物进行处理,或浸泡在丹宁酸中。丹宁酸一般取自于橡树、栎树、栗子树或松树皮。兽皮被拉伸后,再用较钝的工具弄软。在处理皮革时这几种方法也可以联合使用。皮革也可以用水煮的方法使其变得更加坚硬。在新石器时代的奥克尼,块状的赭石用来擦亮皮革表面,使其显得更加光亮。

皮革制品

根据当时的制作水平和皮革制品的用途,皮革可以被制造得非常柔软且容易弯曲,或使皮革十分坚硬和粗糙,以致只有用锯才能把它锯开,因此皮革能制成多种物品,如防护工具、容器、鞋、衣服、盾牌和船的外层。

大约在旧石器时代之前已出现皮革提包,因此,在新石器时代早期制作陶器时似乎也常常模仿皮革容器和皮包的样式及一些细节,例如有些提包会在颈部安有木质箍环以稳定其开口状态,而用来将箍环和皮包缝合在一起的线条则可视为装饰性线条。装水的皮革容器通过放在烧热的石块上可用于做饭,这种方法在中石器时代的斯堪的纳维亚地区也有发现,大概在青铜器时代的不列颠地区仍在使用。一些欧洲新石器时代的皮革碗和皮革酒杯也很有名。在哈尔施塔特地区的盐矿里还保存有一些皮革制作的背包,其骨架由木材制成。在迪尔恩堡地区的盐矿中发现的提包,其上还有皮革拉带。

通常用几片皮革连在一起来制作衣服或其他物品,可用动物的肌腱或薄一些

第六章 手工业与工艺

的皮带把皮革连在一起,或把几片皮革缝在一起。骨锥常常用来钻孔,在新石器时代的奥克尼和青铜器时代的德国辛根(Singen)地区的墓地中,锥子一般都发现于女性的墓葬中,这至少可以说明,一些皮革制品是由妇女来制作完成的。在德国施塔德(Stade)地区发现的一个新石器时代的匕首鞘就是用一片牛皮制成,匕首鞘背面用一个细皮条来固定,鞘的内部也加衬一片揉制的羊皮来防护匕刃,用其他皮革制作刀鞘和剑套也很常见,冰人还带有一个用鹿皮制作的箭袋。据说恺撒曾使用过由揉制皮革制作的船,这种皮革船由维内蒂人造,他们是布列塔尼地区的一个航海部落。

虽然史前遗留下来的盾牌均用金属制造,但在史前欧洲金属盾牌大概只占少数,它只是用来装饰而并非用于防护,用于作战的盾牌大多用木头或熟皮革制成。爱尔兰克伦布林(Cloonbrin)地区残留下来的一块盾牌是用青铜制作的,盾牌为圆形且带有 V 形槽口,用一根动物的肋骨和凸骨加固。用皮革制作的小帽在缝制时中心突起,皮革

图 6.3 冰人的日常物品:草编斗篷;皮革制作的外套、鞋、箭筒和腰带;毛皮制作的帽子与护腿和木制背包;冰人手上还握有一根紫杉木制作的弓杆和一把青铜斧头。(Drawing by Audrey McIntosh, after drawings and information in Spindler, Konrad. *the Man in the Ice*. Lodon: Orion, 1995)

帽的系带系在帽子背面。在爱尔兰地区,木制盾牌逐渐被皮革盾牌取代,皮革盾牌可以用水使其变软,且可用圆形打孔器在上面打孔。像胸甲和护胫甲这样的

防护设备也可用熟皮制成；在青铜器时代，撒丁人的艺术中所展示的人物画像穿着用皮革制成的束腰内衣和短裙，也许这些衣物还用小青铜片进行加固。

各种款式的皮革制和毛皮制衣物保存下来，如冰人穿的鹿皮外套、牛皮鞋、带有下颌带的毛皮帽、毛皮制护腿、带有小袋的牛皮带和皮革制缠腰带。皮革和毛皮可用来缝制软帽和与上衣连在一起的兜帽，而且一些皮革制品也用毛皮做衬里或装饰。在迪尔恩堡的盐矿地区发现的牛皮鞋是用一片皮革制成鞋的形状，并在脚后跟处进行缝制，然而在古尔德霍伊(Guldhøj)地区的木棺中发现的一只鞋则用皮革制作鞋底，用毛皮制成鞋帮。皮制衣物的颜色要根据所选颜料的颜色而定，从白色到淡黄色再到红棕色，但衣物可以染成多种颜色，或染成五颜六色抑或挑选出其中的一些颜色拼成图案。一些图案也可作为浮雕花纹加在衣物表面，制作这类图案的工具在新石器时代的奥克尼地区已经被发现。

马的挽具和其他马具通常用皮革和一些金属部件来制作。在铁器时代拉特尼地区的聚落中发现了一个皮革提包，里面装有制革工匠所用的工具。这些工具包括半月形的刀和用于削、钻皮革的尖锥、凿子、打孔器、装饰马鞍和其他挽具的弧口凿。

骨头、兽角、鹿角与象牙

骨头、兽角、鹿角被广泛用于制作工具和装饰品，或是原封不动，或是稍加改造，这些制品就像其他制品一样也很流行。这些物品和象牙一样开始使用于旧石器时代，而且在铁器时代时也很重要。

骨头、兽角和鹿角

来源

鹿角可以通过收集和捕猎获得。虽然马鹿的鹿角利用极其广泛，但是在冰后期的早期时代，麋鹿角也常常被用来制造鹤嘴锄。家养动物也可提供兽角、骨

第六章 手工业与工艺

头、长骨及后足骨,动物的肩胛骨也常被利用;通过捕猎而获得的骨头也常被利用,如动物的牙齿。海岸地区也常利用海生哺乳动物的骨骼,如鲸的骨骼,而且鱼的脊椎骨和鸟的骨骼也可加以利用。

加工

燧石及后来的金属刀、锯常被用来加工原料。在一片鹿角上刻上基线,再用其他小工具沿着基线在鹿角上刻上两行平行的凹槽,这样可把鹿角撬成两半(凹槽——碎片技术)。鹿角在浸泡时会暂时变软,这样更容易加工成其他的物品。兽角相对柔软,可以很容易切制,兽角被浸泡和水煮之后可以分成几层,且能呈现半透明状。鹿角也是一种用途很广泛的物品,利用它的这种特性可制造出复合弓,这种弓用兽角加上木头和筋腱叠压而成,射程很远。制造鱼钩时,就是在一片椎间盘骨上钻一小孔,再取出其中一小部分,把它弯曲成弧形带尖的鱼钩。冲到奥克尼海岸的浮石常常被用来磨制骨头和把骨头制成骨器或把骨头削尖。

人工制品

重加工 鹿角工具被广泛地应用于采掘燧石和金属矿石,特别是用来制作鹤嘴锄和楔子;不易折断且富有弹性的鹿角是制作工具的首选材料。用鹿角制造鹤嘴锄,就是去除鹿角所有尖头,只剩下鹿角最底下的部分,被削去的鹿角尖和动物的后足骨一样都可以用于制作楔子。双尖的鹿角大概可以当作耙子来使用。鹿角偶尔也可用在矿区做支柱。在矿区发现的牛肩胛骨可能用作铲和耙;它们在铲燧石块和小碎石时可能并不结实,但可以用来清理余下的碎石小片。大奥米尔(Great Orme)的铜矿地区用小而未经修整过的骨头当作铲子从柔软石灰石基质中铲出铜矿石。

用鹿角制作的锤头和鹤嘴锄,通常是在它上面打孔后安上一个木柄来制成,这些在中石器时代已被使用;长骨和鲸骨也用来制造锤头,在新石器时代的不列颠地区,鹿角还被雕刻成权杖头,这种权杖头可能是体现威望或礼仪性的制品。

鲸鱼的肋骨和下颚骨可以用来制造雪橇,在沿海地区也可以作为建筑材料,因为这些地区缺乏木材。在斯卡拉山坡地区,鲸鱼的肋骨和下颚骨可以用作房子顶棚的梁木。

轻加工　在中石器时代，制作诸多小工具的原料均通过捕猎和采集获得，许多这样的小工具在铁器时代仍被使用，但也发现了一些新型工具。石制凿子和斧子通常还装一个鹿角外套，再安一个木质长柄。把柄和武器的圆头也可以用骨头和鹿角来制作，而且用鹿角制成的锥子和凿子在中石器时代之前都已开始使用；海豹骨也被制成锥子。其他的人工制品，包括渔钩、鱼镖和鱼叉等渔具；尖棒和箭头；用来制作马的挽具的鹿角外皮；餐勺；用动物的后足骨制作的加工皮革的刨光工具；塑成黏土模型的抹刀；用来装饰陶器的小鸡冠和鸟骨。纺锤锭盘也可用椎间盘骨或鹿角制作。纺织用的穿线器由一些小骨制成，骨针则用骨头碎片制作，动物骨头、鲸鱼骨和鹿角可制成纺织用的梳子。在铁器时代，色子也用鹿角和骨头制成。野猪长牙有时被用来制作刀刃和鱼钩。在威尔斯弗德地区一座威塞克斯文化的坟墓里发掘出一个骨质笛子。苏格兰布鲁蒙德（Bbroomend）地区一座漏斗颈广口陶文化墓葬中出土的一些兽角制品中，包括一件长柄和一些匕首的圆头。在铁器时代，兽角可用来制作餐具，但之前并没有出现这样的餐具，在霍赫多夫地区的首领墓葬中——可以追溯到公元前550年，挂在墓墙上的九个鹿角餐具还绑有黄金带和青铜带。

在冰人奥茨的工具中，尖细的骨锥可在毛皮和皮革上打孔，这种锥子或许还可作为骨针。他捕猎获得的一些鹿角可制作箭头，一个由鹿角制作的钉子，嵌在一段菩提树枝上，这种工具大概通过精加工用来削尖燧石工具，冰人所用的鹿角尖棒被用来剥去动物皮和捻接细绳。

装饰品与衣物配饰品　从中石器时代的聚落中可以看到，动物的骨骼和鹿角常用来制作垂饰、饰针和穿孔小珠，狐狸的尖牙和鱼齿及脊椎也可以制作这些装饰品。珠子和垂饰的制作一直贯穿于史前时期，其中也包括河狸切牙、野猪长牙和鹿牙经打孔而制作的装饰品，以及后来有装饰头的饰针、耳环、棒形纽扣、衬垫上的小珠、皮带挂钩和皮带固定环。在威塞克斯的灌木冢（Bush Barrow）灌木古墓丛地区发现的青铜器时代早期墓葬随葬品中，包括一个有许多曲折边缘骨环装饰的木质物件。小造像和装饰物品也偶尔用骨头和鹿角制作：如在公元前第五个千年罗马尼亚的居住点克斯约勒（Căscioarele）制作的一个女性造像，装饰着雕刻的圆点和小孔。在瑞典南部中石器时代的定居点舍霍尔姆曼（Sjöholmen）地区所发现的一根鹿角横木上，装饰着错综复杂的几何图案；在西班牙发现的一件铜石并用时代的骨质造像上也描绘有眼睛和一些几何型图案。

象牙

在旧石器时代，较大的象牙可以用来制作工具、装饰品和造像，但是随着欧洲象牙的消失而停止了用本地所产的象牙资源，伊比利亚半岛地区新石器时代的居民从马格里布（Maghreb）进口象牙，并把象牙制成小物品如权杖、梳子和造像。然而在漏斗颈广口陶文化时期及后来，象牙被制成 V 形打孔的纽扣。在铁器时代的欧洲，象牙要通过近东和地中海地区从非洲和南亚地区进口。腓尼基人把象牙带到他们进行交易的伊比利亚半岛的贸易港口，在这里他们教给当地人们加工象牙的技术——把象牙制成精美的物品，例如在卡莫纳（Carmona）精英人物的墓葬中发现的装饰性梳子。在伊比利亚半岛的土著居住点多纳布兰卡城堡（El Castiio de Dona Blanca）发现了雕刻象牙的作坊，这个地点在腓尼基人居住地迦迪尔的对面。由于象牙很坚硬，所以比鹿角制品更难加工，因此常常要使用钻。象牙和由象牙制成的稀有制品主要用来制成金属制品的镶嵌物和一些小装饰品。

石料

石料在远古时代亚已用于制造工具，甚至在金属工具引入后，由于成本低廉、并可完成金属器不适合的打磨等工作而仍得以继续使用。石料亦用于建筑。玛瑙、硬玉等矿石可制成珠宝和其他装饰物；一些部落由于缺乏金属矿产或金属工具制作技术，也用石头仿制由金属制作的斧头和匕首。

燧石

从旧石器时代早期开始,人们使用燧石和其他易碎的硅酸盐石料(例如黑硅石、碧玉和玉)制造各种用途的石制工具。在冰后期,这些工具包括斧子、刮削器、箭头以及制作工具刃部的细石器。由黑曜石或大普雷西尼的蜜黄色燧石等特殊材料制作的工具,在使用中享有很好的口碑;长石刀等制作需要高超技艺的制品也受到珍视。在难以获取或没有燧石的地方,石英石或石灰石等其他类型的石料便用以制造工具,但这些材料不易加工制作,且效果不甚理想。

燧石矿开采

燧石出现在白垩矿的矿瘤层中,有时也因风化而裸露地表。制造日用工具的燧石可广泛获得,但特殊物件所需的优质材料只可在个别地区开采,并于公元前第三个千年广泛交易。深褐色的优质燧石早在中石器时代的圣十字山中已有开采,尽管大多数中石器时代燧石矿脉都露出地表。

早期燧石开采使用沿着地表燧石而切入白垩的浅坑。接着,坑的规模不断扩大,达 13 英尺(4 米)深、33 英尺(10 米)长。稍后时期又使用矿井来开采地下燧石矿层。有些矿井顶部很宽,在腰部逐渐变窄,有时矿井深达 33 英尺(10 米),直到燧石层被开采枯竭,矿井被废弃。由于燧石和白垩开采完竭,矿井下部变宽,形成了一个钟形坑。许多矿井更为复杂:矿井挖至燧石层层面,然后水平方向沿着燧石层向周边开挖,形成一个由白垩柱支撑上层矿层的通道。通常水平方向的开采会持续进行,直至通风条件不利于继续开采。有的矿井深达 52 英尺(16 米)、水平通道长 100 英尺(30 米)。劣质矿层或许被弃用,矿井会继续向下开挖直至找到优质矿层。一旦矿井被废弃,它就变成废料堆积地;废弃的水平通道,同样也用开采过的白垩废料回填。

在宽的矿井中可能使用木梯通往地面;而在较狭窄的矿井中,则通过一系列木柱交叉放置在矿井中供矿工攀爬。木材可能曾用于加固矿井和水平通道,在水平通道的侧面发现了木材的槽口,它们也许用来支撑顶梁;但是这些证据十分有限,多数情况下,燧石矿以白垩柱为支撑,有时使用鹿角和白垩制成的其他支撑物。

燧石系用鹿角制成的锄开采,鹿角锄在软白垩中可非常有效地撬出矿核;锄头有时也用长兽骨和燧石制成。开采活动中同样也使用石斧和锤子、楔形物或兽骨。有时在坚硬岩层也使用燃烧(火力破石)的方法。铲子由木头或动物肩胛骨做成,用来收集开采物。人们还使用鹿角耙。一般在自然光下采矿,有时也用白垩制成灯形,燃烧动物脂肪来提供额外光线。燧石装在篮中或皮袋中后运到地面,可能由顶部吊杆上的绳子拖送上去。

西斯伯利(苏塞克斯[Sussex],英格兰) 在公元前第三个千年之前,西斯伯利就开始开采燧石,那里发掘出了200口圆形和方形的有水平通道的矿井,其中一些矿井内部相通。在一些矿井底部也发现有储水洞,用来收集雨水且阻止雨水流进通道。水平通道间白垩柱上也开有许多小窗口,以便采光。

大普雷西尼(安德尔-卢瓦尔省[Indre-et-Loire],法国) 如铜矿一样,大普雷西尼也是蜜黄色类富含铁的燧石产地,它的岩芯常被用作刀刃,当地称之为"大块黄油"(livres de beurre)。大普雷西尼矿的开采时间很长——从旧石器时代到青铜器时代,但它产量的高峰约在公元前3000到公元前2400年。所产燧石远销泽西(Jersey)、荷兰以及瑞士西部,距产地超过200英里(350公里),偶尔一宗交易会远达500英里(800公里)。燧石在山坡上的浅坑和谷底几英里的范围内开采。

格林木斯墓(诺福克[Norfolk],英格兰) 该地区矿井延伸范围大约有22英亩(9公顷)。至少发现366口矿井,其规模从宽约3至7英尺(1或2米)、深约10至13英尺(3到4米)的露天矿坑到钟形坑和带通道的纵深达40英尺(12米)的深矿井不等。三种矿层的燧石被开采,其中最底层的品质最优。该地发现的动物骨头——主要是绵羊和山羊——或许是矿工美餐的残迹。此地还发现了整齐排列的康沃尔绿石磨制的石斧、两把鹿角锄、一块罕见的鸟类矶鹞头骨等,在一个通道中或许还有奉献的祭品。尽管该地的开采始于公元前3000年左右，但大多数矿井都只可追溯至新石器时代晚期和青铜器时代早期，约公元前 2000 年。

图 6.4 一幅位于英格兰诺福克格林木斯墓的燧石矿截面：主要矿井与通道。(TopFoto.co.uk，© 2004 English Heritage, Photographer: Terry Ball. Reproduced by permission of English Heritage/HIP/TopFoto)

克热米奥基—奥波托威斯基(Krzemionki Opatowskie，波兰) 该地出产带

第六章 手工业与工艺

状燧石。在一个长约2.5英里（4公里）的狭长范围内有一千多处矿井。浅坑在漏斗颈广口陶文化（TRB）早期就已进行开采，在漏斗颈广口陶文化晚期与球状双耳陶文化时期，矿井深达50英尺（15米），水平通道长达100英尺（30米）。其他矿区也出产优质燧石，它们亦被用于漏斗颈广口陶文化（TRB）和球状双耳陶文化（例如来自于斯威奇豪[Swiechiehow]的白斑燧石，来自于拉多姆（Radom）地区的深褐色燧石，来自于克拉科夫[Cracow]地区的带状侏罗纪燧石，上述各地区均在波兰；还有来自于乌克兰沃里尼亚[Volhynia]的燧石），但产自克热米奥基-奥波托威斯基的带状燧石是他们更所青睐的制斧材料，经过贸易交流从370英里（600公里）之外的源产地获得。

奥堡（Obourg，比利时）　该矿井通过露天沟渠进行开采，偶尔有水平通道连接。在此地发现了一块矿工的头骨和一把角锄；他可能因一次矿井顶部坍塌事故被夺去生命。

斯皮耶讷（Spiennes，比利时）　其为米歇尔斯堡文化时期开采过的采矿点，延伸范围达150英亩（60亩），包括早期露天矿坑和系统作业的窄矿井以及内部相通的水平通道，主要开采倾斜燧石层。该地大多数矿井是垂直的，但其中不乏一些倾斜矿井。这里有部分劣质矿层被废弃，然后，矿井凿至更高品质矿层，其位置在地下16到50英尺之间（5—16米）。该地倾斜矿井中的开采物由木制斜槽运达地面。

齐斯泰兹（Thisted，日德兰半岛，丹麦）　该地是优质瑟农（Senon）燧石产地，开采始于公元前第五个千年。圆锥形矿坑开挖至燧石层，宽13至16英尺（4至5米），纵深约13至16英尺（4至5米），有水平通道，长16英尺（5米）。开采出的原料随意堆在坑口。

制造工具

不同种类的燧石适用于制作不同的工具。例如，克热米奥基-奥波托威斯基的带状燧石是制斧的上乘材料，但却不适合做刀身；与此相反，奥堡的燧石适于做长刀和削刮器;斯威奇豪(Swiechiehow)斑点燧石既可制斧,又适合做刀刃;大普雷西尼的蜜黄色燧石也是如此。

可用作石刀或箭头、削刮器及其他工具原坯的刀身和石片,由加工过的岩芯制成,并经精心修饰或压制。岩芯同样被劈开制作斧子。

燧石有时就在开采地附近粗制成斧子,有时仅需十分钟便可完工。大型工具,如长达20英寸(0.5米)的石斧,仅可从开采的燧石中直接成形,因此必须在开采地制作。许多矿区都有加工点,但在漏斗颈广口陶文化时期,在克热米奥基-奥波托威斯基开采的原料被运到卡缅纳河(Kamienna)谷地邻近的奇梅卢夫(Cmielow),在那里加工成粗制或精制石斧。

黑曜石

黑曜石是一种自然形成的火山玻璃,有着迷人的半透明外表,颜色从黑色到绿色不等;它的石片可制成人工物品上最锋利的刃部。它在使用地区享有很高声誉。欧洲的黑曜石多来自爱琴海的米洛斯岛和地中海中部的利帕里岛、潘泰莱亚岛、帕尔马罗拉、撒丁岛及斯洛伐克和匈牙利的山脉。

制作

黑曜石和燧石有相同的制作方法,即敲打破碎。它可能在产地或附近地区制成刀身。这些刀身稍后被运至定居点制成细长石刀,继而可能会被输送到更远的定居点。

打磨石制工具

优质火成岩和变质岩,如粒玄岩、绿岩、凝灰岩都曾用来制作斧子、凿子等磨制石器工具。这些工具比燧石工具更坚硬,用它们打磨过的刃部可保持长久的锋利。

第六章 手工业与工艺

来源和开采

普通石料的岩层露头可在当地出产地开采,但优质岩层露头则相对紧俏难得,需经长距离的开采和运输。对不同岩石的成分分析可得知其产地,这样便可知岩石的运输路线。例如在不列颠,开采的矿石类型超过三十种,涵盖了大朗戴尔、莫伊尔(Tievebulliagh,陶瓷型变岩)、迈尼普-雷塞里(Mynydd Prescelly)和克雷格-卢伊德(Graig Lwyd,绿岩),有些原料来自于其他更远产地,如硬玉来自于法国和阿尔卑斯山地区。

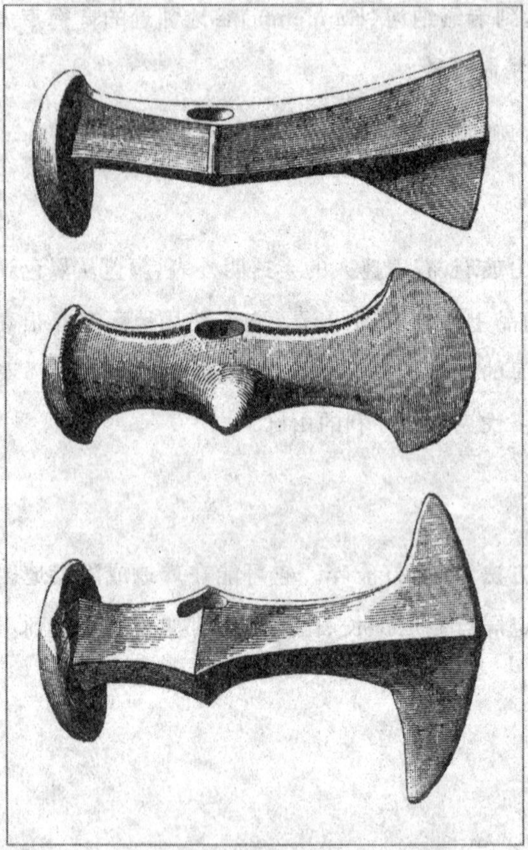

通常,易于风化的各种形状的普通石料会散布在岩层露头周围,易于收集。有时矿石并无矿层露头在外,因此只能通过山腰小道进入矿区。水平或倾斜的岩矿表面也同样被开采,之后形成小露天矿坑。

塞勒丁(Sélédin,布列塔尼,法国) 塞勒丁是一块方圆3平方英里(1平方公里)的复杂开采地,开采期超过一千年,可能生产出约六百万把粗粒岩质斧子。它们提供了半数布列塔尼地区使用的斧子,并广泛用于经卢瓦尔河横穿法国西北海岸的贸易,有时甚至更远。

大朗戴尔(坎布里亚郡[Cumbria],英格兰) 在大朗

图6.5 三把出自丹麦的石制轴孔斧或战斧。(Worsaae, J. J. A. *The Industrial Arts of Denmark*. London: Chapman and Hall, 1882)

戴尔山脉有一种灰绿色的火山凝灰岩,是制作工具的绝佳材料,它们已被新石器时代造访于此的共同体开采过。一些石料系在山脉的垂壁砍落获得,另一些则在露天矿坑或小平峒中开采,此外还有一些因风化作用而散布在山坡碎石堆中。它们在山坡或山谷的制作场地被粗制成石斧原坯。在整个石器时代早期,该地石矿多由造访于此的共同体开采,但约公元前3300年后,该地的开采变得更有组织,数量也更大。在这一时期,产自大朗戴尔的斧子也于不列颠各地交易。

迈尼普-雷塞里(威尔士,大不列颠) 迈尼普-雷塞里山脊的火成岩石料包括适于制作石斧和其他工具的流纹岩和粗玄岩,其中也包括蓝砂岩(斑点粗玄岩),多用于修建巨石阵中的直立巨石。由于岩石严重风化,制作工具的石料不需开采便可获得,而大块石料多可从山中撬出。

制作

通常而言,制作斧子和其他磨制石器的原料会在原产地用石锤粗糙加工。而后,这些粗制品经长距离贸易运输最终到达某一定居点。此后,它们在定居点内经砂岩打磨而最终成型。在设得兰群岛,砂岩类石料霏细岩用来生产精美且薄的"设得兰石刀"——扁平椭圆形的石制圆盘有着高度抛光的表面和锋利刃部,它们很可能用来做装饰而不具有实用功能。

斧子和其他工具会安上把柄,或是由木材、鹿角制成的套筒,用动物生皮或树皮捆绑加固。然而另一些工具也带有轴孔以固定把柄,如新石器时代欧洲北部的战斧、锤子和权杖头。这些轴孔可能由弓形钻钻成,或通过石块、沙子和水磨制而成。其他有孔洞的石制品包括秤砣和杆轮。

尤厄的贝奥格(Beorgs of Uyea,设得兰群岛,不列颠) 石制工具加工地。该地的霏细岩在输往其他地方精加工前,在此地被粗略制成斧和刀的毛坯。在霏细岩开采位置,一片空地用石板为顶形成一个掩蔽处以进行制作活动。质量次的毛坯和制作的废弃物散落在周围。霏细岩用来制作远销英格兰北部的权杖和石斧,以及只在设得兰地区贸易交流的石刀。

第六章 手工业与工艺

其他石料

研磨岩石和带有凹点的砾岩石常用来制作磨石和手推磨；其他石料包括优质砂岩、砾岩、火成岩和玄武岩。此类岩石并非在每个地方都可易得，所以它们开采后被广泛交换，特别是在铁器时代。用来制作手推磨的玄武岩产于德国艾费尔（Eifel）地区的迈恩（Mayen），始于公元前第五个千年，并一直被开采直至罗马时代。在青铜器时代早期，尼德蒙蒂希熔岩地区进口自莱茵兰的方形石磨，曾广泛出现于英格兰南部。其他此类开采活动也出现于旧石器时代，并在铁器时代晚期，随着旋转手推磨开始使用和水路交通运输下大宗磨石贸易的发展，在数量上和产量上都有很大增加。

砂岩工具、轻石及其他有研磨用途的岩石，常用于生产和打磨斧子表面及其他石制工具。用作石锤、石砧及其他用途的当地圆石大多可从海滩或山坡碎石堆中收集获得，且不需加工便可使用。在奥克尼和设得兰群岛，来自海滩砂岩中的砾石被剥落成薄片，做成切割工具，称为"斯凯奥刀"（Skaill Knives）。在设得兰群岛，板岩被用来制作刀具、斧头、盖子；它出现在易开采和切割的地层中。中石器时代，波罗的海地区也在使用板岩。

各种类型的岩石被用来制作小造像、石碑、容器和其他雕刻的石制物件。这些物件包括装饰奇特的火成岩小球，它们多发现于奥克尼和苏格兰东北部。在铜石并用时代，由坚硬优质石料制成的磨刀石与金属工具一道使用，主要用来磨快工具。

建筑石料

在奥克尼等欧洲局部地区，因木材缺乏而石料易得，石料通常用于家庭建筑，并成为主要建筑用料。但是纪念物所用石料大多从远方运来。史前巨石阵便是极好的例证：它由大量来自马尔伯勒丘陵（Marlborough Downs）的砂岩漂砾建造，有一些是18英里（30公里）之外的砂岩，蓝砂岩石料则来自于威尔士的普利塞利（Prescelly）山。此外，冰川期的漂砾、坠落的岩石、砾石也可为建筑提供石料。在某些情况下，石料很难开采。奥克尼使用的灰石板多出现于水平矿床，并自然裂成平直石板，因而极易撬开获得。

盐

肉类食品为采猎者提供了足量的健康所需的盐，但当人们日益依赖以谷物为基础的农业时，日常生活中盐的补充就变得十分必要，它也可使食物更加美味。盐亦用于保存肉和鱼、加工奶制品和鞣制皮革。获取盐主要有两种来源：岩石中的结晶盐和盐沼可直接开采获得，尤其是在中欧部分地区；海水、盐井和盐碱地中的盐可由晒干蒸发来提取获得。

盐的开采

早期采盐的证据来自于西班牙的加泰罗尼亚(Catalonia)，此地卡尔多纳(Cardona)的盐山(Muntanya de Sal)似乎曾被塞普克洛斯海沟(Sepulcros de Fosa)文化共同体在公元前第四个千年开采。他们使用石锄和锤从露天坑中开采盐，在山周围现已发现许多开采点。此类盐矿裸露于地表的例子较少，仅在罗马尼亚地区可见，大部分盐矿蕴藏于山内，需通过挖掘平峒（平峒沉降入小山）或带水平通道的矿井开采，有些矿井达 1000 英尺 (300 米) 深。

盐的开采可能始于青铜器时代晚期，最著名的开采地是铁器时代早期的哈尔施塔特、迪尔恩堡和哈莱恩地区。盐具有防腐保存的作用，不仅是石头、金属和矿工的角制工具，甚至他们的易腐烂的衣物和用具都已在采盐点有所发现。其中包括篮子和用来运盐块的木结构皮革背包。盐用锄头开采，在采盐点还发现哈尔施塔特文化的精致青铜刀，带有刀鞘和 L 形木制手柄。开采过程中锄头紧挨着盐矿，用木槌敲打底部手柄，刻出凹槽以便将盐块撬出。盐块用铲来收集。成捆的木棍被绑在一起用作火把，特别是用于哈尔施塔特盐矿中提供照明。木制支柱用作支撑坑道和顶部的墙，但也偶发事故，在哈尔施塔特发现了几具被滚落岩石砸死的矿工遗体。

第六章 手工业与工艺

哈尔施塔特 它是萨尔茨卡莫古特(Salzkammergut)一处盐矿遗址,岩盐开采和提取始于公元前第二个千年中期;先前的定居者曾使用从泉水中提取的浓盐水。其开采的高峰期约在公元前1000到前600年间。采盐区主要集中在三个区域,在公元前8世纪,东部地区开采产量最大。该地区深井可通达盐矿床,同时连接着一系列侧面坑道通向地面。采盐带来的财富反映在哈尔施塔特定居点旁边的墓葬中,其中包括:许多墓穴随葬的精美陶器、青铜器皿、珠宝以及青铜剑等许多武器,后者在公元前7世纪与前6世纪尤为明显。经历了公元前5世纪的衰落之后,公元前4世纪灾难性的塌方给东部地区的盐矿开采画上了句号。

迪尔恩堡和哈莱恩 该盐矿遗址与哈尔施塔特紧邻,但位于交通更便利之处,在公元前5世纪时崛起,可能也是造成哈尔施塔特盐矿没落的原因之一;该地的盐矿开采可能始于公元前第二个千年晚期。墓葬中的两个墓穴随葬有战车,其他大部分都有丰富的陪葬品,包括凯尔特当地和由地中海输入的陶器及青铜器。

盐的生产

铁器时代,从海水中提取盐逐渐成为重要行业。其过程大致如下:首先在沿岸开挖浅槽池和渠,待到潮汐之时这些渠池便被填满,人们建造障碍物来阻止海水退去;水中的杂质和垃圾在渠池底部澄清,这些池中的水逐渐蒸发而留下浓缩物;渠池放掉多余的水之后,把浓缩物放在厚壁粗陶器皿内加热,这样剩余的水经蒸发,留下结晶盐;结晶盐则常被压在模子里形成盐砖。用来加热的盛器是圆形或圆锥形的碗,通常由基座或炉条支撑在火上加热。这一过程中产生的残片被统称为制盐陶器(briquetage),这在许多海岸定居点也有所发现,人们可能为了制盐而在该地区短暂居留;该地区并未出现大规模联合聚落。英格兰东部制盐遗址残留的土堆被称为"红丘"(red hills),它们由制盐陶器和经过烧焙的泥土组成。

在内陆某些地区,在开采盐井的定居点也发现了制盐陶器(briquetage),可追溯至新石器时代。在其他地区,来自盐泉的浓盐水盛放在大而浅的泥坑中自然蒸发。

冶金

偶尔出现的自然形成的铜和金属块,定会被认为是来自于远古的不寻常物品;在公元前第六个千年时,它们被冷锻成珠子等小物件。金属经退火后变得更有延展性,可以做成更多简单的形制,如鱼钩和钉子;但也面临着因重复锤打造成的易脆性弱点。在公元前5世纪中期的巴尔干和稍后时期的西班牙,铜矿石被开采、熔炼和加工成更坚硬的物件,例如斧子、箭头和凿子,它们在敞口模子中浇铸而成。在欧洲,这种技术在随后的一千年里广泛传播;之后,更为复杂的模子开始出现,生产出带孔的武器和其他复杂物件。加工金制品的匠艺方式多样并逐步发展。铜也开始和其他金属混合制成比铜更坚硬的青铜器物,其中尤以锡最为重要;青铜器在公元前第二个千年遍及欧洲。铅银矿也在少数易得地区使用,尤其是在西班牙。银器开始在广口陶(Beaker)时期使用,铅在随后的公元前第二个千年用途广泛,其中包括和铜的混合冶炼。铁在公元前第一个千年早期开始替代铜制作工具,然而铜和其他金属用于许多装饰物和贵重物品。铁器时代,一部分装饰物共用几种金属,以此呈现出颜色和外观对比,或以此弥补贵金属的不足;如铁和青铜、铜和黄铜、金与银,或铅芯由青铜或黄金片覆盖。

矿石和金属的不同分布在某种程度上决定了金属冶炼发展模式,但不同地方间的交流使得冶金技术的革新在大陆上广泛传播,甚至在某地必须出口所开采的金属来交换其他金属。

开采和探矿

经侵蚀矿脉而形成的金属矿石多出现在某些地区河流的冲积层(矿砂)中,可经淘洗提取。其过程如下:将冲积层沙砾和水混合放在盘子中,均匀旋筛使质轻的泥土和质重的金属矿砂粒分离;当金属矿砂沉到底部时,泥土可被冲到盘子边缘。稀有金属,如黄金和锡,通常经淘洗获得。一般而言,侵蚀而成的矿产多位于原矿脉山腰的冲积层中;其中所含的黄金、锡和方铅矿可通过地面淘洗提取。

第六章 手工业与工艺

通过寻找残积层的金属遗迹，人们可以确定所含金属矿砂岩石的位置。地表风化的矿砂常因它们鲜明的颜色而被辨认：如红色的铁矿石沉淀物，蓝色的或者略呈绿色的铜矿石。矿砂位置可能也会由出现的特殊植物标明，这些植物耐受了对于大多数植被来说有毒的且含有许多金属元素的土壤。

作为地球上最普通的金属，铁和其他金属共存于许多矿砂沉积层中。一般来说，铁和其他金属在不同时代分别开采，例如在巴尔干的鲁德纳-格拉瓦(Rudna Glava)，它在公元前第五个千年时开采铜矿石，罗马时代开采铁矿石。矿脉的形状和分布走向取决于它们的形成条件和岩石随后的发展历史；例如一些矿脉形成了很窄的、沿着深层矿脉岩石的裂缝，而其他一些因大的断层而被分割成间断但独立的部分；另一些矿脉易被侵蚀和重新沉淀。

主要矿石和金属的开采

天然金属 自然形成的纯金属：金、铜、银。

蓝铜矿 蓝色碱式碳酸铜

孔雀石 绿色碱式碳酸铜

铜　矿 辉铜矿其他硫化铜矿石，包含其他微量矿物元素，如砷、锑、银、铅钴和镍。

黄铜矿 双硫化铜铁

锡　石 二氧化锡，黑色锡矿石

方铅矿 硫化铅，通常包含少量银的硫化物

磁铁矿 铁的磁化氧化物

赤铁矿 红色到黑红色的氧化铁

黄铁矿 硫化铁

金属开采

矿石沉积的特点在某种程度上决定其开采形式。矿脉在地面经确认后，可通过挖露天矿坑、平峒和矿沟的方式开采。矿石沉积层出现在地表深处时，可通过挖掘矿井和放射状的水平通道来开采。木材支柱的痕迹已在铜矿遗址内有所发现。通风条件在古代矿井中肯定颇受重视，因为据测算，浑浊空气会使13英

尺（4米）以下不通风的通道内难以作业。矿井内部连接的水平通道和成对的矿井可能旨在尝试解决通风问题；火也曾用来驱散穿过矿井和通道的空气。

从坚固岩石中开采金属矿石的主要方法是燃烧法，它们可以应用得非常准确且有效。将木棒或大木料放在岩石表面，点燃后持续燃烧几个小时。燃烧释放出有毒的气体意味着该地区在燃烧时人员应撤走。水（或醋，根据罗马人的记载）经常被浇在热的岩石上来加速岩石的断裂，尽管此方法并不必要，因为单靠火的燃烧就能使岩石断面。但是水对岩石的冷却使得初始工作容易进行。

石锤、角制锄、杠杆、木头、角制楔子和尖头钉此时用来撬开断口的岩石。有时也用凿子和楔子等青铜和青铜制包头工具，尽管此类证据尚不充足；当铁器普遍使用时，石制凿子、锤子、锛子、铁制墙头钉和铁包头铲也一同被使用。骨制和角制工具常在酸性金属矿井环境中使用，它们易于被酸化腐蚀，但在一些环境中它们得到大量保存，矿井壁上留下的印记显示它们曾被广泛使用。锤石多为圆鹅卵石，中间常带着可装把柄的槽。大部分锤石约有几磅重，锤石用来挥击松动的岩石表面，但更大的锤石可能悬在支架上，小锤石则用手拿着在狭小不便的空间中开凿。在硬度较低的岩石中，燃烧的方法显得不甚必要；在青铜器时代，英格兰奥尔德累悬崖（Alderley Edge）铜矿开采中，所用工具仅为石制和骨制工具。

采集的矿石以石砧和石锤敲碎。甚至在青铜和铁制工具使用后，石头仍用来碾压开采的矿石。这些工作在矿井和矿坑外进行，抑或在其内部临近采矿点进行——特别是较深的矿井，以便减少需运出矿坑的开采物的重量。矿石碎片用手来分拣。短把木铲或动物肩胛骨作为铲把矿石铲到篮子或木制槽或皮袋中，这样它们就能用绳索沿通向平峒口的通道运出，或运至矿井底部，从那里运至地面。在矿井外，岩石可被碾压得更精细，以淘洗方式分拣出矿石；此过程似乎曾出现在加布里埃尔山（Mount Gabriel），因在该地发现了用来压碎矿石的石制碾压工具和石制平板。

开采和金属加工都需要大量木材，这表明需要不断砍伐森林来满足矿区需要，公元前第二个千年时的威尔士和爱尔兰西部，森林退化到泥沼的环境变化尤为明显。

力拓河（Río Tinto，西班牙）　在韦尔瓦（即古代的塔特索斯）力拓和琴伏伦

第六章　手工业与工艺

(Chinflon)有丰富的金属矿藏,它们在青铜器时代和铁器时代被罗马人集中开采,罗马人建造了卓有成效的水车为矿井排水。琴伏伦的连续孔雀石矿脉在铜石并用时代由沿着人们开挖的深沟进行开采;在力拓河,地表的氧化铜矿床可能也被开采,但很快便枯竭。横布在琴伏伦深沟上的木梁和岩板组成框架以将矿石运出矿井。在史前时代晚期,力拓河的开采主要集中于大量铁帽层(gossan)下矿藏丰富的矿床,其中包括金、砷、锑、大量的硫化铜以及含银的黄钾铁矾矿石。铅硫化物矿石与罕见的优质银,此时已完全枯竭。因为铁帽难以穿透,接近这些矿石有赖于裸露在地表的丰富矿层,由此可以延伸到铁帽之下的矿层。湖边洞穴(Cueva del Lago)可能也通过此类方法开采,但早期开采遗迹已被现代的开采所毁坏,青铜器时代晚期熔炼炉渣在此处发现。青铜器时代晚期,琴伏伦的矿井壁上带有台阶通向壁内,可能为一个主要的黄铜矿脉的入口,但也可能纯属于勘探。在附近也发现有矿工帐篷的遗迹。

铜和铜合金

本地出产的铜通过冷锻、磨制、退火和锤打的方式做成珠子和其他物件,但约在公元前5000年,在马其顿的安扎河(Anza),铜经黑金刚石和易加工的氧化矿混合加热而被成功熔炼,并在公元前第五个千年中期出现于巴尔干多个定居点。与此同时,随着巴尔干地区烧制精致石墨涂层陶器的高温窑的出现,铜的铸造变得可能。

铜矿石自公元前第四个千年晚期开始被使用,矿石经常包括含量显著的砷或锑,熔炼矿石后产生出一种铜,其质地坚固且比纯铜的熔点更低,因此比纯铜更有用。所以,含砷或锑丰富的矿石被精心挑选。在公元前第三个千年中期,锡开始使用,并与铜铸成合金,这首先出现于波西米亚,随后传播到不列颠地区;在公元前第二个千年早期,巴伐利亚布克斯海姆(Buxheim)的墓葬中有一串分段的锡珠链。虽然锡如此稀有,但它也成为主要的合金金属。青铜含有百分之五到百分之十的锡,系与黄铜矿石一起熔炼而成。在青铜器时代晚期,铅也与铜合铸,但生产出一种质地较软的金属。

来源

铜矿石 被风化的铜矿石种类包含氧化铜矿石和碳酸铜矿石,如孔雀石和蓝铜矿,它们表面带有天然的(纯)铜。在风化的矿石底部发现有浅色黏土状硫化铜矿石,称作铜矿,通常,它的金属元素含量很高,例如砷和锑。风化物之下是未改变的黄铜矿等硫化铜杂质。在经受了冰川作用的地区,如阿尔卑斯山地区,被风化了的上层矿石可能已经消失。

天然铜以小颗粒或是小块形式出现。据信,铜矿石被发现并在其产地开采甚早,其中包括巴尔干部分地区,如蒂撒河(Tisza)谷地。欧洲最早的冶金活动始于临近资源产地的共同体,这些资源多为易于加工的氧化物和碳酸盐矿石,主要分布在巴尔干地区的群山和西班牙南部地区。铜矿井在鲁德纳-格拉瓦、埃布纳和其他巴尔干遗址中已有发现。公元前第四个千年晚期,随着巴尔干地区铜资源开始枯竭,寻找资源的注意力转移到哈尔茨山的铜矿石和中欧斯洛伐克的山脉以及特别是奥地利的阿尔卑斯山;这些地区铜矿石难于开采,经常出

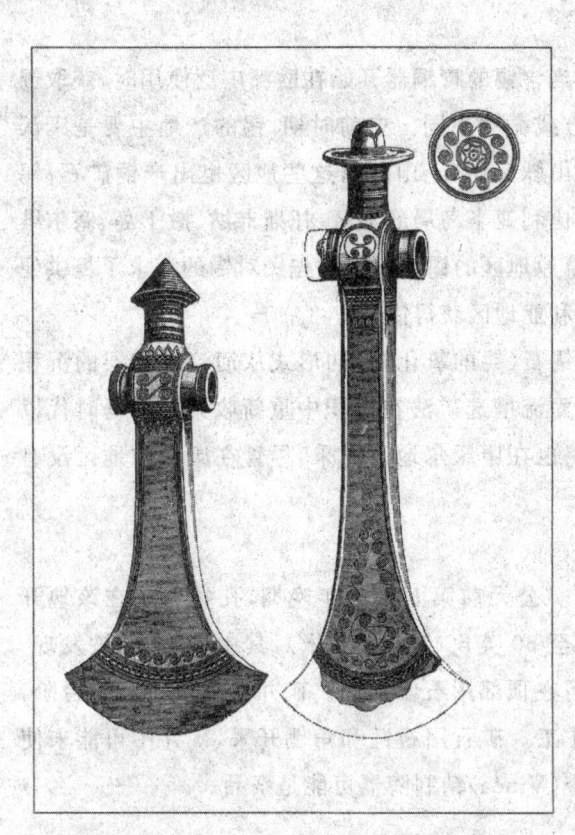

图 6.6 发现于丹麦沼泽地中的两把青铜斧,装饰精美,可能是祭品。(Worsaae, J. J. A. *The Infustrial Arts of Denmark.* London: Chapman and Hall, 1882)

现在高海拔不易到达之地。铜矿石包含砷或锑;熔铸的合金硬度明显高于纯铜,显然这些矿石系精心挑选。金属元素砷或锑的比例在加工好的物件中被严

第六章 手工业与工艺

格控制；一些矿石砷含量约在百分之三十，但在铜制器物中它的含量未曾超过百分之七。这样，似乎砷按需要添加在铜矿石或纯铜中，以增加合金中的砷。在欧洲西部和中部许多地区发现的硫化物矿石量远大于碳酸盐和氧化矿石，其矿石的主要来源包括波西米亚和特兰西瓦尼亚沿大西洋沿岸的群山；其中大部分地区的矿石开采始于公元前第三个千年晚期。环锭为纯度很高的铜，它可能来自阿尔卑斯山地区，约于公元前第二个千年在欧洲广泛流通。

锡 锡矿石储量极为稀少，当含锡的青铜器开始在欧洲广泛使用时，获取锡的贸易网络与欧洲其他的贸易方式截然不同。史前时期，锡的产地主要是康沃尔、加里西亚和波西米亚的矿石山脉（厄尔士山脉），这些地区也出产铜矿石；锡矿石的其他来源在布列塔尼、伊比利亚半岛局部地区、托斯卡纳、撒丁岛、塞尔维亚和爱尔兰。来自半干旱性大草原地区的锡为东南欧先民对锡的需求了提供便利，爱琴海地区也可以从安纳托利亚地区获得锡。

总体而言，锡以黑色卵石状锡石（锡的氧化物）的形式从河流冲积层的沉积中（矿砂）获得，尽管大多需经地面流槽选矿法在沉积中重新收集。罗马时代以前，西班牙的锡矿就得到开采，锡也在康沃尔地区开采，尽管在康沃尔地区没有找到古代矿井。

鲁德纳-格拉瓦（塞尔维亚） 公元前第五个千年晚期，孔雀石矿在该地开采，并使用漏斗形坑，矿井深50至60英尺（15至20米），其中40个已被发现。有时，由于坑在松软矿层挖成，需在顶部用石墙加固。矿井在上层矿脉有台阶，以便在井口有物品跌落时保护矿工。矿石用石锤和角锄开采，矿井中可能未使用燃烧法。在矿井中发现的温查（Vinča）精制陶器可能是祭品。

埃布纳（保加利亚） 此处是孔雀石的产地，在公元前第五个千年时开采，它的贸易交换遍及巴尔干以及以外地区。矿石通过挖掘深沟开采，深沟长260英尺（800米），深33至65英尺（10至12米）。该地发现有角制锄、两个反复使用过的铜制工具、一把锛斧、一把锤斧、一块大锤石及三块矿工的头骨。

罗斯岛(Ross,爱尔兰)　该地富含砷的硫化铜矿石约于公元前 2400 至前 2000 年由使用广口陶器的共同体开采。矿井中发现有牛肩胛骨铲。矿石在矿井口打碎运送到附近的棚屋营地,并在营地附近一个碗形炉中烘焙和熔炼。由该地矿石制成的平斧广泛散布于不列颠主岛。

米德堡(奥地利)　该地的黄铜矿石自青铜器时代便已开采。开采过程中挖有宽大的矿坑通向平峒和矿井,附带有长达 330 英尺(100 米)的水平通道,形成了一个广阔的网络。由于矿石枯竭,主井开采止于公元前 1020 年。进入通道的梯子由带有凹口的树干制成,其中一些通道内的勘探是为已枯竭的矿石资源寻找新的矿脉。燃烧是主要的开采方法,然后用水来冷却岩石,水由铜桶或劈开的树干做成的水槽引入。矿石用青铜锤在矿井中砸碎,然后用带榛木枝网状的木制筛分选。辘轳用来把矿石运送到地面。矿井之外被碾碎的矿石用手或建在溪边的水洗装置分拣。焙烧层和熔炼炉也有发现。许多矿工可能居住在圣韦特-科林堡(St. Veit-Klinglberg)附近的定居点。

库米斯特维思(威尔士,不列颠)　在公元前 2000 至前 1400 年间,该地有大量露天矿坑来进行开采,直至铁器时代。矿坑用来开采该地可见的地表黄铜矿沉积层。彗星洛德(Comet Lode)也坠落在该山谷的一侧,形成宽 3 至 12 英尺(1 至 6 米)的坑。矿坑约长 80 英尺(25 米)、深 23 英尺(7 米),在周边沿矿山晶洞(晶簇)开挖有许多水平通道。该地也有碳酸铁矿石和方铅矿,后者被史前时期的矿工开采。用作锤石的河滩圆石多取自阿斯特威斯河(Ystwyth)河口,距此 20 英里(30 公里);其中很多发现于斜坡的废料中,包括在燃烧过程中产生的橡树木炭遗存。由于矿井深度不断增加,水患问题出现;而这可通过安装桤木制作的排水沟来解决,它可使水排到集水坑中,再从坑中舀出。该地发现了水涝遗迹,还有成篮的砧木柳条和绳子。

加布里埃尔山(爱尔兰)　该地蕴藏有孔雀石矿石和一些硫化铜矿,多为小的孤立矿脉,在公元前 1700 至前 1500 年通过许多小矿坑开采,现已发现其中的三十个。因为岩石十分坚固,所有的开采均使用燃烧法。这里发现的工具包括

第六章　手工业与工艺

桤木铲、一些被削尖用来撬动岩石薄层的橡树棍、一个缠绕有淡褐色柳条把柄的石锤，以及作为火把燃烧用的松木条。据推测，在该矿点约两个世纪的开采期中，约有20至28吨多的(20至27吨)的矿石从该矿点运走。

大奥米尔角(威尔士，不列颠) 该地有一个非常庞大的地下矿井网络，是史前欧洲规模最大的矿井网络之一，矿井深达230英尺(70米)，水平通道长达1000英尺(300米)，约自公元前1700至前700年一直被开采。该地早期仅开采表面的沉积层，但沿着矿层分布，开采很快便延伸到地下。该地开采的矿石主要为黄铜矿；冶炼矿石时偶尔也添加砷生产含砷青铜。矿石的母体岩石是石灰石，为大量骨制和角制工具、用作铲斗以挖出铜矿的骨头提供了一个碱性环境，使其得以保存。重达65磅(35千克)的巨石显然曾用来捣碎岩石，它可能悬垂在垂直木材支架上操作。由于岩质较软，燃烧法可能不甚必要。该地的开采始于挖来开采表面矿层露头的大型矿坑，然后开采随矿脉也进入地下。在此处矿井中发现许多动物骨头，似乎为附近矿工的食物遗存。在开采点，矿石用石臼碾压，然后用泉水淘洗运到蓬特罗伊恩(Pen trwyn)进行熔炼，其距矿井约1英里(1.5公里)。

加里西亚(西班牙) 锡石矿可在该地的河流中获得，青铜器时代便被开采。古典世界称此地是卡西特罗斯(Cassiterides)或锡岛，腓尼基人和他们的后继者从加利西亚获得了大量的锡。

康沃尔(不列颠) 该地可能是古代最主要的锡矿产地。对首个约制于公元前2000年不列颠的青铜制品进行分析标明，它们所含的锡在化学成分上与康沃尔的锡吻合。在康沃尔没有古矿井，因为稍后的广泛开采与侵蚀可能抹去先前所有的采掘痕迹，但是分析已证明，约在公元前2000年，康沃尔人已开始采锡。古典时代的文献资料显示，康沃尔是随后铁器时代欧洲主要锡产地之一。西西里的狄奥多罗斯(Diodorus Siculus)提及在贝莱里奥(Belerion，康沃尔)对表层锡矿的开采，以及半圆形铸锭的加工；此类型的铸锭曾在比格伯里湾(Bigbury)的德汶(Devon)海岸一个尚未定年的古代沉船上发现。在康沃尔卡尔洛加斯

(Caerloggas)的墓葬中发现有熔炼的锡和锡矿渣。

熔炼

  铜 氧化物和碳化矿石可通过与木炭一起加热还原而熔化，但硫化物须先在露天的篝火中焙烧，蒸发掉硫和一些微量元素以使矿石氧化。铜矿石与做燃料的炭混合加热，其中可能添加氧化铁或沙子做助熔剂。矿石在碗形炉中熔化，并带有泥墙封盖，泥墙底部开有一个小口以使矿渣排出，同时也可用风箱经此向炉内吹风以促进燃烧；温度需达到1470华氏度（800摄氏度），在阿尔卑斯山东部发现一个此类的火炉的底座。铁是硫化铜矿石中的常见金属元素，但当铜在炉底熔化、形成一个圆形小（平—凸状的）铸块时，铁元素和其他杂质一样通过气体形式散发，或存在于废渣中。在地中海东部生产有"牛皮"铜铸块，其中一些交易到欧洲地区，现已从撒丁岛、西西里和德国一处窖藏的残迹而知。

  锡 矿石经烘焙后磨成粉末。锡矿石与铜矿石混合，后将两者熔炼成为青铜。稍后，分别熔炼纯锡再与铜混合，这样可极为有效地控制两种金属之间的相对比例。

制作

  天然的或经过熔炼的铜可经冷锻或锤击和退火方式做成简单形状，锤击和退火方式同样也可去除熔化铜中的饱和不平整。冷锻技术也用来使浇铸制成的铜制工具的刃部更为锋利。

  铜熔化需要的温度为1981华氏度（1083摄氏度）；公元前第五个千年，巴尔干半岛已经有此技术。熔化的铜被放置在泥坩埚中，然后在带有黏土衬里和烟囱的熔炉中和木炭一起加热。因为需要强大的风力以促进燃烧达到必须的温度，所以，吹风管或风箱嵌入熔炉底部。热坩埚可能用钳子或成对的湿木从火上端走。

  铜被熔化后就可进行浇铸。起初用敞口胎模浇铸；事先设计好的物品形状被刻在石块中，但简单胎模也有使用，如在坚固的沙块上压一个形状，然后把金属倒进去浇铸成型。公元前第五个千年，巴尔干半岛的普通铜制物品包括扁斧

第六章 手工业与工艺

和钻子,也有轴孔斧和锤等较重物品。敞口胎模生产出的物件在底部塑形而上方平展,此类物件可能作为普遍的模坯,然后再经磨制、锤击和退火等方式来最终加工成形。

图 6.7. 青铜作坊复原图。(Figuier, Louis. *Primitive Man*. London: Chatto and Windus, 1876)

在稍后的公元前第三个千年末期,两半胎模在欧洲甚为流行,尽管它们可能更早出现于巴尔干半岛用以铸造轴孔斧。这些胎模通常由陶土制成,通过可重复使用的木制、石制或金属制的模型来固定形成;金属胎模内部会覆盖有石墨来防止熔化的金属残余粘在上面。金属倒进胎模中,铸器冷却成型后胎模即被去除。其余的铸造过程是填满胎模接合处的小缝和模具的接口处,然后用锤子将其打碎敲掉;刀身锤打后可更为锋利,而其他物件经锤打可得到所需弯度。金属器也时常进行打磨抛光以使物品表面光滑。两半胎模可做出更多复杂形状,如带凸缘的斧、带中脉的匕首和戟、带边环的斧头——边环可使斧头更安全地安装于把柄。

黏土块可在铸造过程中嵌入物件以形成一个轴孔。最早使用此类方法制成

探寻史前欧洲文明

的物品是在喀尔巴阡山地区制作的一把战斧,此外还有大量的石仿制品。青铜要比铜易于铸造,这也使得它能制作出更为复杂的形状。乌尼提瑟的冶炼家创造了一种把锡覆盖在青铜物件表面的技术,它可能给予青铜一种镀银效果。其他的乌尼提瑟革新包括熔补技术,即在将熔化的金属倒入胎模之前已在胎模中加入另一铸造物件以作为添加物,固体金属柄经这种技术安装到匕首上,这种技术也可用来制作大型器物以及修补破损物件。

乌尼提瑟冶炼家们同样也用打制的金属薄片制作小型器皿和饰物。到公元前第二个千年晚期,青铜条锤成片以制作大物品,如桶、釜、盾牌和铠甲等。它们多在木砧上锤打成形,然后饰以压花和螺纹,这也增强了它的韧性。每个部分由铆连接,通常排成一定形状,把柄经熔补技术铸造安装。此时由两半胎模制作的物件包括剑、套节的矛头、别针和套筒斧。它们通常由各种技术来增加装饰,其中包括雕刻、镂刻、压花,运用的工具有凿子、穿孔器和雕刻工具。复杂图案用圆规绘制,一些发现于爱尔兰女巫山(Loughcrew)铁器时代的骨饰板已表明,制作金属器前已在骨饰板上设计此类样式。在西班牙定居点拉巴斯梯达(La Bastida)发现有几对铁器时代的圆规。炽热的青铜穿过挂钩的孔或在石砧上将其锤成金属线;这些可用作实用装饰物,经单独或成股缕绕形成别针、手镯和项圈。

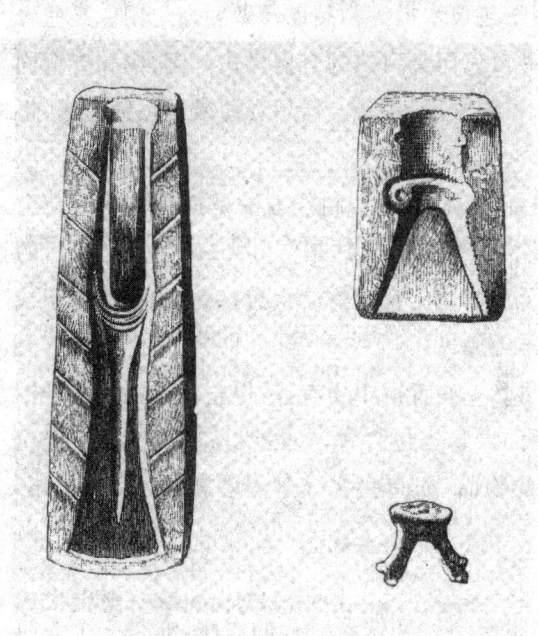

图 6.8. 用来铸造青铜凿(左边)和青铜斧(右边)的两半胎模和一个在浇铸金属时用以在胎模顶部塑形的塞子。(Worsaae, J. J. A. *The Industrial Arts of Denmark*. London: Chapman and Hall, 1882)

更复杂的物件由可重复利用的石制或青铜多半胎模,或是失蜡法(蜡光丝隐藏)铸造。于后者而言,目标物先用蜡制成,有的带有黏土核,有的没有,有时表面经过精心地装饰。模型都被黏土包裹,然后烧制。蜡流出后剩下中空的内部,外部的胎模和内部的核形成小的空间(黏土核由大头针固定),然后在这个空间里浇铸金属。当浇铸金属冷却时,泥制胎模即被敲碎。在青铜器时代晚期,铅与铜的合金可能便利了这些复杂胎模铸造金属器物,因为铅铜合金熔融时比锡铜合金更易流动。失蜡法过去常常用于制作复杂形状,例如爱尔兰号角或撒丁岛塔屋文化中的小造像。一些复杂物品,如斯堪的纳维亚的饵,各部分先分别铸成,然后铆在一起。锡偶尔做成珠子类的小物件;锡也用作焊料连接青铜块。

当铁制工具在公元前第一个千年普遍使用时,青铜主要用于制作装饰物和其他用来炫耀的贵重物品,其中包括马的挽具、用于游行展示的铠甲、器皿以及别针、金属项圈和饰针等。青铜器甚至超过先前变为展示艺术性、技艺和独特性的媒介。青铜薄片器物变得既普通又复杂;其中不乏一些杰作,如霍赫多夫墓中带青铜轮子的卧榻。青铜薄片也用于包覆木桶等物品以及做装饰之用。某些青铜釜有一个铁制的底部,创造出一种双色而又耐热的容器样式。铜、锡和青铜同样与其他金属一起用于装饰物件。青铜常用来镀铁,偶尔青铜或铜也镀上锡、银或金。

其他装饰包括在青铜物件上镶饰珊瑚和玻璃,制作方法是把镶饰物放在金属槽中,通过金属小格固定(这种技术被称为掐丝珐琅[cloisonné])。在稍后的几个世纪里,瓷釉珐琅技术被掌握了。制成的青铜物品常需打磨,先使用沙子或石头来磨平表面,然后用油和蜡及羊毛抛光。

黄铜似乎未在史前欧洲生产,尽管一些青铜中含有锌,但它们可能来自于铜矿石中的杂质。一些铁器时代晚期的器物也包含锌,如在罗马被用作废旧金属的黄铜,以及一小部分由黄铜制成的物品,如一些在威尔士塔勒林(Tal-y-llyn)的贮仓中发现的黄铜薄片。

古萨治万圣村 其为公元前2世纪不列颠铁器时代的农庄,亦是一个专门的青铜制造地,在这里用失蜡法铸造了马的挽具和交通工具的配件。它的遗存中包括用来塑形蜡制品的小骨器、铁穿孔器、凿子、三角形坩埚、小块青铜坯料,以及来制作马嚼子、缰绳环、带扣和制轮楔等各种挽具所用的破损的泥胎模。铁器也单独在这里制作。

黄金

在任何地方,黄金都以其外观、稀有和不易腐蚀的特性作为非常珍贵的金属材料。古代欧洲大部分黄金制品都发现于墓葬,作为那里显贵人物的随葬品。

来源

黄金一般以天然的(纯金属)形式出现,但黄金矿经常也包含其他金属杂质,如银、铜、白金、铁或锡;其中也包括琥珀金———一种大量的银与金自然形成的合金。金经常发现于沉积层和冲积层(沙积矿床)中。在岩矿中,金多出现于上部的氧化层。史前欧洲重要的黄金产地是爱尔兰、伊比利亚半岛和特兰西瓦尼亚,少量黄金也来自巴尔干地区、波西米亚、威尔士和法国。公元前第五个千年,瓦尔纳(Varna)使用的黄金亦来自遥远的亚美尼亚和高加索山脉。

虽然其中一些黄金需要开采,但大多数黄金在古代由淘洗冲积层的矿床沉淀物获得。公元前3世纪在波西米亚的蒙德索维策(Modlesovice)进行过淘金活动,那里还保存着木槽。黄金通常少量出现在矿床的沉积中;在历史上,黄金被采锡的矿工仔细收集,并有限地收藏。开采的金矿石被碾压成精细的粉末,通过在帚石楠或羊皮上淘洗或冲洗的方式将金从岩石灰沫中分离,这样,金就会附着在收集工具上而较轻的金属杂质则被冲走。

威克洛山脉(Wicklow,爱尔兰) 冲积层的黄金和锡在该地淘洗,公元前第三千年晚期,该地也开始开采金矿,为规模巨大的制金业打下基础。

加工

因为黄金软且易于制作,所以黄金物件普遍由冷处理或加热后锤打的方式制作;起初制作珠子、坠和戒指等简单物件。在公元前第五个千年的瓦尔纳,黄金被制成更精美的形状,其中可能运用了铸造和锤打技术。一件杰出的作品来自于罗马尼亚的摩伊格勒(Moigrad),其为一重达26盎司(750克),宽10英尺,长12英尺(宽24厘米,长31厘米)金盘。

第六章 手工业与工艺

在青铜器时代，黄金可能以小"子弹"铸块的形式流通，这样它可经冷锤处理制成黄金片。小块黄金可由熔化焊接在一起，这样便可制作较大物件。制作铜和青铜的许多技术亦用于黄金制作，如把黄金做成多种形式的薄片、在简单或多片的胎模中铸造、做成线、饰以珐琅、雕花、镂刻、进行压制及用圆规在上面绘制图案等。许多青铜器时代的共同体制作装饰华丽的金杯和精美的黄金饰品。铁器时代的黄金制品有时嵌有珊瑚或玻璃。

黄金亦有其独特的制作工艺，包括粒状和金丝制品，其他金属时而也被镀上黄金。许多黄金制品极为精美和复杂，其中一些使用了大量黄金。由多个部分组成的制品会使用黄金线缝制或者使用黄金和铜的合金焊接。这种合金也同样在青铜器时代晚期使用，在拉特尼时代用于制作工艺品，以节省黄金且让器物的颜色更好；在铁器时代，也经常使用银来制作三元合金。由后者制成的物品外观有时会通过镀金加以提升。黄金也用于装饰其他材质的物品，如铜石并用时代的纽扣被黄金薄片包裹；青铜器时代早期的匕首由黄金小钉状物装饰，铁器时代的碗、头盔等其他物件带有固体或镶饰的黄金薄片。在瓦尔纳和巴尔干一些定居点中有的陶器容器涂有金漆。

瓦尔纳（保加利亚） 该墓葬约可追溯至公元前 4500 至前 4000 年，300 个墓葬中的 61 个墓穴有黄金物品随葬，总计约 13 磅（6 千克）黄金。其中包括黄金盘、黄金片镶饰的衣物、护身符、陶制面具上的装饰品、可能曾为剑鞘的长管、甚至一个半圆形的黄金固体模型，同样亦有珠子、手镯和戒指。用以包裹石斧木柄的中空套管可能也在制造。该地发现的大量各种黄金物件与其他地点发现的同时代少量的珠子和指环形成强烈反差。

威赛克斯（不列颠） 许多随葬品丰富的古坟在巨石阵附近地区发现，约可追溯至公元前 2000 至前 1700 年。墓葬中包括一些精美黄金物品，显然均出自同一个工匠之手。他的作品包括菱形胸饰、小菱形饰品、带钩和饰以金线的铜剑柄，似乎与在灌木古冢埋葬的男性有关；一块菱形板、纽扣及垂饰套，发现于威尔斯福德的冢墓中；一个方形盘、纽扣套、圆锥体和圆柱形的珠子，发现于厄普顿洛弗尔（Upton Lovell）附属的火葬墓葬中。

爱尔兰（不列颠）　该地的制金工艺约始于公元前 2200 年，使用的是哈尔茨山脉的黄金，生产黄金盘、篮状耳环、带有雕刻或按压形成的几何图案的弧圆（新月形项圈）。大部分物品都制作于公元前第二个千年，包括项圈、发型环、其他用纽带、金棒和带镂刻和珐琅螺纹的金片臂钏。在公元前第一个千年，黄金制品呈现出多样性，包括耳环、装饰复杂的由金箔覆盖的护身符等小物件，由大量黄金制作的衣扣及颈甲。后者为由优质金片制作的领饰，装饰有规则缠绕的螺纹；黄金盘也有此种螺纹饰边。黄金盘的装饰和领饰上的主要图案或许运用了多种技术，包括珐琅、浮雕、镂刻和冲压。

色雷斯（保加利亚）　公元前第一个千年晚期，埋葬于该地王室墓葬中的随葬品显示出，当时人们已掌握了先进的金属加工技术，并使用来自于特兰西瓦尼亚阿普塞尼（Apuseni）山脉的黄金和银。其中，饰品包括金珠子制成的项链，由黄金颗粒、珐琅、金丝装饰的垂饰及各式焊接精美的黄金线，经珐琅装饰的黄金胸针，由银线做成的链，用以缝补在衣服上的银、镀金的银、黄金贴花等。银盘、碗和大罐均带有精美雕饰的镀金带和镀金凸饰，而其他银器和一件挽具及铠甲孔上镀有浮雕人像，描绘着猎人打猎的场景。现已熟知的帕纳久里什泰（Panagyurishte）宝藏，包括九件有人像雕饰的金制容器。

图 6.9　爱尔兰克朗麦克诺伊斯（Clonmacnoise）发现的一个黄金颈圈，由轻微扭曲的黄金扁平长条两端扣在一起制成。(Lubbock, John. *Prehistoric Times*. New York: D. Appleton and Company, 1880)

金属项圈　青铜器时代，黄金项圈均由金属条或线巧妙扭转制成，结合处形成小结。此类项圈在铁器时代亦有制作，多为管形金片和铸造的固体纯金制成，它们偶尔带着精美的浮雕装饰。维克斯一座公元前6世纪"公主"墓葬中发现一个厚金片项圈，它带着复杂的末端，饰有细小的长翼的马的铸像，经雕刻或按压的图案以及精细的金银丝。项圈的末端经常有复杂装饰，包括人物和几何图案。其中最令人印象深刻的例子是发现于英格兰的斯内蒂瑟姆（Snettisham）的项圈，它包括一些带有金线的端饰物，其由成束的金线缠绕制成缕，然后通过补铸法贴附在由失蜡法铸造的巨大端饰物上。

银和铅

银在欧洲的分布并不广泛，但是从公元前第三个千年开始，在欧洲东部、中部以及意大利地区也偶尔出现银针、其他饰物和一些武器，其中一些为爱琴海地区或安纳托利亚的出口物。铜石并用时代和青铜器时代西班牙是一个例外，此地生产了许多王冠、珠子和戒指，少数一些银杯也出现于同一时期的法国。银器在铁器时代得到了广泛使用。

铅用途甚广，从最普通的用途如修补金属用品、填充金属物件上的孔洞、增加金属器物的重量来实现物件内部平衡，到为青铜制品提供小部件和附属物，乃至偶尔完全由其制成的秤砣（砝码）或珠子等小物件。某些黄金制品有时也会有铅内芯。在青铜器时代晚期，铅在欧洲西部使用，铅与铜合铸生产出的金属更易锻造。

来源

在厄尔士山脉（波西米亚矿石山脉）天然的银和高纯度的银矿脉中含钴、镍、砷。在某些金属岩矿中，银铅硫化物（方铅矿）沉积被称为黄钾铁矾，它形成于一些金属矿产风化层的最底部，在古代被认为是银和铅的来源。它们包括大部分铅和不定量的银——通常很少。银的最重要来源是西班牙维尔瓦地区的富银黄钾铁矾，若非更早，则在青铜器时代晚期得到开采。

银也与黄金以天然合金的形式出现，被称为金银合金。这两种金属比例各异，不同地区金属矿为金矿或银矿完全取决于该地区矿石中的金银含量。特兰西瓦尼亚的阿普赛尼山脉(Apuseni Mountains)的金银合金在铁器时代广泛使用。

冶炼和制作

银铅硫化物矿石经分离其中的硫磺后,生产出铅黄(氧化铅)。这种方法的使用目的在于,通过在由炭提供热量的熔炉中加热,银铅硫化物矿石可还原出银——这一过程中硫磺以二氧化硫的形式分离。在每一阶段,铅仍然包含着银和矿石中的其他微量元素。这种金属矿石因铅或银可通过灰皿提炼法提取而被开采。

银矿中的杂质也能经灰皿提炼法去除;这个过程开始前银需与铅混合。在敞口的坩埚中金属经加热呈红色,空气在表面通过,以氧化物气体的形式将铅去除。这也是在西班牙力拓矿提取银的方法,在那里发现了大量银冶炼熔渣沉积。公元前第一个千年,大量银来自于该地,当地人在此开采,冶炼,然后与海岸的腓尼基人贸易。它也在当地广泛使用,生产小器皿和装饰品,如扣针、手镯和项圈。项圈由扭曲的带或条制成,有时带着结、环,并有头像等饰物。另一个铁器时代银的生产中心在色雷斯,在此地,银与黄金共同使用。发现于德国特里赫廷根(Trichtingen)的端饰为牛头的镀银铁项圈,或许也是色雷斯人的杰作。

贡德斯特鲁普釜(Gundestrup Cauldron,丹麦)　这个著名的铁器时代的镀金银釜由13个银片制作而成,饰以生动的凸纹图案,图案上雕着诸多细节。这些银片被锡焊接在一起组成一个内部和外部的雕带,与中部镀金和带圆形铁边的银片碗风格甚是相似。金属项圈和兽角号等许多物件所描绘和展现的场景,似乎完全是凯尔特风格,但其中也不乏来自远至印度地区的特征,如大象;物件的制作风格表明它们大概是由色雷斯人制作的。

铁

红赭石作为铁的氧化物,自旧石器时代开始便作为颜料使用并为人熟知;黄铁矿经常用作打火器,陨铁偶尔也被收集使用。然而铁矿石的开采加工直到较晚时期才开始。在公元前第三个千年晚期,铁器在近东出现;公元前第二个千

第六章　手工业与工艺

年,希腊使用铁器,公元前700年时广泛传播。然而在欧洲温带地区,一些青铜器时代晚期器物的饰物似乎用铁制穿孔器制成,荷兰发现了此类穿孔器;青铜器时代晚期金属物件上的钻孔同样也暗示着铁制穿孔器的存在,所以,此时似乎已出现一些铁制品的有限传播。铁有可能最初作为硫化铜矿石加工的副产品而被生产,硫化铜矿石中包含铁。

制铁技术与制造其他金属的技术明显不同。在古代世界,只有中国达到了浇铸铁所必需的技术,在欧洲,由于技术所限只能生产熟铁。因为铁在强度上次于青铜,到渗碳法在公元前第一个千年前几个世纪被掌握后,铁早先被采用可能与锡的短缺有关,或与优质铜的硬度难以适应当时金属工具和武器需求的困难有关。在公元前第二个千年晚期,铁被大量用于制作与大多数人生活相关的工具,铁匠是各定居点必不可少的职业。

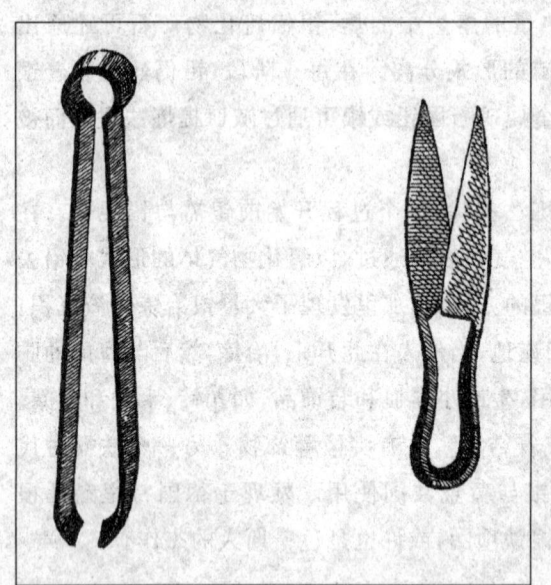

图6.10 发现于瑞士拉特尼纳沙泰尔湖的铁钳和大剪刀。(Figuier, Louis. *Prmitive Man*. London: Chatto and Windus, 1876)

来源和提取

铁以陨铁的形式出现,多数铁来自于岩石中的矿石。氧化铁矿石伴生在岩石上部,被风化成一系列铁的氧化物,氧化物包括赤铁矿和岩石中的磁铁矿,它们形成红色的外层被称为铁帽;通过开挖露天矿坑或收集地层表面的节核,此类矿石得到最为广泛的开采,尽管较深地层的矿石也被开采。在风化层的底部形成了铁、钾、硫酸盐,底部之下是黄铁矿等难以变质的硫化物。在一些地区,侵蚀磁铁矿形成了黑色砂样沙积矿床,它们被作为铁矿石开采后放在地上淘洗,然后重新收集,厄尔巴岛(Elba)和波普洛尼亚(Populonia)的伊特鲁里亚人就是这样开采。欧洲的一些地方也使用泥塘铁(褐铁矿,一种发现于泥塘中棕色的赤铁矿）。

　　铁与锡等其他金属不同，铁矿石分布广泛、供应充足，大部分地区的铁矿石可基本满足当地需求。铁矿石重要的产地包括阿尔卑斯山东部、波兰的圣十字山、霍斯特吕克-埃菲尔（Hunstrück-Eifel）和伊特鲁里亚地区，大多数铁矿石可经开采露天矿坑的表层获得。

冶炼和制作

　　铁矿石因体积难以运输而通常在产地附近冶炼。铁矿石与炭同在一处封闭的竖炉中加热，用风箱提供稳定的通风，温度保持在 2000 到 2200 华氏度间（1000 到 1200 摄氏度间）。熔炉随后经常被打碎以移除不结实且不纯的铁。它们需在煅火中加热到炽热的程度并反复锤打，然后从矿渣中分离出铁。铁的生产量通常很大而且制作成本高昂，两磅（九百多克）可使用的铁需要熔炼 20 磅（九千多克）炭以及约 25 个人的工时以进行制作，另外需要开采、烧炭和其他相关工作。熟铁常被锻造成各种形状的铸块，这些可能有意设计用来表示铁的质量和硬度；其常见形状是向周边逐渐变细的方形条和凸缘的扁条。它们很可能作为货币或交换媒介使用。

　　铁块交易广泛，交易后在定居点制作成各种工具；破碎物品的碎铁片也被循环使用。铁匠通过在炉膛中加热和在砧上锻造生产出需要的形状。在锻造的过程中，炭的使用促使了钢的出现，钢是一种比熟铁更坚硬的金属；重复锻造增加了钢出现的可能。渗碳法的使用，即锻造铁器之前在砧上撒炭，也可产生出坚硬的器物。在铁器时代晚期，淬火技术也同样出现：炽热的物体投入水中迅速冷却，其硬度增加但变得易脆。物品被回火加热，然后慢慢冷却。这减轻了它的易脆性，但同时也降低了硬度；这种在淬火和回火之间适当的平衡需要一定的技术。然而表面淬火的物件不需要回火，因为淬钢的易脆性已由铁的软性抵消。铁片可焊接在一起，通过加热成赤红色然后被锻造在一起。熟铁被用来做各种器物，钢通常用来制作剑等器具的刃部。早先生产的铁器在形制上仿效那些青铜制品，但是更适合铁器制作特点的形状逐渐产生。其中一些最好的剑由熟铁条制成，它们与钢焊接在一起，兼具铁的韧性与锐利的钢刃。其他代表性的产品有铁链甲，这是凯尔特人在约公元前 300 年左右的发明，它由分别铸造的铁圈相互连接组成。

第六章　手工业与工艺

诺利库姆 阿尔卑斯山东部诺利库姆王国的铁矿石品质极高,因为其中包含有大量的锰,锰是一种能够增强铁的延展性的元素。诺里亚(马格达棱斯堡)作为该王国的都城,也变成主要铁器制作中心,现在那里发现了大量熔炉和矿渣。该地的铁享誉古代罗马世界,被称为"产铁王国"(ferrum noricum)。

造币

公元前3世纪,金币和银币在欧洲大部分地区使用,低面值钱币开始出现在公元1世纪:包括小银币和青铜及铜锌锡合金币。

货币的坯子在胎模中制作,每一种金属都被称出重量或用精心制作的胎模来精确生产同样尺寸的坯子。大胎模中带有50个或更多的孔,用来进行大批量生产。坯子被放在两个被雕刻的青铜或铁模具之间,上模重压坯子和下模印合以在胎模中压成图案。因为图案被刻在模具上,它们在货币上以浮雕形式出现。

钱币偶尔也在泥胎模中铸造。这种方法在不列颠的肯特被用来制作铜锌锡合金币:两半胎模用一片纸莎草来形成钱币坯子。在铸币之前,这种设计用尖笔刻在泥范上。因为胎模上的孔相互融合使铸币粘连在一起,这样生产出的货币需从中间切割分离。

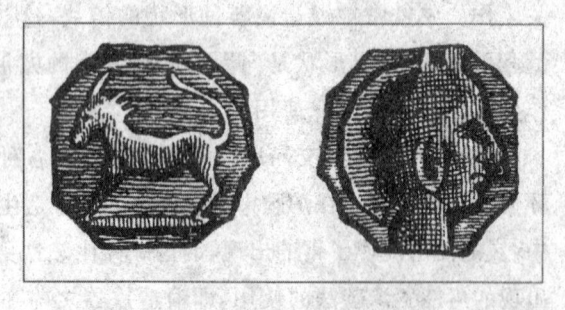

图6.11 发现于瑞士拉特尼纳沙泰尔湖的凯尔特人青铜钱币。(Figuier, Louis. *Primitive Man*. London: Chatto and Windus, 1876)

陶器

世界上首件陶器在公元前一万年以前制作于日本,但由陶土烧制的器物在旧石器时代世界各地可能出现得更早。近东地区的陶器出现于公元前7000年以前,并在公元前第七个千年的某一时段开始出现于希腊的农业聚落。陶器使用和制陶技艺随农业而在欧洲广泛传播,并被一些欧洲东部半干旱性大草原和斯堪的纳维亚的定居型采猎者共同体采用。

陶器主要有两种用途:储藏和烹饪。虽然皮袋和篮子等其他容器亦有此功用,但陶器往往更有效和多用。然而与其他容器相比,陶器易碎且更笨重,因此不适合迁徙的生活方式而几乎为定居型共同体所专有,尽管它也作为商品交易,或作为盛装交易品的容器而经水路运输。

此外,陶器更具魅力且形状多样,也可以各种方式装饰,因此迅速成为表达文化并用以传播的媒介,例如作为地位的象征或社会、宗教习俗的表现物;其文化传播作用正如广口陶器的传播所体现的一样。

陶器的生产

使用不同的黏土混合物、表面塑型和烧制条件可生产出风格多样、用途各异的陶器,例如不透水的陶器用来加热液体,而用多孔材质烧制的陶器用以使液体冷却。

黏土

分布广泛的黏土是制陶的绝佳原料,特别是含铁的氧化物的红黏土,多数共同体都可从居所附近获得陶土。然而,优质和罕见的黏土更受重视,由其加工而成的容器也广泛用于贸易;其中包括在康沃尔黎加德(Lizard)由辉长岩黏土制成的陶器,该陶器的贸易交流遍及英格兰西南部地区。

制备黏土

天然黏土经常被摊开晒干,经逐渐敲打而成粉末。黏土经如此加工以使其变得光滑,不至于在干燥和烧制中变形。黏土中大的杂质用手拣出,经冲洗、澄清或过滤后获得优质黏土颗粒。如有必要,有时也添加填充物(中和剂)以减轻黏土的附着力——这对于可塑性极强的红黏土十分必要。一些黏土用本身所含的矿物颗粒充当填充物，但另一些必须添加磨碎的贝壳、煅烧的燧石、碎草、优质沙粒，或者熟料（碾碎的陶器）等填充物。这些黏土和填充物都被水充分混合，通过揉捏获得可塑的、易弯曲且无气泡的黏土材质。

陶器制作

最简单的制陶方法是将黏土球捏成一个中空的形状，并用大拇指和其他手指压薄壁边；这也可能是陶器最早的制作方法。然而大多数欧洲陶器由绕圈或环形土条滚压塑型；陶面用肋骨、木制拍打器、砧骨或湿布磨平。容器底部可通过将黏土压入模子形成，然后容器身用绕圈方式塑型；大型储藏容器经常由这种方式制成。陶罐可能由单独的几部分组合制成，如陶身和颈部，并通常在衔接处形成嵴线。如希腊新石器时代早期的陶器制作一样，陶罐可能由黏土板制成。容器边缘通常会捏有或黏合耳状物、环形足、支座和把手等，然后将其磨滑，它们也可通过在容器壁缘穿洞而附着。容器的边缘和口通常是捏出的。雕饰需在塑型阶段进行，因为当陶器干燥而非常坚硬时仅能刻出直线；压印或其他朴素装饰也同样在此阶段进行。

陶器通常在制作中可在翻转的石板、石垫或碎石片上塑型。转盘——平盘放在轴上，在史前欧洲可能也有使用。在公元前第二个千年，陶轮由克里特人从近东引入，并逐步传遍地中海地区。它在公元前第一个千年下半叶传入欧洲温带地区，并在公元前1世纪时传至不列颠。陶轮制容器通常都有平底，但用别的方法制作的陶器可能有圆底、平底或尖底。

定型之后，陶器多放置于空气干热之地、炉边，或是稍冷地方的干燥炉中慢慢变干。当陶器变得坚固，可能用刀削掉器壁以减少厚度。雕刻或按压等装饰也在此阶段进行；石头、骨器或贝壳片也常用来磨平陶器壁面的小孔。希腊新石器时代早期的陶器便经过了很好的抛光而极具光泽。把柄和其他附属物可以用封泥固定在半干状态的陶坯上，使用泥釉作为黏合剂；球形把柄、圆形突起物、黏土条或黏土小球等饰物也可在此阶段附加。此后容器需进一步干燥；当它们变得白硬而几乎没有残留水分时，便可被送去烧制。在这一阶段可进行绘饰。

烧制

烧制陶器的温度决定了最终的成色。烧制温度在 840 华氏度以上（450 摄氏度）可以将水从黏土中脱离，产生出无釉赤陶，可供使用但多有气孔并易碎。在一定的温度（烧结点）黏土表面的颗粒混合，产生出坚硬且不透水的结构，被称之为土器。然而在某个很高的温度上，黏土颗粒可能会熔化，导致陶器坍塌。这些温度的不同取决于黏土的矿物组成，但烧结点普遍在 1800 和 2200 华氏度间（约 1000 和 1200 摄氏度间）。在一些黏土中烧结点和熔化温度非常接近，然而在另一些更为常见的黏土中，它们可容易区分。

营火 最简单的烧制方法是在家庭的炉灶中，容器被有规律地转动以确保均匀烧制。营火（固定）烧制即是与此相似、在铁器时代广泛使用的方法。陶坯被堆放在地面上或坑中，伴有灌木等易燃的燃料与之混合。它们通常整个地被泥土、草皮或粪肥覆盖来控制火候并保持热量，使其在控制下燃烧三天左右——类似于烧炭技术。烧制的陶器需自然冷却，通常可持续一周。营火中的温度可高达 1740 华氏度（950 摄氏度），但经常烧制不均匀，损耗率可能会很高。例如在史前奥克尼泥炭等劣质燃料的使用，导致生产出质地软、不耐用的陶器。

窑 简单的鼓风（垂直）窑包括一个炉灶。炉灶由石块、黏土或土坯建成，在顶部带有一个黏土板以放置陶坯。窑被黏土、石块甚至是粪便垒成的穹顶封闭，但会留有小孔以作为烟囱；每烧成一批陶器后，窑就被拆除或砸碎。这些窑能产生很高温度并可很好地控制烧制条件，得以生产出无污点的彩饰陶器。然而，每次烧制的容器数量很少，窑需要木材或炭做燃料，而不再是如营火中所用的易得的灌木、粪肥、茅草或泥炭。水平窑中，陶坯可以堆在炉灶旁，空气由烟囱通过燃烧室，这可提供更好的燃烧条件，它可以让温度变得更高。

在有氧环境中烧制的陶器带着红色表面，而在还原环境（少量或没有氧气与陶器接触）下会产生灰色或黑色表面。陶器也可在火上熏黑，因为烟灰颗粒填满陶器上的孔隙；或可通过在烧制前用磁铁矿在容器上涂抹泥釉而变黑。

巴尔干石墨绘陶表明，在公元前第五个千年时他们已掌握了高温烧陶技术。

第六章 手工业与工艺

在欧洲许多地方的史前遗址中都发现有鼓风设备和水平窑,但营火一直持续使用到铁器时代晚期。

艾琳的泰伊(Eilean an Tighe) 在赫布里底岛(Hebridean)遗址发现一处陶工作坊,可追溯至公元前第二个千年。黏土可在当地获得,并与来自定居点附近湖岸的砾石一起回火。浮石片用来打磨容器表面,还发现了研磨器。陶器在水平窑中烧制,水平窑由石块间以草皮建成,并用石板盖顶。窑内有一个炉灶,石板作为隔板用来保护在室中烧制的陶坯与火直接接触。桦木和柳木也作为燃料在此使用。

陶制容器

形状

最早的陶器造型简单,经常模仿皮制容器和篮一类的容器。虽然适合陶器制作的形状迅速多样发展,但模仿其他材质容器的制作也偶有发生。例如,精美的金属容器被人们用陶器重塑,大概由于不便接触其原型。陶制容器也逐渐发展出特殊用途:例如,包括滤器和广口碗等一系列容器在公元前第四个千年出现于欧洲大部分地区,这很可能与挤奶和制作奶酪有关。罐子用来储存食物,碗用来烹饪和盛放食物,杯子和广口杯用来饮酒,瓮用来埋葬遗体,这些形状极为常见。陶轮的引入极大地便利了容器塑型,促使陶器装饰风格

图 6.12 领箍型长颈瓶,新石器时代欧洲北部漏斗颈广口陶文化独特系列容器中的一件。(Worsaae, J. J. A. *The Industrial Arts of Denmark*. London: Chapman and Hall, 1882)

的多样发展。

欧洲陶器的底部形状从一开始便呈现出多样性：圆形、尖的、平的、带有环形支点，或是晚些时候的支座。容器可能有喷嘴或口来便于倾倒液体；有把柄或耳状物来移动或悬挂，如在法国新石器时代的沙赛陶器(Chassey Ware)中少见的潘神笛(Flute-de-Pan)的把柄；有颈或领，如新石器时代晚期与青铜器时代早期不列颠的一系列瓮；有圆形，直边或脊状侧面；以及许多其他各异的形状。

许多文化也创造了很多不寻常或奇妙的设计：漏斗颈广口陶文化的长颈瓶在长颈周围带着薄黏土盘；丹麦新石器时代晚期带着眼形图案的碗；奥拓玛尼陶罐带着长而尖的梭镖状圆形凸起物；东欧的罐在颈部带着塑型的或绘制的人脸像；青铜器时代早期不列颠的葡萄杯表面都覆盖着一串串葡萄似的小泥珠；一些文化制作人形、动物或其他物体形状的陶器，如巴登(Baden)文化的轮状杯。

装饰

许多方法可用于增加陶器外表的美观。黏土和泥釉的选用为陶器成色和外观提供了诸多可能性。各样装饰可应用于整个器面或仅在一部分进行。不同陶器装饰部位的相似性可能源于转盘技术的引入。

表面的变形 新形成的表面或者半干状陶坯上可以雕刻线条做装饰（例如线纹陶文化），或者使用指甲、禽骨、棍、贝壳（如贝壳相压印器具［Cardial Impressed］）按成印记，或者是用扭绳纹（广口绳纹陶器［Beaker and Corded Ware］），或者是表面可以印上图章（如一些铁器时代的器具）、梳纹（如一些中石器时代器具）或者风格朴素的纹饰。以这些方法粗制表面，有利于使用者更好地抓牢容器。

镶饰 小土球、土条或土卷，甚至头像也在半干状阶段被添加在容器表面，或者容器自身被按压或雕饰。例如在不列颠，青铜器时代早期结壳的瓮用土制玫瑰、垂花饰和锯齿形条带装饰，并常有切纹。匈牙利一些铁器时代陶器在柄上有人首或兽首塑型。

第六章 手工业与工艺

泥釉和釉 更多的颜色和不同质地可以由表面涂料层所实现。最简单的方法是使用泥釉,由优质陶土冲刷制成,不仅可用于制陶,也可作为对比物。泥釉可能被用于整个陶器的内外面,或绘在壁面作为图案。通过先前在容器表面部分覆盖蜡或油脂——可以防止泥釉,但它可在烧制过程中烧裂以显露出未着泥釉的表面(与泥釉相反的装饰),容器上也可通过浸入或去除泥釉而产生图案。

其他材质如赤铁矿、石墨、云母亦可经磨光、上泥釉或绘画而得使用。其中一些使得表面可被打磨而具有金属光泽,如铁器时代的黑色抛光陶具。

绘画 图案可通过绘画的形式应用于尚未烧成容器的部分或全部表面,它使用了不同种类的矿物颜料,如赭石和其他天然颜料。矿物品颜料混合后可能产生许多颜色。虽然希腊的第一件陶器没有装饰,但不久之后,欧洲东南部的农耕共同体便开始烧制绘有红色或白色几何图案的陶器。尽管此类图案在许多时代和地区都流行过,但容器上偶尔也饰有艺术性图案,如在匈牙利肖普朗(Sopron)哈尔施塔特时代的陶器,它们表现的场景来源于日常生活。

其他陶器

黏土亦用于制作许多其他物品。其中包括许多家用工具,如纺锤锭盘、秤砣、渔网坠、珠子以及垂饰、用来铸造金属物件的胎模、铸币胎模、用来在衣服或人身体上压制形状的装饰戳印,以及温查文化中的泥板。与此相反,黏土在温带欧洲被制成木制建筑中所用的胶泥,制成土坯,或如在欧洲东南部一样用作砌墙泥。黏土亦用于建造窑,以及烧制陶器或冶炼金属所用的火炉。一些中石器时代篮子的残迹表明,篮子内层涂有未烧制的黏土以使篮子变得防水。

造像

许多文化都是用黏土制作造像和其他模型,它们有广泛用途,用于仪式最为常见。一些造像做成动物形状。然而大多数造像都为人形,也包括带有面部形象和性器官形象的黏土棒,以及其他逼真塑模自然形象的造像。此类造像可能也饰有几何图样。在一些情况中,整个场景用黏土塑出:如保加利亚奥夫恰洛夫

(Ovcharovo)的发现物中，一系列小型人物坐在椅子上，桌子上放着壶。小房屋模型在公元前第五个千年巴尔干的土墩聚落中甚为常见。瓦尔纳的墓葬中许多衣冠冢都包含陶制面具。

玻璃材料

玻璃质的材料由沙子、碎石英、燧石或水晶岩等硅粒和石灰（氧化钙）以及碳酸氢钠或碱钾等碱的混合物制成；它们起熔融作用。也添加少量的金属氧化物用来着色。混合物加热导致颗粒附着（烧结晶，熔渣），产生玻璃料。若表面熔化以产生釉料，这种物品便被为彩釉；该物品可能有一个很少流动或不流动的玻璃料核，或是石英粉末核。对于考古发现的玻璃料和彩釉经常难以区别，因为在彩釉物体表面薄的釉料层很容易被风蚀。玻璃料和彩釉在公元前第五个千年中期的近东曾被制作，这种技术与上釉料的石珠一起在公元前第三个千年到达克里特。制成真正的玻璃需要相当高的温度来完全熔化碱式碳酸钙的混合物。然而这种玻璃珠偶尔在公元前第三个千年时生产，直到约公元前1600年，定期的玻璃生产才在近东出现；玻璃容器与上釉料的陶器都出现在这一时期。像玻璃一样的釉料亦和金属一起生产出珐琅，这项技术产生于稍后的公元第一个千年。

彩釉和玻璃在近东和地中海地区被制成容器，但在欧洲其他部分，它们大体上仅制成饰物、内饰及小造像，尽管铁器时代早期也制作有一些小玻璃容器。罗马吹制的和塑型复杂的玻璃物件被铁器时代的共同体作为贵重奢侈品进口，但是并未引入玻璃生产技术。

彩釉

发现于公元前第二个千年早期欧洲中部、不列颠和法国的蓝色或绿松石色彩釉珠子，最初被认为来自于地中海东部。然而那些与迈锡尼珠子一起在地中海埃奥里亚岛屿萨利那（Salina）发现的珠子似乎是爱琴海的进口物，对欧洲其他例子的分析表明它们似乎由当地物品制成，尽管对于这项技术是来源于近东还是独立发明于欧洲仍存有争议。不列颠很可能通过与欧洲中部的贸易交往引入了生产彩釉的技术，该贸易主要是将康沃尔的锡运往欧洲大陆。

彩釉珠子可通过水和石英石粉末的黏合物，或是碱式碳酸钙混合物制成。其在许多地方生产，但可能规模较小，按需生产，每次只制作一条项链。一些苏格兰彩釉珠子使用的碱经证实源于一些海藻灰，不列颠珠子的成分与欧洲中部早期的珠子成分相似，碱钾含量很高。

用于珠子塑型的方法各种各样，包括球形和环形珠、星形珠、圆筒和双锥形的珠子。坯料过去经常用草包裹，然后切成小珠子。在威赛克斯，切割的珠子经常在一个隆起的表面上搓成圆柱，而在苏格兰，锋利的工具用来在圆柱坯料上进行切割。有时通过将珠子蘸入半流质的玻璃混合物（碱式碳酸钙和氧化铜）以给珠子上釉，有时将釉料掺入制作珠子的黏合物中，这样待其干燥后釉料便可自然移到表面。

玻璃

玻璃系由慢慢加热碳酸钙和沙的混合物待其熔化而制成；在史前欧洲，制作玻璃的温度并不足以消除所有出现的气体，所以生产出不透明的玻璃。质地透明的玻璃需要高温并且在一个退火炉中慢慢冷却。

真正意义上的玻璃在青铜器时代欧洲中部的矿石山（厄尔士山）生产，那里银矿核杂质中包含了钴。实验证明，钴蓝玻璃可能为银熔化过程中的一种副产品；这种玻璃似乎未被丢弃而是作为宝石矿石使用。钴蓝玻璃珠已发现于斯洛伐克尼特拉（Nitra）早期乌尼提瑟墓葬中，约可追溯至公元前1800年。许多玻璃珠从欧洲中部的瓮棺墓葬中发现，一少部分珠来源于公元前第二个千年欧洲其他定居点，可能生产于欧洲中部。它们有蓝色和绿色不同色度，颜色主要是含二价铜的氧化物在有氧环境下烧制产生。

青铜器时代晚期，镁含量很高的玻璃多进口自地中海地区，并在欧洲各地使用来生产玻璃珠。然而，在温带欧洲制成的玻璃镁含量较低，但钾（源于钾碱）含量较高。制作这种玻璃的证据已在意大利波河平原的弗拉塔西那（Frattesina）有所发现，而这种玻璃则发现于一些定居点，包括瑞士的欧特里沃-尚普雷维尔和爱尔兰的拉斯加尔(Rathgall)。然而多数地区直到铁器时代早期均未开始制作玻璃;发现于斯洛文尼亚的斯提柯纳(Sticana)六个墓穴中的20500颗玻璃珠,无疑提供了一些此时玻璃生产的数量信息。

瓮棺墓葬的珠子为环形或环面形,一些饰有熔化玻璃呈黄(源于锑)或白(来源于锡的氧化物)等对比色,它们成缕的螺旋环绕着珠子,或经不同色的同心圆圈——有时以凸起物为中心——形成珠子的"眼睛"。这些设计持续到眼形风格的珠子甚为流行的铁器时

图6.13 英格兰赫特福德郡的韦林花园城(Welwyn Garden City)中公元前1世纪晚期墓葬随葬品中的四个玻璃计数器。(TopFoto.co.uk, © The British Museum/HIP, Photographer: Unknown)

代;许多此类珠子和胸针装饰制作于亚德里亚海的阿奎莱亚(Aquileia)。在哈尔施塔特、伊斯特利亚(Istria)及公元前6世纪和公元前5世纪一些其他定居点发现的小碗形玻璃容器带着垂直棱纹和柄;这些很可能是当地制作的。玻璃也被作为宝石,切割或研磨制作的珐琅(掐丝珐琅)可作为许多金属物件的内饰,如青铜壶、手镯和饰针。此类玻璃通常由封蜡和氧化亚铜来着色,铅在还原条件下燃烧;据信,这是凯尔特人约在公元前5世纪发明的。玻璃内饰同样可为造像装饰出眼睛,如来自于法国布拉瑞(Bouray)的青铜坐像,它的蓝、白玻璃的眼睛至今仍存在。目前尚未发现加工玻璃的熔炉,但城镇和其他大定居点有大作坊,在那里玻璃原料被重新熔化,制成许多装饰品,其中包括珠子、戒指、垂饰及别针头和针饰的部分;它们通常为蓝色或蓝绿色。手镯从公元前3世纪起开始制作,是欧洲凯尔特人的产品。从公元前2世纪起,大量环形珠和偶尔可见的小造像被制作,玻璃被制作成多种颜色,包括蓝色、绿色、绿松石色、黄色、白色、琥珀色(来自于氧化铁)、紫色(来自于锰)和无色透明等,后者(透明)在技术上最难生产,因为它需要选择无铁的沙子或添加二氧化锰来去除沙子中所含铁氧化铁产生的黄色。

第六章　手工业与工艺

珐琅 珐琅技术,即玻璃在金属物体表面熔化,替代了铁器时代晚期的玻璃镶饰。玻璃与水混合研磨成较好的糊状物,然后再注入金属物件中凸起(掐丝珐琅)或凹下(镶嵌珐琅)小槽中。物件干燥以后,被放在熔炉中加热直到玻璃熔化。最后在珐琅表面进行打磨和抛光。许多铁器时代晚期的金属物品,如珠宝、挽具、铠甲,都由珐琅制作工艺装饰;尽管有多种颜色,但红色最受欢迎。

弗拉塔西那(Frattesina,波河河谷,意大利) 该聚落内手工制品数量众多,其中包括金属、骨器、角、象牙、琥珀、鸵鸟蛋壳或玻璃。迈锡尼的陶器碎片表明,该地居民与地中海东部进行贸易,玻璃成分则表明它在当地制作。该地的发现物包括:留有玻璃痕迹的坩埚;部分熔化的玻璃;蓝色和红色玻璃块,它们可能为制作玻璃珠子的原材料,与那些制成的珠子和部分完工的珠子存放在一起。

米尔(Meare,萨摩塞特,不列颠) 该地发现一处制作玻璃珠子的手工作坊,为米尔湿地村铁器时代诸多手工活动遗址中的一处,有可能是一个季节性贸易集市。这里还发现了一块制作珠子的胎模(它最初被判断为一个破损的珠子)。该作坊生产出的黄色螺旋饰白珠被称为"米尔螺旋形",交易到爱尔兰。

其他材料

其他材料多有开发,特别用于制作珠宝、装饰武器和精致金属制品。这些材料包括贝壳、煤玉和琥珀。一些材料可用以做成页岩碗等大型器物。

煤和页岩

各种煤可用作装饰品和其他一些小物件;其中煤玉材质最优,它带有静电,需要高度抛光,因此在古代很可能被认为拥有魔力。褐煤(棕色煤)和烛煤也同样被使用。页岩为含黏陶土的岩石,通常与煤、极似石料的腐泥土一起被发现,使用方式与煤玉或其他类型的煤相似。

来源和提取

　　煤玉在英格兰惠特比(Whitby)的悬崖上开采,从新石器时代开始就用于珠宝制作。它的流通更广泛,但是当地也使用一些替代品,其中包括褐煤、英格兰南部基默里奇(Kimmeridge)的页岩、苏格兰德比郡(Derbyshire)的烛煤。页岩以大块形式出现,在青铜器时代早期也同样用来制成带柄杯子,在铁器时代褐煤和页岩都可用来制成容器。在基默里奇(Kimmeridge)多赛特海岸波倍克(Purbeck)地区的一座小岛,该地的页岩从峭壁上开凿,制成一些初级品和手镯,输出到英格兰南部大部分地区。腐泥页岩在波西米亚也有发现,在该地区的主要定居点如姆谢凯-热罗维采(Mšecké Zehrovice)制作,输出范围远达瑞典。

制作和手工制品

　　褐煤由生活在斯塔群落地区的中石器时代的人在中石器时代早期制作成珠子。在铜石并用时代和青铜器时代,惠特比生产的墨玉制品流通广泛,特别是项链衬珠和手镯;V形孔的扣子,有时上面刻有几何图案;其他一些衣服的配件如带扣,可能作为斗篷搭扣的大环,珠子项链以及衬珠;其中一些珠子被金片包裹。其他类型的珠宝在各地以不同材料制作,如苏格兰由烛煤盘珠子制成的项链。当地的材料可能用来代替项链中坏掉的部分和墨玉珠子项链,但可能也为整个项链的仿造物,与发现于惠特比的项链相比,它们可能带有更多的缕。更常见的物件包括一个镶有黄金钉的权杖头、一个页岩杯、一个稍晚些的船形碗。后者发现于威尔士凯尔古莱堡(Caergwrie Castle),页岩嵌有黄金,显示了船、桨和划手的盾的罗纹,火及海浪的罗纹。青铜时代晚期的珠宝包括戒指和来自基默里奇(Kimmeridge)的页岩手镯,在艾尔登(Eldon)山脚和其他一些多赛特海岸居点制作。烛煤在斯维内(Swine Sty)的德比郡(Derbyshire)进行制作。

　　墨玉、页岩和褐煤在铁器时代一直用于制作圆环、箍套、垂饰和珠子等饰物,同时还有腐泥岩,它在欧洲被广泛用来制作箍套。页岩器物也包括纺锤锭盘和装饰用的盘子。在铁器时代晚期,页岩被旋转削切成容器和箍套。与此相反,腐

第六章　手工业与工艺

泥岩系通过板状材料雕成箍套：从岩板中间切割出一个石盘后扔弃，便可成箍套。

图6.14 公元前3世纪晚期苏格兰南部哈勒霍普(Harehope)的石冢墓葬中收藏的圆锥形页岩扣，装饰有梯子形图案和页岩带状圈（中心）。(Drawing by Audrey McIntosh, from material in the National Museums of Scotland, Edinburgh)

亨吉斯博利角(Hengistubury Head，多赛特，英格兰) 一个约始于公元前800年的大型聚落，它的手工活动包括制作基默里奇页岩，也可能生产盐。该聚落在公元前1世纪至公元1世纪间发展到顶峰，是一个重要的银制品生产和贸易中心，同时也生产出口削切的页岩护身符和手镯、青铜器制品、盐和玻璃。

片岩

片岩在公元前第四个千年的伊比利亚半岛西南部地区使用，主要用来制作胸襟饰物和权杖；其主要因巨石而为人所知。胸襟饰物，即平整的亚矩形岩片，通常精心饰有几何图案，经常在样式上更具人形化，图案设计用来表示衣服，而顶部的两个洞表示眼睛；这表示它们被作为偶像而制作。权杖多刻成，并装饰有相似的几何图案。

石墨

发现于巴尔干冰后期早期居住地的大量石墨块表明，其在最初用作装饰材料。公元前第五个千年，石墨在罗多彼山脉（Rhodope）和斯塔拉普拉尼亚（Stara Plania）山开始使用，主要装饰陶器的内部和表面，通过用石墨粉染绘或用石墨块刻画。烧制石墨装饰的陶器必要温度一般超过 1800 华氏度（1000 摄氏度）。石墨在稍后时期也用于生产金属器物，用来覆盖在胎模内部阻止熔化的金属粘在上面。

石墨陶土，如发现于在波西米亚的特里索夫（Trisov）附近地区，在青铜器时代和铁器时代被欧洲许多地区广泛开采，用来制作具有精美黑色外观的陶器。在公元前的最后几个世纪，回火石墨陶在欧洲凯尔特东部地区被大量生产；在石墨页岩矿藏丰富的布列塔尼则烧制有石墨涂陶；这种陶器导热性能良好，制成的炊具广受欢迎。

珊 瑚

在铁器时代，珊瑚从地中海引进，主要作为嵌入的内饰物在金属器皿和珠宝中使用，特别是在公元前 600 到前 300 年间，如巴塞叶兹（Basse Yutz）大肚短颈瓶。珊瑚也被制作成珠子、戒指和衬珠。未经加工的珊瑚作为护身符佩戴：古典时代的文献记载，珊瑚可以抵挡邪恶的目光。

琥 珀

琥珀是一种已成为化石的松脂，特别是现已灭绝松树的松脂。它因外表和静电属性而受到珍视，并因此而被认为可能拥有魔力。琥珀通常与其他奇异珍贵的材料联系起来以强调它在古代的价值，如黄金或墨玉。

第六章 手工业与工艺

来源

拉脱维亚波罗的海沿岸的立陶宛(Lithuania)、波兰以及日德兰半岛的北海沿岸,都是史前时期琥珀的主要产地,一些来自这一地区的琥珀同样在不列颠的北海海岸及大陆被冲上岸。琥珀与皮毛一起成为北部交换的主要产品,稍后时期用来交换南方产自的商品和原料。

制作和工艺

从旧石器时代起,琥珀就开始在北部地区广泛流通,那时它用作珠子。中石器时代琥珀制品包括发现于丹麦和英格兰的珠子,发现于丹麦的一个雕刻成的麋鹿头及其他小造像。在波兰发现了始于新石器时代的琥珀作坊和稀有琥珀的储仓以及一些琥珀饰物。除珠子外,波兰的漏斗颈广口陶文化居民也制作小斧状的垂饰。

及至公元前第三个千年,琥珀交易到更广泛地区,远达西班牙的洛斯米利亚雷斯(Los Millares)地区,并被放置在一些精英墓葬的墓道中。琥珀也是广口陶器制造者用来制作珠子的材料之一。在约公元前1800年的不列颠,随着威赛克斯文化的发展,V形孔的琥珀扣、琥珀珠项链和衬片替代了墨玉作为象征威望的贵重物品;它们在苏格兰、布塔法尼、欧洲中部、法国南部、意大利南部和希腊也发现了。希腊迈锡尼竖井墓中发现了衬珠,据信来自于英格兰南部。衬珠是一种非常特别的制品,在项链上用来区别和连接珠子串。衬珠通过切割长方形琥珀板并穿孔形成;珠身两面通常呈V形以易于连接相邻的孔。琥珀盘子和黄金垂饰在威赛克斯的墓中也发现了;在同时代布列塔尼圣菲亚克(Saint-Fiacre)墓中发现了一个

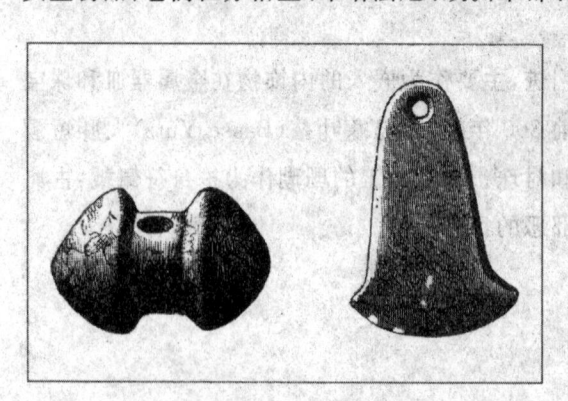

图 6.15 丹麦新石器时代晚期斧子和锤子形琥珀饰物。
(Worsaae, J. J. A. *The Industrial Arts of Denmark*. London: Chapman and Hall, 1882)

琥珀制弓箭手的护腕，同时在英格兰苏塞克斯的霍夫（Hove）墓葬中也发现了一个琥珀杯。

琥珀珠子直到铜器时代晚期都在制作，在日德兰半岛和英格兰，琥珀也用于装饰剑柄。从公元前第二个千年晚期至公元前6世纪，意大利半岛各部族，尤其伊特鲁利亚人是琥珀的主要消费者，琥珀也是意大利北部弗拉塔西那（Frattesina）聚落加工的原材料之一。在哈尔施塔特时期，意大利是琥珀制品的主要生产地，它们甚至被交易到波罗的海。琥珀是铁器时代制作垂饰、戒指和珠子的主要原料，也是青铜装饰物内饰的常见原料。许多铁器时代的聚落中存在制作琥珀的证据，其中包括大量加工过的琥珀，如在波兰弗罗茨瓦夫-帕提尼斯（Wroclaw-Partynice）聚落的一个坑中储存有3100磅（约1400千克）琥珀。体积较大的琥珀珠子在铁器时代晚期要经过削切。

阿普顿-拉弗尔（Upton Lovell） 其为一座装修奢华的威赛克斯文化的女性墓葬，随葬品包括一块带有几何图案的金制饰板、一件金制页岩锥形物、金珠子和钉饰、葡萄形杯和一个陶罐。墓主也带有五串琥珀颈链，由两孔、三孔或五孔的衬珠连接。

加莱

加莱（callaïs）亦被称为磷铝矿，是一种极富魅力的绿色或绿松石色石料（水合磷酸铝）且需要高度抛光。它与绿松石相似，但质地较软。它主要用于制作珠子，在伊比利亚半岛和布列塔尼地区新石器时代及广口陶文化时期尤为盛行。然而在公元前第三个千年晚期，它不再被使用，这可能暗示着它的供应已经枯竭。一种与此类似的材质——高岭石（水合硅酸铝），在新石器时代巴尔干地区用来制作珠子。

在布列塔尼没有发现加莱源产地，但当地岩石的属性暗示着它可能位于莫尔比昂（Morbihan）地区，该区以前是海岸的一部分，现已沉没。加莱在伊比利亚半岛一些地区开采，特别是在西班牙东北部的坎提托勒，那里已发现了一口深165英尺（50米）的矿井。

在伊比利亚半岛北部，许多公元前第四个千年塞普克洛斯海沟（Sepulcros de Fosa）文化墓葬随葬加莱制成的珠子。在公元前第四千年晚期和第三千年早期，加莱盛行于伊比利亚半岛的塔霍河和阿连特茹地区，加莱珠子亦发现于伊比利亚半岛西北部美浓河（Mino）上蒙特莫拉（Monte da Mora）的一座墓葬中。同一时期的法国墓穴包括加莱珠项链和不同大小的耳环。

装饰性材料

许多材料都用来制作珠子等饰物，其中包括红玉髓、碧玉、玉髓等宝石矿石；孔雀石、蓝铜矿、赤铁矿等金属矿石；以及大理石、石英石和皂石等其他材质，这在中石器时代和新石器时代尤为明显。这些材料的结核或块被视为珍贵物品，或者磨碎作为颜料；红赭石自旧石器时代就一直广泛使用于墓葬中，可能有仪式或者驱邪作用。这些材料可能也用于制作其他物品，如巴尔干地区和爱琴地区的大理石造像和碗；旧石器时代晚期广泛交易的石斧由阿尔卑斯山的硬玉制成；公元前第二个千年，奥克尼的林栅弗德（Linga Fold）滑石瓮的制作原料进口自设得兰群岛。

贝壳

贝壳是从冰川期晚期开始在欧洲贸易流通的外来原材料之一，外形美观且易作为装饰品。居住在海边的共同体采集和食用有壳的水生动物，亦把贝壳作为装饰品；例如发现于苏格兰的奥朗赛（Oronsay）的中石器时代项链就使用打孔的贝壳、珠子，但在新石器时代早期希腊弗兰克西洞穴的居民制作大量鸟蛤壳珠子，它们在贝壳上削凿出圆盘，然后用钻打孔，把贝壳磨成戒指。他们也使用角贝，这种贝壳流行且大量使用于中石器时代和新石器时代的爱琴海和巴尔干地区；瓦尔纳的一座衣冠冢中包括2200个角贝珠子。居住在内陆的人们使用蜗牛壳，如在中石器时代多瑙河峡谷（Danube Gorges）弗拉萨卡（Vlasac）的珠子手链。

海菊蛤贝壳来自于爱琴地区，是在中石器时代和新石器时代的地中海盆地、巴尔干的居住点以及远达欧洲中部的线纹陶文化聚落中使用的外来材料之一。

与珠子一样，海菊蛤制成扣子、垂饰、镶饰、戒指和手镯。新石器时代在希腊北部的迪米尼的定居点有一些家庭擅长制作海菊蛤物品。

鸵鸟蛋壳

西班牙南部的洛斯米拉雷斯文化居民从北非获得鸵鸟蛋壳，以作为身份标志的商品使用。鸵鸟蛋壳继续作为外来的和有价值的材料在后世流通，它们由腓尼基人交易到欧洲。蛋壳一般由腓尼基人直接从原产地获得，或经由迈锡尼人和希腊人通过地中海的贸易网络而获得。公元前第二个千年晚期，在意大利北部弗拉塔西那（Frattesina）聚落作坊加工的材料中就包括鸵鸟蛋壳。

白垩

白垩是开采燧石的废料，被矿工们凿刻成杯子作为灯具使用。它也在新石器时代用于制作垂饰和一些仪式物件，如男性生殖器、小造像、小斧子和球。最神秘的白垩器物是"福克顿鼓（Folkton drums）"，为三个装饰性圆筒，出自英格兰北部的古墓中。在铁器时代，白垩用于制作垂饰、秤砣、纺锤锭盘和小造像。

（孟凡青　白雪　译）

阅读书目

总论

Champion et al. 1984；general；Hodges 1988，1971；technology；Jocl-um 2002c，Mithen 1994- Mesolithic；Whittle 1994，1996，Sherratt 1994a，Milisauskas 2002b，Milisauskas and Ki-uk 2002a，2002b；Neolithic Harding 1994，

2000, 2002, Demakopoulou etal, eds. 1999: Bronze Age; Cunliffe 1994c, 1997, Sievers et al. 1991, Wells 1995a, 1995b, 2002, James 1993, Collis 1984a: Iron Age; Spindler 1995: Iceman; Darvill 1987, Adkins and Adkins 1982: Britain; O'Kelly 1989: Ireland; Cunliffe 2001a: Atlantic; Perles 2001: Neolithic Greece; Bailey 2000: Balkans.

木材

Piggott 1995, Leakey 1954: general; Midgeley 1992: Christiansholm; I-Iingley 1998: Ballachulish; Coles 1984: waterlogged finds; Coles. 1987, Coles and Coles 1986: Somerset Levels; McGrail 1995, 1998: boats; O'Kelly 1989: Ireland; Manning 1995, Stead 1981: wheels; Jensen 1999a: Danish coffins; Harrison 1988: Spain.

篮子、地席、网和细绳

Barber 1991: textiles; Forbe. s 1954a: dyes; Zohary and Hopf 2000: plant fibers and dyes; Harding 2000, Perles 2001, Crowfoot 1954, Grant 1954: basketry and mats; Clbert 1954: ropes; Wallace and O'Floinn 2002: Twyford; Sheridan 1999: bark coffin cover; Denison 2000a: Palaeolithic.

皮革与皮毛

Harding 2000, Waterer 1956, Spindler 1995: general; Ritctue 1995: Orkney; Coles 1973: experiments; Barth 1991: clothing; Leitner 1999, Whitde 1996, Spindler 1995: Iceman; Noe-Nygaard and Richter 2003: Agernaes; O'Kelly 1989: shields.

骨头、兽角、鹿角和象牙

Wells 2002, Guilaine 1994, Champion, S. 1995: genmil; Cole 1954: antler and bone; Craddock 1995: Iniiic and antler@ning tools; Hodges 1988, Cunliffe 2001a, Wells 2002: ivory; Sheridan 1999: Scotland; Rlchie 1995: Orkney; Scarre 1998: Hochdorf.

石料

Sherratt 1997, Shepherd 1980, 1994, Bromehead 1954: @ning; Shepherd 1980: Spiennes; Brome-head 1954: Obourg; Whittle 1996: Krzemionki Opatowskie; Kaelas 1994a: Thisted; Mercer 1981, Darvill 1996, Topping 2003: Grimes Graves; Darvill 1996: Great Langdale, Mynydd Prescelly; Ritchie 1995: Orkney; Turner 1998: Shetland; Leakey 1954, Oaldey 1975, O'Kelly 1989: stone working; Cunliffe 1993: Iron Age.

盐

De Roche 1997, Adkins and Adkins 1982: evaporating seawater; Barth 1991, Kristiansen 1998, Bromehead 1954, Weller 2002: salt mining; Harding 1978, Cunliffe 1997, Moosleitner 1991: Dürrnberg.

冶金

Craddock 1995, Tyiecote 1987: general; Shepherd 1980, Bromehead 1954: @ning; Forbes 1954b, Maryon and Plenderleith 1954: metallurgy; Budd 2000,

Timberlake 2001, Pare 2000, Sperber 1999, Dayton 1993, Dungwordi 1997, Denison 2000b, Ixer and Pattrick 2004: ores; Harrison 1988: tools; Rothenberg and Blanco-Freijero 1981, Harrison 1988: Rio Tinto/Chinflon; Darvill 1996, Denison 2001b: Great Orme's Head; Denison 2001a: lead at Cymysrwyth; Bailey 2000: Varna; Wallace and O'Floinn 2002: Ireland; Marazov 1998: Thrace; Northover 1995, Manning 1995: Iron Age metal lurgy; Biel 1986, Wallace and O'Floinn 2002, Nordiover 1995, Sheridan 1999: tores; Taylor 1999: Wessex; Berresford Ellis 1988, Cunliffe 1997, Darvill 1987, Grierson 1956, Adkins and Adkins 1982: coin production.

陶器

Gibson and Woods 1997: general; Scott 1954: poitery production, Eilean an Tig-he; Childe 1954: pelter's wheel; Mdgeley 1992: TRB; De Roche 1997, Gibson 1995;Iron Age; Harrison 1988;Spain;Cunliffe and De Jersey 1997. Gibson 1986. 2002;Britain.

玻璃材料

Renfrem and Bahn 2004, Freestone 1997. Harden 1956: technoloD-; Dayton 1993; glass: Man. On 1956: enamelling; Harding 1994, Angelini et al. 2003: Frattesina; Berresford Ellis 1988: Iron Age: Sheridan 1999, 2003, Shortland 2003;faience;Taylour 1983;Mvcenaeans.

其他材料

Wells 2002, Guilaine 1994, Champion. S. 1995: general; Sheridan 1999: Scotland;Darvill 1996. Cunliffe 2001a; Hengistbury; Collis 1984a; sapropelite; Ritchie1995;Orkney:Beck and Bouzek. eds. 1993. Wallace and O'Floinn 2002;amber;Cullliffe 2001 a,Guilaine 1994;callais;Turner 1998. Wickham-Jones 2001;steatite;Sheridan 1999. O'Kell 1989,Wallace and O'Floinn 2002;jet.

第六章 手工业与工艺

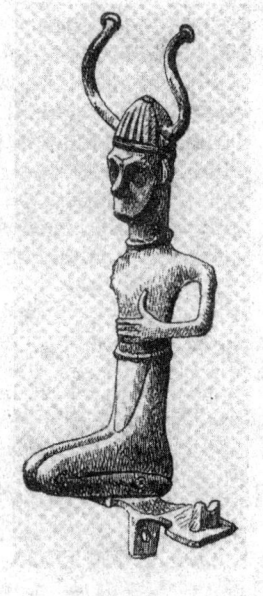

第七章 宗教

史前欧洲的宗教古迹是其创造者最为壮观和不朽的遗存。虽然许多时代和地区的房屋建筑已难觅其踪,但先民们的生活痕迹可通过其创造的石制建筑物残迹得以证实。这些遗迹大多是墓葬,也有一些为圣地,如马耳他神庙和不列颠石阵。然而,总体而言,由于欧洲先民崇拜多集中于自然造物而非建造圣所,后者少有遗迹留世。并非所有墓葬都是庄严的石制或土制建筑物,其中很多为露天墓葬,为了解史前欧洲人的生活提供了重要信息来源。此外,关于一些地区不同时期丧葬仪式的信息也少有存世。

古迹的恢宏与它们所反映出的关于信仰体系的少量知识形成鲜明对比。基于对造像的研究和对一些风俗活动的重建,结合古典资料和对晚期凯尔特、日耳曼、北欧宗教信仰活动的研究所进行的推测,目前对铁器时代及更早时期的宗教研究已有诸多思路,但仍有大量信息无法得知。

基于对其肖像特征、出现环境以及附属物件的分析研究,许多物件被认为具有仪式和宗教意义,其中包括许多可以复原的建筑物和风俗活动。不过,将宗教与生活的其他方面区分研究是现代的研究模式。古代生活的各个方面似乎都具有一定的仪式或宗教意义,因此很难把宗教与史前欧洲人的日常生活区分开来。

宗教信仰与宗教活动

重建宗教

古典时代的资料

古典时代的著述者们对欧洲蛮族的宗教习俗感到迷惑和反感,特别是关于人祭的献祭活动,尽管他们抛弃这种习俗为时不远。虽然罗马宗教吸收了凯尔特人的一些神祇——以自己的神祇去定义凯尔特神的一些特征,如著名的朱庇特、马尔斯、墨丘里,但罗马与凯尔特宗教很少有共同之处,此外他们的记载多凭感觉而写,且难以理解。然而,我们仍从罗马时代著作家们关于凯尔特和日耳曼宗教的记载中,特别是其对德鲁伊教(Druids)的记载中获益甚多。

晚期宗教

罗马人压制德鲁伊教,认为它是罪恶的源泉,或许更重要的是将其视为政治上的敌对者。然而在罗马统治下,凯尔特宗教的许多方面继续蓬勃发展。在爱尔兰和其他罗马帝国范围以外的地区,传统宗教活动和信仰得以保持原貌。因此,关于欧洲史前晚期的宗教知识有助于了解铁器时代的信仰和宗教习俗。然而,由于宗教本身在不断发展,后来的信仰和仪式活动并不能视为可真实反映铁器时代宗教的全貌。

考古

许多目前所熟悉的晚期宗教象征物和手工制品以及古典时代的资料,多来自铁器时代的艺术和器物中,也有一些可追溯至青铜器时代,如太阳轮。此外,现已在许多考古遗址中发现古典时代及其之后文献中所描述的宗教活动的证据,如人祭和对有水之地的崇拜。而一些类似后者的崇拜活动似乎始于中石器时代。对于有文献资料佐证的遗址和物件而言,其所体现的延续性可反映出与之相关的宗教信仰活动可能起源更早。

目前所知的众多资料均来自于考古发现。古典时代的资料虽提及了圣林、湖泊和河流,但正是考古学使其公诸于世。对于大部分史前时期而言,考古发掘物是获取其宗教信息的唯一来源;很少可通过如此长时段中延续的宗教信仰推断获得,且仅有少许宗教活动可得重建。甚至与宗教相关的手工制品和地点也无法明确断定,尽管其中许多与宗教的关系似乎比生活的其他方面更密切,如石阵。然而,从民族志学角度来看,试图将宗教与日常生活其他方面分离的做法显然是一种误导,因为在多数社会中宗教与日常生活不可避免地互相交融。

信仰

目前所知的凯尔特人及其近邻日耳曼人的宗教知识证明,神灵的力量在自然界中可被感知,它主要体现在湖泊、河流、泉水、高山、树木及天空、动物和鸟类、太阳和雷电、自然界的创造及毁坏中。许多人类创造的事物也被赋予力量,如锤子。多数神祇是仁慈的,但总体而言他们具有不可预测性并有潜在的危险性,这样,为了得到神的庇佑、避免神愤怒并对神的恩赐给予回报,献祭和举行规定的仪式便成为必须。而诸神的意愿也可通过占卜得以传达和体现。

祭司

古典著作家提供了大量关于铁器时代共同体中祭司的资料,多集中于德鲁伊祭司、宗教首领、司书,但对低级别祭司也有提及。神意的传达者都是解释自然现象和分析占卜结果的占卜师,他们被称为"Vates"、"Ouateis"或"Manteis"。占卜师的训练长达12年,精通诗歌。吟游诗人的训练有七年之久,他们掌握诗歌并相信诗歌会带来不幸、伤害,甚至死亡,同时也会有好运。资料中还提及"gutuatri"和"antiste"等其他祭司,尽管很少谈及其职务。女祭司在文献中也有提及,但德鲁伊祭司均为男性;女祭司分担德鲁伊祭司保卫莫娜(Mona)的任务,用来打击前来进攻的罗马士兵的士气。

尽管宗教活动的遗迹表明了祭司的存在,但目前对史前时代祭司还是知之甚少。德鲁伊祭司可能从事献祭活动,研究并解释自然现象,有时可能还短暂行使权力。偶尔发现的莨菪子等致幻物遗迹,以及大麻和酒精等其他可迷乱神志的物品表明,祭司和巫师在进行仪式时可能使用它们;据信,中石器时代艺术中的几何图案反映着人受迷幻剂影响时头脑中产生的景象。宗教人员使用的随身物品,如镀金锥形头饰中有时可发现这些物质。许多不寻常的墓葬可能为祭司或者是巫师所有:如中石器时代赤鹿岛墓葬,其中直立埋葬有四人,并伴有相当数量的陪葬品。

德鲁伊祭司

据古典资料记载,德鲁伊祭司是不列颠和高卢各凯尔特部落的宗教首领,最早可能起源于不列颠。德鲁伊祭司的训练长达20年,包括天体、自然现象、医学、法律和其他领域的口传知识;而据古典著作家记载,当时德鲁伊教明令禁止书写这些知识。德鲁伊祭司组织献祭,解释牺牲和天象所显示的征兆,传递神旨并祈求众神佑护和宽恕。据称,德鲁伊祭司每年在卡尔尼特部落的领地中举行集会,并在那里选举领袖。据记载,在他们的仪式中,祭司在每月第六天身着白色斗篷集会,用金镰刀从橡树上割取槲寄生枝条,并在圣树下献祭两头白牛。

德鲁伊祭司可能出身显贵,并可能是政治宗教领袖。在与恺撒联盟的埃杜维(Aedui)部落,竞争派别即由首席执政官和其作为德鲁伊祭司的哥哥分别领导。尽管罗马人说他们攻击德鲁伊祭司的唯一原因在于其令人发指的祭仪,但更主要原因是德鲁伊祭司对罗马人的敌意。尽管他们的圣地安格尔西(Anglesey)被毁,德鲁伊祭司仍继续在罗马帝国境内外传教,还曾作为罗马人的占卜师。

神祇

凯尔特神

许多凯尔特神的名字见于铭文或古典著作中。通常而言,他们因对罗马诸神特征的影响而与罗马男女神灵形成一定认同,两类神祇也可能会同时被供奉在罗马的圣所内。罗马时代的凯尔特地区仍然崇拜他们自己的神祇,某些神祇还被更远的地方所接受,如在北非发现了艾波娜(Epona)圣坛。

目前所知神祇的特点通常与自然界有关,如湖泊或岩石等自然造物,打雷等自然现象,以及动物等;它们也与人类社会某一方面有联系,如战争。通常神祇们都被认为具有变形的魔力,尤其多以动物形象出现。它们往往作为某种自然现象的保护神(主神或精灵)而被崇拜,并有一定的象征物,如太阳轮。直到凯尔特人与古典社会普遍交往时代,神祇才开始拟人化。据称,早期凯尔特领袖布雷努斯蔑视希腊人在德尔菲神庙塑立的石雕或木雕的希腊神像,因此公元前279年该神庙被凯尔特军队所毁。

凯尔特人并无普遍崇拜的神祇。某些神只在特定地区或部落受到崇拜,另一些则在相对广泛地区受到崇拜。然而,横贯欧洲的凯尔特、日耳曼及其邻近共同体内崇拜有相似特征的神祇,他们多与自然现象有关且地位大致平等。例如,在凯尔特人领地北部丹麦发现的贡德斯特鲁普釜,可能在东部的色雷斯制成,上面刻画有符号、神祇及凯尔特传统的家庭仪式场景,但某些图案与遥远的印度有关(尽管它不是凯尔特人所铸,但它是凯尔特宗教造像最常见的样式)。

许多神祇成对出现。但自从"3"成为一个神圣的数字后,神祇以三位一体的形式出现。一位神可能有三个头,如塞尔农诺斯(Cernunnos);或者某种力量的三种形式由三个神祇来表现,如三重母神。

卡穆洛斯(Camulos)　日耳曼和高卢部分地区的战神,相当于罗马的马尔斯。卡穆洛杜努姆——卡穆洛斯堡,为卡图维劳尼(Catuvellauni)的首都,因在城中心为卡穆洛斯所建的圣所而得名。

塞尔农诺斯　丰产和生命之神,意为"犄角巨兽"。其造像通常有角、脖子和角上各戴一个项圈,有时有三个头。卡摩尼卡谷岩画和贡德斯特鲁普釜上展示出形象是:他盘腿坐着,周围是代表丰收的雄鹿和代表繁殖的蛇等动物。他通常举一个溢出粮食的角形装饰物或碗。

寇文蒂娜(Coventina)　与水和康复有关的女神,主要受日耳曼人崇拜,但在高卢和伊比利亚西北部也很流行。在英格兰北部的哈德良墙(Hadrian's Wall)有一处献给寇文蒂娜的圣泉及圣所,她在此处受到许多罗马的凯尔特士兵或日耳曼人的供祭。

艾波娜　丰产女神,出现时通常伴有马,有时是母马和马驹,或以女骑士形象出现。其名字源于凯尔特语中的"马"。对艾波娜的崇拜甚为广泛,从不列颠到巴尔干,尤以莱茵兰和高卢地区为甚,该地区内埃杜维人和林贡斯人是闻名的

第七章　宗教

马匹饲养者;罗马人也将其吸收引入罗马宗教,并为其制定了节庆加入到圣历中。艾波娜似乎还与康复、死亡和丰产有关,即她连接了出生、成长和死亡。

埃苏斯(Esus) 意为"杰出的管理者",与树木有关的神。据古罗马著作家卢坎(Lucan)记载,他是恺撒在高卢遇到的神祇之一,对他的祭仪包括人祭。殉祭者全身赤裸地被悬挂在树上,用割伤后流血形成的图案占卜。

锤神 高卢地区受欢迎的自然神,有时被称为"苏塞鲁斯"(Sucellus)。在罗马时代,其形象多为举着大锤和罐。他也与酒有关,这可通过随身带的酒桶看出;他有时也与太阳有关。锤神似乎与自然物产和繁荣相联系,似乎这些正是处于他的庇护之下。

狩猎神 较为常见的神灵,与对野生动物的逐猎和保护有关,特别是常与猎狗和被猎取的雄鹿、野猪等形象一同出现。它还反映出凯尔特人与自然界的密切联系,狩猎神和神圣的狩猎或许与生、死、重生的轮回过程关联。

卢神 光明之神(Lugh,爱尔兰语意为光明),或为太阳神,象征物中包括渡鸦。在西欧地区受到广泛崇拜。罗马人将其视同于墨丘里。

母神 母神形象遍及凯尔特及其以外的世界,从新石器时代起便已在出现在欧洲宗教中。在多数宗教中,女神多与人类的生产和生育有关,但是否可将史前的女神形象等同于母神仍值得商榷。凯尔特母神的形象为手托一个婴儿或带有面包和水果等丰收象征物。她通常也以三神一体的形象出现,其中或为3位年轻女神,或2位年老女神和1位年轻女神。在罗马时代的铭文中,母神通常被记载为"Deae Matres"或"Matronae"。

南忒苏尔塔(Nantosuelta) 高卢和不列颠的女神,象征物是一个盘子或壶以及一所由立柱支撑的房子,表明与家庭生活和福祉有关。她的形象也和渡鸦——与战场和战争有关的生灵——联系在一起;她还是冥界灵魂的保护神。

她是"锤神"苏塞鲁斯的妻子。

尼赫迈亚(Nehemiah) 与北海有关的女神,在荷兰沿海地区有两处圣地,即都姆巴格(Domburg)和科利斯普拉特(Colijnsplaat)。它可能意为"舵手",受到航海者、商人崇拜,其中也包括罗马时代的水师军官,他们为其供献有祭坛。这些崇拜者所创造的女神形象通常与船和其他航海工具联系起来,并伴有一条狗。

内尔瑟斯(Nerthus) 日耳曼的土地神,其形象表现为驾着一辆四轮马车,预示着将给土地带来丰产。出土于奥地利施特雷特韦格(Strettweg)公元前7世纪的铜片上所展示的或许正是她的形象:女神在头顶上方举一个碗,身边围绕着带武器的男人小造像,还有长着巨大鹿角的雄鹿。

塞奎娜 康复女神和塞纳河保护神。其圣地在塞纳河源头,那里发现了一座女神造像、大量作为祭品的身体部位模型、朝圣者的木像和石像,其形象通常表现为戴着凯尔特斗篷的农妇。

天神 相当于罗马晚期的天神朱庇特,凯尔特天神的象征物是太阳轮、霹雳,或是举着这些器物的造像。其形象还表现为骑士,用霹雳与代表邪恶的蛇形怪物作战。他可主宰天界的一切事物,包括太阳、下雨、雷鸣、暴雨、闪电,还有干旱和洪涝;他还象征着白昼、生命和光明,与夜晚、死亡和黑暗的邪恶作斗争。

苏塞鲁斯 "锤神"的别名,意为"善击打者"。他似乎与丰产联系在一起,用锤子击退疾病和饥荒。其通常与妻子南忒苏尔塔作为一体出现。

苏利丝(Sulis) 日耳曼地区重要的水神、康复神,也出现在欧洲大陆。她还与巴斯的矿泉有关,该地逐渐发展为罗马时代的主要温泉浴场,而且成为凯尔特时期的朝圣地。另外苏利丝与太阳有关。罗马人将苏利丝视同于密涅瓦

第七章 宗教

(Minerva),是拥有康复职能的女神。在罗马时代扔进浴场的奉献物中发现有作为还愿物的人的肢体,这可能是为了表达顺利康复的感激。

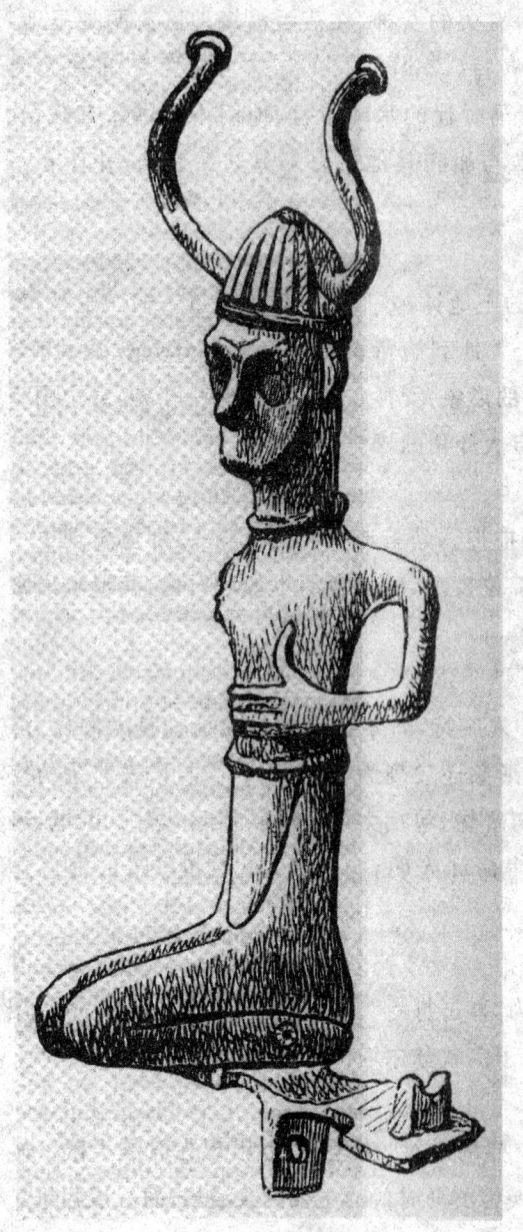

太阳神 太阳作为能赋予生命的神祇而被崇拜,象征物是太阳盘或太阳轮。在丹麦特兰德霍尔姆出土的青铜器时代的镀铜战车模型上就有一个太阳盘,这表明太阳神崇拜可追溯至公元前13世纪,而太阳盘或太阳轮也经常出现在斯堪的纳维亚岩画中。太阳神也与丰饶和康复有关。他的另一个象征物是十字符,通常用来表示美好的未来。

塔拉尼斯(Tranis) 呐喊者,雷神。据著作家卢坎记载,他的祭仪非常残忍,其中包括焚烧人祭。塔拉尼斯的崇拜很广但他不是主要神祇,对他的崇拜可能与战争有关。罗马人将他与朱庇特等同,后者也与打雷相关。

图7.1 丹麦西兰岛(Zealand)格雷文苏阿恩吉(Grevensúaenge)出土的佩戴长角头盔和项圈的青铜神像。现已遗失的右臂举着斧或锤,表明该神像为雷神的形象。(Worsaae, J. J. A. *The Industrial Arts of Denmark*. London: Chapman and Hall, 1982)

探寻史前欧洲文明

泰乌塔特斯(Teutates) 部落保护神的统称，而在不同地区部落中所代表的神也不同。恺撒在高卢时曾提到过泰乌塔特斯，似乎将其视为战神，而在晚期视同于罗马的战神马尔斯(Mars)。据卢坎记载，泰乌塔特斯的人祭须溺死，贡德斯特鲁普釜上的图案描绘了人祭在水桶中溺死的场景。

战神 勇士的形象——有时裸体但多数背负武器——广泛出现于凯尔特欧洲及更早时期。考虑到欧洲青铜器时代和铁器时代战事的重要性，可推测其中至少部分代表着战神，或许为单个部落的保护神。一些形象表现的场景为：勇士骑着战马——显贵人士的特权，手拎着敌人的头颅，它们象征杰出的胜利者。

祭仪器物和造像

从凯尔特的历史中可知各种各样的祭仪器物和神圣的象征物，其中一些已被证明属于更早时期：主要来自青铜器时代，而有的可追溯至中石器时代。它们主要包括动物、鸟类、树木以及其他自然现象，还有其他一些人工制造物，如车轮和斧头。有时其意义可从古典时代及稍后时期的著作中得知；有时则通过对其所处背景环境的推测得来。

一些器物和象征物作为诸神祇的特征而通过艺术形式得以表现，但它们也见于其他表现方式，如在祭仪中作为奉献物，作为丧葬仪式的重要组成部分，作为仪式服饰的配饰。

象征物及祭仪器物

乐器 兽号，一种在战场上吹奏引起敌人恐慌的喇叭，形状为带有喇叭口的长管，喇叭口呈猪头形状，象征着凶猛。贡德斯特鲁普釜上展现了勇士们吹兽号的仪式场景，苏格兰戴斯克弗德的出土物也证实了这一点。弯号，弯曲的烟斗状喇叭，末端为空心圆盘形状，可能用于宗教仪式中。吹奏弯号的场景可见于青铜器时代斯堪的纳维亚的岩画以及沼泽中的祭品上。其他乐器也可能用于宗教仪式，如拨浪鼓。

釜 镀铜的釜铸造于青铜器时代以前，作为宴会盛放食物和饮品的容器。在瓮棺墓文化时期，它们作为焚化及摆放祭品的容器。在艺术品和雕塑中它们作为仪式盛器出现。在晚期的神话中，它们与来世、盛宴、丰产和重生有关：例如，在威尔士的文献记载中，死去的勇士能在釜中重生。

贡德斯特鲁普釜 出土于丹麦贡德斯特鲁普镇的沼泽地。这件漂亮的镀银釜可能产自色雷斯。其装饰面上展现的仪式场景有：前进中的士兵，有些吹奏猪头状的兽号；一位神祇（可能是泰乌塔特斯）将一个人的头向前浸入到水桶或大坑中以示惩罚；一位长角的神祇周围围绕着动物，可能是塞尔农诺斯；还有位神祇随身带有轮状物，可能是天神。

车轮和圆环 及至公元前第二个千年中叶，轮辐车轮已是一种常见的造像元素，可能代表了太阳神。从沼泽、河流、圣地及其他仪式场所和墓葬的祭品中目前已发现了木轮和青铜轮模型。小型车轮常作为护身符而佩戴。圆环和实心的圆盘也代表太阳神。

内布拉（Nebra）天象盘 在德国中部米德堡（Mittelberg）附近内布拉镇的一座山顶围地储室出土的公元前1600年左右的文物中，据称不仅包括两柄剑、两把斧头、一个凿子、许多臂环，还有一个非常特别的、直径为1英尺（30厘米）的青铜圆盘。圆盘上镶嵌了金制的太阳、新月，还有32个可能代表星星的圆点，其中有一些已被暂时认定为属于昴宿星团（Pleiades）。两条金属带镶嵌在两边，底部还有一条细长的新月，酷似青铜器时代岩画中的小船，刻痕表明了桨的存在。它的圆边上有小圈孔，由此推断圆盘一开始被钉在某个地方，也许是神庙。该圆盘的真实性并未被所有研究者接受，因为圆盘是被盗墓者发现的，盗墓者还曾试图（未成功）将圆盘卖给黑市。然而，对其腐蚀度的化学检测已经证实储室中其他物件所表明的年代，其他方面的分析则表明该圆盘由产自米德堡的铜和喀尔巴阡山脉的金制成，两者都属当时的贸易交换金属。

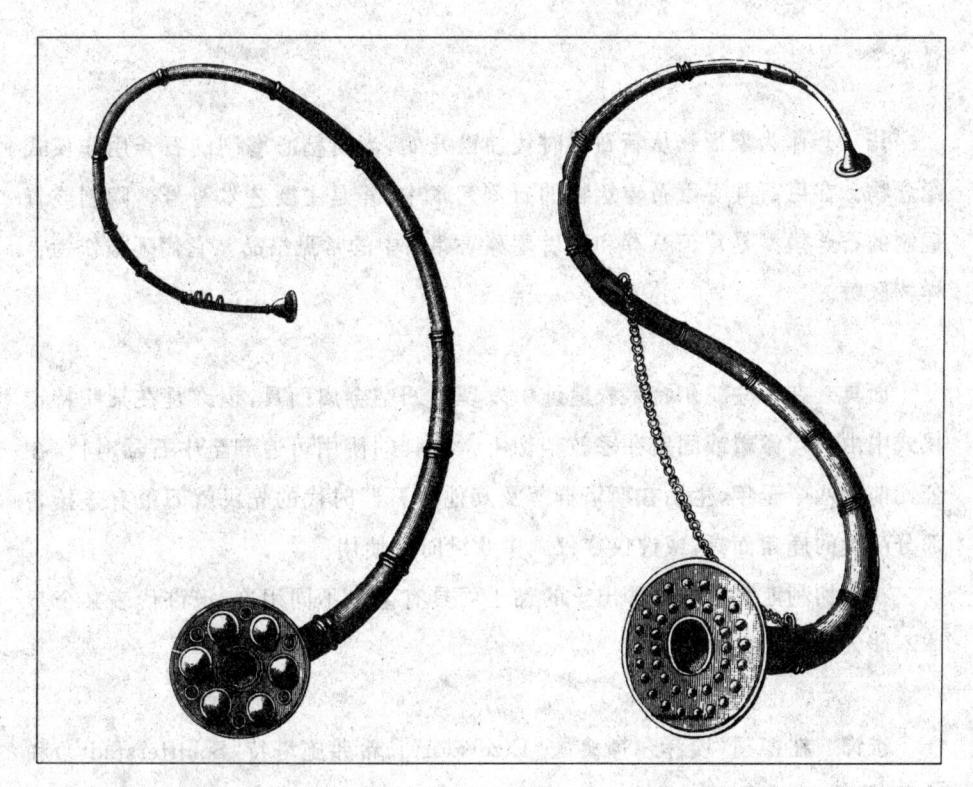

图 7.2 两个在宗教仪式中使用过的长角弯号。(Worsaae, J. J. A. *The Industrial Arts of Denmark*. London: Chapman and Hall, 1982)

颈部和胸部饰品 漂亮的月牙形装饰、椭圆形的镀金胸部装饰均为青铜器时代最杰出的手工制品。它们主要出土于爱尔兰、伊比利亚、布列塔尼等地的地下或水中。其他类型的黄金胸饰和项链产自欧洲大西洋沿岸其他地区,如伊比利亚。它们可用来穿戴,但似乎更多用于装饰木制神像。

铁器时代的环饰(项圈)同样是精英、显贵和神圣地位的象征。金制和铜制的项圈是青铜器时代和铁器时代装饰技艺的代表。大量饰品出土于精英人士的墓葬,如维克斯"公主"的墓葬,以及一些奉献物中。勇士和神祇造像的颈部也多佩戴有项圈,一些地区的神祇把项圈戴在其他位置,例如塞尔农诺斯戴在犄角上,也有的戴在手上。许多出土的饰品用于穿戴太重,可能为礼服,仅在仪式场

第七章 宗教

合穿戴。

斧 斧作为象征物从新石器时代便已开始,当时精心磨制的石斧用作仪式纪念物。在巨石阵等巨石建筑物的石刻艺术中,斧是主要艺术符号。陶制或青铜制的石斧模型是瓮棺墓葬和稍后墓葬陪葬品中的常见祭品。它们还被作为吉祥物佩戴。

面具 在一些凯尔特宗教遗址中发现的凹空金属面具,也许是在某些特定仪式中由祭司佩戴或固定在宗教塑像上。面具的使用可追溯至中石器时代,在公元前第八个千年,生活在斯塔群落及其他中石器时代的先民就佩戴有连接着部分颅骨的鹿角面具,或许仅在仪式中欢跳时才使用。

在保加利亚瓦尔纳墓葬出土的黏土面具有诸多不同用途,也许代表某个尸体不能入葬的人。

锥饰 在德国(埃泽尔斯多夫[Etzelsdorf]、希弗施塔特[Schifferstadt])和法国(阿旺东)青铜器时代的考古遗址中发现了四个由金片制长锥饰。其上饰有一些凸纹波带,尤以环形为甚,此外还有星星、眼睛、三角座、车轮等其他图案。希弗施塔特的其他出土物表明锥饰内有芳香树脂,其中一些帽檐设计和表现样式表明,它们曾被作为帽子以不同形式的衬垫而佩戴,佩戴者常以此表明个人的地位很高(从帽缘的设计可看出)。一些岩画中出现的人物造型也戴有这类头饰。

其他象征物 在凯尔特宗教和早期的器物中也出现了其他主题和象征物,主要包括平等交叉的十字架,通常与车轮有关;象征幸运的万字饰,其使用地域远及印度,并被凯尔特人认为和太阳神有关;双螺旋形物件——通常称为"S"符,尤其与天神有关,也许代表着他的霹雳;作为死亡和来世象征的玫瑰形花饰,也与太阳神有关。

图 7.3 发现于丹麦菲嫩(Fiinen)雷恩吉比(Rynkeby)沼泽地两块釜的残片,与更为著名的贡德斯特鲁普釜相似,残片上饰有宗教象征物,包括佩戴项圈的一位神祇、野牛、野猪、狼,以及一幅三曲枝图。(Worsaae, J. J. A. *The Industrial Arts of Denmark*. London: Chapman and Hall, 1982)

仪式交通工具

现已出土许多与宗教场景或象征物有关的铜制交通工具模型。它们大多为二轮或四轮车;如青铜器时代晚期的特兰德霍尔姆太阳车,出土于罗马尼亚奥勒斯蒂耶(Orastie)山脉,车上有一个釜和许多鸟;公元前7世纪的施特雷特韦格战车,车上有一幅狩猎的场景及一位女神,女神可能是内尔瑟斯,她的仪式描画了前进中的四轮马车队伍。此外,也有一些模型船,典型的例子便是在英格兰鲁斯卡尔(Roos Carr)出土的船,该模型船为木制,船上站着五勇士的大造像,据推测可能代表着神祇。在奉献物遗存中也发现一些没有乘客的模型船,如在爱尔兰布罗伊特尔(Broighter)出土的金片制作的精美模型船,以及在丹麦诺斯塞(Nors Thy)出土的100艘金叶制模型船。

船和战车形象经常出现在岩画中,而这些岩画据研究已具有仪式意义。欧洲的神话与船联系在一起,认为这象征着太阳在夜间的运动。

特兰德霍尔姆太阳车(西兰岛,丹麦) 由一匹马拉着的青铜车模型,可追溯至公元前1400至前1300年间。马车上载有一个用同心圆式几何图案装饰的圆盘。圆盘一面镀金,可能表示白昼,另一面是没有镀金的青铜面,表示黑夜。

鸟类和动物

凯尔特和后期神祇具有变形能力,通常变为动物的形状。许多神祇还具有

第七章　宗教

动物特征，如有蹄、羊角以及鹿角。许多带角神祇的造像似乎与战争有关。代表神祇形象的动物或许也有其他动物特征，如塞尔农诺斯造像中的蛇有绵羊角。在凯尔特神话和宗教活动中，动物扮演着重要角色。鸟也在凯尔特和早期造像中具有重要意义，代表死者自由的灵魂以及其他超自然作用。凯尔特人视某些动物为禁忌，如恺撒曾记载某些日耳曼部落不吃鹅、野兔和鸡。

鸭子 艺术作品中，鸭子的图案和以鸭子为主题的形象从青铜器时代便已常见，如作为釜、水罐、肉钩的表面装饰；代替轮子或圆盘作为金属片上的垂饰。鸭子及其他水鸟与空气和水这两个神圣领域的联系，具有特殊意义。水神塞奎娜(Sequana)在塞纳河源头的塑像中便位于一艘鸭形船中。

鹰 鹰与宗教联系在一起的时间可追溯至新石器时代，在奥克尼伊斯比斯特的巨石墓中便发现有八只该时期的海雕造像。后来，鹰成为天神的象征，尽管这借鉴了古典时代朱庇特与鹰相关联的神话。

乌鸦和渡鸦 卢神和南忒苏尔塔等凯尔特神祇的造像中通常都有乌鸦和渡鸦，有时它们被认为具有预言能力。它们常在战场上出现，所以就将其与战争、死亡、来世联系起来。

天鹅 在韦兹拜克中石器时代的墓葬遗址中，发现了一个躺在天鹅翅膀上的死产婴儿及其旁边的母亲。天鹅造像出现在青铜器时代和哈尔施塔特时期的青铜器上，在后来的神话中，它们作为被魔法改变了形体的人出现。

牛 庞大的欧洲野牛一直被认为是凶猛和力量的化身，是凯尔特宗教中公牛生殖力的体现——在凯尔特宗教中公牛与塞尔农诺斯有关。在铁器时代，器物上的野牛形象(如贡德斯特鲁普釜)以及牛形造像很有名，牛在凯尔特神庙中还作为牺牲。在阿龙德河畔的古尔奈(Gournay-sur-Aronde)遗址，还有自然死亡的老牛的墓葬。仪式活动中使用牛特别是野牛的习俗可追溯至新石器时代以前。现已知在安纳托利亚的卡塔于育克(Çatal Hüyük)、青铜器时代的爱琴海沿岸,公元前第七个千年就出现了与牛相关的圣坛,而漏斗颈广口陶文化(TRB)中也有埋葬牛的习俗。

马 马从引入欧洲开始便与精英人士、特别是武士联系在一起。马被视作刚强、刚毅、丰饶、迅捷、英俊、好战的化身。因此,马通过一系列与其相关的仪式在宗教中扮演重要角色。许多神祇和女神通常伴随马或以骑乘者的形象出现,如艾波娜、天神和战神。在阿龙德河畔的古尔奈等某些圣地,马是重要献祭动物。在许多铁器时代的山堡,马头骨和下颌骨被放置在储藏坑中。马还被用作凯尔特铸币上的符号。在英格兰的乌芬顿(Uffington),峭壁上的著名山岩画描绘的就是一匹马。

狗 许多凯尔特神祇身边总陪伴着狗;与狩猎有关的神祇带狗是为了帮助他们追逐猎物,但狗也与康复有关,正如罗马在不列颠的统治时期不列颠利德尼(Lydney)镇的诺登斯(Nodens)神庙,以及塞奎娜神庙中所展示的那样。狗通常葬于仪式坑或神庙里。

蛇 蛇在许多凯尔特神祇形象中都有出现,似乎象征新生、丰产和康复。塞尔农诺斯的造像旁常有一条长公羊角的蛇。

雄鹿 鹿,尤其是雄鹿早在中石器时代就具有某些仪式意义。青铜器时代的岩画中经常有雄鹿出现,而它们也见于铁器时代的岩画中,如在施特雷特韦格出土的青铜战车模型中就有长巨角的雄鹿。它们可能代表丰产,而鹿角则象征着新生。

野猪 凯尔特艺术,尤其与战争有关的艺术中经常出现凶猛、危险的野猪形象。兽号的喇叭口经常是猪头状造型。据塔西佗记载,凯尔特的战士佩戴猪头状的护身符。古典文献和地方文献中曾提到野猪经常作为冥界宴席上的食物,在铁器时代的圣坛和仪式坑中发现有许多野猪骨头。

第七章 宗教

其他动物　许多其他动物也与凯尔特神祇或当地仪式崇拜有关,其中包括熊、公羊、海豚、公鸡、鹤、鸽子和鹅。贡德斯特鲁普釜上饰有一只海豚,它们与几个水神有关。在祭坑及神圣围地内发现有野兔、小羊、猪、鸟、牛、鹿和狗的骨头。鹅也作为陪葬品出现于许多铁器时代的墓葬中,法国罗克珀蒂斯(Roqueper-tuse)放有头骨的柱廊门楣上的造像就是其中较大的一个。公羊艺术造像通常还作为酒杯和酒壶的饰物,这或许有一定仪式意义。

怪兽　在凯尔特造像中,除真实动物的形象外,还有许多虚构的、混合而成的野兽形象。这些野兽形象多表现为捕食者,正在吞食人肉或叼着人头。诺韦(Noves,法国的一个省)的塔哈斯格(Tarasque),这座公元前3世纪的石雕所描绘的就是此类怪兽,它们看起来像狮子或狼,口中叼着手臂,前爪抓着两个头颅。法国阿尔萨斯(Alsace)的林斯托夫(Linsdorf)出土的怪兽也与此形象相似。

植物

植物是凯尔特艺术中常见的主题,还包括柱子等圣物。

树木　古典时代关于德鲁伊祭司和凯尔特宗教的记载中都强调树木的地位,尤其是橡树,此外如紫杉、梣木、榛树、山毛榉和榆树等其他树木也在不同地区受到崇拜。从曼兴出土的模型树上饰有常春藤树叶和由青铜片、金片制果实,据推测可能有仪式意义。一些森林中的小丛林是凯尔特人的圣地,德鲁伊祭司在那里集会,并把祭祀物悬挂在树上。迦拉太人(居住在安纳托利亚的凯尔特人)有一片神圣橡树林,被称为德鲁伊教圣林(Drunemeton)。

将树木视为圣物并建立崇拜场所的习俗可追溯至中石器时代,其时在巨石阵(Stonehenge)内竖立着四个巨大树桩;而最迟也可追溯至新石器时代,这得益于著名的巨木阵(Seahenge)的发现,在该巨木阵中,由木柱围成的圈中竖立着一棵参天大树。在一些铁器时代的圣地遗址中发现了树桩。

槲寄生　据普林尼记载,德鲁伊祭司用金镰刀从橡树上割取槲寄生。槲寄生被认为可带来丰产,动物也喝槲寄生酱汁以治疗不孕症。对林多沼泽人祭的研究发现，其被献祭前的最后一餐中包括槲寄生的花粉。

头颅与头骨

头颅在凯尔特艺术表现中很常见。它们常出现于雕柱上，而头骨也见于许多圣坛。古典时代文献中记载了凯尔特人砍下敌人头颅并把它们作为战利品钉在住所外，而如果是有声望的人的头颅还用油进行防腐处理。在不列颠和西班牙，被砍下的头颅还被刺穿钉在山堡及城邑入口处的立柱上。在法国罗克珀蒂斯和昂特勒蒙（Entremont），神庙入口处有摆放头颅的壁龛，古典时代的文献资料中也记载了将敌人的头颅祭献凯尔特神庙的事件。昂特勒蒙的一幅雕刻中展现了一个骑马的士兵将头颅悬挂在马上的画面，古典著作家也曾描述过其他场景。在昂特勒蒙发现了一块破损的雕塑，表现的可能是一个坐着的士兵或神祇拿着六个被砍下的头颅。因为当时认为头是灵魂的所在地，所以，砍下敌人的头被认为是控制他们灵魂的一种手段。该仪式可能起源很早：在奥夫内特（Ofnet，德国）的悬岩中发现的头骨堆可追溯至公元前第七个千年；欧洲最早的头骨收藏品则发现于乌克兰公元前第五个千年的第聂伯-顿涅茨（Dnepr-Donet）文化墓葬；头骨还被放置在新石器时代堤道围场的沟渠里。

巨石艺术和象征物

大量公元前第五个千年布列塔尼的立石——通常已断裂或后用于修建巨石墓——上饰有象征物形象，如犁、斧和牛等。钩状物——将直线弯成"L"形——也较常见。在某些布列塔尼的甬道巨石墓以及新石器时代晚期不列颠发展成熟的甬道巨石墓中，通道、墓室、外墙或与之相关建筑的石块上均刻有此类主题的图案，其中包括斜倚或独立的石块。这些设计多为几何图案，其中螺线形、同心圆弧形、工字形、矩形、杯形和菱形最为常见。此外还有短剑和斧头形状的图案。在伊比利亚西南部出土的公元前第四个千年的片岩权杖上饰有弯钩形样式，该权杖呈"L"形，上面饰有工字形几何图案，是其他片岩雕饰图案的典范。几何图案的孔区——只在顶部附近有两个洞——以及整个设计布局给予其人形外观，有的还带有乳房状外形。

第七章 宗教

岩画

在部分欧洲地区的山洞和悬岩以及露天遗址中,现已发现旧石器时代以前的岩石雕刻和岩画。中石器时代的岩画艺术主要见于西班牙的黎凡特、加利西亚、阿尔卑斯、挪威、瑞典等地,并在这些地区稍后时期持续繁荣;其他地区也出现了岩画艺术,如保加利亚和不列颠。这些雕刻多为几何符号,如杯形图案,但在一些地区,特别是意大利卡摩尼卡谷和瑞典布胡斯省(Bohuslän),发现的雕刻上有大量人物、动物和手工制品的造型。斯堪的纳维亚岩画中也有船舶造型。多数岩画均远离住所,说明这些地区可能是圣地或朝圣地;而有些岩画出现于聚落周围,如斯堪的纳维亚杯形图案的岩画。尽管这些岩画图案可能有许多目的和意义,但似乎其中的宗教和仪式意义在所难免。

造像和塑像

造像系用石块、陶土、金属和木头制成,尽管后者残存很少,但较大石像和木像也时有出现。尽管一些造像为动物形象,但多数为简单描绘的人物造像。人形造像可追溯至旧石器时代早期,该时期出现了著名的维纳斯和其他人像及半人像,由象牙、木头、石头和陶土制成。晚期造像和塑像的发掘地包括潮湿地带、神庙、墓葬和巨石建筑,表明它们已具有仪式意义。

陶像

在希腊和巴尔干发现了许多新石器时代的人像和牛、绵羊、山羊、马、工具及其家具模型。许多神像为女性且造型简洁,刻有脸、硕大臀围和臀部,有时有小手臂和乳房;一些学者认为这是母神崇拜的证据。这些神像通常一起出现于可能是神庙的建筑物内。例如,在新尼科梅迪亚的一座大建筑里有几个陶制绵羊和山羊造像、三个大青蛙造像、还有许多写实的女性陶像。有的神像还戴有坠饰。其他造像也发现于普通住宅中,有时也可能用于家庭仪式中。在特里波里文化(Tripolye culture)遗址发现的一些造像中空、内填谷物,表明其用于和农业生产相关的仪式。东南欧一些新石器时代晚期文化共同体也制作带有人脸图案的陶制容器,而铁器时代此类造像出现于东欧。火炉形陶罐、四轮马车以及其他器物也多有制作,尽管巴尔干的陶像制作在公元前 4000 年时消失,但在公元前 14 世纪前后又再次出现。

木像

木制神像可能在凯尔特神庙内较为常见,尽管它们仅残留在潮湿环境中。在日德兰布罗德登比耶尔格(Broddenbjerg)出土的一个造像用木片制成,木像进行了些微修饰:两条腿被削尖,头部勾勒出脸的轮廓,还带有巨大的阳具。此类造像也常竖立在道路旁;在德国伊普夫威格尔沼泽地的草地和森林小径旁发现许多带头、造型简单的造像。现也已发现一些更早时期的此类造像。

图 7.4 真人大小的女神造像,橡木雕成,眼睛用石英镶嵌,19 世纪发现于苏格兰巴拉胡利什(Ballachulish)沼泽的泥潭层,干透后已严重变形。该木像可能制作于公元前 600 年,初立于柳枝建造的一座小型神庙中,神庙被拆后神像就地被埋于其下。(Drawing by Audrey McIntosh, from material in National Museums of Scotland, Edinburgh)

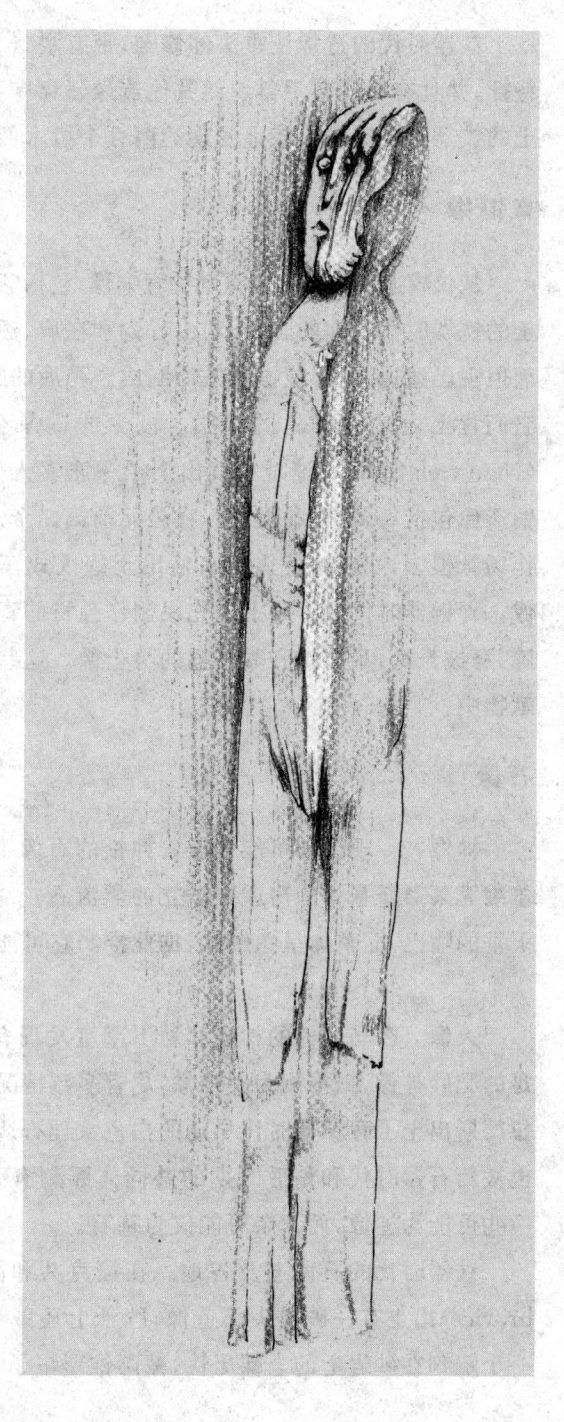

铁器时代的造像注重头部修饰,带有眼睛、鼻子和嘴。一些造像有腿和性别特征,并且有时还有手臂。而其他造像还穿有衣服,如在塞纳河源头的神庙中出土的铁器时代造像。该地发现约两百个橡木像,均披有带风帽的厚斗篷。

青铜像

从仪式遗址发掘的大量动物青铜像,包括摩拉维亚比齐斯卡拉(Byci Skála)出土的铁器时代初期的野牛,均由青铜和在肩、额头、眼睛(最初镶嵌的也可能为玻璃但现已遗失)等部位镶嵌铁而制成。稍后的野猪造像广泛见于欧洲各地遗址,它们背上通常有高高的脊梁。极少的造像有头盔,但在法国叙利阿的讷维(Neuvy-en-Sullias)遗址中就出土了一座真人大小的青铜像。其他凯尔特的青铜造像包括鸟、牡鹿和野牛。在公元前第二个千年和第一个千年,青铜也用来制作场景模型,如在施特雷特韦格出土的仪式车辆,其中也包括人和动物的青铜像。青铜器时代撒丁岛上的先民制作独特的青铜人像,有些佩戴弓、剑、短剑、盾牌,身披长袍,系腰带和戴头盔的勇士像。这些造像通常出现在圣地和圣泉的奉献物中。

石像

神像? 现已知可能代表着神祇的石像出现于中石器时代,证据来源于塞尔维亚莱彭斯基村的房屋中竖立的漂流石。立石上雕刻有圆瞪的眼睛、呆滞而下垂的嘴巴,而整体呈鱼鳞状,据此推测它可能代表着和鱼有关的神祇。

人像 在马耳他的神庙和地下墓室发现有许多石像,其中包括很多粗腿纤足的肥胖神像,据推测为女神像,尽管多数情况下它们的性别并不清楚。在库克拉德斯出土了青铜器时代早期的白色大理石造像。其他地方发现的立石或石柱也被新石器时代和稍后时期的共同体雕刻有人体特征,通常较为简洁或写实。一些可能为神像,而其余可能仅为墓石。

铁器时代的石像遍及各地。在捷克共和国姆谢凯-热罗维采(Mšecké Zehrovice)出土有一破损头部造像,脖子上还戴有项圈,可能来自一位神祇造像。一个雕刻在砂岩上的全裸男性,戴圆锥形帽子、项圈、可佩戴短剑的腰带,手臂挡在胸前,可能与德国希尔施兰登(Hirschlanden)公元前6世纪的"王子"古墓有关。他有四只脚,高11英寸(1.5米),最初站在墓葬的最高处。在爱尔兰西北部发现了真人大小的武士造像,竖立在设防村落入口,他们穿着衬衣和短裙,还佩戴有圆形盾牌和短剑。

界标造像 在铁器时代,爱尔兰西部大部分地区竖立着野猪和野牛的花岗石造像——对凯尔特人具有重要的宗教意义,以此来标明牧场范围;而在西北部地区,动物头造像同样用于此目的。

山岩像

许多英格兰的山腰上刻有岩像,这可能具有一定仪式意义,尽管它们也可能标明区域疆界。这些岩像系通过铲除地表草皮以露出更深层的白垩,或挖出沟壕再填上白垩形成,如此创作的白色岩像与周围的绿地或土地形成鲜明对比。尽管这些岩像经历了不断的修整,但它所采用的风格表明它创作于铁器时代。

乌芬顿白马像(Uffington White Horse,牛津郡,英格兰) 该巨像描绘了一匹奔走的白马,系由一系列漂亮的曲线勾勒而成。马全身长360英尺(11米)。在对该岩像使用了最新技术——光释光(Optically Simulated Luminescence,OSL)定年技术——进行检测后,结果表明该岩像创作于公元前1400年至公元前600年之间。

圣所和圣地

自新石器时代开始,东南欧的村落内通常会有一个可能为圣所的建筑物,房内也有家庭神龛。不同时期欧洲其他地区也出现有不同的神圣建筑物,但通常宗教仪式注重树木、河流、洞穴等天然物,或是人工修造或围拢的地貌,其规模变化从小的沟渠围地到巨石阵内著名的环形结构不等。在东南欧的部分地区,地貌特征也成为崇拜对象，如山顶圣殿和克里特人的圣洞。沼泽、湖泊及河流等有水的地方发现有许多自中石器时代以来的祭品，其中一些非常奢华。在地下大坑中也已发现许多祭品，这也许反映出人们对冥间神祇的崇拜。据推测，在布列塔尼和不列颠西部发现的铁器时代的地下通道和地下室通常用于储藏，但其中不乏其他宗教因素：将储存的食物托付给土地神祇保管，尤其是将谷物种子保存在此地以获得神祇庇护，保证来年丰产。

圣地

古典时代的证据

许多古典著作家记述了野蛮人生活的欧洲区域对自然地貌的崇拜，其范围从伊比利亚到安纳托利亚的迦拉太人领地。这些地貌包括海角、海岬、湖泊、河流和岛屿，而目前均发现了关于崇拜的考古学证据。其中最有趣的是著作家们对恐怖的德鲁伊教圣林(Drunemeton)的描写：在那可怕的地方，树木滴着血，德鲁伊祭司在天黑后就不敢进入树林。许多树上悬挂着殉祭者，他们因占卜仪式而受害。

在古典时代，尽管崇拜活动多在建造的神庙中进行，但也选择自然地貌作为圣地，如克里特宙斯出生的山洞，希腊众神的故乡奥林匹斯山，还有据称作为地狱入口的意大利阿弗纳斯湖。罗马人征服后，许多当地圣地继续受到崇拜，但有时也建有罗马神庙。自罗马时代开始，如祭坛等题献的祭品提供了许多信息，尤其关于与这些地点相关的神祇的名字及其含义。例如，通过这些信息可知河流与女性神祇有关：包括马恩河(女神玛特罗娜[Matrona]，意为"母亲")，塞汶河(女神塞布丽娜)，还有塞纳河(女神塞奎娜)。

塞纳河源头(勃艮第，法国)　将塞纳河源头西塞奎娜水池作为凯尔特的圣地，可追溯至公元前1世纪，许多男女朝圣者在那里供奉木像。罗马时代新建了两座神庙、一个柱廊、一座塞奎娜女神(河神)的青铜像，还有石像祭品：持有水果或动物作为礼物献祭于神祇。其他神庙中祭品包括装满银制和铜制人体各部位模型的罐子,反映出塞奎娜的康复神的角色,此外在此地温泉池内还有大量橡木像。

德鲁伊教圣林(安纳托利亚) 斯特拉波所记载的一个圣林(橡树圣地),迦拉太人从三个部落选出 300 人在该地召开会议。(迦拉太人是公元前 3 世纪移民到此并在此定居的凯尔特人。)

莫娜(安格尔西岛,威尔士) 安格尔西岛据称是德鲁伊教的主要中心。当罗马人试图镇压德鲁伊祭司时曾把此地作为目标。公元 60 年,不列颠罗马总督史维都尼亚斯·保利努斯(Suetonius Paulinus)进攻过该岛。据塔西佗记载,德鲁伊祭司和"头发蓬乱如同复仇女神的黝黑的妇女"用他们的外形和尖叫的诅咒吓退了迷信的罗马士兵,罗马军官对他的士兵遭受攻击和败北感到极为羞耻,因此下令铲平了圣林。

卢瓦尔河(法国) 斯特拉波根据波塞冬尼奥斯(Poseidonius)的记载,记述了一座远离卢瓦尔山的岛屿,那里居住着一个专司生育崇拜女祭司共同体,她们的仪式包括人祭和食人。

神圣围地

许多铁器时代的圣地是堤岸和沟渠环绕形成的方形或矩形围地,围地内放有祭品;有时也由栅栏围成。祭品也被埋入围地内的空地,其中可能包括骨头、人和动物的肉、木像和手工制品。有时它们分范围规则摆放。有时围地内会修有建筑物,但进行崇拜活动的区域大多仅有一根巨木、树桩或深井(有时旁边竖有木柱)。而与此相反,有时圣地有许多木柱和一系列祭坑;德国布利斯布吕克(Bliesbruck)的围地内有 100 个祭坑,用于摆放祭品、树干或是活树。据古典著作家记载,凯尔特人的露天圣地称为"nemeton";其可能也属这类仪式围地抑或小树林,以及其他的自然地貌。圣地通常也位于狭小位置,如水陆地间的沼泽地或是领地边界,如古尔耐(Gournay)的高卢圣地。

第七章 宗教

利比尼采(Libenice,波西米亚,捷克共和国) 该围地长300英尺(约90米),出口处有一片凹陷区域。围地内竖立有一块大石和两根木柱,木柱上雕刻了戴青铜项圈的人物。祭品放于深坑底部后整个祭坑随即被填平。在圣地发现的人和动物骨头可能为祭品残迹,还发现一女性墓葬,内有很多珠宝类陪葬品,表明墓主可能为女祭司。

阿龙德河畔的古尔奈(法国) 该围地于公元前4世纪由堤岸和沟渠围成,坐落在凯尔特三个部落交界处。起初在该地挖大坑用于存放老野牛的尸体;可能为牺牲,也可能在死后出于敬意而被放置在此处。经几个月暴晒后,野牛尸骨再被搬走埋入沟渠。其他地方的沟渠里也埋放死马、献祭羊羔、牛犊和小猪的骨头,它们被分开埋放于不同区域。沟渠内还埋葬有肢解的人体,他们多为人祭或在战场上牺牲的英雄。公元前3世纪晚期,在深坑上修建有木柱结构和屋顶。该围地内部挖有无数的坑。沟渠内有两千多件损坏的铁制武器,可能为祭品。该围地在公元前1世纪被焚毁,但几个世纪后该地建有罗马时代的凯尔特神庙,其神圣性得以延续。

洛伯里(Lowbury,牛津郡,英格兰) 该圣地由堤岸和沟渠围成,公元1世纪时围地内栽种了许多树。围地内有长矛和铸币祭品,还埋葬有一个面部损毁的妇女。

罗克珀蒂斯(罗讷河口省[Bouches-du-Rhône],法国) 该围地位于昂特勒蒙附近的山上,入口处有一门廊,门楣由三根柱子支撑,最初上面绘有带颜色的几何图案和马。柱子上的壁龛用来摆放头颅(可能是被砍下的头颅)。其他圣地建筑遗存包括马头石雕、两个背置的头像石雕;这些石雕起初被绘饰,脸为红色,头发为黑色。

井和竖井

竖井在某些仪式围地内是崇拜活动中心,而在其他没有沟渠或木栏的围地内也具有此作用。有的井最初为生活需要而挖掘,有的则经仪式目的挖掘;然而，由于有水之地在史前欧洲被赋予神圣性，多数情况下生活用井与仪式用井的区别并不明显。竖井出现的时间可追溯至青铜器时代晚期，但值得注意的是，约公元前8000年塞浦路斯岛上的先民便已挖掘了用于摆放祭品的竖井，塞浦路斯尽管为近东世界的一部分但仍在地中海世界范围内。仪式竖井，通常深有100英尺（约30米），可容纳很多祭品，特别是动物祭品，其中也包括人的肢体以及一些手工制品。

威尔斯弗德（威尔特郡，英格兰） 该青铜器时代的竖井深有108英尺（约33米），已挖到固体的白垩层。竖井中摆放的祭品包括木制器物、陶器、串珠、珠宝，还有动物的骨骼。

霍尔茨豪森（Holzhausen，巴伐利亚，德国） 该宗教遗址初始四周围以栅栏，内部挖一有口竖井；后来又挖有一个坑，遗址用沟渠和堤岸围绕。在角落建有一个木制建筑，随后又挖有第三口竖井。在挖掘其中一口井时发现，该井底部周围曾有一根柱子，在柱坑内发现有肉和血的痕迹。

费尔巴赫-施米登（Fellbach Schmiden，德国） 在该地的一处围地内发现一口用圆木砌成的井，在井壁有凸出的木桩组成的梯子。通过树轮定年法测定，这口井可追溯至公元前123年。井内祭品包括木剑、两个山羊木像，还有一个牡鹿木像。

道路和小径

尽管小径是两地间穿行湿地或沼泽地的通道，但不乏一定的仪式目的，这也许源于其和有水环境有关。在德国伊普夫威格尔沼泽地发现大量圆木铺的小径，两旁有木柱和木像。有时祭献物也沿其他地方放置，如英国萨摩塞特平原的斯威特小道。

弗拉格沼泽（Flag Fen，东安格利亚，英格兰） 为公元前第二个千年在惠特尔西（Whittlesea）附近东安格利亚沼泽地（the East Anglian Fens）的人工岛，通过橡树干和一条灌木搭建的堤道与沼泽地边缘相连。在公元前1600至公元前200年间，该岛一直有人前往，本身可能是一个仪式地。在木桩间或岛的南缘边界发现有三百多件器物，其中包括许多金属器物碎片，从粗糙的家用器物到短剑和其他制作精良的器物，如装在专用木箱内的大剪刀等。长堤尽头靠近陆地处有一个制锡作坊，可能专门制作祭品。尽管这些器物都在南面发现，但在堤岸北面也发现了其他物件，如人的肢体、几只狗、一具完整的人体骸骨。

山洞和岩石沟

在欧洲许多地区，祭品放置在山洞或岩石沟中，这些地方被视为通向大地或群山圣地的道路，或与冥界相连的入口。食物和饮品奉献物很常见，可能作为诸神财物的手工制品也多有出现。山洞内有时会发生人祭现象，但有时也用作人自然死亡后的坟墓。

比齐斯卡拉（摩拉维亚，捷克共和国） 从铁器时代早期到晚期，该石灰岩山洞中有40具人祭遗骸，主要为女性的，她们的头或手、脚被砍下来。一个头骨摆放于釜中，另一个则被制成饮水容器。两匹马被肢解为四块放置此处，旁边还有许多罐子和青铜器物，如野牛造像、镀铜四轮马车。山洞中还有许多火葬用柴堆。

悬崖城堡

悬崖城堡，即海角或海岬被堤道和沟渠与陆地分开的部分，也许有宗教目的，抑或用于防御。古典著作家在记述伊比利亚时提到这些地方为神的圣地，在大西洋许多地区，可追溯至新石器时代的考古证据表明海角和海岬有特别之处，也许有宗教意义；其重要性可能还体现在它们可作为航海者的重要陆标，以及位于水陆交界处的地势。

祭品和献祭

自中石器时代开始，献祭习俗盛行于史前欧洲时期。祭品多放置在地上、山洞里、水域，以及神庙和其他圣地。古典文献中也提到许多献祭之地，如森林中的德鲁伊教圣林,但目前尚未发现相关考古遗存。祭品包括中石器时代和新石器时代的细石工具,还有后期大量出现的各式金属工具,以及陶器、动物和木制车辆;物品在祭献前均要被拆开或故意毁坏,例如短剑可能被折弯或摔成碎片。人骨也被祭献,尤其是铁器时代在这些献祭地出现了人祭。向神供奉的祭品中食物可能较为常见,尽管难有考古遗存证明。例如,在苏格兰发现的牛油罐或其包裹物,可能是在青铜器时代或铁器时代被放置在沼泽或湖泊里;它们可能为祭品,抑或只是夏天放置在水里以保鲜的牛油,并不再取回。

图 7.5 发现于苏格兰佩思郡(Perthshire)科里穆克罗克(Corrymuckloch)的斯马河谷(Sma'Glen)沼泽中的一个青铜物窖藏,其中包括一段剑身,已被折成两截;三个带孔斧;一把独特的勺。这些物品可能作为祭品被埋葬于公元前 800 年左右。(Drawing by Audrey McIntosh, from material in National Museums of Scotland, Edinburgh)

献祭活动并未在空间或时间上得以延续,至于其中缘由目前也无从知晓。例如,约在公元前 2000 年的中欧,在地面窖藏金属制品祭献物的习俗很为流行,但随后该习俗却遭废弃达一千年。同一时期在爱尔兰和布列塔尼,新月形黄金物件和其他器物作为祭品被储藏于地下或水里,而在不列颠诸岛,黄金器物则作为随葬品放置在精英人士的墓葬中。丧葬祭品通常被解释为具有社会意义,但同时可能也有宗教意义,并应等同于其他背景下的祭品。祭品同时也体现了一定的社会差别,因为只有那些有声望的人才可能被祭献贵重的祭品。

有水之地的祭品

欧洲人在水中放置祭品的习俗可追溯至中石器时代,那时埃特博勒

第七章 宗教

(Ertebølle)人在沼泽地里放置磨光的石斧、罐子和鹿角。漏斗颈广口陶文化(TRB)的后继者也在沼泽中放置仪式祭品,其中包括磨光的石斧、琥珀首饰、盛放食物的陶器。在英格兰萨摩塞特平原公元前第四个千年的斯威特小道两旁发现的大量物品,极有可能是祭品而非人们穿过小道时的遗失物,其中包括榛木罐和产自瑞士的玉斧。

自青铜器时代开始,该习俗在欧洲温带地区普遍流行。磨光的金属器物,尤其是首饰和武器,被扔到河流、湖泊和沼泽地中。对这些地域发现物进行的时间范围分析表明,有的地点成为崇拜地为时已久,其间祭献有无数祭品。该习俗在罗马时代及其罗马时代之后仍在继续。河流、湖泊、泉水、沼泽,以及其他有水之地似乎都有丰富的祭品,包括许多上好的盔甲碎片、青铜釜、木车,还有一艘装载武器的船。后者表明大量重要器物可能仅为一次祭献的物品,此类习俗也见于许多遗址。

林凯瑞格湖(Liyn Cerrig Bach,安格尔西岛,威尔士) 安格尔西岛是铁器时代德鲁伊祭司控制的重要宗教中心,因此为罗马人所知。在林凯瑞格湖上有一处峭壁,其突出部分可使献祭者站在上面向圣水中投掷祭品。在该地出土的150件祭品中包括两个釜、奴隶镣铐、马饰、短剑、长矛和盾牌,还有来自爱尔兰等其他地区的名贵器物。尽管这些祭品可能为三个世纪内不断投入水中的累积物,但也有可能是在公元前60年罗马人入侵安格尔西岛时被转移到水中的神庙中的祭品。

杜霍(Duchow,捷克共和国) 在该地的"巨泉"——公元第三个千年到第二个千年间形成的天然泉眼——发现一个青铜釜,内有2000件青铜首饰,包括手镯、装饰扣针和戒指。

泰晤士(英国) 在该地发现有大量祭品,其中包括巴特西盾牌(Battersea shield)、仪仗盔甲碎片、在伦敦滑铁卢大桥(Waterloo Bridge)附近发现的头盔,还有成百的男子头骨。

拉特尼(纳沙泰尔湖,瑞士) 在该地木桥或码头被作为平台而便于人们向湖里扔祭品。这些祭品包括 165 把铁剑、295 把长矛、盾牌、剃刀、陶器、青铜首饰,尤为突出的是 385 件装饰扣针、铸币、工具、铁锭、釜,以及车轮、轭、车辆部件等木制品,此外还有许多头骨和人骨。根据树轮定年法推算,该遗址可追溯至公元前 251 年,木制品则在公元前 251 至公元前 38 年之间。

韦尔瓦(葡萄牙) 在韦尔瓦毗邻塔特索斯人城镇的欧迪尔(Odiel)河河口,发现有 400 件公元前 10 世纪的青铜器物,其中包括 78 柄短剑、88 支长矛、一个头盔、22 把短剑,还有许多胸针。这些可能是失事船只上的货物,但从收集品的种类——武器、珠宝和奉献用的镜子——来看,也可能为奢华的祭品。

布罗伊特尔(Broighter,德里郡[Co. Derry],爱尔兰) 在福伊尔湖(Lough Foyle)滨附近发现一座公元前 1 世纪的金制品小储室,其中包括有大量制作精美的项圈、两个用黄金条扭成的小项圈、一艘金片制成的船模、一个釜模型,还有两根金线做成的项链。福伊尔湖与爱尔兰神话里的海神"曼恩岛的海之子"(Manannan Mac Lir)有关,他是爱尔兰的守护神,而储室中航海船模型的出现表明,黄金制品可能为这位神祇而祭献。

船 有时整艘船会作为祭品。最早的例证是在丹麦约特泉出土的公元前 4 世纪的船只,上面有许多来自罗马时代及稍后时期的存放物。约特泉船上装载三百多件武器,包括长矛、短剑、盾牌、锁链甲、献祭动物,然后被拖到沼泽中用石头坠沉。据推测,这些为感恩祭品,是取得战事胜利并缴获大量武器的人所祭献。

埋葬和掩蔽的祭品

自中石器时代始,特别在青铜器时代,祭品多放在地下坑洞里或隐藏在石头下、岩缝和山洞中及其他地方。从青铜器时代晚期开始,祭品也放置在深井中。祭品还被放置在沟渠里,从新石器时代的堤道围场到铁器时代神圣的沟渠围地。建筑物地基上放置的祭品包括手工制品、动物或肉节,有时还有人祭。祭品也可能被放置在圣地内的露天空地,包括树上或地上;很少能在此类区域发现祭品,但贡德斯特鲁普釜被打碎后,有碎片散落在干旱地带的草丛中(后来该地部分形成了沼泽,在那发现了釜)。

在史前欧洲的石矿、金属矿和盐矿已发掘出许多祭品,它们通常被放置于深井中,证明此类矿井异常低产或矿顶已塌陷,而据推测,在此处放置祭品的目的在于安抚该地神灵及祈求将来的平安和丰产。例如,在英格兰格兰姆斯墓地的燧石矿中发现两块叉角碎片、一把磨光的绿玉斧、一个矶鹞头骨,还有一只在不列颠极少出现的鸟,这些遗存已陈列在美术馆内。

一项对丹麦青铜器时代窖藏物的研究表明,许多小祭品,包括刀、斧等家用物品和首饰,均被放置于聚落附近,由个人或小共同体供奉;而较大规模的祭品储藏则出现于远离聚落的地方,其可能为区域性圣地。除器物外,这些圣地遗址也时有大型宴饮的证据出现,如在勒宁格-瑟加德(Rønninge Søgard)发现了百余个烹饪坑。

在西欧部分地区发现了新石器时代晚期窖藏的精美磨制石斧。这些石斧完全未受侵蚀,表明它们用作祭品。青铜斧也是青铜器时代窖藏中的常见祭品,此外,还有各类武器,尤其是短剑。在中欧的乌尼提瑟,环锭是常见祭品;一些窖藏中有五百件之多,甚至更多。在同时代的爱尔兰和不列颠,也出现有新月形黄金祭品的窖藏。青铜器时代晚期窖藏极为普遍;尽管早期窖藏中多有精美器物,但许多窖藏中所含物件为破损工具。这些金属废料可能被收集起来循环使用,但其他窖藏,尤其是有武器的窖藏,可能仍是献祭习俗的体现。铁器时代,祭品多放置在聚落和神圣围地内的仪式深井和坑中,而稍后时期可能也放在地面。青铜、黄金首饰和武器是常见祭品,此外,动物和人骨也很常见。

豪伊度塞马松(Hajdúsámson,匈牙利) 在该地区一处喀尔巴阡山的青铜器时代窖藏中,祭品排列有序:一把带有坚固剑柄的刀刀锋向北,12把有孔战斧斧锋向西,与前者十字形交叉排列。这些东西都是单独制作且独一无二,与同时期大量出现的其他战斧的特点截然不同。

斯内提斯汉姆(Snettisham,东安格利亚,英格兰) 在该地3英亩(1.2公顷)见方的区域内,约在公元前1世纪中叶至少挖有12个小坑,坑中装满贵重物品。其中主要有金、银或金银合金项圈，还有青铜项圈、首饰碎片、铸币。有时这些器物分两层放置，中间用土层隔开。窖藏区域位于一处20英亩(8公顷)见方的沟渠围地内。沟渠内的发现物可追溯至公元1世纪，而一个经非法挖掘的窖藏和盛放在银碗中的金银币和金银锭，均可追溯至公元1世纪早期，该窖藏也位于沟渠附近。关于这些窖藏，研究者们意见不一：它是祭品还是妥善保管的部族金库？或许两者都是：托付给神保管的财产。

人祭

古典著作家被凯尔特人和日耳曼人的人祭习俗吸引和震惊，但他们夸张的描写未免言过其实。例如，据斯特拉波记载，德鲁伊祭司在献祭时将大量活人装进人形的柳条筐中活活烧死。古典著作家记载对泰乌塔特斯的崇拜须将殉祭者溺死。他们还描写过将殉祭者挂在树上并凌迟的德鲁伊教圣林，还提及德鲁伊祭司通过观察被刺伤者挣扎的情形来占卜。据称，德鲁伊祭司还通过割断殉祭者喉咙，分析血流来占卜未来。沼地中大量被割断喉咙的尸体很能说明这一点。从林多沼泽中发现的男尸来看，他仅是被刺伤放血致死而未被杀死。

目前很难将殉祭者遗体和死者的丧葬遗体，尤其是暴力致死(如谋杀、死刑或死于战争)的遗体区分开。许多铁器时代的仪式围地和深坑中发掘出了人的骸骨，这些人可能为殉祭者，也可能是死后埋在此处。同样，对于包括有多具遗体的墓葬而言，通常无法确定只葬有奴隶、仆人等殉祭者，还是同时葬有陪伴其死去的妻子；此类人祭习俗只见于色雷斯人、斯基泰人，以及其他半干旱性大草原部族的丧葬仪式中，并未在别处出现。然而，幸存的铁器时代的沼地尸体证实了古典资料中的记述。其他时代沼地尸体很少，但并非完全没有，例如两具公元前第四个千年非正常死亡的沼地尸体，在爱尔兰的斯托尼(Stoney)岛被发掘，还有另外一些在丹麦被发掘。由于存放祭品的活动可追溯至中石器时代，如奥夫内特头骨窟和泰尔赫姆(Talheim)大屠杀等早期遗址可能都有人祭的遗存。

沼地尸体

在北欧(主要在丹麦、德国、尼德兰和不列颠)的沼泽地中发现有上百具殉祭者遗体，多数可追溯至公元前1世纪末和公元1世纪初。它们都保存完好，这得益于保存环境和发掘措施,尽管在酸性较强的沼泽中,骨头被腐蚀,只留下头发、指甲和棕褐色皮肤。纺织品也保存完好,大多数尸体赤裸,所以身上仅留有一些小物件,如帽子、带子和眼罩。其中也包括殉祭者被行绞刑时所用的绳子。

沼泽地中发现的亡者多经数种方法折磨致死,这可能有仪式原因。这些方法不包括斩首,与铁器时代对敌人的处置方式形成鲜明对比,少数被斩首的人也是出于其他原因。研究受害者的手通常会发现,他们已被免除劳动,这表明在死亡之前他们已被确定用于献祭,且被特殊对待。据恺撒记载,那些用于献祭的人至少是犯罪者,被判刑但直到需要献祭时才处决,也许在其犯罪数年后。对沼泽地亡者胃内物质的检查提供了他们最后所吃食物的一些线索,通常是麦片粥和多类谷物煮成的稀粥,这暗示着他们通常在冬天被杀死,而同时也表明他们的殉祭也许与春归的仪式有关。

并非所有发现于沼泽地中的骸骨均为殉祭者。其中一些可能为意外淹死或被谋杀。丹麦尤瑟沼泽地(Juthe Fen)出土的一具女尸和德国达特艮(Datgen)出土的一具男尸均被钉在木条上沉入沼泽中致死,而男尸还被斩首;这种不同寻常的证据表明他们不是仪式献祭受害者,也许是在生时受人畏惧和唾弃的人,因此将其灵魂沉入沼泽以免重返纠缠生者。罗马著作家塔西佗就曾记载,那些邪恶的人被绑在木栅栏上沉入沼泽。

博里莫斯(Borremose,丹麦)　在该地地势较高的沼泽地内发现三具遗体:一位被绞死、头部受到击打的男性和两位女性。其中一位女性盖着羊毛裙,而另一位赤裸女性旁边放着一块布帘和一件披肩。著名的贡德斯特鲁普釜就发现于距此两英里(约3公里)外,即现在的雷韦莫斯(Raevemose)沼泽地,而该地当时还是一片陆地。

格劳巴勒(Grauballe,丹麦)　在该地发现的遗体头部曾受到重击,且喉咙被割断。他最后一餐为混合了少许肉的稀粥和一些谷物籽。

林多沼泽(柴郡[Cheshire],英格兰)　1984年,在该地用机器切割泥炭时发现一具男尸,命名为"皮特·马什"(Pete Marsh)。其头部曾被两次重击并被打结的绳子绞死,喉咙在溺死前已被割断。他唯一的穿戴物为一条围在小臂上的狐狸皮,皮肤上的红铜表明身体曾被涂抹过颜料。他最后的一餐食物的残留物中,有不同谷物做成的面包,还有槲寄生花粉,可能有某些仪式原因。从该泥炭坑中还发现至少另一个人的肢体:一位被斩首的男性和他被分开放置的头。

拉彭达姆(Rappendam,丹麦) 该泥炭沼泽中有大量祭品,其中包括人、大量动物肢体和许多木质车轮。

图伦(Tollund,丹麦) 该地发掘于1950年,发掘的男尸是第一个用于科学研究的沼泽遗体。他只戴一顶系有一条带子的皮革帽,绞死后被弃于沼泽中,时间约在公元前200年。

圣所

用于举行宗教仪式活动的建筑物与其他种类的圣地相比并不常见,但在早期东南欧和后来的地中海部分地区较为普遍。这些建筑物的规模变化从新石器时代巴尔干的家庭神龛到马耳他的巨大神庙不等。

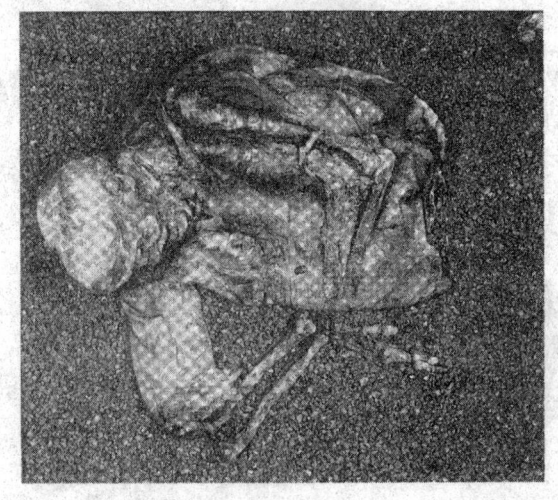

图7.6 发现于英格兰林多沼泽的沼地遗体"皮特·马什",二十多岁时被用作人祭,时在铁器时代晚期,也有可能为罗马时代早期。(TopFoto. co. Uk, The British Museum/HIP, Photographer:Unknown)

家庭神龛

在希腊和巴尔干,从最早的农人出现开始,聚落内的建筑物就是宗教活动中心。在某些村落独立修建有一种建筑物,内部并不摆放生活资料,而是大量人和动物造像等其他物件。家庭住房内也有造像,还有房屋形状的模型,可能为神龛。按照宗教惯例,家庭内要单独空出一块地方进行宗教活动;例如,在斯拉蒂纳(Slatina),房屋的最里面部分通常被划出,并在墙角放置一个盒子,可能为房屋模型。该区域也存放工具和食物。农产品和仪式用品在一起存储的情况并不少见,因为在丰收季节间隔期间,家庭和共同体主要靠存储的食物生活,而将食物和神建立宗教上的联系是为了保证一年内食物的安全。稍后时期在东南欧的一些村落,通常在聚落内修建有单独的神庙,里面有造像、动物的头和陶罐。发现于多瑙河下游克斯约勒(Căscioarele)的神庙模型表明,在古梅尔尼特萨时代(Gumelnitsa period)出现有双层结构的神庙。

新尼科梅迪亚(希腊) 在该新石器时代早期村落中央有一座大型建筑,内有大量人物造像和三个抛光的石蛙模型。

奥夫恰罗沃(保加利亚) 该地发现有一座家庭神龛,其内部展现的仪式场景由坐在椅子上的三座神像、其他一些椅子、直立神像、放有小型罐子的三张桌子、屏风,以及三个代表鼓的圆柱体组成。

扎尔科斯的玛古拉广场(Platia Magoula Zarkou,希腊) 在该地地下坑洞中发现一座神龛,内有八个形状各异的人物造像,其中一个有四只脚,此外还有一个烤炉和高台。

其他圣所

尽管多数铁器时代的圣所为没有建筑物的围地,有时也发现一些木制建筑,且多受希腊、伊特鲁里亚和罗马人建筑风格影响。然而,发现于保加利亚青铜器时代的建筑物表明早期已存在宗教建筑物,尽管与此相关的仪式目前并不知晓。残留的经水淹没的建筑遗迹表明,发掘出此类神庙的机会甚小。

巴尔格诺斯特费尔德(德伦特省,荷兰) 该青铜器时代的圣所建于潮湿地带,石阵环绕着建筑物,建筑物框架为:两条横卧于地面的枕木支撑两对结实的立柱,立柱上端顶有四根横梁,通过嵌入横梁凹口而加固。两对木柱中一个有圆形截面,而另一个为方形。该建筑后来被拆毁。

扎韦斯特(波希米亚,捷克共和国) 这座公元前6世纪山堡的最高部分由栅栏围拢，内有用许多木材和石块建成的宗教建筑物。其中包括一座木制神庙、一个仪式深坑、石台和一个三角形的石祭坛。石墙和岩石砌成的沟渠也构成圣所的一部分，沿着通向围地入口的路旁是一些手工作坊，为来访者制作献给神庙的祭献物。

昂特勒蒙（法国） 在该城镇的显要位置建有一座带柱廊的公共建筑，处于城镇内墙的两座塔间。一楼大厅内部用石块装饰呈几何图案，还有摆放头颅和头骨的平板。头骨通常被钉在建筑物正面。

马耳他神庙

在公元前3600至前2500年间，马耳他建造有许多巨石神庙。神庙墙壁多由土和碎石混合建成，壁面砌有石灰岩石板，其中一些饰有螺旋纹饰。在神庙内发现的石球可能用于从数英里外的采石场运送石块。神庙建筑结构形似三叶草，以一段过道为中心，四周是三至六个半圆室，各用木梁和泥土盖顶。地板由石灰泥和石板建成。宽大的入口处有一块大石楣，有时正面部分有两层楼高。神庙内有很多祭坛和造像，其中包括体形臃肿的造像，穿着饰以罗纹和边饰的裙子。神庙通常成对建造或成组建造，有两座还带有地下墓室。

塔尔欣（Tarxien，马耳他） 有三四座神庙在此地毗邻而建，为马耳他最大的建筑群。建造东面神庙的石块切割得异常精细，所以在建造时可精确契合。南面神庙后面的祭坛雕饰了行进的动物队列。祭坛前的地板上有两个相连的洞，可能用来拴系献祭动物；而在神庙中动物的骨头到处可见。正中间的神庙不同寻常地带有6个凸出的小殿，为最后修建的建筑物，位于南面和东面的神庙之间，且只有通过南面的神庙才可进入其中，可能楼梯也正由此通向房顶。中央神庙内还有一火盆。

吉干提亚（Ggantija，戈佐[Gozo]） 戈佐岛上建有两座相邻的神庙，称为吉干提亚或巨人的房子(Giant's House)，第一座约建于公元前3700年，第二座建于四个世纪后。神庙内部墙壁因用粉刷有石灰浆并涂以红色颜料而甚为光滑。

其他神庙

加利西亚桑拿房(加利西亚,西班牙)　在公元前第一个千年的西班牙西北部,坐落在当时建筑群中的城堡(castros)似乎被用作桑拿房,据推测可能具有仪式目的。这些凹陷的矩形建筑有一个石块铺的入口小道,上面饰有可能代表火、水和风的图案。古希腊著作家斯特拉波所描写的使用冷水和高温石块的蒸气浴可能指的就是它们。

纪念物

欧洲史前时期建造有大量不同种类的纪念物。包括由沟渠和外堤围成的围地、土墩、巨石、巨石板和木柱。通常这些建筑物建造过程所有的仪式意义和建筑物本身同等重要。许多新石器时代的纪念物与丧葬习俗有关,包括长形古墓、巨石坟墓和丧葬围地。尽管丧葬纪念物——多为圆墓和石柱——持续出现,但自第四个千年始,新纪念物的风格反映出宗教明显开始关注天象,尤其是太阳和月亮的运动。

堤道围场

在新石器时代的北欧、西欧和中欧部分地区,围有沟渠和堤岸或修建栅栏的场所开始出现,明显出于多种目的。有些用于保护聚落,但许多具有仪式目的,也许是为了将圣地和俗世区分。来自各地的人们在堤道围场内定期聚会,庆祝节日或举行盛宴。这可根据许多现存埋有动物骨头的沟渠、陶器残片和破损的石制工具推断出;通常这些物件均为贵重物品,从很远地方获得。其仪式意义可通过许多现存的人骨得到证明,如沟渠中竖放的头骨,或有时被埋葬的全尸。在英格兰东部伊顿的堤道围场沟渠内,发现一张上面放有一个罐子的苇席、成堆的骨头和其他物品。沟渠似乎常被祭品填满,有时重复地挖掘或清理,然后再填满。

温德米尔山(Windmill Hill,威尔特郡,英格兰)　三个同心但有间断的环形沟渠围绕形成面积约24英亩(9.7公顷)的围地。内部挖有大量深坑,坑内填满石块。在最外层的沟渠堤岸下埋葬一具呈蜷缩状的男尸。沟渠内放置的陶器和石制工具来自诸多地区,如康沃尔、威尔士和坎布里亚(Cumbria)。

科萨斯

科萨斯(Cursus)是一类规模甚大、范围极长的纪念物,为两条平行沟渠延长形成的带状空地,沟渠内部堤岸或成排深坑通常有原木加固。此类纪念物可能仅在不列颠出现。多塞特(Dorset)科萨斯为现已知最长的例子,长达6英里(约10公里),沟渠宽300英尺(约91米)。总体而言,它们是逐步建成的。科萨斯内部通常会有早期的长形古墓。

岭冢

岭冢,也以长著称,通常为长约300多英尺(约100米)的狭长土墩。有些系在早期堤道围场的基础上建成,似乎也分阶段建造。在克里克利山(Crickley Hill)一座岭冢中的石板下发现了祭献的动物骨头,而此类石板沿着沿岭冢间或出现。

克利文-戴克(Cleaven Dyke,佩思郡,苏格兰) 该纪念物初始为椭圆形墓葬,后在此基础上建成长形古墓。约在公元前3300年,该墓葬的土墩和平行沟渠均得以扩充,共34段、长达1.25英里(约2公里),横穿岭冢和科萨斯间的部分。

其他

中石器时代巨石阵(威塞克斯,英格兰) 为目前所知最早的纪念物,三个柱坑中竖立着成直线排列的巨大松树干,可追溯至公元前第八个千年,因此可能为中石器时代先民所建。该木柱列发现于闻名且经深入考察的巨石阵遗址,当时这一地区为建造停车场而被占用;也许在缺乏深入研究的欧洲其他地貌环境中,还有许多中石器时代的纪念物尚未被发现。

锡尔伯里山(Silbury,威塞克斯,英格兰) 在埃夫伯里(Avebury)附近的锡尔伯里山上发现一座修建于公元前第三个千年的巨大土墩,高131英尺(约40

米),占地5.5英亩(2.2公顷)。该土墩为圆形,由砾石和草皮覆盖白垩碎石和泥土建成,最外部还盖有一层白垩碎石,它们取自附近的沟渠。尽管对它已进行了大规模发掘,但目前并未发现与这座人造小山有关的墓葬和仪式遗存,作为欧洲最大的一座人工土墩,它的修建目的始终无法得知。据估算这项工程需200万个单人劳动日方能完成。

圆阵

圆阵建筑最早出现于公元前第四个千年晚期的不列颠,由圆形沟渠围地组成,围地外围修有堤岸,并有一个、两个或四个入口。堤岸和沟渠的布局——与其用于实际防御的目的相反——已促使人们思考它的功能。最为普遍的一个说法是,沟渠划出圣地并在此举行仪式,而观众可坐在堤岸上观看;另一种观点是堤岸有效隐藏了发生在内部的不敬神行为。许多圆阵包括一个或几个由立石或木柱围成的同心环形圈,它们可能相互独立,也可能有屋顶。圆阵中通常有饰精美槽纹的陶器,或许用来盛放仪式所需迷药。圆阵直径通常为150到650英尺(50—200米)之间,尽管也有小规模的出现(圆阵形纪念物)。许多巨石阵在后来作为火葬墓地的围地。

巨石阵(威塞克斯,英格兰) 尽管圆阵形纪念物因此遗址而得名,但巨石阵例外地将堤岸建在沟渠内部而非外部。该纪念物在漫长历史中经历了数阶段的建造和修整。约公元前3100年,巨石阵增建了沟渠和内部堤岸,堤岸内同时竖立一圈木柱(56根)。约公元前2500年,82块青石从130英里(约210公里)外的威尔士南部普里塞利(Prescelly)山运来,或许通过木筏漂过海洋到达阿文河(River Avon),后再拖拉至此处,竖立成两个弧形圈。这项工程没有完工便告中断,但约在公元前2300年,青石及又搬入的30块砂岩形成了现在的布局,这些砂岩系从20英里(32公里)外的马尔伯勒丘陵搬至此处。砂岩体形巨大,每块长有30英尺(9米),重45短吨(40公吨)。这些石块由石梁连接,横梁和立石通过镶榫接头固定,而横梁间由榫槽固定。竖立巨石,尤其是放置横梁需要专门的技术和人力,可能需要沙坡、滚柱,经大量劳力牵拉完成。一条大道,以两道平行且内有沟渠的堤岸为界,从入口通向巨石阵的东北角,长达2英里(3公里)。在巨石阵内，紧靠围地外竖立着砂岩，而与此相邻的一个大坑似乎起初也竖立了类似石块。如此放置的目的在于，当仲夏太阳升起时，阳光可穿过其间照到整个纪念物的中央。

巨木阵（威塞克斯，英格兰） 在巨石阵大道的另一端是巨木阵，为小规模圆阵结构，起初由6个同心木柱圈建成，可能带有木制屋顶。巨木阵地面中央有深坑，里面有一具三岁孩子的尸体，显然为人祭。

埃夫伯里（威塞克斯，英格兰） 最大的石阵遗址，内径为1140英尺（347米），面积达28.5英亩（11.5公顷）。沟渠深33英尺（10米），堤道最初高55英尺（16.7米）。沟渠内壁是由98块巨石围成的石阵，在围地有两个较小石阵，北面石阵包括一组三块巨石板结构（即石壁），南面只是一块独立巨石（方尖石），高21英尺（6.4米）。西肯尼特大道（The West Kennet Avenue）由一百对立石标记，从埃夫伯里的南部入口通向2英里（3公里）外的圣殿。该圣殿为圆形纪念物，由许多同心木柱圈和一个石阵构成，另有一个石阵环绕。组成埃夫伯里石阵和大道的石块有两种形式，一种又长又直，一种又短又宽且为菱形；这些石块通常可能分别指代男性和女性，尽管其原意尚难知晓。沟渠内埋葬有大量的人头骨和长骨，在末端有一具完整的侏儒女尸，可能为人祭。

环形围地

在公元前第三个千年至前第二个千年间不列颠和布列塔尼的部分地区，由木柱或立石组成的环形圈被作为宗教纪念物，后来石阵代替了早期圆木阵。当其失去最初的作用时，其中许多作为墓地围场被重新使用，表明其神圣性得以延续。木柱圈也是青铜器时代墓葬常见的特征，在土墩堆起来之前竖立在坟墓周围。

木柱圈 单个或同心木柱圈见于许多遗址，其中也包括圆形石结构或纪念物中后来取代立石而作加固的木柱圈。例如，在巨石阵建造的第一阶段，内部堤岸上就有一个木柱圈；在阿兰岛（Arran）的马克利沼泽地（Machrie Moor）和苏格兰，大量石阵取代了早期木柱圈。木柱圈也可建成围地，内含一个或多

第七章 宗教

个墓葬。

石圈 不列颠的部分地区建有石圈,尤其在苏格兰和英格兰东部。排列紧密的石圈中,通常在两块距离较宽的石块间形成入口,而它也高于其他石块。有的石圈位于先前石阵中,有的则在新址建造。新石圈内放置有马蹄形石块。石圈常与大道和石列结合建造。

横卧的石圈 与不列颠其他地区的石阵相比,同时代苏格兰东北部则出现了横卧的石圈。在立石圈南部或西南部的弧面,地面上水平放置一块巨石,侧面通常是一对较高大的石块。此种摆放方式目的在于:仲夏的月亮升起后,月光能透过横卧的石块照到石圈内部。

圆形树阵(东安格利亚,英格兰) 该遗址在1998年发现于霍尔姆滨海地区(Holme-next-the-Sea)的诺福克(Norfolk)海岸,随即被命名为"圆形树阵",尽管它没有沟渠和外部堤岸等圆形结构特征。它由大量橡树组成,约在公元前2050或前2049年被砍伐并倒插在水中。它由55棵木柱组成木圈。随后,周边又新建第二个更大的木柱圈。圆形树阵中木头上的斧印表明,至少曾使用51种不同的斧头进行砍伐,同时也可推测出参与建造的最少人数。

独石和石列

布列塔尼的巨石建筑传统始于公元前第五个千年,其时在长土墩旁竖立巨石板,一些石板还有雕刻。其中最大一块是巨石断柱(Grand Menhir Brisé)。然而,几百年后这些立石被拆。其中一些已破损,碎片用来建造甬道巨石墓。其中一块巨石裂成三块,其中两块用作马尔尚与加夫里尼(Gavrinis)甬道巨石墓的顶石,而第三块也许用于建造埃尔格拉(Er-Grah)长土墩的房室。

也许是在公元前第三个千年,随着纳克地区大量巨石石列修建,布列塔尼竖立立石的习俗得以恢复。独石被排成平行或扇形石列,通常与矩形或圆形石阵联系在一起。此类竖立独石的区域至少有六处,可能跨越了很多年代,每一处独石石阵内都有几百块甚至上千块石块。

在不列颠,立石还成为公元前第四个千年末至第三个千年间许多宗教建筑物的组成部分。它们成对出现，或单排，或多排。有的形成大道（双排的石块可到达石阵或石圈），而其他则组成石圈或坟墓附属景观的一部分，并非直接用于修建它们。在苏格兰北部、威尔士西部和爱尔兰以及布列塔尼的部分地区（已知的鲜见例子）都建有石列。大道主要在英格兰南部和西北部发现。通往巨石阵的道路两旁有成对立石相伴，而在埃夫伯里的西肯尼特大道排有 100 对竖立巨石板。而在两处纪念地其他区域也出现有单个或成组竖立石板。

巨石断柱（卡纳克，布列塔尼，法国） 该巨石高 66 英尺（20 米），现已裂为四块。巨石的开采和初加工地位于现所在地西北方向，相距 7.5 英里（12 公里），通过拖拉完成运输。它可能是整排 18 块立石中的最大一块，约公元前 4500 年竖立。石块上的图案可能用斧或犁所刻；相似符号在之前的石块上曾出现，石块现已裂为三块，其中两块用作马尔尚石板和加夫里尼甬道巨石墓的顶石。

图 7.7 法国布列塔尼卡纳克的石列景观。该石列由 11 排平行的独石组成，范围达 3300 英尺（1005米）。(Figuier, Louis. *Primitive Man*. London: Chtto and Windus, 1876)

第七章 宗教

凯勒莱斯冈（Kerlescan，卡纳克，布列塔尼，法国） 其为卡纳克石列之一，自东向西排列。东面以八排紧密排列的立石开始，随后逐渐分散扩展，最后增至13排，整体呈扇形，扇端对着南北方向U形石列的东侧，该石列面积为300英尺×260英尺（91×80米），在长墩前形成一个庭院。石列现仅存514块立石。

卡拉尼什（Callanish，赫布里底群岛[Hebrides]，苏格兰） 在外赫布里底群岛刘易斯岛的卡拉尼什发现一处长石阵，同时石排在主要方向与石阵成十字形排列，即石列在南面、东面和西面，北面有一大道。建造大道是为了让仲夏的太阳和月亮光线穿过此处。

斯坦顿-德鲁（Stanton Drew，萨摩塞特，英格兰） 该遗址位于巨石文化和非巨石文化传统交融的塞汶河（Severn）地区。在斯坦顿-德鲁有三个大石阵，直径达到370英尺（约113米）。其中还有可达两个石阵的大道。

石碑和人形石雕

雕刻了人形特征的石块见于史前欧洲的不同地区。其中一些可能代表神祇，竖立在野外圣地；而其他一些可能为坟墓标记或纪念亡者的石碑。一些东南欧第四个千年的古墓中也有竖立在墓顶的石柱，饰有举着或扛着石斧的人像。墓葬里的石柱上可能也饰有物品和人物场景或肖像。立石也成为墓葬的标示物，许多还具有仪式意义。

独石巨像 在立石表面雕刻简单人体特征的习俗始于公元前第四个千年至第三个千年间，有的更晚，主要出现在意大利、撒丁岛、科西嘉岛、伊比利亚半岛、法国南部和海峡群岛等地区。著名的独石巨像描绘的多为全副武装的男人和佩戴首饰的女人。有些佩戴的是爱尔兰和伊比利亚的新月形饰物或项圈。如果这些雕像代表神祇，很有可能在祭坑中发现的新月形饰物是为木制神像所设计制

探寻史前欧洲文明

作。在瑞士和意大利北部阿尔卑斯山边缘地区，独石巨像雕刻着风格统一的人物形象——人们戴着饰纹清晰的项链和弓、短剑、斧头和有小袋的腰带等其他装备。在科西嘉岛发现的人像戴项链、佩刀鞘，里面是短剑或匕首，而没有雕刻的独石也成排竖立着。

卡北索拉米纳（Cabeço da Mina，弗洛镇[Vila Flor]，葡萄牙） 该圣殿呈山形，四周完全被花岗石和片岩包围，始建于公元前第四个千年或第三个千年。在残存的50块巨石中，有21块雕刻了简单人物特征，如脸，此外还有项链和腰带，没有其他任何饰物。

圣马丁德科莱昂（Saint-Martin-de-Corléans，奥斯塔[Aosta]，意大利） 该圣地历经多个时段的不同活动。在新石器时代挖有柱坑，其中一些还放有野牛和公羊头骨。稍后时期挖有一排祭坑盛放燧石和谷物等祭品。一块空地被犁过并种有人的牙齿。后来，修建了两块石台，40个刻有人像的石碑分三排而立。在广口陶文化时代，这些石碑被推倒以修建巨石墓。后来，该地再次使用石碑修建石棺。该遗址一直沿用到青铜器时代早期。

墓碑 在公元前第二个千年伊比利亚西南部，多竖立有雕刻武器，尤其是短剑、长柄斧头、双斧等形象的石碑。及至公元前第一个千年，这些石碑更为普遍，上面雕刻有短剑、长矛和盾牌，有时还雕刻有武器和二轮战车。

标记 在铁器时代，布列塔尼竖立的石碑不仅作为界标还作为宗教象征物；石碑上有时饰有几何图案。许多此类石碑为高圆柱，有的还有凹槽，其他则又矮又圆。与后者相似的石碑稍后也出现于爱尔兰。

石柱 雕刻了人头形状以及饰有人头和植物主题的石柱广泛出现于铁器时代各遗址，其中也包括德国的普法尔茨菲尔德（Pfalzfeld），尽管该石柱顶部破

第七章 宗教

损,但可推断其原初雕有头饰。与之相反,在德国海德堡发现的破损头部石雕可能来自该地某一根石柱。有时这些石柱竖立在圣地,成为人们进行崇拜活动的中心,类似于悬挂人头的树干和木柱。昂特勒蒙镇的一个石柱上雕刻有头骨。法国厄菲戈内(Euffigneix)的一个石柱上刻有人脸和手臂的雏形,脖子上还戴项圈,但在其上部刻有野猪形象,左边刻有一只大眼睛。其他石柱均刻有两个背置的人头,如同罗马神雅努斯(Janus),在罗克珀蒂斯也发现一根此类双头风格的石柱。在德国霍尔茨格尔林艮(Holzgerlingen)发现的石柱刻有人的上半身直至腰部,并刻有手臂。该石柱以及许多铁器时代石柱雕刻的头部均有两个大叶形或花瓣形头饰。

仪式地貌

史前欧洲人和地貌的关系极为密切,而其也具有一定的宗教意义。从早期开始,自然景观就是崇拜主题。这从铁器时代可清晰地看到,该时期许多祭品和人祭放置于沼泽、湖泊、河流、陆地、山洞、森林、海洋中,但也许从中石器时代开始,献祭活动就在此类地貌中进行。

此外,纪念物的建造也与地貌的自然特征密切相关,或是人造景观。它们主要当作界标,标界共同体区域,但也具有重要宗教功能。不同时代建造的纪念物类型各不相同,但其经常和自然特征紧密结合,形成对该地区居民具有宗教(社会)意义的仪式景观。其中包括巨石墓、立石、柱坑中的木柱或树桩、石阵或木圈、土坟和石冢,以及大量由沟渠、堤岸、深坑、木栅栏或石墙围成的围地。一些特殊地方的神圣性虽经仪式或墓葬方式变化,仍得以保存延续。尤其是某些地方作为圣地长达千年,其中累积有不同时期的纪念物。巨石阵中发现的四根中石器时代巨木柱证明了这些纪念物所能历经的时间长度,它们可追溯至公元前第八个千年,比著名的石块纪念物早几千年。在不列颠的威塞克斯地区和布列塔尼的卡纳克地区有最壮观的仪式地貌,而其他地区的地貌特征并不显著或已消失,仪式地貌特征有许多不同表现方式,包括那些仅存在于朝拜者头脑中而为付诸实践的设计。

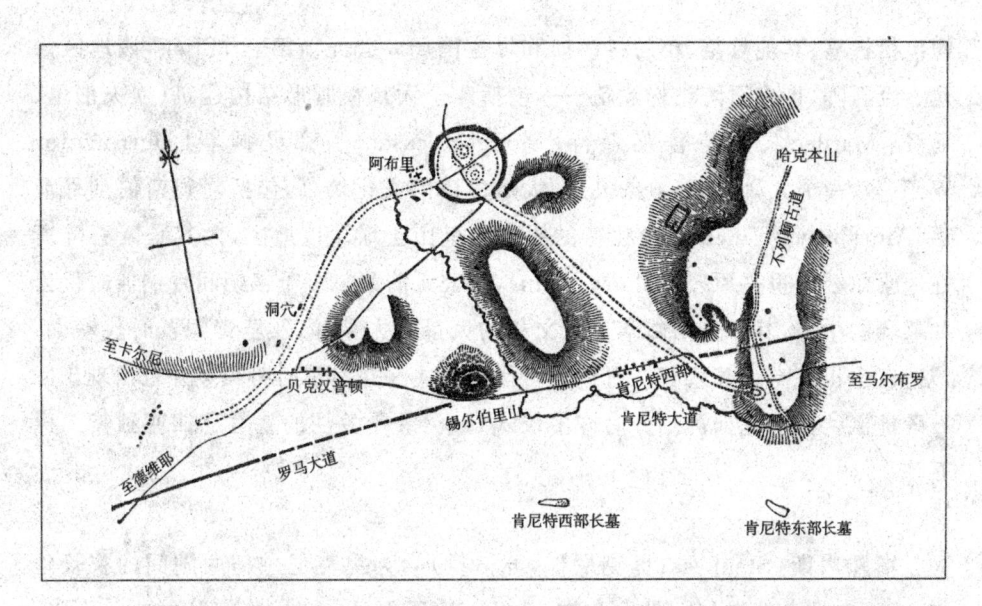

图 7.8 英格兰威塞克斯埃夫伯里的仪式地貌布局。该地区最早的遗迹为西肯尼特大道和东肯尼特大道新石器时代的长墓，以及温德米尔山的堤道围场——位于该图西北部，恰处于所涵盖范围之外。中石器时代稍后时期，奥弗顿山——图中东南部——修建圣殿；在埃夫伯里的石阵建成后不久，锡尔伯里山的大土墩扩建了石圈。立有巨石板的西肯尼特大道将埃夫伯里和圣殿连接在一起，西部的大道(贝克汉普顿[Beckhampton])可能为虚构。晚期建筑包括青铜器时代的圆墓。图中还标有山脊路："不列颠古道"。(Lubbock, John: *Prehistoric Times*. New York: D. Appleton and Company, 1890, after Dr. Thurnam's plan in *Archaelogia*, Vol. 38)

卡纳克(布列塔尼，法国) 卡纳克地区的遗址凸显了海洋对史前先民的重要性，他们住在基贝隆海湾地区(Bay of Quiberon)附近。中石器时代的重要海滨聚落奥埃迪克和泰维耶克居住在莫尔比昂(Morbihan)地区，同时伴有石棺墓葬出现。正是在该地区出现了第一座巨石墓，约建于公元前第五个千年，墓室位于长丘下，伴有大量独石出现，包括巨石断柱。几个世纪后独石被拆，而那些损坏部分用于建造甬道巨石墓，如约在公元前第四个千年中叶出现于该地区的马尔尚石板坟墓。后来，可能在某一段时间内，大量独石被建成石列和其他样式。

威塞克斯(英格兰) 威塞克斯地区适宜农业、放牧，并且是从大西洋西部沿岸，穿过北海和英吉利海峡贸易交流的枢纽地带。新石器时代该地建造的纪念

第七章　宗教

物包括古墓、其他坟墓、小的科萨斯和堤道围场。公元前第三个千年,该地区修建了巨石阵、许多石阵结构建筑——包括4个大规模圆形结构建筑(埃夫伯里、马登[Marden]、芒特普莱森特[Mount Pleasant]、都灵顿墙[Durringgton Walls])、一个大科萨斯、数条大道、大量广口陶文化坟墓,包括阿姆斯伯利弓箭手(Amesbury Archer)以及独特的锡尔伯里山土墩。该地区,尤其是巨石阵所在地索尔兹伯里平原(Salisbury Plain),是公元前第二个千年期间青铜器时代公共墓葬的中心,其中包括威塞克斯文化的大量富人墓葬;及至青铜器时代晚期,该地区也出现有火葬墓葬。青铜器时代的仪式深井威尔斯弗德竖井也出现于巨石阵地区。威塞克斯可划分为许多仪式景观,最受关注的就是那四座独特的巨石阵。

斯滕内斯(Stenness,奥克尼郡,苏格兰) 为奥克尼主岛两湖间的狭长地带,毗邻空地上建造有大量纪念物,包括三座巨石阵(布罗德盖[Brodgar]石阵、斯滕内斯立石和布坎[Bookan]石阵)、梅斯豪(Maes Howe)甬道巨石墓、大量立石,还有无数小墓室。

天文学

历法和天文知识对于农业共同体来说非常重要,因为这些信息决定了播种等重要活动的时间。尽管关于史前欧洲先民对天体的了解程度存在争议,但不断出现的证据表明在公元前第三个千年,甚至可能更早,史前欧洲先民就已掌握太阳和月亮的运动规律。

与巨石阵有关的天文学

研究者对于建造巨石阵和其他石制纪念物的目的存有诸多争议,但较为一致的观点是它们为宗教建筑。20世纪60年代提出的观点认为,设计这些纪念物至少是为了记录天体运动的关键时刻。著名工程师亚历山大·托姆(Alexander Thom)等许多研究者,通过观测大量的运动来判断它们是否记录了天文学现象。尽管没有充分证据支持,但如夏至和冬至日出等许多主要事件与大量石阵和发展成熟的甬道巨石墓间常出现的巧合,使多数人接受了这些古迹是为记录每年重要天象而设计的观点。例如,纽格兰奇古墓(Newgrange)入口门楣上的洞就是为了让太阳光在夏至日时直射到主墓室中,仲夏时候可从巨石阵的两块石板间看到太阳升起,而大道沿此石列修建。

晚期天文学

内布拉天象盘 近期在德国中部发现的公元前第二个千年的内布拉天象盘表明,史前欧洲晚期关于天体的知识已得到普及。天象盘上描绘有太阳和月亮,其间有许多星星,有些研究者认为还可识别出昴宿星团。该星团出现于3月和10月间夜晚星空,是农业生产的重要日期。此外,天象盘两边各覆盖一条金带,跨越圆周82度,可能是太阳在冬夏至间运行距离在圆盘上表现出的经度。再者,这块圆盘可能发现于东向的围地内,这样,春秋分时在此地升起的太阳,便可能从哈尔茨山的最高峰落下。因此,同不列颠的其他纪念物一样,内布拉天象盘及其围地也用于记录天体运动。

科利格尼(Coligny)历 根据古典著作家记载,德鲁伊祭司掌握了天体知识,而这从法国科利格尼和布雷斯州地区的布尔格(Bourg-en-Bress)的发掘物中得以证实,它是一个带孔且镀青铜的历书碎片,上面的钉孔可能代表"天"。该日历系用高卢凯尔特语写成,使用罗马字体,制作于公元前1世纪或公元1世纪。该历书碎片上有为期五年的记录,共有62个朔望月,每月有29个或30个朔望夜,还有两个附加的月份来调整阳历年和阴历年间的不同,这些闰日可能交错出现在整个五年里。它还标记出主要节日,每个月分出吉夜和凶夜,以及关于组织重要活动的关键信息。

(李婧 译)

第七章 宗教

阅读书目

总论

Cunliffe, ed. 1994, Milisauskas, ed. 2002, Champion et al. 1984.

宗教信仰与宗教活动

Whitehouse 1992: development of religion; Bradley 1998: Mesolithic religion; Harding 2000, Demakopoulou et al., eds. 1999: Bronze Age religion; James 1993, Green 1992, Cunliffe 1997: Celtic religion; Green 1992, Bokonyi 1991, MacKillop 1998: deities; Piggott 1970, Green 1992: cult objects and iconography; Durrani 2000, Catling 2005a, 2005b, Anon. 2005: Nebra sky-disc; Maier 1991b: Manching tree; Green 1997, Ross 1995, 1999, Piggott 1975: Druids and other priests; Kruta 2004: Gundestrup cauldron; Eluere 1999a, Wallace and O'Floinn 2002: tores and lunulae; Menghin 1999, Springer 1999: cones; Bradley 1997, Anati 1999, Capelle 1999, Thrane 1999a, Eluere 1999a, Harding 2002: rock art; Milisauskas 2002b, Marthari 1999, Todorova 1999: figurines; Darvill 1996: hillside figures.

圣所和圣地

Whittle 1996, Bradley 1998: Neolithic; Harding 2000: Bronze Age; Caesar 1951, Tacitus 1970, 1971, James 1993, Piggott 1970, Cunliffe 1997, Kruta 2004: Iron Age; Woodward 1992: British Iron Age; Darvill 1987, 1996, Parker Pearson 1993: Britain; Hingley 1998, Armit 1997, Barclay 1998, Ashmore 1996: Scotland; Cunliffe 2001a: Atlantic region; Whitehouse 1992: Italy; Thrane 1999a: Scandinavia; Coles 1984: waterlogged remains; Brodiwell 1986, Turner and Scaife, eds. 1995, Glob 1969: bog bodies; James 1993, Green 1992, 1997. MacKillop 1998, Webster 1995: Celtic sacred places; Planck 1991: Fellbach-Schmiden; Pryor 1991, 2003: Flag Fen; Motykova et al. 1991: Zavisc Scarre 1999: Bargeroosterveld; Hunter 1997: hoards; Kelly 2002, Wallace and O'Floinn 2002: Broighter; Delgado 1997: Hortspring; Garrison 1997: La Tene; Scarre 1998; Entremont, Borremose; Stead 1998: Snettisham; Trump 1980, 2002, Scarre 1998: Maltese temples; Mercer 1990, Oswald etal. 2001, Darvill and Thomas, eds. 2001. Varndell and Topping eds. 2002: causewayed enclosures; Mercer 1980: Hambledon; Barclay and Harding, eds. 1999: cursuses; Clarke et al. 1985: megalithic monuments; Wainwright 1989: henges; English Heritage 2005, Chippendale 1994, Richards 1991, Scarre 1998: Stonehenge; Malone 1989: Avebury; Pryor 2001, 2003: Seahenge; Burl 1985, 1993, Scarre 1998: Carnac; Burl 1993: standing stones; Jorge 1999b, 1999c, Lenerz-de Wilde 1995, Lo Schiavo 1999, De Marinis 1999, Eluere 1999b: stelae; Ross 1995, Green 1997, Kruta 2004; Coligny calendar.

第八章 丧葬

葬礼习俗

葬礼信仰

在增强共同体身份认同方面,墓地可能起重要作用。人祭与入葬物品的选择往往关乎社会习俗与社会信仰,如用于表达生者与先人之间的生命连续性。

旧石器时代墓葬中散布着红赭石,众多中石器时代墓葬也是如此。这一习俗甚至延续至更晚时代,如半干旱性大草原墓葬中就有红赭石。一般认为,红赭石的颜色象征血液与死后生活,亡者可藉此在冥界获得新生。

在北方,众多墓地位于岛上,这似乎表明人们想要让亡者的灵魂与生者的世界分隔开,以免亡者的灵魂给生者带来不幸。如生活于俄罗斯北部的萨米人(Saami),他们直到近世依然坚信亡者的灵魂会夺取活人的生命,还会妨碍活人的渔猎活动,因此将亡者埋葬于岛上。

凯尔特人相信灵魂转世。亡者先进入冥界,这是一片欢乐之地,类似于活人生活的世界,只是更加和平与繁荣。在冥界,武士们整天不是练习战斗就是宴饮。最后,亡者灵魂会在新的躯体中获得再生。

墓葬

尸体处理

在古代欧洲,处理亡者尸体的方法多种多样。其中持续时间最长,使用范围最广的方法是土葬,不过自中石器时代以来,火葬习俗就一直存在,及至青铜器时代晚期,火葬成为众多地区最流行的丧葬仪式。在新石器时代,出现一种葬礼习俗是把尸体暴露在野外,待其腐烂后将剩下的骸骨收集埋葬,该习俗与巨石坟墓有关。还有一种方法是完全不用埋葬亡者,此类最简便的丧葬习俗大概存在于整个史前时期。

图 8.1　一幅根据丹麦洛丁格(Röddinge)史前甬道墓葬重建的想象图,画面中人们列队行进,将一位亡者送入坟墓。有时亡者被直接葬于巨石坟墓中,不过更普遍的习俗是:先将尸体暴露在野外,后再将剩下的骸骨埋葬。(Figuier, Louis. *Primitive Man*. London: Chatto and Windus, 1876)

埋葬地点

尸体一般放置于坟墓中;如果火化,则骨灰也直接埋入地下,或盛入瓮中埋入坟墓或葬坑。棺材、木制墓室、石棺还有陵墓等墓葬元素被广泛采用,部分墓葬的建造则利用洞穴等天然结构。很可能尸体、骸骨或骨灰也被置于其他地方,如树木、河流与大海。有时墓葬还被置于更早的纪念物之中,如有些广口陶文化时期的墓葬就位于更早的巨石坟墓中,而早在青铜器时代,部分此类石圈与圆阵结构建筑就具有墓葬围墙的功用。另外还有些尸体或骸骨被置于人们居住的聚落中,它们或被葬在房屋地板下,或被葬于葬坑中。有的亡者骸骨还有其他用途。如在铁器时代,武士们留下敌人的头颅用于炫耀,这些头颅往往被精心保存;再如有些人类共同体保留死去亲人的头盖骨或其他骨骼,相信它们有某种治疗功效。

坟墓标志

不少墓葬有形形色色的标志,如隆起的长形坟冢、圆形坟冢、石堆纪念碑,还有坟墓或殡葬室上覆盖的坟丘。有的墓葬还有些额外标志,如有石碑、木桩或雕像树立在附近,或树立于坟丘之上。有些平板坟墓当初可能并不平坦,坟墓开始大概有隆起的坟丘,但坟丘后来遭侵蚀或被铲去,也可能跟地面一起被水淹没。有时坟墓以环绕的沟渠、堤道或矮墙标示界限。在一些文化,尤其是南欧的某些文化中,有竖立墓碑的习俗。其他墓葬大概也有各式各样的标志方法,因为在众多密集拥挤的墓地中,坟墓并不相互重叠。

社会背景

不同时期的埋葬方式也有所不同,其中有两种方式对比鲜明:一种是单人墓葬,一种是公共墓葬。据分析,两种墓葬的差别反映出不同时期社会认知的不同以及亡者在社会生活中的地位。单人墓葬较为普遍,尸体的处理方式各不相同,这包括尸体的摆放、埋葬方式、火葬形式或其他相关仪式、坟墓的形状或坟墓内部构造,此外还有种种随葬物品等。上述处理方式的不同往往反映出亡者生前社会地位的差异。

另一方面,公共墓葬同样反映出个人在社会中的地位。一个人死后,其尸体跟其他亡者放置在一起,这些尸体暴露在野外,躯体的肌肉等迅速腐烂剥离,这样众多亡者的骸骨很快就混杂在一起。还有一种方法是:把亡者尸体放入一处公共坟墓,坟墓中较早的其他亡者遗骨要么被胡乱堆放到一边,要么被分类摆放,摆放方式主要是收集头盖骨或长骨等骨骼。公共墓地中偶尔也会放置随葬物品,但这些物品只对整个人类群落有意义,与个人无关,绝非用于伴随某一特定亡者。此类公共墓葬习俗为巨石坟墓的特色之一,也是地中海地区的特色之一，其起源大约能向前追溯三十万年：西班牙的阿塔普埃卡（Atapuerca）早期居民就把亡者的尸体抛入天然岩井中。

坟墓陈设品

大部分墓葬中摆放有随葬品，不过随葬品未必均属于个人，如巨石坟墓中的随葬品就基本与个人无关。众多随葬品比较简单，只是亡者穿戴的衣物与个人装饰品，有的亡者尸体还有尸衣或织物包裹。一般随葬的还包括小件个人物品，这类物品往往与亡者的年龄性别有关，如成年男性以武器随葬，女性则以珠宝随葬。金属工具等随葬品可能也用于表明亡者生前的职业。社会地位较高的亡者随葬品数量一般较多，他们还拥有更昂贵的物品，这些物品无论用料和珍贵程度，还是价格和手工都非同寻常，包括金制品、剑、马具等，有时还有马车或其他与精英活动相关的东西，如精制餐具和葡萄酒。有时马匹也跟马车一起陪葬，这在草原地区尤为盛行。偶尔还有狗和其他动物陪葬，它们有的陪伴主人，有的拥有单独坟墓。坟墓中的动物骸骨往往为肘子部分的骨骼，是献给亡者的食物，另外也有些随葬动物跟仪式或信仰相关。如在韦兹拜克一座中石器时代儿童墓葬中，亡者被置于天鹅翅膀上；在苏格兰北部伊斯比斯特巨石坟墓中埋葬了大量海鹰。

葬礼仪式

在史前欧洲，一个人从死亡到尸体被最后处理完毕，需经一段不短的时间。对于这期间究竟发生些什么，目前所知极少，只有亡者最后安息之处的遗留物能提供些许证据，使我们可了解一点尸体理方法以及葬礼仪式。巨石坟墓前院留下的动物骨骼表明葬礼上有宴饮，可能之后的纪念活动上也有宴饮，而且葬礼仪式会经常举行。发现于瑞典基维克（Kivik）村布莱达多（Bredadör）的青铜器时代石棺墓葬为我们提供了一窥史前葬礼仪式的宝贵机会：墓葬的石壁上刻有葬礼游行的场景。仪式上主要有送葬者，还有一些吹奏弯号（lurer，为角制）者和击鼓者，后面跟着一辆两匹马拉的二轮战车。其他石板上有舰船、斧头与轮子的图案,这些图案有宗教含义。

坟冢

中石器时代以来,坟墓上往往建有大小不一的各种坟冢。小型坟丘大概曾被广泛采用,但大多毁于后人的耕作活动。相对来说,巨石坟墓上的大型坟丘保存比较完好,如在欧洲众多地方,青铜器时代坟丘的主体部分都完整保存至今。大型坟丘的建造后来持续了很长时间,历经铁器时代和罗马统治时期直至更晚时期。这类比较重要的坟冢一般为精英墓葬的组成部分。另外,某些时期建于平民坟墓之上的小型坟冢也保存下来。

长型坟冢

长型坟冢为新石器时代的特色,存在于西欧、北欧与中欧。其结构为巨石坟墓上的坟丘,坟丘的建造材料有的为泥土,有的为石料,有的两者皆有;另有一种类似的坟冢是建于木结构墓室之上。这类坟冢的外形一般为长方形或梯形,从一端到另一端逐渐变窄。坟冢下面有殡葬室,殡葬室往往在坟冢一端(如果坟丘为梯形,就是较宽的一端)占有一小片空间。有些巨石坟墓有入口前院,起装饰作用,这样坟丘的外形就成为加长的圆形,前端像一双蟹螯环抱前院。坟冢上一般覆有草皮,外缘往往有边石或木制覆栏,有些坟冢正面有石墙裙。坟冢较长两面的边缘一般挖有沟渠,这可能为事先规划的坟墓结构之一,也可能因挖取建造坟丘的泥土而形成。

环形坟冢

在整个史前时代以及之后时期,多数埋葬的坟丘为半球形。在中石器时代,一些墓葬上建有环形坟冢。在新石器时代某些地区,人们在巨石墓葬上建造环形坟冢或墓室,及至公元前第三个千年晚期,甬道巨石墓发展起来,此类坟墓上修建有巨大环形坟丘并加镶边石。自公元前第三个千年晚期开始,大部分欧洲地区的土葬与火葬坟冢之上均建有环形坟冢,有的地方还有环形坟冢墓地。

少量青铜器时代重要人物的墓葬很奢华,为木结构墓室,上有更大的坟丘。

第八章 丧葬

此类精英大型坟冢在之后的时代依然不少。如哈尔施塔特的首领墓葬,该墓葬为木结构墓室;再如半干旱性大草原地区的精英豪华墓葬,上面建有巨大坟丘,还有殉葬的人与马匹;此外还有东南欧的巨冢。在某些时代和地域,相对次要人物的坟墓或是位于坟丘中,或是围绕平板坟墓排列,还有些是位于较小的坟丘之下。在平板坟墓组成的墓地中可能会有一座坟丘用于举行仪式等活动。

环形坟冢一般由泥土建成,也有部分环形坟冢的建造使用石块,以石料与泥土结合而成。坟丘表面往往覆有草皮,还有些坟丘有直立石板覆栏,如新石器时代哈尔施塔特的坟丘。墓葬往往有沟渠环绕,这可能因最初挖取建造坟丘的泥土而形成。英格兰威塞克斯地区的一些青铜器时代坟冢采用不同形状的坟丘、小型平台和沟渠,使坟冢具有独特外形,如盘子形、碟子形,此外还有池塘形坟冢。环形坟冢一般还有各类相应附属结构,如木制墓室或环绕木桩。

北麦恩斯(Mains)墓葬　在苏格兰泰赛德市(Tayside)的北麦恩斯地区发现一座宽130英尺(约40米)的坟丘,通过对该坟丘的发掘,我们可详细了解其内部构造:正中间有木制小围场,围绕成梨形;编条围墙的镶板呈放射状伸出,其间的空隙填以泥土,泥土来自外面的环绕沟渠;有一条围墙通道通向中心围场,两座墓葬中的一座就位于该围场中,修建时间约在公元前2000年;其他区域的前面填有泥土。坟丘覆盖了草皮和石块,顶上点燃篝火。在坟丘的浅层还有其他较次要的墓葬,其中两座为土葬,八座为火葬,这些墓葬中的亡者大多不止一个。

半干旱性大草原文化与东南欧

在半干旱性大草原文化地带,环形坟冢修建于木制墓室上,此类墓葬形式传遍东南欧,远达喀尔巴阡盆地。完整的亡者尸体火化后的骨灰一般被置于底部葬坑中,有时葬坑铺有垫子,还撒满赭石。葬坑顶部有木梁承重,上面再以石料和泥土修建坟丘。有的坟丘顶部还竖立着人形石碑。后来的墓葬往往是挖开已有坟丘埋入亡者,或是修建在已有墓葬周围,这些周围的墓葬自身也有坟丘。

普拉奇多尔Ⅱ(Plachidol Ⅱ)　此墓葬位于保加利亚,坟丘高度超过10英尺(3米),直径136英尺(42米),坟丘中央下面是一座单人土葬墓葬,其方向为东北西南走向。后来又有八座墓葬加入该坟丘,这些墓葬的方向与主墓相同,如此就有更多泥土堆入该坟丘,使得坟丘达到今日规模。这些墓葬的墓主包括男人、女人、儿童,他们身上一般有红赭石,有几个亡者身边有一只罐子或几个小铜件随葬。

绳纹陶文化

绳纹陶文化时期的男人入葬姿势为身体弯曲,向右侧卧,随葬品有绳纹饰陶罐,有的还有小铜件、战斧、箭头与野猪牙吊坠;女人入葬姿势则为向左侧卧,随葬品有罐子,有的还有饰品。众多坟墓上有小坟冢,不过也有些为平板坟墓。

威塞克斯文化

公元前第二个千年,英格兰南部兴建有不少坟冢,坟冢下面还建有配置完好的坟墓,这些墓葬可能属于首领或当时的显贵。威塞克斯地区的墓葬包括一些外形"奇异"者,这些外形大多以草皮组成:如带有小平台(沟渠与坟丘间的平地)的钟形坟冢,再如沟渠外侧围有堤道的盘子形坟冢,还有池塘形坟冢——此类坟冢没有坟丘,代之以凹地——等形状,不一而足。这类坟墓的墓地建造历经数世纪,较晚的墓葬围绕主墓而建,多为平板坟墓或只有小坟丘。还有众多墓葬建于圆阵结构或早期纪念碑附近。墓葬类型包括土葬与火葬。公元前第二个千年早期的墓葬(威塞克斯Ⅱ)中有一些非常奢华的墓葬,墓中的饰物有金、铜、彩陶与琥珀。

灌木坟冢 位于在英格兰的威塞克斯,为巨石阵旁边的诺曼顿丘陵(Normanton Down)众多坟墓之一。灌木坟冢里面为一成年男子墓葬,随葬有三把匕首和几件金制品。金制品包括两片菱形金叶,可能是衣饰;一个金制带钩面饰;还有众多钉入匕首柄的小金钉,它们排列成特定图案。另有一个石制权标头,权标的柄以锯齿形骨环装饰,一般认为这是权威的象征。

冢墓文化

在喀尔巴阡地区西部到法国东部的广大地区内,平板坟墓曾经很普遍,然及至公元前第二个千年初期至中期，环形坟丘的单人墓葬日益盛行。冢墓墓葬的坟丘里一般埋葬着木制棺材，多数亡者为土葬，不过也发现有少数火葬者。

瓮棺时期

青铜器时代晚期的墓葬多数为简单火葬墓葬，随葬品也很少。不过也有例外，斯堪的纳维亚与德国北部的少量墓葬上建有巨大坟冢。这些墓葬中的随葬品非常丰富，有的墓葬还有马车随葬，这表明了墓主身为武士，位居社会上层。

汉高(Håga)　其为一座坟丘，位于瑞典乌普兰(Uppland)，距乌普萨拉(Uppsala)不远，据称是传说中的国王比约恩(Björn)的墓。该坟丘建于火葬墓葬之上，骨灰可能置于一口橡树棺材中，已完全朽坏。墓主为中年人，随葬有一把镀金剑，剑柄为金制；一个镀金搭扣，还有青铜扣、吊坠、剃刀和镊子。棺材上面是一座坟丘，坟丘为分层构造，每层的主要材料分别为橡树干、石料和泥土。坟丘高 26 英尺(8 米)，直径 150 英尺(45 米)。一同入葬的还有另外三人的遗骨：两个女人和一个男人。另外还有牛、猪与绵羊的骨骼，一般认为这些动物骨骼为葬礼宴饮的残留物。

塞丁(Seddin，德国东北部)　据称为国王之墓。这座坟丘直径 420 英尺(约130 米)，高 36 英尺(11 米)，上有圆顶石室，石室的墙上有红白黑三色精心涂抹泥灰。墓中埋葬着两个女人和一只土罐，土罐中盛有一个男人的骸骨。随葬物品有一把剑、一支小矛、一把带装饰的小刀、一些金属容器、剃刀、镊子，还有一个独特的陶制容器。坟丘内另有几个骨灰瓮墓葬，不过位于墓室之外。该坟丘为墓地的一部分，墓地中还有其他几座富人石棺坟墓和众多普通骨灰瓮坟墓。

暴露尸体

亡者死后被置于野外，亡者身上的肌肉组织等或腐烂剥离，或被食腐的鸟类或兽类吃掉。上述习俗在众多地方似乎很普遍，而且延续很长时间。尸体暴露野外后只会剩下骨骼。此类暴露于空旷野外的遗骨有时难以保持完整，因为食腐兽类可能会叼走部分骸骨。于是，人们在放置亡者尸体地方加上种种防护措施，如在周围加置安全护栏或围墙；另外，在有的地方，亡者尸体置于没有屋顶的木室中，或是置于远高出地面的高台上使野兽难以触及。不过此类措施并不能防止一些较小的骸骨被食腐鸟类叼走。把亡者尸体于封闭木室中可防止所有食腐动物的侵扰，但肉体的腐烂过程会更漫长。有证据表明上述所有的防护措施都曾被史前人类采用。肉体完全腐烂之后，有的骸骨会被埋葬，有的则被弃之荒野任由其完全与草木同朽。

在公元前第五个千年的北欧，某些中石器时代墓地中的墓葬里埋葬着排列好的骸骨，这些亡者的尸体盖先暴露于木结构建筑之上，然后其骨骼被收集起来，按照身体结构排列于坟墓中。有时人们并不埋葬亡者骸骨，而是把亡者骨骼分开存放于居住的聚落中；或把骨骼以宗教仪式埋葬，头盖骨尤其如此。

在新石器时代，众多人被葬于巨石坟墓之中。在入葬前，他们的尸体要暴露在外，然后他们的骸骨才被收集起来放入巨石墓室。在不列颠，长型土坟冢同样是公用墓葬，凡存在巨石坟墓的地方就有长型土坟冢，长型土坟冢的分布甚至更广一些。很明显，亡者尸体是暴露在外，或是置于墓室，最后在墓室上修建一座长型坟冢。不过此类墓室上修建长型坟冢的习俗标志着这类墓室结构坟墓的结束，而巨石坟墓更为优越：它在任何时候进出都很方便，人们可进去放置亡者尸体遗骨，而且这一用途可持续数百年。在众多人类群落，仅有部分亡者的遗骨被葬入带墓室的坟墓或长型坟冢中；其他亡者的尸体要么永远暴露于野外无人过问，要么堆放于别处。有时亡者头盖骨会被放在堤道围墙的沟渠里。

在青铜器时代与铁器时代，众多人被土葬或火葬，但暴露亡者尸体的习俗大概依然存在。铁器时代的垃圾坑中偶尔能发现人类骨骸，这应该属于暴露在外的尸体。尸体腐烂之后留下的遗骨有的可能被抛入河流湖泊，根据铁器时代的宗教习俗，河流湖泊是逝者的安息之地。

摆放尸体的围地

在新石器时代，人们用沟渠和护栏围出一片地用作暴露亡者尸体的围地，此类沟渠和护栏与围绕长型坟冢的建筑类似。围地中很可能建有高台用于摆放尸体，至少有一处地方可证明存在上述建筑，即苏格兰英赫图梯(Inchtuthil)的围墙式建筑,修建时间约在公元前 3900 年。分析表明,该地的环绕护栏最后被烧掉,木桩被推倒,整个护栏被盖上泥土。另外有些堤道也用来摆放暴露在外的亡者尸体。

翰伯顿的主围堤(多塞特郡,英格兰) 在英格兰的翰伯顿,环绕的主堤道用于界定墓葬的范围。亡者的尸体在该地暴露在外,遭受食腐动物的啃噬。当肌肉等完全剥离之后,亡者遗骨被收集起来,有的被放入两座联合长型坟冢中,有的则被放进环绕沟渠,如头盖骨和某些特定骨骼。沟渠中还发现有其他东西,如陶器、石器、动物骨骼等。亡者尸体初始显然被摆放在地面,因为在沟渠中发现了尸体某些部位(大腿骨和下躯干),它们是在尸体完全腐烂分解前被狗或其他食腐动物拖入沟渠的。围地中还有一些坑,是用来放供奉物品的,如进口陶器和石斧。

摆放尸体的建筑

在新石器时代墓葬中,摆放尸体围地之内往往建有平台之类高出地面的建筑。铁器时代的聚落中有一些双柱或四柱结构建筑,可能也用作暴露尸体平台。放置尸体的房间有各种不同的式样,其结构包括石铺的行道、木桩、粗石护墙、石板等,一般正面以木桩或石材建成。放置尸体的房间能使用很长时间,最后才被封闭于坟冢之下。在覆盖泥土之前,墓室往往先被付之一炬。

哈登海姆(Haddenham,东安格利亚,英格兰) 放置尸体的房间由巨大橡木板构成,每端有一巨柱支撑。另有一木结构前厅,里面埋葬着五具尸体,这座房间后来被一座长型坟冢覆盖。

街屋农场(克里夫兰[Cleveland],英格兰) 该摆放尸体的建筑可追溯至公元前 3500 年左右,以石材和木料建造,用于存放火化后剩下的遗骨和部分连接起来的骨架。该建筑的一侧划出一片长方形空地,空地有两个入口;另外空地中两处地方有铺面,大概是用来暴露亡者尸体的建筑,另一侧是前院,为半圆形,边缘有大型木桩,中间还有一根非常大的木桩。最终这座摆放尸体建筑被烧毁,建筑群上竖起一座石冢,只有前院还能看见。

巴尔法格(Balfarg,法夫郡[Fife],苏格兰) 该地作为宗教仪式中心长达千年。公元前第五个千年晚期,该地就出现了仪式用坑,其中一个坑中小心堆放着烧过的陶器。及至青铜器时代,骨灰被放在青铜器时代早期修建的环形石冢或石圈建筑内。在公元前 3700 至公元前 3300 年间修建了两座摆放尸体的建筑,为长方形,有木桩与篱笆构成的围墙;里面有双柱结构支撑的木制平台,约在公元前 3100 年用于暴露亡者尸体;其中一座建筑被一座低矮坟丘掩埋,另一座建筑大约也同样被掩埋。后来,一座建筑上又特意建了一座环形石冢,另一座则被封存在巨石建筑中。

墓葬容器与墓室

在众多地区和时期,入葬物品被直接埋入土中,其他情况下它们则被装入棺材或陶制容器中。这类陶制容器包括盛放骨灰的陶瓮和其他式样的陶罐。坟墓中可能砌有石块,或建有石棺或木制墓室以容纳入葬的东西。墓葬也可能建在洞穴之中。

砌石坟墓与石棺

石墓室或砌有石板的坟墓于中石器时代开始修建,此后一直延续。这类建筑包括建于公元前第五个千年的布列塔尼坟墓,还有公元前第四个千年的南欧砌石坟墓。后一种坟墓的建造者是居住于南欧森林草原的采猎者与农耕共同体。同一时期,科西嘉岛与撒丁岛上的居民建造了石圈围绕的石棺墓葬;另外在西班牙也有石棺墓葬,但此类墓葬没有石圈围绕。在法国南部的石灰石高原地区,公元前第三个千年的墓葬是以石棺盛放尸体,再以圆冢覆盖,即所谓的简约支石墓。及至青铜器时代,欧洲大部分地区流行单人墓葬,此类墓葬一般有小型圆形坟丘,有些坟丘下有石棺容纳尸体物。这类墓葬包括布列塔尼约建于公元前 2200 至前 1800 年的阿莫里卡人(Armorican)墓葬,装饰豪华;另外还有一种覆盖坟丘的石棺,此类墓葬在苏格兰很普遍。在斯堪的纳维亚,石棺是标准的墓葬元素,这类男性墓葬中有燧石匕首随葬,匕首制作精巧,完全模仿乌尼提瑟青铜匕首。在伊比利亚半岛西南部,某些单人墓葬中有石棺;其他单人墓葬则是将尸体放入饰有石板并竖直加镶边石的葬坑中。伊比利亚半岛人的墓葬中有少量随葬品,其中最令人叹为观止的是铆柄匕首与金制小饰物。

奥埃迪克与特维耶克(布列塔尼,法国)　这两处中石器时代墓地位于海岸居民聚落之间,特维耶克墓葬约建于公元前 4500 年,奥埃迪克约建于公元前 4600 年。亡者被放置在石板制成的石棺中,新的尸体入棺时,旧的尸体被推到旁边。尸体撒了红赭石,与尸体在一起的物品有骨制匕首、燧石刀刃、骨制衣物别针,还有以动物牙齿以及贝壳制成的首饰。少数亡者有鹿角随葬。墓顶的石板上曾点着火,坟墓旁边还有炉子,大概是葬礼宴饮上用来烤肉用的。某些特维埃克的坟墓还覆盖着小坟丘。

凯尔诺奈恩(Kernonen,布列塔尼,法国)　墓葬有石制墓室,墓室地板为木质,亡者尸体置于地板上,随葬品有两把青铜斧、两把青铜匕首和一把短剑,匕首和短剑柄上均饰有金钉,另外还有一把骨制柄头的青铜匕首、12 串琥珀吊坠和 60 枚燧石箭头。部分上述随葬品存放在墓室中的三口橡木箱中。石棺上建有石冢与坟丘,坟丘高 20 英尺(6 米),直径 160 英尺(48 米)。

棺材

众多人类共同体使用木制棺材,其中包括冢墓文化时期的居民,他们将亡者葬于圆形坟丘之下。这类坟丘只有极少数因为水浸得以保存至今,著名者如公元前 14 世纪斯堪的纳维亚的冢墓墓葬:以橡树制作棺材,棺材上覆盖着以草皮堆成的坟丘。此类棺材的制作方法为:选取长度合适的橡树树干,将其劈成两半,然后把树干挖空。该方法与当地人制作独木舟的方法相同。有些坟丘中有好几口棺材。亡者应该属于显贵阶层,入葬时身穿毛衣,戴着青铜首饰,用牛皮或毯子包裹着。另外亡者的个人物品与其他木制或树皮制器物也一同入葬。极少数坟墓中发现有迈锡尼式带水獭皮坐垫的折叠木凳。及至青铜器时代晚期,树干棺材被用来盛放火化后的骨灰。在苏格兰也有少量青铜器时代树干棺材保存至今。

埃格特维德(Egtved,日德兰半岛,丹麦) 发现于该地的棺材长8.5英尺(2.6米),取材于一棵夏季倒下的大树,时间为公元前1370年。棺材中是一具即将成年的女孩尸体,女孩穿着裙子与衬衫,腰带上饰有青铜圆片,腕上有手镯。她的尸体裹在一条粗毛毯和一张牛皮里。棺材中的随葬品包括一个桦树皮容器,里面盛有蜂蜜酒;还有一把青铜匕首;另外有一小块捆好的布,里面包着一个女孩的骨灰,年龄在六到八岁之间。

陶罐

陶器作为葬礼祭物经常被放入坟墓中,里面还常常盛放着食物。在大约公元前2200年的西班牙东南部,单个亡者往往被装在陶制大容器中埋葬。另一种习俗更常见:把亡者火化后剩下的遗骨和骨灰装在陶器中埋葬。火化后的剩余物有的是放在特制骨灰瓮中,有的则用普通陶罐盛放。意大利的维拉诺瓦文化(Villanovan)中,火化剩余物被放在屋形瓮中,此类陶器模仿带沥青屋顶的房屋,屋门或屋前部可

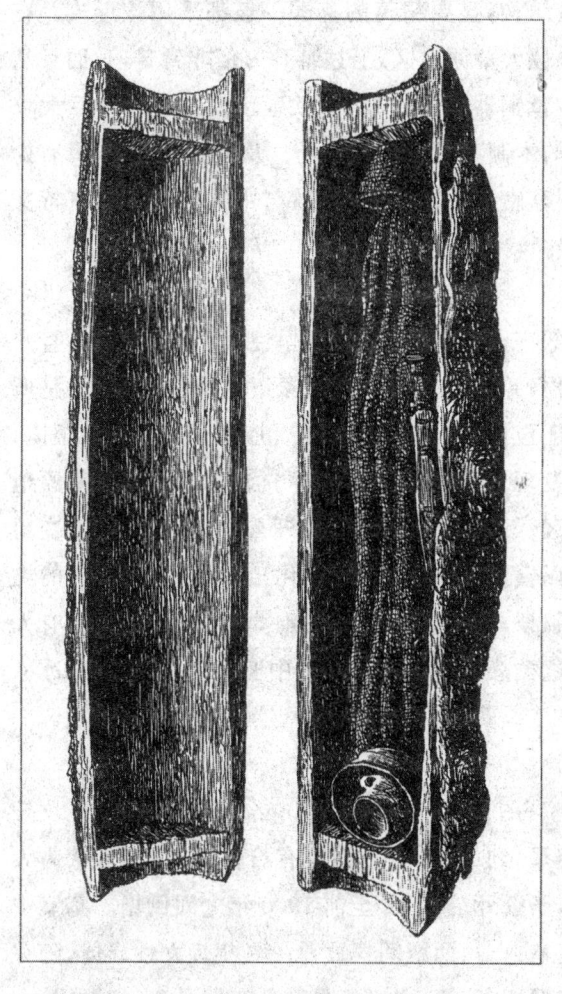

图 8.2 发现于丹麦的树干棺材,里面有亡者尸体还有毛织的帽子和斗篷、几件陶器,另有一把剑。(Lubbock, John. *Prehistoric times*. New York: Appleton and Company, 1890)

第八章 丧葬

移动,骨灰与随葬物之类的物品由此放入。

木制墓室

在新石器时代,人们往往造一间木质墓室或其他木质结构建筑用来暴露亡者尸体,最后在其上修建长型坟冢。此类形式用于公共墓葬。然而及至后来,越来越多的个人墓葬采用此类木室结构,显要精英的墓葬一般都采用该形式。在公元前第三个千年早期的半干旱性大草原地区,上述墓葬习俗非常普遍,而且从这一地区扩展到欧洲其他地区。青铜器时代初期,中欧地区偶尔会建造巨大坟冢安葬重要人物,此类坟冢之下的木制墓室却风格迥异。及至铁器时代,只有少数地区的墓葬还将亡者置于木制墓室中,著名者如西欧与中欧的哈尔施塔特文化区。

库尔干(Kurgans) 公元前第三个千年早期,半干旱性大草原的居民(竖穴墓文化)建有小的木室盛装入藏物,并将其置于环形坟冢下的葬坑中,这便是所谓的"库尔干":有些此类墓葬中还包括作为祭品的马匹。库尔干墓葬分布很广,向西远达喀尔巴阡盆地,那里已发现了少量库尔干墓葬。该墓葬形式在草原地带延续发展,其传播越过中亚地区。及至公元前第三个千年中期,这类墓葬变得更具装饰性,存放亡者的木室外形模仿房屋(木椁墓文化)。部分铁器时代的类似墓葬非常奢华,墓葬中有大量献祭马匹,还有众多人殉葬,此外随葬的还有大批金制品,纺织品和精美木器。这类豪华墓葬众多位于中亚阿尔泰山区,为冰冻坟墓,因而得以保存。

罗伊宾根(Leubingen,萨克森-图林根[Saxo-Thuringia],德国) 该土坟丘高 28 英尺(约 8.5 米),宽 110 英尺(约 34 米);上面建有石板制石冢,形状为大三角形(帐篷形状);墓室为木制,于公元前 1942 至前 1900 年之间倒塌。墓室中摆放着一个男性亡者尸体面朝墓室入口,两腿间摆放着一具年轻女性尸体,随葬品包括武器(一支戟、三把匕首和两把斧头),木匠工具和金工器具(三把凿子、一把蛇形镐和一块磨石),还有珠宝(两副螺旋形指环,两个金制衣针,一个很大的臂环和一颗螺旋形珠子)。上述随葬品大概均属于男性亡者,据推测墓室中的女子为奉献给男子的人祭，只是尚无证据证明该推测。

莱基-马勒（Łeki Mate，波兹南[Poznan]，波兰）　该墓地位于山谷中，共有11座坟丘，坟丘排成一列。其中一座坟丘下面有一间墓室，该墓室为木石与黏土混合结构，里面葬有一个男人和一个女人。男人的随葬品有珠宝和一批武器：一把匕首、一把凸缘式斧头、一支青铜戟、一枚青铜别针和一个金螺旋饰物。女人戴着一对大脚镯。坟墓中还有五只罐子和一些木器。坟丘中的另一处还埋葬着另一个人，他的随葬品有一把凿子、一把匕首、一把凸缘式斧头、三个螺旋形金指环、两颗琥珀珠子、两枚衣针和五只罐子。

维克斯（勃艮第，法国）　其为公元前6世纪的墓葬，与拉苏瓦山（Mont Lassois）的山丘堡垒有关。墓主大概是位首领，生前依靠与希腊人的贸易而致富。这在随葬品中有所反映，其中包括著名的维克斯双耳喷口杯，可能是件外交馈赠品。另外还有其他葡萄酒的酒具：一个伊特鲁里亚青铜酒壶和两只希腊阿提卡式酒杯。有一辆马车被布置成棺材架，上面躺着维克斯"公主"，年龄约三十五岁，戴着沉重的金饰环。马车车轮被取掉，堆靠在木板结构墓室的一侧，墓室的墙壁上挂着织物。墓室上建有一座石冢，旁边围出一片很大的长方形地带，可能是用来举行葬礼仪式的。沟渠中发现有陶器和动物骨骼，表明曾有过宴饮。围地入口两侧各有一尊真人大小的石像，石像的形象分别是持武器的男人和戴颈环的女人。

洞穴

天然洞穴也被广泛用作墓室，笼统地说，此类墓室并不常见，只见于某些地域，如在公元前第四个千年的法国南部和伊比利亚半岛上某些地区，还有公元前第三个千年的克里特岛北部。

玛尔果（Margaux，比利时）　该洞穴中埋葬着九具中石器时代早期的人类尸体，尸体由石块环绕和覆盖，有些尸体带有石器等随葬品。

蝙蝠洞（阿尔梅利亚，西班牙）　约公元前4000年，一些人被埋葬于一个洞穴中,该洞穴地处峡谷一侧的高处。洞穴里的干燥环境使得亡者穿的衣物和随葬的有机物制品保存下来,其中包括帽子、束腰外衣、腰带、便鞋、包袋以及灰绿针草编制的篮子。有些篮子中装满罂粟,可能是用作麻醉剂。

雕刻家洞穴(Sculptor's Cave,摩里湾[Moray Firth],苏格兰) 该天然岩石裂缝在大约公元前800至公元700年间被用作藏骨之处,其中埋葬的人类骸骨超过两千件,尤其是小孩的骸骨。随葬品有供奉的青铜制品和仿制罗马钱币等外来物品。

聚落墓葬

在铁门峡谷某些中石器时代人类聚落中,如莱彭斯基村中,孩子被葬入灶台旁边的房屋中央;成年人则被葬入房屋之间,亡者的头朝向河流下游方向。

在一些中石器时代的贝壳堆中发现了人类遗骨,这表明:虽然多数墓葬位于墓地中,但人们偶尔也在生活垃圾堆中为亡者挖掘坟墓。葡萄牙塔霍河河口的贝壳堆中有不少墓葬,有的还是石砌的。

在新石器时代欧洲东南部,亡者往往被葬在房屋地板下,这一习俗在近东也非常普遍。亡者遗骨也可能被放在炉子中,或埋在屋外,屋子的位置在聚落边界处,也可能在边界以内。多数亡者被土葬,也有部分是火葬的。有些亡者有少量随葬品,如陶器、骨制或贝壳制饰品、骨制尖钻等工具,还有动物骸骨。及至后来,随葬品中还出现了铜器。公元前4000年之后仍然有亡者葬于聚落内,不过此时亡者墓葬已普遍位于外面的墓地里。

在铁器时代的人类聚落中,在废弃的储藏坑或聚落的沟渠中也能发现人类骨骸,偶尔还能发现完整的尸体。这些亡者可能是被埋葬在该地,但也有可能是被用作牺牲。

土葬墓与墓地

在东南欧的整个史前时代,绝大多数亡者的入葬方式是全身入土埋葬。不过也有其他方式,在中石器时代以来的其他欧洲地区,出现过众多不同于全身入土的埋葬方式。线纹陶文化(LBK)的墓葬中,入葬物被埋葬于平板坟墓墓地中,有的是亡者尸体,有的则是火化剩下的骨灰。这类墓地或是靠近居民的小村庄,或是位于田园之间。男性亡者的随葬品有斧头、箭头与贝壳制饰品;女性的随葬品有磨刀石与尖钻。在公元前第四个千年伊比利亚半岛与意大利的某些地区,墓葬位于平板坟墓中。不过在整个地中海地区与西欧地区,公共墓葬更为普遍,此类状况一直持续到公元前第三个千年晚期,之后单人坟墓式墓葬逐渐成为主流。从公元前第三个千年晚期开始,单人土葬成为欧洲西半部地区的标准墓葬形式,这类墓葬上有的建有坟冢,有的则没有。尽管如此,此时火葬并未消失,依然存在于某些地方。青铜器时代晚期是一个间隔时期,这期间火葬成为主流。此后,从公元前第一个千年早期开始,土葬再度成为普遍习俗,及至铁器时代,人们的入葬习俗又有了很大变化。

中石器时代墓地

墓地的修建在中石器时代晚期的某些欧洲地区非常盛行,这些地区从俄罗斯延续到葡萄牙,囊括了北欧和西欧的广大沿海地区。有些墓地就位于聚落边上,不过在北方岛屿上,远离聚落的墓地也很常见。这些墓地中的墓葬大多为单人土葬,偶尔也出现两人或两人以上合葬,还有些坟墓中只有火化的骨灰或收集到的遗骨。这些墓葬中的随葬品一般为个人饰品,如穿孔贝壳串成的项链。墓葬中广泛使用红赭石,众多坟墓中还有鹿角,一般用来支撑坟墓中的尸体。

在欧洲其他地区也有中石器时代的土葬墓地。如在多瑙河流域的铁门峡谷地区、弗拉萨卡(Vlasac)等聚落旁边就有一片平板坟墓的墓地。在东欧德涅斯特河(Dnestr)流域和第聂伯河流域,当地居民在中石器时代开始修建大型墓地,如乌克兰第聂伯拉比德斯(Dnepr Rapids)地区的墓地,这些墓地使用时间长达千年。

赤鹿岛墓地(俄罗斯) 在公元前第七个千年,该岛被中石器时代的人们用作墓地。亡者入葬时头朝向东方,男人的随葬品有骨制尖头、别针和鱼叉,还有小刀和板岩匕首;老人的随葬品只有骨制尖头;女人则一般有海狸牙制的珠子随葬。有的亡者也用海狸、麋和熊的牙齿制成的吊坠随葬，熊牙吊坠只用于年轻男性亡者。有九名亡者有雕像随葬，雕像的形象包括蛇、人或麋。总共170座坟墓中，有四座坟墓中的亡者尸体是竖放的，而且随葬品众多，据推测这些亡者为萨满巫师。

斯卡特哥尔摩（Skateholm，瑞典）　该中石器时代的聚落地处泻湖的一端，为冬季居住地，其相关的墓地则在附近两座小岛上。墓地中墓葬的葬礼方式和习俗差异巨大，这表明墓地中的亡者属于好几个不同的族群，每个族群都拥有自己的葬礼习俗。这类差异包括：方向、占地大小和外观曲线各不相同的墓葬；有的为土葬，有的为火葬；有的墓葬只埋有部分遗骨，有的为单人墓葬，还有的是双人墓葬；另外，一些墓葬中有狗随葬。墓葬中的其他随葬品有动物骨骼制成的珠宝和燧石刀斧，前者用于女性，后者用于男性。此外还有单独的狗墓葬，这些动物亡者同样有全套随葬品。

韦兹拜克（丹麦）　该地有几处人类聚落环绕泻湖分布。大约在公元前4800年，其中的一个人类群落使用一处位于布格巴肯（Bøgebakken）的墓地。墓地中有众多坟墓，坟墓排列整齐。坟墓中的尸体面躺着，手臂放在身体两侧。有座坟墓中的年轻女性头枕着折叠好的衣服，身穿饰有蜗牛壳珠子和众多吊坠的服装。该女性亡者身边摆着一支天鹅翅膀，上面躺着她死产的儿子，该婴儿有燧石刀随葬，这和墓地中其他男性亡者一样。婴儿身上及其母亲的骨盆和脸上均洒有红赭石粉。在另一座坟墓中，一个成年男性尸体放置在一对鹿角上，他的头下面洒了红赭石粉，脚边的石头上也洒了红赭石粉。

弗拉萨卡（塞尔维亚）　该地的墓葬集中在远离房屋的聚落边界地区。这些墓葬集中分布在几处，目前已经有超过一百座被发掘。有的亡者身边有个人饰品或赭石和石墨等东西随葬，这些石材也可用于个人装饰。也有少量亡者为火葬。

东南欧

在新石器时代的东南欧，人们一般把亡者埋葬在聚落内，或埋葬在聚落外围地区。不过及至公元前第五个千年,这一习俗有所改变,亡者一般被埋葬在聚落中的废弃区域。在公元前第六个千年晚期的某些欧洲地区,如保加利亚,人们开始修建独立墓地。及至公元前第五个千年中期,此类独立墓地形式已经传播到东南欧。墓地布局一般为众多坟墓排列成几行,没有重叠,这表明这些坟墓肯定有标志。亡者以蜷缩姿势入葬,随葬品为个人所有物,如陶器、珠宝、青铜工具和武器,有的还有金制品。有些坟墓中有两个或三个亡者。在史前时代的东南欧,最普遍的习俗一直是把亡者以土葬方式葬入大型平板坟墓墓地中,不过也有存在其他习俗,如公元前第三个千年克里特岛上的公共墓葬;还有铁器时代马其顿的巨冢,此类巨冢为火葬坟墓,墓主为当地显贵。

色纳沃达(Cernavoda,罗马尼亚) 这座公元前第五个千年的墓地分两片区域,约共有400座墓葬。墓葬中,亡者的随葬品中有珠宝,其制作材料丰富,包括铜、海菊蛤壳和象牙贝壳,还有大理石;其他随葬品还有小陶像、动物骨骼以及石斧和石凿。

瓦尔纳(Varna,保加利亚) 这片与众不同的墓地位于黑海岸边,使用时间约为公元前4500至前4000年,墓地中坟墓有三百座左右。约有六十座坟墓中有饰品和其他金、铜和海菊蛤壳制品,另外还有精制的燧石刀,但这些物品旁边并无相应的亡者尸体,上述物品中有的与泥制面具放在一起,面具可能代表尸体能保存下来的亡者。不过有少量装饰富丽的坟墓中确实有亡者尸体,有些坟墓中虽有尸体但没有随葬品或随葬品很少;但也有部分坟墓中的随葬品在十件以上,这些随葬品以陶器为主,其他还有贝壳与青铜饰品,也有燧石工具。

蒂萨波尔加-巴萨塔尼亚(Tiszapolgár Basatanya,匈牙利) 该大型墓地修建于公元前第五个千年晚期。墓地中的女性亡者入葬姿势为左侧身躺卧,随葬品有石制或贝壳制项链,骨制尖钻和罐子,有的还有铜指环和镯子;男性亡者入葬姿势为右侧身躺卧,随葬的有铜匕首、斧头、别针和尖钻。有些坟墓中没有随葬品,有些则较多。有个年纪约25岁的男性亡者入葬时脚边还有一条狗随葬,他的其他随葬品还有动物骨骼与兽角、一副铜手镯、四把燧石刀、八只罐子、兽角锤斧,还有一副野猪牙吊坠。

广口陶文化墓葬

在公元前第三个千年,单人墓葬形式在温带欧洲与地中海地区广为传播,这些墓葬一般与广口陶文化有关。不过广口陶文化墓葬的出现要早得多,可上溯到中石器时代。此类单人墓葬多为平板坟墓或带坟丘的坟墓;在苏格兰等地区的坟墓中还砌有石块。小型墓地往往有沟渠或石缘环绕。有些小型墓地以一座带有大量随葬品的奢华墓葬为中心,四周围绕着其他坟墓,这些相对次要的坟墓中随葬品很少,有的完全没有随葬品。最后阶段是在墓地中堆起一座坟丘。一些单人墓葬也有单个的坟丘。

广口陶文化墓葬中,男性亡者入葬时往往有一个"广口陶容器"(即广口杯)随葬,其他常见随葬品还有武器和射箭装备,射箭装备包括带有倒钩和箭杆槽的箭头和一副石制护腕。男性与女性亡者都可带个人饰物入葬,饰物包括黑玉或片岩制成的穿孔扣子和铜别针。

巴纳克(Barnack,东安格利亚,英格兰) 该地发现一座男性墓葬,随葬品有一只精美的广口杯、一把铜匕首、一副护腕、一副骨制吊坠。该男性的墓葬周围环绕着15座单人坟墓,其中12座没有随葬品。所有这些墓葬都被一道环形沟渠围绕,墓地上建起一座坟冢。

艾姆斯伯里射手(威尔特郡,英格兰) 该墓葬于2002年发现于巨石阵附近,为青铜器时代不列颠最奢华的墓葬。墓主为男性,死亡年龄在35至45岁之间,生前因为有严重膝伤已经跛足。他被埋葬在一座木架结构墓葬中,墓葬上面可能有坟冢,随葬品超过一百件。随葬品包括三把铜制小刀、五只广口杯、两副射手护腕、16支燧石箭头、一枚骨制别针、若干燧石与金属制工具,还有众多个人饰品。这些饰品包括一些野猪獠牙、一对金制耳环或发饰。这座墓葬约建于公元前2400至前2200年间,正好为巨石阵开始使用青石与砂岩石装点的时期。根据合理推测:这位墓主可能是负责规划与组织这类宏伟工程的首领之一。旁边一座墓葬中埋葬着一个较年轻的男性,随葬品中同样有一对金制耳环和野猪獠牙。两个墓主的骨骼有着同样的异常特征，这表明二者大概是亲戚，很可能是父子。对那位年长亡者牙齿珐琅质的研究表明：他童年生活环境远比不列颠寒冷，可能在中欧或阿尔卑斯山地区。如此说来，这位"巨石阵之王"是个移民。而那个年轻人却是成长于不列颠，他的童年在南部度过，青年时代则是在北方。

铁器时代的墓葬和墓地

在公元前第一个千年，土葬是最常用的入葬方式，公元前第一个千年早期在哈尔施塔特之类地区出现了土葬墓地。精英墓葬中往往有武器、精制陶器和金属制品随葬，有时还有马具。在某些精英坟墓中，亡者尸体者随葬品被放置在四轮马车或两轮战车上。

哈尔施塔特（奥地利）　哈尔施塔特墓地使用的时间非常漫长，里面的单人墓葬超过2500座，这些人大多与当地的盐矿开采有关。富裕女性有金首饰随葬，最富有男性的随葬品则有青铜匕首和青铜制或铁制的剑，几件武器的柄部还是镀金的。精英墓葬位于墓地中一处隐蔽之地，随葬品除上述奢侈品外，还包括其他的仪仗武器、青铜器皿、青铜头盔以及各种精美首饰。富人墓葬区的对面是穷人墓葬区，该地的墓葬无任何随葬品。

索姆-比翁尼（Somme-Bionne，马恩省[Marne]，法国）　其为公元前5世纪晚期的墓葬，男性墓主的尸体放在一辆两轮马车上，随葬武器包括一把带鞘的剑，剑鞘为青铜制，雕刻有图案；其他还有马饰。另外还有宴饮用具，其中有一只希腊阿提卡式酒杯。

火葬

整个史前时代，在不同时期的部分欧洲地区，某些人类共同体有火葬习俗。如：丹麦斯卡特哥尔摩的中石器时代墓地中，有些坟墓中埋葬着火化的遗骨。在东南欧和线纹陶文化地区农耕居民中，土葬与火葬的习俗并存。青铜器时代早期的匈牙利通行火葬,而同一时期的中欧其他地区则盛行土葬。在公元前第二个千年的不列颠、法国西北部以及荷兰,火葬很普遍,亡者骨灰被放入瓮或大罐中跟少量随葬品一起入葬。

在欧洲的一片广大地区,即瓮棺文化区,火葬曾经是非常盛行的入葬方式,时间为公元前第二个千年晚期和公元前第一个千年早期。此后,土葬日益普遍,但在某些地域,有时火葬依然很流行,如在晚期铁器时代。铁器时代的色雷斯,火葬墓葬上修建的平板坟墓在墓地中最为常见,显贵人士的墓葬则更为精致。

瓮棺墓地

瓮棺墓葬是青铜器时代晚期欧洲大部分地区最主要的入葬方式。亡者尸体火化,剩余骨灰和煅烧骨被收集起来装入形状各异的瓮中,然后再将骨灰瓮葬入大瓮棺墓地。在瓮棺文化区西部,有的瓮棺墓葬有沟渠围绕,沟渠多为环形,有的则是不规则形状,包括钥匙孔形状。在某些地方,葬坑上还建有小型坟冢。

此类火化后瓮葬的风俗大约起源于多瑙河地区,在这一地区,火葬是青铜器时代早期的普通入葬形式。这一习俗通过中欧和东欧传入意大利,然后传入西欧,公元前9世纪时到达伊比利亚半岛。在大西洋沿岸或北方地区不存在瓮棺墓葬,但当地还通行其他形式的火葬习俗。还有几种瓮棺墓葬属于土葬墓葬,其分布范围还略广于火葬瓮棺墓葬。

瓮棺墓葬的随葬品一般限

图 8.3 一只带盖子的骨灰瓮。青铜器时代晚期火葬习俗传遍欧洲,火化后剩下的骨灰与煅烧骨被收集起来放入瓮中,然后骨灰瓮被埋入地下或坟墓中。(Worsaae, J. J. A. *The Industrial Arts of Denmark*. London: Chapman and Hall, 1882)

于几种小饰品,如搭扣和别针;还有其他小型个人生活用品,如剃刀;此外还有陶器。少数显贵死后被置于马车上,然后连人带车一起放在火葬柴堆火化,这些人的随葬品包括精美餐具以及一把剑。

斯堪的纳维亚

在斯堪的纳维亚半岛,树干棺材很早就用于土葬。及至瓮棺时期,树干棺材依然用于墓葬,不过此时是用来装亡者的煅烧骨与骨灰。棺材中还有其他随葬品,一般为个人物品,也有短剑。埋葬瓮棺的坟墓往往有一圈低矮的石围,石围摆成船形。

铁器时代

在铁器时代,火葬习俗依然存在于某些地区。其中包括公元前1世纪的英格兰东南部,在该地发现了许多座富人的火葬墓葬。

韦林花园城(赫特福德,英格兰) 其为一很深的葬坑,里面埋葬着一个年轻人的火葬遗留物,周围摆放着五只装葡萄酒的土罐;还有几件喝葡萄酒和装其他食物用的容器,其中有银器、青铜器和木器,包括一个青铜过滤器、一支青铜指甲清洁棒以及其他几件小型个人物品;此外还有各种各样的珠宝残片,材质为青铜、玻璃和琥珀;另有24枚玻璃制的游戏用具和一个木制游戏盘。

其他尸体处理方式

尸体某些部分

入葬完成后并非万事大吉。尸体某些部分,尤其是头盖骨,会被保留着或从墓葬中取回,然后加以特殊处理,这是中石器时代的习俗。在苏格兰奥朗塞(Oronsay),指骨被塞入堆肥中,有的被置于海豹鳍状肢上。在德国奥夫纳特(Ofnet)发现的中石器时代头盖骨堆,可算是这类习俗的极端例子。欧洲西部的新石器时代居民也把亡者的骨骼拿走,部分用于重要仪式地,如围堤的沟渠;其他骨骼则依照各种方式摆放于坟墓中。骨骼往往分不同种类各自摆成数堆。在一座英国的坟墓里发现了指骨插入石材缝隙中。及至铁器时代，人们特别留意保留敌人的头颅和头盖骨，把它们钉在房屋中，或穿在大门的木桩上；还有的敌人头颅和头盖骨被小心浸泡在油里当战利品保存。人体的某些部分或骨骼被用于不同仪式场合，有时被插在围栏中的杆子上展示。

无墓葬方式

在史前欧洲的众多地方和众多时期，已发现的墓葬数量跟实际的亡者数量相比明显少许多。众多火葬墓葬中只有煅烧骨或骨灰，外加极少的随葬品，现今要发现与确认它们极为困难，因而火葬的范围可能远比我们目前所知的更广泛。人们也可能将火化剩下的骨灰或煅烧骨随风挥撒或撒入河流湖泊，如此不会留下任何墓葬痕迹。如在新石器时代的东南欧，人类聚落中掩埋的土葬尸体量很少，与居民数量极不相称，较合理的解释是这些居民也有某种火葬习俗。

其他地方的墓葬数量过少则不能用火葬习俗来解释。如在铁器时代，人们的风尚与信仰因时间和地区而异，葬礼仪式也会有所不同。在发掘史前垃圾坑时发现了众多人的肢体，这表明众多时候亡者没有墓葬，他们的尸体暴露在外。人类聚落中常见的双柱或四柱结构建筑可能是用来暴露亡者尸体平台。还有其他可能的解释，如以河流、天空和海洋为亡者尸体最后归宿。在泰晤士河一条断流运河中发现的一簇东西证实了上述猜测。这些东西表明：在公元前1300至公元前200年间，当地居民将亡者尸体腐烂后剩下的骨骼放入一座岛边的河流中，这些东西因为比较重而沉入河底，没有被河流冲走。另外在不列颠的众多河流中发现了公元前第一个千年的人类头盖骨，同样证实了上述猜测。

存在食人习俗吗？

有些人类骨骼上的切割痕迹表明，骨骼上原本的肌肉组织等是被割下来的。这可能属于某种葬礼仪式，为的是让尸体肉体组织剥落，仅剩下骨骼用于安葬，因为在众多史前欧洲人类共同体中有剥离亡者肉体以骸骨入葬的习俗。一般情况下，人们都是通过暴露亡者尸体来剥离肉体组织的。

另有一种更具争议的观点认为，这些骨骼上的切割痕迹是食人习俗存在的证据。一些人类长骨的发现为此观点提供了支持,人们折断这些长骨似乎是为了方便吸取其中的骨髓。其他一些考古发现也表明可能存在食人习俗,如某些中石器时代聚落中的发现,包括丹麦的韦兹拜克与迪霍尔姆,中石器时代至新石器时代过渡时期的法国枫伯莱古阿(Fontbrégoua)山洞中的发现,还有英国发现的铁器时代河流沉积物。根据民族志学以及历史文化方面的记录,食人习俗一般并非出于生存需要,而是某种仪式,史前时代的欧洲亦是如此。一般说来,食人习俗的意愿大致为把亡者的灵魂与力量传递给生者。不同的史前人类共同体都有这类习俗,被食者有亲人,也有敌人。

纪念性坟墓

在中石器时代,部分墓葬是在石砌坟墓中的;新石器时代期间,人们建造带有主墓室的坟墓,这类坟墓包括欧洲西部地区的巨石建筑和地中海地区的地下墓穴(hypogea)。在欧洲众多地方发现有巨大坟冢,坟冢下面为木质墓室。这是一种传统墓葬结构,始于新石器时代,一直延续到罗马帝国之后,其间形制不断变化。而巨石墓室结构的墓葬及至公元前第三个千年和第二个千年则逐渐消失,不过在之后的某些地方,大型巨石冢和小型石棺冢依然存在。

纪念性坟墓有其实际功用,它们是一种醒目标志,昭示着一个人类群落对其领地的传统权利或一个首领对其领地的控制权。纪念性坟墓的大小反映出群落或首领动员人力资源参与建筑活动的能力,参与建筑的劳力有的来自群落本身,他们自愿劳动,视这类公共活动为应尽的宗教义务;有的劳力也是以各种方法从邻近群落招来的,如为劳动者提供宴饮享乐。在修建纪念性坟墓方面,各人类群落之间似乎在相互竞争,每个群落都极力建造更宏伟的坟墓,以期超越邻近群落。

巨石坟墓

从公元前5世纪(译按:原文似有误,疑为公元前第五个千年)早期开始,葬礼纪念石碑开始出现在布列塔尼和伊比利亚半岛。此类建筑沿着大西洋沿岸传播，从伊比利亚半岛通过布列塔尼和不列颠西部抵达斯堪的纳维亚半岛，还传入西欧内陆部分地区和地中海地区。公元前第四个千年期间，此类建筑在西班牙南部、比利牛斯地区、法国中部以及西地中海诸岛特别兴盛。这些地区的墓葬方式自有其共同点，如均在建筑中使用巨石，均有公共墓葬仪式等风俗，但巨石坟墓的外观却千差万别。不同地区的巨石坟墓各不相同，而且人们还不断在巨石坟墓中加入新坟墓，同时还不断改造坟墓，采用新坟墓外观。及至公元前第三个千年晚期，欧洲大部分地区的巨石建筑趋于衰微，不过在公元前第二个千年也偶尔会出现巨石坟墓。在巨石坟墓的建造停止之后很长时间，人们还会断断续续以某些巨石坟墓为墓葬地；其他巨石坟墓则因为入口被碎石封住，不再被使用。

巨石建筑

欧洲巨石坟墓在外形上千差万别，造成差别的部分原因在于各地可用的建材不同，同时也是出于其他某些方面的考虑，具体内容我们已不得而知。每个地区都发展出独有的巨石建筑式样。墓室轮廓有环形、矩形或多边形，所用建材为巨大石块，其中多数石块未经加工，巨石间往往建有干石筑墙。

有的墓葬中有单独通道通向较宽的墓室或墓室群(甬道巨石墓)；其他墓葬则呈矩形，有的内部有隔间(甬道墓葬)，有的没有。坟墓正面一般有装饰，另有入口与前院。坟墓的顶部要么铺有平置石板，要么建有带枕梁的拱顶。

坟墓大小差别很大，小者只是一口石棺，大者为带有侧室的甬道巨石墓。有的巨石为独立式；不过一般说来，巨石上往往建有坟丘，坟丘规模很大，超过坟墓数倍，大部分坟丘四周还有加镶边石或有木栏围绕，外围还有沟渠。多数坟丘下面是一座带墓室的坟墓，也有少数坟丘下的坟墓带有两个或更多墓室。有些地方的墓葬结构大体相同：为木制墓室上修建长型坟冢。此类墓葬也有石制前院或正面。在带墓室的坟墓前院中发现了坑、炉子以及人类骨骼——可能是举行仪式后留下的。

巨石墓葬

有众多仪式与巨石坟墓有关，包括火葬、全身土葬，还有尸体腐烂后将骸骨埋葬。这几种葬礼方式未必都会留下痕迹。有时众多尸体腐烂后剩下的骸骨放置于同一火葬柴堆进行集体焚烧。坟墓中的骨骼大多以一定方式排列，有的还被重新排列多次，如把头盖骨摆在一处，长骨摆在另一处。在有的地方，很可能整个群落内所有成员死后遗骨都被葬入这类坟墓中；不过也并非都是如此，往往有的坟墓中只埋葬着单个亡者，还有的只象征性埋葬着一个人的部分骸骨。部分巨石墓葬中的亡者有个人随葬物品，不过坟墓中的多数供奉品并非属于个人，而是属于整个群落。

不过后来，有些巨石坟墓被当地人类共同体再度利用作为单人墓葬。此类墓葬将坟墓建于入口附近，亡者全身土葬，还有随葬品。

早期巨石坟墓

最早的巨石坟墓出现于公元前第五个千年初期的布列塔尼地区和伊比利亚半岛。在布列塔尼西部，巨石坟墓带有一间或多间小墓室，每个墓室都能从通道进入，墓室上建有石砌坟丘。在卡纳克地区矗立着众多长型坟丘，当地人称之为"tertres tumulaires"，坟丘之下有炉子、支架以及盛有人类遗骨的小型石棺。这类坟丘旁边往往有独石纪念碑或排列好的竖石纪念碑。在伊比利亚半岛阿连特茹和埃什特雷马杜拉（Estremadura）地区，早期巨石坟墓为甬道巨石墓。

甬道巨石墓

大约在公元前3800年，布列塔尼沿岸的巨石坟墓式样有所变化，带有墓室的坟丘被带有甬道巨石墓的圆形或细长形坟丘所取代。这类坟丘下的坟墓有的还不止一座。在众多地方，早期坟墓边上的竖石纪念碑被砸碎后用作甬道巨石墓的顶石。此类甬道巨石墓的建造延续到大约公元前3500年，此后已有的甬道巨石墓还被继续使用了很长时间。

在整个公元前第四个千年，采用甬道巨石墓的地区从撒丁岛、西班牙南部和葡萄牙，穿越布列塔尼和不列颠西部，一直延伸到斯堪的纳维亚半岛和德国北部。在德国北部的漏斗颈广口陶文化（TRB）墓葬约建于公元前3700年左右。上述这些坟墓都有一条入口通道，通向墓中的一间或数间矩形或多边形墓室，墓室由竖石构成，为了防止塌陷，墓室顶上要么铺了石板，要么以支柱支撑。坟墓上一般有一座石块或泥土堆成的大型坟丘。人们可穿过通道进入墓室,把入葬物或遗骨放入坟墓或重新整理这些物品,这便是封闭于坟丘中的石棺或木制墓室之类结构所不具备的。

瑞典现存的甬道巨石墓主要建于公元前3600至前3300年间,这些坟墓的墓室位于通道右角位置,轮廓为椭圆形或矩形,墓室上有圆形坟丘,坟丘所用的建材包括:石头、烧过的燧石以及加镶的边石围起来的草皮。丹麦的甬道巨石墓被称为"巨人墓"(jaettesture),此类坟墓的通道较为低矮,墓室却较高,墓室顶部是一块巨大顶石。坟墓上有坟丘,但顶石过于巨大,往往突出坟丘。

在不列颠,早期甬道巨石墓上有小型坟丘,坟丘外形为圆形或椭圆形。后来这些坟墓往往被纳入众多的长型坟冢。早期坟墓可能形成长型坟冢的一端,依然能够进入;不过新坟墓也可能完全覆盖了位于一端的早期坟墓。新的长型坟冢中会修建一座全新甬道巨石墓。

不列颠巨石坟墓直到公元前第三个千年晚期才停止使用,但在东爱尔兰和北爱尔兰,还有北威尔士和奥克尼地区,人们早在公元前3300年左右就发展出一种新坟墓式样,即所谓改进的甬道巨石墓。此类坟墓有一条很长的通道通向中央墓室,中央墓室为圆形或多边形,中央墓室旁边一般还有几间侧室,形成十字形结构。通道顶部铺有石板,墓室往往为枕梁拱顶结构。此类甬道巨石墓外建有巨大环形冢,石冢周围加镶有边石,部分坟墓在入口处还有一面石护壁。有的坟丘下是一座坟墓,如纽格兰治的坟墓;也有的坟丘下有几座坟墓,如那奥思(Knowth)的坟丘下有两座坟墓。在爱尔兰,这类坟墓中大多是火葬墓葬,其中也包括一些腐烂后剩下的亡者遗骨。这些坟墓中埋葬的是多人的骨灰或遗骨。葬礼剩下的东西一般放在侧室,也有的放在墓中的石盆里。奥克尼甬道巨石墓为公共土葬墓葬,如昆特尼斯(Quanterness)的墓葬中埋葬着超过150人的遗骨,包括男人、女人和孩子。这些坟墓的某些特征与巨石文化所掌握的天文学知识有关。装点坟墓的巨石一般排列成螺旋形和其他图案。此类巨石坟墓往往紧靠甬道巨石墓群墓地,旁边还会有立石或石圈,墓石牌坊以及其他巨石坟墓。及至青铜器时代与铁器时代,巨石坟墓之中或巨石坟墓周围的墓葬依然被视为神圣的墓地区域。

在西班牙南部的阿尔梅里亚，属于米拉雷斯文化的甬道巨石墓与上述坟墓相似，坟墓建造精巧，主墓室旁有侧室，墓室顶为顶石或枕梁结构，可通过侧窗进入。坟墓上建有圆形坟冢，坟冢边缘加镶有边石加固。另外还有一座半圆形前院，前院周围有一排或数排石块。有的坟墓旁边还竖立着石碑（baetyls）。

图8.4 丹麦洛丁格的一座圆形坟丘，下面有两座甬道巨石墓。另一幅图为该坟丘内部结构示意图。（Lubbock, John. *Prehistoric times*. New York: Appleton and Company, 1890）

Hunebedden 意为"巨人之床"，是位于荷兰的漏斗颈广口陶文化甬道巨石墓。这类坟墓通道较短，一般由两行立石构成，通道右角为一

第八章 丧葬

间长矩形墓室。墓室上面是一座椭圆形坟丘，坟丘边缘有立石加固。

海鞘石冢(Clava Cairns,因弗内斯[Inverness],苏格兰)　式样为环形冢,石冢下面是一座中央甬道巨石墓,开口向西南方,有的坟墓中只有一具土葬尸体石冢,可能有一圈石块围绕。海鞘石冢仅存在于苏格兰东北部,建造时间大约在公元前第三个千年。

入口坟墓　在爱尔兰、英格兰康沃尔和希里岛(Scilly Isles),还发现了一种不同类型的甬道巨石墓。此类坟墓外表为环形冢,坟墓内从入口开始分出两条通道,两条通道的内侧形成一间楔形墓室,墓室与通道没有差别。

图 8.5　纽格兰治大型甬道巨石墓的入口细部图片,该坟墓位于爱尔兰博因谷(Boyne Valley)。图片中可看到一块雕刻过的入口巨石；另外还有顶框结构,冬至时阳光通过该处照入。(© 2003 Charles Walker/Topfoto)

探寻史前欧洲文明

维兰德冶匠坊（Wayland's Smithy）长冢（牛津郡，英格兰）　一条石铺人行道，边上有矮石堤，周围有六根柱子环绕。该地成为14个人的墓葬之地。后来这间墓室被纳入一座梯形长坟冢，新坟墓中是一座甬道巨石墓，东端有一面石壁。

博因谷（Boyne Valley，爱尔兰）　博因谷墓葬区包括纽格兰治、道思（Dowth）和那奥思等地的坟墓，还有一些较小的甬道巨石墓，其中一些坟墓修建得比较早。这些坟墓分布在约3英里长2英里宽（4公里长3公里宽）的区域内，其中有立石、围墙和一处仪式用池塘。其他还有三处类似的墓地呈带状分布于爱尔兰，分别在洛克罗（Loughcrew）、凯洛威尔（Carrowkeel）和凯洛摩尔（Carrowmore）。

纽格兰治（博因谷，爱尔兰）　一座直径约260/275英尺（约80/85米），高50英尺（15米）的坟丘，以泥土、石块、黏土与草皮建成。坟丘周边有饰有雕刻的边石围成环形，边石上建有高10英尺（3米）的护墙，护墙矗立至今。从入口到墓室的通道墙壁以大圆石，白石英和灰花岗石砌成。甬道巨石墓只占了坟丘下一小部分，坟墓正面装饰精致。入口的楣上有石砌的"顶框"，冬至时阳光能够从该地通过通道照耀墓室的后墙，如此坟墓内部能保持明亮约15分钟。要达到这一效果，建造坟墓时必须精确规划和调整，这需要极高超的工程技术。众多建筑石材包括大圆石，横置于入口处；有些加镶的边石上，还有墓室内外的其他石块上饰有螺旋与其他几何图案。有几块石头上还刻有测量符号，是当初用来规划纪念碑布局的。坟墓中有众多火葬入葬物，还有其他物品，如未烧过的骨骼、鹿角别针、陶器、石制吊坠等。可惜1699年坟墓开启后，这些东西中的多数已经被蜂拥而来的参观者拿走或毁坏了。墓室的凹窝里摆着一些石盆，据估计这些骨骼和随葬品开始都被放在石盆里。

梅斯豪（Maes Howe，奥克尼，苏格兰）　一座以石块和黏土建成的坟丘，原直径125英尺（38米），高26英尺（8米），有一条堤道与一道石砌沟渠环绕，坟丘之中建有一座漂亮的拱顶结构楔形通道墓葬。修建该坟墓的石材有的很巨大，有的是以众多小石板水平分层堆砌而成。一块三角形巨石被用来封住坟墓,打开坟墓时这块巨石就被推进一个凹窝里。门口顶端留有一条小缝隙,如果石板位置适当,冬至日落时石板会引导阳光通过通道照入主墓室。该坟墓后来被洗劫一空,因此我们对当初墓中的入葬物品一无所知。

加夫里尼(布列塔尼,法国) 莫比昂湾(Gulf of Morbihan)中有一座名为加夫里尼的小岛,形成一处海角,岛上矗立着一座甬道巨石墓。坟墓中有一条长约 40 英尺(12 米)的通道通向墓室。这些结构都位于一座巨型石冢之下,该石冢直径 200 英尺(61 米),以干石筑墙加固。坟墓装饰十分奢华,多

图 8.6 位于法国索米尔(Saumur)附近巴诺(Bagneux)的一座甬道墓葬。(Figuier, Louis. *Primitive Man*. London: Chatto and Windus, 1876)

数立石雕刻有曲线几何图案,还有斧头形和钩形图案。

洛斯米拉雷斯(阿尔梅里亚,西班牙) 在洛斯米拉雷斯城堡垒区之外有一处墓地,里面的坟墓为甬道巨石墓,其中一些坟墓顶部为枕梁结构。坟墓中一般为多人墓葬,不过整个墓地可能按照亡者社会地位的不同而有所区分。靠近纪念墙的坟墓属于最重要的人物,该地坟墓中有丰富的葬品,有鸵鸟蛋壳、象牙、加莱珠子,还有匕首等小型铜制品,此外还有大批燧石箭头等日常生活用品。

甬道墓葬

甬道墓葬是指那些通道与墓室无差别的坟墓。坟墓中的长方形甬道一般被横隔板分成数间墓室。此类坟墓分布范围很广,从伊比利亚半岛与撒丁岛通过法国与德国到达瑞典。

小径坟墓（Allées Couvertes） 在公元前第四个千年晚期,布列塔尼地区居民开始修建甬道坟墓,即所谓的"小径坟墓"。这些坟墓中有一间很长的矩形墓室,墓室由宽度相等的立石围成,顶部铺有石板。随后法国其他地方的居民也开始修建此类坟墓,如属于巴黎盆地的塞纳河-瓦兹河-马尔讷(Seine-Oise-Marne,简称"SOM")文化的居民。这些居民修建此类坟墓用于集体墓葬,该习俗持续到公元前2200年左右。在法国南部地区,这一习俗持续时间更长,直到公元前两千年初期。有的甬道坟墓只有甬道结构,有的甬道坟墓上面则覆盖有坟丘。跟甬道巨石墓相比,甬道坟墓中的物品较少。在德国和瑞典的一些地方也发现了与塞纳河-瓦兹河-马尔讷文化坟墓类似的墓葬。

弯曲墓地（Sepultures coudées） 亦称为偏角坟墓,是一种甬道坟墓,主要存在于布列塔尼地区。此类坟墓中的甬道在末端向右转向,形成一间墓室。

庭院石冢 位于北爱尔兰与不列颠西部一些地区,修建时间可能为公元前第三个千年。坟墓的立石甬道被横隔板分隔成两到三间墓室,用来盛放火化骨灰或其他非火化处理方式剩下的遗骨,也可能两者皆有。坟墓外面用立石圈出一处无顶庭院作为甬道入口,整个庭院和甬道都被纳入一座矩形或梯形石冢中,甬道被石冢完全覆盖。

楔形坟墓 此类式样的坟墓于公元前第三个千年晚期在西爱尔兰发展起来,一直使用到公元前1200年甚至更晚,一般用于火葬墓葬。坟墓一端较高、也较宽,这一端往往是西南端。此类坟墓外是加镶有边石的环形冢,石冢将坟墓完全掩盖。坟墓式样有两种。其中一种墓室为矩形,以两排靠在一起的立石搭建而成,墓室大概被石冢完全封住。另一种式样的坟墓前端可能有进入甬道的开口,甬道总体为矩形,末端为圆形。墓室外面一圈很宽的立石围成另一间被石冢掩盖的墓室。

厩式石冢（Stalled Cairns） 在包括奥克尼地区在内的苏格兰北部,厩式石冢很常见。厩式石冢的甬道被横隔板分隔成数间墓室。奥克尼的伊斯比斯特厩

第八章 丧葬

式石冢有七间朝向主甬道的小室。该坟墓可能用来贮藏一个小型人类群落的所有亡者遗骨，里面的众多骨骼分类排列，头盖骨在一处，长骨在另一处；另一种方式是众多亡者骨骼堆放成一堆，顶部摆着一块头盖骨。此外，坟墓中还有八只海鸥的骨骼。

支石墓

支石墓特征为两块或四块巨大立石支撑着一块巨型顶石。最初这一结构可能被坟丘环绕，或完全被坟丘覆盖，不过历经岁月流逝，此时众多支石墓只剩下这些矗立的巨石，而埋葬于其中的东西早已无处寻觅。此类坟墓主要出现在北欧和不列颠西部，修建时间一般早于当地的甬道巨石墓。

迪瑟尔（Dysser） 丹麦对支石墓的称谓，是巨石坟墓式样之一，其修建者为丹麦、德国和瑞典的漏斗颈广口陶文化居民，建造时间约为公元前3700年。此类坟墓被围绕于圆形或常巨型坟丘中，一般修建完成后就封闭。不过据推测，移开顶石后可进入坟墓。

门式支石墓 此类坟墓修建于爱尔兰、威尔士与英格兰西南部，其特征为低矮立石。门式支石墓围成的一片空间或一间墓室。两块巨石标示了入口处，另有一块巨大顶石前端架在两块门石间，后端倾斜向下靠在第三块立石上，也可能靠在墓室的石块上。多数远古门式支石墓中的东西没能保存下来，不过也有例外，在少数几座该类坟墓中发现了火葬遗留物。

巨石棺

在公元前第四个千年的欧洲，众多地方居民修建覆盖了圆形坟丘的石棺墓葬。东欧与中欧的球状双耳陶文化居民或是重新利用以前漏斗颈广口陶文化居民的巨石坟墓作为坟墓，或是自己修建石棺坟墓，然后在这些坟墓上以泥土堆成坟丘。在不列颠与布列塔尼地区，石棺墓葬的出现早于其他巨石坟墓。

圆形坟墓（Rotunda Graves） 其为英格兰塞文科兹沃尔兹（Severn-Cotswolds)地区的一种坟墓，外形为环形冢，石冢中央是一口石棺，棺内有一具或数具尸体。这些坟墓有的后来被纳入甬道巨石墓的坟丘之中。

巨冢 公元前第四个千年早期出现了巨型坟丘，即所谓的"卡尔纳克坟丘"(Carnac mound)或"巨冢"。这类坟墓矗立于卡尔纳克地区，一般长度超过 300 英尺(91 米)，高度达 30 英尺(9 米)。这些巨冢大多是在小石冢上扩建而成，里面有一间带有巨大顶石的正方形墓葬室，墓葬室中有一具或数具尸体，另有一些特殊物品，如石斧、加莱珠子和吊坠。

巨人之墓与船形墓

在公元前第二个千年的地中海西部部分地区，居民们继续修建巨石坟墓用作集体墓葬。在撒丁岛有所谓的巨人之墓(tombe di giganti)，是一种甬道巨石墓，由加工过的镶嵌纹巨石板建成，坟墓正面延伸至一处角状前院。正面中央是一块带嵌镶装饰的巨大石板，这也是坟墓入口。

巴利阿里群岛的所谓"船形墓"(navetas)也是一种甬道巨石墓，不过此类坟墓似乎是由当地的石窟墓穴发展而来。船形墓入口与墓室间往往有一间前厅，前厅的末端多为圆形或椭圆形，也有少量为矩形。有的船形墓是上下两层墓室。正如其名称所示，此类坟墓的坟丘外形像一艘翻转的船。

长型坟冢

约自公元前 4700 年始，欧洲北部开始出现一种墓葬传统：以泥土和石块修建长型葬礼坟丘。此类坟丘外形为矩形或梯形，结构上类似于之前多瑙河地区的长型房屋。有的长型坟冢有木柱或干石墙加固，而且大多有沟渠环绕。这一传统大约始于波兰库亚维亚(Kujavia)地区。长型坟丘在史前欧洲分布很广，从日德兰半岛的漏斗颈广口陶文化，穿越欧洲北部平原从易北河到维斯杜拉河；不列颠东部和低地的新石器时代居民也修建长型坟丘；此外英格兰西南部的新石器时代居民除修建巨石坟墓之外，也修建长型坟丘。这些坟丘内往往盛放着收集到的众多亡者遗骨，这与同时期的巨石坟墓类似。在不列颠，长型坟丘里一般

第八章　丧葬

有一间停尸房,亡者尸体摆在该地暴露腐烂。不过也有少数长型土堆冢并非用来盛放收集的亡者遗骨。

巨冢

在公元前第三个千年的克里特岛,人们修建巨冢(或称蜂箱冢)覆盖公共墓葬。此类坟墓的式样为:在地面上修建圆形坟丘,坟丘只有一个入口。入口当初可能有拱顶,但都未能保存下来。有的坟丘还带有前厅。大概是克里特人发明了巨冢,人们修建它可能是用作祭祀场所。及至公元前第二个千年,迈锡尼人修建了另一种风格的巨冢,如迈锡尼遗址上著名的"阿特柔斯(Atreus)宝藏"。这类巨冢有一条石砌的开放通道(dromos)通向一间圆形枕梁拱顶结构墓室。巨冢要么挖入山坡,要么建在平地上,再堆起一座巨大坟丘;有的挖入山坡的坟墓上也建有坟丘。早期巨冢以小扁平石块修建;后来的巨冢修建中使用了更大石块,而且石块经过切割加工;及至最后阶段,巨大石块成为主要材料。巨冢用于安葬名门望族成员,一般墓主数量很少。例外的地方只有梅萨尼亚(Messania)地区,该地的巨冢被用作好几代人的家族坟墓。

以巨冢埋葬亡者的习俗在古典时代的希腊已经绝迹,但在遥远北方依然存在。马其顿的韦尔吉纳(Vergina)有一座宏伟坟墓,里面安葬着马其顿王族。考古学家于1970年代发掘了该坟墓,认为墓主是亚历山大大帝之父马其顿王腓力二世。色雷斯人同样以巨冢埋葬其王族,还以大批饰品、器皿、武器与金银甲片随葬。在保加利亚的卡赞勒克(Kazanluk)发现了一座古色雷斯巨冢,墓室天花板上画着葬礼宴会情景,通道墙壁上则画着战争场面。

石窟墓穴

在欧洲某些地区,尤其是地中海地区,人们还修建石窟墓穴。有的石窟墓穴位于地下,即所谓的"地宫"(hypogea);而其他石窟墓穴,其中包括部分伊特鲁里亚坟墓,系挖入山坡修建而成。在公元前第四个千年,众多地区的居民开凿石窟墓穴,这些地区有马耳他、撒丁岛、西西里岛、法国南部地区、伊比利亚半岛部分地区以及意大利众多地区。人们把收集来的遗骨和遗物放入石窟墓穴安葬。此类坟墓大多有一条通向墓室的入口通道，墓室一般为半圆形（意大利的石窟墓穴由此得名，意为"灶墓"[tombe a forno]），而且有一条附加通道，一间前厅或侧厅。公元前第三个千年期间及之后时期，人们继续使用石窟墓穴。不过此时石窟墓穴已用作单人墓葬，其中的随葬品非常丰富，如有精制陶饮器、珠宝以及铜制或石制武器等。在铁器时代的色雷斯，精英墓葬位于石窟墓穴中，墓冢还有金银器皿和珠宝等奢华随葬品。

马耳他地宫

建造最精巧而且最负盛名的地宫在马耳他，修建时间为公元前第四个千年。

哈尔-萨夫列尼地下墓室（Hal Saflieni Hypogeam，马耳他岛） 亦称海波吉姆（Hypogeum），这座巨大的迷宫式岩削地下坟墓位于塔西安神庙附近，结构上类似于马耳他神庙，里面分为众多墓室，墓室有岩削的柱子、过梁和长椅，墙壁被涂成红色，上面有螺旋形图案。这座地下宫殿里埋葬有多达七千人的遗骨，而且除用作葬礼之外，可能还有宗教用途。大约在公元前2500年左右该坟墓停止使用。

布洛奇多夫石圈（Brochtorff Circle） 在马耳他的戈佐岛上。这是一片用于墓葬的天然洞穴，在公元前第五个千年晚期，洞穴中修建了一些石窟墓穴。考古学家发掘了一些坟墓，其中一座坟墓中发现了65个亡者的遗骨，这些亡者均属于某一特定时期，新的亡者尸体入葬时，之前入葬的亡者遗骨就被推到一边。在公元前3000年前后，墓葬式样有所变化，人们修建一圈石圈围绕着墓葬。石圈有一个入口，入口正对着附近的吉干提亚巨石神庙，两侧各有一块巨大立石。洞穴内经过扩建、开凿运走了大量石块，这样形成了一片地下墓室群。有一段石阶通入洞穴，石阶最下方是一座巨石牌坊。旁边还有一座巨大人物雕像、一片暴露亡者尸体的空地以及一个更早期人类使用过的葬坑。葬坑中有一些亡者遗骨和随葬的红赭石。此外还有一座祭坛以及一些小型石刻雕像，石刻雕像中有两个为肥胖妇女坐像，六个为只刻画有头部、腰带和锥形束腰外衣的简单人像。

女巫之屋

在撒丁岛，当地人称石窟墓穴为"domus de gianas"，意为"女巫之屋"，其中最著名者为昂赫鲁卢祖（Anghelu Ruju）。这类坟墓在山坡上开凿而成，有一间前厅，前厅的式样模仿小棚屋，从前厅即可进入一间或数间墓室。曼德拉安廷（Mandra Antine）的一座坟墓内部墙壁还涂有颜色。坟墓中有众多墓葬，墓葬时间跨度很大，随葬品包括新石器时代和广口陶文化时期的陶器。广口陶文化时期的陶器多为罐子，其他随葬品还有石制工具以及少量的铜匕首、斧头和尖钻。

（刘衍钢 译）

阅读书目

总论

Cunliffe, ed. 1994, etal. 1984. Milisauskas, ed. 2002, Champion

葬礼习俗

Bradley 1998, Mithen 2003: Mesolithic; Whittle 1996: Neolithic; Krisdansen 1998, Harding 2000: Bronze Age; Collis 1984a, Lloyd-Morgan 1995, Jope 1995, James 1993, Ritchie and Ritchie 1995, Green 1992, Cunliffe 1997: Iron Age; Denison 2000c: deposidon in water; Bailey 2000: Balkans; Cunliffe 2001a: Adandc; Thrane 1999b, Jensen 1999a, Christensen 1999, Bogucki 2001: Scandinavia; Clarke et al. 1985, DarviU 1987, 1996, Burgess 1980, Bradley 1984, Parker Pearson 1993, Pryor 2003, Cunliffe 1995: Britain; Barclay 1998: Scotland; Barker and Rasmussen 1998, Trump 1980, Peroni 1996:

Mediterranean; Ecsedy and Kovacs 1996: Tumulus burials; Vandldlde 1999: Leubingen. Leld Male; Srejovic 1969: Lepenski Vir; Venedikov 1976, Renfrew 1980: Vama; Fitzpatrick 2005, Wessex Archaeology 2005: Amesbury archer; Thrane 1999b: Seddin, Haga, Bredador; Carr and Kniisel 1997: Iron Age excamadon; Denison 2000c, Taylor 2001: cannibalism; Green 1992. 1997: Celdc funerary beliefs.

纪念性坟墓

Mohen 1989, Sherratt 1997, Daniel 1963, Renfrew 1981, Kaelas 1994b, Giot 1994, Bradley 1998: megaliths; Fitton 2002, Taylour 1983, Venedikov 1976, Andronikos 1980: tholoi; O'Kelly 1989: Ireland. Clarke et al. 1985, Darvill 1987, 1996, Burgess 1980, Britain; Barclay 1998, AAmore 1996: Scotland: Ritchie 1995: Orkney; Tilley 1999, Glob 1974: Scaadinavia; Bakker 1979, 1992: hunebedden; Guilaioe 1992, Pericot Garcia 1972, Lanfranchi 1992, Trump 1980, 2002, Leighton 1999; Mediterranean; O'Kete 1982, Stout 2002, Scarre 1998: Newgrange; Hedges 1984: Isbister; Chapman 1990: Los Millares: Venedikov 1976, Marazov 1998: Thracian tombs Selkirk, Selkirk, and Selkirk 2004: Brochtorff circle.

第九章

战　争

有关欧洲战争的起源与发展，目前只有零碎证据，因此尚无一致结论。史前亡者尸体留下的一般只有骨骼，只有极少数例外情况下，亡者的软组织才能保存至今，如沼泽中的尸体。因此，要确定一个人是否因暴力致死，只能根据骨骼上的痕迹来证明。即便能证明亡者曾受到伤害，我们也很难确定伤害是发生于死前还是发生于死后。

即使暴力死亡的证据非常明显，我们也往往无法肯定亡者是死于事故（如狩猎中误伤），还是死于凶杀，或是死于仪式活动、犯罪后被处决，抑或是死于武装冲突。有些地方发现了骸骨堆，还发现了因暴力死亡的证据，这些似乎表明该地曾发生过武装冲突和大屠杀。但此结论也未必可靠：这些亡者可能是献祭的牺牲，也可能是来自于某一共同体的亡者，后者中部分可能死于意外事件，如根据传统和其他亡者埋在一起。

对于这些证据的分析可谓仁者见仁，智者见智。根本分歧在于：人们对人类的本性有不同见解，有的学者认为暴力是人类的固有天性；其他学者则认为争斗是受饥饿之类外在压力的驱使。这类分歧的结果是：人们所重建的史前欧洲图景多种多样。一类极端者抱有乌托邦式的想法，认为在"好战的"凯尔特人到来之前，欧洲不存在战争；另一类极端者则认为史前欧洲是一个共同体间充斥着暴力活动的可怕世界，战争的起源可追溯至旧石器时代。历史真相大概介于上述这两种极端看法之间。众多考古学家认为战争跟土地与资源的压力有关，但这也并非引发战争的唯一潜在原因。历史与民族志学方面的研究表明还有其他原因存在，如排外情绪、争夺女人、贪婪等。如果缺少解决手段，社会中的紧张与争端就可能升级为长期争斗。在某些社会中，人们视战争为一种极端的狩猎活动。

一般认为，中石器时代和新石器时代的东南欧居民间少有冲突。而在北欧和西欧的中石器时代墓葬中却发现骨骼损伤的证据。这表明在这些地方，人们对生活中的暴力活动习以为常，在中石器时代晚期尤其如此。造成该现象的原因可能是资源压力。中欧线纹陶文化（LBK）时代的农人们可能经历过不少极

第九章 战争

端暴力事件,如整个共同体的居民遭到屠戮。在新石器时代的西欧,一些封闭的人类聚落显然是受到外来袭击,结果居民遭屠杀。此外,在一些墓地中埋葬着死于暴力的亡者。

因此早在欧洲史前时代早期,人类的暴力活动就已出现,但要给这些暴力活动定性却很困难。一般说来,此时的暴力活动应该是零星的偶发事件;不大可能是有组织、制度化的战争暴力活动。人们参与攻击活动大概也不会有什么确定的目标和目的。考古研究表明,造成伤亡的武器其实是家用器具和狩猎武器。这一时期的人类聚落没有防御他人攻击的设施。固然也修建沟渠、木栅和石墙,但它主要用来划分聚落间的界限,也用于防止野兽进出,当然暴力活动发生时,这些设施也可用于防御。

然而考古证据显示,从铜石并用时代开始,人类间的冲突开始变得有组织有计划。从草原地带穿过东南欧进入中欧,另外还有地中海西部地区,这些广大地域内的众多地方在这一时期都出现了更为森严的防御工事。这一时期武器的式样也趋于专门化,出现了战斧等兵器。广口陶文化地区偏重于发展投射器具,这表明这类器具经过改进也成为作战武器。个人墓葬中,尤其是男性墓葬中往往有这些武器随葬。这说明武士已经成为重要的社会角色,他们的葬礼仪式已有别于其他社会成员的葬礼仪式。

及至公元前第二个千年初期,武士的社会地位日益显赫,武器也变得越来越重要,而且发展迅速:杀伤效率更高的剑取代了匕首,护甲也已出现。在某些墓葬中发现装饰精美的武器,而且置于醒目位置;另外在岩石艺术和石碑上也经常出现武士形象。这些均和迈锡尼时代希腊人的尚武习俗相似。上述证据表明,当时的欧洲社会显然充斥着持续不断的小规模战争。战争模式多为勇士间捉对厮杀,或武装团伙袭击邻近居民以掠取牲畜和女人。在这类战争中,荣誉取决于战斗中的英勇表现。人们修建带防御工事的房屋与聚落,如史前圆形石塔与山堡,用以保护居民和牲畜免遭上述抢劫。及至青铜器时代晚期,战争越来越激烈,这可能是因为气候恶化。在这一时期,定居点的防御工事非常完备,为的是能承受武装袭击;同时大量武器投入使用,军事技术的发展也突飞猛进。这一趋势贯穿整个公元前第一个千年,这期间的古典著作家有机会亲自观察欧洲的蛮族居民:对其中的大多数人来说,战争是一种生活方式。有的民族能组织庞大军队,武士队伍能横穿欧洲甚至到达更远地域。带防御工事的聚落随处可见,防御设施也日趋完善。

武器与盔甲

武器

通过对中石器时代和新石器时代死于暴力者的骸骨进行分析,我们可确定,当时人们把日常用具当作武器。如有的人头部被石斧和鹿角叉所伤;有的人身体被狩猎用长矛和穿刺所伤,等等。战槌大概是第一种专为战争制造的武器,然而也可能有其他用途,它最早出现于新石器时代。匕首是铜石并用时代的重要武器,及至青铜器时代其形制变长,发展成为剑。武器在持续不断地演变和改进,剑和矛尤其如此。

斧

泰尔赫姆(Talheim)和施勒兹(Schletz)出土的线纹陶文化(LBK)晚期人类头骨上有穿孔和凹痕,这些伤痕与斧头和扁斧的刃形完全吻合,这两种器具用于木工,也用于其他家内劳动。因此毫无疑问,此类器具已被用作攻击武器。在新石器时代和铜石并用时代晚期,有几种斧头大概主要被当作武器使用,包括石制战斧,斧锤和柄孔铜斧。

弓箭

弓箭开始是用于狩猎,时间在旧石器时代晚期。然而很快弓箭就被用于人与人之间的冲突。西班牙黎凡特中石器时代岩石艺术中有表现成群弓箭手相互射击的场面。众多中石器时代及其之后时代的骸骨上插有箭头或骨尖,有的人可确定是在武装冲突中被杀。如英格兰翰伯顿斯泰普莱顿围地发现的男性骸骨,他死于背部中箭,死亡时还带着孩子。在铜石并用时代,弓箭的使用最为盛行,许多广口陶文化的男性亡者以弓箭装备随葬,这类装备一般还包括一副护腕——用于保护手腕以免被反弹的弓弦割伤。及至青铜器时代中期,弓箭的重要性虽有所降低,但依然继续使用。据恺撒记述,此时欧洲蛮族还在使用弓箭。

最常用的制弓体材料为紫杉木,此类植物遍布欧洲,质地坚硬有弹性,是优良的弓材。有的箭结构简单,只是一枝一端削尖的木杆,或箭尖部装有石制、骨制或金属制箭头;有的箭则结构完备,装有箭羽。阿尔卑斯冰人携带的一支箭为两段结构,两部分以桦焦油和绳索连接。众多史前人类使用的箭均系这样制作。此类箭的优势可能在于命中后会在伤口中折断,使得箭头难以拔出。

阿尔卑斯冰人 发现于意大利阿尔卑斯山区。阿尔卑斯冰人随身携带的装备之中有一张尚未完工的紫杉木弓棒,一个破损的毛皮箭袋;还有两枝断箭,箭头为燧石制成,装有箭羽;另有12枝未完工的箭杆、一根弓弦、一些用来制作箭尖的鹿角碎片。阿尔卑斯冰人的肩部插着一枚石制箭头,箭是从背后射出。这一箭伤并不致命,但可能大大损伤了他的身体,引起一些并发症。阿尔卑斯冰人死亡时正沿着阿尔卑斯高山小路行走,上述病痛是死因之一。最近研究表明,阿尔卑斯冰人当时可能正在躲避别人的袭击。他身上有几处砍伤,而且衣服上沾有另外四个人的血迹。

投石器

与投石器有关的考古证据不多。据推测,投石器既用于狩猎,也用于交战,其使用贯穿整个史前时代。偶尔能发现烘烤过的泥丸和小石块,可能是投石器的弹丸。在某些设防地点遗址中发现了大量成堆的泥丸和小石块,这表明这些东西用于防御。如在葡萄牙铜石并用时代遗址圣地亚哥城堡(Castro de Santiago)就发现众多上述弹丸。此外在众多铁器时代丘堡入口旁边也发现不少弹丸。据恺撒记载:高卢人把矿渣当作弹丸发射。

矛

矛分为手持矛和投矛。自旧石器时代开始,这两种矛都被用于狩猎,而且矛很早就被人们当作武器。然而，直到青铜器时代中期带套筒的金属矛头出现之后，投矛才取代弓箭成为更流行的投射武器。青铜器时代和铁器时代的墓葬中经常有矛随葬。这表明：所有武士、尤其是那些不能拥有一把剑的武士，都使用矛。所有尺寸的矛都可用作突刺武器，小型矛还可用于投射。某些铁器时代的矛长达8英尺（约2.5米）。矛头形状各异，有的是平刃，有的有锯齿。一些制作于公元前3世纪的矛头非常长，类似于刺刀。

战槌

新石器时代的人们制作一种石器，呈扁圆形，有一个可装柄的插孔。一般认为这便是用作武器的槌头，但并无确凿证据支持此说法。及至铜石并用时代，战槌一类武器的存在已毋庸置疑。半干旱性大草原上颜那亚（Yamnaya）文化特有的马头形权杖大概也可用作战槌。

小刀、匕首和戟

石制小刀也可用作武器，因为它能对人体软组织造成伤害。然而该说法缺乏证据。铜匕首是最早出现的铜制器具之一，其形制模仿石制匕首。人们佩带铜匕首大概主要是为了炫耀，然而铜匕首可能也会被当作武器。及至青铜器时代初期，匕首被广泛使用，众多精英，尤其是男性精英的墓葬中都有匕首随葬，同时匕首也出现于众多艺术形象中。匕首为近身格斗武器，只适用于武士间单打独斗或突然袭击，不大可能用于规模作战。在青铜器时代，人们把刀刃以直角装配于木杆上，就制成了戟。戟并不是一种可靠的武器，因为刀刃与木杆连接处的铆钉很容易损坏。

细剑与剑

公元前第二个千年期间，匕首逐渐变长，演变成细剑。此类武器的刃部细长，尖部锋利，便于突刺敌人。细剑的实战价值并不高，部分出土细剑的剑条与剑柄间的连接铆钉已经断裂，这表明细剑的结构难以承受武士们挥剑攻击时产生的冲击力。及至公元前第二个千年晚期，细剑发展成为剑：剑身由细窄变得比较宽，带有用于斩切的锋刃，适于砍杀。如鲤鱼舌（Carp's Tongue）剑，这是一种长刃剑,剑尖部较窄,剑柄为插槽式,此类剑形制兼顾砍劈与突刺。在剑身发展的同时,剑柄结构也有所改进,新剑柄更便于紧握,过去剑条与剑柄间那种脆弱的铆钉连接方式被凸缘连接方式取代。凸缘为剑刃的延伸部分,以其他材质制作的剑柄可固定于其上。此外,还有柄身一体的剑,此类剑平衡性不佳,使用时一般磨损度远低于凸缘柄式剑。在公元前第一个千年的整个欧洲地区,铁剑条逐渐取代青铜剑条。剑以及之前的匕首都只限于精英使用。这不仅因为只有在富裕者的坟墓中才有剑随葬,还因为剑柄的装饰使用了各种贵重材料,如金、青铜、珊瑚、玻璃和珐琅。仪仗武器的刃部可能也有装饰。剑鞘以金属、木材与皮革制成,装饰往往同样精美。铁器时代出现了翼形包鞘,它可使剑鞘固定于佩剑者腿上,这样佩剑者就能够单手拔剑。

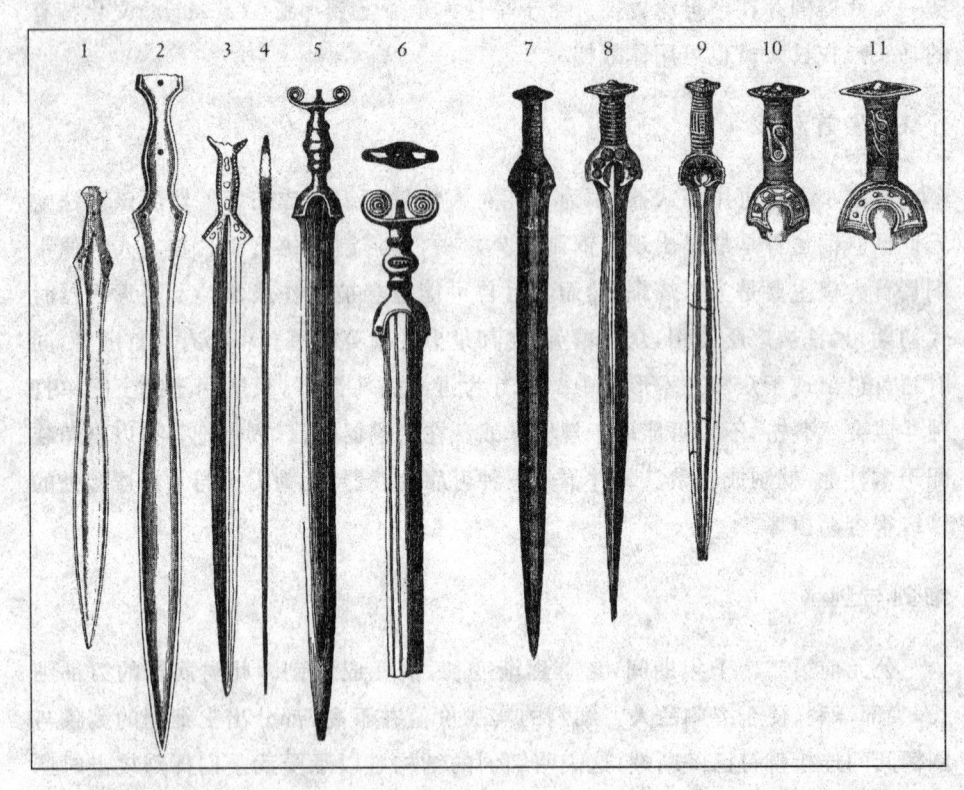

图9.1 部分青铜器时代的剑,其中有中欧与北欧地区装饰极为精美的柄身一体刺剑(7—11),凸缘柄式砍刺两用剑(1—4),还有青铜器时代"触角剑"(5,6)。(Lubbock, John. *Prehistoric Times*. New York: Appleton and Company, 1890)

盔甲

　　事实上,在公元前第三个千年前,防护装备尚不为人所知。只有到青铜器时代,随着武器日益普及,人类之间的争斗越来越频繁,越来越有组织,防护装备才迅猛发展起来。在近身交战时,盾牌与盔甲能提供很好的防护,但对付远程武器效果不大。除实战防具之外还有仪仗用盔甲,这类盔甲主要用于炫耀,大多装饰奢华。

盾

　　目前已知最早的盾发现于德国朗恩艾希市(Langeneichstädt)一座球状双耳陶文化时期的古墓中。青铜器时代的盾牌多为圆形,一面有凹槽,大概用来插一支矛,以便就近取用。盾牌带有边框和中间突起物,兼有装饰与加固功能。多数现存的盾为青铜制,其他的少量非青铜制品为:几件制作相同式样皮盾用的木制模具、两面桤木盾,另外,在爱尔兰发现了一面皮盾。木制盾牌和熟皮盾牌应该是使用最广泛的盾牌,其他材质制作的盾牌一般不够坚固。只是木盾和皮盾难以保存,所以发现很少。青铜器时代艺术中所描绘的盾牌式样皆大同小异。

　　及至铁器时代,其他式样的盾牌开始出现。凯尔特人使用最多的盾牌是一种长椭圆形平盾。此类盾有的是由一整块木板制成,有的是由两块木板连接而成,盾牌中间有一金属凸条和圆形金属凸饰。凸饰部分所护卫的空间正是盾牌横向把柄所在区域。金属凸饰的另一作用是可打击敌人,同时盾牌边框也可用于重击敌人的颚以下部位。

头盔

　　青铜器时代出现了皮制和青铜制头盔,青铜头盔一般是用于仪式。在丹麦维克索(Vikso)发现一对极富特色的头盔,制作于青铜器时代晚期。盔上装有弯曲长角,面甲做成脸部形象,有眼睛、眉毛和卷曲的鸟喙。铁器时代出现了更为坚固的铁制头盔。有的铁制头盔只是简单的半球形,有的铁制头盔则带有其他额外部件,如顶钮、护颈和护颊。还有的头盔带有很高的盔顶矛,有的头盔带有角和冠一类饰物。此外，还有些头盔顶上有更多饰物，包括动物形象和动物头部形象，如野猪与鸟类。这些盔顶装饰的作用是让戴头盔者显得更高大、更具威慑力。在罗马尼亚库梅斯蒂（Çiumeşti）出土了一顶公元前 3 世纪的头盔，盔顶上饰有一只巨大的渡鸦形象。当戴盔者冲锋时，渡鸦会扑动双翼。部分用于炫耀的头盔包有带复杂图案的黄金或青铜外层，还饰以白银、玻璃和珊瑚，例如发现于法国阿格里斯（Agris）和昂夫勒维尔（Amfreville）的头盔就是如此装饰。然而，有些凯尔特部落的武士作战时不戴头盔。

身甲

皮制胸甲、身甲以及各种衬有皮革或厚毛织品的衣物可用于防御弓箭。在瑞士的小猎人（Petit-Chasseur，地名）发现有铜石并用时代的石碑，上面刻画的武士形象大概就穿着这类防护衣；出土于撒丁岛的青铜器时代小造像人物则穿着皮制束腰外衣，腰上系着缀满青铜突起的裙子，用以提供额外防护。铁器时代的小造像人物也穿着皮制胸甲。多数身甲的制作时间在瓮棺文化时期以及之后的时期。青铜制盔甲一般比较薄，难以提供有效防护，大概主要用于炫耀。在公元前 300 年左右，凯尔特人发明了链甲，这是一种更为有效的护甲。链甲由众多铁环扣锁连接

图 9.2 发现于丹麦沼泽的链甲衬衣。此类高效护身甲大概是凯尔特人发明的。(Worsaae, J. J. A. *The Industrial Arts of Denmark*. London: Chapman and Hall, 1882)

制成，需量身定做，因而造价高昂，费工费时。链甲衬衣仅限于精英使用，大概还是家传的贵重之物。链甲衬衣重达35磅（约15千克），此外应该还有配套的护腿（胫甲），其材质为皮革、青铜或铁。

战车

在公元前第一个千年，欧洲人发展出非常灵活的轻便战车。在坟墓中发现众多凯尔特战车组件，另外在一些湖泊中也出土了凯尔特战车的木制部件。借助这些发现我们可重建此类古老战车。凯尔特战车的两个轮子以楔栓固定于轮轴上，需要上油、维修或更换时拆卸非常方便。车的纵杆与轮轴连在一起，其前端为车轭，挽两匹矮种马，挽轭部位为颈部、肩隆部或背部。轮轴上固定有底板，底板周围可能排列着开口销和皮带用以提供悬吊功能，这样车轮行驶于起伏地面时底板上的人不致受颠簸之苦。底板两边竖有侧板，侧板为拱形木制框架，中间部分为编条或皮革，也可能还有其他式样的侧板。此类战车一般有两名成员：一名驭手坐在前面，负责操控缰绳和挥动马鞭；另有一名武士在驭手身后，或坐或立。

防御工事与防卫工事

欧洲史前的人类聚落一般为开放式，然而自新石器时代以来，众多聚落有了防御工事环绕。这类防御工事的基本形式为沟渠，往往还有一道护堤、一道石墙、一道木栅，也可能是这些防御元素的混合体。防卫工事保护着聚落内部免遭野兽侵害，同时也防止家畜离群。这些坚固的防卫工事有意建造得非常醒目，其功用还在于作为可见的地界，用以标识聚落的范围，强调聚落定居者的权势。这类防卫工事也能用于保护聚落免遭其他人的入侵和袭击，随着共同体间的冲突日益增加，防御设施的建造也越来越多，技术也越加进步。众多设防地点位于高地或岬地，但也有不少位于低地的聚落拥有坚固防御工事。设防地点主要用作乡村居民的避难所。

设防地点的功用是保护人们免遭突然袭击。许多设防地点遗址中的痕迹表明：该地曾遭暴力摧毁，然后被遗弃。众多丘堡缺乏饮水供应，或是有其他缺陷，难以应付外敌围攻。然而在地中海世界以外的史前欧洲战争中，攻城战大概并不重要。

护堤和沟渠

史前居民在聚落与房屋周围挖掘沟渠，以泥土建筑护堤。首先，这些工事形成一道障碍减缓入侵者的脚步，其次，这些工事会使入侵者处于不利境地，使他们暴露于护堤高处防卫者的远程武器（箭、投矛与飞石）打击之下。土壁垒需要一直维护使之免受风雨侵蚀，但它们用于防御入侵非常有效：入侵者发射的远程武器并不会给它们带来太大损坏，要摧毁它们非常困难。自新石器时代以来，护堤和沟渠就一直被采用。在东部，沟渠一般跟石壁垒结合使用。及至史前晚期，人们往往临栅掘渠以增强防御效果。不少铁器时代的丘堡以一系列护堤与沟渠环绕（多重壁垒）。某些地点占有地利，如位于岬地多面环水或位于峭壁难以登攀。在这些地点，人们只需在面向陆地的一面修筑护堤和沟渠加以防卫。

堤道围栏

在北欧和西欧发现几处带有护堤与沟渠防御间隔的堤道围栏，这些堤道围栏可能是设防聚落的一部分，其护堤还有附加的坚固木栅以增强防卫。

克里克利山（格洛斯特郡[Gloucestershire]，英格兰） 该岬地完全被防卫工事所包围，开始是一道沟渠、一道较低的护堤，还有一道有三到五个入口的栅栏。该地后来又被重建，有一道巨大沟渠环绕，沟渠仅有两处中断，上面修建了两个入口。在沟渠之内，一道带两扇木纹大门的木栅环绕整个聚落。这处聚落在一次大规模进攻中陷落，进攻者为一批装备有弓箭的武士，仅在大门附近就发现四百多枚箭头。此后该聚落遭遗弃。

晚期土壁垒

堆垒（Dump Pampart） 堆垒没有内部结构，只是简单将泥土堆成护堤，形成防线，护堤上往往还有木栅。有时修建材料不是泥土，而是石块。此类防御工事对付弓箭、飞石以及其他远程武器非常有效。

费康式壁垒（Fécamp rampart） 为土壁垒的变体，出现于法国。费康式壁垒有一道很宽的平底沟渠，这可能是专门用于防御罗马人的弩炮。

石造防御工事

在地中海和西部大西洋地区，聚落周边的石墙最为普遍。这包括迈锡尼文明世界的巨大防御墙，还有其他较为简单的干石墙或粗略成形的石障。石块也用于建造防御用的房屋和塔楼，这些建筑主要用于对付突袭，但非承受围攻。

石造壁垒

布里亚石堆（Carn brea，康沃尔郡，英格兰） 其为一新石器时代山顶聚落，有环绕防卫工事。防卫工事由一道圆石堆成的墙，一道延伸的沟渠以及露出地面的花岗岩层结合而成。布里亚石堆在一次袭击中陷落，袭击中发射的箭数以百计，目前在聚落遗址中发现的箭头超过八百枚。遗址中的众多石块有煅烧痕迹，表明该聚落最后被烧毁。

双层墙（Murus Duplex） 恺撒描述过的一种壁垒。城墙的主体建材为干石，外墙面由多层石块砌成，墙内还有数层墙面。此类结构增强了城墙的防御性能，使得该城墙难以被毁坏。

伊比利亚堡垒

在洛斯米拉雷斯、圣佩德罗新镇、赞布加尔及其他西班牙东南部和葡萄牙南部地区，公元前第四个千年晚期众多设防聚落有厚重的护墙环绕，这些护墙还带有堡垒与复杂的大门。一般认为这些建筑主要是用于炫耀而非真正用于防御，但不少学者还是注意到这些建筑在防御弓箭方面非常有效，他们还指出：墙上的一些裂缝是用于还击进攻者的。

第九章 战争

家用堡垒

塔式房屋 公元前第二个千年期间,撒丁岛、科西嘉岛以及巴利阿里群岛上的居民开始修建设防居所,这类建筑在三地分别被称为"nuraghi"、"torre"与"talayots"。这些建筑有两至三层,通过楼梯上下,有双层石墙,墙内有走廊。当居民共同体之间发生冲突时,这些建筑可用作避难所。公元前12世纪以来,这类防卫塔的塔基周围又修建了一些石堡垒或石墙房屋,整个定居共同体的居民都可迁入避难。塔楼被称为"morras"或"motillas",也在西班牙东南部修建。这些塔楼有石墙围绕,在塔楼与石墙之间还划有若干分区,分别用于贮存与制造等。墙外是共同体居民日常生活

图9.3 重建的想象图,表现法国菲尔弗兹(Furfooz)一处设防营地遭到攻击的场面。进攻者以弓箭为武器,防御者则从墙上投下石块。英国布里亚石堆一处防护围栏有类似的石墙防卫工事,该石墙在一场大规模的弓箭手袭击中被突破。(Figuier, Louis. *Primitive Man*. London: Chatto and Windus, 1876)

的房屋。在公元前第一个千年晚期,塔楼式房屋出现于苏格兰。这类塔楼有着厚重的双层墙壁,墙壁间有楼梯,楼梯通向上面的贮存小室,此外还有用于住宿的内部空间。在奥克尼群岛的部分聚落,石墙房屋修建于外侧四周。这些石屋与一道环绕整个聚落的护墙相结合,用于接纳和保护规模较大的人类共同体。在这些圆形石塔中少有攻击的痕迹,表明这些堡垒的存在是一种威慑力量。

石墙房屋与聚落 铁器时代的苏格兰修建有大量形态各异的石墙房屋。其中包括各种圆形房屋,有的还有走廊,足以容纳一个大家庭。有干石护墙的农耕设防聚落的式样更为普及,护墙有的环绕聚落,有的则被合并入房屋建筑中。这

类防御建筑包括铁器时代的堡垒、环形围场、围墙以及不列颠西部与布列塔尼的设防高地,此外还有铜石并用时代法国南部的游牧者修建的多边形围墙。

壁垒

新石器时代以降,木栅以及土壁垒与石壁垒往往跟护堤和沟渠结合构成防御设施。尤其在铁器时代,出现了多种壁垒,这些壁垒由好几种建材构建,如石料、木材与泥土。在中欧,壁垒式样为:泥土护堤构成主体,外侧为竖直的木材和石料。在西欧,泥土与石材墙体由水平方向的木梁加固,此种结构防御攻击非常有效。木壁垒有的带塔楼,然而多数情况下单是壁垒的高度就已达到防御要求。相对而言,石墙与堆垒往往比较低矮,上面需要修建木壁和胸墙。

木栅

简单的木栅是常见的环绕型防卫工事。木栅由等距排列的木柱构成,木柱或竖直插入土地,或竖立于沟渠地基中。众多早期丘堡有木栅环绕防卫,著名的波兰比斯库宾史前聚落亦是如此。另有一些辅助手段用以增强这些防卫工事,例如在木栅与护堤之前挖一道沟渠直抵后面的泥土。

铁器时代的壁垒

卡斯腾博(Kastenbau)壁垒 众多木材交错成形箱体,然后在箱体中填入泥土,由箱体构成壁垒主体。

木梁(Timber-Laced)壁垒 恺撒所描述的"高卢城墙"(murus gallicus)是一种高卢特有的木梁壁垒。此类壁垒外侧为一层石砌墙面,有众多巨大木梁的尾端突出墙面。这些木梁横穿垂直的墙面或壁垒后部的土质斜坡,跟其他垂直摆放的木梁以垂直交错,交错处以铁钉贯穿加固。之后填入石头和泥土构成壁垒核心。另有一种类似的埃朗(Ehrang)式壁垒,结构较简单,没有加固铁钉。

木梁加固(Timber-Reinforced)壁垒 普莱斯特-阿尔特卡尼希(Preist-

第九章 战争

Altkänig)壁垒的核心同样有木梁穿过,木梁尾端与城墙的内外墙面结合在一起,墙面下部为石砌,上部为木结构。其他壁垒结构为木梁贯穿外侧墙面直达壁垒核心:其中科尔海姆(Kelheim)壁垒外侧墙面为竖直木柱,中间堆砌石板;亚伯尼瑟(Abernethy)壁垒的核心为燧石与泥土,内外墙面由干石堆砌而成。亚伯尼瑟式壁垒中的石材经过焚烧,有的已经变形。此类现象在苏格兰与法国的壁垒遗址中特别多,因为这些壁垒毁于大火,火焰使石材熔化,形成所谓的"玻化堡垒"。

箱式壁垒(Box Rampart) 此类壁垒的内外墙以竖直木梁为主干,中间以编条加固。内外墙之间为泥土核心。霍德山(Hod Hill)的箱式壁垒较为独特,它的内墙有一面小拥壁,拥壁低于外墙面,并不与地面连接。

其他防卫工事

防栅

在不少铁器时代人类居住遗址有一道防栅(chevaux-de-frise)作为额外防护,这在伊比利亚半岛和部分不列颠地区特别普遍。防栅的作用在于减慢进攻者的前进速度,还能防止骑马者靠近。防栅由大量尖石排列成众多护栅分支,石头的尖部向外,这样人们要进出就必须绕行远路。类似的木制防栅可能使用更加广泛。

斜堤

部分建于斜坡上的丘堡有一道斜堤(glacis)防护,斜堤是一种人工碎石斜坡。有了这道斜堤,敌人要走过斜坡到达丘堡脚下就非常困难,想要跑到或潜行到丘堡也是不可能的。如果在护堤上面再修一道从沟渠底部延伸到木石防壁的斜堤,则防御效率会大大增强。

水

有的聚落因为位置关系,可利用水作为防御手段。铁器时代的人工岛(crannog)位于湖中,只能通过舟楫或狭窄堤道进入,堤道可能还有吊桥。然而,此类特别的位置大概主要是为了彰显居住者的声望而非为了防御。其他岛上聚落的修建则更多是出于实际防御效果方面的考虑。例如德国南部沃塞伯格(Wasserburg)的青铜器时代晚期聚落就有一道建于土堆之上的木栅环绕。此外还有塔楼与水闸之类设施,它们通过桥与该岛上聚落相连。

人们也选择突入湖中的岬地或多面被河流环绕的岬地用于防御。如波兰比斯库宾城就建于一处岬地之上,其面向陆地的一端有一片沼泽保护。该城的栅栏还有一条来自陆地的狭长桥梁围绕。如果遭到袭击,那些靠近大门的人会被城中居民轻易察觉。

大门与入口

一般就防御角度而言,居住地的入口是最脆弱的地方,而且其他各类防卫工事,例如斜堤,也会引导进攻者冲向入口。因此入口往往成为重点布防对象,修建有各种防卫工事,如巨门、塔楼、堡垒、防卫室、入口通道以及外垒等。

大门与入口通道

壁垒上的开口往往以木材排列成一条入口通道,通道中有一到两道大门。有时壁垒的末端弯向内部,形成一条更为醒目的通道。众多大门之后是一间防卫室,防卫室以木材或石材修建。

苏格兰铁器时代的许多防卫工事,如设防高地和卫塔,都有一条通过厚石墙的入口通道。通道中间有一扇重吊门可关闭通道,吊门的挂钩可从门后位置射断。有时厚墙之中还有一间(可出击的)防卫室,这样想要破门的进攻者在走出狭小通道之前就会被消灭。

塔楼与堡垒

部分大门的侧面还竖立有塔楼,塔楼外围有木栅。然而此类建筑在温带欧洲并不普遍。某些丘堡的大门上建了桥梁,用于连接两侧壁垒;其他丘堡则在大门上修了一座塔楼,如比斯库宾便是如此。这类建筑的好处在于:当进攻者想要

第九章 战争

强行闯入时，防御者可从高处向他们发射或投掷远程武器。此外壁垒或从墙壁防线中突出的堡垒也很有用，防御者依靠它们可扩展远程武器的攻击范围，居高临下攻击敢于靠近的进攻者。伊比利亚半岛南部的一些铜石并用时代定居点中建了堡垒，如洛斯米拉雷斯的定居点便如此，然而此类建筑在这一时期还很少见。位于德国霍伊纳堡的史前定居点中也竖立着堡垒，它们作为普通泥坯护墙的一部分，修建于公元前6世纪，这正是该地区与希腊世界有贸易联系的时期。

外垒

为减慢进攻者靠近大门的步伐，同时也为让进攻者暴露于壁垒之上防御者的打击之下，人们采取了各式各样的手段。有一种简便的方法是在入口前临时修建独立的护堤与沟渠混合防卫工事，这会迫使进攻者向两边绕行，如此则进攻者无防护的身体侧部就会暴露给防御者。另一种方法是修建一道护堤与沟渠，从壁垒一端延伸出来形成角状，由此形成一条走廊迫使进攻者步行通过。还有一些更为复杂的方法结合了上述各种手段，把进攻者引入曲折通道网，通道侧面建有土木防御工事，防御者能依托这些工事居高临下射击进攻者。

武士

中石器时代和新石器时代的各种冲突可能已发展到非常激烈的程度，但坟墓证据和史前艺术形象表明，只有到铜石并用时代，人们（或说至少是精英）才视自己为以弓箭、战斧、匕首等武器武装起来的武士。在公元前第二个千年，武士的社会地位日益重要，这在出土的供奉储藏与武士墓葬中有所反映，其中有大量武器和仪仗盔甲。弓箭和投矛之类的武器可远距离杀伤，而匕首、戟、细剑之类武器的发展也大大提升了近身攻击效果。当时人们努力想成为杰出武士，力图在单打独斗中击败对手以获取荣誉。这些观念在迈锡尼社会以及后来的凯尔特社会中非常盛行，欧洲的尚武观念很可能就发端于这一时期。及至公元前1300年左右，用于砍劈的长剑成为精英使用的武器，普通武士装备的是矛。剑锋上的众多残缺表明这些剑不光用于炫耀，也是真正的作战武器。在青铜器时代的战争中,袭击与单打独斗应该是主要作战形式,激战可能也偶有发生。在整个铁器时代,战争都是人们普遍关注的焦点之一,这在出土的随葬品与供奉储藏中有所反映,其中有大量武器和仪仗盔甲。及至罗马时期,凯尔特人、日耳曼人以及其他欧洲民族或是在各自地域从事战争;或是向邻近民族发动袭击;更有甚者还组织起军队横穿欧洲。有的武士团伙成为雇佣兵给雇主效力,另有些共同体则举族迁移,男人、女人和孩子全都加入。他们一路战斗,以期获得战利品或找到适于居住的土地。

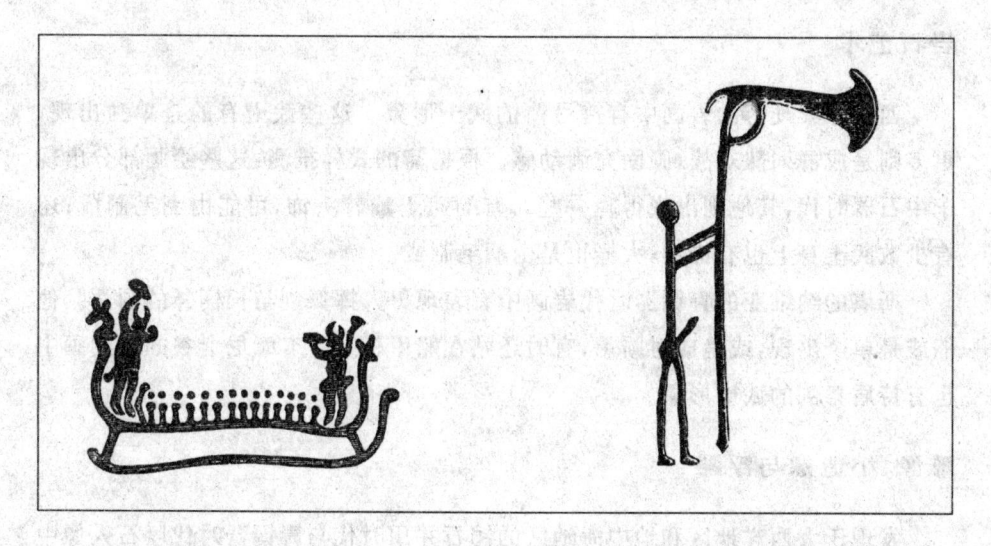

图 9.4 描绘青铜器时代武士的斯堪的纳维亚岩画。船上的两名武士(图左)戴角盔,手持圆盾,与右图中的武士一样,他们使用的武器大概也是斧头。(Worsaae, J. J. A. *The Industrial Arts of Denmark*. London: Chapman and Hall, 1882)

武士墓葬

坟墓中的物品往往能反映墓主的地位与社会角色。自铜石并用时代以来,男人一般有武器随葬,精英尤其如此。这表明在社会中他们被视为武士。众多广口陶文化时期男性墓葬中有弓箭一类武器。一些公元前第四个千年的东南欧墓葬中有铜匕首随葬,这一习俗在公元前第三个千年传播更为广泛,然而在北部是以燧石匕首代替铜匕首随葬。在青铜器时代早期,精英墓葬中有细剑、矛以及木盾或皮盾；那些地位较低者的坟墓中则随葬矛，而且这些矛往往是成对的。及至公元前13世纪，精英的随葬品中会有一把剑和一副身甲。铁器时代的一些坟墓中随葬品丰富，有大批武器盔甲，另有若干马车、战车以及马具等。

艺术品中的武士形象

自中石器时代以来，有众多表现冲突与武士的艺术品问世。

岩石艺术

西班牙黎凡特的岩画中有持弓箭的武士形象。这些武士有的是单独出现，更多则是成群列队对战，画面充满动感。根据箭的式样推测：这些绘画部分出现于中石器时代，其他则出现得晚一些。有的武士戴着头饰，可能由羽毛制成；还有少数武士身上也有饰物，大概也是由羽毛制成。

斯堪的纳维亚的青铜器时代岩画中有表现男人挥舞剑与长柄斧的画面。他们或是单个出现，或是成对厮杀，有时还站在船甲板上。卡摩尼卡谷的岩刻画中也有持盾舞剑的武士形象。

雕像、小造像与浮雕

发现于大西洋地区和地中海地区的铜石并用时代与青铜器时代巨石人像中有不少是表现武士形象的。这些武士大多配有颈饰和腰带，有的还有皮质护胸。这些武士装备的武器也各式各样：有的是弓箭和匕首，有的则是战斧和匕首。较晚的武士形象没有匕首，而是配剑。发现于撒丁岛上的青铜器时代晚期小造像中也有众多是表现武士形象的。他们身穿带有金属突起的束腰外衣，还装备有头盔与胫甲以及带突起的腰带。他们的手持武器有弓、剑、匕首与盾牌。

伊比利亚西南部发现公元前第二个千年的葬礼石板，上面雕刻有短剑与斧头图案。及至公元前第一个千年，葬礼石板上的图案变成一面凹口的圆盾、一把剑和一支矛，还有镜子等个人装备。有的石板上还有棍棒以及轻重战车图案。西班牙北部矗立着铁器时代的雕像，雕像人物右手持匕首，左手持圆盾保护腹部。西班牙东部也有类似雕塑，它们的出现深受希腊文化的影响，雕像人物披挂圆形护胸板。博洛尼亚(Bologna)出土的一块伊特鲁里亚葬礼石碑上刻画有两名武士战斗的场面。其中一人为骑马的伊特鲁里亚武士；另一人为裸体的凯尔特武士，他一手持短剑，另一手持盾牌以保护从下巴到大腿的身体部位。发现于霍赫多夫(Hochdorf)的哈尔施塔特首领墓葬中有一件青铜睡椅，睡椅饰带上雕刻有持剑盾武士捉对厮杀的画面，饰带两端还各雕刻有一辆马车。某些铁器时代的青铜器皿上也有武士形象，其中包括著名的贡德斯特鲁普釜。釜上有一排武士前进的画面，他们装备着带金属突起的长方盾，武士后面还跟着一些吹奏兽号(Carnyxe)的随从。

凯尔特武士

斯特拉波等古典著作家称凯尔特人非常好战，从不放过任何参战机会。对凯尔特社会的精英来说，武装袭击与单打独斗可能是日常生活的主要内容。农人及其他普通社会成员只有在受到威胁时才会参战。在战场上，单个首领或精英以剑为主要武器，还有自己的马匹和战车，他们还有一批以矛为主要武器的随从人员。农人以及其他偶尔参战的人可能主要以弓箭和投石器为武器。

在凯尔特人的宴饮中，人们总是纵情畅饮，醉中取乐，结果往往引发武士间的争斗。这类争斗被视为运动，但结果可能是重伤或死亡。对于那些充满野心热衷冒险的武士，宴饮也是绝佳机会：他们可借此招募自愿作战的队伍，率领这些人出发寻求财富。其他部落的武士有时也会成群结队加入这类战斗队伍，其结果是形成规模很大的武士同盟集团，例如盖萨塔依人(Gaesatae)。有的队伍充当雇佣军，雇主有马其顿人、埃及人、迦太基人、罗马人，还有位于安纳托利亚的诸小国。另有一些队伍通过军事远征掳获发财致富，最著名的一次远征发生于公元前387年，他们洗劫了罗马城。此次失败蒙羞成为罗马国耻，令罗马人一直耿耿于怀。

虽然参战的人可能数以千计，欧洲蛮族人在战斗中主要还是单打独斗，协同作战并不多。纪律严明的罗马军队往往能击败大规模的凯尔特或日耳曼军队，主要原因在于这些蛮族武士在战场上只想着追寻个人荣誉，把总体战术的优势抛诸脑后。对凯尔特和日耳曼武士来说，战场上的成功在于打败敌手，砍下其头

第九章 战争

颅,然后将头颅缚于马颈或穿于矛尖,回家之后再将头颅钉在屋墙上当作战利品。某些凯尔特武士通过裸身战斗来提高声望,其中最著名者为泰拉蒙(Telamon)战役中与罗马人交战的盖萨塔依人。此类裸身作战方式看似容易受伤,实际情况恐怕并非如此。因为这样能大大降低伤口感染的可能性。

战车

自公元前五5世纪始,两轮战车在凯尔特人作战中扮演越来越重要的角色,但及至公元前2世纪,战车被骑兵取代。只有在不列颠,人们继续以战车为重要装备,直到罗马帝国灭亡之后,战车依然存在于爱尔兰岛。

制作一辆战车以及维持一支与战车相关的人员队伍代价高昂,因此只有精英才能拥有战车。战斗开始时,凯尔特精英武士会驾驶战车环驰,向敌手投掷标枪。战车一般配置于两翼,然而精英武士并不在战车上作战,冲到敌人跟前时他们会下车徒步投入近战。战车御手会驾驶战车停在一定距离之外,准备随时把武士快速带离战场。凯尔特人的高速驾车技术非常娴熟,能在车上展示各种技艺,如在移动的战车纵杆上奔跑。爱尔兰文学中描写的战车御手能驾车跳跃沟渠,还能突然停止和加速。

铁器时代的骑兵

骑马技艺在草原地区发展完善并传入欧洲。然而早期的马具比较有限(只有缰绳和马衔),这使得在马背上作战非常困难。及至铁器时代晚期,四角马鞍传入欧洲,极大促进了骑兵的发展。四角马鞍来源不详,大概也来自草原地区。此类马鞍前后各有一对鞍角,后两个鞍角抵住骑手后部,前两个鞍角则向后弯曲,护住骑手的大腿。这四个鞍角给骑手提供了一个稳定座位,使得他可在马背上使用武器,做各种动作。然而据说日耳曼武士羞于使用马鞍,他们宁可依靠自己的技巧在马背上保持平衡。及至公元前第一个千年晚期,精英成员组成骑兵部队的习俗在欧洲非常盛行。在古典世界里,凯尔特人因为马术高超而声名远扬,他们是优秀的马上武士。高卢与伊比利亚骑兵曾充任迦太基人的雇佣兵。这些蛮族骑兵大多身披重甲上阵,为了打击步兵的士气,他们会向步兵突然发动猛烈冲锋,同时投掷标枪。骑兵间的交战则以剑和长枪为主要武器,在当时的艺术中有持矛骑兵的形象。然而一旦激战真正开始，他们往往会下马步行投入近战。

女武士

希腊传说中经常出现阿玛宗人，即草原上的女武士。这些传说有一定事实根据：在草原上发现众多女武士墓葬，时间起于公元前5世纪，随葬品中有箭、剑、矛、盾、甲等武器装备。凯尔特妇女也以勇猛凶悍著称。据古典史料记载：凯尔特妇女一般并不参战，但她们会站在战场边上大声鼓励己方武士并辱骂敌人。然而凯尔特妇女偶尔也会加入战斗。例如罗马将军马略击败阿姆布昂人（Ambrones）时，手持剑斧的阿姆布昂妇女出手攻击溃逃的男同胞们，同时抵挡追击的罗马人。伊凯尼人（Icani）的女王布迪卡（Boudicca）积极参与了公元60年不列颠人的反罗马起义，她成为反抗军领袖之一。同年罗马军队进攻德鲁伊祭司的据点安格尔西岛，当地好战妇女的抵抗打乱了罗马人的作战计划。

武装冲突、战役和战争

受害者们是我们了解武装冲突的最生动证据。众多中石器时代墓葬中亡者骸骨上有受伤的痕迹，有的颅骨上有裂缝，有的骨骼上还嵌着箭头。例如：罗马尼亚的谢拉-克拉多菲（Schela Cladovei）墓葬、法国的泰维耶克墓葬以及丹麦的韦兹拜克墓葬等。某些属于线纹陶文化的人类共同体似乎经常面临大屠杀的威胁。不列颠的一些堤道围栏遗址中发现了人类颅骨和箭头，它们向我们揭示了发生于新石器时代的武装冲突，这类冲突至少在欧洲西半部是广泛存在的。在法国和伊比利亚半岛发现了一些属于新石器时代与铜石并用时代的墓葬与公共坟墓，亡者骸骨上的伤痕向我们展示出暴力冲突的清晰证据，尤其是头部的重击和箭伤。公元前3500年之后，箭伤的数量不断增加。研究还显示：有的人在生前受的伤已被治愈。只有极少数骨骼上有匕首割痕，这可能是因为匕首一般不用深入骨骼，只需伤及软组织就可致命。

之后时期的墓葬中依然不断有受伤或死于暴力的人，偶尔还能发现大规模杀戮的证据。众多丘堡或设防聚落遭到武装袭击后被遗弃。很少有肆意杀害妇女和儿童的证据,估计此时战斗已成为男性的专属活动。在铁器时代晚期,我们通过古典史料可更详细了解当时的战斗。

暴力受害者

第聂伯河急流区（乌克兰） 在伏罗什基（Voloshkii）发现一处中石器时代早期墓地,19座墓葬中有三座的墓主死于箭伤。另外在瓦西列夫卡（Vasilyevka）的两处墓地中也发现类似证据,这些墓地的修建时间约为公元前9000年。该地发现的70具骸骨中,九具有投射武器伤痕,还有两具有重击伤痕。

奥弗尼特（Ofnet,巴伐利亚,德国） 该地发现两处葬坑（"骷髅巢"）,坑中精心排列着34人（或38人）的头骨与颚骨。这些骨骼属于中石器时代的人类,多为妇女和儿童。其中的全部四个成年男性以及一半的儿童和四分之一的妇女头部受到击打。所有受害者都被斩首,然而目前尚不清楚他们是死于斩首还是死后不久被砍掉头颅。还发现软体动物壳以及穿孔的鹿牙,这表明多数受害者戴着帽子和珠宝。这些头颅可能不是全部同时入土的。

泰尔赫姆（Talheim,涅卡[Neckar]山谷,德国） 在泰尔赫姆发现一个大坑,里面有至少34个人的零乱遗物。这些人属于线纹陶文化居民,有男人、妇女和儿童,他们受到多种伤害。多数受害者的死因是头部受到石斧击打,有的打击非常深入,以致头骨上的孔洞呈斧形。此外还有人死于弓箭。所有亡者受的伤都在身体后部,这说明他们被杀时正在逃走而非在战斗。有几个人倒下后还遭反复击打,显然侵略者们想确认这些受害者确实已死亡。尸体被整理堆放入葬坑中草草埋葬,没有任何葬礼,这表明胜利者们对亡者毫无尊重之心。对亡者的DNA分析显示他们都有亲缘关系,因此这可能是一场对整个大家庭的大屠杀,被害者包括儿童和一位年过六旬的老人,只有婴儿（如果有的话）幸免。

**拉丁门前的圣胡安（San Juan ante portam Latinam,阿拉瓦[Alava],西班

牙） 其为一处岩石掩体,约公元前3800至2800年间被人使用。该地是公共墓葬区,埋葬的亡者约有三百人。亡者中有九个人骸骨上还嵌有箭头,多数人是遭到身后的低姿射击。这表明这些人中箭时多半是被突袭,并非在战斗。这处岩石掩体区共发现55枚箭头。估计还有其他亡者死于箭伤,然而箭头只穿透软组织,未在骸骨上留下痕迹。有的亡者头部遭重创;还有的前臂受伤,可能是因为举起前臂保护头部。然而在该处墓葬区的整个使用期间,造成上述伤害的暴力事件只是偶尔发生,多数尸体上并无暴力受伤痕迹。

瓦森纳(Wassenaar,荷兰) 一座建于公元前1700年左右的大型坟墓,里面埋葬着七个男人、三个女人与两个儿童,他们可能是某次袭击中丧生的一家人。一个年轻男人的肋骨上还插着一枚燧石箭头,另有三个男人头部遭击打,一个儿童入葬时已身首异处。这些亡者入葬时被小心排成两列,一列朝向东方,一列朝向西方。他们双腿交叠,男人在中间,女人在两侧,边缘是儿童。

维林(Velim,捷克共和国) 在维林发现一系列青铜器时代中期的葬坑,这些坑形成了一条断断续续的沟渠,坑中的人类遗骨有数百具,他们可能是暴力受害者。这些人的骸骨有的很完整,有的则缺少部分骨骼。部分亡者的骨骼上有切痕,据推测他们曾遭肢解,甚至于肉体被其他人食用。亡者中有男人、女人,还有儿童。他们的尸体大多被随意推进葬坑,没有较正式的墓葬,随葬物品也少得可怜。

梅登堡(多塞特郡,英格兰) 该丘堡面积为43英亩(17公顷),由三到四道带护堤的巨大沟渠护卫,护堤顶部还有木石护墙。这些防御工事的设计目的在于尽力使进攻者抵达山顶的路途漫长曲折,而且会暴露在武器攻击范围之内。东面入口处有14座坟墓,莫蒂默·惠勒(Mortimer Wheeler)爵士经过分析认为:这是罗马人入侵不列颠时,该丘堡最后一批守卫者的战争墓地。至少有一位亡者可确定是被罗马人所杀,因为他的脊骨上还有一支罗马矛头。其他亡者的头部遭剑矛伤害,其中四人的伤口曾部分痊愈。然而较新的研究表明:及至罗马征服时期,这座丘堡已基本被遗弃。那片"战争墓地"只是一片更大墓地的一部

第九章 战争

分,该墓地使用了一百多年,其中四分之三的亡者未受过伤害。这些亡者可能是从周边地区运到该地入葬的。

战役

据古典史料记载,凯尔特人作战勇猛但缺乏纪律。遇到战事,各部落临时组织军队,每个部落都有自己的战场标志。在战役初始阶段,凯尔特军队会通过各种手段威胁敌人,同时也唤起己方的嗜战意志:他们会摆动自己的身体,挥舞自己的武器装备,展示自己驾驭战车和马匹的技巧,吹奏军号发出沙哑尖利的声音,呼喊战斗口号,大声自我夸耀,歌唱战歌,肆意辱骂敌人等。他们往往还会坐观双方最优秀的武士单打独斗。

上述这类初始对战结束后,交战便正式开始。精英率先以战车或骑马发起冲锋,向敌人投射标枪。随后是步兵武士发起冲锋,精英们会下车或下马加入步兵,于是开始近战。战线很快松散,战斗演变为捉对厮杀。据古典著作家描述,作为个人,凯尔特人在战场上勇猛而无所畏惧,但如果不能迅速击溃敌人或使敌人丧胆,他们也会泄气。凯尔特军队间的战斗一般最多持续一两个小时。与之相反,古典世界的军队作战顽强,长于协作。面对这样的对手,擅长单人或小群作战的凯尔特武士往往一筹莫展,只得败退。在编队列阵作战时,罗马武器也远比凯尔特武器优越。日耳曼人的作战技术与战斗方式大体上跟凯尔特人很相似。

泰拉蒙(意大利) 公元前 225 年,阿尔卑斯以北与意大利北部的盖萨塔依人组织了一支七万人左右的庞大军队,其中有两万骑兵(包括战车兵和真正的马背骑兵)。这支大军向伊特鲁里亚地区发动掠夺性远征。当他们带着掳获物向北退却时,在泰拉蒙遭到两支罗马军队的拦截。于是盖萨塔依人登上战场,他们是凯尔特人中组织严密的最精锐部队,由适于战斗的年轻人组成。他们上战场时全身赤裸,只戴着金饰环与其他饰品,他们高大强健的身材展示无遗,藉此能起到威吓敌人的效果。凯尔特人占领一座小山,把掳获物堆在山上,随后环山列阵,迎战罗马人,骑兵和战车部队布置于侧翼。凯尔特人的战术开始比较成功:他们的凶悍、他们的刺耳喇叭声以及他们呼喊的野蛮战斗口号使罗马人感到恐怖。凯尔特人趁势进攻,杀死一名罗马将军,砍下其头颅。但罗马人投出密集的标枪,杀死了众多凯尔特人,随后罗马骑兵攻占了山头。多数凯尔特人死战不退,计有约四万人被杀。凯尔特人的骑兵得以逃脱,但有一万凯尔特人被俘,其中包括一位国王。另一位国王为了避免被俘,选择了自杀。

德尔斐 公元前279年,一支凯尔特大军入侵希腊,目的是劫掠以富裕著称的德尔斐神殿。尽管遇到希腊人的抵抗,这些入侵者还是于深冬时节到达德尔斐。关于他们是否成功洗劫了当地的金库,古典史料说法不一。夜晚发生了地震,并伴随着雷电,第二天清晨还发生岩崩。这些自然灾害显然使生性迷信的凯尔特人颇为恐惧。拂晓时分希腊人发动进攻,他们前后夹击,凯尔特人猝不及防,损失惨重,其首领布伦努斯亦被杀。凯尔特人惊恐逃窜,为了避免伤员被俘,他们在撤退途中将伤员全部杀掉。据说是役共有两万六千凯尔特人死亡。

庆祝胜利

约特泉(阿尔斯岛[Als],丹麦)约特泉沼泽中发现一艘满载武器的小船,这些物件的制造时间约为公元前

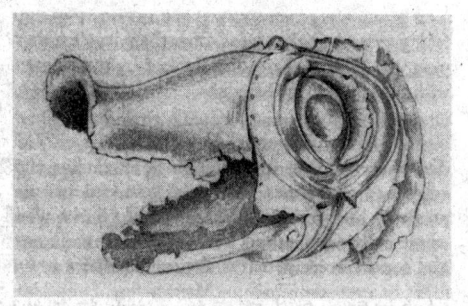

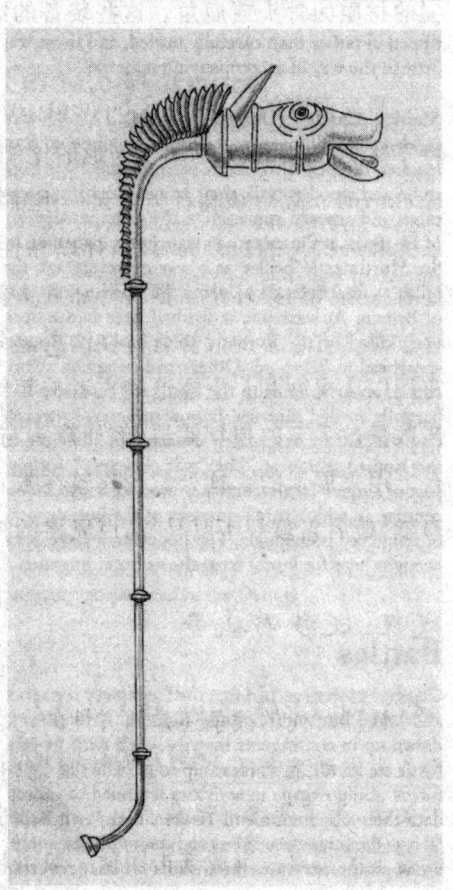

图 9.5 发现于苏格兰班夫郡(Banffshire)戴斯克弗德的兽号(军号)的喇叭头,做成野猪头形状。下图为复制的完整兽号,原件制作于公元1世纪中期。(Drawing by Audrey McIntosh, from material in the National Museums of Scotland, Edinburgh)

第九章 战争

350年。一般的解释是：这是岛上居民的感恩奉献物，这些武器是当地人成功击退一次武装进攻的战利品。船上的武器显示：进攻者为大约八十人的武装团伙，他们乘坐四艘用于作战的独木舟到达。每艘船上的成员有18名桨手，一名舵手，还有一名艇长以及两名小队长。军事装备包括：10副链甲衬衣，11把剑，八支长矛，11或12面窄盾。据信，这些是队长级别的装备。其他普通步兵有大约65人，每人装备一支矛，一支标枪，一面盾。有大约一半人多带了一支标枪，枪尖的材质为骨头或鹿角。这些装备的细节特征显示：入侵团伙来自汉堡地区。

昂克河畔的里贝蒙（Ribemont-sur-Ancre，法国） 公元前3世纪两支凯尔特军队交战，两军分别属于当地的比利其人与来自阿莫里卡地区的勒克索维人（Lexovii）。战后获胜者竖立起一座独特的战争纪念建筑：他们以大约三百人的长骨和一些马的长骨为材料，拌以黏性泥灰，建起了至少六座立方体建筑，外面还有一条大沟渠环绕。据估计那些人类长骨来自战败者。在这些建筑中，他们存放着己方亡者的煅烧骨。在沟渠之外堆放着约一百四十具尸体，这些人被斩首用以庆祝胜利。上述这些亡者的年纪全部在15至40岁之间。该地还发现相当数量被丢弃的损坏武器，例如箭头与矛头。这些武器当初可能是摆在一座平台上用来展示的。这处纪念建筑在数百年间一直广受尊崇，不断有武器与食物奉献，最后它被一座罗马-高卢风格的神殿所取代。

战役、迁移与战争

铁器时代的战争还是地方性的，大部分尚处于为抢夺战利品、牲畜、女人甚至奴隶发动袭击的水平，旨在满足地中海世界的急切需求。机动性是成功袭击的关键，为了使袭击迅速而出其不意，也为了不被敌人追击，战车、马匹和小船等装备至关重要。因此袭击团伙一般由精英及其扈从组成。

战争也是获取荣誉与尊敬的手段。战败的首领往往故意战死沙场，或宁可自杀也不愿承认失败。人们热衷于在战场上展示个人勇武，其结果是军队的整体作战能力往往遭削弱。成功的武士会搜集武器和几颗敌人的头颅作为战利品。据后来的爱尔兰文学描述：战争的结果是战败一方成为胜利者的附庸。为了证明自己的忠诚，他们还会交出人质。

有一些由热衷于冒险的年轻人会组成战争团伙发动武装远征。他们往往行军至很远地方，如果他们取得胜利，队伍会不断扩充。有时整个共同体的居民会举族迁徙，一路作战搜集战利品，找到适于定居的新土地后方才罢手。如公元前58年，大批赫尔维提人（Helvetii）离开瑞士前往法国南部寻找新土地。但恺撒击败赫尔维提人，强迫他们返回故地，是役赫尔维提人损失25万人。这类族群迁徙的步伐必然会减缓，因为有大量辎重车辆的拖累，车上有妇女、儿童、家庭财产及战利品。

伽拉太人

公元前279年，一支规模巨大的凯尔特人迁徙团体入侵马其顿。他们内部发生争吵和分裂，一部分人群继续向东进发抵达安纳托利亚，在那里以充任雇佣兵谋生。后来他们在当地建立了一个小国，依靠劫掠邻近居民而自肥。他们被称为伽拉太人。安纳托利亚王国数次击败伽拉太人，制止他们的侵袭，最终罗马人于公元前25年将伽拉太人彻底降服。

罗马人征服高卢

高卢南部地区长期处于古典世界的影响下，早在公元前100年即被纳入罗马的势力范围。公元前58年，恺撒出任当地总督，频频出现的军事威胁使得恺撒有借口维持一支强大的常备军。恺撒于本年率军出发，去征服剩余的高卢地区。他利用高卢人之间的敌意，跟某些部落结盟对抗另一些部落。一些部落很快就承认失败，不再反抗恺撒的征服行动；另一些部落则意志坚决，英勇抵抗罗马人。反抗者包括内尔维人、布列塔尼地区的维内蒂人以及比利时的比利其人与埃布罗尼斯人。恺撒对反抗者的惩罚冷酷无情：成千上万人被杀或被砍去双手，还有成千上万人沦为奴隶。迫在眉睫的强敌威胁促使一些反罗马的高卢部落走向联合，它们于公元前53年捐弃前嫌，共同推举阿维尔尼人维辛格托利克斯为首领起而反击恺撒。几乎所有剩余的高卢部落都加入了此次反抗活动。最初高卢人取得了一些成功，他们的焦土政策使得罗马人生活极度艰难。但维辛格托利克斯在一次交战失利后决策失误，率军避入阿莱西亚（Alesia）城。罗马人经验丰富，抓住这一有利时机围困该城。他们围绕阿莱西亚建起了军营、壁垒

第九章　战争

和塔楼,还有带尖桩的深坑以及其他各类陷阱。一支高卢大军想要解围,但被恺撒击败,守城者迫于饥饿只得投降。翌年高卢地区的反抗活动全部停息。

(刘衍钢 译)

阅读书目

总论

Carman and Harding 1999, Guilaine and Zammit 2005：warfare；Vend 1999，Whittle 1996：Neolithic；Harding, 2000, Osgood and Monks 2000：Bronze Age；Ritchie and Ritchie 1995, James 1993, Connolly 1998：Iron Age。

武器与盔甲

Harding 1999b, 1999c, Kristiansen 1999：Bronze Age Rapin 1991：Iron Age；Chapman 1999；weapons；Mithen 1994, Mercer 1999：bows and arrows；Spindler 1995, Renfrew and Bahn 2004：Iceman；O'Kelly 1989：Ireland；Furger-Gunti 1991；Chariots.

防御工事与防卫工事

Ralston 1995, Cunliffe 1974, Collis 1984a：Iron Age defenses；Lenerz-de Wilde 1995：Iberia；Ritchir 1988：brochs；Mercer 1990, 1999：enclosures；Scam；1988, Kristiansen 1998：Wasserburg；Armit 1997, Morrison 1997：crannogs；Scarre 1998：Biskupin.

武士

Dolukhanov 1999b: Neolithic warriors; Harding 1999c Jensen 1999b, Kristiansen 1999: Bronze Age warriors; Parker Pearson 1999, Ehrenberg 1989: female warriors; Anati 1999, Capelle 1999, Scarre 1998, Frey 1995: warriors in art.

武装冲突、战役和战事

locililn 2002c, Cunliffe 2010a, Vencl 1999, Doluklhanov 1999b, Whittle 1996, Mithen 2003: Mcsolitllic; Chapman 1999, Doluklhanov 1999b; Neolithic; Lloyd-Morgan 1995, Frey 1995, Randsborg 1999, Twist 2001, Rapin 1995: Iron Age; Bahn, ed. 2001b: Talheim; Parker Peal 1999: Wassenaar; Gill and Kaner 1996: Maiden Castle; Polybius 1979: Telamon; Randsborg 1999: Hjortspring; Caesar 1951, Ralston 1995: Caesar in Gaul; Furger-Gunti 1991: charitory; Centre Archaeologie Departemental de Ribemont-sur-Ancre 2005, Bahn 2003: Ribenmnt.

第十章

语言、文学和艺术

第十章

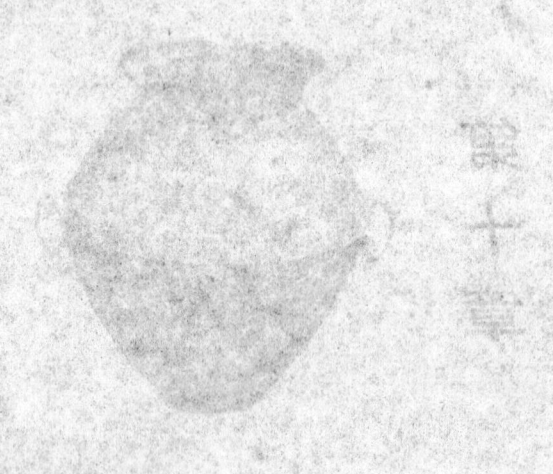

酒育て文化のと木

少量欧洲史前文化产生了文学作品。有关欧洲大陆语言和文学的知识主要依靠口传文学。有些知识记载于古典文学作品中，有些知识直接保存于后世。以这些内容为基础，我们可重建史前欧洲大陆的语言和文学。

大量史前时期的视觉艺术品保留下来，可回溯至旧石器时代。但对于史前欧洲的音乐、舞蹈或其他表演艺术，我们所知甚少。

欧洲的语言

现代欧洲的大部分语言属于印欧语系，但也有例外。有些非印欧语是罗马帝国灭亡之后到达欧洲的，其中包括新近来自亚洲和世界其他地方移民所用语言，如匈牙利语和土耳其语等中世纪来自半干旱性大草原地区入侵者带来的语言。少数非印欧语的始祖可能是原始欧洲住民使用的语言，如遥远北方的芬兰-乌戈尔语(Finno-Ugric，属乌拉尔语系)，以及比利牛斯山区的特有语种巴斯克语(Basque)。史前时期和上古时期还存在着其他非印欧语言，其中一些有记录保存下来。要重建史前欧洲的语言发展史，关键在于确定印欧语言是何时进入欧洲的，这方面一直争议很大。有一种观点是认为，原始印欧语由最早的农业移民带入欧洲。此观点虽有科林·雷恩弗洛(Colin Rrenfrew，1987)的支持，但未被广泛认同。另一种观点是印欧语言由后来半干旱性大草原的移民带来。从语言学角度看，后一种观点更有道理，但在考古上难以证明和解释。

诸印欧语言

起源与传播

时至今日，原始印欧语(PIE)起源于何地依然是个引起讨论和争论的课题。

然而多数学者还是倾向于认为印欧语的故乡在黑海与里海之间,此说法在语言学和考古学角度看最为合理。学者们认为:从公元前第四个千年至公元前第三个千年,印欧语从上述地区向外传播。到公元前第一个千年末期时,印欧语毫无疑问已经使用于广大地域,其起于欧洲,穿过安纳托利亚和伊朗,一路进入南亚,另一路延伸入中亚直达中国的新疆。

希腊语

线文 B(Linear B)用于书写一种早期希腊语,现存的线文 B 泥板证明,及至公元前 1450 年,南部希腊本土的迈锡尼人使用的是印欧语。考古学与语言学证据显示,早期希腊语居民到达该地的时间为公元前第三个千年晚期。然而也有学者认为他们进入的时间更早些或更晚些,还有学者认为此类迁移活动根本就没发生过。迈锡尼希腊语可能与卢威语(Luwian)等安纳托利亚印欧语有关。在公元前第一个千年,希腊语的使用地区不仅限于希腊大陆与诸岛,还包括塞浦路斯、小亚及众多希腊殖民地。后来随着亚历山大大帝东征,希腊语传播至更遥远地域。

东南欧

公元前第一个千年,印欧语居民有巴尔干人、伊利里亚人、达契亚人、格泰人(Getae)和色雷斯人。这些民族的称谓与某些安纳托利亚民族相似,表明这些民族间可能有关联。考古证据显示,印欧语居民到达巴尔干的时间约为公元前第四个千年晚期。现代阿尔巴尼亚语可能传承自古代伊利里亚语。色雷斯语和达契亚语(可能是某种方言而非单独语言)已灭绝。

意大利语

印欧语言可能通过东南欧于公元前第三个千年传入意大利。最著名的是拉丁语,它依靠罗马的大规模征服传播到欧洲众多地方,在这些地方拉丁语发展为现代罗曼语族(包括意大利语、法语、西班牙语、葡萄牙语、罗马尼亚语等)。但在公元前第一个千年初,拉丁语的使用仅限于罗马地区,其他地区使用其他语言:西库拉语(Siculan)使用于西西里;翁布里亚语(Umbrian)和奥斯坎语(Oscan)使用于中部与西南部地区；梅萨皮语（Messapic，可能与伊利里亚语有关）使用于东南部；皮克尼语（Picene）使用于梅萨皮语以北。所有这些语言均见于铭文。维尼提亚语（Venetic）使用于亚得里亚海北部沿海地区，可能与意大利诸语有关，也可能属于一个单独的印欧语亚族。

东欧

早在公元前第二个千年，斯拉夫语居民就占据了上维斯杜拉河与第聂伯河之间的地区。及至公元第一个千年，他们以入侵者身份被载入史册，侵入东南欧，还向北扩张占据了先前由波罗的语（Baltic）使用者居住的土地。今天，斯拉夫语不仅是巴尔干半岛居民的语言，还通行于从捷克共和国与波兰直到俄罗斯的广大地区。

波罗的语在古典时代就被使用，使用地区从波罗的海以东向南直到北第聂伯盆地。这些地区后来大部分被日耳曼语和斯拉夫语民族占领，立陶宛语和拉脱维亚语（Latvian）是现代仅存的波罗的语。

日耳曼语

据史前时代晚期罗马著作家记载，日耳曼部落出现于莱茵河以东和奥德河以西，相当于今天的德国北部和斯堪的纳维亚。公元第一个千年的民族大迁徙使得日耳曼语民族散布到更多欧洲地区，最典型的如哥特人，然而在众多地区他们丧失自己的语言而被同化。今天使用日耳曼语的地区主要有英国、北欧、低地国家和德国。

凯尔特语

早在公元前第一个千年初期，也可能更早一些，凯尔特语（Celtic）的使用地区从法国东部延伸到波西米亚。在公元前500年之前，凯尔特-伊比利亚语（Celtiberian，或称Hispano-Celtic）居民散布于伊比利亚半岛，只有半岛南部与东部除外。凯尔特-伊比利亚语与高卢语（Gaulish）有关，高卢语通行于法国及法国以东的周边地区。南阿尔卑高卢语（Lepontic）的使用范围在阿尔卑斯山区和意大利北端。东部地区是使用另一种凯尔特语居民的家园，他们的语言为东凯尔特语(Eastern Celtic)。很可能是在公元前第一个千年的某个时期,凯尔特语传播到不列颠。在不列颠形成的一些凯尔特方言是现代世界仅存的凯尔特语,它们是威尔士语(Welsh)、苏格兰语(Scots)、爱尔兰盖尔语(Gaelic)和布列塔尼语(Breton)。公元前5世纪部分不列颠人迁移到布列塔尼地区,他们的语言后来成为布列塔尼语。凯尔特民族中高卢语诸部落的移民活动最引人注目,如博伊人、印苏布里人和谢诺尼人约于公元前6世纪进入意大利北部;再如另一些凯尔特语部落于公元前3世纪进入安纳托利亚(伽拉提亚),直到公元5世纪他们的语言还在使用。

在公元前最后三个世纪,凯尔特语居民和日耳曼语居民分布于不同地区,而罗马人的活动也造成了凯尔特人和日耳曼人在文化上的区别。这一时期的铭文表明,上述文化区别和语言分布在地域上尽管有广泛的一致性,但两者并不完全吻合。这两种语言在相互接触中也产生了相当的重叠与融合。

皮克特语

铭文史料证明,皮克特语(Pictish)在古典时代和上古早期使用于苏格兰地区。可惜这些铭文只包含有限的词汇,因此我们只能在有限范围内将皮克特语与其他语言进行比较。尽管有学者认为皮克特语是一种非印欧语,但目前主流观点认为皮克特语可能是一种凯尔特语。

印欧语在欧洲的传播

关于凯尔特语、日耳曼语、波罗的语和斯拉夫语的先驱们是什么时候、又是以何种方式传播到北欧和中欧的问题,至今还有争议。试图具体确定印欧语抵达欧洲的考古学家们大多把注意力集中于公元前第三个千年的绳纹陶文化。该文化分布很广,所包含的某些因素带有明显干旱性大草原文化特征,表明其祖先很可能来自大草原,然而它也包含有一些表明其当地起源的因素。要将此作为印欧语的肇始似乎没有太多依据。另一种观点认为可能是公元前第六个千年的线纹陶文化(LBK),此观点在考古学上有不少证据,但缺乏语言学方面的支持。

现存的非印欧语言

乌拉尔语

乌拉尔语系包含两个语族：撒摩耶语(Samoyedic)和芬兰—乌戈尔语。其中撒摩耶语的使用者是西伯利亚北部的牧驯鹿者和猎人。芬兰—乌戈尔语有两个分支：乌戈尔语(Ugric)和芬兰语(Finnic)。乌戈尔语的使用地域为鄂毕河流域及以东地区。然而乌戈尔语还包括马札儿语(Magyar,即匈牙利语)，在公元前9世纪由游牧入侵者带入匈牙利。芬兰语的使用地域为波罗的海以东和乌拉尔山以西的地区,它包括今天的芬兰语(Finnish)、拉普语(Lapp)和爱沙尼亚语(Estonian)。一般认为早期乌拉尔语的使用者是中石器时代极北地区的居民,时间为公元前第四个千年,他们的陶器多有梳纹装饰。语言间的相互影响表明,在公元前第三个千年,原始乌拉尔语居民和原始印欧语居民生活于相邻地域。

巴斯克语

今天巴斯克语仅在西班牙东北部和法国西南部这一很小的区域内使用,但其最初的使用地区要广大得多。这些地区包括法国部分地区与西班牙北部大片地区,即古罗马人所谓的阿奎丹尼亚(Aquitania)。巴斯克语与目前所知的任何语言都无关系。

已灭绝的欧洲语言

伊比利亚半岛

通过现存的一些铭文,我们可了解伊比利亚半岛在凯尔特语进入之前使用的语言。东部沿岸使用伊比利亚语,现存的伊比利亚语铭文主要集中于埃布罗河(Ebro)流域。塔特索斯语曾是半岛南端居民的用语。大概上述两种语言在凯尔特语居民到来之前都被广泛使用。研究显示这两种语言都与巴斯克语无关。

意大利

大量主要以伊特鲁里亚语书写的简短文本保存至今。伊特鲁里亚语在公元前第一个千年通行于意大利中部,可能是这一地区早期当地居民的语言。古罗马人熟谙伊特鲁里亚语,但此类语言还是于公元4世纪灭绝。目前可肯定与伊特鲁里亚语有关的语言只有利姆诺斯语(Lemnian)。在爱琴海北部的利姆诺斯岛(Lemnos)上发现有少量利姆诺斯语铭文。根据古希腊人的说法,第勒尼安人(Tyrrhenians)定居于利姆诺斯岛。第勒尼安人这一宽泛称呼可指伊特鲁里亚人,也可指海盗,这两种含义都适用于利姆诺斯岛居民。除伊特鲁里亚语之外,众多地名称谓表明在意大利曾经存在其他当地语言。如在撒丁岛和阿尔卑斯山西部,还有东北部的利古里亚语(Ligurian)和西北部的莱提亚语(Raetic)。很可能此类型的非印欧语本土语群曾广泛分布于整个地中海世界。

希腊

前述用于书写早期希腊语的线文B系由线文A发展而来,线文A是米诺斯人(Minoans)使用的文字。研究显示这两种线文的发音方法基本相符。通过这些研究成果,我们可确定线文A是用于书写一种未知的语言。一般称这语言为米诺斯语(Eteo-cretan),多数学者认为它不是希腊语。有一种未被广泛接受的观点认为米诺斯语是一种闪族语(Semitic),也有学者认为米诺斯语类似于安纳托利亚西部的语言,如属印欧语系的吕西亚语(Lycian)和卢威语。

在希腊本土,迈锡尼人使用的众多人名、神名和地名,还有众多植物、动物、物品和材料名称都来自非印欧语。这表明直到青铜器时代,该地区依然存在其他类型的语言。这些语言可能与哈梯语(Hattic)等安纳托利亚的非印欧语有关,它们很可能曾存在于整个巴尔干地区。

历史上的入侵者

公元前第一个千年,来自黎凡特的腓尼基人在地中海西部建立了众多殖民地。腓尼基语属于闪族语。

书写系统

公元前第四个千年和第三个千年，在美索不达米亚（楔形文字）和埃及（象形文字）发展的书写文字都含有语标和音节元素。由这两种文字衍生出了其他几种文字，其中包括腓尼基人受象形文字启发而发明的拼音文字。腓尼基文是大部分欧洲书写文字的祖先。

字母出现之前的文字

克里特文

约在公元前第二个千年之初，古克里特人用于印章上的符号被称为克里特象形文字。公元前 1750 年左右，另一种文字，即线文 A 也开始在克里特使用。线文 A 主要书写于泥板，用于记账。很可能上述两种文字都是克里特人在同时代西亚文字的启发之下发明的，但它们与那些西亚文字并无直接的传承关系。这两种文字都基于音节，且至今均未能破译。然而通过与线文 B 的比较，我们可确定众多线文 A 符号的读音。

线文 B

线文 B 系由迈锡尼人在线文 A 和克里特象形文字基础上发展而来。线文 B 是一种基于音节的文字，共有约 90 个符号，用于书写一种早期希腊语。多数线文 B 文献存在于记账泥板和封泥上。此类文字于公元前 1100 年左右消亡。

字母文字

地中海东部沿岸的字母文字是从右向左书写，只有 22 个表示辅音的字母。

这是因为闪族语以辅音为基础，可根据上下文确定元音。古希腊人于公元前800年之前改进了此类拼音文字，加入了元音和少量额外辅音。到公元前6世纪时，希腊语书写方式改为从左向右书写。大部分欧洲文字都是基于古希腊文字发展而来的。

伊比利亚-塔特索斯文

腓尼基人将文字传入伊比利亚半岛。到公元前7世纪时塔特索斯人发展出一种基于腓尼基文的文字，此类文字后来被东部伊比利亚半岛居民所采用。此类文字有28个字母，但还需依靠一些音节符号。此类文字用于书写简短铭文，如铸币上的刻字。

意大利的文字

约公元前700年，伊特鲁里亚人从定居意大利的希腊殖民者那里引入希腊字母，并略加改造，如增加了表示"f"和"u"的字母。此类文字的书写方向为从右到左。目前已知的各类伊特鲁里亚语铭文和其他文字材料超过1万件，多数非常简短。尽管这些文字很容易翻译，但对它们所书写的语言仍然所知甚少。

意大利东南部的梅萨皮语居民也引入希腊字母。其他的区域性文字，包括法利希文（Faliscan）、奥斯坎文、翁布里亚文和拉丁文，都由伊特鲁里亚文发展而来。已知最早的拉丁铭文出现于公元前6世纪，使用21个字母。后来为了书写外来的希腊语词汇，又从希腊文字中引入两个拉丁语并不需要的额外字母"y"和"z"。罗马势力在意大利的扩张使得拉丁文最终取代了其他文字。

山外欧洲

北意大利和阿尔卑斯山区的凯尔特人也吸收了伊特鲁里亚文，他们从公元前6世纪起一直使用，至公元前1世纪伊特鲁里亚文才被拉丁文所取代。通过希腊殖民地马萨利亚传入的希腊字母通行于法国南部地区，甚至远达中欧。据恺撒于公元前1世纪的记载：高卢人在商业贸易与个人事务中一般用希腊字母。

借助罗马影响力的扩张和罗马帝国势力的扩张，拉丁文广泛传播并深入欧洲其他地区。到公元前1世纪中期，中欧的博伊人在自己铸币上使用拉丁文。

就在这一时期,高卢人借助拉丁文书写凯尔特语铭文,稍晚不列颠凯尔特人亦如此。有些凯尔特铭文改进了罗马字母系统以表示拉丁语中没有的发音,如"loch"中的"ch"。

拉丁文在罗马帝国衰亡后幸存,成为西欧文学的基石。希腊文通行于东部,在那里东罗马帝国延续了很长时间。希腊文由此成为东欧与俄罗斯文字的祖先。

欧甘文

欧甘文(Ogham)在公元1世纪初使用于不列颠,它在字母文字启发下发展而成,其独特之处在于它也由古老的符木棒(tally Stick)刻写技术发展而成。欧甘文刻写于石头或木棒上,刻写时以此物体的一边为中线。欧甘文的辅音符号由一至五条垂线或指向中线的斜角构成,另有一至五条短线或短线上方的小点用于表示元音。元音符号一般置于中线一侧,也可能两侧皆有。

其他文字

新石器时代晚期巴尔干出产的陶器和其他物品上有螺旋形和十字形符号,此外在塔尔塔里亚(Tartaria)的温查文化遗址中发现的三块图片上也有类似符号。有学者认为这些符号代表了一种早期文字。这些符号很可能有一定含义,但与其他地区其他时期的符号类似,并不具备成形的书写系统特征。

文学

文本

古典时代之前的文字大多是很简短的铭文,一般刻写于石头和金属之上,包括墓志铭和铸币刻字。最长的文字为发现于西班牙萨拉戈萨(Saragossa)附近波托里塔(Botoritta)的凯尔特—伊比利亚语碑铭，大概是一块地契，约两百多字。这一带发现的另一块碑铭为法国科利格尼(Coligny)的五年历。中欧各共同体遗址中的发现表明，凯尔特居民还用骨制或金属制的笔尖在覆蜡的骨片上书写。另外，不列颠人在铸币印模中使用了埃及草纸，这表明草纸作为一种书写材料也被输入山外欧洲。约在罗马征服时期及其之后时期，这类文字还包括祭坛上的题献文和其他祈福文，此外还包括诅咒文、祈祷文和其他与巫术宗教相关的文字，这些文字一般刻在木片、皮条和铅条上。

口头文学

罗马帝国衰亡后众多民族还保留着自己的口头文学，凯尔特人、日耳曼人和北欧人的口头文学都有着相似的故事，故事中的诸神和英雄也很相似，表明这些民族在史前时期有共同的文化传统。这些共性包括共同的主题，如变形，尤其是认为神和魔法师能化身为飞鸟走兽；再如英雄业绩、家族争斗和劫掠，还有隶属于敌对集团、敌对派系或敌对王国的武士间的武装冲突；再如道德与超自然力量间的斗争等。在这些神话和传奇故事中，一些非人类种族角色频繁出现，如矮人、仙女和精灵；另外还有化身为善良动物或人类的怪物，如苏格兰传奇故事中疯狂的水鬼(kelpie)。尽管依靠这些口传文学目前还不可能精确重建欧洲的史前口头文学，它们还是能让我们对流传于史前欧洲的传奇故事有一定感性认识。当时这些传奇故事大概是由吟游诗人和讲故事者朗诵或歌唱的。

爱尔兰地方文学使我们可一窥公元后前几百年的凯尔特世界。这类文学包括口传歌曲、故事和诗，公元5世纪开始由基督教修士们记录下来。如此时名为《厄尔斯特故事》(Ulster Cycle)的故事集，其主要内容为散文体史诗《古奥里劫牛记》(Táin Bó Cúalnge)，讲述英雄库·丘林(CúChulainn)英勇战斗的事迹。库·丘林在舅舅康纳尔王(Conchobar)的宫廷中长大，这位康纳尔王是厄尔斯特的传奇国王。再如《马比诺吉昂》(Mabinogion)是威尔士散文体史诗的汇编，虽然主要内容是中世纪的，但也涉及更早的凯尔特传统文学。

德鲁伊教的教育

恺撒等古典著作家描述了德鲁伊祭司在高卢和不列颠的凯尔特人教育中扮演的角色。大量青年精英跟随德鲁伊祭司一起学习,德鲁伊祭司自身需20年修行以掌握足够知识。德鲁伊教知识包括天文、历法、自然科学、医药、法律、部落历史与传统、哲学和文学,当然还有宗教和祭祀。尽管受过教育的凯尔特人惯于记述他们的日常生活,德鲁伊教知识却是禁止书写的,因此所有德鲁伊知识都是通过口头传授。学生们必须记住海量知识,这些知识以诗歌形式传承。据公元1世纪著作家彭波尼乌斯·梅拉(Pomponius Mela)记载,德鲁伊祭司在偏远隐蔽之地授课,这可能是为了躲避罗马的迫害。然而塔西佗在高卢城邑比布拉克特(Bibracte)时曾去一所凯尔特学校求教。这所学校于公元前122年(译按:原文似有误,疑为公元122年)被临近新城镇奥登(Autun)的一所罗马学校取代。

视觉艺术

史前艺术有众多表现形式。旧石器时代早期的杰出艺术包括小造像,尤其是女性小造像;壮观的洞穴壁画和岩刻画,内容有牛、马及其他动物,优美的骨雕与象牙雕,投矛器等鹿角制手工制品。此后绘画较为少见。带装饰的陶制品、石头、骨头和鹿角以及金属制品等是现存欧洲史前艺术的主体,另外还有少量织品、皮革制品和木制品保留下来。相当数量的欧洲史前艺术比较抽象,往往使用几何图案。图案由众多符号混合而成,这类符号范围广泛,有螺旋图案等抽象元素,还有象征太阳的环形与轮形符号,再如鸭子与植物这类自然主义元素。具象艺术非常少见,有时人的形象只以某些部位作最低限度的表现,如以眼睛、胸部和华丽的衣服和饰物等。史前艺术往往只集中于表现头部而忽略了身体其他部位,除岩画艺术和少量青铜或石制雕像外,完整的艺术形象很少见。最普遍的人形艺术品是如前所述的陶制小造像,这类雕像也大多只有少数人体部位,鲜有完整人形。岩画艺术中动物形象最为常见,少量雕刻和具象艺术中也会有动物形象。史前欧洲的陶器往往饰以自然场景，很少有象征性的图案，这和后来古典时代的风格有很大不同。但也有例外，如在匈牙利索普朗（Sopron）发现的铁器时代陶器。陶器上的图案表现人们在纺线、织布、骑马和演奏音乐，然而这些人的形象是带四肢的三角形，这些几何图案通过组合构成陶器上的装饰。

中石器时代艺术

冰河时代之后的早期欧洲居民留下了许多优秀雕刻作品。这类艺术品包括发现于赤鹿岛墓地遗址的木雕麋鹿头、发现于斯堪的纳维亚北部的琥珀小造像以及发现于南部莱彭斯基村的鱼面石刻。在伊比利亚半岛东部，史前欧洲人绘制岩画。众多中石器时代雕刻作品带有几何图案，如在瑞典舍霍尔姆曼

图 10.1 发现于苏格兰阿伯丁郡（Aberdeenshire）托维（Towie）镇的石球，上面刻有复杂纹饰，制作时间约为公元前 2500 年。这类奇特艺术品产地为苏格兰东北部和奥克尼郡。(Drawing by Audrey McIntosh, from material in National Museums of Scotland, Edinburgh)

（Sjöholmen）发现的鹿角，该鹿角装饰精美，上面有两处鱼形纹构成的复杂几何图案；再如在丹麦曲布林湾发现的划桨，上面刻有漂亮图案，为了醒目刻纹中还填入棕色颜料；还有在法国马答奇（Mas d'Azil）和其他西欧地方发现的一些划桨，上面绘有线条和圆点；显然这些图案不仅仅有装饰意义，可能还有历法功能。

雕像与小造像

在欧洲广大地区，石制、青铜、陶器以及其他材料制作的雕像与小造像广泛出现；在欧洲东南部，上述雕像和小造像在不同文化时期均较为普遍，但在欧洲其他地区，它们仅出现于某一特定文化时期。最早的雕像艺术品包括一些在马

耳他的神庙中发现的巨大雕像,雕像人物身体肥胖(可能是女性),穿着螺纹裙。及至青铜器时代,青铜神像祭仪遍布山外欧洲。铁器时代制作的石像也较多,如竖立于哈尔施塔特时期坟冢中的男性石像;再如守卫着加利西亚聚落入口的武士石像,石像中的武士全副武装;还有发现于伊比利亚半岛西部的公牛、野猪和兽头石像,这些石像主要用于装饰和美化。同样在伊比利亚半岛,铁器时代还出现众多石灰石雕像,这些雕像有男有女,衣服装饰等雕刻细节显示出腓尼基与希腊的影响。在另一边的凯尔特欧洲,自然主义手法的雕像风行于公元前1世纪,这同样受到古典文化影响。

陶制小造像

自新石器时代起,欧洲东南部和东部出现各种小造像,小造像多为人形,也有少量为动物形。这类小造像多为示意性的,有头部,一般还有眼睛和鼻子及细长身躯,身躯上可能还饰有首饰模型。虽然多数这类小造像有性别,有些身上有阴茎、乳房和阴部;但另一类型的小造像展现有更多细节,如四肢,有时还有表示衣服纹理的线条。多瑙河流

图10.2 发现于丹麦巨石墓中的陶罐。陶器图案的变化似乎无穷无尽,展现出许多制作技艺。(Worsaae, J. J. A. *The Industrial Arts of Denmark*. London: Chapman and Hall, 1982)

域铁门峡谷地区出土有一系列小造像,它们制作于青铜器时代晚期,形状独特,有着圆形上身,有轮廓简单的手臂、脖子,有的还有头、首饰、头发和面部容貌。有的小造像物着钟形裙子,上绘有排列整齐的几何纹以表现织物纹理。公元前第五个千年罗马尼亚哈曼吉亚文化(Hamangia culture)的精致坐像更为写实。此外爱琴海地区也出现了更为写实的小造像,如青铜器时代早期库克拉德斯文化的大理石雕像。另一种独特的陶制艺术品是发现于巴尔干地区的陶罐,有的绘有图案;有的做成人形,一般是人的面部。

撒丁岛的青铜雕像

撒丁岛上发现了一些青铜小造像,制作时间始于青铜器时代晚期。小造像表现身着束腰外衣全副武装的武士,然而也有其他类型的男性形象,还有少量女人形象。这些小造像经失蜡法(cire perdue)铸造,形象瘦长,但较为写实,有精心刻画的诸多细节,如面部、饰物和衣服以及武器装备的形状等。

浮雕和雕刻

自公元前第四个千年起,石柱之类带有浮雕装饰的物品开始在欧洲各地出现。这些石柱包括与伊比利亚半岛巨石文化有关的片岩石板,上有人形几何图案;还有分布于地中海地区和西欧的铜石并用时代的史前石碑,这些石碑一般刻有项链、腰带、武器和人脸,用以表现人的形象。自公元前二千年始,伊比利亚半岛出现了葬礼石柱,石柱上刻有武器,及至铁器时代石柱上还增加了盾牌、首饰、镜子和战车以及瘦长如棍的武士形象。

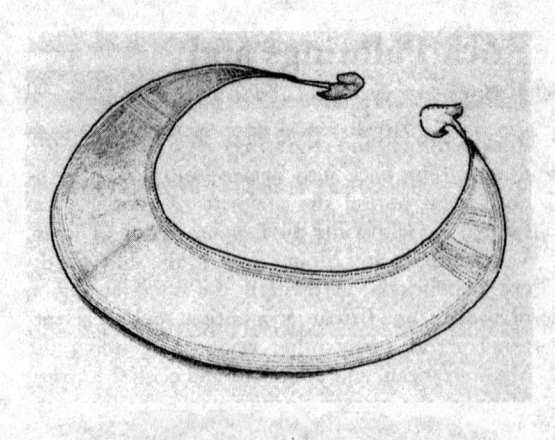

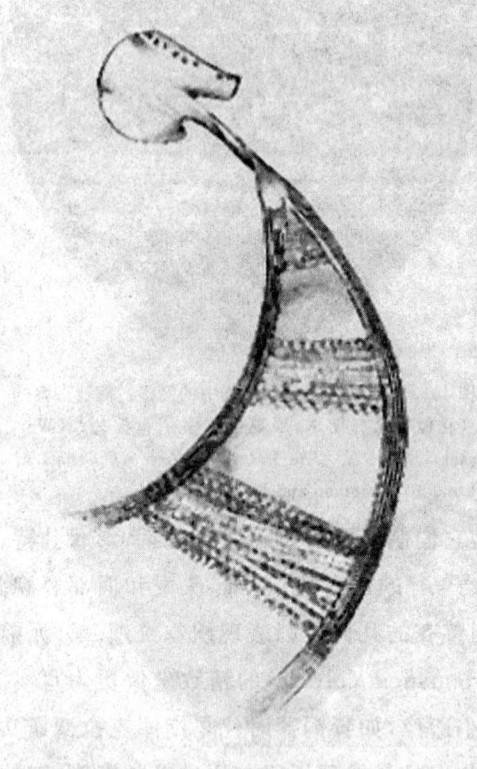

图10.3 发现于苏格兰奥申塔伽尔特(Auchentaggart)的金制弯月形饰物,上面雕刻有精致几何饰纹。在史前艺术中,此类饰物经常出现于人或神的形象中,如史前巨石柱。(Drawing by Audrey McIntosh, from material in National Museums of Scotland, Edinburgh)

探寻史前欧洲文明

巨石艺术

众多巨石纪念碑上雕刻有几何形状主题,如螺旋和同心圆弧,还有矩形、锯齿形、菱形和杯形图案。刻在这些纪念碑上的还包括一些成套符号,主要为斧头与匕首形状,这些符号虽然很小,但传播广泛。

希图拉艺术

在铁器时代,意大利北部和亚得里亚海北部沿海地区很少出现小造像类艺术品,但该地居民制造独特的希图拉艺术制品(situlae,桶形容器)。此类艺术品带有强烈东方风格,可能经由伊特鲁里人传入。容器横饰带上排列装点着贴片与雕刻而成的金属装饰图案,图案内容因时代而异。自公元前7世纪起,早期的典型装饰图案为吃草动物,晚期为各种生活场景,如战斗、运动、游行、性交和宴会,此外还有神话中的野兽。此类装饰也用于其他物品,如盖子、带饰和饰板。一件公元前4世纪制作于哈尔施塔特的刀鞘上有双人抓着车轮的图案。此时,此类装饰风格正在衰落。

岩画和雕刻

岩画和雕刻为欧洲传统艺术,时间可上溯至旧石器时代。在冰后期,岩石艺术主要分布在西班牙的加利西亚、西班牙东南部的黎凡特、意大利的卡摩尼卡谷以及阿尔卑斯地区的贝格山;

图10.4 一个贴有青铜薄片的桶形容器,饰有精美的凸纹符号,主要表现日轮和鸭嘴,这是青铜器时代晚期的典型主题。(Worsaae, J. J. A. *The Industrial Arts of Denmark*. London: Chapman and Hall, 1982)

第十章 语言、文学和艺术

其他地方还包括斯堪的纳维亚北部,尤其是瑞典的布胡斯省;还有不列颠。此外,岩石艺术还分布于其他众多地区,包括地中海地区、欧洲东南部和中欧。众多西班牙东部的岩画绘制由中石器时代延续至新石器时代。斯堪的纳维亚的部分雕刻属中石器时代晚期和新石器时代,然而多数属青铜器时代。阿尔卑斯地区制作雕刻从中石器时代一直延续到中世纪。多数雕刻图案经过雕琢和打磨。

西班牙、阿尔卑斯地区与斯堪的纳维亚的众多岩石艺术带有象征性。西班牙东部的岩画运用红色、黑色和棕色三种色调,表现采集蜂蜜等个人活动,也表现大规模共同体活动,如战斗、打猎和跳舞。

日轮等符号普遍出现在于青铜器时代艺术品中,在各个时代动物形象也都很普遍。青铜器时代斯堪的纳维亚岩石艺术的主题主要与人有关,尤其是武士、舟船、车辆、武器、耕作和伐木。在少量斯堪的纳维亚墓葬中发现的石板上也雕刻有类似的场景和主题,表现了同样的艺术传统。更早的斯堪的纳维亚艺术还表现狩猎场景,也可能还表现游行和舞蹈。

众多阿尔卑斯山区的雕刻艺术取材于日常生活场景,如狩猎、耕作、纺织与其他家务活动、房屋和聚落、武器、车辆以及各种动物。这些艺术中同样有大量符号和几何图案。加利西亚、爱尔兰西部、苏格兰和英格兰东北部的岩石艺术可能从青铜器时代开始出现。这些艺术大多比较抽象,如奇特的杯形标志;还有凿于岩石露头与大圆石表面的圆洞,圆洞往往有一个或数个环形圈围绕。除了这些抽象符号,加利西亚艺术也包括一些写实内容,如动物,尤其是牡鹿,还有武器。

凯尔特艺术

优秀的凯尔特艺术品出现于拉特尼时期,有众多表现形式,其中最著名的是金属制品。凯尔特金属艺术品包括水罐与锅等容器、首饰、马具与车具、剑鞘以及头盔与盾牌等检阅用军备。技艺精湛的工匠与种类繁多的装饰技术成为青铜器时代以及铁器时代早期艺术繁荣的基石。这一时期的凯尔特艺术结合了几何型抽象图案与各类标志符号,如鸭子和日轮。在公元前6世纪,各类希腊与伊特鲁里亚主题风格的陶器和青铜器输入山外欧洲,这类主题包括莲花、棕叶饰和人脸,还有各类扭曲图案和虚构动物,如狮鹫(griffin)和斯芬克斯(sphinx),这些动物形象来自半干旱性大草原和近东。在公元前5至前4世纪，凯尔特艺术家们吸收上述这些艺术元素，将其融入自己的艺术传统。自然元素经过奇异变形，成为各种怪异形象，如眼睛鼓出的人头、兽头以及精致的呈几何形状排列的花饰（早期风格）。这些艺术元素主要用于奢侈品，如首饰、剑鞘、金属和陶制餐具。有些金属装饰上还镶嵌有玻璃和珊瑚。复杂图案需要用圆规之类工具来辅助设计，网格图案的金属薄片则用于装饰其他物件，如发现于德国施瓦岑巴赫（Schwarzenbach）的包金网格纹木碗。

自公元前4世纪晚期始，凯尔特艺术品的形制中加入了更多曲线。如有复杂交织图案的植物元素，如蔓卷和叶子，还有难以辨认的动物元素，尤其是人、鸟类和兽头。这些动物有的还带有弯曲身体，典型者如瓦尔达尔格斯海姆风格（Waldalgesheim Style）。众多艺术主题具有明显的抽象几何风格，如有动物头部形状的胸针（面具胸针），在德国南部和奥地利西部均有发现。有时陶器上的图案主题是由预制好的印章压印于陶器表面。

图10.5 发现于法国洛林（Lorraine）巴塞叶兹（Basse-Yutz）的青铜酒壶，为发现于当地一座公元前5世纪晚期富人墓葬中一对酒壶的其中之一。酒壶外形模仿伊特鲁里亚式样，上面的精美装饰为纯凯尔特风格。这些装饰包括镶嵌的珊瑚与红色玻璃、人形凸缘以及众多立体形象（一群猎犬在追逐鸭子）。(TopFoto. co. uk © The British Museum/ HIP. Photographer: Unknown)

在公元前3世纪，众多铁制剑鞘上刻有曲线几何图案，多为植物主题与抽象图案，如剑形风格。这通常会形成一块不对称的装饰镶板。众多物品，如琥珀等首饰和青铜容器，都饰有立体元素，如球形柄、半球形凸起和其他风格独特且形象怪异的鸟头、兽头与人头（造型风格）。

第十章 语言、文学和艺术

海岛艺术风格发展于不列颠。镜子与其他物品上刻有精致几何图案、带有旋涡曲线的环形图案以及充满交叉影线的圆环图案（镜子风格）。后来凯尔特人的制作技艺和图案设计在罗马帝国之后的基督教艺术和其他异教艺术中都有新发展。

表演艺术

音乐舞蹈无疑是史前欧洲生活的组成部分，但与此有关的证据少有存世。岩石艺术展现了人们跳舞和演奏乐器的场景，除此之外还有其他少数证据。部分古典史料讲到凯尔特与其他民族的文化风俗，偶尔会提及乐器，这些乐器已有出土。在铁器时代甚至更早时期，人们以传统歌谣和故事进行娱乐和教育，这点很像后来欧洲的蛮族居民。这类艺术活动一般由吟游诗人和讲故事者表演，有音乐伴奏。

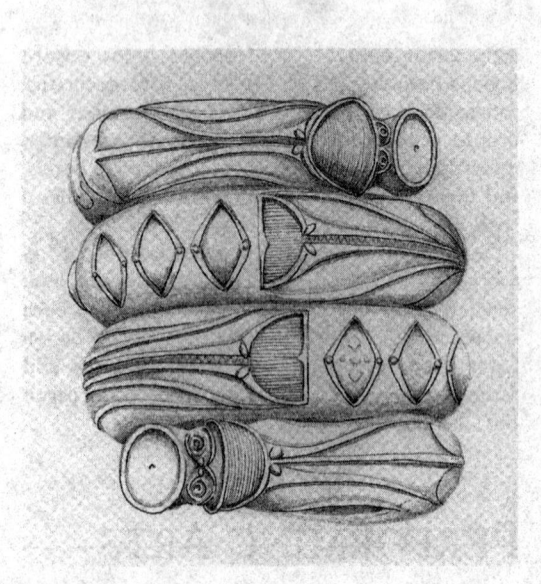

图10.6 发现于苏格兰库尔宾桑德斯（Culbin Sands）的蛇形青铜臂环，约制作于公元后前几百年。此类动物主题在凯尔特艺术中非常典型。（Drawing by Audrey McIntosh, from material in National Museums of Scotland, Edinburgh）

音乐

在俄罗斯的梅京（Mezin）发现了旧石器时代的猛犸象骨制品，可能是鼓、摇铃，甚至是类似木琴的乐器。在法国的伊斯图利兹（Isturitz）发现了众多格拉维特文化（Gravettian）晚期带指孔的鸟骨笛。另外在南斯拉夫早期穆斯特期（Mousterian）的文化遗址中发现的物品残部，可能是笛子的一部分，由熊股骨制成。在巴尔干的安扎（Anza）新石器时代遗址中也发现骨笛。据古典著作家狄奥多罗斯（Diodorus）记载，凯尔特人有一种类似于古希腊七弦琴(lyre)的乐器,凯尔特吟游诗人就在此类乐器的伴奏下吟唱诗歌。已经在某些物品上发现对这类场景的描述,如在发现于匈牙利索普朗的铁器时代罐子上。属于公元前三千年库克拉德斯文化的大理石小造像有一些是有关奏乐的,其中一枚表现的是一个人在弹奏七弦琴,另一枚是一个人在吹笛。

在岩石艺术中出现了弯号(Lurer)和兽号(Carnyxe)两种乐器。弯号为一端有喇叭口的弯曲长号,可能用于宗教庆典。弯号喇叭口背面和吹口旁边挂有小响片,类似于现代的伸缩喇叭(trombone)。弯号可能是成对演奏,因为众多弯号是成对发现的。在爱尔兰,较小的青铜号角外形上似乎是模仿一种野牛(aurochs)的角。兽号是凯尔特人的军号,以青铜、木材或兽角制造,管身长直,喇叭口为兽头形状,最多的是野猪头形喇叭口。此类独特的军号能发出洪亮尖利的声音。

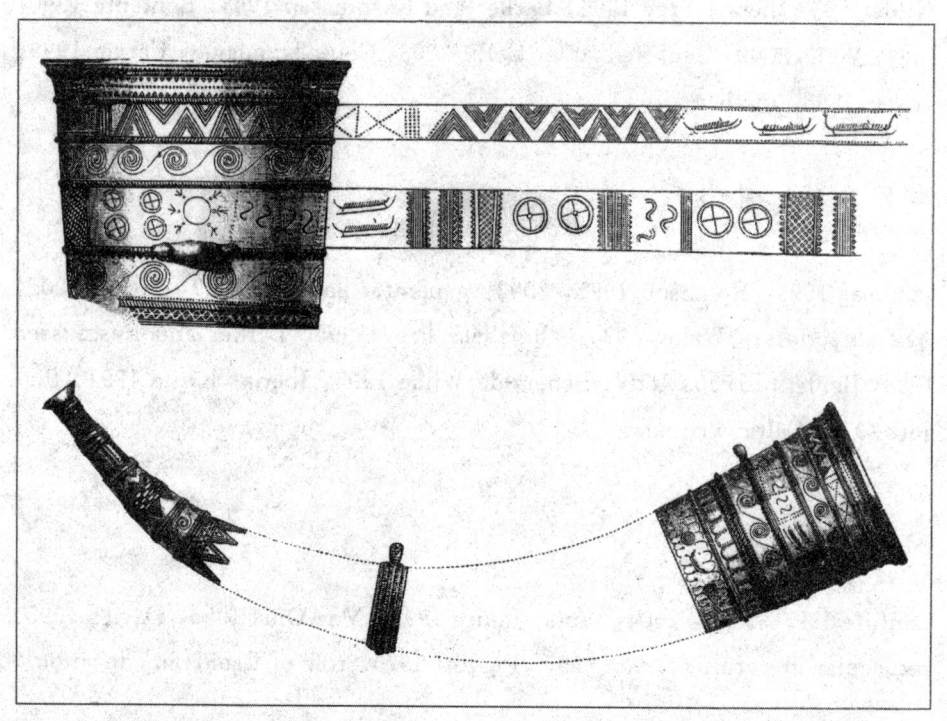

图 10.7　发现于梅克伦堡(Mecklenburg)维斯马(Wismar)一沼泽地中装饰精美的青铜号角。(Worsaae, J. J. A. *The Industrial Arts of Denmark*. London: Chapman and Hall, 1982)

(刘衍钢 译)

第十章　语言、文学和艺术

阅读书目

欧洲的语言

Ualhy 1998, Crystal 1987: general; Mallory 1989, Renfrew 1987: Indo-European languages; Mallory 1989, Robinson 2002: non-Indo-European Languages; Fitton 2002, Chadwick 1987, Gordon 2000, Aegean languages; Lenerz-de Wilde 1995: Iberia; Frey 1995, Barker and Rasniussen 1998, Bonfante 1990: Italy; Wells 2002, Cunliffe 2001a, Collis 2003, Celtic languages; Carver 1999, Foster 1996: Pictish.

书写系统

Coulmas 1996, Robinson 1995, 2002: general; Chadwick 1987, Fitton 2002: Aegean scripts; Healey 1990: alphabet; Frey 1995, Barker and Rasmussen 1998, Bonfante 1990: Italy; Lenerz-de Wilde 1995: Iberia; Kruta 1991, Piggott 1975: Celtic writing.

文学

Cunliffe 1997, Kruta 2004: texts; James 1993, Mac Qma 1995, Davies 1995: vernacular literature; Green 1997, Piggott 1975: role of Druids in education.

视觉艺术

S. mdars 1985, Milisauskas, ed. 2002, Cunliffe, ed. 1994: general; Mithen

1994, 2003, Bradley 1998: Mesolithic art; Bradley 1997, Harding 2000, Guilaine and Zammit 2005, Anati 1999, Capelle 1999, Scarre 1998: rock art; Anati 1965: Val Camonica; Cunliffe 2001a, Shee Twohig 1981: megalithic art; Whittle 1996, Bailey 2000, Perles 2001, Todorova 1999, Marthari 1999, Gimbutas1956,1991:figurines; Lenerz-de Wilde 1995, Jorge 1999b, De Marinis 1999, Kristiansei 1998, reliefs and stelae; Jacobsthal 1944, Megaw and Megaw 1989, Filip 1976, James 1993, Wells 2002: Celtic art; Collis 1984a: situla art.

表演艺术

McIntosh and Scan-e 1998, Green 1997, Misauskased. 2002, Pagan, ed. 2004: music.

第十一章

社会与生活

社会与政治组织

要了解史前欧洲的社会组织,我们可利用各式各样的资料。如丧葬程序、随葬品和其他制品所体现的社会地位差别;再如现存的史前纪念碑,其建造过程需要多人协作,我们可据此推测当时的组织状况;其他可用资料还有贸易模式和村落规模等。一般社会贫富差别可通过住所规模大小与结构方面的区别表现出来。然而,在多数史前欧洲村落遗址中很少发现社会分化的证据。通过古典文献与地方文学记载,我们可对铁器时代晚期的社会有所了解。现代民族志学研究也可为深入了解当时的社会组织提供一些帮助。

社会等级制度的发展

证据显示,在中石器时代早期,人类共同体内各成员基本是平等的,只是因责任不同有所区分,其角色的不同可能是出于年龄和性别。如韦兹拜克遗址,男性一般以石刀与骨制匕首陪葬,女性则以饰物陪葬。然而及至中石器时代晚期,其他方面的地位差别似乎在北欧和西欧的人类共同体中开始出现。墓地中的单人墓葬里摆放着不同数量的随葬品,如珠子、其他首饰、小造像工具。如在拉脱维亚兹维伊尼埃基(Zvejnieki)的墓地,有些墓葬中没有随葬品,有些随葬品却很多,还有一些孩子墓葬中的随葬品也很丰富。然而在许多墓地中,最好的墓葬是属于青壮年男子的,如俄罗斯的赤鹿岛墓地,这表明人的地位由体能决定。此外,某些人也因为其他原因受到尊敬。如在赤鹿岛墓地,有四个人以直立姿势入葬,墓葬中还有大量随葬品,他们大概是萨满巫师。不同的丧葬程序与墓葬中某些物品的分布表明:这些中石器时代的人类共同体内部已经分化出不同的氏族。

早期欧洲的农耕者大概组成内部平等的小共同体。在大陆东部,有些墓地中的墓葬随葬品相同,有些墓地的墓葬随葬品因年龄和性别不同而有所差别。西部的巨石墓却反映出当地社会非常重视个人地位,个人身份的差异在丧葬中有显著表现。要竖立起巨石墓这样的纪念碑,这些人类共同体必须有能力组织起庞大劳动团队。然而民族志学方面的分析表明:可通过召集亲属或向邻居求助,以此聚集起必要人力,当然此类帮助是相互的。为答谢劳动参与者,建造完成之后会有宴饮等酬劳。

在公元前第四个千年和前第三个千年,史前社会发生了普遍变化,该变化最早始于东南部。随葬物品的差别日益显著,某些人完全没有随葬品,而少数人的随葬品却异常丰富,而且不乏进口的稀缺材料制品。在西部,公共埋葬方式被个人墓葬所取代,人们第一次视亡者为单独的个体。此类社会地位的不平等在一定程度上可能与土地日益重要有关,共同体中占有更好土地的成员由此掌握了更大权力和更多经济利益。人类共同体中的争斗大概也促进了社会等级制度的发展。在此制度下,首领能够组织人力,通过协作努力建造更宏伟的纪念碑,如巨石阵与其他史前圆形建筑以及马耳他岛上的史前神庙。同时首领们权力日益增长,他们使自己的共同体胜过周边近邻。通过控制采矿和成功操纵贸易,首领们攫取了稀缺资源,如优质燧石、金属与琥珀,据此也增强了自己的权力和声望。一般而言,首领们通过劫掠积聚大群牲畜同样能提升其领袖地位。这一时期的其他首领可能是些精于组织、以强力挟持其他成员的恶霸。

图11.1 保加利亚瓦尔纳省一铜石并用时代的富人墓葬。
(Courtesy of Ancient Art & Architecture Collection. ©
2004 AAAC/TopFoto.co.uk)

探寻史前欧洲文明

一般认为,及至公元前第二个千年,等级社会已经出现于欧洲多个地区,这部分体现于这一时期的墓葬上,也体现于这一时期大量奢华的贵重陪葬品。一般社会等级的分化并没有造成住所的差异。如在公元前第一个千年早期的比斯库宾村落遗址中,120间房屋大小相同。然而村落按职业差别有一定划分。渔夫的房屋靠近村落中心,捕鱼用具就放置在靠外部的房间中。

及至公元前第一个千年中期,社会等级分化已体现在此时的住房上。乡村居民一般住在小村子里,农场及其建筑物则成为山寨的附庸,当地首领及其随从住在较大村落里。在欧洲众多地区均存在社会等级差别,这在墓葬中体现得非常明显。如色雷斯王被葬于巨冢之中,随葬有殉葬的妻妾、仆人,还有绚烂夺目的金银器皿、珠宝和甲胄。乡村的武士等显要则葬于石窟墓或地下坟冢中,随葬品也较少。农人或工匠等平民一般是火葬,骨灰被埋入平坦墓地中。虽然此时社会等级由出身决定,一个人的社会地位还是取决于他的个人成就。

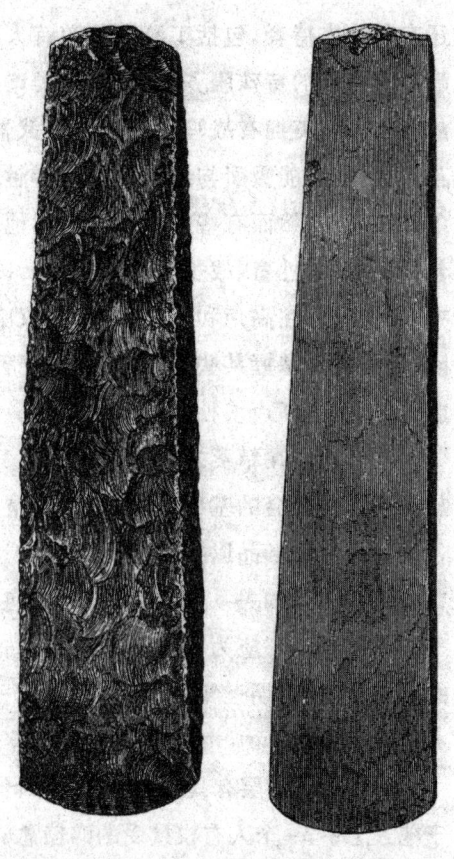

图11.2 发现于丹麦的两把燧石斧,尺寸与质量都很特别。一个系打制而成,一个已被抛光。在新石器时代,此类精制斧头是地位的标志。(Worsaae, J. J. A. *The Industrial Arts of Denmark*. London:Chapman and Hall,1882)

凯尔特社会组织

首领的权威

传统凯尔特与日耳曼社会由首领统治,首领维持着一支精英随从队伍,此外还有其他支持者,包括工匠与吟游诗人。首领以酒肉回报支持者,还以各类赠予酬劳支持者的特殊服务或战功,这类赠予包括首饰、猎犬、马匹和各种劫掠来的战利品。精英拥有战马与全套盔甲武器,包括一把剑。首领与战争领袖来自精英阶层,他们能吸引与维持的支持者越多,权力就越大。首领首先从自己的亲属中选拔随从,然而有些随从是来自其他家族的精英。首领的财富来源多种多样,包括土地税、牲畜、战争与劫掠、贸易,以及依附的劳动者。精神力量则来自宗教方面的权威,在高卢和不列颠,宗教权威归于德鲁伊祭司。德鲁伊祭司来自精英阶层,可能也掌握某些世俗权力:如德鲁伊祭司狄维奇阿库斯(Diviciacus),在恺撒时代,他是高卢埃杜伊部落的首领。

社会地位在精英之下的是工匠与其他有专长者,其中许多人也是首领的随从。农人是社会的基础,他们依附于精英或直接依附于首领,向精英与首领提供各类制品与农产品以换取保护和庇护。在后来的爱尔兰社会,依附者与首领及精英间存在契约关系,即精英与首领向依附者提供耕牛,作为回报,依附者在战争与和平时期都应为精英和首领服务,此外耕牛的价值也分期偿还。有时偿还的利息很高,为期三年,每年还三分之一。在罗马影响到来之前,类似社会现象大概已经出现。

不同社会阶层有其各自的"荣誉价值"(honorprice),这是指如果受到伤害或死于他人之手,一个人有权接受的赔偿总额。这在日常生活中的众多方面强化了人们的社会地位。如在案件诉讼时,证人证词的可靠性由他的荣誉价值决定。

首领控制着小部落或部落群。在部落首领或王的领导下,众多小部落或部落群联合成更大部落。至少在高卢南部,这一联合过程更进一步,这些较大部落依附于最有影响的大部落。在恺撒时代,谢夸尼人(Sequani)和埃杜伊人占支配地位,争相吸引较小部落的效忠。谢夸尼人在军事上有日耳曼人支持,埃杜伊人则以罗马人为靠山。小亚的伽拉太人是凯尔特移民。据希腊人记载,伽拉太国家的最高统治机构是精英会议,其成员来自国内所有较小的首领控制区。会议召开的地点为一处德鲁伊教圣林,议员们在此决定国家大事。

行政长官

据早期古典史料记载,首领或王一般控制着部落。在稍后时期,此类组织方式依然存在于不列颠和日耳曼等众多地区。然而,及至公元前1世纪,某些临近罗马省份的地区发展出了一种寡头政治体制。赫尔维提人的行政长官系每年从首领精英中选出。其中的最富有者奥尔格托利克斯(Orgetorix)于公元前60年想颠覆此政治体制,结果遭到指控,罪名是图谋称王,这在当时是大罪。奥尔格托利克斯追随者众多,约有万人,因此他有能力拒捕,但他不久后离奇死亡。埃杜伊人选举了一位长官维尔戈布莱特(Vergobret),他手握部落成员的生死之权,为期一年。但在实际操作层面维尔戈布莱特的权力还有所限制,如任职期间他不得离开部落领地。行政长官的统治有精英会议协助,长官的所有家族成员皆禁止进入精英会议。有时还会召开由所有自由部落成员参加的大会,以决定是否宣战等最重要事务。在恺撒时代,两位精英在埃杜伊人中身居高位。一个是杜姆诺里克斯(Dumnorix),公元前60年的行政长官,他利用自己的声望与权力垄断税款征收与河流捐税,这些税款业务本来是每年公开竞标的,杜姆诺里克斯由此获得了巨大的经济收益;另一个是杜姆诺里克斯的哥哥狄维奇阿库斯,他是反对派集团的首领,后来通过与罗马人结盟占据上风。杜姆诺里克斯最终被罗马人逮捕处决。

犯罪与惩罚

　　在人们都相互认识的小型共同体中,偷窃较为少见。公元前1世纪,随着众多城镇的发展,情况开始变化。人类共同体的规模日益膨胀,居民互不相识,有的人类共同体发展为开放性城市,居住着来历各异互无关系的居民。安全问题遂凸显:在曼兴的城镇遗址中发现大量钥匙,这前所未见,它们一方面表明财富的增加,另一方面也表明邻居间的猜疑。这反映出过去以家族为基础的社会关系正转变为城市环境下的新形态,此时门第不再重要,更注重个人独立。

　　然而也有众多犯罪大概是传统社会中早已存在的,如乱伦与通奸之类违反社会规范的行为、违背宗教戒律的行为、谋杀等反社会行为以及一些意念中的犯罪,如在个人或共同体不幸染病时所施用的巫术。罗马时代的古希腊著作家斯特拉波注意到,在高卢人中,肥胖者是要受到惩罚的。尽管有关史前欧洲的犯罪与惩罚机制的信息很少,通过对一些因犯罪被处死的亡者的研究,我们还是能作一些推测的。例如,在丹麦的尤瑟沼泽发现一具被钉在沼泽中的女尸,可能是被处死的罪犯。人们把女巫处死后加以束缚,为的是防止她危害整个共同体。也有另一种可能:该女人是用于献祭的牺牲之一,死后被保存于沼泽中。古典史料提到,至少在铁器时代,一些牺牲其实是被定罪的罪犯,他们被供养起来,时间往往长达数年,直到被用于祭祀。

在英格兰约克郡的伽尔顿-斯莱克(Garton Slack)发现一块铁器时代的墓地,里面有两具尸体:一个青年男子和一个三十岁左右的女人。两人显然是一起被处死的,罪名可能是通奸。两人被置于一个木桩上,手臂被钉在一起,可能就这样被活埋。女人的骨盆下发现一个胎儿。然而据塔西佗描述的日耳曼人习俗与此有异,他记载道:对通奸女人的惩罚是剃光她的头发,然后剥光她的衣服公开鞭挞,但她并不被处死。

产业组织

在整个中石器时代及新石器时代大部,手工制品由共同体成员制作。但在新石器时代晚期与铜石并用时代,随着社会地位差别日益增长,分工开始出现。及至铁器时代,分工充分发展,众多制品变得非常标准化。有些手工活动在家里由全家人一起完成,可能也只是满足他们自己的需要。这类活动包括纺织与编织、制作篮子与简单陶器、雕刻木器、敲打燧石、处理皮革、骨头和鹿角等。有些手工活动人人都会,但需要众人通力合作,如盖房子。

波兰布热哲施克-库亚乌斯基的兰捷尔居民区遗址中发现众多有趣的遗物,通过此我们可对早期手工活动组织一窥究竟。在该地,鹿角斧的制造在单独房间内进行,以防止被人偷窥。在中石器时代早期及后来的漏斗颈广口陶文化(TRB)时期,此类斧头的制作在这一地区非常普遍,因此这家人似乎是漏斗颈广口陶文化期的"外行"工匠。

另有还有许多精制的产品以及需要特殊技艺或工具制作的产品,这类产品由专门的工匠制作,越到后来专业程度越高。例如,在铁器时代,轮制陶器等精制产品由专门的制陶师制作。供精英使用的物品在首领所在的中心区域制作,制作此类物品工匠的地位较高,可能是首领的随从。例如,喀尔巴阡盆地青铜器时代的中心区域就是手工活动基地,如马莱-科西胡(Malé Kosihy)聚落,手艺人在此专门雕刻供精英马匹使用的勒带骨片。其他工匠制作的大量精纺织品可能也是奢侈用品。再如为威塞克斯首领服务的金匠,他们的制品在威塞克斯的众多精英墓葬中被发现。到铁器时代,众多专业手工活动者汇集于城镇中,他们的产品除了供主人享用外,也用于出售。

小规模采矿与金属制造一般由小共同体经营,他们负责从采矿到成品金属的全过程。在众多地区,金属采矿只是偶尔为之,并不是持续活动,这可通过这些地方大量废弃的锤石得以证明。如在威尔士的库米斯特维思矿坑遗址,锤石来自方圆20英里(30公里)的地方。锤石数量表明采矿者来自各地,当采矿告一段落后人们便离去。然而众多大型矿场与制造中心有合作关系。典型的制造中心如米德堡,可能有数以百计的人专职从事不同劳动,如选矿、运送矿石、伐木与烧炭,还有熔炼。金属工匠制作各种金属制品,制作地点可能在他们自己的聚落,该地也是他们产品交易的地点,然而也有些人是流动工匠。在墓葬中发现的工匠的工具表明:至少在青铜器时代初期,金属工匠享有较高的社会地位。在爱尔兰,金属工匠的此类地位一直延续到信史时代,这有当地的文献资料为证。

采石业与矿业类似,可能涉及一个大网络,其中有人开采石料或燧石;有人把原料粗加工;有人拿加工好的半成品去贸易或交换;还有人完成石器制作。众多燧石矿定期有人来开采,开采者可能居住在其他地方,每年在特定季节前来。对这些共同体或个人而言,采集石材是季节性的专业活动,然而粗加工与制作石器的技术一般人都会,因此这项产业还没有完全专业化。随着时间推移,当人类共同体规模扩大、社会关系更加复杂时,专业化程度可能也会不断增加,尽管这并非世代相传的技艺。

第十一章　社会与生活

两性关系

两性差异在丧葬仪式上表现明显。尸体在坟墓中的摆放以及尸体身边的随葬品都因性别而异。如在兰捷尔和提察波尔加(Tiszapolgár)的墓地中,女人被置于左边,男人被置于右边。男人的随葬品一般是工具或武器,如箭、匕首与短刀;女人的随葬品一般是首饰。然而此类丧葬方式绝非普遍适用。

劳动分工

提供食物

在采猎者社会,一定的劳动分工很常见,男人负责猎捕大型兽类、在海中捕鱼和捕捉海中哺乳动物以及其他各种力气活。他们面临危险,往往数日不归。而妇女一般在孩子的帮助下采集植物、捕捉小猎物、收集生贝以及获取其他各种食物,她们的活动区域一般在聚落周边步行范围之内。上述妇女获取的食物男人有时也会去采集,男人、妇女和孩子一边采集一边进食。然而妇女与男人有所不同,她们还会把采集的食物带回家分给老人与残疾人等共同体其余成员。男人和妇女对食物的贡献与纬度有关:在寒冷地区,男人获取的肉类成为食物的主要部分,而在热带地区,大部分食物由妇女采集而来。在欧洲极北地区,还有旧石器时代寒冷时期的欧洲,自有人类之后,食物的提供主要依靠男人。但在相对温暖的中间期,以及在冰后期,欧洲的采猎者似乎依靠采集获得大量食物,同时以妇女获取的食物作为每日的基本补充,男人偶尔也会捕捉鱼或小猎物作为食物。人种学研究表明,男人还负责杀死捕获的猎物,随后的食物准备工作则归于妇女。

虽然目前无法确定早期欧洲农耕共同体的劳动分工状况,但民族志学研究和历史研究表明,大部分劳动由妇女承担,这包括准备耕地、播种、锄地、锄草与收割。森林开拓等需要更多体力的劳动则是男人的任务。犁被引入欧洲后，众多耕作劳动转而由男人承担。妇女依然参与众多农业劳动。似乎随着犁在农业中的推广以及牲畜被用于运输和拖曳，劳动分工开始出现：男人在田间劳动，管理役畜；妇女照看小块菜地和院子里的牲畜；遇到收割等重要任务，则全家人通力合作。根据民族志学研究，当时的牧歌体（pastoralism）文学中，男人在食物生产中同样占有重要地位。

家务劳动

传统上家庭劳动由妇女负责，这包括准备食物、做饭与清洁工作。母亲在劳动时一般会带着婴儿，照看小孩主要由祖母和其他不能从事体力劳动的妇女负责。

制作工具和其他物品的劳动由男女共同分担。家制陶器一般由妇女负责，制作石器、武器与木器可能由男人负责。妇女还纺线、织衣、加工皮革。辛根（Singen）的众多青铜器时代女性墓葬中有用于加工皮革的锥子。少量描绘人们劳动的史前欧洲艺术表现了妇女在纺织与编织。到处都有锭盘出土，这表明当时的纺织劳动非常普遍。纺织劳动一定占据了大部分妇女的大量时间，她们往往一边纺织一边干其他事，如饲养绵羊或照顾孩子。

盖房是男女合作的活动，男人负责重体力活，如竖起木质或石砌框架；女人则负责众多其他劳动，如割草、搅拌与涂抹泥灰以及准备其他材料。

冶金技术的发展使得两性间关系发生变化：采矿、熔炼和加工金属是男人的工作。而且随着这些技术发展，出现了其他更加专业的生产活动，如首饰与武器制造、玻璃制造等。

权 力

与古典时代相比，史前时代的凯尔特妇女享有更大的自由与权力。在不列颠，出现过两位手握实权的凯尔特女王布迪卡（Boudicca）和卡蒂曼杜娅（Cartimandua）。这证明权威并非仅限于男人。地方文献记载表明，在后来的凯尔特社会，这依然是根深蒂固的传统，至少在不列颠是如此。

第十一章　社会与生活

日常生活

家庭生活

婚姻与性

怎样的婚姻配偶才算是合适，对此多数传统社会都有相关的惯例或习俗。乱伦很少被接受，尽管众多社会容忍或鼓励一定范围内亲戚间的通婚，如堂兄妹或叔侄间。多数史前社会奉行族外婚，其成员宁可从邻近或远方共同体中寻找配偶，也不在自己共同体中择偶。据推测，此类择偶机制产生于远古时代，后来流传下来。当共同体规模扩大，潜在的配偶数量大大增加后，族外婚就不再必要。婚姻双方一般都是同一家族的成员，往往也是同一行业的成员。在等级社会，婚姻双方一般来自相同的社会阶层。古典文献记载了众多凯尔特精英间的政治联姻，通过联姻，凯尔特首领与其他部落之间的政治纽带得以确立和巩固。例如公元前60年，诺里库姆王国遭到西面凯尔特联盟的威胁，该联盟由博伊人及其近邻赫尔维提人组成。诺里库姆王于是把自己的妹妹嫁给阿里奥维斯图斯(Ariovistus)，阿里奥维斯图斯是强大的日耳曼部落苏威比人(Suebi)的首领。阿里奥维斯图斯同时也是谢夸尼人的盟友，谢夸尼和埃杜伊两大部落当时正为了获得高卢的领导权而争斗不已。赫尔维提人精英的首领之一奥尔格托利克斯把自己女儿嫁给埃杜伊首领姆诺里克斯，由此建立其赫尔维提人与埃杜伊人的同盟。

通过了解当时的婚姻方式，我们可一窥史前时代的家族组织。这项工作尚处于起步阶段，但通过DNA研究和其他对骸骨的物理化学分析，我们可了解一个人的生活轨迹，从出生地或童年居所直到后来的聚落或死亡地点。通过对奥埃迪克岛和泰维耶克中石器时代墓地中发现的骸骨作稳定同位素分析，我们了解到,那些嫁入当地沿海人类共同体的女人们来自内陆地区。

在由狩猎采集向农耕过渡这一变化过程中,通婚方式也起了一定作用。当婚姻双方来自不同背景时,这就促成了相互交流,尤其是不同文化间的交流,线纹陶文化与埃特博勒文化。通过寻找非当地文化物品,我们可探寻当时人们的婚姻方式。这类物品如工具或首饰残片,可能是由其他共同体成员通过婚姻带入本共同体的。鉴定结果是,绝大部分这类物品为与妇女相关的制品,这表明在史前欧洲,一般是女人搬入丈夫家中,而非男人搬入妻子家中。北欧的众多青铜器时代妇女坟冢中发现成套带有异域特色的饰品,如在丹麦西兰岛的坟冢中发现一套日耳曼饰品;另外在德国北部坟冢中发现众多斯堪的纳维亚饰品。这表明妇女以这些作为嫁妆带入丈夫家的首饰为随葬品。

据地方性文献记载,根据爱尔兰法律,妻子分三等级。据恺撒记载,按照高卢法律,新娘家里提供一份嫁妆,其价值与新郎家出的聘礼大致相当。当配偶中一人死亡时,另一人继承上述所有财产。虽然恺撒提到,在高卢丈夫对妻子与子女有生杀之权,罗马人对于凯尔特妇女所享有的自由还是深感惊讶。古典著作家的叙述可能误解了凯尔特人的两性习俗,照他们的说法:在一个有10或12个男人的大家庭中,男人们共享妻子;而且凯尔特女孩会邀请别人性交,拒绝邀请被视为冒犯。地方性文献资料显示,对于以友情或营利为目的的婚外性行为,凯尔特社会惯例是容忍的。

孩子

爱尔兰地方性文献记载有把孩子送给养父母的习俗,养父母的地位可能高于亲生父母。男孩和女孩与养父母在一起的时间不同,女孩为7至14岁(结婚年龄),男孩为7至17岁(从军年龄)。这或许也是凯尔特人习俗,因为据恺撒记载,(在高卢)一个男孩在达到从军年龄之前是不允许公然靠近自己父亲的。男孩只有当继承了土地之后才能成为成人社会的正式成员,在此之前他是军队里的无地成员。

奴隶制

地中海文明世界的经济建立在奴隶劳动基础之上,蛮族居住的欧洲于是成为绝佳的奴隶提供地。在公元前6世纪，奴隶可能是希腊商人贩卖的商品之一。早期奴隶贸易的规模如何我们不得而知，但及至公元前最后几百年，在与凯尔特人和日耳曼人的战争中，大量蛮族人被俘，然后被卖往希腊和罗马。然而在铁器时代的欧洲蛮族地区，奴隶制似乎并不重要。但在后来的爱尔兰社会中，奴隶在经济中非常重要。

娱乐与运动

对于史前欧洲的乐器，目前只知道很少几种，显然这只是当时使用乐器的一小部分。中石器时代及之后时代的岩石艺术描绘了人们舞蹈与游行的场景，他们或是单人，或是成群结队。这些活动可能是仪式，但此时参与者们也会加入一些生活享乐的内容。

建筑房屋等公共活动最后可能会以宴饮庆祝收场。如苏格兰北尤伊斯特（North Uist）岛上的索拉斯（Sollas）有一处轮式房屋遗址，房间地板下有一些填满动物骨头的小坑，一般认为这是上述宴饮留下的。宴饮是各种娱乐的主要来源，一般以婚丧嫁娶以及宗教庆典为名，然而还有其他名目。事实上及至后来的铁器时代，宴饮已成为精英们惯常的重要活动，一般每次宴饮都会消耗掉大量（甚至过量）的酒与食物。精英墓葬中往往有用于喝酒吃肉的各类精致餐具，食物包括野鹿、蜜酒和进口葡萄酒。醉酒之后难免会胡闹打斗，这也成为娱乐的一部分，无论对宾客还是对观众皆然如此，只是结果往往造成重伤或死亡。并非每次宴饮都会过量消耗酒类饮料，最初酒类是在祭祀仪式中扮演重要角色。

棋类游戏和骰子游戏在铁器时代也很流行。骰子一般以兽骨或鹿角制作，在一些精英的墓葬中还发现玻璃棋子，如在英格兰南部韦林花园城一处墓葬中发现24枚玻璃棋子和一个木质棋盘。地方性文献资料显示：以投骰子或其他游戏的结果进行的赌博非常盛行，赌注非常高。在更早的时代大概同样如此。

多数娱乐活动没有留下考古痕迹。这类娱乐可能包括青年男子间的身体竞技，以此来决定谁拥有高超的力量、精力和耐力；其他还有朗诵故事和歌唱共同体的光辉历史与部落传说。

家庭安排

家庭起居

房间的布局表明,在不同地区,家庭安排和家庭分类有所不同。在新石器时代的东南欧,聚落的房屋紧挨在一起,似乎是为了适应小家庭的需要:一对夫妇及其未成年子女。在巴尔干地区,新石器时代晚期的房屋一般有两间房,有的是四间。在瑞士的湖畔村落和其他遗址,大概房屋也是供小家庭居住。

在中欧,线纹陶文化时期的农人最先居住于长型房屋中,其布局尽可能让每户人家有自己的环绕空间,一般每幢房屋都有菜园与附属建筑。此时家庭规模有所扩大,此类长型房屋的出现可能是为了适应这一变化,一个家庭包括双亲、孩子,还有孙子孙女。在整个史前时代,此类家庭在西欧、北欧和中欧众多地区持续存在,直到信史时代依然如此。

在西欧其他地方有不同式样的房屋,住在里面的可能也是较大家庭。如在不列颠的铁器时代聚落有圆形大房屋,以木材或石材修建,可供整个大家庭居住。再如在不列颠的青铜器时代与铁器时代聚落,往往较小的风格统一的房屋聚在一起,这可能是供大家庭之中的小家庭居住。同样,新石器时代的斯卡拉山坡聚落由一系列相互连接的房间组成,每个房间都有灶台与床,大概也是供小家庭居住。这些房间以通道相连,形成一个综合建筑,有泥土与石头建筑的外墙环绕。

家畜可能被圈养于房屋旁边的空地上,厩舍以畜栏分隔;家畜也可能被圈养于房屋中,与家庭成员共享空间。各个时代的众多长型房屋里都有一部分是畜栏,畜栏一般在房屋的一端。在苏格兰,青铜器时代与铁器时代的石屋内部可能分两层,牲口在下层,人住在上层。在单层圆形房屋里,牲口会被圈养于室内某一扇面区域中。

家具陈设

多数欧洲房屋中有灶台,其用途除烹饪之外,还有冬天取暖与照明。全家人

第十一章 社会与生活

围着灶台吃饭、干活、交谈、娱乐和招待宾客。巴尔干地区的房屋还有用于烹饪的炉灶。有些房屋灶台上方的屋顶有用于排烟的洞。然而如果是茅草屋顶的话,烟能自动透过屋顶排出。这样的房屋,屋内一定又黑又呛人。对农耕聚落来说,存储至关重要,有些食物必须全年保存,这包括每年收获的谷物和其他可保存食品,如水果与豆类。采猎者也保存坚果与水果等食物。其他制品如皮革和羊毛也需要存储。陶罐、其他石制或泥制容器、木篮与木桶以及袋子都用于室内存储。在新石器时代的中欧与西欧,长型房屋有一个用于贮藏的顶室。水也是生活必需品,然而水一般是每天从附近的河流或湖泊中汲取,或从井里汲取,然后存储于小容器中。在苏格兰,众多新石器时代及其以后时期的房屋里有不漏水的石槽,可能是用于存储鱼或鱼饵。房屋之外用于存储的空间包括储坑、小屋和各类谷仓。

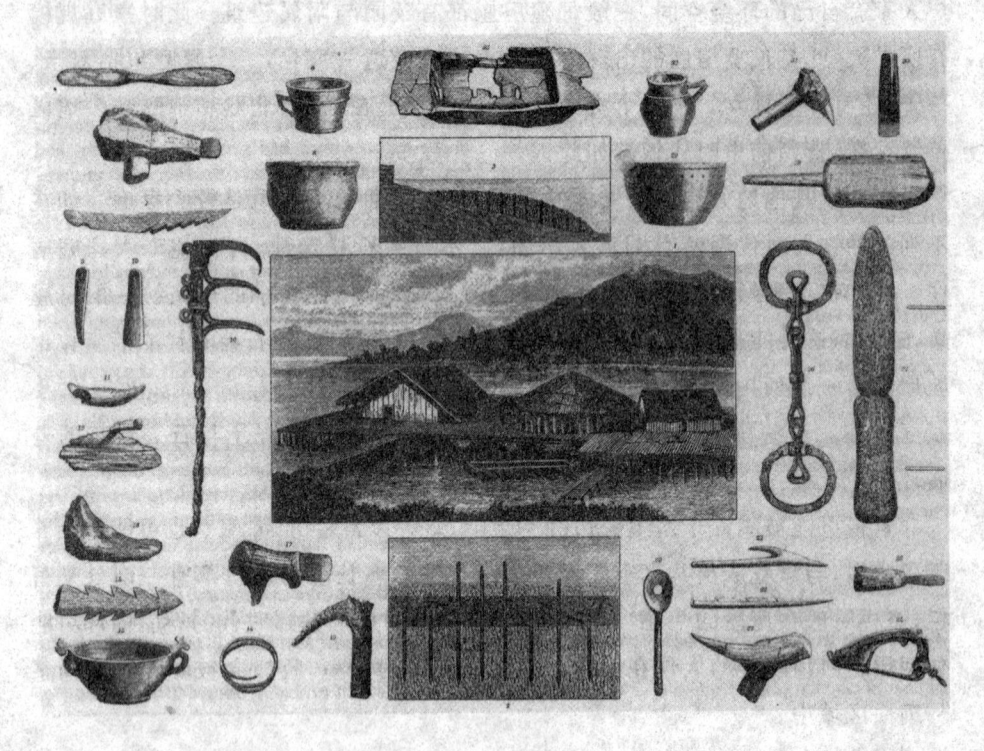

图11.3　1853年至1854年在苏黎世湖(Lake Zurich)畔的美伦(Meilen)发现湖畔聚落。该图为聚落想象图,还有经费迪南德·凯勒(Ferdinand Keller)研究和复原的各类物品。该湖上聚落为我们了解史前欧洲人日常生活提供了丰富信息。(Courtesy of Ann Ronan Picture Library/HIP/TopFoto. © 2004 Ann Ronan Picture Library)

探寻史前欧洲文明

有些房屋的屋墙外建有平台,平台用途很广,晚上可当床,白天可坐,也可用于劳动。在其他地区,如新石器时代巴尔干的斯拉蒂纳,床由木材制成。在斯卡拉山坡发现的房屋中,石板箱形床沿墙而建。在巴尔干聚落遗址中发现的家具模型表明,当时已经有椅子和桌子,然而圆木和大树枝大概是更常见的坐具。据古典著作家记载,凯尔特人吃饭时坐在地上,或坐在狼皮或狗皮上,食物被置于他们前面的矮桌上。其他家具可能包括装衣物与覆盖物的木箱,有些房屋内还有架子。奥克尼郡斯卡拉山坡的新石器时代房屋中的架子由石板制成,形成独立式"柜子",苏格兰的铁器时代圆形石塔的墙内建有壁凹,可用作柜橱。已经陆续发现众多史前家具的精致残片,如有一件装饰精美的木件,可能是箱子或抽屉,公元前4世纪制作于西班牙的康科罗阿诺(Cancho Roano)。还有些进口的异域家具,可能是用来彰显身份的,如在丹麦古尔德霍伊(Guldhøj)的一口树干棺材中发现一个带水獭皮坐垫的折叠木凳,这件独特家具产于迈锡尼。

烧过的土墩、一般围绕一个木槽或石槽排列成马蹄状的大堆烧黑的石头可能是青铜器时代与铁器时代早期人们洗桑拿浴的地方。石头被加热后投入水中以升高水温,并产生蒸气。

家庭活动

房屋是众多家庭活动的场所。除准备食物外,妇女还会花许多时间清扫房间和清理毛皮、纺织或编织羊毛或亚麻线以及缝纫衣物。众多欧洲房屋中都有竖式织布机,其位置一般靠近房门以便于采光。还有许多其他工作需要经常做,如修理坏掉的工具、做渔网或塑造陶胎。当时少有闲暇时候:人们手头总有各式各样

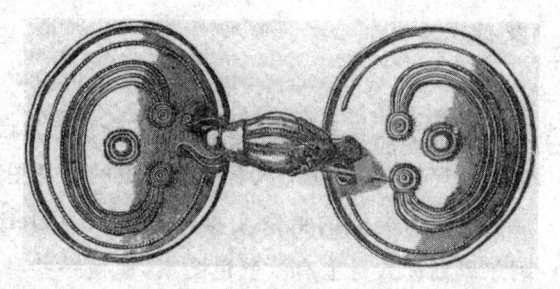

图 11.4 一个大型搭扣,装饰华丽,价值不菲。连接两个圆盘的弓形梁曾断裂过,但通过补铸技术修复。方法是:先在断裂处覆盖蜡,整个搭扣以黏土包裹。然后加热,蜡熔化流出,形成一个模腔。最后往模腔中灌入金属熔汁补铸。这样修补的结果有点粗糙,但很耐用。补铸工作可能在家里完成,也可能是某个流动金属工匠所为。(Lubbock, John. *Prehistoric Times*. New York: A. Appleton and Company, 1980)

第十一章 社会与生活

的工作要做，然而工作时人们的注意力可能集中于谈话或听故事。

众多活动在屋外进行，其中包括产生大量碎片的工作，如敲燧石与削木料；可能还包括产生难闻气味和有害物质的工作，如鞣制皮革。如对丹麦维恩戈特诺德(Vaenget Nord)中石器时代遗址的研究表明：当时人们在小屋内制作与修理骨制工具，而做饭、石工、刮削与准备皮革等工作则在小屋四周进行。

个人仪表

个人意识觉醒之后，人们利用自己的外表来彰显自己，传达各种信息，这类信息包括：文化、种族、政治、宗教派别、职业，还有社会地位。其中社会地位不仅涉及年龄、婚姻状况与性别，还涉及社会等级。人们的身份可通过不同的服装、个人装饰与发型以及改变身体等方式表现出来，所有这些方式均适用于史前欧洲。

身体

斯基泰人与其他草原民族以文身装饰自己身体。在巴泽雷克的墓葬中发现冰冻的尸体，其中几个人身上有精致的文身图案，内容包括动物。欧洲边缘的草原居民也有类似的精致文身，希罗多德(Herodotus)提到过他们的文身方式。阿尔卑斯冰人身上有淡蓝色图案，覆盖一些身体部位，包括脊背、足踝、右膝，还有左小腿后侧，这表明他也文过身。他的皮肤先被用锐利的器具刺过，然后以色膏擦伤口使颜料进入皮肤，色膏可能是以木炭灰与水混合制成。这可能是一种装饰，然而也可能是治疗关节疼痛的医疗方法。

据古典著作家记载，不列颠人有在身上绘彩的习俗，尤其是在他们裸身投入战斗之前。用于指涂料的专用词汇一般翻译为靛蓝，然而对林多沼泽干尸身上蓝色图案的研究表明，涂料由一种矿物颜料加工而成，此类矿物质含有铜和铁。该拉丁词汇的含义经过重新审视：此时它可能是指此类矿物颜料。

头发

有少量史前人类的头发保存下来,这包括几具沼泽女性干尸的头发。这些头发表明当时欧洲人的发型可能很精致。妇女一般留长发,且把长发扎成辫子,在头上别成一个髻或盘在头上。长发一般也以发网或杯形罩固定。男人也留长发,一般也以杯罩固定头发,凯尔特人还扎辫子以防止头发散开。有些男性或女性沼泽干尸有精致发型:发型由几条辫子精心排列而成,辫子以交织或打结方式编成。据古典史料记载:高卢人已用石灰水擦拭头发使之坚硬如刺。凯尔特精英喜欢留长髭,并以剃刀保持面部须发的整洁,此习俗从青铜器时代中期就为人们所知。到中石器时代时开始使用梳子,梳子以鹿角、兽骨、兽角、木材或金属制作,齿有疏有密,密齿梳子用来除虱。

服装

约两万五千年前的格拉维特文化时期,人们就用骨针来缝衣服。衣服或以皮革缝制,或以各类纤维织成,纤维材质包括亚麻、羊毛、草与麻,皮革也可能以动物的筋腱连接。还有些衣服没有缝制过,只是以带子、扣针与别针连接而成。布料一般是织成的,然而编织、毡制、编结、捻制以及其他技术也用于制衣。现已发现少量史前衣服的实物,大部分来自沼泽干尸和树干棺材,地点在北欧或阿尔卑斯地区的湖畔村落。阿尔卑斯冰人是个特例,给我们提供了史前个人的全套衣物。各类史前艺术中表现的人类形象以及用于固定或装饰衣物的饰物排列方式,均能为我们提供史前服饰的证据。

材质

制衣用的布料可能是有颜色的。众多天然材质本身就有颜色。亚麻的天然颜色是金色,可通过在阳光下漂白成奶油色。羊毛的天然颜色差异很大,从白色与淡棕色到暗棕色与黑色都有。羊毛与某些植物纤维相似,可染色,但亚麻难以染色。染色用的染料可能是各类植物、动物和矿物质颜料,颜色包括绿色、蓝色、红色、棕色与黄色。在东南欧的新石器时代遗址,常见的陶印模可能是用来把带色图案压印在衣服上,在瑞士莱德罗(Ledro)的湖畔村落遗址中发现有带印色装饰的衣服。皮革也可染色,有时皮革上还压印出各类花色与图案。

布料上可织入图案。其方法之一是通过运用不同颜色的纺线,如凯尔特人所钟爱的格子图案(跟现代的格子呢绒类似);另一种方法是只用一种颜色的纺线,只是线的排列有所不同,由此编织出带斜纹图案与其他织纹图案的布料。少数情况下纺织的经线和纬线为不同纤维,一般是羊毛与亚麻混纺。织好的布料可能带有花边和特意编织的对比部分,有的还加入饰边和流苏。

布料和衣服上还有绣花装饰,有的是以线(少数情况下是丝线)绣成;有的是缝上珠子与其他小饰物,如小贝壳。在意大利白沙洞(Arene Candide)旧石器时代墓葬中人们的头部和躯干部有大量小珠子,另外在俄罗斯森戈尔(Sungir)的墓葬中大量小珠子排列成头饰与衣服的形状,这表明这些珠子是绣上去作装饰的。

衣服

在丹麦埃格特维德(Egtved)一个青铜器时代女孩的圆木棺中发现一件特别的衣服,该衣服已被复原。这件衣服的主体是一条束腰带,带子上垂下的线四根一组拧成粗绳,粗绳的末端成对系在一起形成圈结,圈结的末端突出作为装饰。这件衣服实际上是透明的,且非常短小,既无保暖功能也不雅观,其用途和意义不明。它缠绕两圈覆盖女孩的腰部,似乎是用来保暖。

妇女一般穿长裙和罩衫,这类衣服以扣针、带子与搭扣连接。有些妇女穿短上衣。裙子以腰带固定。在斯堪的纳维亚发现的圆木棺材中,妇女的衣服往往在腰部有一青铜盘。可能用披肩与斗篷遮盖头部。男人也穿斗篷或披肩。阿尔卑斯冰人外面罩一件草制披肩,里面还有一件短袖鹿皮外套。在铁器时代晚期,凯尔特人制作带防水帽的粗羊毛披肩,即"sagum"和"byrrus"。

男人最主要的衣服是束腰外衣、短裙与衬衫,一般还有腰带。阿尔卑斯冰人的腰带上系着一个鹿皮袋,这可能是当时的常用装备。凯尔特人,可能还有更早的山外欧洲居民,还穿裤子(bracae)。阿尔卑斯冰人穿着毛皮裹腿,可能是这类裤子的前身。贡德斯特鲁普釜上的图案描绘了一列穿着长袖衬衫和紧身裤的武士,裤子长及膝盖。还有少量的内衣被发现:阿尔卑斯冰人穿着一块腰布,这与一些圆木棺材中的男性相同。在保加利亚瓦尔纳一座铜石并用时代的富人墓葬中发现一个金制阴茎套。金制物品往往是某些更常用物品的奢华仿制品,因此当时人们可能使用皮制阴茎套。阴茎套末端较宽，上面有小孔，可能是用来将其系在衣服上的。

常用的帽子和头巾以不同材料制作，包括编织与捻制的纤维、毛皮和皮革，甚至还有衬有毛皮的皮革。阿尔卑斯冰人戴一顶有颚带的毛皮帽子。鞋子也普遍使用，有些鞋底以皮革制作，上部以布料制作；其他则全部以皮革制作。一般鞋子以一片皮革为鞋底，然后用环绕脚掌的带子或皮条把鞋底固定在脚上，带子或皮条穿过脚底。然而也有的鞋子不那么简陋，系由裁剪成形的皮革缝制而成。阿尔卑斯冰人与部分斯堪的纳维亚发现的尸体所穿的鞋内部填草，这是一种绝佳的绝缘体，能有效缓冲和保温。

装饰

头饰

奥弗尼特出土的头骨戴着饰有贝壳与穿孔鹿牙的帽子。在德国格隆费尔德（Grundfeld）出土的青铜器时代女尸头上缠着一条饰有圆环的带子，头顶还有另一条饰有珠子的带子。在喀尔巴阡盆地发现的青铜器时代小造像上悬挂着系在辫子上的饰物，出土的贮藏品中发现有类似的饰物。这类饰物中间是一块几何形状的金属片，下面挂着链子与金属环，或其他形状的金属饰物。后来的头饰还包括金制压环。

青铜制或金制耳环在某些时代很流行。广口陶文化时期及其以后时期墓葬中发现的精致首饰中包括小篮或小船形状的耳环。

颈饰与胸饰

铁器时代的精英戴有项圈，最好的为金制，但也有青铜的。爱尔兰人还戴黄金打制的大饰领（护喉）。在青铜器时代，神像与精英才戴此类颈饰，其中包括伊比利亚半岛的项链（gargantillas）和爱尔兰的金质新月颈饰，爱尔兰新月颈饰富丽堂皇，上面饰有美丽的图案。另外还有在威尔士莫尔德（Mold）发现的独特"斗篷"（胸牌），由黄金打制而成，上面饰有精致的几何凸印图案，制作于公元前第二个千年早期。项链与垂饰使用范围更广，也更普遍。这包括以多排带间隔的珠子串成的颈饰，制作材质有琥珀、黑玉及其他贵重材料。

第十一章　社会与生活

图 11.5 一套羊毛衣服,其主人为丹麦博鲁姆-埃斯霍伊(Borum Eshøj)青铜器时代树干棺材中的女性。这套衣物包括一幅发网(左上),编织与缝制的短上衣,还有编织的长裙,裙子上有带流苏的腰带。随葬品有一个陶罐,几件饰物。饰物包括一个显然挂在腰间的带装饰圆盘、一把匕首,还有带装饰的角梳(左边从上往下数第二个)。墓主下葬时以鹿皮大衣(插图中没有)包裹。(Worsaae, J. J. A. *The Industrial Arts of Denmark*. London: Chapman and Hall, 1882)

探寻史前欧洲文明

别针与扣针

各式各样的扣针与别针被用来固定或装饰衣物,这类针饰一般都有带装饰的头部。其中最具特色的针饰为搭扣(安全扣针),约公元前15世纪发明于意大利北部或阿尔卑斯地区东部。搭扣上有三个区域可装饰:弓形梁、弹簧和夹盘,这三个区域都被铁器时代的欧洲工匠充分利用。弹簧一般比较简单,只是在搭扣中间弯成双圈。然而后来发展出其他装饰方法,有些弹簧两端大量盘绕成纯装饰用的凸缘。最简单的夹盘是把一片金属弯曲成可容纳扣针的形状,然而多数时候,夹盘被延长形成各种精致形状。弓形梁在弹簧与夹盘之间形成弯曲,弓形梁一般饰以玻璃或宝石等奢华材料,或带有模铸的青铜饰物。

其他饰品

史前欧洲已有指环、手镯、腿饰与脚镯,它们一般以贝壳、石头、金属或玻璃制成。页岩、黑玉

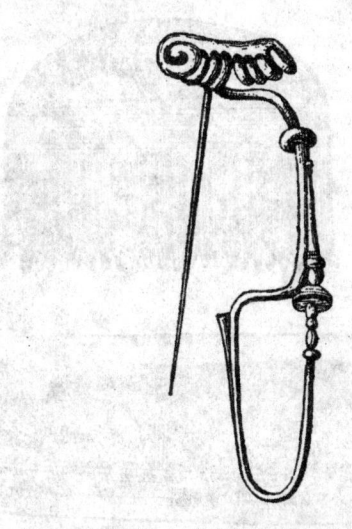

图11.6 两个搭扣,一个为青铜器时代的青铜制品;另一个是发现于纳沙泰尔湖的铁制品。(Worsaae, J. J. A. *The Industrial Arts of Denmark*. London: Chapman and Hall, 1882; Figuier, Louis. *Primitive Man*. London: Chatto and Windus, 1876)

以及相关材料是制作手镯的常用材料。有些铁器时代的青铜臂环很大,上面有造型怪异的装饰。在青铜器时代与铁器时代早期,众多饰品加入了"奇观"图案,即将一根青铜线紧紧盘绕成双螺旋。

第十一章 社会与生活

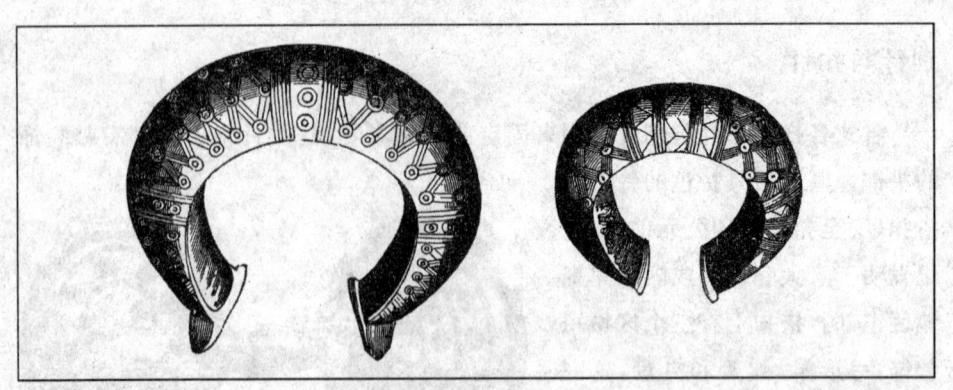

图11.7　发现于瑞士青铜器时代湖畔村落的两个精美手镯。从旧石器时代起,男女都戴个人饰品。(Lubbock, John. *Prehistoric times*. New York: A. Appleton and Company, 1980)

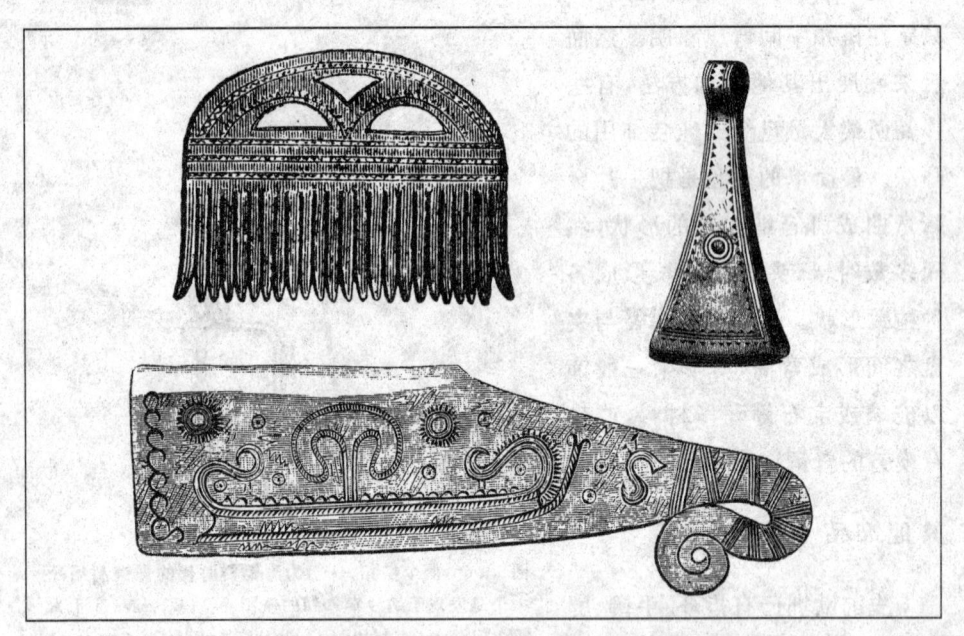

图11.8　丹麦史前人类遗址中发现的三件个人用品:一把角梳,发现于特雷恩霍伊(Treenhoj)的树干棺材中;一把青铜剃刀,上面饰有船的图案;还有一把镊子。(Lubbock, John. *Prehistoric Times*. New York: A. Appleton and Company, 1980; Worsaae, J. J. A. *The Industrial Arts of Denmark*. London: Chapman and Hall, 1882)

珠子

众多饰品以珠子制成,如项链与手镯。有些珠子为穿过孔的自然物体,如小贝壳、鱼椎骨或动物牙齿；制作珠子的其他材料还有石块、琥珀、黑玉、兽骨、鹿角、贝壳、金属、玻璃以及其他能引人注目的材质。珠子还作为饰物被缝在衣服、袋子及其他物品上。

盥洗用品

从很早开始，各种不同用具就被用来改善个人仪表，如梳子。青铜制的镊子、指甲刀和剃刀在公元前第二个千年普遍使用。在铁器时代，抛光金属制成的镜子成为流行用品。这些物品被放在妇女墓葬中，然而男人大概也会使用。伊比利亚半岛坟冢石板上有武士形象，有些学者认为武士的装备中包括这类物品。

食物

食物与烹饪

中石器时代及其之后，人类采猎者共同体的饮食可能有很大变化，而且因地而异：在海滩地区的人类共同体，海产食物占很大比例，在北方尤其如此。然而在遥远的南方，植物类食物与肉类也占重要地位。在内陆地区，肉类是主要食物，但在莱彭斯基村等河岸地带，鱼类是主食。极北地区可食用植物有限，在其余地区，植物都是中石器时代居民的重要食物。

另一方面，在纯农耕共同体，谷物是主要产物，此外作为补充食物的还有豆类、一些蔬菜和水果、乳汁、乳酪以及肉类。然而众多农业共同体也利用野生类食物，尤其是那些地处海岸以及在湖泊河流边上的人类共同体，在那里捕鱼也很重要。对一些人类居住区肉类消耗的计算表明，一般情况下肉类在食物中占非常重要的地位。然而这最多只能算粗略的近似统计结果。有的史前人类共同体居民，如布洛诺奇策（Bronocice）的漏斗颈广口陶文化期居民，消耗的肉类与某些现代欧洲国家居民相当,甚至可能更多。肉类可新鲜食用,也可保藏,如制成火腿或香肠。油类是食物的重要组成部分,包括肉类中的脂肪,尤其是猪油,还有从植物种子中榨取的油。油类还用于医疗与照明。

谷物

谷物与水煮成稀粥或汤,也被做成面包(这是阿尔卑斯冰人最后吃的食物之一)。对意大利北部青铜器时代居民区研究表明:谷物也被制成汤团(gnocchi,煮熟的面粉丸子)。做面包的面粉也可由豆类、橡实与坚果磨制。在瑞士特旺的新石器时代聚落中发现小麦面粉制成的未发酵小饼,该地还留下稀粥存在的证据。在史前欧洲大部分地区,一般以坚石手磨器和研磨棒磨制小麦,手磨器的外形有椭圆形与矩形,中间凹陷呈鞍形。及至公元前4世纪,旋转手磨器投入使用。此类工具有一个固定的磨石底盘,上面是旋转的磨石。上面的磨石中间有一个洞,其作用为一个向下漏斗,碾磨时可使谷物慢慢流下。另外磨石底盘上有一部分被挖去,其作用为一出口,磨好的面从该地流出。面的磨石上还有一个小孔用来装旋转手柄。

图11.9 一个鞍形手磨器,用于每天磨制谷物。(Figuier, Louis. *Primitive Man*. London: Chatto and Windus, 1876)

奶制品

人们饮用牛、绵羊与山羊奶,在山外欧洲尤其如此,这可能从新石器时代早期就已开始,然而确定的开始时间是公元前第四个千年中期。多数人消化不了生奶中的乳糖,因为自从孩提时代断奶之后他们的身体就不再产生乳糖分解酵素。那些饲养家畜的人群逐渐适应了此类新食物,能够消化乳糖,这一过程在世界范围内发生。适应乳糖的人群包括众多欧洲、中亚与南亚民族,还有非洲的放牧民族;但多数其他人群,如中国人、多数非洲人以及其他包括地中海民族在内,对乳糖不太适应,如果他们大量饮用生奶会感到严重不适。已无从知晓部分欧洲居民的这一适应过程发生于何时。即便到了铁器时代,奶汁可能主要还是制成乳酪使用。

当奶汁通过搅拌或发酵等工序制成酸奶、黄油与乳酪,乳糖的长分子链结构被破坏,这就避免了消化问题。及至公元前第四个千年,已经有了收集和处理奶汁的各种容器,包括陶制过滤器、陶制或木制的碗、木制搅拌刷、陶制搅拌器,还有浅的木质搅拌桶。乳酪制作用具包括篮子和亚平宁煮奶容器,煮奶容器有一个穿孔的盖子置于容器中部的壁架。

烹饪

大部分食物的烹制很简单,或以树枝或金属烤叉直接放在火上烤炙,或放在容器中水煮。煮食方式包括把烹饪用罐子直接置于石头垒起的灶台上,还有把金属锅挂在火上。食物也被放在石制水槽或盛水的皮袋中烹煮,把加热的石块投入水中使之沸腾,并保持其沸腾状态。古罗马时代希腊著作家波塞冬尼奥斯(Poseidonius)描述了公元前1世纪早期南部高卢人的饮食,他们的食物有面包和大量肉类,烹饪方法有煮、烘与炭烧,鱼类则以小茴香、盐与醋烘焙。

饮品

史前人类的主要饮品为取自水井、河流,湖泊或池塘的水。已知欧洲最早的井是埃尔克伦茨-库克霍芬(Erkelenz Kückhoven)的线纹陶文化聚落,时间为公元前5089年。在众多遗址中发现汲水用木桶。在农耕共同体,尤其是那些饲养牲畜的共同体,人们可能饮用奶汁及相关饮品,如酪浆与稀酸奶。

酿酒技术大概来自近东地区,在该地公元前第三个千年时人们就已经酿造葡萄酒和啤酒了。在温带欧洲,人们以蜂蜜酿造酒精饮料(蜜酒)。然而采集蜂蜜并非易事,蜂蜜的数量亦有限,因此蜜酒肯定是种奢侈品。对容器中残留物的分析表明,及至公元前第三个千年,温带欧洲居民已经开始饮用蜜酒了。也是在这一时期,希腊居民开始饮用葡萄酒,可能伊比利亚半岛居民也是如此。自公元前第四个千年起,在东南欧与极北地区出现了带手柄的杯子与壶,可能用来盛酒精饮料。及至公元前四千年晚期,酒具使用更加广泛,其中包括球状双耳陶瓶和绳纹陶杯。这类酒具传入西欧,外形有所变化,成为有名的广口陶杯。苏格兰岑树林农场(Ashgrove Farm)遗址中的酒杯曾用来饮用椴树、石南与车前花蜜酿

第十一章 社会与生活

造的蜜酒,这类蜜酒还加入绣线菊调味。在丹麦埃格特维德的圆木棺材中发现一桦树条制成的罐子,其中有蜜酒的痕迹,此类蜜酒以小麦与蜂蜜酿造,再加上酸果蔓果实,其他果类与叶子。在霍赫多夫的一座公元前6世纪的首领坟冢中发现一口青铜釜随葬,釜中也发现蜜酒残留物。

啤酒可用大麦、小麦、燕麦或黍粟酿造,在广口陶文化时期,啤酒以二粒小麦酿造。随着二棱大麦的引入,最迟在瓮棺文化时期,啤酒已非常普遍。古罗马时代希腊著作家波塞冬尼奥斯描述了一种名为"corma"的啤酒,以小麦酿造。据波塞冬尼乌斯记载,此类啤酒为平民饮品,有时还拌上蜂蜜。

麻醉饮品已经出现:苏格兰巴尔法尔格(Balfarg)发现一个槽纹陶文化风格的容器,制作于铜石并用时代,容器中的天仙子残留物可能是可使人迷幻的饮料留下的。及至线纹陶文化时期,温带欧洲居民已使用鸦片,可能是把鸦片加入饮料中饮用。其他麻醉剂还有桦皮,是用来咀嚼的,如同现代人嚼口香糖。及至公元前第三个千年,草原居民开始使用印度大麻,可能欧洲其他地区也是如此。印度大麻可食用,然而当时的使用方法是燃烧后吸入其烟雾。巴尔干地区发现制作于公元前第五个千年的小火盆或灯("祭坛灯"),可能是当时人们用来加热罂粟或印度大麻的烟锅或烟灯。在欧洲其他地方,如新石器时代的布列塔尼,也出现过可能是烟锅的用具。

及至公元前第二个千年,葡萄酒已经在地中海地区广泛酿造和饮用。公元前6世纪时,葡萄酒被引入欧洲蛮族地区。很快蛮族精英就对葡萄酒有了自己的独特口味,他们喝未搀水的葡萄酒,据古典著作家(他们喝搀水的葡萄酒)记载,这使得蛮族宴饮充满喧嚣和暴力。凯尔特人还饮用啤酒,据哈利卡纳苏斯的狄奥尼修斯(Dionysius of Halicarnassus)描述,此类啤酒"以水中腐烂的大麦酿造,气味难闻"(Roman Antiquities Ⅷ, 10, quoted in Sherratt 1997:394)。

宴会

古典著作家们描述了凯尔特人对宴会的喜爱。肉类一般有两种做法,一种是用烤叉烘烤;一种是用锅焖煮,锅以链子悬挂在三足器或屋顶横梁上。宴饮者们用肉钩从汤里捞出肉片食用。在丹伯雷的不列颠铁器时代山堡中发现一口锅,对锅中的残留物的分析表明这口锅曾用来炖猪肉。后来铁器时代的富人随葬品中往往有一对柴架,柴架的竖立铁架两端均以兽头装饰,这是用来支撑烤大块肉的烤叉。最精选的那部分肉,即动物身上被认为的最佳部位,被后来的爱尔兰首领用来犒赏特别勇猛的武士。这一习俗应该早在铁器时代开始就已存在。

餐具

不管在哪个时代,食物似乎都是盛在木制的碗碟中食用,只是这类餐具难以保存,只有在少数水上居住地遗址中有所发现,如在格拉斯顿伯里的铁器时代遗址。在更早的新石器时代,木制或陶制碗被用来盛酒,但后来出现了各式各样的饮器,包括大口酒杯。兽角也被制成酒杯,在德国霍赫多夫的公元前6世纪首领墓葬中发现一套角制酒杯,酒杯以金箍与青铜箍装饰。在青铜器时代的欧洲,金属器皿是供精英使用的,制作原料有紫铜与黄金,这类器物一般都带把柄。在铁器时代,地中海地区出产的精致餐具输入欧洲蛮族地区,供首领们盛葡萄酒用,这包括青铜酒壶和精致的陶制酒杯。

健康与医药

通过对史前欧洲人类骸骨的检测,我们可深入地了解当时人们的健康状况、所受伤害、治疗手段以及他们的寿命。偶尔能发现保存完整的尸体,这可提供更详细的证据,包括那些只会影响到人体软组织的外部环境。

健康与饮食

众多中石器时代人类共同体享用混合多样的饮食,这增进了他们的健康。而另一方面,有证据表明,农耕共同体居民营养不佳。如线纹陶文化时期的儿童患有坏血病(维他命C缺乏),及至青铜器时代,坏血病更加普遍。患软骨病的人也众多,此类疾病的原因是维他命D缺乏。骨头上所谓的哈里斯条纹表明个体在一段时期内营养不良,此类纹路在史前人类骸骨上经常出现。如在温德比(Windeby)女孩的骨头上就有哈里斯条纹,该女孩是铁器时代的献祭牺牲。采猎者在食物方面非常依赖鱼类,因而他们往往患有阔节裂头绦虫与其他来自鱼类的寄生虫疾病,如铁门峡谷的共同体居民和丹麦维特巴克史前居民就是如此。这类寄生虫疾病会引起腹胀与腹泻等营养不良与不愉快(unpleasant,医学上指程度低于抑郁)症状。从沼泽干尸及阿尔卑斯冰人的消化道中发现的物质,以及其他材料都表明,史前人类共同体居民往往体内因寄生虫孳生而身体衰弱,如有些肠道寄生虫会对肾脏和肺部造成损坏。专家们检查了众多史前人类骸骨,这些骸骨来自线纹陶文化时期以及之后时期的墓葬,包括西班牙、意大利、摩拉维亚(Moravia)和德国的青铜器时代墓葬,检查结果表明,众多儿童患有眶筛(Cribra orbitalia),此类病症状为眼眶上部的骨骼海绵化,是由贫血引起的。对此有不同解释,如是因为营养不良和疟疾,也可能是因为肠道寄生虫,肠道寄生虫病的原因可能是食用未经处理的牛肉与奶制品,也可能是因为日常生活与家畜太接近。

龋齿与大量摄入碳水化合物食物有关,这在以植物类食物为主食的史前人群中比较常见。在中石器时代的斯堪的纳维亚,龋齿很少见;而在纬度靠南的地区,如布列塔尼、葡萄牙和意大利,龋齿就普遍得多。地中海地区的史前人类共同体,因为植物在食物中占很高比例,结果龋齿现象非常严重。农耕居民会面临较多的牙齿问题,他们的食物以谷物为主,这很容易造成龋齿,而磨制谷物过程中混入谷物的砂粒会使牙齿磨损与碎裂。牙龈溃疡和牙齿脱落也存在于史前人群中。在采猎者中间,牙齿磨损也很普遍,这不仅是因为混入食物中的砂粒和骨头,还因为他们把牙齿当作工具用,如通过咀嚼皮革使之软化。妇女的牙齿问题比男人更严重,这可能是因为在怀孕与养育期间的钙流失。

卫生是重要的健康因素。在永久性聚落中,食物废料、粪便以及各类渣滓的淤积会增加农耕者与定居采猎者的得病几率。流动采猎者和游牧者避免了上述不利因素。

病患

一些反映史前人类疾病与医疗状况的证据已被发现。疾病包括疟疾、脊柱裂(spina bifida)、骨髓炎(Osteomyelits)、肾结石、小儿麻痹、各种眼疾、耳部感染、关节炎、风湿症、椎间盘膨出(slipped disc)、各种骨骼畸形以及肿瘤。阿尔卑斯冰人死亡时约45岁,他已经开始受关节炎的折磨。受伤也是很普遍的事,有些是因为跌倒和其他事故,有些是因为家庭争吵或武装冲突中的故意伤害。当时伤口感染造成的死亡大概跟创伤造成的死亡一样多。众多人因为没有有效处理伤口而成为终身残疾。在蒂萨波尔加-巴萨塔尼亚(Tiszapolgár Basatanya)发现后来的新石器时代墓葬群,葬在该地的人们生前忍受着长期的头部与脊柱部位的伤痛,另外他们还罹患四肢瘫痪、头骨畸形、大脑肿瘤、骨质疏松(osteoporosis)、风湿症、关节炎,以及其他种种病痛。最近在巨石阵附近发现一座随葬品丰富的墓葬,墓主被称为"艾姆斯伯里射手",死时年龄在35至45岁间。这位男子因为膝部曾严重受伤,而且伤口不断开裂,因此他只能跛行;另外他还患有溃疡。他生前一直饱受这两种病痛折磨。

治疗

治疗疾病与创伤的手段有草药与巫术。在丹麦赫维德伽德(Hvidegård)的青铜器时代墓葬中发现一个带皮手袋的男性,手袋中装有可能是符咒的各种物品:干燥过的树根与树皮、松鼠的颚、蛇的尾部,还有一支隼的爪子。这大概是指望通过巫术来祈求健康。阿尔卑斯冰人的皮带上有两片桦滴孔菌(birch fungus),这可能是预防疾病用的符咒,也可能被当作药物。据推测,酒类与麻醉剂被用来止痛和治疗。

向神祈求也是治疗之法。法国塞纳河源头的塞奎娜女神圣坛就接受大量奉献,有的是祈求治病,有的是作为痊愈后的感谢。这类奉献不只有病人的小造像,还有身体各部位的模型。眼部和胸部疾病是当时最常见的病痛。

在一些铁器时代墓葬中发现医疗器具，包括骨锯、骨锉与压舌板（spatula）。在德国慕尼黑奥伯门辛区（München-Obermenzing）发现的"武士-外科医生"器具，制作于公元前3世纪或前2世纪，包括一把开孔骨锯（trepanning saw）和一些医用探针。在英格兰斯坦韦收集到的公元1世纪的医疗器具则包括一些针头和钩子、一把骨锯、几把钳子和手术刀。开孔骨锯这样复杂的器具早在公元前第七个千年就已出现，这充分说明了史前外科医生的技艺。开孔骨锯用于开颅手术，其功能是把一片圆形头骨锯下来。这手术以利器在脑子附近操作，因而有致命危险。众多患者确实因此送命，但还是有约三分之二的接受手术者存活下来，某些患者还成功经历了多次开孔骨锯手术。开颅手术可能是用来缓解头骨损伤引起的颅内压力，也可能是去除脑内肿瘤或治疗心理失常，还有可能有某些巫术功能。圆形部分可用一种特制骨锯在头骨上环绕切下；也可用中空的筒形钻（trepan，环锯）在头骨上钻出环形孔；另外有一种更先进的钻子，中间有用于固定的针，防止钻子打滑（trephine，有柄环锯）；还有种方法就是把这部分头骨揭掉。

寿命

有关史前欧洲人的年龄结构与死亡状况，目前掌握的证据有限。这些证据表明，婴儿死亡率很高，可能高达一半。众多孩子在童年或青年时代死亡，更多人死于成年早期。中石器时代的平均寿命约为30至34岁。希腊新尼科梅迪亚的新石器时代聚落墓葬中有众多墓主为婴儿与儿童，而成年墓主的平均死亡年龄约为30岁。对七个女性亡者的检查表明她们每人平均生育过五个孩子。在泽尔尼克戈尔内（Żerniki Górne）的绳纹陶文化时期墓葬群，成年男性亡者的平均年龄为43岁，女性则为36岁，众多人童年便已夭亡。维克瓦京斯基（Vikhvatinski）的特里波列文化晚期（Late Tripolye）墓葬群中，约六分之一的亡者年龄在50岁以上。较早的墓葬群中达到这一年龄者只有八分之一，因而六分之一的概率已是难能可贵。而在青铜器时代的不列颠，活到50岁者还不及二十分之一。在青铜器时代，很少有人的活过35岁，活过45岁的更少。及至铁器时代，人们的寿命略有增长：还是有大量的人死于婴儿期，童年或成年早期，然而过了这些阶段后,就有可能活到60岁、70岁,甚至更老。因为生产过程的危险性,女性比男性更容易年轻时死亡。

人口

在整个史前时代与信史时代,人口总体呈增加趋势。在流动性共同体,人们必须带着婴儿不断迁徙,生育的间隙一般有三年或四年。在永久性共同体则没有上述限制,年轻女子可每年都生育。

据估计,公元前5000年欧洲人口在两百万到五百万之间,如此人口数量可跟一些现代大城市匹敌。人类聚落一般都很小,众多聚落只有一个家族,约二十人左右;即便是较大聚落,居民数量大概也不会超过两百人。及至铁器时代晚期,欧洲人口已增长至一千五百万至三千万之间,意大利和希腊是人口最稠密地区。然而此时其余地区的多数聚落人口在五十以内。在较早的铁器时代,山堡与其他重要聚落中的居民有时可能多达一千人。公元前1世纪出现的某些城镇可能居住有一万人,当然这只是少数,其他城镇的居民要少些。

(刘衍钢 译)

阅读书目

总论

Milisauskas, ed. 2002, Cunliffe, ed. 1994, Champion er al. 1984, Cunliffe 2001a: general; Whitde 1996: Neolithic; Harding 2000: Bronze Age; Cunliffe 1997, James 1993, Collis 1994a: Iron Age.

社会和政治组织

Mithen 2003, Bradley 1998, Jochim 2002c：Mesolithic；Renfrew 1973, Scarre 1998, Bradley 1998：the social context of monument construction；Bailey 2000, Sherratt 1997：Neolithic；Audouze and Buchsenschiitz 1992：Bronze Age；Moosleitner 1991, Maier 1991a, Motykova et al. 1991, Champion, T. 1995：Iron Age；Caesar 1951：Celtic political history；Frey 1995：magistrates；Taylor 1994, Venedikov 1976, Marazov 1998：Thracians；Parker Pearson 1999, Carman and Harding, eds. 1999：status in burials.

犯罪和惩罚

Maier 1991：keys；Brothwell 1986：bog bodies；Green 1992：Garton Slack；Lloyd-Morgan 1995：Iron Age.

产业组织

Jope 1995, Wells 1995a：Iron Age industry；Midgeley 1992：Brześć Kujawski.

两性关系

Ehrenburg 1989, Lloyd-Morgan 1995, Finlayson 1998：women's roles.

个人仪表

Schumacher-Matthaus 1999, Glob 1974：Bronze Age；Barber 1991：Egtved skirt；Lloyd-Morgan 1995, Hingley 1998, Pyatt et al. 1995：body painting；

Spindler 1995: Iceman; Kruta 2004: Celts; Lloyd-Morgan 1995, Hingley 1998, Bahn, ed. 2003: hair; Bahn, ed. 2003, Spindler 1995: tattoos; Hingley 1998: clothing; Champion, S. 1995: jewelry.

日常生活

Scarre 1998: Skara Brae; Lloyd-Morgan 1995 Champion, T. 1995, Ritchie 1988, Hingley 1998: Iron Age; Champion, T. 1995, Ehrenburg 1989: Women.

食物

Barker 1985, Garrison 1997: types of food; Cunliffe 1995, Coles 1973, 1987, Barker 1985: cooking eqmpment; Bökönyi 1991, Sherratt 1997: milk products; Barclay. 1998, Sherratt 1997: henbane drink; Sherratt 1997, Bogucki 2001: alcohol.

健康和医药

Fitzpatrick 2005. Wessex Archaeology. 2005 Mnesburv. archer Green 1992: Fontes Seouanae. Kunzl 1991, Fagan 2004: surgical equipment: Trump 1980, Kunzl 1991, Guilaine and Zammit 2005, Schultz 1999, Walker 1998: trepannng. Mithen 2003: parasites; Bahn, ed. 2001b. 2003. Parker Pearson 1999, Hingley 1998. Mithen 2003. Schultz 1999: illness; Bahn, ed. 2003, Hingley 1998, Lloyd—Morgan 1995, Ashmore 1996: life expectancf.

年表

700万年前

原始人种与黑猩猩类出现分离

250万年前

人属的首批成员和最早的石器出现

190万年前

直立人在非洲出现,人属向亚洲快速扩展

80万年前

最早的先驱人(H. anlecessor)的确凿证据在欧洲出现

50万年—30万年/25万年前

早期智人(H. heidelbergensis)在欧洲出现;现知最早的欧洲人营地遗址和木质工具出现

30万年/25万年—4.5万年/4万年前

尼安德特人(Neanderthals)出现在欧洲;墓葬和简单的艺术形式可能稍有发展;
非洲人种进化以智人(H. sapiens)的出现和繁衍流布而告终

4.5万年/4万年—2.8万年前

尼安德特人和智人同时生活在欧洲;
可能已开始使用语言交流;
众多文化和审美观念开始发展

公元前2.6万年—前1.27万年(2.8万年—1.465万年前)

尼安德特人灭绝;
旧石器时代早期文化在冰期环境中迅速发展;
约公元前1.8万年—前1.6万年(2万年—1.8万年前),最大冰川作用期到来

公元前1.27万年—前9600年

至公元前10800年,全球开始变暖;冰期环境显著回归

公元前9600年—前7000年

全新世(Holocene)开始;
中石器时代文化发展以适应冰后期的新环境;
公元前8300年—前7800年刀蚌海期(Yoldia Sea)到来

公元前 7000 年—前 5500 年

不列颠岛与大陆分离,道格兰(Doggerland)约在公元前 6000 年被海水淹没;

公元前 7800 年—前 5500 年楯螺湖期(Ancylus Lake)到来;

农耕活动传播;

希腊——原始/前期塞斯克罗文化(Pre/Proto-Sesklo);早期埃拉蒂亚(Elateia);新石器时代陶器时期阿尔吉萨文化(PPN Argissa)发展至公元前 6000 年;塞斯克罗文化从公元前 6000 年后开始出现;

巴尔干——卡拉诺沃文化Ⅰ和Ⅱ;斯塔切沃(Starčevo);克里斯(Criş)文化约从公元前 6500/6000 年开始出现;

匈牙利——克洛斯河(Körös)文化约自公元前 6500/6000 年出现;

乌克兰和摩尔达维亚——布格-德尼斯特文化(Bug-Dnestr)约自公元前 6200/6000 年出现;

意大利中部和南部——印陶和红色绘陶文化自公元前 6800/6000 年出现;

波河平原——卡斯泰诺维亚文化(Castelnovian,即巴丹文化[Padan variety]);

地中海周边——印陶文化自公元前 6500/6000 年开始发展,包括亚得里亚海西岸的达尼洛-斯密尔西其(Danilo Smilčič);

法国南部——卡斯泰诺维亚文化;索维特利亚文化(Sauveterrian);贝壳相印陶文化;

温带欧洲——中石器时代文化;

斯堪的纳维亚——康格莫斯文化(Kongemose);

欧洲西部(比利时,法国北部)——利姆堡文化(Limburgian);塔德诺斯文化(Tardenosian);

瑞士西北部——博斯曼特文化(Birsmattian)

公元前 5500 年—前 5000 年

约公元前 5500 年黑海沿岸海水泛滥；
农耕和房舍扩建活动进一步传播；
冷锤青铜人工制品首次出现；
滨螺海（Litorina Sea）入侵于公元前 5500 年；
希腊——塞斯克罗文化；
巴尔干——卡拉诺沃文化Ⅲ；瓦达斯特拉文化（Vădastra）；早期温查文化（Vinča）；
杜代什蒂文化（Dudeşti）；
乌克兰和摩尔达维亚——布格-德尼斯特文化；东部线纹陶文化；
斯洛伐克东部——比克（Bükk）文化约在公元前 5300—前 5000 年发展；
地中海——印陶文化持续传播；
意大利南部和中部——印陶和红色绘陶文化；
波河平原——卡斯泰诺维亚文化；
法国南部——贝壳相印陶文化（Epicardial）；
伊比利亚半岛——贝壳相印陶文化晚期；
欧洲中部——线纹陶文化；
莱茵—内卡河河谷——拉豪古特文化；
温带欧洲和大西洋沿岸——中石器时代；
丹麦——埃特博勒文化自公元前 5400 年开始发展

公元前 5000 年—前 4000 年

巴尔干地区冶金活动开始出现，稍后出现于伊比利亚半岛地区；
农耕活动遍及欧洲大部；
巨石墓开始修建；
希腊——新石器时代晚期：塞格里文化（Tsangli）发展至公元前 4500 年，而后是迪米尼文化；

巴尔干——卡拉诺沃文化Ⅳ—Ⅵ；温查文化(温查-托多斯，而后是温查-普罗尼克[Vinča-Pločnik])；博颜(Boian)文化发展约至公元前4700年，而后是古梅尔尼萨文化；哈曼吉亚文化发展至约公元前4500年，而后是瓦尔纳文化；

乌克兰和摩尔达维亚——库库拉特尼-特里波列文化；第聂伯-顿涅茨文化，其中包括马里乌波尔共同体；诺登科普夫(Notenkopf)的线纹陶文化；

匈牙利——蒂萨文化发展约至公元前4600年；蒂萨波尔加文化(Tiszapolgár)；

意大利南部——三色文化(Trichrome)发展至公元前4500年；塞拉科特迪瓦尔托(Serra d'Alto)文化；

意大利北部——印陶文化；方形博卡文化(Bocca Quadrata)；菲奥拉诺文化和威霍文化(Vhò)——两者皆属中石器时代文化；卡斯泰诺维亚文化；

法国——查森文化(Chasséen)自公元前4500年开始；

伊比利亚半岛——阿尔梅里亚文化；阿连特茹文化；

瑞士东部——艾格尔茨维尔文化，而后是科尔泰洛文化；普芬文化自公元前4500年始；

大西洋沿岸——中石器时代，早期巨石建筑文化；

不列颠——中石器时代和新石器时代早期；

法国西北部——大西洋贝壳相印陶文化(Cardial Atlantique)出现于公元前5000年—前4500年；卡斯特—尚邦—萨顿(Castellic-Chambon-Sardun)文化，出现于公元前4500年—前4000年；

巴黎盆地——中石器时代；公元前5000年—前4500年线纹陶文化发展；公元前4500年—前4000年塞尼(Cerny)文化发展；公元前4200年—前4000年罗森文化发展；

法国北部/莱茵河地区——利姆堡文化；

欧洲中部和东部——多瑙河文化Ⅱ；比什埃穆(Bischeim)文化、新科施泰因(Hinkelstein)/格洛斯嘉塔克(Grossgartach)文化、罗森文化、刻陶文化(SBK)、兰捷尔文化；艾什布尔文化(Aichbühl)；

低地国家和欧洲平原北部地区——中石器时代文化，其中包括斯威夫特班特、埃

勒贝克、威斯特卡(Wistka);
斯堪的纳维亚——埃特博勒文化;
欧洲东北部——纳瓦文化;涅曼文化;梳纹陶文化;
波兰北部和涅曼盆地——梳纹陶文化和圆洞尖底陶(Pitted Wares)文化自公元前4800年开始发展

公元前4000年—前3500年

农耕成为主要的生活方式;
墓葬和墓碑渐受关注;
冶金活动更为广泛;
希腊——西塔格罗斯文化(Sitagroi);
巴尔干——卡拉诺沃文化Ⅵ;博德罗格凯来斯图尔文化(Bodrogkeresztúr);色纳沃达文化(Cernavoda);萨尔古萨文化(Salcutsa);布班耶哈姆文化(Bubanj Hum);
乌克兰和摩尔达维亚——库库拉特尼-特里波列文化,斯莱德涅斯多格文化;
半干旱性大草原——米凯洛夫卡晚期-凯米都文化(Lower Mikhailovka-Kemi Oba culture);
瑞士——北部:米歇尔堡文化;东部:普芬文化、科尔泰洛文化;
意大利南部和中部——狄安娜文化;
意大利北部——方形博卡文化,拉戈扎文化(Lagozza);
伊比利亚半岛——阿尔梅里亚文化;阿连特茹文化;塞普克洛斯海沟文化;
法国北部——卡恩-库斯-布宫文化;
法国——查森文化;
中欧——漏斗颈广口陶文化;
低地国家/莱茵河地区——米歇尔堡文化,斯威夫特班特/哈曾道科文化(Hazendonk)于公元前4000年—前3800年间发展;漏斗颈广口陶文化自公元前3800年始；

波兰——萨诺沃文化（Sarnowo）；梳纹陶文化和圆洞尖底陶文化在公元前4200年—前3700年发展；漏斗颈广口陶文化自公元前3700年始；

丹麦——埃特博勒文化发展至公元前3900年；漏斗颈广口陶文化开始；

欧洲北部（欧洲平原北部、波兰高地、德国高地、瑞典南部）——漏斗颈广口陶文化；

欧洲东北部——梳纹陶文化和圆洞尖底陶文化；涅曼文化；梳纹圆洞尖底陶文化（Pit-Comb Ware）；

大西洋沿岸——巨石建筑文化高度发展；

不列颠——格里姆斯顿-莱尔斯山文化（Grimston-Lyles Hill）

公元前3500年—前3200年

农耕活动遍及欧洲；

创新广泛出现（"第二次产品革命"）；

冶金术广泛传播；

贸易激增，以燧石和石块为最；

希腊——新石器时代末期；拉卡玛尼文化（Rakhmani）；西塔格罗斯；

巴尔干——埃泽罗（Ezero）文化；科托芬尼（Coțofeni）文化；竖穴墓文化（Pit-Graves）；布班耶哈姆文化；切尔纳沃德文化；

乌克兰和摩尔达维亚——特里波列文化；乌萨多伏文化（Usatovo，混合型文化）；亚姆纳亚文化（Yamnaya）；

中欧南部——巴登文化；

瑞士东部——霍尔根文化；

意大利南部和中部——狄安娜文化；

意大利北部——拉戈扎文化；

法国——查森文化；

伊比利亚半岛——阿尔梅里亚文化，阿连特茹文化，塞普克洛斯海沟文化；

中欧北部——球状双耳陶文化；

斯堪的纳维亚——漏斗颈广口陶文化；

欧洲东北部——梳纹圆洞尖底陶文化；

不列颠——温德米尔山文化；莱尔斯山文化

公元前 3200 年—前 2200 年

牲畜耕作日趋重要；

等级差别在某些地区出现；

单室墓葬取代合葬；

铜和金的冶炼出现于大部分地区；

希腊——公元前 3200 年至前 1950 年青铜器时代早期前王宫时期（EBA prepalatial period）；早期米诺斯文化Ⅰ、早期库克拉德斯文化Ⅰ、早期赫拉斯（Helladic）文化Ⅰ；早期米诺斯文化Ⅱ、早期库克拉德斯文化Ⅱ、早期赫拉斯文化Ⅱ约自公元前 2800 年开始；

巴尔干——埃泽罗文化末期；科托芬尼文化；格里纳文化（Glina）；施奈肯堡文化（Schneckenberg）；卡拉诺沃文化Ⅶ；

匈牙利——弗策多尔文化（Vučedol）；

乌克兰、俄罗斯南部——竖穴墓文化；

意大利——高多（Gaudo）文化；利纳多奈文化（Rinaldone）；雷梅戴罗文化（Remedello）约始自公元前 3100 年；广口陶文化；

法国北部——塞纳河—瓦兹河—马尔讷文化（SOM），而后是广口陶文化；

比利时——塞纳河—瓦兹河—马尔讷文化，瓦特堡—斯坦因—弗拉丁根文化（Wartburg-Stein-Vlaardingen）；

低地国家——瓦特堡—斯坦因—弗拉丁根文化；绳纹陶文化（PFB）；钟杯文化自公元前 2500 年始；

欧洲北部——绳纹陶文化；圆洞尖底陶文化；

波兰——球状双耳陶文化，而后是绳纹陶文化；

欧洲东北——船斧文化(Boat Axe culture);梳纹圆洞尖底陶文化;绳纹陶文化约自公元前 2700 年开始;

斯堪的纳维亚——漏斗颈广口陶文化发展至公元前 2800 年,而后是单人墓葬文化,与绳纹陶文化同期;

包括瑞士东部在内的中欧——绳纹陶文化发展约至公元前 2600 年;钟杯文化;

法国西北部——克罗古文化(Kerogou)在公元前 3200 年,康贵尔文化(Conguel)在公元前 2800 年;

欧洲西部——广口陶文化自公元前 2800 年开始;

法国南部——费雷莱斯文化(Ferrières)和方特伯伊瑟文化(Fontbouisse);

伊比利亚半岛——米拉雷斯文化,圣佩德罗新镇文化(VNSP)发展约至公元前 2700 年;钟杯文化,铜石并用时代;

不列颠——彼得伯勒陶文化(Peterborough ware,刻槽陶文化),槽纹陶文化,钟杯文化

公元前 2200 年—前 1800 年

青铜冶炼开始;

各地间贸易发展;

社会等级分化加剧;

希腊——青铜器时代早期原始王宫期(EBA protopalaces)约自公元前 2300 年开始;早期米诺斯文化Ⅲ,早期库克拉德斯文化Ⅲ,早期赫拉斯文化Ⅲ;米诺斯文化中期(早期王宫时期)约自公元前 2000 年始,库克拉德斯文化中期,赫拉斯文化中期;

乌克兰、俄罗斯南部——竖穴墓文化发展约至公元前 2000 年;地下墓窟文化出现;

欧洲东南部——晚期格里纳文化 A1;纳格里夫文化(Nagyrév),而后是哈特凡文化(Hatvan),蒙泰奥鲁文化(Monteoru);

欧洲中部——公元前 2200 年—前 1800/1950 年青铜器时代 A1;辛根文化;尼特

拉文化；乌尼提瑟文化；

斯堪的纳维亚——新石器时代晚期/短剑期文化(Dagger period)；

伊比利亚半岛——广口陶文化晚期，帕尔梅拉共同体(Palmela complex)，契姆伯族拉斯文化(Ciempozuelas)；青铜器时代早期(Bronce Antiguo)，阿尔加尔青铜器时代，石墩文化；

不列颠——广口陶文化晚期；食品容器时代(Food Vessel)；威塞克斯文化Ⅰ发展于公元前2000年—前1700年；米格代尔文化(Migdale)；

大西洋沿岸和欧洲西部——广口陶文化晚期；

法国南部——方特伯伊瑟文化，钟杯文化；

法国——广口陶文化晚期；青铜器时代；

意大利——拉特尔佐文化(Laterzo)，利纳多奈文化，早期亚平宁(中部和南部)文化；波拉达文化(Polada,北部)

公元前1800年—前1500年

带冢墓葬出现于众多地区；

青铜冶炼技术广泛传播；

希腊——米诺斯文化中期，库克拉德斯文化中期，赫拉斯文化中期发展约至1600年；米诺斯文化晚期(后王宫时期)，赫拉斯文化晚期竖井墓(Shaft Graves)出现；

欧洲东南部——吉萨波斯塔克文化(Kisapostag)A1，哈特凡文化，蒙泰奥鲁文化，奥拓玛尼文化；冢墓文化A2；

乌克兰——第聂伯文化中期；地下墓窟文化；

欧洲中部——青铜器时代A2，乌尼提瑟及其相关文化；青铜器时代B的冢墓文化；

斯堪的纳维亚——青铜器时代Ⅰ的冢墓文化；

法国——早期青铜器时代(EBA, Bronze ancien)发展约至公元前1700年，中期青铜器时代(MBA,中期青铜—特雷布勒[Bronze moyen-Tréboul])；布列塔尼冢

墓文化;

意大利——波拉达文化,而后是菲亚维文化(Fiavé),早期青铜器时代的亚平宁文化早期;

地中海诸岛——塔屋文化(撒丁岛),卡斯特鲁齐奥文化(Castelluccio,西西里岛),格拉齐亚诺角文化(Capo Graziano,埃奥里亚群岛);

不列颠——领箍型瓮棺文化(Collared Urns),食品容器时代,广口陶文化晚期;威塞克斯文化Ⅰ发展至公元前1700年;威塞克斯文化Ⅱ约在公元前1700—前1400年间发展;阿克顿公园文化;

伊比利亚半岛——青铜器时代中期(Bronze Medio),阿尔加尔青铜器时代(Argaric Bronze Age)

公元前1500年—前1200年

部族冲突频繁;

各地间贸易繁荣发展;

希腊——米诺斯文化晚期,赫拉斯文化晚期的迈锡尼文化;

乌克兰——木椁墓文化;

欧洲东南部——冢墓文化A2;

欧洲中部和西部——青铜器B-C期冢墓文化发展至公元前1300年;劳齐茨(Lausitz)文化;青铜器时代D瓮棺文化自公元前1400年始;

斯堪的纳维亚——青铜器时代Ⅱ冢墓文化,树干棺椁出现;

不列颠——德沃雷尔-利姆布瑞文化(Deverel-Rimbury),阿克顿公园文化,汤顿装饰物层(Taunton Ornament Horizon)发展;

法国——青铜器时代中期(中期青铜-特雷布勒);布列塔尼冢墓文化;

伊比利亚半岛——柯高塔斯奥文化(Cogotasl),青铜器中期文化约发展至公元前1350年;青铜器时代晚期(Bronze Tardio);柯高塔斯文化(Cogotas);

意大利——泰拉马拉文化(北部),青铜器时代亚平宁文化;

地中海诸岛——塔屋文化(撒丁岛),塔普索斯文化(西西里岛),米拉泽瑟文化

（Milazzese，埃奥里亚群岛）

公元前 1300 年/1200 年——前 1000 年

农业逐步集约化；

火葬和瓮棺下葬方式普遍流传；

设防聚落广泛出现；

青铜使用大众化；

希腊——晚期赫拉斯文化ⅢC，黑暗时代到来，迈锡尼文化亚型（SubMycenaean），而后是原始几何陶时代（Proto Geometric）；

半干旱性大草原——木椁墓文化；

欧洲东南部——早期青铜器时代，包括瓮棺文化；

欧洲中部——瓮棺文化-哈尔施塔特 A（公元前 1250 年——前 1050 年），哈尔施塔特 B1（公元前 1100 年——前 1000 年）；劳齐茨文化（波兰南部和德国东部）；

斯堪的纳维亚——青铜器时代Ⅲ；

意大利——佩斯切拉文化（Peschiera，北部），亚平宁文化亚型（Sub-Apennine），原始格拉塞卡文化（Protogolasecca，北部），原始维拉诺瓦文化（Protovillanovan）；

地中海诸岛——塔屋文化（撒丁岛），潘塔里卡文化（西西里岛），奥索尼亚文化（Ausonian，埃奥里亚群岛）；

不列颠——德沃雷尔-利姆布瑞文化，佩娜德文化（Penard），威尔波登文化（Wilburton）；

法国——青铜器时代早期（洛斯诺恩[Rosnoen]），瓮棺文化；

伊比利亚半岛——青铜器时代末期（Bronce Final），瓮棺文化

公元前 1000 年——前 800 年

自然环境逐渐恶化；

铁器逐步出现；

瓮棺文化广泛传播；

腓尼基人开始在地中海中部和西部活动；

希腊——几何陶时代早期；

半干旱性大草原——木椁墓文化；西米里文化(Cimmerian)；

欧洲东南部——青铜器时代早期，包括瓮棺文化；

欧洲中部——哈尔施塔特B2/3(公元前1050年—前800年/750年)，瓮棺文化；

斯堪的纳维亚——青铜器时代Ⅳ-Ⅴ；

不列颠——尤尔特公园文化(Ewart Park)，杜里斯文化(Dowris)约发展至公元前750年；

法国——青铜器末期Ⅲa，以弗斯的圣布里厄(St-Brieuc-des-Iffs)文化约发展至公元前850年；鲤鱼舌文化Ⅲb；

伊比利亚半岛——青铜器时代末期，瓮棺文化；腓尼基文化(海岸地区)；

地中海诸岛——塔屋文化(撒丁岛)，潘塔里卡文化(西西里岛)，奥索尼亚文化(埃奥里亚群岛)；

意大利——埃斯特(Este)文化；博洛尼亚文化；格拉塞卡文化(北部)；特尼文化(Terni)；维朗诺瓦文化(中部和南部)

公元前800年—前700年

希腊在地中海中部和西部建立殖民地；

有战车陪葬的精英墓葬出现；

希腊——几何陶时代中期，几何陶时代晚期；

半干旱性大草原——火葬方式盛行；

欧洲东南部——铁器时代早期；

欧洲中部和西部——哈尔施塔特C；

意大利——埃斯特文化，博洛尼亚文化，格拉塞卡文化(北部)，特尼文化，朗诺瓦文化(中部和南部)，希腊人；

伊比利亚半岛——希耶罗(铁器时代),卡斯特罗文化(西北),塔特索斯人(Tartessians,西南),腓尼基人(海岸地区);
不列颠——林恩福尔(Llyn Fawr)文化发展至公元前750年;
斯堪的纳维亚——青铜器时代Ⅴ;

公元前700年—前600年

盐矿开采达到巅峰;
铁器冶炼广泛传播;
希腊——东方化,古风时代开始;
半干旱性大草原——斯基泰人;
欧洲东南部——铁器时代早期;
欧洲中部和西部——哈尔施塔特C期;
意大利——埃斯特文化,博洛尼亚文化,格拉塞卡文化(北部),伊特鲁利亚人,希腊人;
伊比利亚半岛——伊比利亚人,卡斯特罗文化,凯尔特-伊比利亚人,塔特索斯人;腓尼基人(海岸地区);
斯堪的纳维亚——青铜器时代Ⅵ;
不列颠——铁器时代早期;
大西洋沿岸——大西洋铁器时代;

公元前600年—前500年

希腊商人经罗讷河横贯欧洲中部;
一些首领的墓葬中有来自地中海地区奢侈的陪葬品;
希腊——古风时代;
半干旱性大草原——斯基泰人;
欧洲东南部——色雷斯人;

欧洲中部和西部——哈尔施塔特D；
意大利——埃斯特文化，博洛尼亚文化，格拉塞卡文化，凯尔特人（北部），伊特鲁利亚人，拉丁人，希腊人；
伊比利亚半岛——伊比利亚人，卡斯特罗文化，凯尔特-伊比利亚人，塔特索斯人，腓尼基人，希腊人（海岸地区）；
斯堪的纳维亚——铁器时代早期；
大西洋沿岸——大西洋铁器时代；

公元前500年—前400年

凯尔特人和伊特鲁利亚人跨越阿尔卑斯山进行贸易活动；
铁器使用遍及欧洲；
希腊——古典时代自公元前480年始；
半干旱性大草原——斯基泰人；
欧洲东南部——色雷斯人；
欧洲中部和西部——哈尔施塔特D发展至公元前450年；拉特尼文化A在公元前500年至前400年发展；凯尔特人；
意大利——凯尔特人（北部），伊特鲁利亚人，拉丁人，希腊人；
伊比利亚半岛——伊比利亚人，卡斯特罗文化，凯尔特-伊比利亚人，迦太基人，希腊人（海岸地区）；
大西洋沿岸——大西洋铁器时代；

公元前400年—前300年

凯尔特人迁徙；
希腊——古典时代，马其顿自公元前338年开始统治；
干旱性半干旱性大草原——斯基泰人；
欧洲东南部——色雷斯人；

伊比利亚半岛——卡斯特罗文化,凯尔特-伊比利亚人,伊比利亚人,迦太基人(海岸地区);

欧洲中部和西部——拉特尼文化 B;

意大利——高卢人(北部),伊特鲁利亚人,罗马人,萨莫奈人(Samnites),希腊人;

喀尔巴阡山盆地——迦拉太人;

大西洋沿岸——大西洋铁器时代

公元前 300 年—前 200 年

凯尔特文化广泛传播;

希腊——希腊化时代;

半干旱性大草原——萨尔马特人(Sarmatians);

欧洲东南部——色雷斯人;

法国—巴尔干地区——拉特尼文化 B 发展至公元前 275 年;拉特尼文化 C;

欧洲东部——日耳曼人;

阿尔卑斯山东部——诺里克姆人;

伊比利亚半岛——卡斯特罗文化,凯尔特-伊比利亚人,伊比利亚人,迦太基人(南部);

意大利——高卢人(北部),伊特鲁利亚人,罗马人(中部),希腊人,罗马人统治自公元前 218 年始;

大西洋沿岸——大西洋铁器时代

公元前 200 年—前 100 年

城镇出现于欧洲西部和中部;

罗马人在地中海的迅速扩张;

希腊——希腊化时代;罗马人自公元前 146 年开始统治;

半干旱性大草原——萨尔马特人；

欧洲东南部——色雷斯人；

法国—巴尔干地区——拉特尼文化 C 发展至公元前 150 年；拉特尼文化 D；

欧洲东部和斯堪的纳维亚——日耳曼人；

意大利——罗马人；

伊比利亚半岛——城堡文化，鲁西塔尼亚人(Lusitanians)，凯尔特-伊比利亚人，罗马人(南部和东部)；

法国——罗马人统治自公元前 120 年始(南部)，高卢人；

大西洋沿岸——大西洋铁器时代

公元前 100 年—公元元年

城镇广泛修建；

罗马人征服欧洲西部；

半干旱性大草原——萨尔马特人；

欧洲东南部——色雷斯人，达契亚人；

欧洲中部和西部——拉特尼文化 D；

阿尔卑斯山东部——诺里克姆人；

欧洲莱茵河东部和斯堪的纳维亚——日耳曼人；

地中海，巴尔干西部——罗马人；

法国——高卢人；罗马人统治自公元前 51 年始；

大西洋沿岸——大西洋铁器时代

资料：Whittle 1996, Milisauskas, ed. 2002, Cunliffe, ed. 1994, Cunliffe 2001a, Harris, ed. 1996, Champion et al. 1984, Harding 1994, Bailey 2000, Scarre 1998, Twist 2001.

参考书目

Adkins, Lesley, and Roy A. Adkins. *A Thesaurus of British Archaeology*. London: David and Charles, 1982.

Ammerman, A. J. *Acconia Survey: Neolithic Settlement and the Obsidian Trade. Occasional Publication 10*. London: Institute of Archaeology, 1985.

Anati, Emmanuel. *Camonica Valley. A Depiction of Village Life in the Alps from Neolithic Times to the Birth of Christ as Revealed by Thousands of Newly Found Rock Carvings*. Translated by Linda Asher. London: Jonathan Cape, 1965.

-"The rock sanctuaries of Europe." In Demakopoulou et al., eds. 1999.

Andronikos, Manolis. *The Royal Graves at Vergina*. Athens: Archaeological Reipts Fund, 1980.

Araujo, Ana Cristina, Chiudia Umbelino, Eugenia Cunha, Carla Hipolito, Joao Peixoto Cabral, and Maria do Carmo Freitas. "Long-term change in Portuguese early Holocene settlement and subsistence." In Larsson et al., 2003.

Arca, Andrea. "Fields and settlements in topographic engravings of the Copper Age in Valcamonica and Mt. Bego rock art." In Della Casa, ed. 1999.

Armit, Ian. *Celtic Scotland*. London: Batsford / Historic Scotland, 1997.

Ashmore, P. J. *Neolithic and Bronze Age Scotland*. London: Batsford / Historic Scotland, 1996.

Audouze, Fran~oise, and Olivier Biichenschütz. *Towns, Villages and Countryside of Celtic Europe*. Translated by Henry Cleere. London: Batsford, 1992.

Bahn, Paul. "A war monument in Gaul." In Bahn, ed. 2003.

Bahn, Paul, ed. *Tombs, Graves and Mummies*. London: Weidenfeld and Nicolson, 1996.

-. *The Penguin Archaeology Guide*. London: Penguin, 2001a.

-. *The Archaeology Detectives*. Lewes: The Ivy Press, 2001b.

-. *Written in Bones. How Human Remains Unlock the Secrets of the Dead*. New York: Firefly, 2003.

Bailey, Douglass W *Balkan Prehistory. Exclusion, Incorporation and Identity*. London/New York: Routledge, 2000.

Bakker, Jan Albert. *The TRB west Group. Studies in the Chronology and Geography of the Makers of Hunebeds and Tiefstich Pottery*. Amsterdam: Albert Egges van Giffen Instituut voor Prae - en Protohistorie, 1979.

-. *The Dutch Hunebedden. Megalithic Tombs of the Funnel Beaker Culture. International Monographs in Prehistory. Archaeological Series 2*. Ann Arbor, Mich.: International Monographs on Prehistory, 1992.

Barber, Elizabeth J. W. *Prehistoric Textiles*. Princeton, N. J.: Princeton University Press, 1991.

Barclay, Alistair, and Jan Harding, eds.

Pathways and Ceremonies. The Cursus Monuments of Britain and Ireland. Neolithic Studies Group Seminar Papers 4. Oxford: Oxbow Books, 1999.

Barclay, Gordon. *Farmers, Temples and Tombs. Scotland in the Neolithic and Early Bronze Age.* Edinburgh: Canongate Books / Historic Scotland, 1998.

Barker, Graeme. *Prehistoric Farming in Europe.* Cambridge: Cambridge University Press, 1985.

-. "Bronze Age landscapes in southern Europe."In Harding, ed. 1999.

Barker, Graeme, and Tom Rasmussen. *The Etruscans.* Oxford: Blackwell, 1998.

Barnett, William K. "Cardial Pottery and the agricultural transition." In Price, ed. 2000.

Barth, Fritz Eckart. "The Hallstatt salt mines." In Moscati et al., eds. 1991.

Barton, Nicholas. *Stone Age Britain.* London: Batsford / English Heritage, 1997.

Beck, Curt W, and J an Bouzek, eds. *Amber in Archaeology. Proceedings of the Second International Conference on Amber in Archaeology. Liblice 1990.* Prague: Institute of Archaeology, 1993.

Becker, MarshallJoseph. "Cultural uniformity during the Italian Iron Age: Sardinian nuraghi as regional markers." In Tykot and Andrews, eds. 1992.

Berresford Ellis, Peter. *The Ancient World of the Celts.* London: Constable, 1988.

Bevan, Bill. "Bounding the landscape: Place and identity during the Yorkshire Wolds Iron Age."In Gwilt and Haselgrove, eds. 1997.

Bewley, Robert. *Prehistoric Settlements.* Stroud, U.K.: Tempus, 2003.

Biel, Jorg. "Treasure from a Celtic tomb." *National Geographic*, 157,1986. Binder,

Didier. "Mesolithic and Neolithic interaction in southern France and northern Italy: New data and current hypotheses." In Price, ed. 2000.

Black, Jeremy, ed. *DK Atlas of World History.* London: Dorling Kindersley, 1999.

Boardman, John. *The Greeks Overseas. Their Early Colonies and Trade.* 4th edition. London: Thames and Hudson, 1999.

Bocquet, Aime, Jacques L. Brochier, Aline EmeryBarbier, Karen Lundstrom-Buadais, Christian Orcel, and Fran~oise Vin. "A submerged Neolithic village: Charavines 'Les Baigneurs' in Lake Paladru, France." In Coles and Lawson, eds. 1987.

Bogucki, Peter. "How agriculture came to north central Europe." In Price, ed. 2000.

-. "Egtved. A Bronze Age discovery." In Bahn, ed. 2001b.

Bokonyi, S. "Agriculture: Animal husbandry." In Moscati et aI., eds. 1991.

Bonfante, Larissa. *Reading the Past. Etruscan.* London: British Museum Press, 1990.

Bonzani, Rene M. "Territorial boundaries, bufferzones and sociopolitical complexity: A case study of the Nuraghi of Sardinia." In Tykot and Andrews, eds. 1992.

Bowen, H. C. *Ancient Fields.* London: British Association for the Advancement of Science, 1961.

Bradley, Richard. *The Social Foundations of Prehistoric Britain.* London: Longman, 1984.

-. *Rock Art and the Prehistory of Atlantic Europe. Signing the Land.* London: Routledge 1997.

-. *The Significance of Monuments. On the shaping of human experience in Neolithic* and *Bronze Age Europe*. London: Routledge, 1998.

Braudel, Fernand. *The Mediterranean in the Ancient World*. Translated by Sian Reynolds. London:
Allen Lane the Penguin Press, 2001.

Briggs, Daphne Nash. "Coinage." In Green, ed. 1995. Bromehead, C. N. "Mining and Quarrying." In Singer et al., eds. 1954.

Brothwell, Don. *The Bog Man and the Archaeology of People*. London: British Museum Publications, 1986.

Bruck, Joanna, ed. *Bronze Age Landscapes. Tradition and Transftrmation*. Oxford: Oxbow Books, 2001.

Burgess, Colin. *The Age of Stonehenge*. London: J. M. Dent, 1980.

Burl, Aubrey. *Megalithic Brittany*. London: Thames and Hudson, 1985.

-. *From Carnac to Callanish. The Prehistoric Stone Rows and Avenues of Britain, Ireland and Brittany*. New Haven, Conn./London: Yale University Press, 1993.

Butzer, K. *Environment and Archaeology*. London: Methuen, 1972.

Caesar, G. Julius. *The Conquest of Gaul*. Translated by S. A. Handford. Harmondsworth, U.K.: Penguin, 1951.

Capelle, Torsten. "The rock art of the north." In Demakopoulou et al., eds. 1999.

Carman, John and Anthony Harding, eds. *Ancient Warfare. Archaeological Perspectives*. Stroud, U.K.: Sutton Publishing, 1999.

Carr, Gillian and Christopher Kniisel. "The ritual framework of excarnation by exposure as the mortuary practice of the early and middle Iron Ages of central southern Britain." In Gwilt and Haselgrove, eds. 1997.

Carver, Martin. *Surviving in Symbols. A Visit to the Pictish Nation*. Edinburgh: Canongate / Historic Scotland, 1999.

Catling, Christopher. "More on the Nebra astronomical disk." *SALON* 107, 10 January 2005. ~. "More on the Nebra disk." *SALON* 108, 24 January 2005.

Chadwick, John. *The Mycenaean World*. Cambridge: Cambridge University Press, 1976.

-. *Reading the Past. Linear B and Related Scripts*. London: British Museum Press, 1987.

Champion, Sara. "Jewellery and adornment." In Green, ed. 1995.

Champion, Sara and Tim Champion. "Biskupin." In *The Atlas of Archaeology*, edited by Keith Branigan. London: Macdonald, 1982.

Champion, Timothy. "Power, politics and status." In Green, ed. 1995.

Champion, Timothy, Clive Gamble, Stephen Shennan, and Alasdair Whittle. *Prehistoric Europe*. London: Academic Press, 1984.

Chapman, John. "The origins of warfare in the prehistory of central and eastern Europe." In Carman and Harding, eds. 1999.

Chapman, Robert. *Emerging Complexity. The Later Prehistory of South-East Spain, Iberia and the west Mediterranean*. Cambridge: Cambridge University Press, 1990.

Childe, Vere Gordon. "Rotary motion." In Singer et al., eds. 1954.

Chippendale, Christopher. *Stonehenge Complete*. Revised edition. London: Thames and Hudson, 1994.

Christensen, Kjeld. "Tree-ring dating of Bronze Age oak coffins from Denmark." In Demakopoulou et al., eds. 1999.

Cizmarova, Jana, Vladimir Ondrus, Jaroslav Tejral, and Milan Salas. *Moravia in Prehistoric Times*.

Brno: Moravian Museum, 1996.

Clarke, David L. "Mesolithic Europe: The economic basis." In *Problems in Economic and Social Archaeology*, edited by G. Sieveking, 1. H. Longworth, and K. E. Wilkinson. London: Duckworth, 1976.

-. "A provisional model of an Iron Age society and its settlement system." In *Models in Archaeology*, edited by David L. Clarke. London: Methuen, 1982.

Clarke, D. V, T G. Cowie, and A. Foxon. *Symbols of Power at the Time of Stonehenge*. Edinburgh: National Museum of Antiquities of Scotland, 1985.

Clason, A. T. "What's new in the Bronze Age? The livestock and gamebag of the Bronze Age farmers in the western and central Netherlands." In Sarfatij et al., eds. 1999.

Cole, Sonia M. "Differentiation of non-metallictools." In Singer et al., eds. 1954.

Coles, Bryony. "Tracks across the Wetlands: Multi disciplinary studies in the Somerset Levels of England." In Coles and Lawson, eds. 1987.

-. "Somerset and the Sweet conundrum." In Harding, ed. 1999.

Coles, Bryony, and ohn M. Coles. *Sweet Track to Glastonbury. The Somerset Levels in Prehistory*.

London: Thames and Hudson, 1986.

Coles, John M. *Archaeology by Experiment*. London: Hutchinson, 1973.

-. *The Archaeology of wetlands*. Edinburgh: Edinburgh University Press, 1984.

Coles, John M., and Anthony F. Harding. *The Bronze Age in Europe*. London: Methuen, 1979.

Coles, John M., and Andrew. Lawson. *European wetlands in Prehistory*. Oxford: Oxford University Press, 1987.

Collis, John. *The European Iron Age*. London: Bats:. ford, 1984a.

-. *Oppida: Earliest Towns North of the Alps*. Sheffield, U. K.: University of Sheffield, 1984b.

-. "The first towns." In Green, ed. 1995. -. *The Celts. Origins, Myths and Inventions*. Stroud, U. K.: Tempus, 2003.

Connolly, Peter. *Greece and Rome at liVar*. Philadelphia: Stackpole Books, 1998.

Cornell, Tim, and John Matthews. *Atlas of the Roman World*. New York/Oxford: Facts On File, 1982.

Coulmas, Florian. *The Blackwell Encyclopedia of Writing Systems*. Oxford: Blackwell, 1996.

Craddock, Paul T *Early Metal Mining and Production*. Edinburgh: Edinburgh University Press, 1995.

Crowfoot, Grace M. "Textiles, basketry and mats."In Singer et al., eds. 1954.

Crystal, David. *The Cambridge Encyclopedia of Language*. Cambridge: Cambridge University Press, 1987.

Cunliffe, Barry. *Iron Age Communities in Britain. An Account of England, Scotland and liVales from the Seventh Century BC until the Roman Conquest*. London: Routledge and Kegan Paul, 1974.

-. *Danebury*. London: Batsford / English Heritage, 1993. -. "Introduction." In Cunliffe, ed. 1994a.

-. "Iron Age societies in Western Europe and beyond, 800-140 BC." In Cunliffe, ed. 1994b. -. "The impact of Rome on bar-

barian society, 140 BC-AD 300." In Cunliffe, ed. 1994c.
-. *Iron Age Britain*. London: Batsford / English Heritage, 1995.
-. *The Ancient Celts*. Oxford: Oxford University Press, 1997.
-. *Facing the Ocean. The Atlantic and Its People. 8000 BC-AD 1500*. Oxford: Oxford University Press, 2001a.
-. *The Extraordinary voyage of Pytheas the Greek. The Man Who Discovered Britain*. London: Allen Lane, Penguin Press, 2001b.
-. *Danebury Hillfort*. Stroud, U.K. : Tempus, 2003.
Cunliffe, Barry, ed. *The Oxford Illustrated Prehistory of Europe*. Oxford: Oxford University Press, 1994.
Cunliffe, Barry, and Philip de Jersey. *Armorica and Britain. Cross-Channel Relationships in the Late First Millennium BC. Studies in Celtic Coinage 3*. Oxford University Committee for Archaeology Monograph 45. Oxford: Oxbow Books, 1997.
Dalby, Andrew. *Dictionary of Languages. The Definitive Reftrence to More Than 400 Languages*. London: Bloomsbury, 1998.
Dani, A. H., and Jean-Pierre Mohen, eds. *History of Humanity. volume 11. From the Third Millennium to the Seventh Century BC*. Paris / London: UNESCO / Routledge, 1996.
Daniel, Glyn. *The Megalith Builders of Western Europe*. Harmondsworth, U.K. : Penguin, 1963. Darvill, Timothy. *Prehistoric Britain*. London: Batsford, 1987.
-. *Prehistoric Britain from the Air. A Study of Space, Time and Society*. Cambridge: Cambridge University Press, 1996.
-. *The Concise Oxford Dictionary of Archaeology*. Oxford: Oxford University Press, 2002.
Darvill, Timothy, and Julian Thomas, eds. *Neolithic Enclosures in Atlantic Northwestern Europe. Neolithic Studies Group Seminar Papers* 6. Oxford: Oxbow Books, 2001.
Davies, Sioned. "Mythology and the oral tradition: Wales." In Green, 1995.
Dayton, John. *Minerals, Metals, Glazing and Man*. London: Harrap, 1978.
-. *The Discovery of Glass. Experiments in the Smelting of Rich, Dry Silver Ores, and the Reproduction of Bronze Age-type Cobalt Blue Glass as a Slag*. American School of Prehistoric Research Bulletin 41, 1993. Cambridge, Mass. : Harvard University Press, 1993.
De Laet, S. J. , ed. *History of Humanity. volume 1. Prehistory and the Beginnings of Civilization*. Paris / London: UNESCO / Routledge, 1994.
Delgado, James P. "Hjort～pring." In Delgado, ed. 1997.
Delgado, James P. , ed. *British Museum Encyclopaedia of Underwater and Maritime Archaeology*. London: British Museum Press, 1997.
Della Casa, Philippe, ed. *Prehistoric Alpine Environment, Society, and Economy. Papers of the International Colloquium PAESE 97 in Zurich*. Bonn: In Kommission bei Dr. RudolfHabelt GmbH, 1999.
Demakopoulou, Katie, Christiane Eluere, Jorgen Jensen, Albrecht Jockenhovel, and Jean-Pierre Mohen. *Gods and Heroes of the European Bronze Age*. London: Thames and Hudson, 1999.
De Marinis, Raffaele C. "Chalcolithic stele-

statues of the Alpine region." In Demakopoulou et al., eds. 1999.

Dennell, Robin. *European Economic Prehistory*. New York: Academic Press, 1983.

De Roche, C. D. "Studying Iron Age production." In Gwilt and Haselgrove, eds. 1997.

Dixon, Philip. *Barbarian Europe*. London: Phaidon, 1976.

Dolukhanov, Paul. "Timber-Grave culture." In Shaw and Jameson, eds. 1999a.

—. "War and peace in prehistoric Eastern Europe." In Carman and Harding, eds. 1999b. Doumas, Christos. "The Aegean during the Neolithic." In De Laet, ed. 1994.

Dungworth, David. "Copper metallurgy in Iron Age Britain: Some recent research." In Gwilt and Haselgrove, eds. 1997.

Durrani, Nadia. "The Nebra Sun-Disc." *Current World Archaeology* 5. May / June 2004.

Ecsedy, Istvan, and Tibor Kovacs. "Central Europe." In Dani and Mohen, eds. 1996.

Egloff, Michel. "130 years of archaeological research in Lake Neuchatel, Switzerland." In Coles and Lawson, eds. 1987.

Ehrenberg, Margaret. *Women in Prehistory*. London: British Museum Press, 1989.

Eluere, Christiane. "The golden treasures of the European Bronze Age." In Demakopoulou et al., eds. 1999a.

—. "The world of the gods in the Bronze Age." In Demakopoulou et al., eds. 1999b.

Fagan, Brian, ed. *The Seventy Great Inventions of the Ancient World*. London: Thames and Hudson, 2004.

Fenwick, Valerie, and Alison Gale. *Historic Shipwrecks. Discovered, Protected and Investigated*. Sttoud, U. K.: Tempus, 1998.

Filip, Jan. *Celtic Civilization and Its Heritage*. Prague: Academia, 1976.

Finlayson, Bill. *Wild Harvesters. The First People in Scotland*. Edinburgh: Canongate Books / Historic Scotland, 1998.

Fischer, Anders. "Seasonal movement, exchange and Neolithisation." In Larsson et al., 2003.

Fischer, Anders, and Kristian Kristiansen. *The Neolithisation of Denmark. 150 rears of Debate*. Sheffield: J. R. Collis Publications, 2002.

Fitton, J. Lesley. *Peoples of the Past. Minoans*. London: British Museum Press, 2002.

Fokkens, Harry. *Drowned Landscape. The Occupation of the U7estern Part of the Frisian-Drentian Plateau, 4400 BC-AD 500*. Assen, Netherlands: Van Gorcum, 1998.

Fontana, Federica, and Antonio Guerreschi. "High land occupation in the southern Alps." In Larsson et al., 2003.

Forbes, R. J. "Chemical, culinary, and cosmetic arts." In Singer et al., eds. 1954a.

—. "Exttacting, smelting, and alloying." In Singer et al., eds. 1954b.

Foster, Sally M. *Picts, Gaels and Scots*. London: Batsford / Historic Scotland, 1996.

Freestone, Ian C. "Vitreous materials. Typology and Technology." In Eric M. Meyers, ed. *The Oxford Encyclopedia of Archaeology in the Near East*. 5. Oxford: Oxford University Press, 1997.

Frey, Otto-Herman. "The Celts in Italy." In Green, ed. 1995.

Furger-Gunti, Andres. "The Celtic war chariot. The experimental reconstruction in the Schweizerisches Landesmuseum." In

Moscati et al., eds. 1991.

Gamble, Clive. The 700,000-40,000 years Cunliffe, ed. 1994.

Garasanin, Milutin. "The Balkan peninsula and south-east Europe during the Neolithic." In De Laet, ed. 1994.

Garrison, Ervan. "Lake Neuchatel." In Delgado, 1997.

Giardino, Claudio. "Nuraghic Sardinia and the Mediterranean: Metallurgy and maritime traffic." In Tykot and Andrews, eds. 1992.

Gibson, Alex M. *Neolithic and Early Bronze Age Pottery*. Princes Risborough, U.K.: Shire Publications, 1986.

-. "The art of the potter." In Green, ed. 1995.

-. *British Prehistoric Pottery*. Stroud, U.K.: Tempus, 2002.

Gibson, Alex M., and Ann J. Woods. *Prehistoric Pottery for the Archaeologist*. Leicester, U.K.: Leicester University Press, 1997.

Gilbert, K. R. "Rope-making." In Singer et al., eds. 1954.

Gill, David, and Simon Kaner. "Battle cemeteries." In Bahn, ed. 1996.

Gilman, A., and J. B. Thornes. *Landuse and Prehistory in South-East Spain*. The London Research Series in Geography 8. London: George Allen and Unwin, 1985.

Gimbutas, M. *The Prehistory of Eastern Europe*. Cambridge, Mass.: Peabody, 1956.

-. *The Civilization of the Goddess: The World of Old Europe*. San Francisco: Harper, 1991.

Giot, Pierre-Rolando "Atlantic Europe during the Neolithic." In De Laet, ed. 1994.

Glob, P. v: *The Bog People*. London: Faber and Faber, 1969.

-. *The Mound People*. London: Faber and Faber, 1974.

Gordon, Cyrus H. "Recovering Canaan and ancient Israel." In Jack M. Sasson, ed. *Civilizations of the Ancient Near East*. 4 volumes. Peabody, Mass.: Hendrickson Publishers, 2000. (Reprint of 1995 edition. New York: Scribner).

Graham-Campbell, James, ed. *Cultural Atlas of the Viking World*. Oxford: Andromeda, 1994.

Grant, Julius. "A note on the materials of ancient textiles and baskets." In Singer et al., eds. 1954.

Green, Miranda. *Dictionary of Celtic Myth and Legend*. London: Thames and Hudson, 1992.

-. *Exploring the World of the Druids*. London: Thames and Hudson, 1997.

Green, Miranda., ed. *The Celtic World*. London: Routledge, 1995.

Grierson, Philip. "A note on stamping of coins and other objects." In Singer et al., eds. 1956.

Grimal, Pierre. *In Search of Ancient Italy*. Translated by P. D. Cummins. London: Evans Brothers Limited, 1964.

Guilaine, Jean. "The megalithic in Sardinia, southern France and Catalonia." In Tykot and Andrews, eds. 1992.

-. "Western Mediterranean cultures during the Neolithic." In De Laet, ed. 1994.

Guilaine, Jean, and Jean Zammit. *The Origins of War. Violence in Prehistory*. Translated by Melanie Hersey. Oxford: Blackwell Publishing, 2005.

Gwilt, Adam, and Colin Haselgrove, eds. *Reconstructing Iron Age Societies*. Oxbow Monograph 71. Oxford: Oxbow Books, 1997.

Halstead, Paul. "The development of agriculture and pastoralism in Greece: When, how, who and what?" In Harris, ed. 1996.

Harden, D. B. "Glass and glazes." In Singer et al., eds. 1956.

Harding, Anthony F. "Reformation in barbarian Europe, 1300-600 BC." In Cunliffe, ed. 1994. -. "North-south exchanges of raw materials." In Demakopoulou et al., eds. 1999a.

-. "Swords, shields and scholars: Bronze Age warfare. Past and present." In Harding, ed. 1999b.

-. "Warfare: A defining characteristic of Bronze Age Europe?" In Carman and Harding, eds. 1999c.

-. *European Societies in the Bronze Age.* Cambridge: Cambridge University Press, 2000. -. "The Bronze Age." In Milisauskas, ed. 2002. Harding, Anthony F., ed. *Experiment and Design. Archaeological Studies in Honour of John Coles.* Oxford: Oxbow Books, 1999.

Harding, Dennis. *The Making of the Past. Prehistoric Europe.* London: Elsevier Phaidon, 1978.

Harmatta, J. "The emergence of the IndoIranians: The Indo-Iranian languages." In A. H. Dani and v. M. Masson, eds. *History of Civilizations of Central Asia. Volume 1. The Dawn of Civilization: Earliest Times to 700 BC.* Paris: UNESCO, 1992.

Harris, David R., ed. *The Origins and Spread of Agriculture and Pastoralism in Eurasia.* Washington, D. C.: Smithsonian Institution Press, 1996.

Harrison, Richard J. *Spain at the Dawn of History. Iberians, Phoenicians and Greeks.* London: Thames and Hudson, 1988.

-. "Arboriculture in southwest Europe: *Dehesas* as managed woodlands." In Harris, ed. 1996.

Haselgrove, Colin, and Martin Millett. "Verlamion reconsidered." In Gwilt and Haselgrove, eds. 1997.

Healey, John F. *Reading the Past. The Early Alphabet.* London: British Museum Press, 1990.

Hedges, John. *The Tomb of the Eagles.* London: John Murray, 1984.

Hernek, Robert "A Mesolithic winter site with a sunken dwelling from the Swedish west coast." In Larsson et al., 2003.

Hingley, Richard. *Settlement and Sacrifice. The Later Prehistoric People of Scotland.* Edinburgh: Canongate Books / Historic Scotland, 1998.

Hodges, Henry. *Technology in the Ancient World.* Harmondsworth, U. K.: Penguin, 1971.

-. *Artifacts. An Introduction to Early Materials and Technology.* Kingston, Canada: Ronald P. Frye, 1988.

Hoffman, George W, ed. *A Geography of Europe. Problems and Perspectives.* 5th edition. New York: John Wiley and Sons, 1983.

Hunter, Fraser. "Iron Age hoarding in Scotland and northern England." In Gwilt and Haselgrove, eds. 1997.

Hunter, John, and Ian Ralson, eds. *The Archaeology of Britain. An Introduction from the Upper Palaolithic to the Industrial Revolution.* London: Routledge, 1999.

Jacobsthal, Paul. *Early Celtic Art.* Oxford: Clarendon Press, 1944.

James, Simon. *Exploring the World of the Celts.* London: Thames and Hudson, 1993.

Jensen, Jorgen. "Oak coffin-graves of the northern European Bronze Age." In Demakopoulou et al., eds. 1999a.

-. "The heroes: Life and death." In Demakopoulou et al., eds. 1999b.

Jochim, Michael A. "The Lower and Middle Palaeolithic." In Milisauskas, ed. 2002a.

-. "The Upper Palaeolithic." In Milisauskas, ed. 2002b.

-. "The Mesolithic." In Milisauskas, ed. 2002c.

Malone, Caroline. *Avebury*. London: Batsford / English Heritage, 1989.

Manning, W. H. "Ironworking in the Celtic world." In Green, ed. 1995.

Marazov, Ivan, ed. *Ancient Gold: The Wealth of the Thracians. Treasures from the Republic of Bulgaria*. New York: Harry N. Abrams, 1998.

Marthari, Marina. "Cycladic marble idols: The silent witnesses of an island society in the Early Bronze Age Aegean." In Demakopoulou et al., eds. 1999.

Martinez, Alfredo Jimeno. "Numantia." In Moscati et al., eds. 1991.

Maryon, Herbert. "Fine metal-work." In Singer et al., eds. 1956.

Maryon, Herbert, and H. J. Plenderleith. "Fine metal-work." In Singer et al., ed. 1954.

McGrail, Sean. *Ancient Boats*. Princes Risborough, U.K.: Shire Publications Ltd., 1983.

-. "Celtic seafaring and transport." In Green, ed. 1995.

-. *Ancient Boats in North-West Europe. The Archaeology of Water Transport to AD 1500*. 2d edition. London / New York: Addison Wesley Longman, 1998.

McIntosh, Jane, and Chris Scarre, eds. *Atlas of the Ancient World*. CD-ROM. Maris Multimedia, 1998.

Megaw, J. v: S., and M. R. Megaw. *Celtic Art from Its Beginnings to the Book of Kells*. London: Thames and Hudson, 1989.

Megaw, Ruth, and Vincent Megaw. "The nature and function of Celtic art." In Green, ed. 1995.

Melchert, H. Craig. "Indo-European languages of Anatolia." In Jack M. Sasson, ed. *Civilizations of the Ancient Near East*. 4 volumes. Peabody: Hendrickson Publishers, 2000 (Reprint of 1995 edition. New York: Scribner).

Mellars, Paul. "The Upper Palaeolithic revolution." In Cunliffe, ed. 1994.

Mellars, Paul, and Petra Dark. *Star Carr in Context*. Cambridge: Macdonald Institute of Scientific Research, 1998.

Melton, N. D., and R. A. Nicholson. "The Mesolithic in the Northern Isles: The preliminary evaluation of an oyster midden at West Voe, Sumburgh, Shetland, U.K." *Antiquity* 78, no. 299 (March 2004).

Menghin, Wilfried. "The Berlin gold hat: A ceremonial head-dress of the Late Bronze Age." In Demakopoulou et al., eds. 1999.

Mercer, Roger. *Hambledon Hill: A Neolithic Landscape*. Edinburgh: Edinburgh University Press, 1980.

-. *Grimes Graves, Norfolk. Excavations 1971-2*. 2 volumes. London: Dept. of the Environment, 1981.

-. *Causewayed Enclosures*. Princes Risborough, U.K.: Shire Publications Ltd., 1990.

-. "The origins of warfare in the British Isles." In Carman and Harding, eds. 1999.

Mercer, Roger, ed. *Farming Practice in*

British Prehistory. Edinburgh: Edinburgh University Press, 1984.

Merpert, Nikolai J. "The European part of the former USSR during the Neolithic and the Chalcolithic." In De Laet, ed. 1994.

Midgeley, Magdalena S. *TRB Culture. The First Farmers of the North European Plain*. Edinburgh: Edinburgh University Press, 1992.

Milisauskas, Sarunas. "The present environment, a geographic summary." In Milisauskas, ed. 2002a.

-. "Early Neolithic, the first farmers in Europe, 7000-5500/5000 BC." In Milisauskas, ed. 2002b.

Milisauskas, Sarunas, ed. *European Prehistory. A Survey*. New York: Kluwer Academic / Plenum Publishers, 2002.

Milisauskas, Sarunas, and Janusz Kruk. "Middle Neolithic, continuity, diversity, innovations, and greater complexity, 5500/5000-3500/300 BC." In Milisauskas, ed. 2002a.

-. "Late Neolithic, crises, collapse, new ideologies, and economies, *3500/3000-2200/2000* BC." In Milisauskas, 2002b.

Millett, Martin. *The Romanization of Britain. An Essay in Archaeological Interpretation*. Cambridge: Cambridge University Press, 1990.

-. *Roman Britain*. London: Batsford 1995.

Mithen, Steven. "The Mesolithic Age." In Cunliffe, 1994.

-. *The Prehistory of the Mind. A Search for the Origins of Art, Religion and Science*. London: Thames and Hudson, 1996.

-. *After the Ice. A Global Human History 20,000-5000 BC*. London: Weidenfeld and Nicolson, 2003.

-. *The Singing Neanderthals. The Origins of Music, Language, Mind and Body*. London: Weidenfeld and Nicolson, 2005.

Mohen, Jean-Pierre. *The World of the Megaliths*. London: Cassell, 1989.

-. "Introduction." In Dani and Mohen, eds. 1996.

Moosleitner, Fritz. "The Diirrnberg near Hallein: A centre of Celtic art and culture." In Moscati et al., eds. 1991. Morrison, Ian. "Crannogs." In Delgado, ed. 1997. Moscati, Sabatino, Otto Herman Frey, Venceslas Kruta, Barry Raftery, and Miklos Szabo, eds. *The Celts*. New York: Rizzoli, 1991.

Motykova, Karla, Petr Drda, and Alena Rybova. "The *oppidum* of Zavist." In Moscati et al., 1991.

Nash, Daphne. *Coinage in the Celtic World*. London: B. A. Seaby Ltd., 1987.

Noe-Nygaard, Nanna, and Jane Richter. "A late Mesolithic hunting station at Agernaes, Fyn, Denmark. Differentiation and specialisation in the late Ertebolle culture-heralding introduction of agriculture?" In Larsson et al., 2003.

Northover, Peter. "The technology of metalwork: Bronze and gold." In Green, ed. 1995.

Oakley, Kenneth P. *Man the Toolmaker*. London: British Museum, 1975.

O'Brien, Jacqueline, and Peter Harbison. *Ancient Ireland. From Prehistory to the Middle Ages*. New York: Oxford University Press, 1996.

O'Brien, Patrick K., ed. *Philip's Atlas of World History*. London: Georg Philip Ltd., 1999.

O'Kelly, Michael J. *Newgrange: Archaeology, Art and Legend*. London: Thames and Hudson, 1982.

-. *Early Ireland. An Introduction to Irish*

Prehistory. Cambridge: Cambridge University Press, 1989.

Osgood, Richard, and Sarah Monks, with Judith Toms. *Bronze Age Warfare.* Stroud, U. K. : Sutton, 2000.

Oswald, Alastair, Carolyn Dyer, and Martyn Barber. *The Creation of Monuments. Neolithic Causewayed Enclosures in the British Isles.* Swindon: English Heritage, 2001.

Pare, Christopher F. E. "Wagon-graves of the Late Bronze Age." In Demakopoulou et al. , eds. 1999.

-. "Bronze and the Bronze Age." In Pare, ed. 2000.

Pare, Christopher F. E., ed. *Metals Make the World Go Round. The Supply and Circulation of Metals in Bronze Age Europe.* Oxford: Oxbow Books, 2000.

Parker Pearson, Mike. *Bronze Age Britain.* London: Batsford / English Heritage, 1993.

-. *The Archaeology of Death and Burial.* Stroud, U. K. : Sutton, 1999.

Pearce, Mark, and Armando De Guio. "Between the mountains and the plain: An integrated metals production and circulation system in later Bronze Age north-eastern Italy." In Della Casa, ed. 1999.

Pericot Garcia, L. *The Balearic Islands.* London: Thames and Hudson, 1972.

Perles, Catherine. *The Early Neolithic in Greece.* Cambridge: Cambridge University Press, 2001.

Peroni, Renato. "Southern Europe." In Dani and Mohen, eds. 1996.

Perring, Dominic. *Town and Country in England. Frameworks for Archaeological Research. CBA Research Reports 134.* York: CBA, 2002.

Petersen, Erik Brinch "Mesolithic cremations at Vedbaek." In Larsson et al. , 2003.

Philip, George. *Philip's Atlas of the World.* London: George Philip, 1991.

Piggott, Stuart. *Early Celtic Art.* Edinburgh: Edinburgh University Press, 1970.

-. *The Druids.* London: Thames and Hudson,1975.

-. "Wood and the wheelwright." In Green, ed. 1995.

Planck, D. "The Fellbach-Schmiden sanctuary." In Moscati et al. , eds. 1991.

Polybius. *The Rise of the Roman Empire.* Translated by 1. Scott-Kilvert. Harmondsworth' U. K. : Penguin, 1979.

Price, T. Douglas. "The introduction of farming in northern Europe." In Price, ed. 2000.

Price, T. Douglas, ed. *Europe's First Farmers.* Cambridge: Cambridge University Press, 2000.

Pryor, Francis. *Flag Fen.* London: Batsford / English Heritage, 1991.

-. *Seahenge: New Discoveries in Prehistoric Britain.* London: HarperCollins, 2001.

-. *Britain BC. Life in England and Ireland before the Romans.* London: HarperCollins, 2003.

Pyatt, E B., E. H. Beaumont, P. C. Buckland, D. Lacy, J. R. Magitton and D. M. Storey. "Mobilisation of elements from the bog bodies Lindow II and III and some observations of body painting." In Turner and Scaife, eds. 1995.

Raftery, Barry. "Paths, tracks and roads in early Ireland: Viewing the people rather than the trees." In Harding, 1999.

Rahtz, Philip. *Glastonbury.* London: Batsford, 1993. Ralston, Ian. "Fortifications and defences." In Green, ed. 1995.

Randsborg, Klavs. *The First Millennium*

AD in Europe and the Mediterranean. An Archaeological Essay. Cambridge: Cambridge University Press, 1991.
-. "Into the Iron Age: A discourse on war and society." In Carman and Harding, eds. 1999.
Rapin, Andre. "Weaponry." In Moscati et al., eds. 1991.
Reed, Michael. The Landscape of Britain. From the Beginnings to 1914. London: Routledge, 1990. Renfrew, Colin. Before Civilization. London: Jonathan Cape, 1973.
-. "Ancient Bulgaria's golden treasures." National Geographic 158, no. 1 (1980).
-. Archaeology and Language. The Puzzle of Indo-European Origins. London: Jonathan Cape, 1987.
Renfrew, Colin, ed. The Megalithic Monuments of Western Europe. London: Thames and Hudson, 1981.
Renfrew, Colin, and Paul Bahn. Archaeology: Theories Methods and Practice. 4th ed. London: Thames and Hudson, 2004.
Reynolds, Peter J. Ancient Farming. Princes Risborough, U.K.: Shire Publications, 1987.
-. "Rural life and farming." In Green, ed. 1995.
Ritchards, Julian. Stonehenge. London: Batsford/English Heritage, 1991.
Ritchie, Anna. Prehistoric Orkney. London: Batsford/ Historic Scotland, 1995.
Ritchie, J. N. Graham. Brochs of Scotland. Princes Risborough, U.K.: Shire Publications, 1988.
Ritchie, J. N. G., and W. E. Ritchie. "The army, weapons and fighting." In Green, ed. 1995.
Robinson, Andrew. The Story of Writing. Alphabets, Hieroglyph and Pictograms.
London: Thames and Hudson, 1995.
-. Lost Languages. The Enigma of the World's Undeciphered Scripts. Maidenhead, U.K.: McGraw Hill Education, 2002.
Ross, Anne. "Ritual and the Druids." In Green, ed. 1995.
-. Druids. Stroud, U.K.: Tempus, 1999.
Rothenberg, Beno, and Antonia Blanco-Freijero. Studies in Ancient Mining and Metallurgy in South West Spain. Explorations and Excavations in the Province of Huelva. London: Institute of Archaeology, 1981.
Rowley-Conwy, Peter. "The laziness of the shortdistance hunter: The origins of agriculture in western Denmark." In Fischer and Kristiansen, eds. 2002a.
Sacks, David. Encyclopedia of the Ancient Greek World. London: Constable, 1995.
Sandars, Nancy K. Prehistoric Art in Europe. 2d edition. Harmondsworth, U.K.: Penguin, 1985.
Sarfatij, H., W. J. H. Verwers, P. J. Woltering, eds. In Discussion with the Past. Archaeological Studies presented to WA. van Es. Amsterdam: Foundation for Promoting Archaeology (SPA), 1999.
Scarre, Chris. Exploring Prehistoric Europe. Oxford /New York: Oxford University Press, 1998.
-. "From the megaron to Stonehenge." In Demakopoulou et al., eds. 1999.
Scarre, Chris, ed. Ancient France. 6000-2000 BC. Edinburgh: Edinburgh University Press, 1987.
-. Past Worlds. The Times Atlas of Archaeology. New York: Times Books, 1988.
Schulting, Rick J. "The marrying kind: Evidence for an exogamous marriage pattern in the Breton Mesolithic, and its implica-

tions for the process of Neolithisation." In Larsson et al., 2003.

Schultz, Michael. "Bronze Age Man." In Demakopoulou et al., eds. 1999.

Schumacher-Matthaus, Gisela. "Clothing and jewellery." In Demakopoulou et al., eds. 1999.

Scott, Lindsay. "Pottery." In Singer et al., eds. 1954.

Selkirk, Andrew, Wendy Selkirk, and Rob Selkirk. "The Brochtorff Stone Circle." *Current World Archaeology* 7 (September/October 2004).

Sharples, Niall M. *Maiden Castle*. London: Batsford, 1991.

Shaw, Ian, and Robert Jameson, eds. A *Dictionary of Archaeology*. Oxford: Blackwell, 1999.

Shee Twohig, E. *The neolithic Art of Western Europe*. Oxford: Oxford University Press, 1981.

Shepherd, Robert. *Prehistoric Mining and Allied Industries*. London/New York: Academic Press, 1980.

-. "Mining in Europe during the Neolithic and the Chalcolithic." In De Laet, ed. 1994.

Sheridan, Alison. "Drinking, driving, death and display: Scottish Bronze Age artefact studies since Coles." In Harding, ed. 1999.

Sherratt, Andrew. "The transformation of early agrarian Europe: The Later Neolithic and Copper Ages, 4500-2500 BC." In Cunliffe, ed. 1994a.

-. "The emergence of elites: Earlier Bronze Age Europe, 2500-1300 BC." In Cunliffe, ed. 1994b.

-. *Economy and Society in Prehistoric Europe. Changing Perspectives*. Princeton, N. J.: Princeton University Press, 1997.

Sievers, Susanne, Radomir Pleiner, Natalie Venclova, and U do Geilenbrugge. "Handicrafts." In Moscati et al., eds. 1991.

Singer, Charles, E. J. Holmyard, A. R. Hall and Trevor 1. Williams. eds. *A History of Technology. Volume 1. From Early Times to Fall of Ancient Empires*. Oxford: Oxford University Press, 1954.

-. *A History of Technology. Volume 11. The Mediterranean Civilizations and the Middle Ages*. Oxford: Oxford University Press, 1956.

Skeates, Robin. "The Neolithic enclosures of the Tavoliere, south-east Italy." In Varndell and Topping, eds. 2002.

Smrz, Zdenek. "The early La Tene court residence at Drouzkovice." In Moscati et al., eds. 1991.

Sperber, Lothar. "Crises in Western European metal supply during the Late Bronze Age: From bronze to iron." In Demakopoulou et al., eds. 1999.

Spindler, Konrad. *The Man in the Ice*. London: Orion, 1995.

Spivey, Nigel, and Simon Stoddart. *Etruscan Italy. An Archaeological History*. London: Batsford, 1990.

Springer, Tobias. "The gold cone of Ezelsdorf Buch: A masterpiece of the goldsmith's art from the Bronze Age." In Demakopoulou et al., eds. 1999.

Srejovic, Dragoslav. *Lepenski Vir*. London: Thames and Hudson, 1969.

Stead, Jan. *The Gauls. Celtic Antiquities from France*. London: British Museum Press, 1981.

-. *The Salisbury Hoard*. Stroud, U. K.: Tempus, 1998.

Stout, Geraldine. *Newgrange and the Bend of the Boyne*. Cork: Cork University

Press, 2002.
Straus Lawrence G., and Manuel R. Gonzalez Morales. "The Mesolithic in the cantabrian interior: Facts or fiction?" In Larsson et al., 2003
Stringer, Chris, and Peter Andrews. *The Complete World of Human Evolution*. London: Thames and Hudson, 2005.
Tacitus, Publius Cornelius. *Agricola*. Translated by M. Hutton. Revised by R. M. Ogilvie. *Germania*. Translated by M. Hutton. Revised by H. Warmington. *Dialogus*. Translated by W Peterson. Revised by M. Winterbottom. Loeb Classical Library. Cambridge, Mass.: Harvard University Press, 1970.
-. *The Annals of Imperial Rome*. Translated by Michael Grant. Revised edition. Harmondsworth, U.K.: Penguin, 1971.
Taylor, Joan J. "Gold reflections." In Harding, ed. 1999.
Taylor, Timothy. "Thracians, Scythians, and Dacians, 800 BC-AD 300." In Cunliffe, ed. 1994.
Taylour, Lord William. *The Mycenaeans*. Revised edition. London: Thames and Hudson, 1983.
Thomas, Julian. "The cultural context of the first use of domesticates in continental central and northwest Europe." In Harris, ed. 1996.
Thorpe, I. J. *The Origins of Agriculture in Europe*. London! New York: Routledge, 1996.
Thrane, Henrik. "Bronze Age settlement in south Scandinavia-territoriality and organisation." In Harding, ed. 1999a.
-. "Princely graves of the Late Bronze Age in the north." In Demakopoulou et al., eds. 1999b.
Tilley, Christopher. *The Dolmens and Passage Graves of Sweden. An Introduction and Guide*. London: Institute of Archaeology, University College, London, 1999.
Timberlake, Simon. "Mining and prospection for metals in Early Bronze Age Britain-making claims within the archaeological landscape." In Bruck, ed. 2001.
Todd, Malcolm. *The Barbarians. Goths, Franks and Vandals*. London: Batsford, 1972.
-. "Barbarian Europe, AD 300-700." In Cunliffe, ed. 1994.
Todorova, Henrietta. "The Late Bronze Age idols of the Danube." In Demakopoulou et al., eds. 1999.
Trump, David H. *The Prehistory of the Mediterranean*. London: Allen Lane, Penguin Press, 1980.
-. *Malta. Prehistory and Temples*. Malta: Midsea Books, 2002.
Turner, R. C., and R. G. Scaife, eds. *Bog Bodies. New Discoveries and New Perspectives*. London: British Museum Press, 1995.
Turner, Val. *Ancient Shetland*. London: Batsford/Historic Scotland, 1998.
Twist, Clint. *Philips Atlas of the Celts*. London: George Philip Ltd., 2001.
Tykot, Robert H., and Tamsey K. Andrews, eds. *Sardinia in the Mediterranean: A Footprint in the Sea. Studies in Sardinian Archaeology Presented to Miriam S. Balmuth*. Sheffield, U.K.: Sheffield Academic Press, 1992.
Tylecote, R. F. *The Early History of Metallurgy in Europe*. London/New York: Longman, 1987.
Van Andel, Tjeerd H., and William Davies, eds. *Neanderthals and Modern Humans in the European Landscape during the Last Glaciation: Archaeological Results*

of the Stage 3 Project. Cambridge, U. K.: MacDonald Institute, 2004.

Van Andel, Tjeerd H., and Curtis Runnels. *Beyond the Acropolis. A Rural Greek Past*. Palo Alto, Calif.: Stanford University Press, 1987.

Vandkilde, Helle. "The princely burials of the Unetice culture." In Demakopoulou et al., ed. 1999.

Varndell, Gillian, and Peter Topping, eds. *Enclosures in Neolithic Europe*. Oxford: Oxbow Books, 2002.

Vend, Slavomil. "Stone Age warfare." In Carman and Harding, eds. 1999.

Venedikov, 1. *Thracian Treasures from Bulgaria*. London: British Museum, 1976.

Verhart, Leo. "Mesolithic economic and social changes in the southern Netherlands." In Larsson et al., 2003.

Verjux, Christian. "The function of the Mesolithic sites in the Parisian Basin (France): New data." In Larsson et al., 2003.

Waddington, Clive, Geoff Bailey, Ian Boomer, Nicky Milner, Kristian Pederson, Robert Shiel, and Tony Stevenson. "A Mesolithic settlement at Howick, Northumberland." *Antiquity* 77, no. 295 (March 2003).

Wainwright, Geoffrey. *The Henge Monuments. Ceremony and Society in Prehistoric Britain*. London: Thames and Hudson, 1989.

Wallace, Patrick F., and Raghnall O'Floinn, eds. *Treasures of the National Museum of Ireland. Irish Antiquities*. Dublin: Gill and Macmillan, 2002.

Waterer, John W "Leather." In Singer et al., eds. 1956.

Webster, Jane. "Sanctuaries and sacred places." In Green, ed. 1995.

Weller, Olivier. "The earliest rock salt exploitation in Europe: A salt mountain in the Spanish Neolithic." *Antiquity* 76, no. 292 (June 2002): 317-318.

Wells, Peter S. *Culture Contact and Culture Change*. Cambridge: Cambridge University Press, 1980.

-. "Resources and industry." In Green, ed. 1995a.

-. "Trade and exchange." In Green, ed. 1995b. -. "The Iron Age." In Milisauskas, ed. 2002.

Whitehouse, Ruth D. *Underground Religion. Cult and Culture in Prehistoric Italy. Specialist Studies on Italy 1. Accordia Research Centre*. London: University of London, 1992.

Whittle, Alasdair. "The first farmers." In Cunliffe, ed. 1994.

-. *Europe in the Neolithic. The Creation of New Worlds*. Cambridge: Cambridge University Press, 1996.

Wickham-Jones, Caroline. *The Landscape of Scotland. A Hidden History*. Stroud, U.K.: Tempus, 2001.

Winghart, Stefan. "Mining, processing and distribution of bronze: Reflections on the organisation of metal supply between the north Alps and the Danube region." In Pare, ed. 2000.

Woodward, Ann. *Shrines and Sacrifice*. London: Batsford / English Heritage, 1992.

Zeuner, F. E. "Cultivation of plants." In Singer et al., eds. 1954.

Zilhao, Joao. "From the Mesolithic to the Neolithic in the Iberian peninsula." In Price, ed. 2000.

Zohary, Daniel, and Maria Hopf. *Domestication of Plants in the Old World*. 3d edition. Oxford: Oxford University Press, 2000.

Zvelebil, Marek. "Wetland settlements of Eastern Europe." In Coles and Lawson, eds. 1987.

—. "The agricultural frontier and the transition to farming in the circum-Baltic region." In Harris, ed. 1996.

电子资源

Angelini, I., G. Artioli, P. Bellintani, v. Diella, and A. Polla. "Protohistoric vitreous materials of Italy: From early faience to final Bronze Age glasses." Available online. URL: http://www.historyofglass.org. ukl AIHV 2003/Bronze %2 OAge. htm. Updated September 27, 2003.

Arizona University. "The Blytt-Semander Sequence." Available online. URL: http://www.geo.arizona.edu/palynology/geos462/02holocene.html. Cited June 8, 2005.

Budd, Paul. "Meet the metal makers." *British Archaeology*. 56(December 2000). Available online. URL: http://www.britarch.ac.uk/ba/a56/ba56feat.html.budd. Posted February 2001.

Centre Archeologique Departemental de Ribemont-sur-Ancre. Homepage of Ribemont excavations. Available online. URL: http://www.ribemontsurancre.cg80.fr/. Cited March 22, 2005.

Cunliffe, Barry. "People of the sea." *British Archaeology* 63 (February 2002). Available online. URL: http://www.britarch.ac.uklba/ba63/feat2.shtml. Posted April 2002.

Denison, Simon. "Woven clothing dates back 27,000years." *British Archaeology* 52 (April 2000a). Available online. URL: http://www.britarch.ac.uklba/ba5 2/ba52news.html Woven. Posted June 2000.

-. "Welsh gold." *British Archaeology* 53 Gune 2000b). Available online. URL: http://www.britarch.ac.uklba/ba53/ba53news.htmlinbrief. Posted August 2000.

-. "Burial in water 'normal rite' for 1,000 years: Skeletons, animal skulls and other Iron Age offerings found in Thames." *British Archaeology* 53 Gune 2000c. Available online. URL: http://www.britarch.ac.uklba/ba53/ba53 news.html.burial. Posted August 2000.

-. "Earliest evidence of lead mining at Cwmystwyth." *British Archaeology* 58 (April 2001a). Available online. URL: http://www.britarch.ac.uk/bal ba58/news.shtml item1. Posted June 2001.

-. "Great Orme." *British Archaeology* 58 (April 2001b). Available online. URL: http://www.britarch.ac.uk/ba/ba58/news.shtml.inbrief. Posted June 2001.

-. "Neolithic farmhouse found in Scotland." *British Archaeology* 62 (December 200lc). Available online. URL: http://www.britarch.ac.ukl ba/ba621news.shtml item2. Posted February 2002.

-. "Log boat from Tay estuary dated to the later Bronze Age." *British Archaeology* 63 (February 2002). Available online. URL: http://www.britarch.ac.uk/ba/ba63/news.shtml item3. Posted April 2002.

-. "Tale of the Bronze Age barge sunk in Trent." *British Archaeology* 69 (March 2003a). Available online. URL: http://www.britarch.ac.uklbalba69/news.shtml. Posted May 2003.

-. "Shipping news." *British Archaeology* 73 (November 2003b). Available online. URL: http://www.britarch.ac.uk/ba/

ba 73 /news. shtml item4. Posted January 2004.

-. "Mesolithic houses in both Scotland and the North East." *British Archaeology* 69 (March 200k). Available online. URL: http://www. britarch. ac. uk/ba/ba69 / news . shtml item4. Posted May 2003.

Dolukhanov, Pavel. "Geographical environment and ecology of the Black Sea: Past and present." Available online. URL: http://www. biaa. ac. ukl babsi/abstracts. rtf. Posted March 2003.

English Heritage. "Stonehenge. Forever a mystery."Available online. URL: http://www.englishheritage.org.uklserver/show/ Con WebDoc. 1914. Cited June 8, 2005.

Fitzpatrick, Andrew. "The Amesbury archer: The king of Stonehenge?" Available online. URL: http://www. bbc. co. uklhistory/ archaeologylkingstonehenge_Ol. shtml. Cited February 3,2005.

Ixer, R. A, and R. A. D. Pattrick. "Copper-arsenic ores and Bronze Age mining and metallurgy with special reference to the British Isles." Available online. URL: http://www. rosiehardman. com/ faWerz. htm. Posted 2004.

Kurz, Siegfried."Heuneberg. Latest Research." Available online. URL: http://www. dhm. de/museen/ heuneburg/en/neuforschl. html. Cited February 3, 2005.

Mellars, Paul "Revising the Mesolithic at Star Carr." *British Archaeology* 48 (October 1999). Available online. URL: http://www. britarch. ac. uklbalba48Iba48 feat. html mellars. Posted December 1999.

Metindex. "Historical weather events." Available online. URL: http://homepage. ntlworld. com/booty. weather/ climate/wx-events. htm. Updated March 27,2005.

Mitchell, Jacqueline S. "The truth behind Noah's Flood." Available online.URL: http://www. pbs. org/safl207/features/noah. htm. Cited April 5, 2004.

"Nebra Skydisk." Available online. URL: http:// en. wikipedia. org/wikiN ebra_ skydisk. Updated May 3,2005.

Noble, Gordon. "Islands and the Neolithic farming tradition." *British Archaeology* 71 (Guly 2003). Available online URL: http://www. britarch. ac. uklba/ ba711fea d. shtml. Posted September 2003.

Rowley-Conwy, Peter. "Great Sites: Balbridie." *British Archaeology* 64 (April 2002b). Available online. URL: http://www. britarch. ac. uklbalba64/ feat3. shtml. Posted June 2002)

Shepherd, Alexandra. "Great sites: Skara Brae."
British Archaeology 55 (October 2000). Available online. URL: http://www. britarch. ac. uklbalba55/ ba55feat. html shepherd. Posted December 2000.

Sheridan, Alison. "Supernatural power dressing." *British Archaeology* 70 (May 2003). Available online. URL: http://www. britarch. ac. uklbalba70/ fead . shtml. Posted July 2003.

Shortland, Andrew. "Making a talisman." *British Archaeology* 70 (May 2003). Available online. URL: http://www. britarch. ac. uklba/ba 70/feat3. shtml. Posted July 2003.

Shwartz, Mark. "Electronic tags reveal transatlantic migrations and breeding grounds of Atlantic bluefin tuna." Available online. URL: http://www. stanford. edul deptlnews/pr/O lltunastudy822 . html. Posted August 21, 2001.

Smithsonian Institute. "Hall of Human Ancestors." Available online. URL: http://www. mnh. si. edul an thro/humanorigins/

ha/ ances_start. html. U pdatedJune 2004.

Taylor, Timothy. "The edible dead." *British Archaeology* 59 Gune 2001). Available online. URL: http://www. britarch. ac. uklba/ba59/featl. shtml. Posted August 2001.

Topping, Peter. "Great sites: Grimes Graves." *British Archaeology* 70 (September 2003). Available online. URL: http://www. britarch. ac. uklba/ ba72/feat2. shtml. Posted November 2003.

Uscinowicz, S. "Late Glacial and Holocene of the southern Baltic shoreline displacement." Available online. URL: http://www. 1gt. ltlgeoin/files/SzymonUscinowicz. doc. Posted September 2000.

Walker, Amelie A "Mesolithic surgery." Available online. URL: http://archaeology. about. com/gi/ dynamic! offsite. htm? site=http://www. he. net% 7 EarchaeoV online/news/trepanation. html. Posted April 9, 1998.

Wessex Archaeology Ltd. "The Amesbury archer." Available online. URL: http://www. wessexarch. co. uklprojects/amesbury/archer. html. Updated December 10, 2004.

Wickham-Jones, Caroline. "The tale of the limpet." *British Archaeology* 71 (July 2003). Available online. URL: http://www. britarch. ac. uklbalba711 feat4. shtml. Posted September 2003.

译名对照表

A

Aberdeenshire 阿伯丁郡
Abernethy 阿伯内西
Acton Park 阿克顿公园
Adaouste 阿道斯特
Adriatic 亚得里亚海
Aedui 埃杜维人
Aegean 爱琴海
Aeolian 埃奥里亚
Aeolian Islands 埃奥里亚群岛
Agernaes 阿格奈斯
Aggersund 阿格桑德
Agris 阿格里斯
Aibnar 阿伊布纳尔
Aibunar 埃布纳
Aichbühl 艾什布尔
Akrotiri 阿克罗蒂里
Alan Island 阿兰岛
Alava 阿拉瓦
Alentejo 阿连特茹（地区）
Alesia 阿莱西亚
Alison Sheridan 艾莉森·谢利丹
Allia 阿利亚
Allobroges 阿洛布罗吉人
Almeria 阿尔梅里亚
Alpine 阿尔卑斯山的
Als 阿尔斯（岛）

Alsace 阿尔萨斯
Altarte Glebe 阿尔塔特-格里布
Ambrones 阿姆布昂人
Amesbury Archer 阿姆斯伯利弓箭手
Amfreville 昂夫勒维尔
Ampurias 安普里亚斯
Anatolia 安纳托利亚高原
Ancholm River 安科姆河
Ancylus Lake 安库鲁斯湖
Anemospila 阿奈莫斯庇拉
Angels 益格鲁人
Anghelu Ruju 昂赫鲁卢祖
Anglesey 安格尔西
Anglia 安格利亚
Antigori 安提戈里
Antonine Wall 安东尼墙
Antrea 安特雷阿
Anza 安扎河
Aosta 奥斯塔
Apennines 亚平宁山脉
Apuseni 阿普塞尼
Aquileia 阿奎莱亚
Aquitania 阿奎丹尼亚
Ardakillin Lough 阿达金陵湖
Ardennes 阿登高原
Arene Candide 白沙洞

探寻史前欧洲文明

Arevaci 阿雷瓦西人
Argaric Bronze Age 阿尔加尔青铜器时代
Argaric culture 阿尔加尔文化
Argau 阿尔加尔
Argolis 阿戈里斯
Ariovistus 阿里奥维斯图斯
Armenia 亚美尼亚
Arminius 阿米尼乌斯
Armorica 阿莫里卡
Armoy 阿莫伊
Arran 阿兰岛
Arverni 阿维尔尼人
Ashgrove Farm 岑树林农场
Asturian 阿斯图里安
Atapuerca 阿塔普埃卡
Atrebates 阿特雷巴特人
Atreus 阿特柔斯
Auchentaggart 奥申塔伽尔特
Aude 欧德河
Audrey McIntosh 奥德丽·麦金托什
Auneau 欧诺
Aurignacian period 奥瑞纳文化期
Ausonian 奥索尼亚
Austria 奥地利
Autun 欧坦
Avanton 阿旺东
Avaricum 阿瓦利肯
Avebury 埃夫伯里
Azilian 阿齐利人

B

Bad Frankenhausen 巴特弗兰肯豪森
Bad Nauheim 巴特瑙海姆
Baden 巴登
Baden Culture 巴登文化
Baden-Wurttemberg 巴登-佛登堡
Bagneux 巴涅

Balbridie 巴尔布里迪
Balearic Is 巴利阿里克群岛
Balfarg 巴尔法尔格
Balkan peninsula 巴尔干半岛
Balkans 巴尔干
Ballachulish 巴拉胡利什
Ballinderry 巴林德利
Baltic 波罗的海
Banffshire 班夫郡
Baratin 巴哈堂
Barca 巴尔卡
Bargeroosterveld 巴赫尔-奥斯特费尔德
Barland's Farm 巴兰德农场
Barnack 巴纳克
Barnhouse 巴恩豪斯
Barns Farm 巴恩斯农场
Barumini 巴鲁米尼
Basque 巴斯克语
Basse Yutz 巴塞叶兹
Bavaria 巴伐利亚
Bay of Biscay 比斯开湾
Bay of Quiberon 基贝隆海湾
Bbroomend 布鲁蒙德
Beaker 广口陶
Beaker and Corded Ware 广口绳纹陶
Beckhampton 贝克汉普顿
Behy Glenulra 贝赫-格勒努拉
Belerion 贝莱里奥
Belgae 比利其人
Belgium 比利时
Bell Beaker 钟杯文化
Belsk 贝尔斯克
Beorgs of Uyea 尤厄的贝奥格
Bibracte 比布拉克特
Birsmattian 博斯曼特文化
Bischeim 比什埃穆
Biskupin 比斯库宾
Bituriges 比杜里吉斯人

Bjorke 布约克
Björn 比约纳
Black Henbane 天仙子
Black Patch 布莱克-帕奇
Bliesbruck 布利斯布吕克
Boat Axe culture 船斧文化
Bocca Quadrata 方形博卡文化
Bodensee 博登湖
Bodrogkeresztúr 博德罗格凯来斯图尔
Bøgebakken 布格巴肯
Bohemian 波希米亚
Bohuslän 布胡斯省
Boian 博颜
Boii 博伊人
Bølling and Alleröd interstadial 伯灵和阿尼努德间冰阶
Bologna 博洛尼亚
Bookan 布坎
Borremose 博里莫斯
Borum Eshøj 博鲁姆-埃斯霍伊
Botorrita 柏托利塔
Bouches-du-Rhône 罗讷河口省
Boudicca 布迪卡
Bouray 布拉瑞
Bourg-en-Bress 布雷斯地区的布尔格
Bourges 布尔日
Boussargues 布萨古
Bovenkarspel 博芬卡兹贝尔
Boxgrove 博克斯格罗伍
Boyne Valley 博因谷
Bredadör 布莱达多
Brennus 布雷努斯
Britannia 大不列颠行省
Brittany 布列塔尼
Brochtorff Circle 布洛奇多夫石阵
Broddenbjerg 布罗德登比耶尔格
Brodgar 布罗德盖
Broighten 布洛廷

Bronce Antiguo 青铜器时代早期
Bronce Final 青铜器时代末期
Bronocice 布洛诺奇策
Bronze Medio 青铜器时代中期
Bronze Tardio 青铜器时代晚期
Brześć Kujawski 布热哲施克-库亚乌斯基
Bu 比（地区）
Bubanj Hum 布班耶哈姆
Bükk 比克
Bug 布格河
Bugdnestr 布格内斯特
Bug-Dnestr 布格-德尼斯特文化
Bulgaria 保加利亚
Burdigala 布尔迪加拉
Burebista 布雷比斯塔
Burgundy 勃艮第
Bury Hill 贝瑞山
Buxheim 布克斯海姆
Byci Skáa 比奇-斯卡拉
Bylany 比拉尼

C

Cabeço da Mina 卡贝索拉米纳
Cabo da Roca 罗卡角
Caergwrie Castle 凯尔古莱堡
Calabria 卡拉布利亚
Callaïs 加莱
Callander 卡伦德
Callanish 卡拉尼什
Camp de Chateau 城堡营
Camp Durand 迪兰德营地
Camulodunon 卡穆洛杜努姆
Camulos 卡穆洛斯
Can Tintorer 坎提托勒
Canan 迦南
Canaries 加那利群岛

Cancho Roano 康科罗阿诺
Cantabrian Mountains 坎塔布连山
Capo Graziano 格拉齐亚诺角
Caprines 卡普里尼
Carcaso 卡尔卡索
Carcassonne Gap 卡尔卡松山口
Cardial Impressed Ware 贝壳相印陶文化
Cardona 卡尔多纳
Carmona 卡莫纳
Carn Brea 布里亚石堆
Carnac 卡纳克
Carnac mound 卡纳克坟丘
Carn-Cous-Bougon 卡恩-库斯-布宫
Carnutes 卡尔尼特
Carnyxe 兽号
Carpathian 喀尔巴阡山
Carp's Tongue 鲤鱼舌
Carrowkeel 卡罗威尔
Carrowmore 卡罗莫尔湖
Cartimandua 卡蒂曼杜娅
Căscioarele 克斯约勒
Cassiterides 卡西特里德斯
Castellaro di Uscio 乌斯齐奥堡
Castellic-Chambon-Sardun 卡斯特-尚邦-萨顿
Castelluccio 卡斯特鲁齐奥
Castelnovian 卡斯泰诺维亚
Castlerigg 卡塞里格
Castro de Santiago 圣地亚哥城堡
Catacomb Grave culture 地下墓窟文化
Çatal Hüyük 卡塔于育克
Catalonia 加泰罗尼亚
Catuvellauni 卡图维勒尼人
Caucasus 高加索
Causses 科斯高原
Ceide 凯德
Celtiberia 凯尔特-伊比利亚（语）
Central mountain ranges 中央山系
Ceprano 切普拉诺

Cernavoda 色纳沃达
Cerne Abbas 瑟恩阿伯斯
Cernunnos 塞尔农诺斯
Cerny 塞尼
Cevennes 塞文内山脉
Chalcolithic 铜石并用时代
Champagne 香槟（地名）
Chania 干尼亚
Channel Islands 海峡群岛
Charavines 沙拉维讷
Charavines-les-Baigneurs 沙拉维百涅
Chasséen 查森
Chassey 沙赛
Chateauneuf-les-Martigues 马尔提格新堡
Châtelperronian 查特佩戎文化
Chauvet cave 绍维岩洞
Cheshire 柴郡
chevaux de frise 防栅
Chevdar 谢夫达尔
Chinflon 秦伏伦
Christiansholm 克里斯蒂安霍姆
Ciempozuelas 契姆伯族拉斯文化
Cigarralejo 昔加拉勒若
Cimbri 辛布里人
Cimmerian 西梅里人
Cissbury 西斯伯利
Citânia de Sanfins 桑芬斯的西塔尼亚
Ciumesti 丘梅斯蒂
Clacton 克拉克顿
Clava Cairns 海鞘石冢
Cleaven Dyke 克利文-戴克
Cletic Europe 凯尔特化的欧罗巴人
Cleveland 克利夫兰
Clickhimin 克里凯敏
Cloonbrin 克伦布林
Cmielow 希米楼
Cnip 克尼普
Co. Derry 德里郡

译名对照表

Co. Longford 长津郡
Cogotas 柯高塔斯
Cogotasl 柯高塔斯奥
Colchester 科尔切斯特
Coligny 科利尼
Colijinsplaat 科利斯普拉特
Colin Rrenfrew 科林·雷恩弗洛
Collared Urns 领箍型瓮棺文化
Colline Metallifere 梅塔里菲拉山
Combed Ware Culture 梳纹陶文化
Comet Lode 彗星洛德
Conchoba 康纳尔王
Conguel 康贵尔文化
Corbel-vaulted chamber tombs 拱形墓室
Corded Ware culture 绳纹陶文化
Corlea 克利亚
Cornish 康沃尔(人)的
Cornwall 康沃尔
Corrymuckloch 科里穆克罗克
Corsica 科西嘉岛
Cortaillod 科泰洛特
Coţofeni 科托芬尼
Coventina 寇文蒂娜
Cracow 科克拉夫
Crete 克里特岛
Crickley Hill 克里克利山
Crimea 克里米亚
Criş 克里斯河
Croatia 克罗地亚
CúChulainn 库·丘林
Cucuteni-Tripolye 库库特尼-特里波列
Cueva de los Murciélagos 穆尔奇拉戈斯城洞穴(蝙蝠洞)
Cueva del Lago 湖边洞穴
Culbin Sands 库尔宾桑德斯
Culduthel 库杜塞尔
Cumbria 坎布里亚
Cunobelin 库诺贝林

Cursus 科萨斯
Cwmystwyth 库米斯特维思
Cyclades 库克拉德斯群岛
Czech Republic 捷克共和国

D

Dacians 达契亚人
Dagger period 短剑期文化
Dalmatia 达尔马提亚
Dalrigh 达里格村
Dalrigh 达尔里戈
Dampierre-sur-le-Doubs 杜河河畔的当皮埃尔
Danebury 丹伯雷
Danilo-Smilčič 达尼洛-斯密尔西其
Danube 多瑙河
Danubian II 多瑙河文化 II
Darion 达里恩
Dartmoor 达特穆尔高原
Datgen 达特艮
David Clarke 大卫·克拉克
Dawley 道利
Decebalus 德凯巴鲁斯
Deceneus 德凯诺斯
Deibjerg 戴布耶格
Delphi 德尔斐
Denfries 邓弗瑞斯
Denmark 丹麦
Derbyshire 德比郡
Deskford 戴斯克弗德
Deverel-Rimbury culture 德沃雷尔-利姆布瑞文化
Diana culture 狄安娜文化
Dinaric Alps 第纳尔的阿尔卑斯山
Diodorus 狄奥多罗斯
Diodorus Siculus 西西里的迪奥多罗斯
Dionysius of Halicarnassus 哈利卡纳苏斯的狄奥尼修斯

Diviciacus 狄维奇阿库斯
Divostin IA 迪沃斯丁 IA
Divostin IB 迪沃斯丁 IB
Divostinski stream 迪沃斯丁溪
Dmanisi 德马尼斯
Dnepr 第聂伯河
Dnepr Rapids 第聂伯拉比德斯
Dnepr-Donet 第聂伯-顿涅茨
Dnestr 德涅斯特河
Dobrogea 多布罗加
Dobrovody 多布罗沃季耶
Dogger Bank 多格浅滩
Doggerland 多格兰
Dolní Věstonice 下维斯特尼采
Domburg 都姆巴格
Don 顿河
Donets 顿涅茨克
Donja Slatina 下斯拉蒂纳
Donnerupland 多纳阿普兰
Dorset 多塞特
Douro 杜罗河
Dowris 杜里斯
Dowth 道思
Drava 德拉瓦河
Drenthe 德伦特
Dressel 德里塞尔
Droitwich 德罗伊特威奇
Droužkovice 德鲁茨科维奇
Druids 德鲁伊祭司
Drunemeton 德鲁伊教圣林
Duchcov 杜赫佐夫
Duchow 杜霍
Dudeşti 杜代什蒂文化
Dürrnberg 迪尔恩堡
Dürrnberg bei Hallein 哈莱恩的迪尔恩堡
Dumnorix 杜姆诺里克斯
Dump Pampart 堆垒

Dun Aonghasa 奥加萨高地
Durringgton Walls 都灵顿墙
Dvina 德维纳河
Dyrholm 迪霍尔姆
Dysser 迪瑟尔

E

East Anglian Fens 东安格利亚沼泽地
Eastern Celtic 东凯尔特语
EBA protopalaces 青铜器时代早期的原始王宫
EBA(Early Bronze Age) culture 青铜器时代早期文化
Eboracum 埃伯拉坎
Ebro 埃布罗河
Eburones 埃布罗尼斯人
Eclipse 伊克利普斯
Egolzwil 埃尔戈兹维尔
Egtved 埃格特维德
Ehrang 埃朗
El Argar 埃尔阿加尔
El Castiio de Dona Blanca 白夫人城堡
Elateia 埃拉蒂亚
Elba 厄尔巴岛
Elbe 易北河
Eldon 埃尔顿
Eldon's Seat 埃尔顿府
Ellerbek 埃勒贝克
Elp 埃尔普
Emporion 恩波里翁
Eneolithic 铜器时代的
English Channel 英吉利海峡
Entremont 昂特勒蒙
Epicardial 贝壳相印陶文化
Epigravettian 后格拉维特文化
Epona 艾波娜
Er-Grah 耳古拉

Erkelenz Kückhoven 埃尔克伦茨-库克霍芬
Erme 埃默
Erstfeld 厄斯特费尔德
Ertebølle 埃特博勒
Erzgebirge 厄尔士山脉
Essex 埃塞克斯
Este 埃斯特
Estonia(n) 爱沙尼亚(语)
Estremadura 埃斯特雷马杜拉
Esus 埃苏斯
Eteo-cretan 米诺斯语
Etna 埃特纳
Etruria 伊特鲁里亚
Etton 伊顿
Etzelsdorf 埃茨多夫
Euffigneix 厄菲戈内
Ewart Park 尤尔特公园
Eyni 艾努(语)
Ezero 埃泽罗
Ezinge 埃津厄

F

Faliscan 法利希文
Fécamp rampart 费康式壁垒
Feddersen Wierde 费德森土台
Fellbach Schmiden 费尔巴赫-施米登
Ferdinand Keller 费迪南德·凯勒
Ferrières 费雷莱斯文化
Feudvar 伏伊德瓦尔
Fiavé 菲亚维
Fife 法夫
Fiinen 菲嫩
Filitosa 菲里托萨
Finisterre 菲尼斯特雷
Finland 芬兰
Finno-Ugric 芬兰-乌戈尔语
Fiorano 菲奥拉诺

fish tapeworm 阔节裂头绦虫
Flag Fen 弗拉格沼泽
Flute-de-Pan 潘神笛
Fogous 弗古斯
Folkton drums 福克顿鼓
Fontbouisse 方特伯伊瑟文化
Fontbrégoua 枫伯莱古阿
Fontes Sequanae 女神神龛
Franchthi 弗兰克西
Frattesina 弗拉塔西那
French riviera 法国的南海沿岸地区
Friesland 弗里斯兰
Füzesabony 菲泽绍博尼
Funen 丹麦菲英岛
Furfooz 菲尔弗兹
Fussell's Lodge 福塞尔-洛奇

G

Gabriel 加布里埃尔山
Gadir 迦迪尔
Gaelic 盖尔语
Gaesatae 盖萨塔依人
Galatia 伽拉提亚
Galicia 加利西亚
Gallia Cisalpina 山南高卢
Gallia Transalpina 山北高卢
Galloway 加洛韦
Garonne 加隆河
Garrigues plateau 加里格高原
Garton Slack 伽尔顿-斯莱克
Gaudo 高多文化
Gaulish 高卢语
Gavrinis 加夫里尼
Gelonus 格洛努斯
Georgia 格鲁吉亚
Getae 格泰人
Ggantija 吉干提亚

Gironde 纪龙德河
Glastonbury 格拉斯顿伯里
Glatian 迦拉太人
Glina 格里纳文化
Globular Amphora culture 球状双耳陶文化
Gloucestershire 格洛斯特郡
Golasecca 格拉塞卡
Golfe du Lions 利翁湾
Gosbecks Green 戈斯贝克-格林
Gournay-sur-Aronde 阿龙德河畔的古勒奈
Gournia 古尔尼亚
Gozo 戈佐
Grachwil 格拉兹威尔
Grafenbuhl 格拉芬布尔
Graig Lwyd 克雷格-卢伊德
Gran Dolina 格兰·多林阿
Grand Causse 大科斯高原
Grand Menhir Brisé 巨石断柱
Grand Pressigny 大普雷西尼
Grauballe 格劳巴勒
Gravettians 格拉维特人
Great Langdale 大朗戴尔
Great Orme'Head 大奥米尔角
Green Low 格林洛
Grevensuaenge 格雷文苏阿恩吉
Grimes Graves 格兰姆斯墓地
Grimston-Lyles Hill 格里姆斯顿-莱尔斯山
Grisons 格瑞松
Grooved Ware pottery 槽纹陶
Gross Hafnung 格洛斯哈夫努
Grossgartach 格洛斯嘉塔克
Grotta del'Uzzo 乌佐洞穴
Grundfeld 格隆费尔德
Guadalquirvir 瓜达基维尔
Guldhøj 古尔德霍伊
Gulf du Lion 里昂湾
Gulf of Morbihan 莫比昂湾
Gumelnitsa 古梅尔尼萨文化

Gundestrup 贡德斯特鲁普
Gundestrup Cauldron 贡德斯特鲁普釜
Gurness 古奈斯
Gussage All Saints 古萨治万圣村
Gwithian 格维希安

H

H. antecessor 前人
H. cepranensis 西布兰诺人
H. erectus 直立人
H. ergaster 匠人
H. georgicus 格鲁吉亚人
H. habilis 能人
H. heidelbergensis 海德堡人
H. mauritanicus 毛里坦人
H. neanderthalensis 尼安德特人
H. rudolfensis 卢多尔夫人
H. Sapiens 智人
Haddenham 哈德纳姆
Håga 汉高
Hagenau 哈根瑙
Hajdúsámson 豪伊度塞马松
Hal Saflieni 哈尔-萨夫列尼
Hallein 哈莱因
Hallstatt 哈尔施塔特
Hallstatt Period 哈尔施塔特时期
Hamangia culture 哈曼吉亚文化
Hambledon 翰伯顿
Harehope 哈雷霍普
Harian's Wall 哈德良城墙
Harz Mountain 哈尔茨山
Hasholme 哈邵米
Hattic 哈梯语
Hatvan 哈特凡文化
Hauterive-Champreveyres 欧特里沃-尚普雷维尔
Hazendonk 哈曾道科

Hebrides 赫布里底群岛
Heinola 黑诺拉
Helmsdorf 海姆斯多夫
Helvetii 赫尔维提人
Hengistbury Head 亨吉斯博利角
Herodotus 希罗多德
Hertfordshire 赫特福德郡
Heuneberg 霍伊纳堡
Hinkelstein 新科施泰因
Hirschlanden 希尔施兰登
Hispano-Celtic 凯尔特-伊比利亚语
Hjortspring 约特泉
Hochdorf 霍赫多夫
Hod Hill 霍德山
Hodde 霍泽
Hoëdic 奥埃迪克
Hohenasperg 霍赫纳斯佩格
Hohmichele 霍米科勒
Holland 荷兰
Hollstatt 霍尔施塔特
Holme Pierrepont 霍姆-皮埃尔蓬
Holme-next-the-Sea 霍尔姆滨海地区
Holy Cross Mountains 圣十字山
Holzgerlingen 霍尔茨格尔林艮
Holzhausen 霍尔茨豪森
Honeybee Track 霍奈庇小道
Hoogkarspel 霍卡尔斯贝勒
Horgen 霍尔根
Hove 霍夫
Howick 豪维克
Huelva 韦尔瓦
Hummer R 哈默尔河
Hunberside 胡波西德
Hungarian plains 匈牙利平原
Hungary 匈牙利
Hunstrück-Eifel 霍斯特吕克-埃菲尔
Hvidegård 赫维德伽德
Hvorslev 伏斯列夫

I

Iberian 伊比利亚
Ibero-Tartessian 伊比利亚-塔特索斯语
Icani 伊凯尼人
Iceman 阿尔卑斯冰人
Iceman ötiz 冰人奥茨
Illyrians 伊利里亚人
Impressed Ware Culture 印陶文化
Inchtuthil 英赫图梯
Indre-et-Loire 安德尔-卢瓦尔省
Insubres 印苏布里人
Invernesshire 因弗内斯郡
Ipfweger Moor 伊普夫威格尔沼泽地
Irgenhausen 伊尔根豪森
Irish Sea 爱尔兰海
Iron Gates Gorge 铁门峡谷
Isbister 伊斯比斯特
Isle of Lewis 刘易斯岛
Istria 伊斯特利亚
Isturitz 伊斯图利兹

J

Jarlshof 亚尔斯霍夫
Jaszdozsa-Kapolnahalom 亚斯多萨-卡波纳哈洛穆
Jersey 泽西岛
Julian Alps 尤利安阿尔卑斯山脉
Jura 汝拉山脉
Jurassic 侏罗纪的
Juthe Fen 尤瑟沼泽
Jutland 日德兰半岛

K

Kamienna 卡缅纳河

Karanovo 卡拉诺沃
Kastenbau 卡斯腾博
Kazanluk 卡赞勒克
Kelheim 凯尔海姆
Kerlescan 凯勒莱斯冈
Kernonen 凯尔诺奈恩
Kerogou 克罗古文化
Kimmeridge 基默里奇
kirkcudbrightshire 柯尔库布里郡
Kisapostag 吉萨波斯塔克文化
Kivik 希维克
Knap of Howar 霍沃的克纳普
Knowth 那奥恩
Kongemose 康格莫斯文化
Körös 克洛斯河
korpilahti 科尔皮拉赫蒂
Kreznica Jara 克拉兹尼克-杰拉
Krzemionki Opatowskie 克热米奥基-奥波托威斯基
Kujavia 库亚维亚
Kurgan 库尔干

L

La Bastida 拉巴斯梯达
La Chausee Tirancourt 提朗河围堤
La Cotte 拉科特
La Hoguette 拉豪古特
La Hogutte 拉奥格特
La Riera 拉列拉
La Table des Marchand 马尔尚石板
La Tène 拉特尼
Lagozza 拉戈扎
Lake Bienne 比恩湖
Lake Constance 康斯坦斯湖畔
Lake Neuchatel 纳沙泰尔湖
Lake Paladru 帕拉鲁湖
Lake Zurich 苏黎世湖

Lamersdorf 拉梅尔施多尔夫
Langeneichstädt 朗恩艾希施泰特
Lapp 拉普语
Las Marismas 西班牙南部沼泽地区
Lascaux 拉斯科
Late Tripolye 特里波列文化晚期
Laterzo 拉特尔佐文化
Latvia 拉脱维亚
Lausitz 劳齐茨
LBK(Linearbandkeramik)线纹陶文化
Le Baratin 巴拉唐
Lébous 莱布
Ledro 莱德罗
Łeki Małe 莱基-马勒
Lemnian 利姆诺斯语
Lemnos 利姆诺斯岛
Lengyel 兰捷尔
Lepenski Vir 莱彭斯基村
Lepontic 南阿尔卑高卢语
Lerna 勒纳
Les Jogasses 莱若加斯
Leubingen 罗伊宾根
Levante 黎凡特
Lexden 莱克斯登
Lexovii 莱克索维人
Libenice 利比尼采
Ligurian 利古里亚语
Limburgian 利姆堡文化
Lindow Moss 林多沼泽
Linear A 线文 A
Linear B 线文 B
Linga Fold 林加福德
Linsdorf 林斯托夫
Lipari 利帕里
Lithuanian 立陶宛语
Litorina Sea 滨螺海
Liyn Cellig Bach 林凯利格湖
Llyn Fawr 林恩福尔

Locharbiggs 洛哈比格
Loire 卢瓦尔河
Lorraine 洛林
Los Millares 洛斯米拉雷斯
Lough Foyle 福伊尔湖
Loughcrew 洛克罗
Low Countries 低地国家(荷兰、比利时、卢森堡)
Lowbury 洛伯里
Lower Mikhailovka—Kemi Oba culture 米凯洛夫卡后期-凯米都文化
Lusehoj 鲁塞郝约
Lusitanians 鲁西塔尼亚人
Luwian 卢威语
Lycian 吕基亚语
Lydney 利德尼

M

Mabinogion 马比诺吉昂
Macedonia 马其顿
Machrie Moor 马克利沼泽地
Maes Howe 梅斯豪
Magdalenian period 马格德林文化期
Magdalensberg 马格达棱斯堡
Maghreb 马格里布
Magyar 马札儿语
Maiden Castle 梅登堡
Mains 麦恩斯
Mairais Breton 布列塔尼沼泽地区
Mairais Poitevin 普瓦特万沼泽地区
Malé Kosihy 马莱-科西胡
Mallia 马里亚
Malta 马耳他
Manannan Mac Lir 曼恩岛的海之子
Manching 曼兴
Mandra Antine 曼德拉安廷
Marborough Down 马尔伯勒丘陵

Marchand 马尔尚
Marcommani 马科曼尼人
Marden 马登
Margeaux 玛尔果
Maritime Bell Beaker 航海钟广口陶文化
Mariupol complex 马里乌波尔共同体
Markleeberg 马克莱堡
Marlborough Downs 马尔伯勒丘陵
Marne 马尔纳
Mas d'Azil 马答奇
Massalia 马萨利亚
Massaliote Periplus 马萨里奥特航海记
Massif Central 中央高原
Matrona 玛特罗娜
Mayen 迈恩
Meare 米尔
Mecklenburg 梅克伦堡
Megacerus cazioti 麦加塞鲁斯卡奇奥提
Meilen 美伦
Melos 米洛斯岛
Meseta 梅塞塔
Mesolithic 中石器时代
Messania 梅萨尼亚
Messapic 梅萨皮语
Meuse 马斯河
Mezin 梅赞
Michelsberg 米歇尔斯堡
Migdale 米格代尔文化
Milazzese 米拉泽瑟
Millaran culture 米拉雷斯文化
Milton Loch 米尔顿湖
Minerva 密涅瓦
Minoans 古克里特人
Mira 米拉河
Mittelberg 米道堡
Modlesovice 蒙德索维策
Mogador 穆加多尔
Moigrad 摩伊格勒

Moita do Sebastiao 莫伊塔-塞巴斯提安
Mold 莫尔德
Moldavia 摩尔达维亚
Molino Casarotto 莫里诺-卡萨若托
Mona 莫娜
Monaghan 莫纳亨郡
Monkodonja 蒙克顿加
Mont Lassois 拉苏瓦山
Monte Bego 贝戈山
Monte da Mora 莫拉山
Monte Leoni 雷奥尼山
Monteoru 蒙泰奥鲁文化
Montlaures 蒙特洛尔
Moor Sands 摩尔桑德
Morava 摩拉瓦河
Moravia 摩拉维亚
Moravian Heights 摩拉维亚高地
Moray Firth 马里湾
Morbihan 莫尔比昂
Mortimer Wheeler 莫蒂默·惠勒
Moscow 莫斯科
Moselle 摩泽尔河
Mosterstein 莫斯特斯丁
Mount Bego 贝格山
Mount Beuvray 博弗雷山
Mount Gabriel 加布里埃尔山
Mount Juktas 尤克塔斯山
Mount Pleasant 芒特普莱森特
Mount Sandel 森黛尔山
Mousa 穆萨岛
Mousterian 穆斯特(年代的)
Mrovia 摩拉维亚
Mšecké Zehrovice 姆谢凯-热罗维采
München – Obermenzing 慕尼黑-奥伯门辛区
Muldbjerg 穆尔比约
Muntanya de Sal 盐山
Murus Duplex 双层墙
Mycenaeans 麦锡尼人

Mynydd Prescelly 迈尼普雷塞里

N

Nagyrév 纳格里夫文化
Nantosuelta 南忒苏尔塔
Narbo 那波
Narbonne 那邦讷
Narva 纳瓦
Navan 纳旺
Nea Nikomedeia 新尼科梅迪亚
Neanderthals 尼安德特人
Nebra 内布拉
Neckar 内卡河
Nehemiah 尼赫迈亚
Neman 涅曼
Neolithic 新石器时代
Nereia 内雷亚
Nerthus 内尔瑟斯
Nervii 内尔维人
Netherlands 尼德兰
Neuchâtel 纳沙泰尔湖
Neuvy-en-Sullias 叙利阿的讷维
New Euxine Lake 新攸克星湖
Newgrange 纽格兰奇
Niedermendig Lava 尼德蒙蒂格熔岩
Niederwil 尼德维尔
Nieman 涅曼河
Nitra 尼特拉文化
Nitriansky Hradok 尼特里昂斯基-维拉多克
Nodens 诺登斯
Nordic Zone 北欧地区
Noreia 诺里亚
Norfolk 诺福克
Noricum 诺里克姆
Normandy 诺曼底
Normanton Down 诺曼顿丘陵

Nors Thy 诺斯塞
North European Plain 北欧平原
North Mains 北曼斯
North Sea 北海
North Uist 北尤伊斯特
Northumberland 诺森伯兰
Notenkopf 诺登科普夫
Novaya Kvasnikova 新亚克瓦斯尼科瓦
Noves 诺韦
Noyen-sur-Seine 诺尔塞纳河畔
Numantia 努曼提亚

O

Obourg 奥堡
Ocna Muresului 穆莱苏鲁伊盐矿
Ocna Muresului 穆列苏威盐矿镇
Oder River 奥德河
Odiel 奥迪尔
Odysai 奥迪赛
Oestrymnis 奥斯特里姆尼斯
Ofnet 奥弗尼特
Ogham 欧甘文
Olduwan 奥杜韦
Oleneostrovski Mogilnik 赤鹿岛墓地
Olszanica 奥尔沙尼察
Ora Maritima 《论海滨》
Orastie 奥勒斯蒂耶
Orcadian 奥尼克群岛的
Orgetorix 奥尔格托利克斯
Orkney 奥克尼
Orkney Is 奥克尼群岛
Oronsay 奥龙赛岛
Oscan 奥斯坎语
Osteomyelits 骨髓炎
Otomani 奥拓玛尼
Ottoman empires 奥斯曼帝国
Otzi the Iceman 冰人奥茨

Otztal 厄兹塔尔
Ovcharovo 奥夫恰罗沃

P

Pacos de Ferreira 费雷拉的帕克斯
Padnal 帕德纳
Palaeolithic 旧石器时代
Palmarola 帕尔马罗拉
Palmela complex 帕尔梅拉共同体
Panagyurishte 帕纳久里什泰
Panarea 帕纳雷阿岛
Pantalica 潘塔里卡
Pantelleria 潘泰莱里亚岛
Paris Basin 巴黎盆地
Passage grave 甬道巨石墓
Passo di Corvo 帕苏迪科沃
Pazyryk 巴泽雷克
Peloponnese 伯罗奔尼撒
Pen trwyn 蓬特罗伊恩
Penard 佩娜德
Perthshire 佩思郡
Peschiera 佩斯切拉文化
Pesse 庇斯
Pete Marsh 皮特·马什
Peterborough ware 彼得伯勒陶文化(刻槽陶文化)
Petit-Chasseur 小猎人(地名)
Pfalzfeld 普法尔茨菲尔德
PFB(Protruding Foot Beaker Culture)开颈曲纹平底陶文化
Pfyn 普芬
Phaestos 法埃斯多斯
Phocaea 佛凯亚
Phoenicians 腓尼基人
Picene 皮克尼语
Pictish 皮克特语
PIE 原始印欧语

Pindus 品都斯山
Pinus 松属
Pit Grave Culture 竖穴墓文化
Pit-Comb Ware 梳纹圆洞尖底陶文化
Pithecussae 皮特库萨埃
Pitted Ware Culture 圆洞尖底陶文化
Platia Magoula Zarkou 扎尔科斯的玛古拉广场
Plauharmel 普拉哈梅尔
Pleiades 昴宿星团
Plymouth Sound 普利茅斯湾
Po plain 波河平原
Po river 波河
Polada 波拉达文化
Poland 波兰
Pomponius Mela 彭波尼乌斯·梅拉
Ponte San Pietro 蓬泰圣彼得罗
Poole Harbour 普勒港
Populonia 波普洛尼亚
Poseidonius 波塞冬尼奥斯
Poswietne 波斯维埃特纳
Powys 波伊斯郡
Poznań 波兹南
Prawle Point 普罗尔海角
Preist-Altkànig 普莱斯特-阿尔特卡尼希
prepalatial 前王宫时期
Prescelly 普利塞利
Prolagus Sardus 普罗拉格斯萨度斯（撒丁岛鼠兔）
ProtoGeometric 原始几何陶时代
Protogolasecca 原始格拉塞卡文化
Protovillanovan 原始维兰诺瓦文化
Prut 普鲁特河
Purbeck 波倍克
Pustopolje 普斯多博耶
Pylos 皮洛斯
Pyrenees 比利牛斯山
Pytheas 普西阿斯

Q

Quanterness 昆特尼斯
Quimper 坎佩尔

R

Rade du Brest 布列斯特湾
Radom 拉多姆
Raetic 莱提亚语
Raevemose 雷韦莫斯
Rakhmani 拉卡玛尼
Ramsaukopf 拉姆苏科普
Ramsautal valley 拉姆苏托流域
Rappendam 拉彭达姆
Rathgall 拉斯加尔
Reading Business Park 雷丁商业公园
Red Castle 红色城堡
Remedello 雷梅戴罗文化
Rhine 莱茵河
Rhineland 莱茵（地区）
Rhodope 罗多彼山脉
Rhone river 罗讷河
Ribemont-sur-Ancre 昂克河畔的里贝蒙
Rinaldone 利纳多奈文化
Ringkloster 金克洛斯特
Rio Tinto 力拓
River Avon 阿文河
River Parr 帕尔河
Röddinge 洛丁格
Romania 罗马尼亚
Rønninge Søgard 勒宁格-瑟加德
Roos Carr 鲁斯卡尔
Roquepertuse 罗克珀蒂斯
Roscommon 罗斯康芒
Rosnoen 洛斯诺恩
Ross Island 罗斯岛

Rössen 罗森
Rotunda Graves 圆形坟墓
Rudna Glava 鲁德纳-格拉瓦
Runnymede 如尼米德
Rynkeby 雷恩吉比

S

Saami 萨米人
Sado 萨杜河
Saint-Fiacre 圣菲亚克
Saint-Martin-de-Corléans 圣马丁德科莱昂
Saint-Michel-du-Touch 圣米歇尔-德杜克
Salcutsa 萨尔古萨
Salina 萨利那
Salisbury Plain 索尔兹伯里平原
Saluvii 萨鲁威人
Salzburg 萨尔茨堡
Salzkammergut 萨尔茨卡莫古特
Samian 萨摩斯岛的
Samnites 萨莫奈人
Samoyedic 撒摩耶语
San Juan ante portam Latinam 拉丁门前的圣胡安
Santorini 桑托里尼岛
Saone 索恩河
Saragossa 萨拉戈萨
Sardinia 撒丁岛
Sarmatians 萨尔马特人
Sarmizegethusa 萨米泽格苏萨
Sarnowo 萨诺沃文化
Satrup Moor 萨特鲁普沼泽地
Saumur 索米尔
Sauveterrian 索维特利亚文化
Sava 萨瓦河
Saxons 萨克逊人
Saxony 萨克森地区
Saxo-Thuringia 萨克森-图林根

SBK (Stichbandkeramik) 刻陶文化
Scandinavia 斯堪的纳维亚
Schalkenburg 沙尔肯堡
Schela Cladovei 谢拉-克拉多菲
Schifferstadt 希弗施塔特
Schletz 施勒兹
Schneckenberg 施奈肯堡
Schöningen 舍宁根
Schwarzenbach 施瓦岑巴赫
Scilly Isles 锡利群岛
Scordisci 斯科迪斯奇人
Scots 苏格兰语
Sculptor's Cave 雕刻者洞穴
Scythian 斯基泰人
Seahenge 圆形树阵
Seddin 塞丁
Segura 塞古拉河
Seine 塞纳河
Sélédin 塞勒丁
Semitic 闪族语
Senon 瑟农
Senones 谢诺尼人
Sepulcros de Fosa 塞普克洛斯海沟
Sepultures coudées 弯曲墓地
Sequana 塞奎娜
Sequani 谢夸尼人
Serbia 塞尔维亚
Serra d'Alto 塞拉科特迪瓦尔托
Sesklo 塞斯克罗
Seuthopolis 修索波利斯
Severn 塞汶河
Severn-Cotswolds 塞文科茨沃尔兹
Shaft Graves 竖井墓
Shardlow 沙德楼
Sheepen 西彭
Sheshader 舍山德
Shetland Islands 设得兰群岛
Shevdar 谢夫达尔

Shulishader 舒利沙德
Sicily 西西里岛
Siculan 西库拉语
Sidon 西顿
Silbury 锡尔伯里山
Sima de los Huesos 西玛德洛韦索斯
Singen 辛根文化
Single Grave culture 单葬墓文化
Sion-Petit Chasseur 锡永-沙塞尔
Sipplingen-Osthafen 西普灵根-奥斯塔芬
Sitagroi 西塔格罗斯
Situla 希图拉
Sjöholmen 舍霍尔姆曼
Skaill 斯凯奥
Skara Brae 斯卡拉山坡
Skateholm 斯卡特哥尔摩
Skye 斯凯岛
Slatina 斯拉蒂纳
slipped disc 椎间盘膨出
Slovakian 斯洛伐克
Sma'Glen 斯马河谷
Smilcic 斯米尔奇
Snerttisham 施奈尔提沙姆
Snettisham 斯内蒂瑟姆
Sollas 索拉斯
Solutrean 梭鲁特文化期
SOM(Seine-Oise-Marne)culture 塞纳河-瓦兹河-马尔讷文化
Somerset 萨摩塞特
Somerset Levels 萨摩塞特平原
Somme-Bionne 索姆-比翁尼
Sopron 肖普朗
Soroki 索罗基
Sources-de-la-seine 塞纳河源头
Spiennes 斯皮耶纳
Spišský Štvrtok 施庇斯基-施特弗托克
Sredny stog 斯莱德涅斯多格
St. Gotthard 圣哥达山

St. Veit-Klinglberg 圣韦特-科林堡
St. Vincent 圣文森特角
Stanton Drew 斯坦顿-德鲁
Stanway 斯坦韦
Staosnaig 斯塔奥斯奈格
Star Carr 斯塔群落
Starčevo 斯塔切沃
Starčevo-Körös-Criș-KaranovoI complex 斯塔切沃-克洛斯河-克里斯河-卡拉诺沃 I 复合体
Stare Hradisko 旧赫拉迪斯科
Staton Drew 斯塔顿德鲁
St-Brieuc-des-Iffs 以弗斯的圣布里厄
Stenness 斯滕内斯
Stepleton 斯泰普莱顿
Sticna 斯提克纳
Stonehenge 巨石阵
Stoney 斯托尼
Strabo 斯特拉波
Stradonice 斯特拉多尼兹
Strait of Gibraltar 直布罗陀海峡
Straits of Dover 多佛海峡
Straits of Messina 墨西拿海峡
Straubing 斯特劳宾
Street House Farm 街屋农场
Strettweg 施特雷特韦格
Stromboli 斯特伦勃里
Sub-Apennine 亚亚平宁文化
SubMycenaean 亚迈锡尼文化亚型
Sucellus 苏塞鲁斯
Sudetes 苏德台高地
Suebi 苏威比人
Suetonius Paulinus 苏埃托尼乌斯·保利努斯
Sulis 苏利丝
Sungir 森戈尔
Sussex 萨塞克斯
Sweet Track 斯威特小道

Swiechiehow 斯威奇豪
Swifterbant 斯威夫特班特
Swine Sty 斯维内
Swiss 瑞士人的
Switzerland 瑞士

T

Tacitus 塔西佗
Tagus 塔霍河
Táin Bó Cúalnge 《古奥里劫牛记》
Talhau 塔尔哈
Talheim 泰尔赫姆
Tal-y-llyn 塔勒林
Tarasque 塔哈斯格
Tardenosian 塔德诺斯文化
Tartaria 塔尔塔里亚
Tartessians 塔特索斯人
Tartessos 塔特索斯
Tarxien 塔西安
Taunton Ornament Horizon 汤顿装饰物层
Tavoliere 塔沃列雷平原
Tayside 泰赛德市
Telamon 泰拉蒙
Terni 特尼
Terra Amata 阿玛塔土堆遗址
Terramare 泰拉马拉文化(肥土堆文化)
Tethys sea 古地中海
Teutates 泰乌塔特斯
Teutones 条顿人
Téviec 泰维耶克
Thames 泰晤士河
Thapsos 塔普索斯
Thasos 萨索斯岛
Thayngen 塔恩根
Thayngen Weier 塔恩根-威尔
The Breiddin 布雷丁
Theopetra 塞奥佩特拉

Thera(Santorini)塞拉岛
Thessaly 色萨利
Thisted 齐斯泰兹
Thrace 色雷斯
Thracians 色雷斯人
Tievebulliagh 莫伊尔
Timber grave culture 木椁墓文化
Timmeras 提梅拉斯(瑞士)
Tiryns 提林斯
Tisza 蒂萨河
Tiszapolgár 蒂萨波尔加
Tiszapolgár Basatanya 蒂萨波尔加-巴萨塔尼亚
Tollund 图伦
Tolosa 托洛萨
Torrs 托尔斯山
Toszeg 托赛格
Toulouse 图卢兹
Towie 托维
Tranis 塔拉尼斯
Transalpine Europe 山外欧洲
Transcaucasia 外高加索地区
Transylvania 特兰西瓦尼亚
Transylvanian Alps 阿尔卑斯山特兰西瓦尼亚地区
TRB 漏斗颈广口陶文化
Tréboul 特雷布勒
Treenhoj 特雷恩霍伊
Treenhoj in futland 弗特兰的特雷恩霍伊
Trichrome 三色文化
Trichtingen 特里赫廷根
Trinovantes 特里诺文特人
Tripolye 特里波里
Třísov 特里索夫
Trundholm 特兰德霍尔姆
Tsangli 塞格里文化
Tumulus 冢墓文化

Tuscany 托斯卡纳
Twann 特旺
Twisk 特维斯克
Twyford 特怀福德
Tybrind Vig 曲布林湾
Tyre 图勒
Tyrrhenian Sea 第勒尼安海
Tyrrhenians 第勒尼安人

U

Uffington 乌芬顿
Ugric 乌戈尔语
Ullunda 乌尔伦达
Ulster Cycle 《厄尔斯特故事》
Ulu Burun 乌卢角
Umbrian 翁布里亚语
Únětice 乌尼提瑟
Upper Palaeolithic 旧石器时代早期
Uppland 乌普兰
Uppsala 乌普萨拉
Upton Lovell 阿普顿-拉弗尔
Urals 乌拉尔山
Urfield period 瓮棺墓地文化时代
Urnfield 瓮棺
Usatovo 乌萨多夫
Uxellodunum 乌克塞罗杜努姆

V

Vače 瓦采
Vădastra 瓦达斯特拉文化
Vaenget Nord 维恩戈特诺德
Vaengo So 韦恩格索
Val Camonica 卡莫尼卡谷
Varna 瓦尔纳
Vasilyevka 瓦西列夫卡

Vedbæk 韦兹拜克
Veii 维伊
Velim 维林
Vendee 旺代
Veneti 维内蒂人
Vercingetorix 韦辛格托里克斯
Vergina 韦尔吉纳
Vergobret 维尔戈布莱特
Verlamion 维尔拉米翁（今圣奥尔本斯）
Verulamium 维鲁拉米翁
Vesuvius 维苏威
Vhò 威霍文化
Vikhvatinski 维克瓦京斯基
Viking 维金
Vikso 维克索
Vila Flor 弗洛镇
Vila Nova de São Pedro 圣佩德罗新镇
Villanovan 维兰诺瓦文化
Vinča 温查文化
Vinča-Pločnik 温查-普罗尼克
Vinča-Tordos 温查-托多斯
Vis 维斯
Vix 维克斯
Vlasac 弗拉萨卡
Voldtofte 福尔多福特
Volhynia 沃里尼亚
Voloshkii 伏罗什基
Vučedol 弗策多尔

W

Wales 威尔士
Wallachian plains 瓦拉几亚平原
Wallendorf 瓦伦多夫
Wartburg-Stein-Vlaardingen 瓦特堡—斯坦因—弗拉丁根文化
Wassenaar 瓦森纳

Wasserburg 沃塞伯格
Wayland's Smithy 韦兰冶匠坊
Welsh 威尔士语
Welwyn Garden City 韦林花园城
Weser 威悉河
Wessex 威塞克斯
West Kennet Avenue 西肯尼特大道
West Row Fen 威斯特罗沼泽地
West Voe 西部湾（设得兰群岛）
Whitby 惠特比
Whittlesea 惠特尔西
Wilburton 威尔波登
Wilsford 威尔斯弗德
Wiltshire 威尔特郡
Windeby 温德比
Windmill Hill 温德米尔山
Wismar 维斯马
Wistka 威斯特卡
Wittenmoor 韦特摩尔
Wittnauer Horn 维特诺尔-霍恩
Wlcklow 威克洛山
Woodhenge 巨木阵
Worsaae 沃萨埃

Wroclaw-Partynice 弗罗茨瓦夫-帕提尼斯

Y

Yamnaya 亚姆纳亚文化
Yoldia Sea 尤蒂亚海
Yorkshire 约克郡
Younger Dryas 新仙女木期
Ystwyth 阿斯特威斯

Z

Zambujal 赞布加尔
Závist 扎韦斯特
Zealand 西兰岛
Zedau 泽达乌
Żerniki Górne 泽尔尼克戈尔内
Zvejnieki 兹维伊尼埃基

图书在版编目(CIP)数据

探寻史前欧洲文明/(英)麦金托什著;刘衍钢等译.—北京:商务印书馆,2010
(探寻古文明丛书)
ISBN 978-7-100-07325-7

Ⅰ.①探… Ⅱ.①麦… ②刘… Ⅲ.①文化史—欧洲—上古 Ⅳ.①K501

中国版本图书馆 CIP 数据核字(2010)第 153984 号

审图号:GS(2010)884 号

所有权利保留。
未经许可,不得以任何方式使用。

探寻古文明丛书
探寻史前欧洲文明
〔英〕简·麦金托什 著
刘衍钢 张元伟 董孝鹏 褚衍爱
孟凡青 董晓明 白 雪 李 婧 译
张 强 校

商 务 印 书 馆 出 版
(北京王府井大街36号 邮政编码 100710)
商 务 印 书 馆 发 行
北京瑞古冠中印刷厂印刷
ISBN 978-7-100-07325-7

2010 年 11 月第 1 版 开本 700×1000 1/16
2010 年 11 月北京第 1 次印刷 印张 39
定价:63.00 元